365 이벤트

KB050020

이기적 홈페이지 & 스터디 카페

❶ 기출문제 복원 이벤트

이기적 수험서로 열심히 공부하고
시험에 응시하신 독자님들,
기억나는 문제를 공유해 주세요.

응시일로부터
7일 이내의
복원 제보만
인정됩니다

세부 내용

 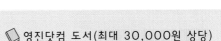

🎁 참여 혜택

📖 영진닷컴 도서(최대 30,000원 상당)
🎁 이벤트 선물(영진닷컴 쇼핑몰 포인트, N페이
포인트 등 다양한 혜택 제공)

세부 내용　　　당첨자 확인

❷ 리뷰 참여 이벤트

온라인 서점 또는 개인 SNS에
도서리뷰와 합격 후기를 작성해 주세요.

YES 24
인터파크 도서　알라딘
교보문고

❸ 정오표 이벤트

⚠ 이기적 수험서의 오타 및 오류를 영진닷컴에
제보해 주세요.

book2@youngjin.com으로 [도서명], [페이지],
[수정사항], [이름], [연락처]를 보내주세요.

세부 내용

이기적 스터디 카페

회원가입 시 전부 제공! BIG3!

1:1 질문답변

집에서도, 카페에서도, 도서관에서도!
전문가 선생님의 1대1 맞춤 과외!

온라인 스터디

서로 당겨주고, 밀어주고, 합격을 함께 할
스터디 파트너를 구해 보세요!

구매자 한정 혜택

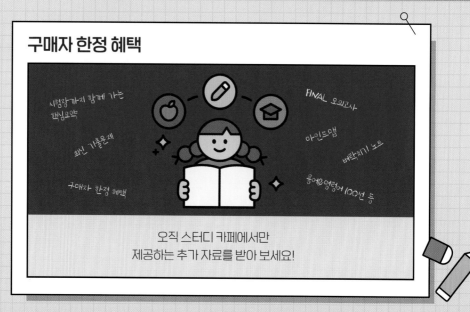

시험장까지 함께 가는 핵심요약
FINAL 모의고사
최신 기출문제
마인드맵
구매자 한정 혜택
벼락치기 노트
용어&명령어 100선 등

오직 스터디 카페에서만
제공하는 추가 자료를 받아 보세요!

* 제공되는 혜택은 도서별로 상이합니다. 각 도서의 혜택을 확인해 주세요.

 NAVER 이기적 스터디 카페

나만의 합격 키트

캘린더 & 스터디 플래너 & 오답노트

PDF 다운로드 후
태블릿 PC에서
사용 가능합니다.

캘린더

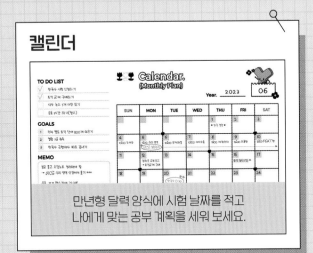

만년형 달력 양식에 시험 날짜를 적고
나에게 맞는 공부 계획을 세워 보세요.

스터디 플래너

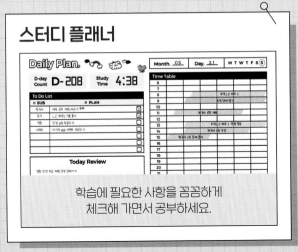

학습에 필요한 사항을 꼼꼼하게
체크해 가면서 공부하세요.

오답노트

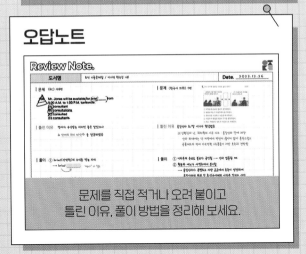

문제를 직접 적거나 오려 붙이고
틀린 이유, 풀이 방법을 정리해 보세요.

다꾸 스티커 패키지

추 가   증 정
이 벤 트

스티커1

스티커2

스티커3

명품 강사진

이기적은 전강 무료!

누적 조회수 3400만이 시청한
명품 강의로 한 번에 합격!

정보처리기사	컴퓨터활용능력	컴퓨터그래픽스운용기능사	한식조리기능사
고소현	**박윤정**	**이향아**	**최경선**

정보처리기사	컴퓨터활용능력	한국사능력검정	전산회계	지게차/굴착기
한진만	**홍태성**	**김민석**	**정창화**	**김주승**

이렇게
기막힌
적중률

GTQ 포토샵 1급
ver.CC

※ 본 도서는 눈의 피로를 덜어주는 미색 종이를 사용하고 있습니다.
작은 것 하나도 세심하게 신경 쓰는 이기적이 되겠습니다.

구매자 혜택 BIG 7

이기적 합격 강의

추가 설명이 필요한 독학러를 위해 저자의 동영상 강의를 준비했습니다. 100% 무료로 제공됩니다.

* 도서에 따라 동영상 제공 범위가 다를 수 있습니다. 강의 시청 은 1판 1쇄 기준 2년까지 유효합니다.

이기적 스터디 카페

독학이 외롭고 힘들다면, 이기적 스터디 카페에서 시험을 함께 공부하세요. 스터디 모집 외에도 다양한 시험 정보 와 이벤트가 준비되어 있습니다.

* 이기적 스터디 카페 : cafe.naver.com/yjbooks

부록 자료

이기적 홈페이지에서 도서에 사용된 이미지 및 완성 파일 을 다운로드 받으실 수 있습니다.

* 이기적 홈페이지 : license.youngjin.com/

답안 전송 프로그램

시험장 환경을 체험하실 수 있도록 연습용 답안 전송 프로그램을 제공해 드립니다.

* 실제 시험장과 연결되어 있지 않습니다. 참고용으로만 사용해 주세요.

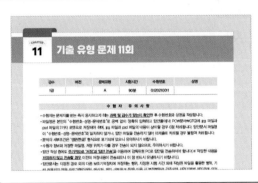

추가자료

도서에 수록되지 않은 문제 2회분을 PDF로 추가 제공합니다.

* 스터디 카페에서 구매 인증을 통해 받으실 수 있으며, 구매인증 자료는 변경될 수 있습니다.

* 암호 : vt0318

1:1 질문답변 서비스

공부하다 이해하기 어려운 문제나 궁금한 내용이 있다면 이기적 스터디 카페에 질문해 보세요! 전문 선생님께서 1:1로 맞춤 답변을 해드립니다.

정오표

이미 출간된 도서에는 오류가 있을 수 있습니다. 출간 후 발견되는 오류는 정오표 최신 업데이트 사항을 확인해 주세요.

* 도서의 오류는 교환, 환불의 사유에 해당하지 않습니다.

이기적 200% 활용 가이드

STEP 1

포토샵 핵심 기능 익히기

CHAPTER 01 포토샵 기본 화면 구성

❶ **메뉴 표시줄** : 포토샵에서 사용하는 기능들을 분류한 곳으로 명령 실행을 위한 조건이 맞지 않으면 메뉴가 비활성 상태로 표시됩니다.

❷ **실행 바** : 작업 시에 편리하게 사용하는 기능을 모아 놓은 곳으로 찾기, 다양한 작업 영역 설정 및 초기화, 이미지 공유 등을 효율적으로 실행할 수 있습니다.

❸ **옵션 바** : 선택한 도구의 세부 옵션을 설정할 수 있는 곳으로 다양한 속성을 지정할 수 있습니다.

❹ **도구 패널** : 포토샵의 각종 도구들을 아이콘 형식으로 모아 놓은 곳으로 오른쪽 하단 모서리에 검정색 삼각형이 표시된 도구는 마우스를 클릭하면 숨겨진 관련 도구가 표시되어 선택할 수 있습니다.

❺ **파일 이름 탭** : 열려 있는 작업 이미지의 파일명, 확장자, 화면 크기, 선택된 레이어 이름, 색상 모드, 최근 작업 저장 여부를 표시합니다. 여러 개의 이미지가 열려 있을 때는 파일 이름 탭을 클릭하여 작업 파일을 빠르게 선택할 수 있고 드래그하여 탭을 분리할 수 있습니다.

다년간 분석한 데이터를 바탕으로 포토샵 CC 2020의 기본 기능을 미리 학습할 수 있도록 소개하였습니다.

---

* 이 도서는 Adobe Photoshop CC 2020 버전으로 작성되었으며, Adobe CC 버전은 해마다 업데이트될 수 있고 그에 따른 프로그램의 버전(CC 2021, CC 2022, CC 2023 등)의 메뉴나 용어에서 차이가 있을 수 있습니다. 프로그램 버전에 의한 사유로 교환, 환불은 불가능합니다.

① ❸
도구(빨간 동그라미)를 통해 화면에 구성된 기능을 표시하여 상세하게 설명하였습니다.

② 🎓 기적의 Tip
출제 경향이나 학습 노하우를 알려주는 내용을 제시하였습니다.

STEP 2

시험 문항별 기능 익히기

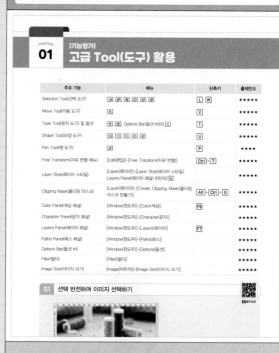

CHAPTER 01 [기능평가] 고급 Tool(도구) 활용

주요 기능	메뉴	단축키	출제빈도
Selection Tool(선택 도구)		L, W	★★★★★
Move Tool(이동 도구)		V	★★★★★
Type Tool(문자 도구) 및 옵션	Options Bar(옵션 바)의	T	★★★★★
Shape Tool(모양 도구)		U	★★★★★
Pen Tool(펜 도구)		P	★★★★
Free Transform(자유 변형 메뉴)	[Edit(편집)]-[Free Transform(자유 변형)]	Ctrl+T	★★★★★
Layer Style(레이어 스타일)	[Layer(레이어)]-[Layer Style(레이어 스타일)], Layers Panel(레이어 패널) 하단의 fx		★★★★★
Clipping Mask(클리핑 마스크)	[Layer(레이어)]-[Create Clipping Mask(클리핑 마스크 만들기)]	Alt+Ctrl+G	★★★★★
Color Panel(색상 패널)	[Window(윈도우)]-[Color(색상)]	F6	★★★★★
Character Panel(문자 패널)	[Window(윈도우)]-[Character(문자)]		★★★★★
Layers Panel(레이어 패널)	[Window(윈도우)]-[Layers(레이어)]	F7	★★★★★
Paths Panel(패스 패널)	[Window(윈도우)]-[Paths(패스)]		★★★★★
Options Bar(옵션 바)	[Window(윈도우)]-[Options(옵션)]		★★★★★
Filter(필터)	[Filter(필터)]		★★★★★
Image Size(이미지 크기)	[Image(이미지)]-[Image Size(이미지 크기)]		★★★★★

01 선택 반전하여 이미지 선택하기

출제되는 기능별로 Chapter를 구성하여 이해하기 쉽게 설명하였습니다.

---

① ▶ 합격 강의
관련 강의를 무료로 시청할 수 있는 바로 접속 QR입니다.

② 가위.jpg
문제에 필요한 중요 내용을 한눈에 알 수 있도록 별색으로 표현하였습니다.

③ 🎓 기적의 Tip
출제 경향이나 학습 노하우를 알려주는 내용을 제시하였습니다.

STEP 3

최신 기출 유형 따라하기

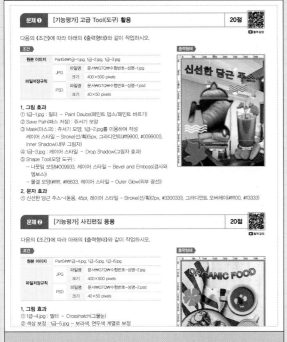

최신 기출 유형 문제를 따라하기 형식으로 구성하였습니다. 문항별 기능을 익힌 후 천천히 따라 학습해 보세요.

① ▶ 합격 강의

관련 강의를 무료로 시청할 수 있는 바로 접속 QR입니다.

② 기적의 Tip

출제 경향이나 학습 노하우를 알려주는 내용을 제시하였습니다.

▶

STEP 4

기출 유형 문제

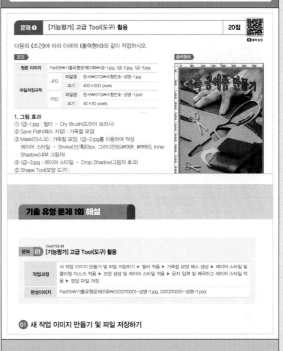

기출 유형 문제 10회분을 해설과 함께 구성하였습니다. 실전처럼 풀어보고 감각을 키워보세요.

① ▶ 합격 강의

관련 강의를 무료로 시청할 수 있는 접속 QR입니다.

② 기적의 Tip

출제 경향이나 학습 노하우를 알려주는 내용을 제시하였습니다.

③ Shape 경로

문제에 필요한 모양의 경로를 표시하여 학습에 도움이 되도록 하였습니다.

차례

PART 01
**GTQ 포토샵은
이렇게 준비하세요**

PART 02
**포토샵 핵심 기능
익히기**

PART 03
**시험 문항별 기능
익히기** ▶ 합격 강의

PART 04
**최신 기출 유형
따라하기** ▶ 합격 강의

※ 추가 자료는 이기적 스터디 카페(cafe.naver.com/yjbooks)에서 구매 인증 을 통해 받을 수 있으며, 동영상 & 답안 전송 서비스를 제공하지 않습니다.

▶ **합격 강의**
▶동영상 강의가 제공되는 파트입니다. 영진닷컴 이기적 수험서 사이트(license. youngjin.com)에 접속하여 해당 강의를 시청하세요.
▶본 도서에서 제공하는 동영상 시청은 1판 1쇄 기준 2년간 유효합니다. 단, 출제기준안에 따라 동영상 내용은 변경될 수 있습니다.

부록 자료 다운로드

도서에 사용된 이미지 및 완성 파일은 이기적 홈페이지(license.youngjin.com/)에서 다운받을 수 있습니다.

1. 이기적 홈페이지(license.youngjin.com/)에 접속하세요.

2. [자료실]-[GTQ] 게시판을 클릭하세요.

3. '[6787] 최신개정판 이기적 GTQ 포토샵 1급 ver.CC' 게시글을 클릭하여 다운로드합니다.

답안 전송 서비스

1. 다운받은 부록 자료 안에 있는 'SETUP.EXE'를 더블 클릭합니다.

2. 그림과 같이 설치 화면이 나오면 [다음]을 클릭합니다.
   (오류가 날 경우, 오른쪽 마우스 버튼을 클릭하여 [관리자 권한으로 실행]을 눌러 주세요.)

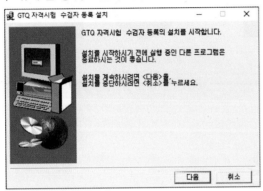

3. 프로그램이 설치될 폴더를 보여주면 [설치시작]을 클릭합니다.

4. [확인]을 클릭하여 설치를 완료합니다.

5. 바탕화면에 'GTQ 수험자용' 아이콘을 더블클릭합니다. [수험자 등록] 화면에 수험번호를 입력한 후
   [확인] 버튼을 클릭합니다.
   ※ 실제 시험장에서는 본인의 수험번호를 입력합니다.

6. 답안이 모두 완료되면 [답안 전송]을 클릭합니다. 다음과 같이 [상태]가 '성공'으로 바뀌면 [닫기]를 클
   릭합니다.

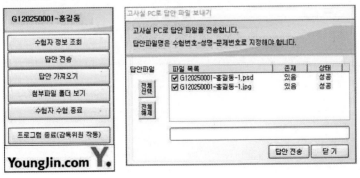

7. 시험 종료 전에 답안 파일을 감독 PC로 전송했는지 다시 확인합니다.

PART 01

GTQ 포토샵은
이렇게 준비하세요

01 자격검정 응시 안내

가. 응시 자격 : 전 국민 누구나 응시 가능

나. 시험 등급 및 버전, 시험시간

자격 종목	등급	문항 및 시험방법	시험 시간	합격 기준	S/W Version
국가공인	1급	4문항 실무 작업형 실기시험	90분	100점 만점 70점 이상	• Adobe Photoshop CS4, CS6, CC(한글, 영문)
	2급	4문항 실무 작업형 실기시험	90분	100점 만점 60점 이상	• 시험 접수 기간에 고사장별로 응시 가능한 S/W 버전을 확인하실 수 있습니다.
민간자격	3급	3문항 실무 작업형 실기시험	60분	100점 만점 60점 이상	

02 GTQ 응시 절차

❶ 응시 자격 조건

남녀노소 누구나 응시 가능

❷ 원서 접수하기

• license.kpc.or.kr에서 접수
• 인터넷 홈페이지를 통해 접수한 후 수험표를 인쇄하여 직접 선택한 고사장, 날짜, 시험시간 확인(방문 접수 가능)

❸ 시험 응시

90분 안에 답안 파일 작성과 네트워크로 연결된 감독위원 PC로 답안 전송

❹ 합격자 발표

license.kpc.or.kr에서 확인 후 자격증 발급 신청

시험 소개

01 수험자 유의사항 및 답안 작성 요령

수 험 자 유 의 사 항

- 수험자는 문제지를 받는 즉시 응시하고자 하는 과목 및 급수가 맞는지 확인한 후 수험번호와 성명을 작성합니다.
- 파일명은 본인의 "수험번호–성명–문제번호"로 공백 없이 정확히 입력하고 답안폴더(내 PC\문서\GTQ)에 jpg 파일과 psd 파일의 2가지 포맷으로 저장해야 하며, jpg 파일과 psd 파일의 내용이 상이할 경우 0점 처리됩니다. 답안문서 파일명이 "수험번호–성명–문제번호"와 일치하지 않거나, 답안 파일을 전송하지 않아 미제출로 처리될 경우 불합격 처리됩니다.
- 문제의 세부조건은 '영문(한글)' 형식으로 표기되어 있으니 유의하시기 바랍니다.
- 수험자 정보와 저장한 파일명, 저장 위치가 다를 경우 전송이 되지 않으므로, 주의하시기 바랍니다.
- 답안 작성 중에도 주기적으로 '저장'과 '답안 전송'을 이용하여 감독위원 PC로 답안을 전송하셔야합니다.(※ 작업한 내용을 저장하지 않고 전송할 경우 이전의 저장내용이 전송되오니 이점 반드시 유념하시기 바랍니다.)
- 답안문서는 지정된 경로 외의 다른 보조기억장치에 저장하는 행위, 지정된 시험 시간 외에 작성된 파일을 활용한 행위, 기타 허용되지 않은 프로그램(이메일, 메신저, 게임, 네트워크 등) 이용 시 부정행위로 간주되어 자격기본법 제32조에 의거 본 시험 및 국가공인 자격시험을 2년간 응시할 수 없습니다.
- 시험 중 부주의 또는 고의로 시스템을 파손한 경우와 〈수험자 유의사항〉에 기재된 방법대로 이행하지 않아 생기는 불이익은 수험자의 책임임을 알려 드립니다.
- 시험을 완료한 수험자는 최종적으로 저장한 답안파일이 전송되었는지 확인한 후 감독위원의 지시에 따라 문제지를 제출하고 퇴실합니다.

❶ 파일 저장 규칙대로 답안문서 파일명은 반드시 "수험번호–성명–문제번호"로 저장하여야 하며 답안폴더인 '내 PC\문서\GTQ'에 문제당 각각 jpg 파일과 psd 파일의 2가지 포맷으로 저장해야 합니다. 총 8개의 답안 파일이 해당 경로에 저장되어야 하고 바탕화면에 실행 중인 전송 프로그램을 통해 시간내에 반드시 전송되어야 합니다(지정된 답안폴더에 저장하지 않으면 전송되지 않습니다).

❷ 제시된 그림 및 문자 효과가 모두 완료되면 완성된 답안을 문제지의 《출력형태》와 비교하며 꼼꼼하게 점검한 후 전송합니다. 만약, 답안 제출 후 수정 사항이 발생하면 임의 경로에 저장한 파일을 열고 추가 작업을 완료한 후 다시 jpg 파일과 psd 파일의 2가지 포맷으로 저장합니다. jpg 파일과 psd 파일의 내용이 다를 경우 0점 처리되므로 반드시 다시 저장해야 합니다. 답안 파일은 수시로 전송 가능하며 최종적으로 저장하여 전송한 답안이 채점이 됩니다.

임시 파일을 수시로 저장하되 문제당 다음과 같은 저장 순서대로 작업을 진행합니다.

1. 원본 psd 파일	2. jpg 파일	3. 축소된 psd 파일
• 작업 과정이 모두 포함된 임시 파일로 최종 정답 파일 제출 후 퇴실 전 삭제 • 저장 위치 : 임의 경로	• 정답 파일 제출용 • 문제에서 제시된 원본 크기 • [File(파일)]–[Save As(다른 이름으로 저장)]로 jpg 저장 • 저장 위치 : 내 PC\문서\GTQ	• 정답 파일 제출용 • 원본 크기의 1/10로 축소 • [File(파일)]–[Save As(다른 이름으로 저장)]로 psd 저장 • 저장 위치 : 내 PC\문서\GTQ

❶ 문제지의 《출력형태》에는 답안 파일의 레이아웃 설정을 위해 눈금자가 표시되어 있습니다. 작업 이미지에 [View(보기)]-[Rulers(눈금자)]([Ctrl]+[R])를 클릭하여 눈금자 보기를 하고 눈금자에 마우스 오른쪽 버튼을 클릭하여 눈금자의 단위를 'Pixels(픽셀)'로 설정합니다. 상단과 왼쪽의 눈금자에서 작업 이미지로 드래그하여 안내선을 표시합니다. [View(보기)]-[Show(표시)]-[Grid(격자)]([Ctrl]+[ˊ])를 선택하여 격자를 표시하면 작업 화면 전체에 균일한 Grid(격자)를 표시되어 《출력형태》와 같은 세부적인 배치 및 크기 조절이 용이합니다. [Edit(편집)]-[Preference(환경설정)]([Ctrl]+[K])를 클릭하고 [Guides, Grid & Slices(안내선, 격자와 슬라이스)]를 선택하여 '격자 간격, 세분, 격자 색상' 등을 변경할 수 있습니다.

❷ 문제지에서 제시한 문자 효과는 주어진 서체 속성대로 글꼴, 크기, 색상을 지정해야 합니다. 그 외 제시되지 않은 문자 속성인 문자 스타일, 자간, 행간, 문자의 장과 평은 수험자 임의대로 작성하지 말고 기본값으로 작성해야 감점이 없습니다. 서체의 지정이 없을 경우에는 한글은 굴림이나 돋움, 영문은 Arial로 작업합니다.

❸ 새로운 작업 이미지를 설정할 때는 이미지 모드는 [File(파일)]-[New(새로 만들기)] 대화상자에서 반드시 Color Mode(색상 모드)는 'RGB Color(RGB 색상), 8bit(비트)'로 설정합니다. 만약 RGB 색상이 아니면 Filter(필터), Layer(레이어), Image(이미지) 메뉴의 사용이 제한적일 수 있으며 작업 중 [Image(이미지)]-[Mode(모드)]-[RGB color(RGB 색상)]로 변환이 가능합니다.

❹ 새로운 작업 이미지를 설정할 때는 [File(파일)]-[New(새로 만들기)] 대화상자에서 반드시 Resolution(해상도)를 '72 Pixels/Inch(픽셀/인치)'로 설정합니다. 작업 중 [Image(이미지)]-[Image Size(이미지 크기)]로 확인 및 변경이 가능하지만 이미 작업 완료된 이미지에 영향이 미치므로 처음 설정 시 반드시 확인합니다.

❺ Layer(레이어)는 이미지, 문자, 모양 레이어, 레이어 스타일 등 각각의 기능별로 분리해서 작업이 되어야 하며, 레이어를 임의대로 합치거나 각 기능에 대한 속성이 해지되어 0점 처리되지 않도록 주의합니다.

다음의 《조건》에 따라 아래의 《출력형태》와 같이 작업하시오.

조건

출력형태

원본 이미지		Part05₩기출유형문제03회₩1급—1.jpg, 1급—2.jpg, 1급—3.jpg	
파일저장규칙	JPG	파일명	문서₩GTQ₩수험번호—성명—1.jpg
		크기	400×500 pixels
	PSD	파일명	문서₩GTQ₩수험번호—성명—1.psd
		크기	40×50 pixels

1. 그림 효과
① 1급—1.jpg : 필터 – Crosshatch(그물눈)
② Save Path(패스 저장) : 눈사람 모양
③ Mask(마스크) : 눈사람 모양, 1급—2.jpg를 이용하여 작성
　레이어 스타일 – Stroke(선/획)(4px, 그라디언트(#000000, #cc0000)),
　Inner Shadow(내부 그림자)
④ 1급—3.jpg : 레이어 스타일 – Drop Shadow(그림자 효과)
⑤ Shape Tool(모양 도구) :
　– 눈 모양(#ffffff, #333366, Opacity(불투명도)(60%))
　– 나무 모양(#ffffff, 레이어 스타일 – Bevel and Emboss(경사와 엠보스))

2. 문자 효과
① SNOWY DAY(Times New Roman, Bold, 45pt, #ffffff, 레이어 스타일 – Stroke(선/획)(3px, 그라디언트(#663366, #99ccff)), Drop Shadow(그림자 효과))

★ 자세한 지시사항은 **기출 유형 문제 3회**를 참고하세요.

01 주요 포인트

❶ 제시된 정답파일의 크기에 맞게 소스 이미지를 변형, 배치하고 필터를 적용합니다.

❷ 제시된 패스 모양대로 패스를 만들고 저장한 후 클리핑 마스크를 적용하여 《출력형태》와 동일하게 배치합니다.

❸ 다양한 선택 도구를 활용하여 제시된 이미지 일부를 정확하게 선택하고 변형 메뉴를 활용하여 크기 및 회전, 뒤집기 등을 적용하여 《출력형태》의 눈금자를 참고하여 동일하게 배치합니다.

❹ 제시된 두 가지의 모양을 Custom Shape Tool(사용자 정의 모양 도구)을 활용하여 그리고 레이어 스타일을 적용합니다. 레이어 스타일의 세부 옵션을 조절하여 《출력형태》와 동일하게 설정합니다.

❺ 사용자 정의 모양 중 하나는 복제하여 색상과 변형을 적용하여 배치합니다.

❻ 제시된 문자의 속성대로 글꼴, 크기, 색상, 변형된 텍스트를 적용하여 입력하고 제시되지 않은 문자 속성은 행간, 자간, 장평 등을 기본값으로 작성합니다. 제시된 레이어 스타일을 적용하여 《출력형태》와 동일하게 배치합니다.

다음의 《조건》에 따라 아래의 《출력형태》와 같이 작업하시오.

조건

출력형태

원본 이미지	Part04₩소스파일₩1급-4.jpg, 1급-5.jpg, 1급-6.jpg		
파일저장규칙	JPG	파일명	문서₩GTQ₩수험번호-성명-2.jpg
		크기	400×500 pixels
	PSD	파일명	문서₩GTQ₩수험번호-성명-2.psd
		크기	40×50 pixels

1. 그림 효과

① 1급-4.jpg : 필터 – Crosshatch(그물눈)

② 색상 보정 : 1급-5.jpg – 보라색, 연두색 계열로 보정

③ 1급-5.jpg : 레이어 스타일 – Drop Shadow(그림자 효과)

④ 1급-6.jpg : 레이어 스타일 – Inner Shadow(내부 그림자)

⑤ Shape Tool(모양 도구) :

    – 꽃 프레임 모양(#ff9900, 레이어 스타일 – Drop Shadow(그림자 효과))

    – 꽃 모양(#cccc99, #cc9999, 레이어 스타일 – Outer Glow(외부 광선))

2. 문자 효과

① Organic Food(Arial, Regular, 40pt, 레이어 스타일 – 그라디언트 오버레이(#ff00ff, #99ccff, #99ff33), Stroke(선/획)(2px, #333366))

★ 자세한 지시사항은 **최신 기출 유형 따라하기**를 참고하세요.

01 주요 포인트

❶ 제시된 정답파일의 크기에 맞게 소스 이미지를 변형, 배치합니다.

❷ 제시된 필터를 적용합니다. 대부분 Filter Gallery(필터 갤러리)의 필터가 출제되며 기본 옵션 설정값을 사용하지만 정확하게는 문제지의 《출력형태》를 참조하여 동일한 필터 효과를 찾아 옵션을 조절하여 적용합니다.

❸ 조정 레이어를 활용하여 레이어 이미지의 전체 또는 일부에 제시된 계열의 색상으로 보정합니다. 주로 [Hue/Saturation(색조/채도)]에서 'Colorize(색상화) : 체크'를 한 후 색조, 채도, 명도를 《출력형태》와 동일하게 설정합니다.

❹ 제시된 두 가지의 모양을 Custom Shape Tool(사용자 정의 모양 도구)을 활용하여 그리고 레이어 스타일을 적용합니다. 사용자 정의 모양 중 하나는 복제하여 색상과 변형을 적용하여 배치합니다.

❺ 문자는 가로, 세로 문자 도구로 입력합니다. 세부 옵션에 대한 별도의 제시는 없습니다. 옵션 바의 'Create warped text(변형된 텍스트 만들기)'를 클릭하여 스타일과 Bend의 수치를 설정하여 《출력형태》와 동일하게 적용하고 레이아웃에 맞게 배치합니다.

문제 ❸	실무응용 │ 포스터 제작	25점

다음의 《조건》에 따라 아래의 《출력형태》와 같이 작업하시오.

조건

출력형태

원본 이미지		Part05₩Chapter10₩1급-7.jpg, 1급-8.jpg, 1급-9.jpg, 1급-10.jpg, 1급-11.jpg	
파일저장규칙	JPG	파일명	문서₩GTQ₩수험번호-성명-3.jpg
		크기	600×400 pixels
	PSD	파일명	문서₩GTQ₩수험번호-성명-3.psd
		크기	60×40 pixels

1. 그림 효과
① 배경 : #006666
② 1급-7.jpg : Blending Mode(혼합 모드) – Luminosity(광도), 레이어 마스크 – 가로 방향으로 흐릿하게
③ 1급-8.jpg : 필터 – Cutout(오려내기), 레이어 마스크 – 대각선 방향으로 흐릿하게
④ 1급-9.jpg : 필터 – Lens Flare(렌즈 플레어), 레이어 스타일 – Stroke(선/획)(8px, 그라디언트(#99ffff, 투명으로))
⑤ 1급-10.jpg : 레이어 스타일 – Bevel and Emboss(경사와 엠보스)
⑥ 1급-11.jpg : 색상 보정 – 녹색 계열로 보정, 레이어 스타일 – Inner Glow(내부 광선), Drop Shadow(그림자 효과)
⑦ 그 외 《출력형태》 참조

2. 문자 효과
① Welcome to Korea(Arial, Bold, 40pt, #ff6633, 레이어 스타일 – Stroke(선/획)(2px, #ffffff), 그라디언트 오버레이 (#ff6666, #ccff99))
② 한옥의 정취를 즐기세요!(돋움, 20pt, #000000, 레이어 스타일 – Stroke(선/획)(2px, 그라디언트(#99ffff, #ff9933)), Drop Shadow(그림자 효과))
③ 기와 굽기 체험 신청하기(돋움, 20pt, #ffff99, 레이어 스타일 – Drop Shadow(그림자 효과))
④ Traditional Culture Experience(Arial, Regular, 16pt, #333300, 레이어 스타일 – Stroke(선/획)(2px, #99cc99))

★ 자세한 지시사항은 **기출 유형 문제 10회**를 참고하세요.

01 주요 포인트

❶ 배경 이미지에 설정된 색상 채우기는 전경색을 지정하고 Alt + Delete 로 빠르게 설정합니다.

❷ 제시된 혼합 모드 및 필터를 적용한 후 가로, 세로, 대각선 등 제시된 방향으로 레이어 마스크를 적용하여 배경색 및 이미지와 흐릿하게 합성합니다.

❸ 제시된 필터 적용 및 사용자 정의 모양 또는 이미지의 일부를 레이어로 복제한 후에 클리핑 마스크를 적용 합니다.

❹ 조정 레이어를 활용하여 레이어 이미지의 전체 또는 일부에 제시된 계열의 색상으로 보정합니다.

❺ 3개의 Custom Shape(사용자 정의 모양)을 옵션에서 빠르게 찾아 적용할 수 있도록 세부 항목을 잘 익히 고 레이어 스타일과 'Opacity(불투명도)'를 적용합니다.

❻ 4개의 문자 효과 중 2개 정도의 문자에 'Create warped text(변형된 텍스트 만들기)'를 적용합니다.

다음의 《조건》에 따라 아래의 《출력형태》와 같이 작업하시오.

조건

출력형태

원본 이미지	Part04₩소스파일₩1급-12.jpg, 1급-13.jpg, 1급-14.jpg, 1급-15.jpg, 1급-16.jpg, 1급-17.jpg		
파일저장규칙	JPG	파일명	문서₩GTQ₩수험번호-성명-4.jpg
		크기	600×400 pixels
	PSD	파일명	문서₩GTQ₩수험번호-성명-4.psd
		크기	60×40 pixels

1. 그림 효과

① 배경 : #ffcc66

② 패턴(나뭇잎 모양) : #99cc33, #009966, Opacity(불투명도)(70%)

③ 1급-12.jpg : Blending Mode(혼합 모드) – Darken(어둡게 하기), 레이어 마스크 – 세로 방향으로 흐릿하게

④ 1급-13.jpg : 필터 – Dry Brush(드라이 브러쉬), 레이어 마스크 – 가로 방향으로 흐릿하게

⑤ 1급-14.jpg : 레이어 스타일 – Outer Glow(외부 광선), Drop Shadow(그림자 효과)

⑥ 1급-15.jpg : 필터 – Texturizer(텍스처화), 레이어 스타일 – Bevel and Emboss(경사와 엠보스)

⑦ 1급-16.jpg : 색상 보정 – 노란색 계열로 보정, 레이어 스타일 – Inner Glow(내부 광선), Drop Shadow(그림자 효과)

⑧ 그 외 《출력형태》 참조

2. 문자 효과

① Experience Orchard(Times New Roman, Bold, 20pt, #ffcc00, 레이어 스타일 – Stroke(선/획)(2px, #336633))

② 복숭아 따기 체험(궁서, 35pt, 레이어 스타일 – Stroke(선/획)(3px, #006633), 그라디언트 오버레이(#ff6699, #ffcc66, #ccffcc))

③ 우리지역 농산물 이용하기(돋움, 14pt, #660000, 레이어 스타일 – Stroke(선/획)(2px, 그라디언트(#ccffcc, #ffcc00)))

④ 농장소개 체험안내 교통안내(돋움, 17pt, #330000, 레이어 스타일 – Stroke(선/획)(2px, #ffff99))

★ 자세한 지시사항은 **최신 기출 유형 따라하기**를 참고하세요.

01 주요 포인트

❶ 배경 이미지에 설정된 색상 채우기는 전경색을 지정하고 Alt + Delete 로 빠르게 설정합니다.

❷ 제시된 2개의 사용자 모양 도구를 활용하여 패턴을 정의하고 Pen Tool(펜 도구) 및 모양 도구 연산을 활용한 모양에 클리핑 마스크로 불투명도를 활용하여 적용합니다.

❸ 제시된 혼합 모드 및 필터를 적용한 후 가로, 세로, 대각선 등 제시된 방향으로 레이어 마스크를 적용하여 배경색 및 이미지와 흐릿하게 합성합니다.

❹ 조정 레이어를 활용하여 레이어 이미지의 전체 또는 일부에 제시된 계열의 색상으로 보정합니다. 주로 [Hue/Saturation(색조/채도)]에서 'Colorize(색상화) : 체크'를 한 후 색조, 채도, 명도를 《출력형태》와 동일하게 설정합니다.

❺ 3개의 Custom Shape(사용자 정의 모양)를 옵션에서 빠르게 찾아 적용할 수 있도록 세부 항목을 잘 익히고 레이어 스타일과 'Opacity(불투명도)'를 적용합니다.

❻ 4개의 문자 효과 중 2개 정도의 문자에 'Create warped text(변형된 텍스트 만들기)'를 적용합니다.

문제 풀이 TIP

01 답안 파일 저장규칙

❶ 각 문제당 2개의 파일로 총 8개 파일이 저장해야 합니다.

❷ 파일명은 '수험번호–성명–문제번호'로 저장해야 합니다.

문제번호	파일명	예
1	수험번호–성명–1.jpg	G123456789–성명–1.jpg
	수험번호–성명–1.psd	G123456789–성명–1.psd
2	수험번호–성명–2.jpg	G123456789–성명–2.jpg
	수험번호–성명–2.psd	G123456789–성명–2.psd
3	수험번호–성명–3.jpg	G123456789–성명–3.jpg
	수험번호–성명–3.psd	G123456789–성명–3.psd
4	수험번호–성명–4.jpg	G123456789–성명–4.jpg
	수험번호–성명–4.psd	G123456789–성명–4.psd

02 온라인 답안 작성 절차

❶ 수험자 등록 → 시험 시작 → 수시로 답안 저장 및 전송 → 최종 답안 전송 → 시험 종료

❷ 모든 답안을 완성했는데 전체가 0점 처리되는 경우

- 최종 작업에서 저장하지 않고 답안 전송 프로그램으로 전송했을 경우에 해당됩니다. 반드시 수시로 저장한 후 전송을 하고, 최종 파일 전송 전에는 마지막으로 저장을 다시 한 후 전송하십시오.

❸ 해당 문제 0점 또는 일부가 감점 처리되는 경우

- 답안 문서 파일명이 "수험번호–성명–문제번호"와 일치하지 않은 경우
- jpg 파일과 psd 파일의 내용이 상이할 경우
- 이미지의 크기가 다른 경우
- 제시되지 않은 문자 속성을 기본값으로 작성하지 않은 경우
- Layer(레이어)를 기능별로 분할하지 않고 임의로 합칠 경우나 각 기능에 대한 속성을 해지할 경우

03 해상도와 색상 모드 설정

❶ Image Mode(이미지 모드)는 별도의 처리조건이 없을 경우에는 RGB(8비트)로 작업합니다.

❷ 모든 답안 파일은 해상도 72 Pixels/Inch로 작업합니다.

04 이미지 크기 설정

❶ 문제지의 《조건》에는 각각의 문제별로 크기가 다음과 같이 설정되어 있습니다.

원본 이미지	문서₩GTQ₩Image₩1급-1.jpg, 1급-2.jpg, 1급-3.jpg		
파일저장규칙	JPG	파일명	문서₩GTQ₩수험번호-성명-1.jpg
		크기	400×500 pixels
	PSD	파일명	문서₩GTQ₩수험번호-성명-1.psd
		크기	40×50 pixels
원본 이미지	문서₩GTQ₩Image₩1급-7.jpg, 1급-8.jpg, 1급-9.jpg, 1급-10.jpg, 1급-11.jpg		
파일저장규칙	JPG	파일명	문서₩GTQ₩수험번호-성명-3.jpg
		크기	600×400 pixels
	PSD	파일명	문서₩GTQ₩수험번호-성명-3.psd
		크기	60×40 pixels

❷ 문제1과 문제2는 JPG의 크기가 400×500 pixels이며, 문제3과 문제4는 JPG의 크기가 600×400 pixels 입니다.

❸ 최종 제출용 JPG와 PSD의 이미지 크기는 매우 중요합니다.

❹ PSD의 이미지 크기는 작업 중에는 제시된 크기가 아닌 JPG에서 제시된 이미지 크기로 작업을 해야 합니다. 답안 작업이 완료되면 최종 저장 후 전송 전에 JPG로 다른 이름으로 저장을 합니다. 그런 다음에 크기를 1/10로 축소하여 다른 이름으로 저장하여 PSD로 저장한 후 전송합니다.

05 클리핑 마스크 적용

❶ Clipping Mask(클리핑 마스크)를 적용할 때는 반드시 '사용자 정의 모양 도구' 또는 '이미지의 특정 형태' 레이어의 바로 위쪽에 이미지 레이어를 서로 겹치도록 배치해야 합니다.

❷ 클리핑 마스크 후 이미지 레이어를 《출력형태》의 레이아웃과 동일하게 이동하여 배치합니다.

06 레이아웃 배치

❶ 문제지의 《출력형태》를 보고 동일하게 작성합니다.

• 문제지의 《출력형태》 왼쪽과 위쪽에 표시된 눈금자를 보고 미리 준비한 자를 이용하여 문제지의 《출력형태》 위에 100pixel 간격으로 가로와 세로 선을 그어 표시합니다.

• [Edit(편집)]–[Preference(환경설정)]–[Guides, Grid & Slices(안내선, 격자와 슬라이스)]에서 Grid(격자)의 'Gridline every(격자 간격) : 100pixels(픽셀), Subdivisions(세분) : 1'로 설정합니다.

• 포토샵에서 눈금자 보기(Ctrl+R)를 하고 문제지의 《출력형태》와 같이 격자(Ctrl+`) 및 안내선을 표시합니다.

• Ctrl+T로 《출력형태》와 동일하게 크기, 회전, 방향을 설정합니다. 특히 크기를 조절할 때는 Shift를 누른 채 드래그하여 조절해야 종횡비를 유지할 수 있습니다.

❷ 감점이 되는 경우

• 문제지의 《출력형태》와 다른 경우

출력형태	감점 처리
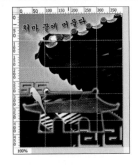	
문제지의 《출력형태》대로 격자에 배치합니다.	텍스트의 변형 효과가 다르고 한옥 모양 패스가 비대칭이며 클리핑 마스크가 적용된 이미지의 위치가 달라 감점이 됩니다.

• 레이어의 순서가 다른 경우

출력형태	감점 처리

	오른쪽 곤충 모형 레이어가 불투명도가 적용된 모양 레이어의 위쪽에 배치되어 있으므로 감점이 됩니다.

07 이미지 방향

[Edit(편집)]-[Free Transform(자유변형)]([Ctrl]+[T])을 클릭하고 이미지의 회전, 뒤집기로 이미지의 방향을 《출력형태》와 동일하게 적용한 후 배치합니다.

출력형태	감점 처리

	왼쪽 하단 곤충 이미지의 방향과 나뭇잎 모양의 회전 각도가 다르므로 감점이 됩니다.

08 필터 효과

❶ 필터는 문제지에서 제시한 정확한 필터를 찾아서 적용합니다.

❷ 제시된 필터는 대부분 [Filter(필터)]-[Filter Gallery(필터 갤러리)]에서 찾아서 적용할 수 있습니다.

❸ 필터의 세부 옵션은 기본값을 그대로 적용한 경우가 많으나, 《출력형태》를 보고 최대한 동일하게 옵션을 조절합니다.

❹ 필터에 따라 'Preview(미리보기)'가 지원되지 않은 필터는 적용 후, 《출력형태》와 설정이 맞지 않으면 'Undo(명령 취소)([Ctrl]+[Z])'를 하고 다시 적용합니다.

❺ 필터를 적용하기 전에는 처리 속도와 프로그램 다운을 대비하여 미리 저장합니다.

출력형태	감점 처리
	배경 이미지에 적용된 필터가 출력형태와 다르므로 감점이 됩니다.

09 문자 속성의 기본값

❶ 답안 파일은 해상도 72Pixels/Inch로 설정되어 있어야 합니다. 해상도가 다르면 제시된 문자 크기대로 설정하고 입력하여도 《출력형태》와 크기가 다르게 보입니다.

❷ 문제 조건에 별도의 서체 지정이 없을 경우에는 한글은 굴림이나 돋움, 영문은 Arial로 작업합니다.

❸ 그 외에 제시되지 않은 문자 속성이 기본값으로 작성되지 않은 경우는 감점 처리됩니다.

❹ 문자를 입력하여 문자 레이어를 생성한 후 Transform(변형)을 통해 크기를 조절하지 않도록 합니다.

10 텍스트 변형 조건

❶ 변형된 텍스트는 정확한 모양 및 회전을 평가합니다. 세부 옵션에 대한 별도의 제시는 없습니다. 눈금자와 격자를 활용하여 변형의 정도를 설정합니다.

❷ 문자 도구의 Option Bar(옵션 바)에서 Create warped text(변형된 텍스트 만들기, ⓣ)를 클릭하여 [Warp Text(텍스트 변형)] 대화상자에서 'Style(스타일), Horizontal(가로) 또는 Vertical(세로), Bend(구부리기)'를 설정하여 문자의 모양을 왜곡합니다.

출력형태	감점 처리

'K – Pet Fair' 문자 레이어에 텍스트 변형 미적용으로 감점이 됩니다.

⑪ 그라데이션

❶ 그라데이션 적용은 문자나 사용자 정의 모양 도구로 그린 모양의 칠 또는 선에 설정합니다.

❷ Layer(레이어) 패널 하단의 'Add a layer style(레이어 스타일 추가, 𝑓𝑥)'을 클릭하여 [Stroke(선/획)]−[Fill Type(칠 유형)]−[Gradient(그레이디언트)] 또는 [Gradient Overlay(그레이디언트 오버레이)]를 선택하고 'Click to edit the gradient(클릭하여 그레이디언트 편집)'를 클릭합니다.

❸ 그라데이션의 스타일, 방향 및 각도, 색상이 《출력형태》와 일치해야 합니다.

출력형태	감점 처리

오른쪽 상단 '사용자 지정 모양 레이어'의 그라데이션의 방향 및 불투명도가 다르므로 감점이 됩니다.

⑫ 색상 보정

❶ 색상 보정은 레이어에서 적용할 이미지의 범위와 제시된 색상을 《출력형태》와 동일하게 표현해야 합니다.

❷ 색상 보정은 이미지 메뉴를 활용하여 원본 레이어를 직접 보정하는 것보다는 Layer(레이어) 패널 하단의 'Create new fill or adjustment layer(새 칠 또는 조정 레이어 생성, ◑)'를 클릭하고 [Hue/Saturation(색조/채도)]을 적용합니다.

❸ Properites(속성) 패널에서 'Colorize(색상화)'를 체크하고 'Hue(색조), Saturation(채도), Lightness(명도)'를 각각 설정하여 제시된 계열의 색상으로 보정합니다.

출력형태	감점 처리

보정된 색상 및 범위가 출력형태와 다르므로 감점이 됩니다.

⑬ 레이어 마스크 적용

❶ 레이어에 마스크를 적용하여 아래쪽 레이어에 적용한 색상과 합성할 때는 《출력형태》와 최대한 동일하게 설정해야 합니다.

❷ Layer(레이어) 패널의 추가된 레이어 마스크는 적용 후 속성을 병합하면 감점이 되므로 주의해야 합니다.

❸ Gradient Tool(그라디언트 도구, ▦)로 Option Bar(옵션 바)에서 'Black, White(검정, 흰색)'를 선택하고 지워질 부분에서 시작하여 제시된 방향으로 드래그하여 적용합니다.

출력형태	감점 처리

	하단 레이어와 합성된 이미지의 레이어 마스크 방향이 다르므로 감점이 됩니다.

⑭ 레이어 속성 유지

❶ 시험지의 답안작성 요령에서 지시한대로 Layer(레이어)는 기능별로 분할해야 하며, 임의로 합칠 경우나 각 기능에 대한 속성을 해지할 경우 해당 요소는 0점이 되므로 주의합니다.

❷ 채점시 1/10로 축소 저장한 PSD 파일에서 확인하므로 절대로 병합하지 말고, 불필요하게 생성된 레이어는 삭제합니다.

❸ 레이어 스타일 중 작업 과정에서 적용한 후 가시성(눈 아이콘)이 꺼져 있는 불필요한 스타일은 반드시 삭제합니다.

04 자주 질문하는 Q&A

Q 새 작업 이미지의 이미지 모드와 해상도, 작업 단위의 설정은 무엇으로 하나요?

답안 파일의 Image Mode(이미지 모드)는 별도의 처리조건이 없는 경우에는 RGB(8비트)로 설정하고 작업조건에서 주어진 모든 답안 파일의 해상도는 '72Pixels/Inch'이며 단위는 'Pixels(픽셀)'를 지정합니다.

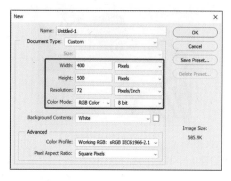

Q 한글 폰트의 이름이 영어로 표시되어 찾기 어려울 때 어떻게 하나요?

[Edit(편집)]-[Preferences(환경설정)]에서 'Type(문자)'의 'Type Options(문자 옵션)'에 'Show Font Names In English(글꼴 이름을 영어로 표시) : 체크 해제'를 설정하면 옵션 바에 한글로 폰트 이름이 표기됩니다.

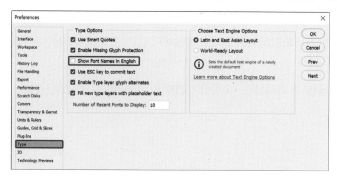

Q 문제지에 제시된 색상은 어떻게 적용하나요?

문제지의 색상은 RGB 색상을 16진수로 표현한 색상 코드입니다. Tool Panel(도구 패널) 하단의 'Set foreground color(전경색 설정)'를 클릭하여 Color Picker(색상 픽커) 대화상자에서 '#'의 오른쪽 입력란에 6자리의 코드를 입력합니다.

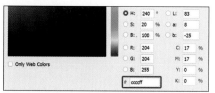

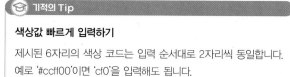

🎓 **기적의 Tip**

색상값 빠르게 입력하기

제시된 6자리의 색상 코드는 입력 순서대로 2자리씩 동일합니다. 예로 '#ccff00'이면 'cf0'을 입력해도 됩니다.

Q 문제지에서 제시한 《출력형태》와 동일하게 레이아웃을 맞추려면 어떻게 하나요?

자를 미리 준비해 가시면 됩니다. 문제지에서 제시한 《출력형태》에는 왼쪽과 위쪽에 눈금자가 픽셀 단위로 표시되어 있습니다. 주요 이미지의 배치 상태를 보고 100픽셀 간격으로 수직선과 수평선을 그어서 격자 상태와 동일하게 표시하고 작업하면 됩니다.

작업 이미지의 격자 간격은 [Edit(편집)]–[Preference(환경설정)]([Ctrl]+[K])를 클릭하고 [Guides, Grid & Slices(안내선, 격자와 슬라이스)]를 선택하여 Grid(격자)의 'Gridline every(격자 간격) : 100Pixels(픽셀), Subdivisions(세분) : 1'로 설정한 후 'Grid Color(격자 색상)'를 클릭하여 밝은 색상으로 변경합니다.

Q Custom Shape Tool(사용자 정의 모양 도구,)의 Option Bar(옵션 바)에서 이전 버전의 사용자 정의 모양이 없어요. 어떻게 찾을 수 있나요?

[Window(창)]–[Shapes(모양)]을 클릭하고 Shapes Panel(모양 패널)의 팝업 메뉴에서 'Legacy Shapes and More (레거시 모양 및 기타)'를 클릭하여 확장하면 이전 버전의 사용자 정의 모양 라이브러리를 추가할 수 있습니다.

  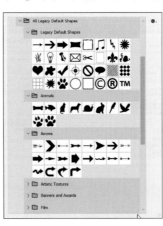

Q 이미 적용한 색상 보정을 수정할 수는 없나요?

Layer(레이어) 패널의 'Hue/Saturation(색조/채도)' 레이어의 'Layer thumbnail(레이어 축소판)'을 더블 클릭한 후 Properites(속성) 패널에서 수정이 가능합니다.

Q 반복적인 Layer style(레이어 스타일)을 빠르게 적용할 수는 없나요?

Layer(레이어) 패널에서 이미 적용한 레이어 스타일에 마우스 오른쪽 버튼을 눌러 'Copy Layer Style(레이어 스타일 복사)'을 클릭한 후, 적용할 레이어에 마우스 오른쪽 버튼을 눌러 'Paste Layer Style(레이어 스타일 붙여넣기)'을 클릭합니다.

Q Tool(도구)의 Option Bar(옵션 바) 설정을 초기화하려면 어떻게 하나요?

Option Bar(옵션 바) 왼쪽의 선택된 도구 모양에 마우스 오른쪽 버튼을 누르고 'Reset Tool(도구 재설정)'를 클릭하여 현재 도구만 초기화하거나 'Reset All Tools(모든 도구 재설정)'를 클릭하여 포토샵의 모든 도구 옵션을 초기화할 수 있습니다.

Q 그림자 효과의 Angle(각도)을 레이어별로 각각 따로 적용하려면 어떻게 해야 하나요?

작업 이미지의 Layer Style(레이어 스타일) 대화상자에서 'Use Global Light(전체 조명 사용)'의 체크를 해제하면 이미 적용한 다른 레이어에 영향을 미치지 않고 레이어별로 각도를 따로 설정할 수 있습니다.

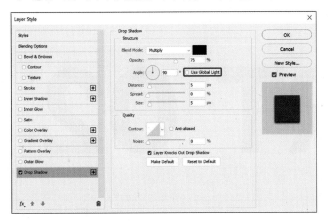

Q 레이어 마스크를 적용할 때 그레이디언트를 빠르게 'Black, White(검정, 흰색)'를 설정하는 방법은 없나요?

Gradient Tool(그레이디언트 도구, ▦)를 클릭하고 Option Bar(옵션 바)에서 'Click to open Gradient picker(클릭하여 그레이디언트 편집)'를 클릭한 후 Presets(사전 설정)에서 Basics(기본 사항)를 눌러 'Black, White(검정, 흰색)'를 선택합니다.

Tool Panel(도구 패널) 하단의 Default Foreground and Background Colors(기본 전경색과 배경색, ▣)를 클릭하여 기본값으로 설정한 후 Swatch Foreground and Background Colors(전경색과 배경색 전환, ↰)를 눌러 설정하는 방법도 있습니다.

Q 연속해서 사용자 정의 모양 도구로 그릴 때 Fill(칠)를 설정하면 먼저 그린 모양의 색상이 바뀌는데 어떻게 해결하나요?

연속해서 모양을 그릴 때는 이미 그린 모양 레이어가 선택된 상태로 옵션을 설정하므로 색상에 영향을 줍니다. Options Bar(옵션 바)에서 목록 단추를 눌러 새롭게 제시된 Shape(모양)를 선택하여 먼저 그린 후에 'Layer thumbnail(레이어 축소판)'을 더블 클릭하여 Fill(칠)을 변경합니다.

PART 02

포토샵
핵심 기능 익히기

※ 이 책은 Adobe Photoshop CC 2020 버전으로 작성되었으며, Adobe CC 버전은 해마다 업데이트 될 수 있고 그에 따른 프로그램의 버전(CC 2021, CC 2022, CC 2023 등)의 메뉴나 용어에서 차이가 있을 수 있습니다. 프로그램 버전에 의한 사유로 교환, 환불은 불가능합니다.

❶ **메뉴 표시줄** : 포토샵에서 사용하는 기능들을 분류한 곳으로 명령 실행을 위한 조건이 맞지 않으면 메뉴가 비활성 상태로 표시됩니다.

❷ **실행 바** : 작업 시에 편리하게 사용하는 기능을 모아 놓은 곳으로 찾기, 다양한 작업 영역 설정 및 초기화, 이미지 공유 등을 효율적으로 실행할 수 있습니다.

❸ **옵션 바** : 선택한 도구의 세부 옵션을 설정할 수 있고 다양한 속성을 지정할 수 있습니다.

❹ **도구 패널** : 포토샵의 각종 도구들을 아이콘 형식으로 모아 놓은 곳으로 오른쪽 하단 모서리에 검정색 삼각형이 표시된 도구는 마우스를 클릭하면 숨겨진 관련 도구가 표시되어 선택할 수 있습니다.

❺ **파일 이름 탭** : 열려 있는 작업 이미지의 파일명, 확장자, 화면 크기, 선택된 레이어 이름, 색상 모드, 최근 작업 저장 여부를 표시합니다. 여러 개의 이미지가 열려 있을 때는 파일 이름 탭을 클릭하여 작업 파일을 빠르게 선택할 수 있고 드래그하여 탭을 분리할 수 있습니다.

❻ **캔버스** : 실제 이미지 작업을 하는 공간으로 사각형의 작업 이미지 전체를 캔버스라고 합니다.

❼ **작업 표시줄** : 현재 작업 이미지의 화면 비율을 설정할 수 있고 Image Size(이미지 크기)를 표시합니다.

❽ **패널** : 포토샵에서 제공하는 다양한 기능이 팔레트 형식으로 구성되어 있으며 패널들을 서로 합치거나 분리하여 새롭게 정렬할 수 있고, Window 메뉴를 이용하여 패널을 다시 표시할 수 있습니다.

🎓 **기적의 Tip**

[Tab]을 누르면 모든 패널이 사라지거나 다시 표시할 수 있고, [Shift]와 [Tab]을 누르면 도구 패널을 제외한 패널만 사라지도록 하여 더 넓은 작업 공간을 사용할 수 있습니다.

🎓 **기적의 Tip**

작업 화면 밝게 조정하기

포토샵 CS6 버전부터 포토샵의 초기 실행 화면이 어두운 화면입니다. 환경설정에서 작업 화면의 밝기를 자유롭게 조정할 수 있습니다.

[Edit(편집)]–[Preference(환경설정)]([Ctrl]+[K])를 클릭하고 [Interface(인터페이스)]의 'Color Theme(색상 테마)'의 4번째 사각형을 클릭하여 교재의 메뉴가 잘 보이도록 화면의 밝기를 밝게 설정합니다.

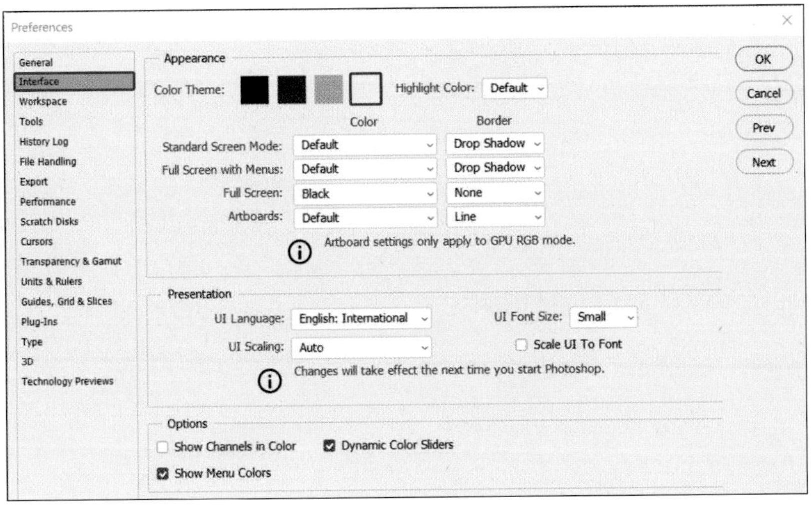

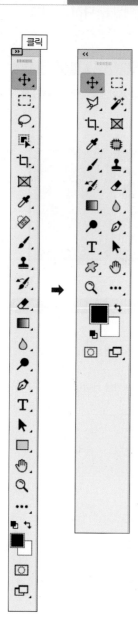

클릭

01　선택 도구

❶ Move Tool(이동 도구, ⊕) : 선택한 이미지를 드래그하여 이동할 때 사용하는 도구입니다. 작업 중 다른 도구가 선택되어 있을 때는 **Ctrl**을 누르면 이동 도구로 전환되며 열려 있는 다른 작업 이미지로 이미지를 드래그 앤 드롭하여 이동할 수 있고 안내선을 이동시킵니다. **Alt**를 누른 채 드래그하면 해당 레이어나 선택된 이미지를 복사할 수 있습니다.

❷ Artboard Tool(아트보드 도구, ⬚) : 아트보드를 만들 때 사용하는 도구입니다.

❸ Rectangular Marquee Tool(사각형 선택 윤곽 도구, ⬚) : 드래그하여 사각형 영역으로 선택할 때 사용하는 도구입니다. Shift 를 누른 채 드래그하면 정사각형으로, Alt 를 누른 채 드래그하면 중심에서부터 선택이 가능합니다.

❹ Elliptical Marquee Tool(원형 선택 윤곽 도구, ⭕) : 드래그하여 원형 영역으로 선택하는 도구입니다. Shift 를 누른 채 드래그하면 정원형으로 선택이 가능합니다.

❺ Single Row Marquee Tool(단일 행 선택 윤곽 도구, ⋯) : 클릭하여 1픽셀 굵기의 가로선 영역으로 선택하는 도구입니다.

❻ Single Column Marquee Tool(단일 열 선택 윤곽 도구, ⋮) : 클릭하여 1픽셀 굵기의 세로선 영역으로 선택하는 도구입니다.

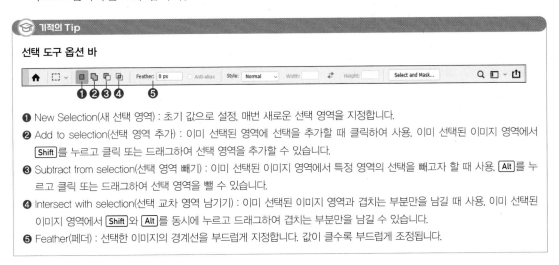
❼ Lasso Tool(올가미 도구, ⊘) : 드래그하여 자유로운 형태의 영역을 선택하는 도구입니다.

❽ Polygonal Lasso Tool(다각형 올가미 도구, ⬨) : 클릭하여 다각형 형태의 영역을 선택하는 도구입니다.

❾ Magnetic Lasso Tool(자석 올가미 도구, ⬨) : 색상 차이가 뚜렷한 이미지의 경계면을 자동으로 인식해서 선택 영역을 지정할 수 있습니다.

❿ Object Selection Tool(개체 선택 도구, ) : 드래그하여 복잡한 이미지의 선택 영역을 지정할 수 있습니다. 선택하려는 이미지 영역 이외의 불필요한 배경 또는 겹쳐져 있는 이미지를 선택 영역으로 지정하지 않습니다.

🎓 **기적의 Tip**

• 이미지에서 인물이나 자동차, 가구, 애완동물 등 윤곽이 분명한 개체를 선택합니다.
• 개체 둘레에 간단히 사각형 영역 또는 올가미를 그리면 영역 내의 개체를 자동으로 선택합니다.

⓫ Magic Wand Tool(자동 선택 도구,) : 클릭한 부분을 기준으로 색상이 유사한 이미지의 선택 영역을 지정할 수 있습니다. 옵션 바의 Tolerance(허용치)가 클수록 이미지를 클릭할 때 선택되는 색상 범위가 넓어집니다.

⓬ Quick Selection Tool(빠른 선택 도구,) : 클릭 또는 드래그한 부분을 기준으로 하여 색상이 비슷한 선택 영역을 빠르게 지정할 수 있습니다. 옵션 바의 브러시 크기를 조절하여 선택 영역을 조절할 수 있습니다.

🎓 **기적의 Tip**

Quick Selection Tool(빠른 선택 도구)의 옵션

❶❷❸　❹

❶ New Selection(새 선택 영역) : 초기 값으로 새로운 선택 영역을 지정합니다.
❷ Add to selection(선택 영역에 추가) : Quick Selection Tool(빠른 선택 도구)로 이미지 영역을 선택하면 자동으로 선택 영역을 추가하는 옵션이 지정됩니다.
❸ Subtract from selection(선택 영역에서 빼기) : 이미 선택된 이미지 영역에서 특정 영역의 선택을 빼고자 할 때 사용, [Alt]를 누르고 클릭 또는 드래그하여 선택 영역을 뺄 수 있습니다.
❹ Brush Options(브러시 옵션) : 크기, 경도, 간격, 각도 등 브러시의 세부 옵션을 지정할 수 있습니다. 키보드의 [[] 또는 []]를 눌러 작업 중 브러시의 크기를 빠르게 조정할 수 있습니다.

02 자르기 및 분할 영역 도구

❶ Crop Tool(자르기 도구,) : 이미지의 불필요한 영역을 잘라내는 도구입니다. 드래그하여 범위를 지정하고 회전할 수도 있습니다. 자르기 영역 내부에 더블 클릭 또는 [Enter]를 눌러 잘라내기를 하거나 [Esc]를 눌러 잘라내기 상태를 취소할 수 있습니다.

❷ Perspective Crop Tool(원근 자르기 도구,) : 원근감이 표현되도록 이미지를 잘라내는 도구입니다.

❸ Slice Tool(분할 도구,) : 드래그하여 웹용으로 사용할 이미지를 분할하는 도구입니다.

❹ Slice Select Tool(분할 선택 도구,) : 분할 도구로 분할한 이미지를 각각 선택하는 도구입니다.

03 프레임 도구

❶ Frame Tool(프레임 도구, ⊠) : 사각형 또는 원형으로 드래그하여 프레임을 만들어 클리핑 마스크가 적용된 것과 같이 이미지를 배치하는 도구입니다.

04 색상 추출과 측정 도구

❶ Eyedropper Tool(스포이트 도구, ✐) : 이미지에 클릭하여 색상을 추출합니다.

❷ 3D Material Eyedropper Tool(3D 재질 스포이트 도구, ✐) : 3D 입체 객체의 색상을 추출합니다.

❸ Color Sampler Tool(색상 샘플러 도구, ✐) : Info Panel(정보 패널)에서 선택한 색상의 정보를 표시합니다.

❹ Ruler Tool(눈금자 도구, ▭) : 드래그하여 이미지의 길이와 각도를 측정합니다.

❺ Note Tool(메모 도구, ▤) : 이미지에 메모를 표시합니다.

❻ Count Tool(카운트 도구, ₁₂³) : 클릭하여 수를 셀 때 사용합니다.

05 재손질 도구

❶ Spot Healing Brush Tool(스팟 복구 브러시 도구, ⌧) : 클릭 또는 드래그하여 반점을 제거하거나 특정 영역의 이미지를 수정합니다.

❷ Healing Brush Tool(복구 브러시 도구, ✐) : Alt를 누른 채 이미지의 특정 영역을 클릭한 후 수정하고자 하는 영역에 드래그합니다. 복제와 명암 조절이 동시에 적용되어 자연스러운 수정이 가능합니다.

❸ Patch Tool(패치 도구, ▦) : 드래그하여 수정하려는 영역을 선택한 후 특정 영역으로 드래그하여 수정합니다.

❹ Content-Aware Move Tool(내용 인식 이동 도구, ✕) : 드래그하여 영역을 선택한 후 특정 영역으로 이동하면 주변의 픽셀 값을 인식하여 자연스럽게 수정됩니다.

❺ Red Eye Tool(적목 현상 도구, ⊕) : 사진 촬영 시 플래시로 인해 발생하는 눈동자의 빨간색 반사를 드래그하여 수정합니다.

❻ Clone Stamp Tool(복제 도장 도구, ▨) : Alt를 누른 채 클릭한 특정 영역을 복제할 소스로 지정한 후 드래그하여 도장을 찍듯이 복제합니다.

❼ Pattern Stamp Tool(패턴 도장 도구, ▨) : 드래그하여 옵션 바에서 지정한 패턴으로 반복적인 무늬를 채웁니다.

❽ Eraser Tool(지우개 도구, ▱) : 클릭 또는 드래그하여 이미지를 지웁니다. 배경 이미지(Background)를 지우면 배경색으로 채워집니다.

❾ Background Eraser Tool(배경 지우개 도구, ⬚) : 지운 영역을 투명하게 만들어 레이어 속성이 됩니다.

❿ Magic Eraser Tool(자동 지우개 도구, ⬚) : 클릭 지점을 기준으로 비슷한 색상 영역을 삭제하여 투명한 레이어 속성이 됩니다.

⓫ Blur Tool(흐림 효과 도구, ⬚) : 이미지에 클릭 또는 드래그하여 흐릿하게 만듭니다.

⓬ Sharpen Tool(선명 효과 도구, ⬚) : 이미지에 클릭 또는 드래그하여 선명하게 만듭니다.

⓭ Smudge Tool(손가락 도구, ⬚) : 이미지에 드래그하여 핑거페인팅 기법처럼 문지르는 방향으로 뭉갤 수 있습니다.

⓮ Dodge Tool(닷지 도구, ⬚) : 이미지에 클릭 또는 드래그하여 밝게 만듭니다.

⓯ Burn Tool(번 도구, ⬚) : 이미지에 클릭 또는 드래그하여 어둡게 만듭니다.

⓰ Sponge Tool(스폰지 도구, ⬚) : 이미지에 클릭 또는 드래그하여 채도를 조절합니다.

> **🎓 기적의 Tip**
>
> **마우스 포인터가 원형 모양이 아닌 경우 변경하는 방법**
>
> 키보드의 Caps Lock 이 켜져 있는 경우는 십자 모양의 Precise 커서로 표시되므로 Caps Lock 을 다시 눌러 끕니다.

06 페인팅 도구

❶ Brush Tool(브러시 도구, ⬚) : 브러시 세팅 및 브러시 패널과 옵션 바를 설정하여 붓으로 그린 듯한 다양한 페인팅 표현이 가능합니다.

> **🎓 기적의 Tip**
>
> **옵션 바의 브러시 크기를 빠르게 조절하는 방법**
>
> 마우스 포인터가 원형 모양으로 표시되는 대부분의 도구는 키보드의 [또는]를 눌러 작업 중 브러시의 점증적인 크기 변화를 빠르게 조절할 수 있습니다.

❷ Pencil Tool(연필 도구, ⬚) : 연필로 그린 듯이 선명한 표현이 가능하며 Anti-alias가 지원되지 않는 도구입니다.

❸ Color Replacement Tool(색상 대체 도구, ⬚) : 드래그하여 전경색으로 이미지의 색상을 대체합니다.

❹ Mixer Brush Tool(혼합 브러시 도구, ⬚) : 색상을 혼합하여 칠합니다.

❺ History Brush Tool(작업 내역 브러시 도구, ⬚) : 추가로 작업된 이미지 위에 드래그하여 작업 순서와 무관하게 원본 이미지로 복구가 가능합니다.

❻ Art History Brush Tool(미술 작업 내역 브러시 도구, ⬚) : 회화적인 형태의 터치가 가미되면서 원본 이미지로 복구합니다.

❼ Gradient Tool(그레이디언트 도구, 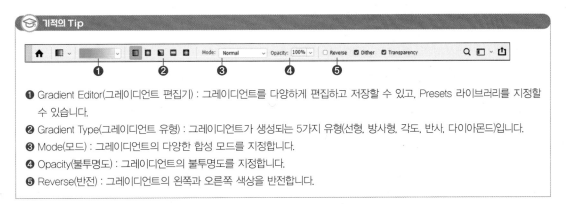) : 두 가지 이상의 색상을 지정하여 자연스러운 그레이디언트 효과로 채웁니다.

❽ Paint Bucket Tool(페인트 통 도구,) : 작업 이미지에 클릭하여 Foreground(전경색) 또는 Pattern(무늬)을 채웁니다.

❾ 3D Material Drop Tool(3D 재질 놓기 도구,) : 3D 입체 객체에 색 또는 Pattern(무늬)을 채웁니다.

07 그리기 도구

❶ Pen Tool(펜 도구,) : 클릭 또는 드래그하여 패스 또는 모양을 그립니다.

• 직선형 닫힌 패스 그리기 : 클릭하여 모양을 그리는 선분을 연결하고 처음에 클릭한 기준점에 클릭하여 닫힌 패스를 완성합니다.

• 곡선형 닫힌 패스 그리기 : 처음 시작점을 클릭하여 기준점을 만들고 곡선 모양에 따라 드래그하여 그립니다. 드래그하면 기준점의 양쪽에 곡선의 길이와 방향을 조절할 수 있는 핸들이 생성됩니다. 다음에 연결되는 곡선의 방향이 전환될 때는 기준점에 Alt 를 누른 채 클릭하여 오른쪽 핸들을 삭제한 후 연결하여 그립니다.

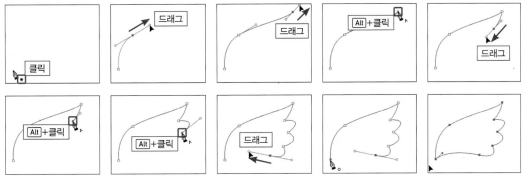

작업 속성에 따른 Pen Tool(펜 도구, ✐)의 옵션

1) Path 속성일 때의 옵션 바 : 선택 경로를 저장하는 패스가 생성되며, 레이어는 추가되지 않고 패스 패널에 'Work Path(작업 패스)'가 생성되어 패스를 저장할 수 있습니다. 패스를 서로 겹쳐 그리면 겹친 부분은 선택으로 전환 시 선택 영역에서 제외됩니다. 옵션에서 설정을 수정하여 다양한 패스 작업을 할 수 있습니다.

▲ 2개의 패스 겹쳐 그리기   ▲ Paths(패스) 패널의 Work Path(작업 패스)

2) Shape 속성일 때의 옵션 바 : 칠과 선 속성을 지정하여 Shape(모양) 레이어가 추가되며 패스 패널에 'Shape path(모양 패스)'가 생성됩니다. Path operations(패스 작업)의 설정을 수정하여 다양한 모양을 만들 수 있습니다.

❷ Freeform Pen Tool(자유 형태 펜 도구, ✐) : 드래그하는 방향대로 자유롭게 패스를 그립니다.

❸ Curvature Pen Tool(곡률 펜 도구, ✐) : 베지어 곡선을 이용하지 않고 클릭만으로도 곡선 패스를 그립니다.

❹ Add Anchor Point Tool(기준점 추가 도구, ✐) : 그려진 패스의 선분에 클릭하여 기준점을 추가하고 모양을 편집할 수 있습니다.

❺ Delete Anchor Point Tool(기준점 삭제 도구, ✐) : 그려진 패스의 기준점에 클릭하여 기준점을 삭제합니다.

❻ Convert Point Tool(기준점 변환 도구, ⋀) : 곡선 패스의 기준점에 클릭하여 직선 패스로 변형하거나 직선 패스의 기준점에 드래그하여 곡선 패스로 변형합니다.

작업 중 다양하게 바뀌는 Pen Tool(펜 도구)의 모양

• ✑ : 패스를 그리는 시작점을 표시합니다. [Caps Lock]이 켜져 있으면 ⊹로 표시됩니다.
• ✑ : 패스 작업 중일 때 표시입니다.
• ▸ : 패스를 그리는 과정 중 드래그하여 곡선 패스를 그릴 때 표시입니다.
• ✑ : 곡선 패스를 그린 후 직선 또는 방향선이 다른 패스를 연결하여 그릴 때 [Alt]를 누른 채 기준점에 클릭 시 표시입니다.
• ✑ₒ : 패스의 시작점과 연결하는 끝 기준점을 표시하며 클릭하면 닫힌 패스를 만들 수 있습니다.
• ✑ₒ : 선택이 해제된 열린 패스의 끝 기준점에 마우스를 위치할 때 표시되며 클릭하면 연결하여 그릴 수 있습니다.

❼ Path Selection Tool(패스 선택 도구, ▸) : 패스 전체를 선택하여 이동 및 변형을 할 때 사용합니다.

❽ Direct Selection Tool(직접 선택 도구, ▶) : 패스의 일부 기준점 또는 핸들을 선택하여 부분적으로 수정할 때 사용합니다.

❾ Rectangle Tool(사각형 도구, ▢) : 드래그하여 사각형 모양을 만들 수 있습니다. 도큐먼트에 클릭하여 수치를 입력하여 만들 수도 있습니다. 모양 레이어가 생성되며, 옵션 바 또는 속성 패널에서 편집이 가능합니다.

❿ Rounded Rectangle Tool(모서리가 둥근 직사각형 도구, ▢) : 드래그하여 모서리가 둥근 사각형 모양을 만들 수 있습니다. 도큐먼트에 클릭하여 수치를 입력하여 만들 수도 있습니다.

⓫ Ellipse Tool(타원 도구, ◯) : 드래그 또는 클릭하여 원형 모양을 만듭니다.

⓬ Polygon Tool(다각형 도구, ◯) : 드래그 또는 클릭하여 다각형과 별 모양을 다양하게 만듭니다.

⓭ Line Tool(선 도구, ╱) : 드래그하여 다양한 선 모양을 만듭니다.

⓮ Custom Shape Tool(사용자 정의 모양 도구, ✿) : 다양한 셰이프 라이브러리나 사용자가 직접 등록한 셰이프로 다양한 모양을 만듭니다.

🎓 기적의 Tip

Legacy Shapes and More(레거시 모양 및 기타)로 이전 버전의 사용자 정의 모양 도구 추가하기

[Window(창)]-[Shapes(모양)]을 클릭하고 Shapes Panel(모양 패널)의 팝업 메뉴에서 'Legacy Shapes and More(레거시 모양 및 기타)'를 클릭하여 이전 버전의 사용자 정의 모양 라이브러리를 추가할 수 있습니다.

🎓 기적의 Tip

Option Bar(옵션 바)에서 'Shape(모양)'로 설정한 후 목록 단추에서 Legacy Shapes and More(레거시 모양 및 기타)를 클릭하여 확장하고 계속해서 All Legacy Default Shapes(모든 레거시 기본 모양)를 클릭하여 확장한 후 다양한 모양을 선택할 수 있습니다.

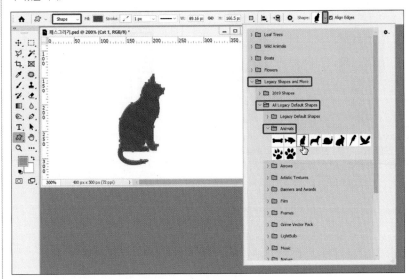

기적의 Tip

그리기 도구 공통 : 옵션 바의 'Shape' 모드의 Path operations(패스 작업) 설정

```
✓ ☐ New Layer
  ☐ Combine Shapes
  ☐ Subtract Front Shape
  ☐ Intersect Shape Areas
  ☐ Exclude Overlapping Shapes
  ☐ Merge Shape Components
```

❶ New Layer(새 레이어, ▣) : 기본값으로 설정되어 있어 새로운 모양을 그리면 새로운 모양 레이어가 계속해서 추가됩니다.

❷ Combine Shapes(모양 결합, ▣) : 하나의 레이어에 2개 이상의 모양을 동시에 그릴 수 있으며 칠 색상으로 모양이 표시됩니다.

❸ Subtract Front Shape(전면 모양 빼기, ▣) : 이미 그린 모양에 겹치도록 그려서 나중에 그린 모양으로 빼서 최종적인 모양을 남깁니다.

❹ Intersect Shape Areas(모양 영역 교차, ▣) : 이미 그린 모양에 겹치도록 그려서 겹친 부분의 모양이 칠 색상으로 표시됩니다.

❺ Exclude Overlapping Shapes(모양 오버랩 제외, ▣) : 이미 그린 모양에 겹치도록 그려서 서로 겹친 부분의 모양으로 빼고 최종적인 모양을 남깁니다.

❻ Merge Shape Components(모양 병합 구성 요소, ▣) : 하나의 레이어에 2개 이상의 모양을 그리고 최종적으로 하나의 모양으로 병합할 수 있습니다.

▲ New Layer(새 레이어, ▣) : 원 그리기

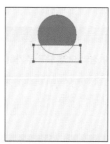

▲ Subtract Front Shape(전면 모양 빼기, ▣) : 사각형 그리기

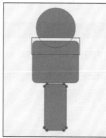

▲ Combine Shapes(모양 결합, ▣) : 2개의 둥근 사각형과 사각형 그리기

▲ Subtract Front Shape(전면 모양 빼기, ▣) : 2개의 사각형 그리기

▲ Subtract Front Shape(전면 모양 빼기, ▣) : 펜 도구로 그리기

▲ Merge Shape Components(모양 병합 구성 요소, ▣)

▲ Layer Style(레이어 스타일, ▣) : 내부 그림자 적용

08 문자 도구

❶ Horizontal Type Tool(수평 문자 도구, T) : 문자를 가로 방향으로 입력하며 문자 레이어를 추가합니다.

❷ Vertical Type Tool(세로 문자 도구, ⁣T) : 문자를 세로 방향으로 입력하며 문자 레이어를 추가합니다.

❸ Vertical Type Mask Tool(세로 문자 마스크 도구, ⁣T) : 세로 방향의 문자 선택 영역을 만듭니다.

❹ Horizontal Type Mask Tool(수평 문자 마스크 도구, T) : 가로 방향의 문자 선택 영역을 만듭니다.

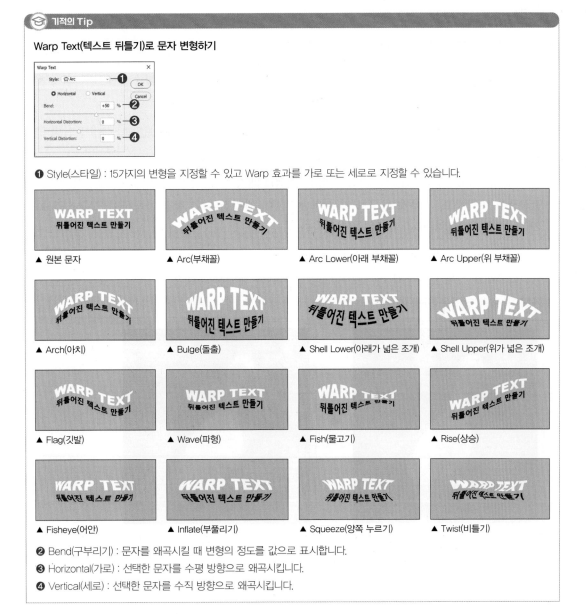

기적의 Tip

Warp Text(텍스트 뒤틀기)로 문자 변형하기

❶ Style(스타일) : 15가지의 변형을 지정할 수 있고 Warp 효과를 가로 또는 세로로 지정할 수 있습니다.

▲ 원본 문자 ▲ Arc(부채꼴) ▲ Arc Lower(아래 부채꼴) ▲ Arc Upper(위 부채꼴)

▲ Arch(아치) ▲ Bulge(돌출) ▲ Shell Lower(아래가 넓은 조개) ▲ Shell Upper(위가 넓은 조개)

▲ Flag(깃발) ▲ Wave(파형) ▲ Fish(물고기) ▲ Rise(상승)

▲ Fisheye(어안) ▲ Inflate(부풀리기) ▲ Squeeze(양쪽 누르기) ▲ Twist(비틀기)

❷ Bend(구부리기) : 문자를 왜곡시킬 때 변형의 정도를 값으로 표시합니다.

❸ Horizontal(가로) : 선택한 문자를 수평 방향으로 왜곡시킵니다.

❹ Vertical(세로) : 선택한 문자를 수직 방향으로 왜곡시킵니다.

09 내비게이션 도구

❶ Hand Tool(손 도구, 🖐️) : 큰 이미지 또는 확대된 이미지의 가려진 영역을 이동해서 볼 수 있으며, Hand Tool(손 도구)을 더블 클릭하여 현재 도규먼트 크기에 맞추어 전체 이미지를 보여줍니다.

❷ Rotate View Tool(회전 보기 도구, 🔄) : 작업 이미지를 드래그하여 캔버스를 자유롭게 회전하여 편집 작업이 편리하도록 배치합니다. 더블 클릭하면 원래대로 배치됩니다.

❸ Zoom Tool(돋보기 도구, 🔍) : 이미지의 특정 부분을 확대 또는 축소하여 봅니다. Zoom Tool(돋보기 도구)을 더블 클릭하여 화면 배율을 100%로 맞추어 보여줍니다.

10 색상 지정과 편집 모드 보기

❶ Edit Toolbar(도구 패널 편집, ⋯) : 도구 패널을 편집하여 사용자가 편리하게 도구를 편집합니다.

❷ Default Foreground and Background Colors(기본 전경색과 배경색, ▣) : 클릭하여 전경색을 검은색, 배경색을 흰색으로 빠르게 설정합니다.

❸ Switch Foreground and Background Colors(전경색과 배경색 전환, ↰)(Shift + X) : 클릭하여 전경색과 배경색을 서로 바꿉니다.

❹ Set Foreground Color, Background Color(전경색과 배경색, ▣) : 페인팅, 문자, 모양을 만들 때 전경색이 채워지고, 지우개 도구로 지우면 배경색이 채워집니다. 각각 클릭하여 Color Picker (색상 픽커) 대화상자에서 색상을 지정합니다.

❺ Edit in Quick Mask Mode(퀵 마스크/표준 모드 전환, ◉) : 표준 모드와 퀵 마스크 모드로 전환합니다. 퀵 마스크 모드에서 마스크 영역을 활용하여 세밀한 선택을 편집한 후 표준 모드로 전환하여 선택 영역을 만들 수 있습니다.

▲ 퀵 마스크 모드

▲ 표준 모드

❻ 스크린 전환 모드 : Standard Screen Mode(정상 스크린 모드, ▣), Full Screen Mode With Menu Bar(메뉴 바가 있는 전체 스크린 모드, ▢), Full Screen Mode(전체 스크린 모드, ⬛)로 포토샵의 화면 표시 방법을 선택할 수 있습니다.

주요 메뉴

01 File(파일)

❶ New(새로 만들기)(Ctrl+N) : 새로운 도큐먼트를 만드는 메뉴로 문제지에서 제시한 규격대로 단위를 지정하여 만듭니다.

> 🎓 **기적의 Tip**
>
> **시작 화면에서 새 파일 만들기**
> 포토샵의 시작 화면에서 'Create new' 버튼을 클릭하여 설정할 수도 있습니다.

❷ Open(열기)(Ctrl+O) : 저장된 포토샵 도큐먼트를 열거나 소스 이미지를 열 수 있습니다.

❸ Close(닫기)(Ctrl+W) : 현재 선택된 포토샵 도큐먼트를 닫습니다.

❹ Close All(모두 닫기)(Alt+Ctrl+W) : 열려 있는 모든 포토샵 도큐먼트를 닫습니다.

❺ Save(저장)(Ctrl+S) : 현재 선택된 포토샵 도큐먼트를 처음 저장했던 동일한 이름, 동일한 위치, 동일한 포맷으로 저장할 때 사용하는 메뉴입니다.

❻ Save As(다른 이름으로 저장)(Shift+Ctrl+S) : 현재 선택된 포토샵 도큐먼트를 다른 이름 또는 다른 위치와 포맷으로 저장할 때 사용하는 메뉴입니다.

❼ Exit(종료)(Ctrl+Q) : 포토샵 프로그램을 종료하는 메뉴입니다.

02 Edit(편집)

❶ Undo(명령 취소)(Ctrl+Z) : 현재 작업 중인 도큐먼트에 작업 과정을 순차적으로 취소하는 메뉴입니다.

❷ Redo(다시 실행) : 작업 과정을 취소한 만큼 복구하는 메뉴입니다.

❸ Cut(잘라내기)(Ctrl+X) : 선택한 이미지를 잘라서 클립보드에 임시로 저장하는 메뉴입니다.

❹ Copy(복사)(Ctrl+C) : 선택한 이미지를 복사하여 클립보드에 임시로 저장하는 메뉴입니다.

❺ Copy Merged(병합하여 복사) : 선택한 레이어와 무관하게 선택 영역 내의 모든 이미지를 병합하여 복사하고 클립보드에 임시로 저장하는 메뉴입니다.

❻ Paste(붙여넣기)(Ctrl+V) : 자르거나 복사하여 클립보드에 임시로 저장한 이미지를 현재 작업 중인 도큐먼트에 붙여 넣는 메뉴입니다.

❼ Fill(칠) : 전경색, 배경색, 내용 인식, 작업 내역, 패턴 등으로 면을 채우는 메뉴입니다.

❽ Stroke(획) : 선택한 이미지의 가장자리에 선(획)의 굵기, 선 색상, 위치 등을 지정하여 채우는 메뉴입니다.

❾ Free Transform(자유 변형)(Ctrl+T) : 단축키를 사용하여 선택한 이미지의 크기, 회전, 원근, 왜곡, 뒤집기 등 다양한 변형을 할 수 있는 자유 변형 메뉴입니다.

🎓 기적의 Tip

▲ 원본 이미지

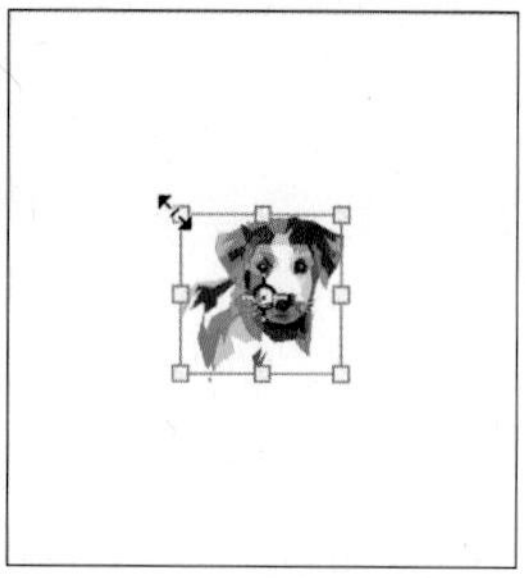

▲ Scale(비율) : Shift+드래그하면 종횡비를 유지

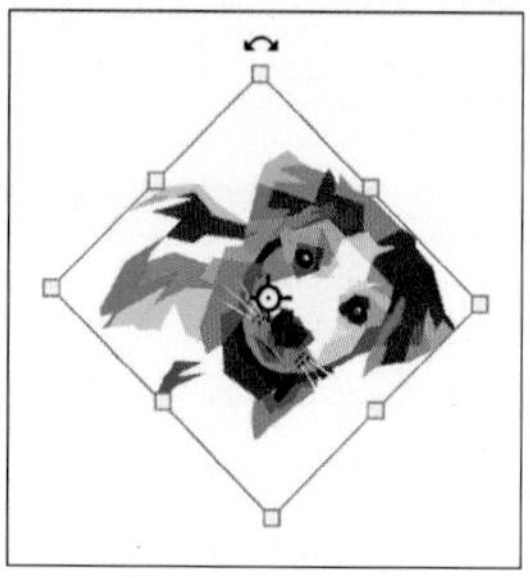

▲ Rotate(회전) : Shift+드래그하면 15°씩 회전

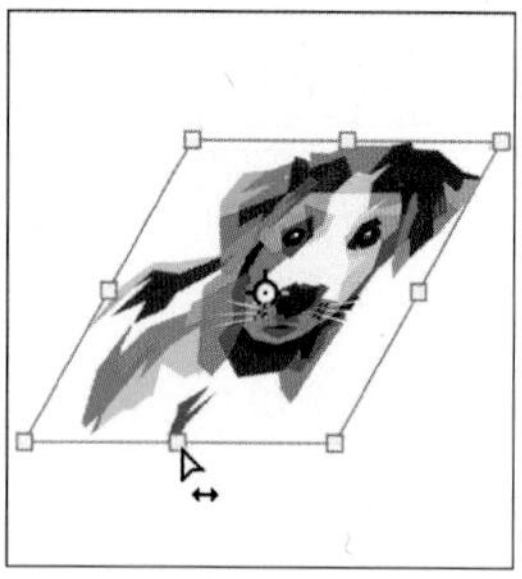

▲ Skew(기울이기) : Ctrl+가운데 조절점 드래그로 변형

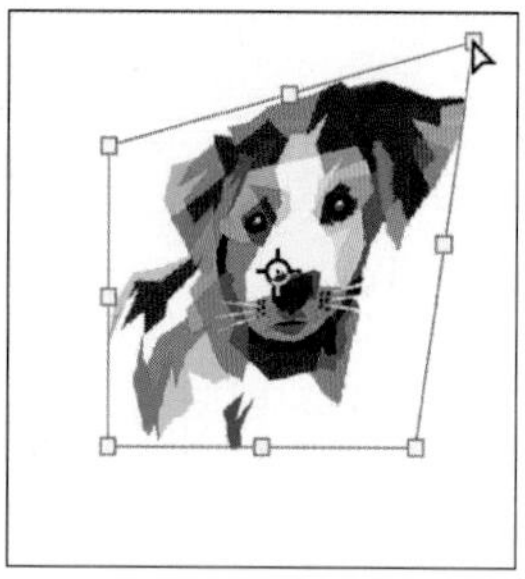

▲ Distort(왜곡) : Ctrl+모서리 조절점 드래그로 변형

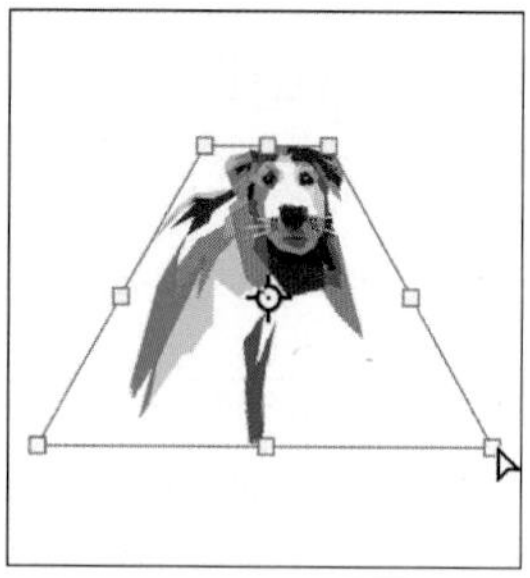

▲ Perspective(원근) : Ctrl+Shift +Alt 모서리 조절점 드래그로 변형

▲ Warp(뒤틀기) : 핸들 및 점을 드래그하여 변형

▲ Flip Horizontal(가로로 뒤집기)

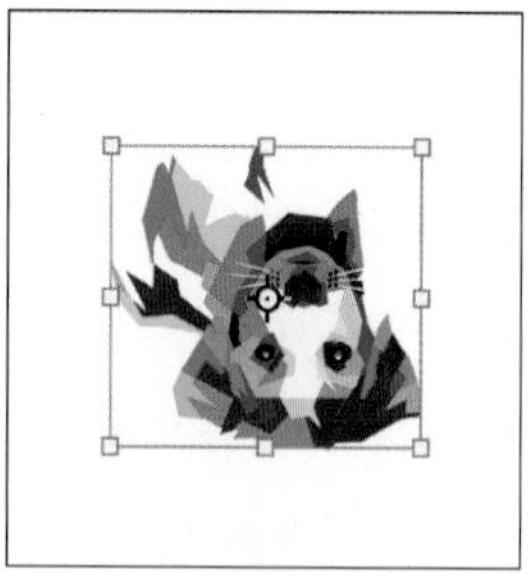

▲ Flip Vertical(세로로 뒤집기)

❿ Define Pattern(패턴 정의) : 선택한 이미지를 패턴으로 정의하여 등록하는 메뉴입니다.

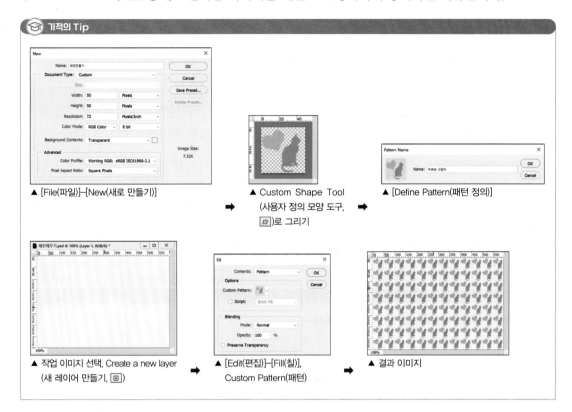

⓫ Define Custom Shape(사용자 정의 모양 정의) : 선택한 모양을 사용자 지정 모양으로 정의하여 등록하는 메뉴입니다.

⓬ Preferences(환경 설정) : 작업자의 편의대로 다양한 작업 환경을 설정할 수 있는 메뉴입니다.

03 Image(이미지)

❶ Mode(모드) : RGB Color, CMYK Color, Grayscale 등 다양한 색상 모드를 설정하는 메뉴입니다.

❷ Adjustments(조정) : 선택한 이미지의 밝기, 대비, 색상, 채도, 음영 등 다양하게 이미지를 조정하는 메뉴입니다.

❸ Image Size(이미지 크기)(Alt + Ctrl + I) : 이미지의 폭, 높이, 해상도를 조정하여 이미지를 늘리거나 줄이는 메뉴입니다.

❹ Canvas Size(캔버스 크기) : 현재 캔버스의 폭, 높이를 특정한 방향을 지정하여 확장하는 메뉴입니다.

❺ Image Rotation(이미지 회전) : 현재 캔버스를 180°, 시계 방향 90°, 반시계 방향 90° 등으로 회전하거나 수평, 수직 방향으로 반전하는 메뉴입니다.

04 Layers(레이어)

❶ New(새로 만들기) : 새로운 속성의 레이어를 만드는 메뉴입니다.

❷ Layer Style(레이어 스타일) : 현재 선택한 레이어에 그림자, 광선, 경사와 엠보스, 획 등의 효과와 레이어 스타일 복사 및 붙여넣기 등의 명령을 줄 수 있는 메뉴입니다.

❸ New Adjustment Layer(새 조정 레이어 만들기) : 현재 선택한 레이어의 위쪽으로 명도, 대비, 채도, 색조 등의 이미지를 보정을 할 수 있는 다양한 조정 레이어를 추가하는 메뉴입니다.

❹ Layer Mask(레이어 마스크) : 현재 선택한 레이어에 작업 이미지의 일부를 자연스럽게 지워 아래쪽에 배치된 이미지와 합성을 할 수 있는 레이어 마스크를 추가하는 메뉴입니다.

❺ Create Clipping Mask(클리핑 마스크 만들기)(Alt+Ctrl+G) : 레이어 패널에서 현재 선택한 레이어의 픽셀이 있는 부분과 겹치는 바로 아래쪽 레이어의 이미지만을 잘라서 보여주고 그 이외의 부분은 가려져서 투명하게 처리하는 메뉴입니다.

> **기적의 Tip**
>
> **레이어 패널에서 Clipping Mask(클리핑 마스크) 적용하기**
> 레이어의 경계선에 Alt 를 누른 채 클릭하여 클리핑 마스크를 적용할 수 있습니다.
>
>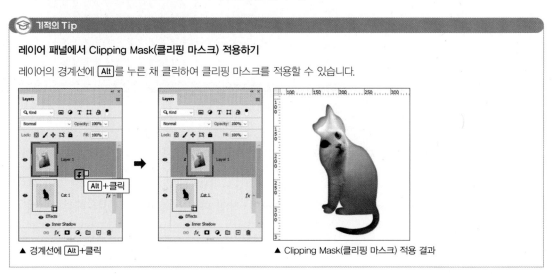
>
> ▲ 경계선에 Alt+클릭   ▲ Clipping Mask(클리핑 마스크) 적용 결과

05 Select(선택)

❶ All(모두)(Ctrl+A) : 작업 이미지를 모두 선택하는 메뉴입니다.

❷ Deselect(선택 해제)(Ctrl+D) : 현재 선택한 이미지의 선택을 해제하는 메뉴입니다.

❸ Inverse(선택 반전)(Shift+Ctrl+I) : 선택을 반전하는 메뉴로 선택된 이미지를 해제시키고 선택되지 않은 나머지 이미지가 선택됩니다.

06 Filter Gallery(필터 갤러리)

[Filter(필터)]–[Filter Gallery(필터 갤러리)] 메뉴는 그림 효과에 반드시 출제되는 메뉴입니다. 특정 필터의 이름으로만 제시되므로 해당 필터의 분류와 위치 등을 잘 숙지하여야 합니다. 보통은 필터의 기본값을 사용합니다. 문제에 따라서는 시험 문제의 출력 결과와 비교하여 옵션을 조절하여 적용하기도 합니다.

▲ 원본 이미지

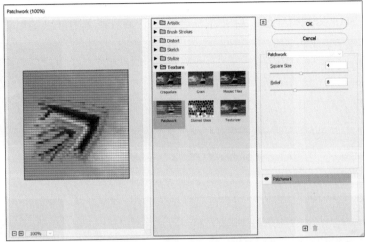

❶ Artistic(예술 효과) : 예술적이고 회화적인 효과를 표현하는 필터입니다.

▲ 원본 이미지

▲ Colored Pencil(색연필)

▲ Cutout(오려내기)

▲ Dry Brush(드라이 브러시)

▲ Film Grain(필름 그레인)

▲ Fresco(프레스코)

▲ Neon Glow(네온광)

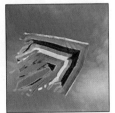

▲ Paint Daubs(페인트 덥스/
  페인트 바르기)

▲ Palette Knife
  (파레트 나이프)

▲ Plastic Wrap
  (플라스틱 포장)

▲ Poster Edges
  (포스터 가장자리)

▲ Rough Pastels
  (거친 파스텔)

▲ Smudge Stick(문지르기)

▲ Sponge(스폰지)

▲ Underpaing(언더페인팅)

▲ Watercolor(수채화)

❷ Brushes Strokes(브러시 선) : 다양한 브러시의 선 효과를 표현하는 필터입니다.

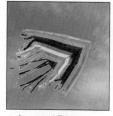
▲ Accented Edges
(강조된 가장자리)

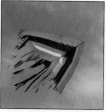
▲ Angled Strokes(각진 선)

▲ Crosshatch(그물눈)

▲ Dark Strokes(어두운 선)

▲ Ink Outlines(잉크 윤곽선)

▲ Spatter(뿌리기)

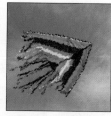
▲ Sprayed Strokes
(스프레이 선)

▲ Sumi-e(수미-에)

❸ Distort(왜곡) : 기하학적인 모양으로 이미지를 왜곡하여 표현하는 필터입니다.

▲ Diffuse Glow(분산된 빛)

▲ Glass(유리)

▲ Ocean Ripple(바다 물결)

❹ Sketch(스케치 효과) : 손으로 그린 미술 효과를 다양하게 표현하는 필터입니다.

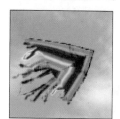
▲ Water Paper(물 종이)

❺ Texture(텍스처) : 다양한 질감을 표현하는 필터입니다.

▲ Craquelure(균열)

▲ Grain(그레인)

▲ Mosaic Tiles
(모자이크 타일)

▲ Patchwork(패치워크)

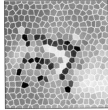
▲ Stained Glass(스테인드
글라스/채색 유리)

▲ Texturizer(텍스처화)

❻ Blur(흐림 효과) : 이미지에 흐림 효과를 표현하는 필터입니다.

▲ Gaussian Blur
(가우시안 흐림 효과)

▲ Motion Blur
(동작 흐림 효과)

▲ Radial Blur
(방사형 흐림 효과)

❼ Noise(노이즈) : 이미지에 잡티를 추가하여 거칠게 하거나 단순화 효과를 표현하는 필터입니다.

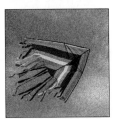
▲ Add Noise(노이즈 추가)

❽ Pixelate(픽셀화) : 이미지의 픽셀을 다양한 방법으로 표현하는 필터입니다.

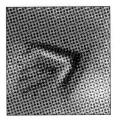
▲ Color Halftone
(색상 하프톤)

▲ Crystallize(수정화)

▲ Facet(단면화)

▲ Fragment(분열)

▲ Mezzotint(메조틴트)

▲ Mosaic(모자이크)

▲ Pointillize(점묘화)

❾ Render(렌더) : 이미지에 구름, 렌즈 플레어, 조명 효과 등을 표현하는 필터입니다.

▲ Lens Flare(렌즈 플레어)

07 View(보기)

❶ Show(표시) : 안내선, 격자, 고급 안내선 등 다양한 표시를 지정할 수 있습니다.
  • Grid(격자)(Ctrl+') : 작업 이미지 전체에 격자 표시를 보거나 숨기는 메뉴입니다.
  • Guides(안내선)(Ctrl+;) : 작업 이미지에 상단과 왼쪽에 표시된 눈금자에서 마우스를 드래그 앤 드롭하여 표시한 안내선을 보거나 숨기는 메뉴입니다.

❷ Rulers(눈금자)(Ctrl+R) : 작업 이미지의 상단과 왼쪽에 눈금자 표시를 보거나 숨기는 메뉴입니다. 눈금자 위에 마우스 오른쪽 버튼을 클릭하여 단위를 지정할 수 있습니다. 눈금자로부터 드래그 앤 드롭하여 작업 이미지에 작업 안내선을 표시할 수 있습니다.

❸ Snap(스냅) : 도구를 이용하여 클릭 및 드래그할 때 자석에 붙듯이 마우스 포인터가 붙는 메뉴입니다. Snap To 메뉴에서 다양하게 지정할 수 있습니다.

❹ Lock Guides(안내선 잠그기) : 눈금자에서 드래그하여 도큐먼트에 표시한 안내선을 잠그는 메뉴입니다.

❺ Clear Guides(안내선 지우기) : 작업 이미지에 표시한 안내선을 모두 삭제하는 메뉴입니다.

08 Window(창)

도구 패널과 옵션, 다양한 패널을 보거나 숨기는 메뉴입니다. 현재 열려 있는 작업 이미지를 목록화하여 하단에 표시합니다.

패널

01 History(작업 내역)

현재 이미지의 작업 과정이 순서대로 기록되어 있는 패널입니다. 작업이 잘못되면 이전 항목을 클릭하여 작업 결과를 되돌릴 수 있는 다중 명령 취소와 작업 중간 과정을 스냅 샷으로 설정할 수 있습니다.

02 Properties(속성)

현재 작업 이미지에서 선택한 이미지나 문자 레이어, 조정 레이어, 모양 레이어 등에 따라 속성을 각각 표시하며 변형, 정렬, 해당되는 옵션 등을 설정할 수 있습니다.

03 Color(색상)

클릭하여 색상을 지정할 수 있습니다. 패널 오른쪽 상단의 팝업 버튼을 눌러 색상 모드를 변환할 수 있습니다. 문제지에 제시된 RGB 컬러의 색상 코드를 바로 입력하기 위해서 'Web Color Sliders'로 변환합니다.

04 Swatches(색상 견본)

사용자 정의 색상을 등록할 수 있는 팔레트로 미리 설정된 다양한 특별 색상을 사용할 수 있습니다.

05 Adjustments(조정)

- 이미지의 명도, 대비, 색조, 채도 등의 보정을 위한 조정 레이어를 클릭하여 추가할 수 있는 패널입니다.
- Properties(속성) 패널에서 세부 옵션을 설정할 수 있습니다.
- 선택된 레이어의 위쪽에 별도의 층으로 추가되어 아래쪽의 레이어에만 이미지 보정 효과를 줄 수 있으며 눈 아이콘(가시성)을 끄면 원본 이미지는 보존됩니다.
- 이미지의 일정 영역이 선택된 상태에서 클릭하면 선택 영역에만 이미지 조정이 됩니다.
- [Image(이미지)]–[Adjustments(조정)] 메뉴에도 동일한 조정 메뉴가 있으나 이미지 메뉴는 이미지 원본이 보정되는 효과가 있습니다.

06 Layers(레이어)

- 포토샵에서 합성을 위한 다양한 이미지, 문자, 모양, 조정 레이어 등 다양한 레이어의 생성, 삭제, 순서 변경과 같이 관리할 수 있는 패널입니다.
- 이미지의 선택과 수정, 관리가 편리하고 레이어별로 가시성(보기와 가리기), 잠금, 합성 모드, 불투명도 등을 별도로 지정할 수 있습니다.
- 레이어 패널 하단의 링크, 레이어 스타일, 레이어 마스크, 조정 레이어 등을 클릭하여 바로 적용할 수 있습니다.

❶ Blending Mode(혼합 모드)

현재 선택한 레이어와 아래쪽에 배치된 레이어 이미지 간의 다양한 혼합 모드를 적용할 수 있습니다.

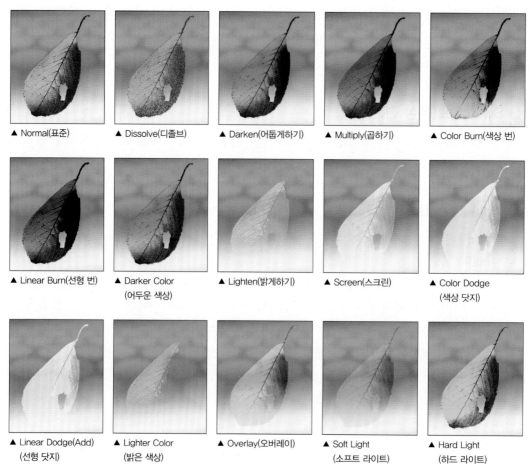

▲ Normal(표준) ▲ Dissolve(디졸브) ▲ Darken(어둡게하기) ▲ Multiply(곱하기) ▲ Color Burn(색상 번)

▲ Linear Burn(선형 번) ▲ Darker Color (어두운 색상) ▲ Lighten(밝게하기) ▲ Screen(스크린) ▲ Color Dodge (색상 닷지)

▲ Linear Dodge(Add) (선형 닷지) ▲ Lighter Color (밝은 색상) ▲ Overlay(오버레이) ▲ Soft Light (소프트 라이트) ▲ Hard Light (하드 라이트)

▲ Vivid Light
(선명한 라이트)

▲ Linear Light
(선형 라이트)

▲ Pin Light(핀 라이트)

▲ Hard Mixer(하드 혼합)

▲ Difference(차이)

▲ Exclusion(제외)

▲ Subtract(감산)

▲ Divide(분할)

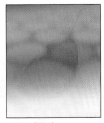

▲ Hue(색조)

▲ Saturation(채도)

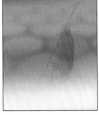

▲ Color(색상)

▲ Luminosity(광도)

❷ Opacity(불투명도)

현재 선택한 레이어의 불투명도를 설
정합니다. 레이어에 함께 적용된 레이
어 스타일도 불투명도가 동일하게 적
용됩니다.

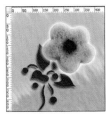

▲ 원본 이미지

▲ Opacity : 50%

▲ 결과 이미지

❸ Fill Opacity(칠 불투명도)

현재 선택한 레이어의 칠에 불투명도
를 설정합니다. 레이어에 적용된 레이
어 스타일은 불투명도가 적용되지 않
고 그대로 유지됩니다.

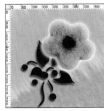

▲ 원본 이미지

▲ Fill : 0%

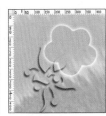

▲ 결과 이미지

❹ Lock(잠그기)

레이어의 특정 부분을 잠그거나 작업에 영향을 미치지 않도록 잠금 설정이 가능합니다.

❺ Layer Visibility(레이어 가시성)

현재 작업 이미지의 특정 레이어를 숨기거나 나타나게 설정할 수 있습니다.

❻ 활성 레이어 : 현재 작업 중인 선택된 레이어로 회색으로 표시됩니다.

❼ Link Layers(레이어 연결, ⊶) : 2개 이상의 레이어를 Ctrl+클릭하거나 Shift+클릭하여 선택한 후 연결하여 이동, 편집, 변형 등을 동시에 설정할 수 있습니다. Link Layers를 다시 한번 클릭하면 연결이 해제됩니다.

❽ Add a layer style(레이어 스타일 추가, fx) : 레이어에 다양한 효과를 설정할 수 있습니다.

▲ Bevel & Emboss   ▲ Stroke(획)   ▲ Inner Shadow   ▲ Drop Shadow(그림자)   ▲ Satin(새틴)
(경사와 엠보스)   (내부 그림자)

  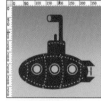  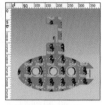

▲ Inner Glow(내부 광선)   ▲ Outer Glow(외부 광선)   ▲ Color Overlay   ▲ Gradient Overlay   ▲ Pattern Overlay
                                      (색상 오버레이)   (그레이디언트 오버레이)   (패턴 오버레이)

❾ Add layer mask(레이어 마스크 추가, ▣)

클릭하여 현재 선택한 레이어에 마스크 축소판을 추가하여 작업 이미지의 일부를 자연스럽게 지워 아래쪽에 배치된 이미지와 합성할 수 있습니다.

 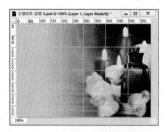

❿ Create new fill or adjustment layer(새 칠 또는 조정 레이어 생성, ◐)

현재 선택한 작업 레이어의 위쪽으로 추가하는 기능입니다. 레이어 전체 또는 일부분에 적용이 가능하며 눈 아이콘(가시성)을 끄면 원본 이미지는 유지됩니다. 속성 패널에서 옵션을 조절할 수 있고 레이어 썸네일을 더블 클릭하여 속성을 빠르게 설정할 수 있습니다. Colorize(색상화)에 체크하면 특정 계열로 설정하여 색상을 보정할 수 있습니다.

⓫ Create New Layer(새 레이어 만들기, ⊡) : 새로운 레이어를 만듭니다.

⓬ Delete Layer(레이어 삭제하기, ⬚) : 선택한 레이어를 삭제합니다.

07 Paths(패스)

펜 도구나 모양 도구로 패스 작업을 하고 패스를 저장하고 선택, 칠, 선 등의 결과를 설정할 수 있는 패널입니다.

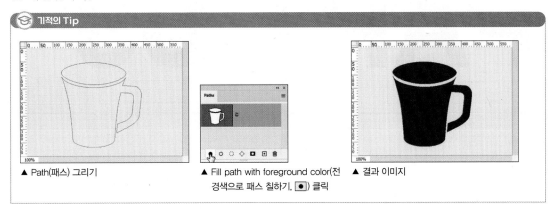

▲ Path(패스) 그리기　　▲ Fill path with foreground color(전경색으로 패스 칠하기, ◉) 클릭　　▲ 결과 이미지

08 Character(문자)

작업 이미지에 입력한 문자에 대한 글꼴, 크기, 자간, 행간, 장평, 글자 색상, 스타일 등의 속성을 지정하는 패널입니다.

09 Paragraph(단락)

작업 이미지에 입력한 문자 단락의 정렬, 좌우 여백, 들여쓰기 등의 속성을 지정하는 패널입니다.

10 Navigator(내비게이터)

축소된 작업 이미지 표시를 통해 빠르게 이미지의 위치를 바꿀 수 있으며 작업 이미지의 화면 비율 조정과 이동을 쉽게 제어하는 패널입니다. 확대하여 섬세한 작업을 할 때 편리합니다.

11 Shapes(모양)

포토샵 CC에서 기본적으로 제공하는 Shapes를 지정합니다. 문제지에서 제시한 사용자 지정 모양을 지정하려면 패널 오른쪽 상단의 팝업 버튼을 눌러 'Legacy Shapes and More(레거시 모양 및 기타)'를 클릭하여 확장하고 'All Legacy Default Shapes(모든 레거시 기본 모양)'를 클릭하고 하단의 폴더 모양을 확장하여 이전 버전의 사용자 지정 모양을 추가하여 사용할 수 있습니다.

PART 03

시험 문항별 기능 익히기

[기능평가]
고급 Tool(도구) 활용

주요 기능	메뉴	단축키	출제빈도
Selection Tool(선택 도구)	▨, ▨, ▨, ◯, ▨, ▨	L W	★★★★★
Move Tool(이동 도구)	⊞	V	★★★★★
Type Tool(문자 도구) 및 옵션	T, IT, Options Bar(옵션 바)의 ⊥	T	★★★★★
Shape Tool(모양 도구)	▢, ◯, ◯, ◯, ⬈	U	★★★★★
Pen Tool(펜 도구)	⬘	P	★★★★
Free Transform(자유 변형 메뉴)	[Edit(편집)]-[Free Transform(자유 변형)]	Ctrl + T	★★★★★
Layer Style(레이어 스타일)	[Layers(레이어)]-[Layer Style(레이어 스타일), Layers Panel(레이어 패널) 하단의 fx.		★★★★★
Clipping Mask(클리핑 마스크)	[Layers(레이어)]-[Create Clipping Mask(클리핑 마스크 만들기)]	Alt + Ctrl + G	★★★★★
Color Panel(색상 패널)	[Window(윈도우)]-[Color(색상)]	F6	★★★★★
Character Panel(문자 패널)	[Window(윈도우)]-[Character(문자)]		★★★★★
Layers Panel(레이어 패널)	[Window(윈도우)]-[Layers(레이어)]	F7	★★★★★
Paths Panel(패스 패널)	[Window(윈도우)]-[Paths(패스)]		★★★★★
Options Bar(옵션 바)	[Window(윈도우)]-[Options(옵션)]		★★★★★
Filter(필터)	[Filter(필터)]		★★★★★
Image Size(이미지 크기)	[Image(이미지)]-[Image Size(이미지 크기)]		★★★★★

01 선택 반전하여 이미지 선택하기

▶합격강의

◀ 완성 이미지

01 배경 선택하고 선택 반전하기

① [File(파일)]–[Open(열기)]([Ctrl]+[O])을 선택하여 가위.jpg를 불러옵니다.

② Magic Wand Tool(자동 선택 도구, ⚟)을 클릭하고 Options Bar(옵션 바)에서 'Add to selection(선택 영역 추가, ▣), Tolerance(허용치) : 30'으로 설정한 후 이미지의 배경 부분을 여러 번 클릭하여 선택합니다. 계속해서 가위의 손잡이 안쪽 부분을 클릭하여 배경을 모두 선택합니다.

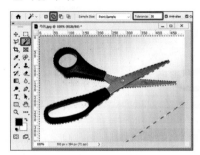 

③ [Select(선택)]–[Inverse(선택 반전)]([Shift]+[Ctrl]+[I])를 클릭하여 선택 영역을 반전하고 [Edit(편집)]–[Copy(복사하기)]([Ctrl]+[C])로 복사합니다.

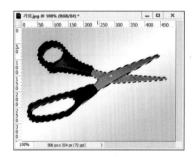

02 이미지 복사하고 변형 및 그림자 효과 적용하기

① [File(파일)]–[Open(열기)]([Ctrl]+[O])을 선택하여 실과 핀.jpg를 불러온 후, [Edit(편집)]–[Paste(붙여넣기)]([Ctrl]+[V])로 복사한 이미지를 붙여넣습니다.

② [Edit(편집)]-[Free Transform(자유 변형)]([Ctrl]+[T])을 선택하고 [Shift]를 누른 채 조절점의 모서리를 드래그하여 비율에 맞게 크기를 확대합니다. 계속해서 조절점의 밖을 드래그하여 회전한 후 이동하여 배치하고 [Enter]를 눌러 변형을 완료합니다.

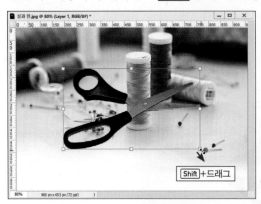 

> **기적의 Tip**
>
> [Ctrl]+[T]로 크기를 조절할 때 [Shift]를 누른 채 드래그하면 가로, 세로의 비율에 맞게 조절이 됩니다. 회전할 때 [Shift]를 누른 채 드래그하면 15° 단위로 회전할 수 있습니다.

③ Layers(레이어) 패널 하단의 'Add a layer style(레이어 스타일 추가, [fx])'을 클릭하여 [Drop Shadow(그림자)] 선택, 'Opacity(불투명도) : 60%, Angle(각도) : 40°, Distance(거리) : 6px, Size(크기) : 9px'로 설정하고 [OK(확인)]를 클릭합니다.

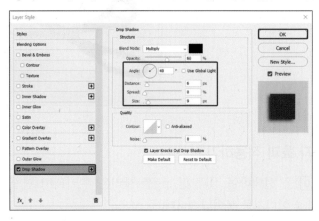

▶ 합격 강의

◀ 완성 이미지

01 문자 입력하고 변형하기

① [File(파일)]−[Open(열기)]([Ctrl]+[O])을 선택하여 해바라기.jpg를 불러옵니다.

② Horizontal Type Tool(수평 문자 도구, [T])로 작업 이미지를 클릭하고 Options Bar(옵션 바)에서 'Font(글꼴) : Arial, Set font style(글꼴 스타일 설정) : Bold, Set font size(글꼴 크기) : 62pt, Center text(텍스트 중앙 정렬, [畺]), Color(색상) : #ffffff'로 설정한 후 YEL-LOW SUNFLOWER를 입력합니다.

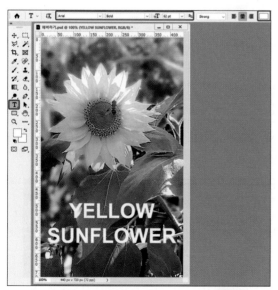

③ Options Bar(옵션 바)에서 Create warped text(뒤틀어진 텍스트 만들기, Ⓣ)를 클릭하여 [Warp Text(텍스트 뒤틀기)] 대화 상자에서 'Style(스타일) : Wave(파형), Horizontal(가로) : 체크, Bend(구부리기) : 50%'로 설정하여 문자 모양을 왜곡합니다.

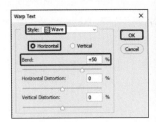 

02 그레이디언트 효과 적용하기

① Layers(레이어) 패널 하단의 'Add a layer style(레이어 스타일 추가, fx)'을 클릭하여 [Stroke(획)] 선택, 'Size(크기) : 4px, Fill Type(칠 유형) : Gradient(그레이디언트), Click to edit the gradient(클릭하여 그레이디언트 편집)'를 클릭합니다. 그레이디언트 슬라이더 왼쪽 하단의 'Color Stop(색상 정지점)'을 더블 클릭하여 #ffcc33, 오른쪽 'Color Stop(색상 정지점)'을 더블 클릭하여 #ff0033으로 설정한 후, 'Style(스타일) : Linear(선형), Angle(각도) : 90°로 설정합니다.

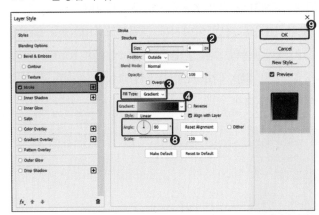 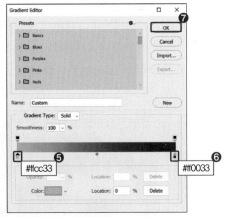

② 계속해서 [Drop Shadow(드롭 섀도)] 선택, 'Angle(각도) : 120°, Distance(거리) : 15px, Size(크기) : 10px'로 설정하고 [OK(확인)]를 클릭합니다.

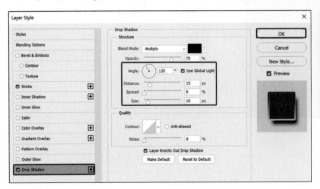 

▶합격 강의

◀ 완성 이미지

01 작업 이미지에 안내선 표시하고 새 레이어 만들기

① [File(파일)]−[Open(열기)](Ctrl + O)을 선택하여 패스저장.jpg를 불러옵니다.

② [View(보기)]−[Rulers(눈금자)](Ctrl + R)를 선택하고 눈금자를 표시합니다. 작업 이미지의 왼쪽 눈금자를 오른쪽으로 드래그하여 안내선을 표시합니다. Layers(레이어) 패널 하단의 Create a new layer(새 레이어 만들기, 🔲)를 클릭하여 'Layer 1' 레이어를 만듭니다.

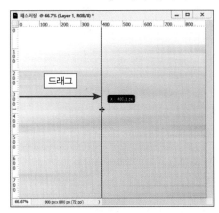

02 Shape Tool(모양 도구)로 패스 그리고 변형하기

① Ellipse Tool(원형 도구, ◎)을 클릭하고 Options Bar(옵션 바)에서 Pick tool mode(모드 선택)를 Path(패스)로 클릭하여 전환하고 Path Operations(패스 작업)에서 'Combine Shapes(패스 결합, 🔲)'를 클릭합니다.

> 🎓 기적의 Tip
>
> Shape Tool(모양 도구)의 옵션을 Path(패스)로 설정하면 초기값은 'Exclude Overlapping Shapes(모양 오버랩 제외, 🔲)'로 설정되어 있어 서로 겹친 부분을 제외하므로 설정을 변경합니다.

② 작업 이미지에 드래그하여 크기가 다른 4개의 타원형을 겹치도록 그립니다.

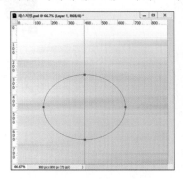 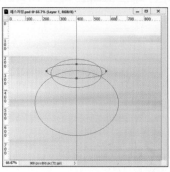 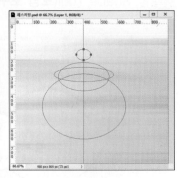

③ Rounded Rectangle Tool(둥근 사각형 도구,)을 클릭하고 Options Bar(옵션 바)에서 'Radius : 10px'로 설정하고 상단 2개의 타원형 사이에 드래그하여 둥근 사각형을 서로 겹치도록 그립니다. Path Selection Tool(패스 선택 도구, ▶)을 클릭하고 Options Bar(옵션 바)에서 Path alignment(패스 정렬, ☰)를 클릭하여 'Align(정렬) : Align horizontal centers(수평 중앙 맞춤, ⬍)'를 클릭하여 세로 안내선에 정렬합니다.

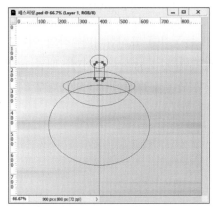 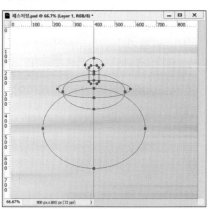

④ Path Selection Tool(패스 선택 도구, ▶)로 둥근 사각형을 선택하고, Ctrl + T 를 누르고 마우스 오른쪽 버튼을 클릭하여 [Warp(뒤틀기)]를 선택합니다. 핸들의 방향점을 드래그하여 패스를 변형하고 반대쪽 핸들을 대칭적으로 드래그한 후 Enter 를 눌러 변형을 적용합니다.

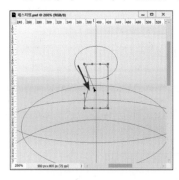 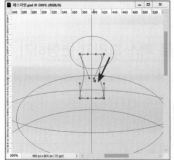 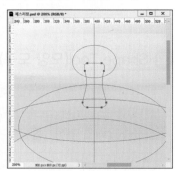

⑤ Rounded Rectangle Tool(둥근 사각형 도구, 🔲)로 드래그하여 둥근 사각형을 그리고 [Ctrl] +[T]를 눌러 반시계 방향으로 회전하여 큰 타원형과 겹치도록 배치합니다.

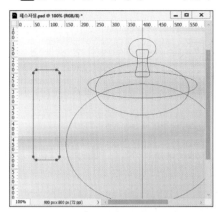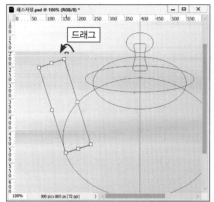

⑥ 마우스 오른쪽 버튼을 클릭하여 [Warp(뒤틀기)]을 선택하고, 핸들의 방향점을 각각 드래그하여 패스를 변형한 후 [Enter]를 눌러 변형을 적용합니다.

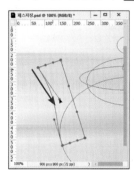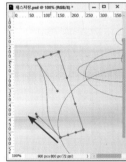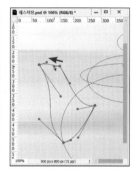

⑦ Ellipse Tool(원형 도구, 🔘)로 드래그하여 손잡이 부분에 타원형을 그린 후 [Ctrl]을 누른 채 작업 이미지의 빈 곳을 클릭하여 패스의 선택을 해제합니다. Options Bar(옵션 바)에서 'Path Operations(패스 작업) : Subtract Front Shape(전면 모양 빼기, 🔲)'를 클릭하고 작은 타원형을 겹치도록 그립니다.

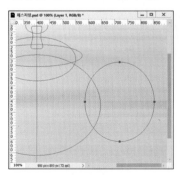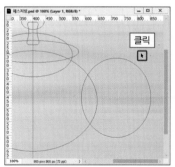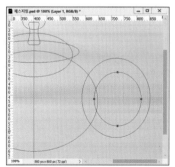

🎓 기적의 Tip

패스의 선택을 해제한 후 타원형 패스를 겹치도록 그려야 큰 타원형과 겹치도록 그리는 작은 타원형의 겹친 부분을 뚫어서 작업할 수 있습니다.

03 패스 병합하기

① Ctrl을 누른 채 드래그하여 2개의 타원형을 선택하고 Options Bar(옵션 바)에서 Path alignment(패스 정렬, 📑)를 클릭하여 'Align(정렬) : Align horizontal centers(수평 중앙 맞춤, 📩), Align vertical centers(세로 가운데 맞춤, 📫)'를 각각 클릭하여 중앙에 정렬합니다. 계속해서 Options Bar(옵션 바)에서 'Path Operations(패스 작업) : Merge Shape Components(모양 병합 구성 요소, 📇)'를 클릭하고 손잡이 모양의 패스를 병합합니다.

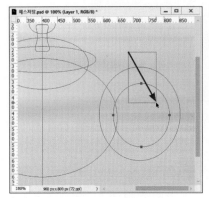
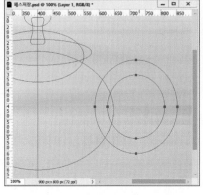

② Ctrl+T를 눌러 시계 방향으로 회전하여 큰 타원형과 겹치도록 배치하고, 마우스 오른쪽 버튼을 클릭하여 [Warp(뒤틀기)]을 선택합니다. 핸들의 방향점을 드래그하여 패스를 변형하고 Enter를 눌러 변형을 적용합니다.

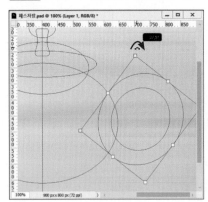
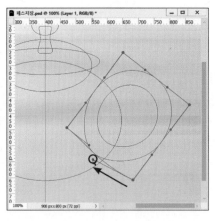

③ [Ctrl]을 누른 채 드래그하여 패스를 모두 선택하고 Options Bar(옵션 바)에서 'Path Operations (패스 작업) : Merge Shape Components(모양 병합 구성 요소, 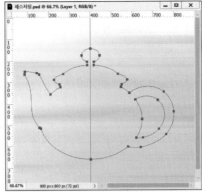)'를 클릭하여 패스를 병합합니다.

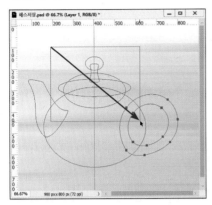

04 패스 저장하고 레이어 스타일 적용하기

① Paths(패스) 패널의 'Work Path(작업 패스)'를 더블 클릭하여 Save Path(패스 저장) 대화 상자에서 'Name(이름) : 티포트'를 입력하고 [OK(확인)]를 클릭합니다.

② Tool(도구) 패널 하단의 'Set foreground color(전면색 설정)'를 클릭하여 #ffffff로 설정하고, Paths(패스) 패널 하단의 'Fill path with foreground color(전경색으로 패스 칠하기)'를 클릭하여 티포트 모양대로 흰색을 칠합니다.

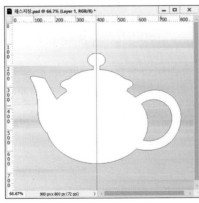

③ Layers(레이어) 패널 하단의 'Add a layer style(레이어 스타일 추가, fx)'을 클릭하여 [Stroke(획)] 선택, 'Size(크기) : 8px, Fill Type(칠 유형) : Gradient(그레이디언트), Click to edit the gradient(클릭하여 그레이디언트 편집)'를 누르고, 그레이디언트 슬라이더 왼쪽 하단의 'Color Stop(색상 정지점)'을 더블 클릭하여 #0066cc, 오른쪽 'Color Stop(색상 정지점)'을 더블 클릭하여 #99ffcc로 설정한 후, 'Style(스타일) : Linear(선형), Angle(각도) : 90°로 설정합니다.

④ 계속해서 [Inner Shadow(내부 그림자)] 선택, 'Distance(거리) : 10px, Size(크기) : 5px'로 설정하고 [OK(확인)]를 클릭합니다.

⑤ Custom Shape Tool(사용자 모양 도구, $\mathcal{B}$)을 클릭하고 Options Bar(옵션 바)에서 'Pick tool mode(선택 도구 모드) : Shape(모양), Fill(칠) : 임의 색상, Stroke(획) : No Color(색상 없음), Shape(모양)은 Legacy Shapes and More(레거시 모양 및 기타) 〉 All Legacy Default Shapes(모든 레거시 기본 모양) 〉 Ornaments(장식)에서 Ornament 2(꽃 장식 2, ❀)'으로 설정한 후 Shift 를 누른 채 드래그하여 모양을 그립니다.

⑥ Layers(레이어) 패널 하단에 'Add a layer style(레이어 스타일 추가, fx)' 클릭, [Bevel & Emboss(경사와 엠보스)] 선택, 'Depth(깊이) : 100%, Size(크기) : 7px'로 설정합니다.

⑦ 계속해서 [Gradient Overlay(그레이디언트 오버레이)] 선택, 'Click to edit the gradient(클릭하여 그레이디언트 편집)' 클릭한 후, 그레이디언트 슬라이더 왼쪽 하단의 'Color Stop(색상 정지점)'을 더블 클릭하여 #339999, 오른쪽 'Color Stop(색상 정지점)'을 더블 클릭하여 #ff9999로 설정한 후, 'Style(스타일) : Radial(원형), Angle(각도) : 90°로 설정합니다.

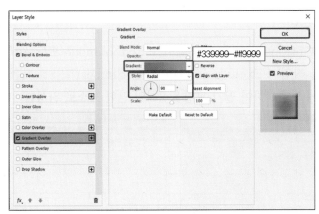

◀ 완성 이미지

01 작업 이미지에 안내선 표시하고 새 레이어 만들기

① [File(파일)]-[Open(열기)]([Ctrl]+[O])을 선택하여 케이크.jpg를 불러옵니다.

② [View(보기)]-[Rulers(눈금자)]([Ctrl]+[R])를 클릭하고 눈금자를 표시합니다. 작업 이미지의 왼쪽 눈금자를 오른쪽으로 드래그하여 안내선을 표시합니다. Layers(레이어) 패널 하단의 Create a new layer(새 레이어 만들기, 🔲)를 클릭하여 'Layer 1' 레이어를 만듭니다.

02 펜 도구로 딸기 모양 그리고 변형하기

① Pen Tool(펜 도구,)을 클릭하고 Options Bar(옵션 바)에서 'Pick tool mode(모드 선택) : Path(패스), Path Operations(패스 작업) : Exclude Overlapping Shapes(모양 오버랩 제외,)'를 설정합니다. 작업 이미지에 드래그하여 딸기 모양을 2개의 닫힌 패스로 완성합니다.

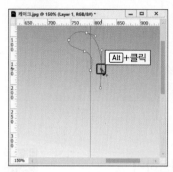
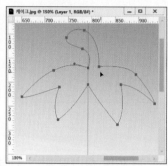
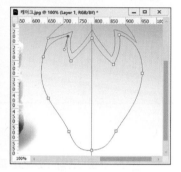

② Path Selection Tool(패스 선택 도구,)로 드래그하여 2개의 작업 패스를 선택하고 Ctrl+T를 눌러 시계 방향으로 회전하여 배치한 후 Enter를 눌러 변형을 적용합니다.

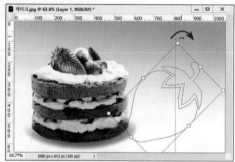

03 패스 저장하고 레이어 스타일 적용하기

① Paths(패스) 패널의 'Work Path(작업 패스)'를 더블 클릭하여 Save Path(패스 저장) 대화 상자에서 'Name(이름) : 딸기'를 입력하고 [OK(확인)]를 클릭합니다.

② Paths(패스) 패널 하단의 'Fill path with foreground color(전경색으로 패스 칠하기, ●)' 를 클릭하여 딸기 모양대로 임의 색상을 칠합니다.

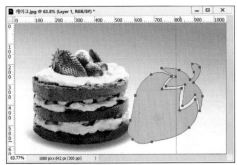

③ Layers(레이어) 패널 하단의 'Add a layer style(레이어 스타일 추가, fx.)' 클릭, [Stroke (획)] 선택, 'Size(크기) : 10px, Fill Type(칠 유형) : Gradient(그레이디언트), Click to edit the gradient(클릭하여 그레이디언트 편집)'를 클릭한 후, Color Stop(색상 정지점)을 더블 클릭하여 #ccff00, #009900, #990033으로 설정한 후, 'Style(스타일) : Linear(선형), Angle(각도) : 0°로 설정합니다.

④ 계속해서 [Inner Shadow(내부 그림자)] 선택, 'Angle(각도) : 144°, Distance(거리) : 15px, Size(크기) : 15px'로 설정하고 [OK(확인)]를 클릭합니다.

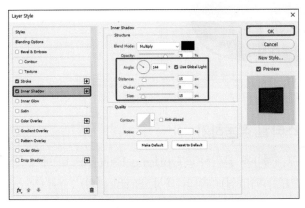

04 클리핑 마스크 적용하기

① [File(파일)]−[Open(열기)]($\boxed{Ctrl}$+$\boxed{O}$)을 선택하여 딸기.jpg를 불러옵니다. $\boxed{Ctrl}$+$\boxed{A}$로 전체 선택, $\boxed{Ctrl}$+$\boxed{C}$로 복사, 작업 이미지에 $\boxed{Ctrl}$+$\boxed{V}$로 붙여넣기를 합니다.

② Layers(레이어) 패널에서 'Layer 1'과 'Layer 2' 레이어 경계선을 $\boxed{Alt}$를 누른 채 클릭하여 Clipping Mask(클리핑 마스크)를 적용합니다.

05 사용자 지정 모양 그리고 레이어 스타일 적용하기

① Custom Shape Tool(사용자 모양 도구, ⚙)을 클릭하고 Options Bar(옵션 바)에서 'Pick tool mode(선택 도구 모드) : Shape(모양), Fill(칠) : 임의 색상, Stroke(획) : No Color(색상 없음), Shape(모양)은 Legacy Shapes and More(레거시 모양 및 기타) 〉 All Legacy Default Shapes(모든 레거시 기본 모양) 〉 Nature(자연)에서 Grass 1(풀잎 1, ▦)'로 설정한 후 $\boxed{Shift}$를 누른 채 드래그하여 모양을 그립니다.

② $\boxed{Ctrl}$+$\boxed{T}$를 눌러 반시계 방향으로 회전하여 배치한 후 $\boxed{Enter}$를 눌러 변형을 적용합니다.

③ Layers(레이어) 패널 하단에 'Add a layer style(레이어 스타일 추가, fx.)'을 클릭하여 [Gradient Overlay(그레이디언트 오버레이)] 선택, 'Click to edit the gradient(클릭하여 그레이디언트 편집)'를 클릭한 후, 그레이디언트 슬라이더 왼쪽 하단의 'Color Stop(색상 정지점)'을 더블 클릭하여 #ff66cc, 오른쪽 'Color Stop(색상 정지점)'을 더블 클릭하여 #ffffff로 설정한 후, 'Style(스타일) : Linear(선형), Angle(각도) : 0°'로 설정합니다. 계속해서 [Outer Glow(외부 광선)] 선택, 'Opacity : 35%, Spread(스프레드) : 10%, Size(크기) : 10px'로 설정하고 [OK(확인)]를 클릭합니다.

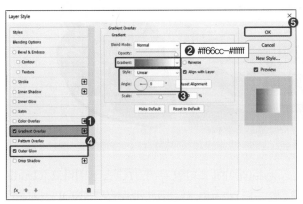

06 문자 입력하고 변형 및 레이어 스타일 적용하기

① Horizontal Type Tool(수평 문자 도구, T)로 작업 이미지를 클릭하고 Options Bar(옵션 바)에서 'Font(글꼴) : Arial, Set font style(글꼴 스타일 설정) : Bold, Set font size(글꼴 크기) : 16pt, Color(색상) : 임의 색상'을 설정한 후 Strawberry Cake를 입력합니다.

② Options Bar(옵션 바)에서 Create warped text(뒤틀어진 텍스트 만들기,)를 클릭한 후 'Style(스타일) : Arc Upper(위 부채꼴), Horizontal (가로) : 체크, Bend(구부리기) : 40%'로 설정하여 문자 모양을 왜곡합니다.

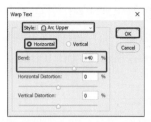

③ Layers(레이어) 패널 하단의 'Add a layer style(레이어 스타일 추가,)'을 클릭하고 [Gradient Overlay(그레이디언트 오버레이)] 선택, 'Click to edit the gradient(클릭하여 그레이디언트 편집)'를 클릭하여 #ffffff, #ff0066으로 설정한 후, 'Style(스타일) : Linear(선형), Angle(각도) : 0˚로 설정합니다.

④ 계속해서 [Stroke(획)] 선택, 'Size(크기) : 5px, Color(색상) : #990033'으로 설정하고 [OK(확인)]를 클릭합니다.

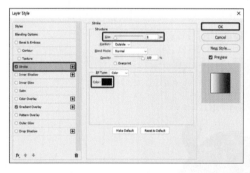

주요 기능	메뉴	단축키	출제빈도
Selection Tool(선택 도구)	⬚, 🔍, ⬚, ⬚, ⬚, ⬚	L, W	★★★★★
Move Tool(이동 도구)	⊹	V	★★★★★
Type Tool(문자 도구) 및 옵션	T, IT, Options Bar(옵션 바)의 ⬚	T	★★★★★
Shape Tool(모양 도구)	⬚	U	★★★★★
Pen Tool(펜 도구)	⬚	P	★★★★
Free Transform(자유 변형 메뉴)	[Edit(편집)]–[Free Transform(자유 변형)]	Ctrl+T	★★★★★
Layer Style(레이어 스타일)	[Layers(레이어)]–[Layer Style(레이어 스타일), Layers Panel(레이어 패널) 하단의 fx.		★★★★★
색상 보정	[Layers(레이어)]–[New Adjustment Layer(새 조정 레이어)–[Hue/Saturation(색조/채도)], Layers Panel(레이어 패널) 하단의 ⬚.		★★★★★
Color Panel(색상 패널)	[Window(윈도우)]–[Color(색상)]	F6	★★★★★
Character Panel(문자 패널)	[Window(윈도우)]–[Character(문자)]		★★★★★
Layers Panel(레이어 패널)	[Window(윈도우)]–[Layers(레이어)]	F7	★★★★★
Paths Panel(패스 패널)	[Window(윈도우)]–[Paths(패스)]		★★★★★
Options Bar(옵션 바)	[Window(윈도우)]–[Options(옵션)]		★★★★★
Filter(필터)	[Filter(필터)]		★★★★★
Image Size(이미지 크기)	[Image(이미지)]–[Image Size(이미지 크기)]		★★★★★

▶합격 강의

▲ 완성 이미지

01 사용자 모양 도구 옵션 설정 및 변형, 레이어 스타일 적용하기

① [File(파일)]−[Open(열기)](Ctrl+O)을 선택하여 강아지.jpg를 불러옵니다.

② Custom Shape Tool(사용자 정의 모양 도구, ⬚)을 클릭하고 Options Bar(옵션 바)에서 'Pick tool mode(선택 도구 모드) : Shape(모양), Fill(칠) : 임의 색상, Stroke(획) : No Color(색상 없음), Shape(모양)은 Legacy Shapes and More(레거시 모양 및 기타) 〉 All Legacy Default Shapes(모든 레거시 기본 모양) 〉 Talk Bubbles(말 풍선)에서 Thought 1(생각 1, ⬚)'로 설정한 후 모양을 그립니다.

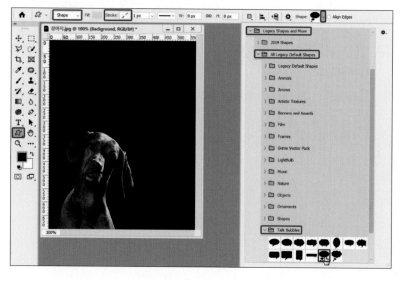

③ Layers(레이어) 패널 하단의 'Add a layer style(레이어 스타일 추가, _fx._)'을 클릭하고 [Inner Shadow(내부 그림자)] 선택, 'Opacity(불투명도) : 75%, Angle(각도) : 120°, Distance(거리) : 8px, Size(크기) : 8px'로 설정합니다.

④ 계속해서 [Gradient Overlay(그레이디언트 오버레이)] 선택, 'Click to edit the gradient (클릭하여 그레이디언트 편집)'를 클릭한 후, 그레이디언트 슬라이더 왼쪽 하단의 'Color Stop(색상 정지점)'을 더블 클릭하여 #ff9966, 오른쪽 'Color Stop(색상 정지점)'을 더블 클릭하여 #ffffcc로 설정한 후, 'Style(스타일) : Linear(선형), Angle(각도) : 90°'로 설정하고 [OK(확인)]를 클릭합니다.

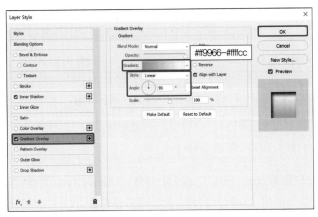

⑤ Custom Shape Tool(사용자 정의 모양 도구, _◎_)을 클릭하고 Options Bar(옵션 바)에서 'Pick tool mode(선택 도구 모드) : Shape(모양), Fill(칠) : #ffffff, Stroke(획) : No Color (색상 없음), Shape(모양)은 Legacy Shapes and More(레거시 모양 및 기타) 〉 All Legacy Default Shapes(모든 레거시 기본 모양) 〉 Animals(동물)에서 Bone(뼈, _▬_)'로 설정한 후 드래그하여 모양을 그립니다.

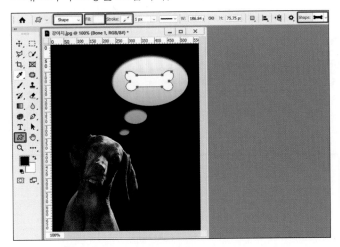

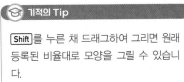

기적의 Tip

Shift 를 누른 채 드래그하여 그리면 원래 등록된 비율대로 모양을 그릴 수 있습니다.

⑥ Ctrl + T 를 눌러 조절점 밖을 Shift 를 누른 채 시계 방향으로 드래그하여 회전하고 Enter 를 눌러 변형을 완료합니다.

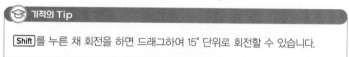

기적의 Tip

Shift 를 누른 채 회전을 하면 드래그하여 15° 단위로 회전할 수 있습니다.

⑦ Layers(레이어) 패널 하단의 'Add a layer style(레이어 스타일 추가, fx.)'을 클릭하고 [Bevel & Emboss(경사와 엠보스)] 선택, 'Style(스타일) : Inner Bevel(내부 경사), Direction(방향) : Up(위로), Size(크기) : 12px'로 설정합니다.

⑧ 계속해서 [Stroke(획)] 선택, 'Size(크기) : 7px, Fill Type(칠 유형) : Gradient(그레이디언트), Click to edit the gradient(클릭하여 그레이디언트 편집)'를 클릭합니다. 그레이디언트 슬라이더 왼쪽 하단의 'Color Stop(색상 정지점)'을 더블 클릭하여 #ffcc00, 오른쪽 'Color Stop(색상 정지점)'을 더블 클릭하여 #ff6600으로 설정한 후, 'Style(스타일) : Linear(선형), Angle(각도) : 0°'로 설정하고 [OK(확인)]를 클릭합니다.

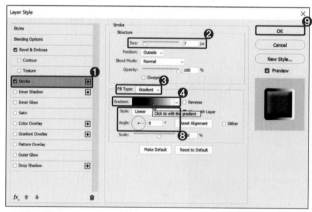

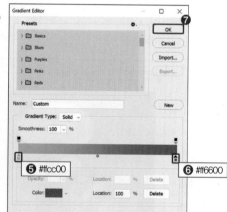

❷ 모양 복제하고 변형하기

① Custom Shape Tool(사용자 정의 모양 도구, ⚙)을 클릭하고 Options Bar(옵션 바)에서 'Pick tool mode(선택 도구 모드) : Shape(모양), Fill(칠) : #33ffff, Stroke(획) : No Color (색상 없음), Shape(모양)은 Legacy Shapes and More(레거시 모양 및 기타) 〉 All Legacy Default Shapes(모든 레거시 기본 모양) 〉 Music(음악)에서 Eighth Notes(8분 음표(두개), ♫)'로 설정한 후 드래그하여 모양을 그립니다.

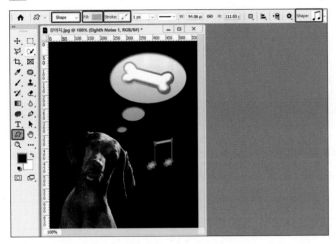

② Ctrl+T를 눌러 조절점 밖을 시계 방향으로 드래그하여 회전하고 Enter를 눌러 변형을 완료합니다.

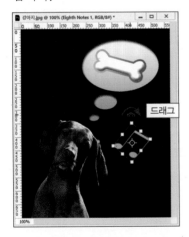

③ Layers(레이어) 패널 하단의 'Add a layer style(레이어 스타일 추가, *fx.*)'을 클릭하고 [Outer Glow(외부 광선)] 선택, 'Opacity(불투명도) : 75%, Size(크기) : 20px'로 설정한 후 [OK(확인)]를 클릭합니다.

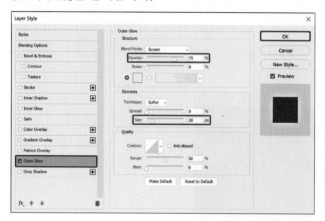

④ Ctrl+J를 눌러 레이어를 복사합니다. 'Eighth Notes 1 copy' 레이어의 'Layer thumbnail (레이어 축소판)'을 더블 클릭하여 'Color(색상) : #ffff66'으로 설정하고 [OK(확인)]를 클릭합니다.

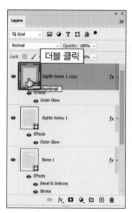 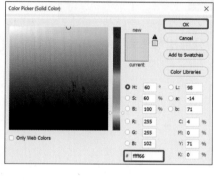

⑤ Ctrl+T를 눌러 Shift를 누른 채 드래그하여 크기를 축소하고 회전하여 배치합니다.

03 문자 입력하고 레이어 스타일 적용하기

① Horizontal Type Tool(수평 문자 도구, T)로 작업 이미지를 클릭하고 Options Bar(옵션 바)에서 'Font(글꼴) : 바탕, Set font size(글꼴 크기) : 45pt, Color(색상) : #66ffcc'로 설정한 후 맛있는 간식을 입력합니다.

② Options Bar(옵션 바)에서 Create warped text(뒤틀어진 텍스트 만들기, 工)를 클릭한 후 'Style(스타일) : Rise(상승), Horizontal(가로) : 체크, Bend(구부리기) : 50%'를 설정하여 문자의 모양을 왜곡합니다.

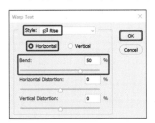

③ Layers(레이어) 패널 하단의 'Add a layer style(레이어 스타일 추가, fx)'을 클릭하고 [Stroke(획)] 선택, 'Size(크기) : 3px, Color(색상) : #cc9966'으로 설정한 후 [OK(확인)]를 클릭합니다.

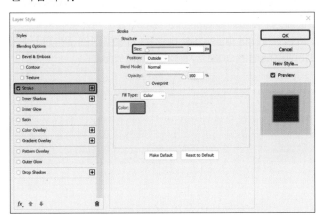

▶합격 강의

◀ 완성 이미지

01 조정 레이어로 이미지 보정하기

① [File(파일)]–[Open(열기)]([Ctrl]+[O])을 선택하여 녹색나무.jpg를 불러옵니다.

② Layers(레이어) 패널 하단의 'Create new fill or adjustment layer(새 칠 또는 조정 레이어 생성, [◒].)'를 클릭하고 [Hue/Saturation(색조/채도)]을 선택합니다.

🎓 기적의 Tip

[Image(이미지)] 메뉴의 [Adjustments(조정)]–[Hue/Saturation(색조/채도)]으로 색상을 조정할 수도 있습니다. 레이어 패널의 '조정 레이어'는 언제든지 더블 클릭하여 색상을 조정할 수 있고 이미지 원본은 그대로 유지된다는 장점이 있습니다.

③ Properties(속성) 패널에서 'Colorize(색상화) : 체크, Hue(색조) : 36, Saturation (채도) : 60, Lightness(명도) : 10'으로 설정하여 갈색 계열로 색상을 보정합니다.

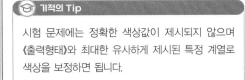

기적의 Tip

시험 문제에는 정확한 색상값이 제시되지 않으며 《출력형태》와 최대한 유사하게 제시된 특정 계열로 색상을 보정하면 됩니다.

02 사용자 모양 도구로 그리고 레이어 스타일과 불투명도 적용하기

① Custom Shape Tool(사용자 정의 모양 도구, ⬚)을 클릭하고 Options Bar(옵션 바)에서 'Pick tool mode(선택 도구 모드) : Shape(모양), Fill(칠) : #000000, Stroke(획) : No Color(색상 없음), Shape(모양)은 Legacy Shapes and More(레거시 모양 및 기타) 〉 All Legacy Default Shapes(모든 레거시 기본 모양) 〉 Nature(자연)에서 Cloud 1(구름 1, ⬤)'로 설정한 후 모양을 그립니다.

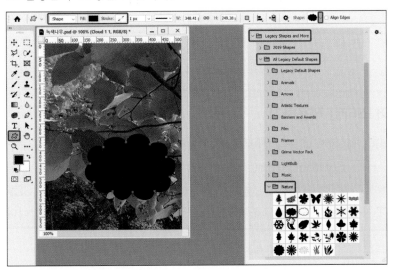

② Layers(레이어) 패널 하단의 'Add a layer style(레이어 스타일 추가, [fx.])'을 클릭하고 [In-
ner Glow(내부 광선)] 선택, 'Opacity(불투명도) : 75%, Size(크기) : 20px'로 설정한 후
[OK(확인)]를 클릭합니다.

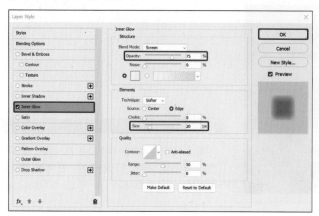

③ Layers(레이어) 패널 상단의 'Opacity(불투명도) : 60%'를 설정합니다.

03 문자 변형 및 레이어 스타일 적용하기

① Horizontal Type Tool(수평 문자 도구, [T])로 작업 이미지를 클릭하고 Options Bar(옵션
바)에서 'Font(글꼴) : Arial, Set font style(글꼴 스타일 설정) : Bold, Set font size(글꼴
크기) : 55pt, Center text(텍스트 중앙 정렬, [흫]), Color(색상) : #ffffff'로 설정한 후 SEPIA
TONE을 입력합니다. 'TONE' 문자를 드래그하여 'Color(색상) : #330000'으로 설정합니다.

② Options Bar(옵션 바)에서 Create warped text(뒤틀어진 텍스트 만들기, ⊥)를 클릭한 후 'Style(스타일) : Bulge(부풀리기), Horizontal(가로) : 체크, Bend(구부리기) : 50%'를 설정하여 문자의 모양을 왜곡합니다.

③ Layers(레이어) 패널 하단의 'Add a layer style(레이어 스타일 추가, fx.)'을 클릭하고 [Stroke(획)] 선택, 'Size(크기) : 5px, Fill Type(칠 유형) : Gradient(그레이디언트), Click to edit the gradient(클릭하여 그레이디언트 편집)'를 클릭합니다. 그레이디언트 슬라이더 왼쪽 하단의 'Color Stop(색상 정지점)'을 더블 클릭하여 #ffcc00, 오른쪽 'Color Stop(색상 정지점)'을 더블 클릭하여 #663300으로 설정한 후, 'Style(스타일) : Linear(선형), Angle(각도) : 90°로 설정하고 [OK(확인)]를 클릭합니다.

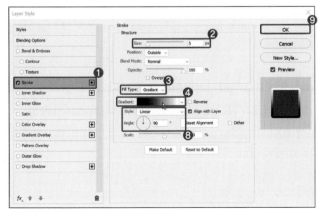

▶ 합격 강의

◀ 완성 이미지

01 노란색 계열로 꽃 이미지의 색상 보정하기

① [File(파일)]−[Open(열기)](Ctrl+O)을 선택하여 꽃.jpg를 불러옵니다.

② Quick Selection Tool(빠른 선택 도구, ☑)을 클릭하고 Options Bar(옵션 바)에서 'Add to selection(선택 영역에 추가, ☑)'을 설정한 후 왼쪽 상단의 꽃 이미지에 드래그하여 선택합니다.

> **기적의 Tip**
>
> Quick Selection Tool(빠른 선택 도구, ☑)로 클릭 또는 드래그하여 선택하면
> Options Bar(옵션 바)의 'Add to selection(선택 영역에 추가, ☑)'으로 자동으
> 로 설정됩니다.

③ Layers(레이어) 패널 하단의 'Create new fill or adjustment layer(새 칠 또는 조정 레이어 생성, ◑)'를 클릭하고 [Hue/Saturation(색조/채도)]을 선택합니다. Properties(속성) 패널에서 'Colorize(색상화) : 체크, Hue(색조) : 40, Saturation(채도) : 85, Lightness(명도) : 0'으로 설정하여 노란색 계열로 색상을 보정합니다.

02 주황색 계열로 꽃 이미지의 색상 보정하기

① Quick Selection Tool(빠른 선택 도구, ⬚)을 클릭하고 Option Bar(옵션 바)에서 'Add to selection(선택 영역에 추가, ⬚)'을 설정한 후 왼쪽 하단의 꽃 이미지에 드래그하여 선택합니다.

② Layers(레이어) 패널 하단의 'Create new fill or adjustment layer(새 칠 또는 조정 레이어 생성, ◑)'를 클릭하고 [Hue/Saturation(색조/채도)]을 선택합니다. Properties(속성) 패널 에서 'Colorize(색상화) : 체크, Hue(색조) : 20, Saturation(채도) : 70, Lightness(명도) : 0'으로 설정하여 주황색 계열로 색상을 보정합니다.

03 파란색과 보라색 계열로 꽃 이미지의 색상 보정하기

① Quick Selection Tool(빠른 선택 도구, ☑)을 클릭하고 Options Bar(옵션 바)에서 'Add to selection(선택 영역에 추가, ☑)'을 설정한 후 오른쪽 하단의 꽃 이미지에 드래그하여 선택합니다.

🎓 **기적의 Tip**

Quick Selection Tool(빠른 선택 도구, ☑)로 작업 중 Alt 를 누르면 'Subtract from selection(선택 영역에서 빼기, ☑)'로 설정되어 기존 선택 영역에서 제외할 수 있습니다.

② Layers(레이어) 패널 하단의 'Create new fill or adjustment layer(새 칠 또는 조정 레이어 생성, ☑)'를 클릭하고 [Hue/Saturation(색조/채도)]을 선택합니다. Properties(속성) 패널에서 'Colorize(색상화) : 체크, Hue(색조) : 176, Saturation(채도) : 73, Lightness(명도) : 0'으로 설정하여 파란색 계열로 색상을 보정합니다.

③ Quick Selection Tool(빠른 선택 도구, ☑)을 클릭하고 Options Bar(옵션 바)에서 'Add to selection(선택 영역에 추가, ☑)'을 설정한 후 오른쪽 상단의 꽃 이미지에 드래그하여 선택합니다.

④ Layers(레이어) 패널 하단의 'Create new fill or adjustment layer(새 칠 또는 조정 레이어 생성, )'를 클릭하고 [Hue/Saturation(색조/채도)]을 선택합니다. Properties(속성) 패널에서 'Colorize(색상화) : 체크, Hue(색조) : 280, Saturation(채도) : 65, Lightness (명도) : −30'으로 설정하여 보라색 계열로 색상을 보정합니다.

04 파란색 계열로 배경 이미지의 색상 보정하기

① Layers(레이어) 패널에서 'Background(배경)'를 클릭하여 선택합니다.

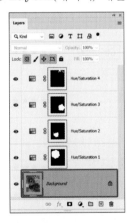

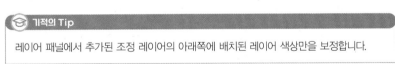
> 🎓 **기적의 Tip**
> 레이어 패널에서 추가된 조정 레이어의 아래쪽에 배치된 레이어 색상만을 보정합니다.

② Layers(레이어) 패널 하단의 'Create new fill or adjustment layer(새 칠 또는 조정 레이어 생성, )'를 클릭하고 [Hue/Saturation(색조/채도)]을 선택합니다. Properties(속성) 패널에서 'Colorize(색상화) : 체크, Hue(색조) : 198, Saturation(채도) : 49, Lightness (명도) : 10'으로 설정하여 파란색 계열로 색상을 보정합니다.

[실무응용]
포스터 제작

주요 기능	메뉴	단축키	출제빈도
Selection Tool(선택 도구)	▨, ✦, ⬚, ◯, ☒, ☒	L, W	★★★★★
Move Tool(이동 도구)	✛	V	★★★★★
Type Tool(문자 도구) 및 옵션	T, IT, Options Bar(옵션 바)의 I	T	★★★★★
Shape Tool(모양 도구)	▨	U	★★★★★
Pen Tool(펜 도구)	✎	P	★★★★
Free Transform(자유 변형 메뉴)	[Edit(편집)]–[Free Transform(자유 변형)]	Ctrl + T	★★★★★
Layer Style(레이어 스타일)	[Layers(레이어)]–[Layer Style(레이어 스타일), Layers Panel(레이어 패널) 하단의 _fx._		★★★★★
레이어 마스크	[Layers(레이어)]–[Layer Mask(레이어 마스크)], Layers Panel(레이어 패널) 하단의 ◻		★★★★★
Clipping Mask(클리핑 마스크)	[Layers(레이어)]–[Create Clipping Mask(클리핑 마스크 만들기)]	Alt + Ctrl + G	★★★★★
색상 보정	[Layers(레이어)]–[New Adjustment Layer(새 조정 레이어)–[Hue/Saturation(색조/채도)], Layers Panel(레이어 패널) 하단의 ◕		★★★★★
Blending Mode(혼합 모드)	Layers Panel(레이어 패널) 상단의 혼합 모드		
Color Panel(색상 패널)	[Window(윈도우)]–[Color(색상)]	F6	★★★★★
Character Panel(문자 패널)	[Window(윈도우)]–[Character(문자)]		★★★★★
Layers Panel(레이어 패널)	[Window(윈도우)]–[Layers(레이어)]	F7	★★★★★
Paths Panel(패스 패널)	[Window(윈도우)]–[Paths(패스)]		★★★★★
Options Bar(옵션 바)	[Window(윈도우)]–[Options(옵션)]		★★★★★
Filter(필터)	[Filter(필터)]		★★★★★
Image Size(이미지 크기)	[Image(이미지)]–[Image Size(이미지 크기)]		★★★★★

▶합격 강의

▲ 완성 이미지

01 새 작업 이미지 만들고 배경색 채우기

① [File(파일)]-[New(새로 만들기)]([Ctrl]+[N])를 선택하고 'Width(폭) : 600Pixels(픽셀), Height(높이) : 400Pixels(픽셀), Resolution(해상도) : 72Pixels/Inch(픽셀/인치), Color Mode(색상 모드) : RGB Color(RGB 색상), 8bit(비트), Background Contents(배경 내용) : White(흰색)'로 설정하여 새 작업 이미지를 만듭니다.

② Tool Panel(도구 패널) 하단의 'Set foreground color(전경색 설정)'를 클릭하여 #33ccff로 설정하고, [Alt]+[Delete]를 눌러 이미지의 배경을 채웁니다.

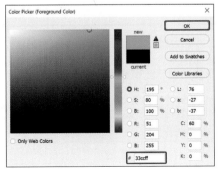
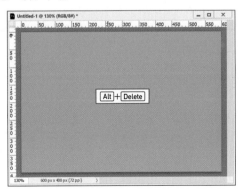

Foreground Color(전경색)를 불투명하게 채우기는 Alt + Delete 를, Background Color(배경색)는 Ctrl + Delete 를 눌러 빠르게 채울 수 있습니다.

02 작업할 소스 이미지 불러오고 크기 조절하기

① [File(파일)]-[Open(열기)](Ctrl + O)을 선택하여 새.jpg를 불러옵니다. Ctrl + A 로 전체 선택, Ctrl + C 로 복사, 작업 이미지에 Ctrl + V 로 붙여넣기를 합니다. Ctrl + T 를 누르고 Shift 를 누른 채 조절점의 모서리를 드래그하여 비율에 맞게 크기를 조절합니다.

 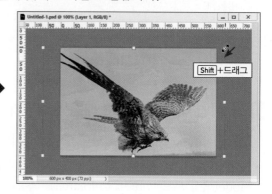

② Layers(레이어) 패널 상단의 Blending Mode(혼합 모드)를 클릭하여 'Linear Light(선형 라이트)'를 설정한 후, 'Opacity(불투명도) : 70%'로 설정합니다.

▶ 합격 강의

◀ 완성 이미지

01 새 작업 이미지 만들고 배경색 채우기

① [File(파일)]-[New(새로 만들기)]([Ctrl]+[N])를 선택하고 'Width(폭) : 600Pixels(픽셀), Height(높이) : 400Pixels(픽셀), Resolution(해상도) : 72Pixels/Inch(픽셀/인치), Color Mode(색상 모드) : RGB Color(RGB 색상), 8bit(비트), Background Contents(배경 내용) : White(흰색)'를 설정하여 새 작업 이미지를 만듭니다.

② [Edit(편집)]-[Preference(환경설정)]([Ctrl]+[K])를 클릭하고 [Guides, Grid & Slices(안내선, 격자와 슬라이스)]를 선택하여 Grid(격자)의 'Gridline every(격자 간격) : 100pixels(픽셀), Subdivisions(세분) : 1'로 설정한 후 'Grid Color(격자 색상)'를 클릭하여 밝은 색상으로 변경합니다.

③ [View(보기)]-[Show(표시)]-[Grid(격자)]([Ctrl]+[']')와 [View(보기)]-[Rulers(눈금자)]([Ctrl]+[R])를 선택하여 격자와 눈금자를 표시합니다.

④ Tool Panel(도구 패널) 하단의 'Set foreground color(전경색 설정)'를 클릭하여 #ff9999로 설정하고 [Alt]+[Delete]를 눌러 이미지의 배경을 채웁니다.

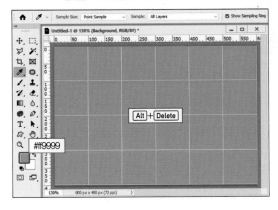

② Blending Mode(혼합 모드) 적용하고 레이어 마스크로 합성하기

① [File(파일)]-[Open(열기)]([Ctrl]+[O])을 선택하여 설경.jpg를 불러옵니다. [Ctrl]+[A]로 전체 선택, [Ctrl]+[C]로 복사, 작업 이미지에 [Ctrl]+[V]로 붙여넣기를 합니다.

② Layers(레이어) 패널 상단의 Blending Mode(혼합 모드)를 클릭하여 'Color Burn(색상 번)'을 설정한 후, 하단의 'Add layer mask(레이어 마스크 추가, [▣])'를 클릭하여 레이어 마스크를 추가합니다.

③ Tool Panel(도구 패널) 하단의 'Set foreground color(전경색 설정)'를 #000000, 'Set background color(배경색 설정)'를 #ffffff로 설정합니다. Gradient Tool(그레이디언트 도구, [▣])을 클릭하고 Options Bar(옵션 바)에서 'Type(유형) : Linear Gradient(선형 그라디언트), Mode(모드) : Normal(표준), Opacity(불투명도) : 100%'로 설정한 후 [Shift]를 누르고 아래쪽에서 위쪽으로 세로 방향으로 드래그하여 이미지 일부를 자연스럽게 지워 합성합니다.

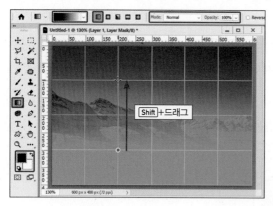

03 필터 적용하고 레이어 마스크로 합성하기

① [File(파일)]-[Open(열기)]([Ctrl]+[O])을 선택하여 겨울스포츠.jpg를 불러옵니다. [Ctrl]+[A]로 전체 선택, [Ctrl]+[C]로 복사, 작업 이미지에 [Ctrl]+[V]로 붙여넣기를 합니다. [Ctrl]+[T]를 눌러 [Shift]를 누른 채 크기를 조절합니다.

② [Filter(필터)]-[Filter Gallery(필터 갤러리)]-[Brush Strokes(브러시 선)]-[Crosshatch (그물눈)]를 선택합니다.

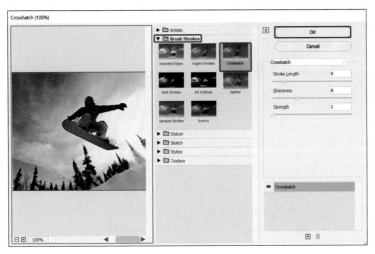

③ Layers(레이어) 패널 하단의 'Add layer mask(레이어 마스크 추가, ▣)'를 클릭하여 레이어 마스크를 추가합니다.

④ Tool Panel(도구 패널) 하단의 'Set foreground color(전경색 설정)'를 #000000, 'Set background color(배경색 설정)'를 #ffffff로 설정합니다. Gradient Tool(그레이디언트 도구, ▣)을 클릭하고 Options Bar(옵션 바)에서 'Type(유형) : Linear Gradient(선형 그라디언트), Mode(모드) : Normal(표준), Opacity(불투명도) : 100%'로 설정한 후 왼쪽 위에서 오른쪽 아래로 대각선 방향으로 드래그하여 이미지 일부를 자연스럽게 지워 합성합니다.

▶합격 강의

◀ 완성 이미지

01 패스 작업하기

① [File(파일)]–[Open(열기)]([Ctrl]+[O])을 선택하여 인형1.jpg를 불러옵니다.

② Pen Tool(펜 도구, ✐)을 클릭하고 Options Bar(옵션 바)에서 'Path(패스), Exclude Over-lapping Shapes(모양 오버랩 제외, ▣)'로 설정한 후 인형의 외곽선을 따라 닫힌 패스를 완성합니다.

> **기적의 Tip**
>
> • ✐ : 곡선 패스를 그린 후 직선 또는 방향선이 다른 패스를 연결하여 그릴 때 [Alt]를 누른 채 기준점에 클릭시 표시입니다.
> • ✐ : 패스의 시작점과 연결하는 끝 기준점을 표시하며 클릭하면 닫힌 패스를 만들 수 있습니다.

③ Pen Tool(펜 도구, ✐)로 계속해서 팔 사이 공간의 외곽선을 따라 닫힌 패스를 완성합니다.

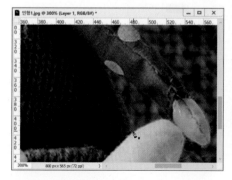 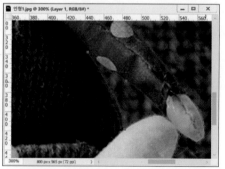

④ Paths(패스) 패널에서 Work path 패스의 'Path Thumbnail'을 [Ctrl]을 누른 채 클릭하여 선택 상태로 변환하고, [Ctrl]+[C]를 눌러 복사합니다.

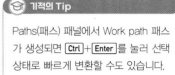
기적의 Tip

Paths(패스) 패널에서 Work path 패스가 생성되면 [Ctrl]+[Enter]를 눌러 선택 상태로 빠르게 변환할 수도 있습니다.

⑤ [File(파일)]-[Open(열기)]([Ctrl]+[O])을 선택하여 실타래.jpg를 불러옵니다. [Ctrl]+[V]로 붙여 넣고, [Ctrl]+[T]를 눌러 비율에 맞게 크기를 축소합니다. 계속해서 마우스 오른쪽 버튼을 클릭한 후 [Flip Horizontal(가로로 뒤집기)]을 선택하여 수평 방향으로 반전하고 [Enter]를 눌러 변형을 적용합니다.

⑥ Layers(레이어) 패널 하단의 'Add a layer style(레이어 스타일 추가, [fx.])'을 클릭하고, [Drop Shadow(그림자)] 선택, 'Opacity(불투명도) : 58%, Angle(각도) : 75°, Distance(거리) : 6px, Size(크기) : 10px'로 설정한 후 [OK(확인)]를 클릭합니다.

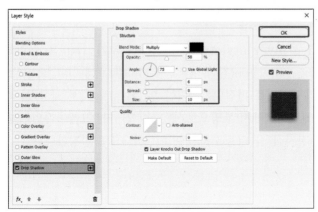

▶합격 강의

◀ 완성 이미지

01 Shape Tool(모양 도구)로 모양 그리고 레이어 스타일 적용하기

① [File(파일)]–[Open(열기)]([Ctrl]+[O])을 선택하여 하늘.jpg를 불러옵니다.

② Custom Shape Tool(사용자 정의 모양 도구, [🏷])을 클릭하고 Options Bar(옵션 바)에서 'Pick tool mode(선택 도구 모드) : Shape(모양), Fill(칠) : 임의 색상, Stroke(획) : No Color(색상 없음), Shape(모양)은 Legacy Shapes and More(레거시 모양 및 기타) 〉 All Legacy Default Shapes(모든 레거시 기본 모양) 〉 Animals(동물)에서 Bird 2(새 2, [🕊])'로 설정한 후 [Shift]를 누른 채 모양을 그립니다.

③ Layers(레이어) 패널 하단의 'Add a layer style(레이어 스타일 추가, [fx.])'을 클릭하고 [Stroke(획)] 선택, 'Size(크기) : 8px, Fill Type(칠 유형) : Gradient(그레이디언트), Click to edit the gradient(클릭하여 그레이디언트 편집)'를 클릭한 후, 'Basics(기본 사항)'를 확장하여 'Foreground to Transparent(전경색에서 투명으로)'를 클릭합니다. 그레이디언트 슬라이더 왼쪽 하단의 'Color Stop(색상 정지점)'을 더블 클릭하여 #ffcc33으로 설정합니다.

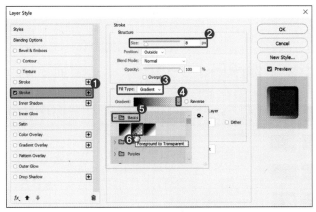

④ 계속해서 [Inner Shadow(내부 그림자)] 선택, 'Opacity(불투명도) : 75%, Angle(각도) : 120°, Distance(거리) : 7px, Size(크기) : 7px'로 설정하고 [OK(확인)]를 클릭합니다.

02 클리핑 마스크 및 필터 적용하기

① [File(파일)]–[Open(열기)]([Ctrl]+[O])을 선택하여 새2.jpg를 불러옵니다. [Ctrl]+[A]로 전체 선택, [Ctrl]+[C]로 복사, 작업 이미지에 [Ctrl]+[V]로 붙여넣기 후 새 모양과 겹치도록 배치합니다.

② Layers(레이어) 패널에서 'Layer 1' 레이어와 'Bird 2 1' 레이어 사이에 마우스 커서를 놓고 [Alt]를 누르고 클릭하여 Clipping Mask(클리핑 마스크)를 적용하고 위치를 조절합니다.

③ [Filter(필터)]-[Filter Gallery(필터 갤러리)]-[Artistic(예술 효과)]-[Paint Daubs(페인트 덥스/페인트 바르기)]를 선택합니다.

④ Custom Shape Tool(사용자 정의 모양 도구,) 을 클릭하고 Options Bar(옵션 바)에서 'Pick tool mode(선택 도구 모드) : Shape(모양), Fill(칠) : #ffffff, Stroke(획) : No Color(색상 없음), Shape(모양)은 Legacy Shapes and More(레거시 모양 및 기타) 〉 All Legacy Default Shapes(모든 레거시 기본 모양) 〉 Animals(동물)에서 Bird 2(새 2,) 로 설정한 후 Shift 를 누른 채 새 모양을 그립니다.

⑤ Layers(레이어) 패널 상단의 'Opacity(불투명도) : 70%'를 설정합니다.

⑥ Layers(레이어) 패널에서 하단의 'Add layer mask(레이어 마스크 추가,)'를 클릭하여 레이어 마스크를 추가합니다.

⑦ Tool Panel(도구 패널) 하단의 'Set foreground color(전경색 설정)'를 #000000, 'Set background color(배경색 설정)'를 #ffffff로 설정합니다. Gradient Tool(그레이디언트 도구,)을 클릭하고 Options Bar(옵션 바)에서 'Type(유형) : Linear Gradient(선형 그라디언트), Mode(모드) : Normal(표준), Opacity(불투명도) : 100%'로 설정한 후 아래에서 위쪽으로 수직 방향으로 드래그하여 이미지 일부를 자연스럽게 지워 합성합니다.

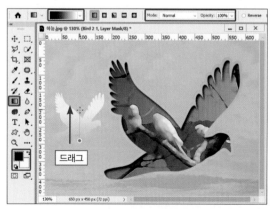

주요 기능	메뉴	단축키	출제빈도
Selection Tool(선택 도구)	⬚ , ⬚ , ⬚ , ⬚ , ⬚ , ⬚ , ⬚	L , W	★★★★★
Move Tool(이동 도구)	⬚	V	★★★★★
Type Tool(문자 도구) 및 옵션	T , IT , Options Bar(옵션 바)의 ⬚	T	★★★★★
Shape Tool(모양 도구)	⬚	U	★★★★★
Pen Tool(펜 도구)	⬚	P	★★★★
Free Transform(자유 변형 메뉴)	[Edit(편집)]–[Free Transform(자유 변형)]	Ctrl + T	★★★★★
Define Pattern(패턴 정의)	[Edit(편집)]–[Define Pattern(패턴 정의)]		★★★★★
Layer Style(레이어 스타일)	[Layers(레이어)]–[Layer Style(레이어 스타일), Layers Panel(레이어 패널) 하단의 fx.		★★★★★
레이어 마스크	[Layers(레이어)]–[Layer Mask(레이어 마스크)], Layers Panel(레이어 패널) 하단의 ⬚		★★★★★
Clipping Mask(클리핑 마스크)	[Layers(레이어)]–[Create Clipping Mask(클리핑 마스크 만들기)]	Alt + Ctrl + G	★★★★★
색상 보정	[Layers(레이어)]–[New Adjustment Layer(새 조정 레이어)–[Hue/Saturation(색조/채도)], Layers Panel(레이어 패널) 하단의 ⬚		★★★★★
Blending Mode(혼합 모드)	Layers Panel(레이어 패널) 상단의 혼합 모드		★★★★★
Color Panel(색상 패널)	[Window(윈도우)]–[Color(색상)]	F6	★★★★★
Character Panel(문자 패널)	[Window(윈도우)]–[Character(문자)]		★★★★★
Layers Panel(레이어 패널)	[Window(윈도우)]–[Layers(레이어)]	F7	★★★★★
Paths Panel(패스 패널)	[Window(윈도우)]–[Paths(패스)]		★★★★★
Options Bar(옵션 바)	[Window(윈도우)]–[Options(옵션)]		★★★★★
Filter(필터)	[Filter(필터)]		★★★★★
Image Size(이미지 크기)	[Image(이미지)]–[Image Size(이미지 크기)]		★★★★★

▶합격 강의

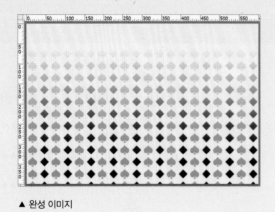

▲ 완성 이미지

01 패턴 정의

① [File(파일)]-[New(새로 만들기)]([Ctrl]+[N])를 선택하고 'Width(폭) : 60Pixels(픽셀), Height(높이) : 30Pixels(픽셀), Resolution(해상도) : 72Pixels/Inch(픽셀/인치), Color Mode(색상 모드) : RGB Color(RGB 색상), 8bit(비트), Background Contents(배경 내용) : Transparent(투명)'로 설정하여 새 작업 이미지를 만듭니다.

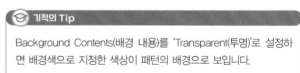

🎓 **기적의 Tip**

Background Contents(배경 내용)를 'Transparent(투명)'로 설정하면 배경색으로 지정한 색상이 패턴의 배경으로 보입니다.

② [View(보기)]-[Rulers(눈금자)]([Ctrl]+[R])를 선택하여 눈금자를 표시합니다. 왼쪽 눈금자에서 작업 이미지로 드래그하여 30px 위치에 안내선을 표시합니다.

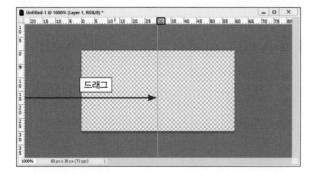

③ Custom Shape Tool(사용자 정의 모양 도구, [⚙])을 클릭하고 Options Bar(옵션 바)에서 'Pick tool mode(선택 도구 모드) : Shape(모양), Fill(칠) : #33cccc, Stroke(획) : No Color(색상 없음), Shape(모양)은 Legacy Shapes and More(레거시 모양 및 기타) 〉 All Legacy Default Shapes(모든 레거시 기본 모양) 〉 Shapes(모양)에서 Spade Card(스페이드 모양 카드, ♠)'로 설정한 후 모양을 그립니다.

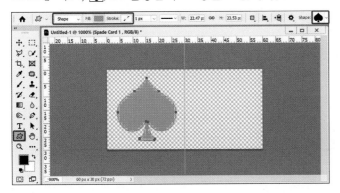

④ Custom Shape Tool(사용자 정의 모양 도구, [⚙])을 클릭하고 Options Bar(옵션 바)에서 'Pick tool mode(선택 도구 모드) : Shape(모양), Fill(칠) : #663333, Stroke(획) : No Color(색상 없음), Shape(모양)은 Legacy Shapes and More(레거시 모양 및 기타) 〉 All Legacy Default Shapes(모든 레거시 기본 모양) 〉 Shapes(모양)에서 Diamond Card(다이아몬드 모양 카드, ♦)'로 설정한 후 모양을 그립니다.

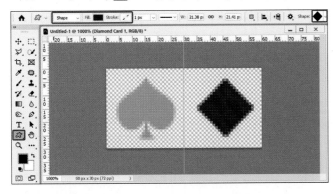

⑤ [Edit(편집)]-[Define Pattern(패턴 정의)]을 선택하고 'Name(이름) : 카드 패턴'으로 설정하여 패턴을 등록합니다.

02 패턴 채우고 레이어 마스크 적용하기

① [File(파일)]−[New(새로 만들기)]([Ctrl]+[N])를 선택하고 'Width(폭) : 600Pixels(픽셀), Height(높이) : 400Pixels(픽셀), Resolution(해상도) : 72Pixels/Inch(픽셀/인치), Color Mode(색상 모드) : RGB Color(RGB 색상), 8bit(비트), Background Contents(배경 내용) : White(흰색)'로 설정하여 새 작업 이미지를 만듭니다.

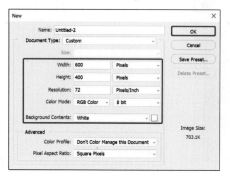

② Tools Panel(도구 패널) 하단의 'Set foreground color(전경색 설정)'을 클릭하여 # 오른쪽 입력란에 ffffcc로 입력하고 [OK(확인)]를 클릭합니다. [Alt]+[Delete]를 눌러 작업 이미지의 배경에 채웁니다.

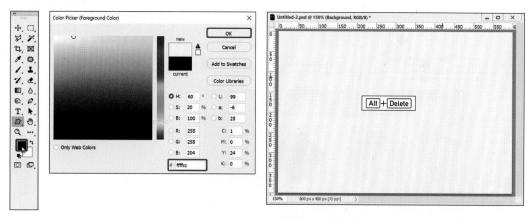

③ Layers(레이어) 패널 하단의 'Create a new layer(새 레이어 만들기, ◻)'를 클릭하여 새 레이어를 만듭니다.

④ [Edit(편집)]-[Fill(칠)]을 선택하고 'Contents(내용) : Pattern(패턴), Custom Pattern(사용자 정의 패턴) : 카드 패턴, Mode(모드) : Normal(표준), Opacity(불투명도) : 100%, Preserve Transparency(투명도 유지) : 체크 해제'로 설정하여 채웁니다.

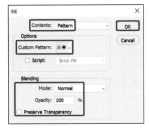
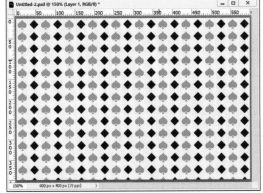

⑤ Layers(레이어) 패널 하단의 'Add layer mask(레이어 마스크 추가, 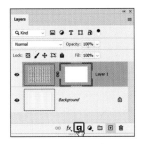)'를 클릭하여 레이어 마스크를 추가합니다.

⑥ Tool Panel(도구 패널) 하단의 'Set foreground color(전경색 설정)'를 #000000, 'Set background color(배경색 설정)'를 #ffffff로 설정합니다. Gradient Tool(그레이디언트 도구, 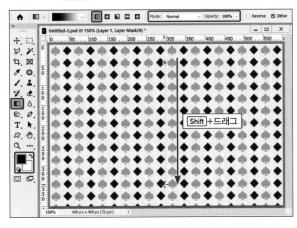)을 클릭하고 Options Bar(옵션 바)에서 'Type(유형) : Linear Gradient(선형 그레이디언트), Mode(모드) : Normal(표준), Opacity(불투명도) : 100%'로 설정한 후 위쪽에서 아래쪽으로 Shift 를 누른 채 드래그합니다.

Shift+드래그

🎓 기적의 Tip

Gradient Tool(그레이디언트 도구, ▦)로 Shift 를 누른 채 드래그하면 수직, 수평, 45° 대각선 방향으로 적용할 수 있습니다.

⑦ 패턴 이미지의 일부를 자연스럽게 지워 배경색과 합성합니다.

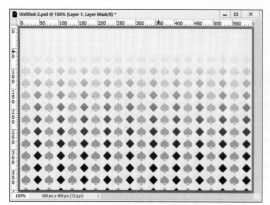 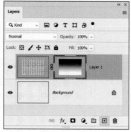

▶ 합격 강의

02	나무 모양 그리고 패턴 적용하기

◀ 완성 이미지

01 패턴 정의

① File(파일)]−[New(새로 만들기)](Ctrl+N)를 선택하고 'Width(폭) : 50Pixels(픽셀),
Height(높이) : 50Pixels(픽셀), Resolution(해상도) : 72Pixels/Inch(픽셀/인치), Color
Mode(색상 모드) : RGB Color(RGB 색상), 8bit(비트), Background Contents(배경 내용) :
Transparent(투명)'로 설정하여 새 작업 이미지를 만듭니다. [View(보기)]−[Rulers(눈금자)]
(Ctrl+R)를 선택하여 눈금자를 표시합니다.

② Custom Shape Tool(사용자 정의 모양 도구,)을 클릭하고 Options Bar(옵션 바)에서 'Pick tool mode(선택 도구 모드) : Shape(모양), Fill(칠) : #ff9900, Stroke(획) : No Color(색상 없음), Shape(모양)은 Legacy Shapes and More(레거시 모양 및 기타) 〉 All Legacy Default Shapes(모든 레거시 기본 모양) 〉 Nature(자연)에서 Flower 1(꽃 1,)'로 설정한 후 모양을 그립니다.

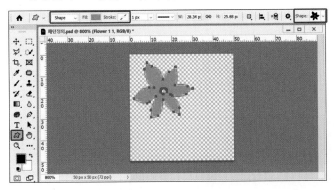

③ 계속해서 'Pick tool mode(선택 도구 모드) : Shape(모양), Fill(칠) : #339966, Stroke(획) : No Color(색상 없음), Shape(모양)은 Legacy Shapes and More(레거시 모양 및 기타) 〉 All Legacy Default Shapes(모든 레거시 기본 모양) 〉 Nature(자연)에서 Leaf 4(나뭇잎 4,)'로 설정한 후 모양을 그립니다. [Ctrl]+[T]를 눌러 시계 방향으로 회전합니다.

④ [Edit(편집)]-[Define Pattern(패턴 정의)]을 선택하고 'Name(이름) : 꽃과 나뭇잎'으로 설정하여 패턴을 등록합니다.

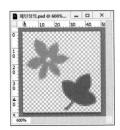
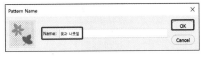

02 모양 도구로 모양 그리고 병합하기

① [File(파일)]-[Open(열기)]([Ctrl]+[O])을 선택하여 배경1.jpg를 불러옵니다.

② [Edit(편집)]-[Preference(환경설정)]([Ctrl]+[K])를 클릭하고 [Guides, Grid & Slices(안내선, 격자와 슬라이스)]를 선택하여 Grid(격자)의 'Gridline Every(격자 간격) : 100Pixels(픽셀), Subdivisions(세분) : 1'로 설정한 후 'Grid Color(격자 색상)'를 클릭하여 밝은 색상으로 변경합니다.

③ [View(보기)]-[Show(표시)]-[Grid(격자)]([Ctrl]+[']')를 선택하여 격자를 표시합니다.

④ Custom Shape Tool(사용자 정의 모양 도구, 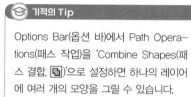)을 클릭하고 Options Bar(옵션 바)에서 'Pick tool mode(선택 도구 모드) : Shape(모양), Fill(칠) : #003366, Stroke(획) : No Color(색상 없음), Shape(모양)는 Legacy Shapes and More(레거시 모양 및 기타) 〉 All Legacy Default Shapes(모든 레거시 기본 모양) 〉 Shapes(모양)에서 Triangle(삼각형, ▲)' 로 설정한 후 모양을 그립니다.

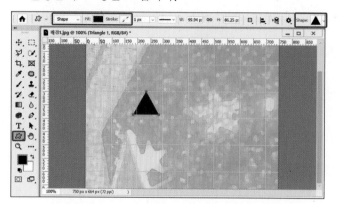

⑤ Options Bar(옵션 바)에서 'Path Operations(패스 작업) : Combine Shapes(패스 결합, □)'를 클릭한 후 크기가 다른 3개의 삼각형 모양을 겹치도록 그립니다.

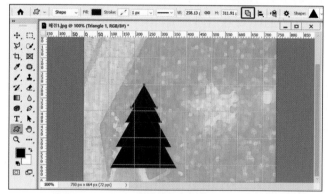

> **기적의 Tip**
>
> Options Bar(옵션 바)에서 Path Opera-tions(패스 작업)을 'Combine Shapes(패스 결합, □)'으로 설정하면 하나의 레이어에 여러 개의 모양을 그릴 수 있습니다.

⑥ Rectangle Tool(사각형 도구, □)을 클릭하고 Options Bar(옵션 바)에서 'Path Operations (패스 작업) : Combine Shapes(패스 결합, □)'를 클릭한 후 삼각형 모양과 겹치도록 하단에 사각형을 그립니다.

⑦ Path Selection Tool(패스 선택 도구, ▶)을 클릭하고 5개의 모양에 드래그하여 선택한 후, Options Bar(옵션 바)에서 Path alignment(패스 정렬, □)를 클릭하여 'Align(정렬) : Align horizontal centers(수평 중앙 맞춤, □)'를 클릭하여 정렬합니다.

⑧ Options Bar(옵션 바)에서 'Path Operations(패스 작업) : Merge Shape Components(모양 병합 구성 요소, ▣)'를 클릭하여 모양을 하나로 병합합니다.

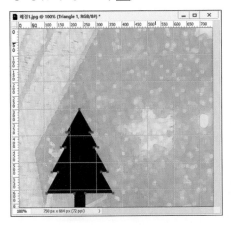

03 모양 복제 및 변형하기

① Ctrl + J 를 눌러 레이어를 복사한 후, Ctrl + T 를 누르고 Shift 를 누른 채 크기를 확대합니다.

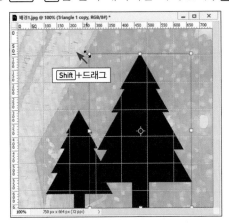

② Custom Shape Tool(사용자 정의 모양 도구, ▨)을 클릭하고 Options Bar(옵션 바)에서 'Pick tool mode(선택 도구 모드) : Shape(모양), Fill(칠) : 임의 색상, Stroke(획) : No Color(색상 없음), Path Operations(패스 작업) : Combine Shapes(패스 결합, ▣), Shape(모양)은 Legacy Shapes and More(레거시 모양 및 기타) 〉 All Legacy Default Shapes(모든 레거시 기본 모양) 〉 Shapes(모양)에서 5 Point Star(5 포인트 별, ★)'로 설정한 후 나무 모양 상단에 겹치도록 그립니다.

③ 계속해서 나무 모양과 겹치도록 별 모양을 그리고 Options Bar(옵션 바)에서 'Path Opera-tions(패스 작업) : Subtract Front Shape(전면 모양 빼기, [□])'를 클릭합니다. 크기가 다른 2개의 별 모양을 겹치도록 그려서 배치합니다.

 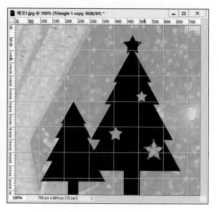

④ Rectangle Tool(사각형 도구, [□])을 클릭하고 Options Bar(옵션 바)에서 'Path Operations (패스 작업) : Subtract Front Shape(전면 모양 빼기, [□])'를 클릭한 후 나무 모양 하단에 겹치도록 그립니다.

04 레이어 스타일 적용하기

① Layers(레이어) 패널 하단의 'Add a layer style(레이어 스타일 추가, [fx.])'을 클릭하여 [In-ner Glow(내부 광선)]를 선택, 'Opacity(불투명도) : 75%, Size(크기) : 15px'로 설정합니다. 계속해서 [Drop Shadow(드롭 섀도)]를 선택, 'Angle(각도) : 120°, Distance(거리) : 7px, Size(크기) : 7px'로 설정하고 [OK(확인)]를 클릭합니다.

> **기적의 Tip**
>
> 한글 버전의 경우 [Drop Shadow]는 'Add a layer style(레이어 스타일 추가, [fx.])'을 클릭하여 [그림자]를 선택하면 Layer Style(레이어 스타일) 대화상자에서는 [드롭 섀도]로 표시됩니다.

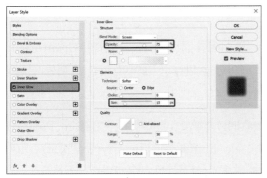
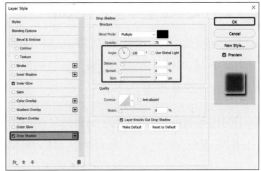

② Layers(레이어) 패널에서 'Triangle 1' 레이어를 선택합니다. 하단의 'Add a layer style(레이어 스타일 추가, *fx.*)'을 클릭하고 [Gradient Overlay(그레이디언트 오버레이)] 선택, 'Click to edit the gradient(클릭하여 그레이디언트 편집)'를 클릭한 후, 그레이디언트 슬라이더 왼쪽 하단의 'Color Stop(색상 정지점)'을 더블 클릭하여 #ff9933, 가운데 'Color Stop (색상 정지점)'을 더블 클릭하여 #ff0066, 오른쪽 'Color Stop(색상 정지점)'을 더블 클릭하여 #330066으로 설정한 후, 'Style(스타일) : Linear(선형), Angle(각도) : 90°'로 설정합니다.

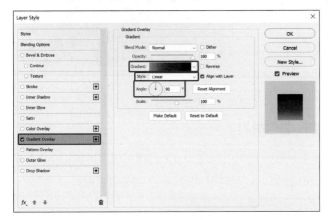

③ 계속해서 [Outer Glow(외부 광선)] 선택, 'Opacity(불투명도) : 75%, Spread(스프레드) : 10%, Size(크기) : 30px'로 설정하고 [OK(확인)]를 클릭합니다.

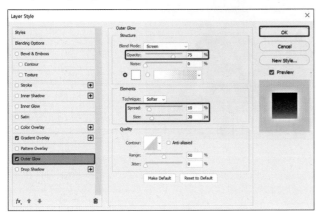

05 패턴 채우고 불투명도 설정하기

① Layers(레이어) 패널에서 'Triangle 1 copy' 레이어를 클릭한 후, 하단의 'Create a new layer(새 레이어 만들기, 🔲)'를 클릭하여 새 레이어를 만들고 레이어 이름을 더블 클릭하여 pattern으로 설정합니다.

② [Edit(편집)]−[Fill(칠)]을 선택하고 'Contents(내용) : Pattern(패턴), Custom Pattern(사용자 정의 패턴) : 꽃과 나뭇잎, Mode(모드) : Normal(표준), Opacity(불투명도) : 100%, Preserve Transparency(투명도 유지) : 체크 해제'로 설정하여 채웁니다.

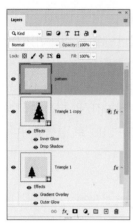  

06 클리핑 마스크 적용하고 불투명도 설정하기

① Layers(레이어) 패널에서 'Triangle 1 copy' 레이어와 'pattern' 레이어 사이에 마우스 커서를 놓고 [Alt]를 누르고 클릭하여 Clipping Mask(클리핑 마스크)를 적용합니다.

② Layers(레이어) 패널 상단의 'Opacity(불투명도) : 70%'로 설정합니다.

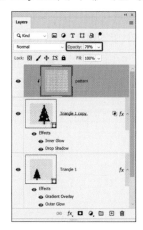 

여러 개의 모양에 패턴 적용하기

01 패턴 정의

① [File(파일)]−[New(새로 만들기)]([Ctrl]+[N])를 선택하고 'Width(폭) : 60Pixels(픽셀), Height(높이) : 60Pixels(픽셀), Resolution(해상도) : 72Pixels/Inch(픽셀/인치), Color Mode(색상 모드) : RGB Color(RGB 색상), 8bit(비트), Background Contents(배경 내용) : Transparent(투명)'로 설정하여 새 작업 이미지를 만듭니다.

② Custom Shape Tool(사용자 정의 모양 도구, 🔲)을 클릭하고 Options Bar(옵션 바)에서
'Pick tool mode(선택 도구 모드) : Shape(모양), Fill(칠) : #ff9933, Stroke(획) : No Color
(색상 없음), Shape(모양)은 Legacy Shapes and More(레거시 모양 및 기타) 〉 All Legacy
Default Shapes(모든 레거시 기본 모양) 〉 Nature(자연)에서 Leaf 2(나뭇잎 2, 🍁)'로 설정
한 후 Shift 를 누른 채 모양을 그립니다.

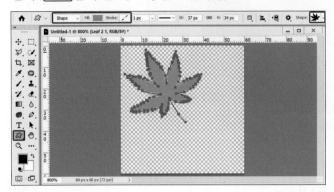

③ Custom Shape Tool(사용자 정의 모양 도구, 🔲)을 클릭하고 Options Bar(옵션 바)에서
'Pick tool mode(선택 도구 모드) : Shape(모양), Fill(칠) : #cccccc, Stroke(획) : No Color
(색상 없음), Shape(모양)은 Legacy Shapes and More(레거시 모양 및 기타) 〉 All Legacy
Default Shapes(모든 레거시 기본 모양) 〉 Objects(물건)에서 Right Hand(오른손, ✋)'로
설정한 후 Shift 를 누른 채 모양을 그립니다.

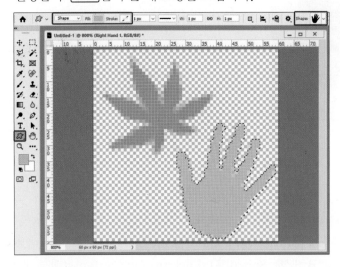

④ [Edit(편집)]−[Define Pattern(패턴 정의)]을 선택하고 'Name(이름) : 나뭇잎과 손'으로 설정
하여 패턴을 등록합니다.

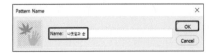

🔵02 펜 도구로 모양 그리기

① [File(파일)]-[Open(열기)]([Ctrl]+[O])을 선택하여 배경2.jpg를 불러옵니다. Pen Tool(펜 도구, [✎])을 클릭하고 Options Bar(옵션 바)에서 'Pick tool mode(선택 도구 모드) : Shape(모양), Fill(칠) : #330000, Stroke(획) : No Color(색상 없음)'으로 설정하고 닫힌 패스로 모양을 그립니다.

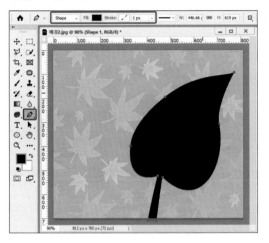

② Layers(레이어) 패널 하단의 'Add a layer style(레이어 스타일 추가, [fx.])'을 클릭하고 [Drop Shadow(그림자)] 선택, 'Opacity(불투명도) : 75%, Angle(각도) : 120°, Distance(거리) : 10px, Size(크기) : 15px'로 설정하고 [OK(확인)]를 클릭합니다.

③ [Ctrl]+[J]로 레이어를 복사합니다. [Ctrl]+[T]를 눌러 크기를 축소한 후, 마우스 오른쪽 버튼을 클릭하여 [Flip Horizontal(가로로 뒤집기)]로 뒤집고 회전하여 배치합니다.

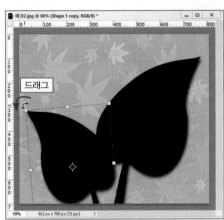

④ Layers(레이어) 패널에서 'Shape 1 copy' 레이어의 'Layer thumbnail(레이어 축소판)'을 더블 클릭하여 'Color(색상) : #996666'으로 설정하고 [OK(확인)]를 클릭합니다.

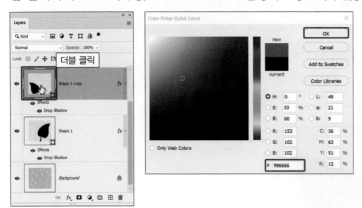

⑤ Pen Tool(펜 도구, ⌀)을 클릭하고 Options Bar(옵션 바)에서 'Pick tool mode(선택 도구 모드) : Shape(모양), Fill(칠) : #cc6699, Stroke(획) : No Color(색상 없음)'으로 설정하고 닫힌 패스로 모양을 그립니다.

⑥ Layers(레이어) 패널 하단의 'Add a layer style(레이어 스타일 추가, fx)'을 클릭하고 [Drop Shadow(그림자)] 선택, 'Opacity(불투명도) : 75%, Distance(거리) : 10px, Size(크기) : 15px'로 설정한 후 [OK(확인)]를 클릭합니다.

03 불투명도 설정하여 패턴 적용하기

① Layers(레이어) 패널에서 Ctrl + Shift 를 누른 채 'Shape 1', 'Shape 1 copy', 'Shape 2' 레이어의 'Layer thumbnail(레이어 축소판)'을 클릭하여 동시에 선택합니다.

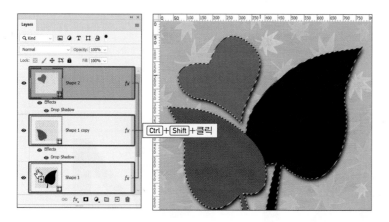

② Layers(레이어) 패널에서 'Shape 2' 레이어를 클릭한 후, 하단의 'Create a new layer(새 레이어 만들기, ⊞)'를 클릭하여 새 레이어를 만들고 레이어 이름을 더블 클릭하여 'pattern'으로 설정합니다.

③ [Edit(편집)]−[Fill(칠)]을 선택하고 'Contents(내용) : Pattern(패턴), Custom Pattern(사용자 정의 패턴) : 나뭇잎과 손, Mode(모드) : Normal(표준), Opacity(불투명도) : 100%, Preserve Transparency(투명도 유지) : 체크 해제'로 설정하여 채웁니다.

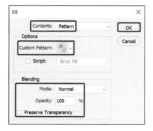

④ Layers(레이어) 패널 상단의 'Opacity(불투명도) : 60%'로 설정합니다. Ctrl + D 를 눌러 선택을 해제합니다.

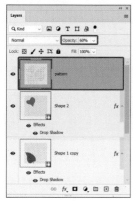

PART 04

최신 기출 유형 따라하기

CHAPTER 01   최신 기출 유형 따라하기

최신 기출 유형 따라하기

급수	버전	문제유형	시험시간	수험번호	성명
1급		A	90분		

수 험 자 유 의 사 항

- 수험자는 문제지를 받는 즉시 응시하고자 하는 <u>과목 및 급수가 맞는지 확인</u>한 후 수험번호와 성명을 작성합니다.
- 파일명은 본인의 "수험번호–성명–문제번호"로 공백 없이 정확히 입력하고 답안폴더(내 PC₩문서₩GTQ)에 jpg 파일과 psd 파일의 2가지 포맷으로 저장해야 하며, jpg 파일과 psd 파일의 내용이 상이할 경우 0점 처리됩니다. 답안문서 파일명이 "수험번호–성명–문제번호"와 일치하지 않거나, 답안 파일을 전송하지 않아 미제출로 처리될 경우 불합격 처리됩니다.
- 문제의 세부조건은 '영문(한글)' 형식으로 표기되어 있으니 유의하시기 바랍니다.
- 수험자 정보와 저장한 파일명, 저장 위치가 다를 경우 전송이 되지 않으므로, 주의하시기 바랍니다.
- 답안 작성 중에도 <u>주기적으로 '저장'과 '답안 전송'</u>을 이용하여 감독위원 PC로 답안을 전송하셔야 합니다.(※ 작업한 내용을 <u>저장하지 않고 전송할 경우</u> 이전의 저장내용이 전송되오니 이 점 반드시 유념하시기 바랍니다.)
- 답안문서는 지정된 경로 외의 다른 보조기억장치에 저장하는 행위, 지정된 시험 시간 외에 작성된 파일을 활용한 행위, 기타 허용되지 않은 프로그램(이메일, 메신저, 게임, 네트워크 등) 이용 시 부정행위로 간주되어 자격기본법 제32조에 의거 본 시험 및 국가공인 자격시험을 2년간 응시할 수 없습니다.
- 시험 중 부주의 또는 고의로 시스템을 파손한 경우와 〈수험자 유의사항〉에 기재된 방법대로 이행하지 않아 생기는 불이익은 수험자의 책임임을 알려 드립니다.
- 시험을 완료한 수험자는 최종적으로 저장한 답안파일이 전송되었는지 확인한 후 감독위원의 지시에 따라 문제지를 제출하고 퇴실합니다.

답 안 작 성 요 령

- **온라인 답안 작성 절차**
  수험자 등록 ⇒ 시험 시작 ⇒ 답안파일 저장 ⇒ 답안 전송 ⇒ 시험 종료
- 내 PC₩문서₩GTQ₩Image폴더에 있는 그림 원본파일을 사용하여 답안을 작성하시고 최종답안을 답안폴더(내 PC₩문서₩GTQ)에 저장하여 답안을 전송하시고, 이미지의 크기가 다른 경우 감점 처리됩니다.
- 배점은 총 100점으로 이루어지며, 점수는 각 문제별로 차등 배분됩니다.
- 각 문제는 주어진 〈조건〉에 따라 작성하고, 언급하지 않은 조건은 《출력형태》와 같이 작성합니다.
- 배치 등의 편의를 위해 주어진 눈금자의 단위는 '픽셀'입니다.
  그 외는 출력형태(효과, 이미지, 문자, 색상, 레이아웃, 규격 등)와 같게 작업하십시오.
- 문제 조건에 서체의 지정이 없을 경우 한글은 굴림이나 돋움, 영문은 Arial로 작업하십시오.
  (단, 그 외에 제시되지 않은 문자 속성을 기본값으로 작성하지 않은 경우는 감점 처리됩니다.)
- Image Mode(이미지 모드)는 별도의 처리조건이 없을 경우에는 RGB(8비트)로 작업하십시오.
- 모든 답안 파일은 해상도 72Pixels/Inch로 작업하십시오.
- Layer(레이어)는 각 기능별로 분할해야 하며, 임의로 합칠 경우나 각 기능에 대한 속성을 해지할 경우 해당 요소는 0점 처리됩니다.

한 국 생 산 성 본 부

다음의 《조건》에 따라 아래의 《출력형태》와 같이 작업하시오.

조건

원본 이미지		Part04\1급-1.jpg, 1급-2.jpg, 1급-3.jpg	
파일저장규칙	JPG	파일명	문서\GTQ\수험번호-성명-1.jpg
		크기	400×500 pixels
	PSD	파일명	문서\GTQ\수험번호-성명-1.psd
		크기	40×50 pixels

1. 그림 효과

① 1급-1.jpg : 필터 - Paint Daubs(페인트 덥스/페인트 바르기)
② Save Path(패스 저장) : 쥬서기 모양
③ Mask(마스크) : 쥬서기 모양, 1급-2.jpg를 이용하여 작성
 레이어 스타일 - Stroke(선/획)(5px, 그라디언트(#ff9900, #009900)),
 Inner Shadow(내부 그림자)
④ 1급-3.jpg : 레이어 스타일 - Drop Shadow(그림자 효과)
⑤ Shape Tool(모양 도구) :
 - 나뭇잎 모양(#009933, 레이어 스타일 - Bevel and Emboss(경사와 엠보스))
 - 물결 모양(#ffffff, #ff6633, 레이어 스타일 - Outer Glow(외부 광선))

2. 문자 효과

① 신선한 당근 주스~(돋움, 45pt, 레이어 스타일 - Stroke(선/획)(2px, #330033)), 그라디언트 오버레이(#ffff00, #ff3333)

다음의 《조건》에 따라 아래의 《출력형태》와 같이 작업하시오.

조건

원본 이미지		Part04\1급-4.jpg, 1급-5.jpg, 1급-6.jpg	
파일저장규칙	JPG	파일명	문서\GTQ\수험번호-성명-2.jpg
		크기	400×500 pixels
	PSD	파일명	문서\GTQ\수험번호-성명-2.psd
		크기	40×50 pixels

1. 그림 효과

① 1급-4.jpg : 필터 - Crosshatch(그물눈)
② 색상 보정 : 1급-5.jpg - 보라색, 연두색 계열로 보정
③ 1급-5.jpg : 레이어 스타일 - Drop Shadow(그림자 효과)
④ 1급-6.jpg : 레이어 스타일 - Inner Shadow(내부 그림자)
⑤ Shape Tool(모양 도구) :
 - 꽃 프레임 모양(#ff9900, 레이어 스타일 - Drop Shadow(그림자 효과))
 - 꽃 모양(#cccc99, #cc9999, 레이어 스타일 - Outer Glow(외부 광선))

2. 문자 효과

① ORGANIC FOOD(Arial, Regular, 40pt, 레이어 스타일 - Stroke(선/획)(2px, #333366)), 그라디언트 오버레이(#ff00ff, #99ccff, #99ff33)

문제 ❸ | **[실무응용] 포스터 제작** | **25점**

다음의 《조건》에 따라 아래의 《출력형태》와 같이 작업하시오.

조건

원본 이미지		Part04₩1급-7.jpg, 1급-8.jpg, 1급-9.jpg, 1급-10.jpg, 1급-11.jpg	
파일저장규칙	JPG	파일명	문서₩GTQ₩수험번호-성명-3.jpg
		크기	600×400 pixels
	PSD	파일명	문서₩GTQ₩수험번호-성명-3.psd
		크기	60×40 pixels

1. 그림 효과

① 배경 : #99cccc
② 1급-7.jpg : Blending Mode(혼합 모드) – Hard Light(하드 라이트), Opacity(불투명도)(80%)
③ 1급-8.jpg : 필터 – Rough Pastels(거친 파스텔 효과), 레이어 마스크 – 가로 방향으로 흐릿하게
④ 1급-9.jpg : 필터 – Dry Brush(드라이 브러시)
⑤ 1급-10.jpg : 색상 보정 – 녹색 계열로 보정, 레이어 스타일 – Stroke(선/획)(4px, 그라디언트(#99ccff, #ffff99)), Inner Shadow(내부 그림자)
⑥ 1급-11.jpg : 레이어 스타일 – Bevel and Emboss(경사와 엠보스), Outer Glow(외부 광선)
⑦ 그 외 《출력형태》 참조

2. 문자 효과

① 건강 식재료 세미나(돋움, 30pt, 레이어 스타일 – Stroke(선/획)(2px, #333333), 그라디언트 오버레이(#00ccff, #ffccff, #ffcc00), Drop Shadow(그림자 효과))
② #1 신선한 토마토 요리하기(바탕, 23pt, 30pt, 레이어 스타일 – Stroke(선/획)(2px, #ffffff), 그라디언트 오버레이(#003300, #ff0033))
③ HEALTHY EATING SEMINAR(Arial, Bold, 16pt, 22pt, #cc6600, #663399, 레이어 스타일 – Stroke(선/획)(2px, #99ff33))
④ 장소 : 교육문화회관강당 시간 : 매주 토요일 10시(돋움, 13pt, #663300, 레이어 스타일 – Stroke(선/획)(2px, #ffffff))

출력형태

Shape Tool(모양 도구) 사용
레이어 스타일 – 그라디언트 오버레이(#66ffcc, #ffffff), Inner Shadow(내부 그림자), Opacity(불투명도)(70%)

Shape Tool(모양 도구) 사용 #ffff00, #ffffff, 레이어 스타일 – Drop Shadow(그림자 효과), Opacity(불투명도)(70%)

Shape Tool(모양 도구) 사용
레이어 스타일 – 그라디언트 오버레이(#330000, #990099)

| 문제 ❹ | [실무응용] 웹 페이지 제작 | 35점 |

다음의 《조건》에 따라 아래의 《출력형태》와 같이 작업하시오.

조건

원본 이미지	Part04₩1급−12.jpg, 1급−13.jpg, 1급−14.jpg, 1급−15.jpg, 1급−16.jpg, 1급−17.jpg		
파일저장규칙	JPG	파일명	문서₩GTQ₩수험번호−성명−4.jpg
		크기	600×400 pixels
	PSD	파일명	문서₩GTQ₩수험번호−성명−4.psd
		크기	60×40 pixels

1. 그림 효과

① 배경 : #ffcc66
② 패턴(나뭇잎 모양) : #99cc33, #009966, Opacity(불투명도)(70%)
③ 1급−12.jpg : Blending Mode(혼합 모드) − Darken(어둡게 하기), 레이어 마스크 − 세로 방향으로 흐릿하게
④ 1급−13.jpg : 필터 − Dry Brush(드라이 브러시), 레이어 마스크 − 가로 방향으로 흐릿하게
⑤ 1급−14.jpg : 레이어 스타일 − Outer Glow(외부 광선), Drop Shadow(그림자 효과)
⑥ 1급−15.jpg : 필터 − Texturizer(텍스처화), 레이어 스타일 − Bevel and Emboss(경사와 엠보스)
⑦ 1급−16.jpg : 색상 보정 − 노란색 계열로 보정, 레이어 스타일 − Inner Glow(내부 광선), Drop Shadow(그림자 효과)
⑧ 그 외 《출력형태》 참조

2. 문자 효과

① Experience Orchard(Times New Roman, Bold, 20pt, #ccff99, 레이어 스타일 − Stroke(선/획)(2px, #336633))
② 복숭아 따기 체험(궁서, 35pt, 레이어 스타일 − Stroke(선/획)(3px, #006633), 그라디언트 오버레이(#ff6699, #ffcc66, #ccffcc))
③ 우리지역 농산물 이용하기(돋움, 14pt, #000000, 레이어 스타일 − Stroke(선/획)(2px, 그라디언트(#ccffcc, #99cc99))
④ 농장소개 체험안내 교통안내(돋움, 17pt, #330000, 레이어 스타일 − Stroke(선/획)(2px, #ffff99))

출력형태

Pen Tool(펜 도구) 사용
#669966, #99ff99,
#ccff99, #666633,
레이어 스타일 −
Drop Shadow
(그림자 효과)

Shape Tool(모양 도구)
사용
레이어 스타일 −
그라디언트
오버레이
(#ff9966, #ccff00),
Drop Shadow
(그림자 효과)

Shape Tool
(모양 도구) 사용
#cc9900, #cc6633,
레이어 스타일 −
Inner Shadow
(내부 그림자),
Opacity(불투명도)
(80%)

Shape Tool(모양·도구) 사용
#ffffff, 레이어 스타일 − Stroke(선/획)(2px,
그라디언트(#00ff33, #996666))

작업과정	새 작업 이미지 만들기 및 파일 저장하기 ▶ 필터 적용하기 ▶ 패스 생성하기 ▶ 패스 저장하기 ▶ 레이어 스타일과 클리핑 마스크 적용하기 ▶ 모양 생성 및 레이어 스타일 적용 ▶ 문자 입력 및 왜곡하고 레이어 스타일 적용 ▶ 정답 파일 저장
완성이미지	Part04₩정답파일₩수험번호−성명−1.jpg, 수험번호−성명−1.psd

01 새 작업 이미지 만들기 및 파일 저장하기

01 [File(파일)]−[New(새로 만들기)]([Ctrl]+[N])를 선택하고 'Width(폭) : 400Pixels(픽셀), Height(높이) : 500Pixels(픽셀), Resolution(해상도) : 72Pixels/Inch(픽셀/인치), Color Mode(색상 모드) : RGB Color(RGB 색상), 8bit(비트), Background Contents(배경 내용) : White(흰색)'로 설정하여 새 작업 이미지를 만듭니다.

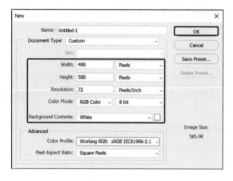

02 [Edit(편집)]−[Preference(환경설정)]([Ctrl]+[K])를 클릭하고 [Guides, Grid & Slices(안내선, 격자와 슬라이스)]를 선택하여 Grid(격자)의 'Gridline every(격자 간격) : 100pixels(픽셀), Subdivisions(세분) : 1'로 설정한 후 'Grid Color(격자 색상)'를 클릭하여 밝은 색상으로 변경합니다.

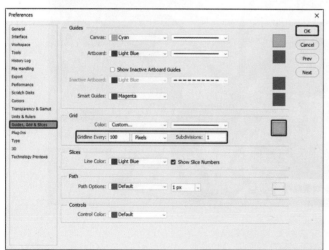

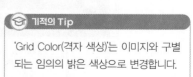
🎓 기적의 Tip

'Grid Color(격자 색상)'는 이미지와 구별되는 임의의 밝은 색상으로 변경합니다.

03 [View(보기)]-[Show(표시)]-[Grid(격자)]([Ctrl]+[']])와 [View(보기)]-[Rulers(눈금자)] ([Ctrl]+[R])를 선택하여 격자와 눈금자를 표시합니다.

04 작업 도큐먼트를 저장하기 위해 [File(파일)]-[Save As(다른 이름으로 저장)]([Shift]+[Ctrl]+ [S])를 선택하고 임의 경로에 '파일 이름 : 수험번호-성명-문제번호, 파일 형식 : Photo-shop(*.PSD;*.PDD;*.PSDT)'로 파일을 저장합니다.

> 🎓 **기적의 Tip**
>
> 임의 경로에 저장한 파일은 작업을 완료한 후 수정사항 및 오류 발생에 대비하여 저장하는 파일로 감독관 컴퓨터로 전송하지는 않습니다. 최종 답안 파일 전송 후 퇴실 전에 삭제합니다.

02 필터 적용하기

01 [File(파일)]-[Open(열기)]([Ctrl]+[O])을 선택하여 1급-1.jpg를 불러옵니다. [Ctrl]+[A]로 전체 선택, [Ctrl]+[C]로 복사, 작업 이미지에 [Ctrl]+[V]로 붙여넣기를 합니다. [Ctrl]+[T]를 누른 후, 마우스 오른쪽 버튼을 클릭하여 [Flip Horizontal(가로로 뒤집기)]로 뒤집고 배치합니다.

02 [Filter(필터)]–[Filter Gallery(필터 갤러리)]–[Artistic(예술 효과)]–[Paint Daubs(페인트 덥스/페인트 바르기)]를 선택합니다.

03 문제지의 《출력형태》를 참조하여 왼쪽 눈금자에서 작업 이미지로 드래그하여 그림과 같이 안내선을 표시합니다.

03 패스 생성하기

01 Ellipse Tool(타원 도구, ◎)을 클릭하고 Options Bar(옵션 바)에서 'Pick tool mode(선택 도구 모드) : Shape(모양), Fill(칠) : 임의 색상, Stroke(획) : No Color(색상 없음)'를 설정한 후 드래그하여 타원 모양을 그립니다. Enter 를 눌러 작업 중인 모양을 완료합니다.

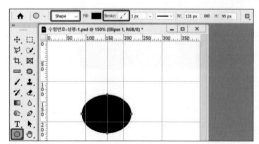

> 🎓 **기적의 Tip**
>
> 패스 작업 시, 명확한 화면을 보기 위해 Layers(레이어) 패널에서 'Layer 1' 레이어의 눈 아이콘(가시성)을 클릭하여 가리고, 작업이 완료되면 눈 아이콘(가시성)을 다시 클릭하여 보이도록 합니다.

02 Paths(패스) 패널의 작업 중인 패스를 클릭하여 패스를 활성화합니다.

03 Rectangle Tool(사각형 도구, ▣)을 클릭하고 Options Bar(옵션 바)에서 'Pick tool mode (선택 도구 모드) : Shape(모양), Fill(칠) : 임의 색상, Path operations(패스 작업) : Subtract Front Shape(전면 모양 빼기, ⬚)'로 설정합니다.

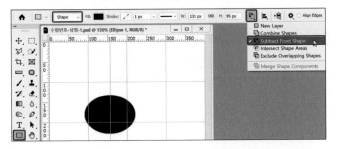

04 타원형의 하단과 겹치도록 드래그하여 사각형을 그리고 배치합니다.

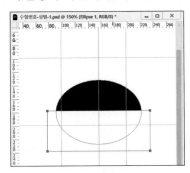

05 Ellipse Tool(타원 도구, ⬭)을 클릭한 후 작업 이미지에 드래그하여 타원 모양 상단과 겹치도록 타원형을 그리고, Options Bar(옵션 바)에서 'Path operations(패스 작업) : Combine Shapes(모양 결합, ⬚)'로 설정합니다.

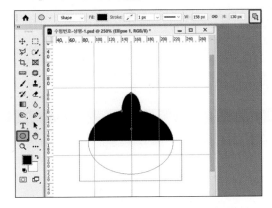

06 Convert Point Tool(기준점 변환 도구, 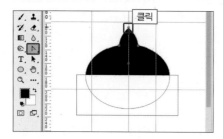)로 타원 모양의 상단 기준점에 클릭하여 뾰족하게 변형합니다.

07 Rounded Rectangle Tool(모서리가 둥근 직사각형 도구,)을 클릭하고 Options Bar(옵션 바)에서 'Pick tool mode(선택 도구 모드) : Shape(모양), Fill(칠) : 임의 색상, Path operations(패스 작업) : Combine Shapes(모양 결합,), Radius(반경) : 15px'로 설정한 후 드래그하여 둥근 사각형을 그립니다.

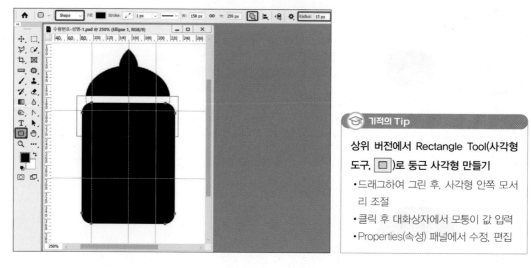

> 🎓 **기적의 Tip**
>
> **상위 버전에서 Rectangle Tool(사각형 도구,)로 둥근 사각형 만들기**
> - 드래그하여 그린 후, 사각형 안쪽 모서리 조절
> - 클릭 후 대화상자에서 모퉁이 값 입력
> - Properties(속성) 패널에서 수정, 편집

08 [Edit(편집)]-[Transform Path(패스 변형)]-[Warp(뒤틀기)]를 클릭하여 하단 2개의 방향점을 대칭적으로 드래그하여 변형하고 Enter 를 눌러 패스의 변형을 완료합니다.

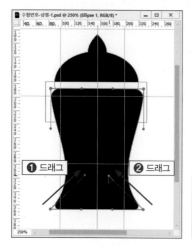

> 🎓 **기적의 Tip**
>
> Ctrl + T 를 누른 후, 마우스 오른쪽 버튼을 클릭하여 [Warp(뒤틀기)]로 변형할 수도 있습니다.

09 Rounded Rectangle Tool(모서리가 둥근 직사각형 도구, 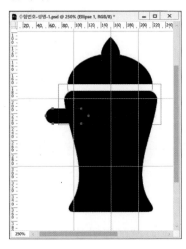)을 클릭하고 Options Bar(옵션 바)에서 'Pick tool mode(선택 도구 모드) : Shape(모양), Path operations(패스 작업) : Combine Shapes(모양 결합,)'로 설정한 후 드래그하여 2개의 둥근 사각형을 겹치도록 그립니다. Ctrl+T를 눌러 조절점 밖을 드래그하여 회전하고 Enter를 눌러 손잡이 부분을 완성합니다.

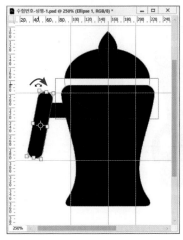

10 Rounded Rectangle Tool(모서리가 둥근 직사각형 도구,)의 'Radius(반경) : 10px'로 설정한 후 하단에 드래그하여 둥근 사각형을 그립니다. Ellipse Tool(타원 도구,)을 클릭하여 상단과 하단이 겹쳐지도록 타원형을 그리고 Options Bar(옵션 바)에서 'Path operations(패스 작업) : Combine Shapes(모양 결합,)'로 설정합니다.

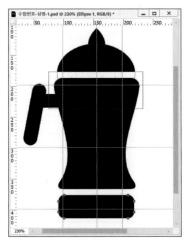
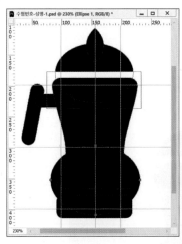

11 Ellipse Tool(타원 도구, ◯)을 클릭한 후 큰 타원 모양의 오른쪽에 겹쳐지도록 작은 타원을 그리고, Options Bar(옵션 바)에서 'Path operations(패스 작업) : Subtract Front Shape (전면 모양 빼기, ◵)'로 설정합니다.

12 Ctrl + T 를 눌러 조절점 밖을 드래그하여 회전하고 Enter 를 눌러 변형을 완성합니다.

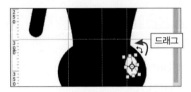

13 Rectangle Tool(사각형 도구, ▢)을 클릭하여 하단에 겹치도록 그린 후, Options Bar(옵션 바)에서 'Path operations(패스 작업) : Subtract Front Shape(전면 모양 빼기, ◵)'로 설정합니다.

14 Path Selection Tool(패스 선택 도구, ▶)로 드래그하여 중앙의 7개의 모양을 선택하고 Options Bar(옵션 바)에서 'Path alignment(패스 정렬) : Align horizontal centers(수평 중앙 맞춤, ⬌)'를 클릭하여 가로 중앙에 정렬합니다.

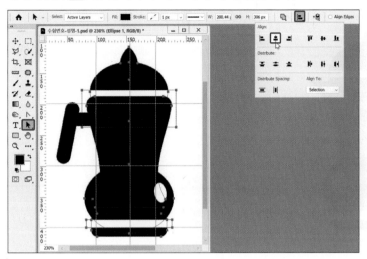

15 Enter 를 눌러 패스의 선택을 해제합니다. Paths(패스) 패널에서 작업 중인 패스를 클릭하여 활성화합니다.

16 Pen Tool(펜 도구, ✐)을 클릭하고 Options Bar(옵션 바)에서 'Pick tool mode(선택 도구 모드 : Shape(모양), Fill(칠) : 임의 색상, Path operations(패스 작업) : Combine Shapes (모양 결합, ▣)'로 설정한 후 삼각형 모양을 겹치도록 그려서 완성합니다.

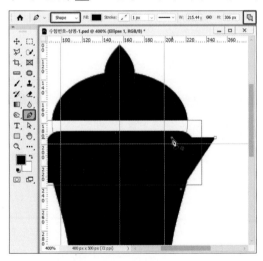

17 Options Bar(옵션 바)에서 'Path operations(패스 작업) : Merge Shape Components(모양 병합 구성 요소, 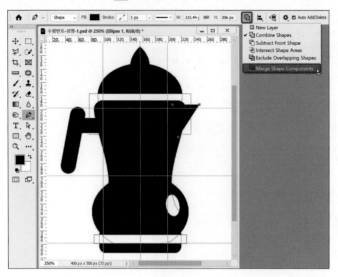)'를 클릭하여 모양을 하나로 병합합니다.

04 패스 저장하기

01 Paths(패스) 패널의 작업 패스 'Ellipse 1 Shape Path'를 더블 클릭하여 [Save Path(패스 저장)] 대화상자에서 'Name(이름) : 쥬서기 모양'을 입력하고 [OK(확인)]를 클릭합니다.

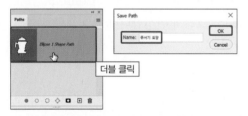

더블 클릭

기적의 Tip

• Paths(패스) 패널에 표시되는 이름은 최초에 그린 Shape(모양)의 이름대로 표기되며, 더블 클릭하여 [Save Path(패스 저장)]에서 문제지에 제시된 패스 이름으로 저장하면 됩니다.

• 아래와 같은 대화상자가 표시되면 [Yes(예)]를 누릅니다. 'Don't show again(다시 보지 않기)'을 클릭하면 이후 작업에서는 표시되지 않습니다.

Adobe Photoshop

ⓘ This operation will turn a live shape into a regular path. Continue?

[Yes]   [No]

☐ Don't show again

02 Layers(레이어) 패널의 'Layer 1' 레이어의 눈 아이콘(가시성)을 클릭하여 레이어의 이미지가 보이도록 합니다. 'Ellipse 1' 레이어의 이름을 더블 클릭하여 '패스'로 이름을 설정하고 마우스 오른쪽 버튼을 눌러 'Rasterize Layer(레이어 래스터화)'를 선택하여 일반 레이어로 속성을 변환합니다.

05 레이어 스타일과 클리핑 마스크 적용하기

01 Layers(레이어) 패널 하단의 'Add a layer style(레이어 스타일 추가, fx.)'을 클릭하여 [Stroke(획)]를 선택합니다.

02 'Size(크기) : 5px, Fill Type(칠 유형) : Gradient(그레이디언트)'로 설정하고 'Click to edit the gradient(클릭하여 그레이디언트 편집)'를 클릭합니다. 그레이디언트 슬라이더 왼쪽 하단의 'Color Stop(색상 정지점)'을 더블 클릭하여 #ff9900, 오른쪽 'Color Stop(색상 정지점)'을 더블 클릭하여 #009900으로 설정한 후, 'Style(스타일) : Linear(선형), Angle(각도) : 0°로 설정합니다.

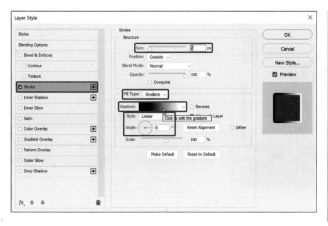

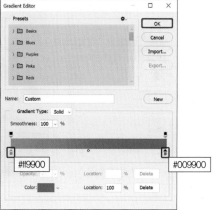

03 계속해서 [Inner Shadow(내부 그림자)]를 선택, 'Opacity(불투명도) : 75%, Angle(각도) : 90°, Distance(거리) : 5px, Size(크기) : 5px'로 설정한 후 [OK(확인)]를 클릭합니다.

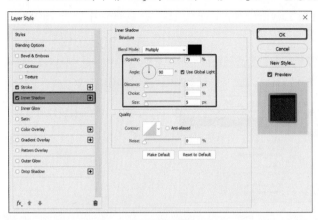

04 [File(파일)]–[Open(열기)]([Ctrl]+[O])을 선택하여 1급-2.jpg를 불러옵니다. [Ctrl]+[A]로 전체 선택, [Ctrl]+[C]로 복사, 작업 이미지에 [Ctrl]+[V]로 붙여넣기를 합니다. [Ctrl]+[T]를 누르고 [Shift]를 누른 채 크기를 조절한 후 배치합니다.

05 Layers(레이어) 패널에서 'Layer 2' 레이어와 '패스' 레이어 사이에 마우스 커서를 놓고 [Alt]를 누르고 클릭하여 Clipping Mask(클리핑 마스크)를 적용합니다.

> 🎓 **기적의 Tip**
>
> Clipping Mask(클리핑 마스크)를 적용할 때는 반드시 '패스' 레이어 바로 위에 이미지 레이어를 서로 겹치도록 배치해야 합니다.

06 [File(파일)]–[Open(열기)]([Ctrl]+[O])을 선택하여 1급-3.jpg를 불러옵니다. Quick Selection Tool(빠른 선택 도구, [이미지])을 클릭하고 Options Bar(옵션 바)에서 Add to selection(선택 영역에 추가, [이미지])을 설정한 후 브러시의 크기를 조절하며 드래그하여 선택합니다.

> 🎓 **기적의 Tip**
>
> • Quick Selection Tool(빠른 선택 도구, [이미지])로 클릭 또는 드래그하여 선택하면 Options Bar(옵션 바)의 'Add to selection(선택 영역에 추가, [이미지])'으로 자동으로 설정됩니다.
> • Quick Selection Tool(빠른 선택 도구, [이미지])의 브러시 크기는 []]를 눌러 크기를 확대하고 [[]를 눌러 축소할 수 있습니다. [Caps Lock]이 켜져 있으면 '🞡'로 표시되어 브러시의 크기를 파악할 수 없으므로 [Caps Lock]을 눌러 꺼줍니다.

07 [Ctrl]+[C]로 복사, 작업 이미지에 [Ctrl]+[V]로 붙여넣기를 합니다. [Ctrl]+[T]를 누르고 [Shift]를 누른 채 크기를 조절한 후 배치합니다.

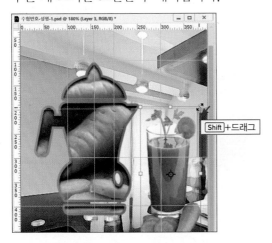

[Shift]+드래그

08 Layers(레이어) 패널 하단의 'Add a layer style(레이어 스타일 추가, [fx.])'을 클릭하여 [Drop Shadow(그림자)]를 선택하고 [OK(확인)]를 클릭합니다.

06 모양 생성 및 레이어 스타일 적용

01 Custom Shape Tool(사용자 정의 모양 도구, )을 클릭하고 Options Bar(옵션 바)에서 'Pick tool mode(선택 도구 모드) : Shape(모양), Fill(칠) : #009933, Stroke(획) : No Color(색상 없음), Shape(모양)은 Legacy Shapes and More(레거시 모양 및 기타) 〉 All Legacy Default Shapes(모든 레거시 기본 모양) 〉 Nature(자연)에서 Leaf 7(나뭇잎 7, ♣)' 로 설정한 후 Shift 를 누르고 모양을 그립니다.

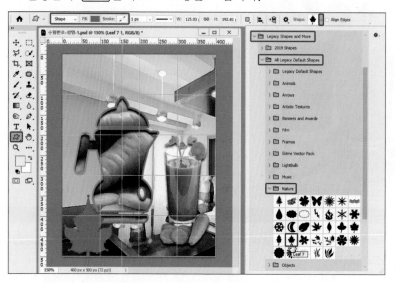

> 🎓 **기적의 Tip**
>
> Custom Shape Tool(사용 자 정의 모양 도구, 🖉)로 모양을 그릴 때는 Shift 를 누른 채 드래그하면 원래 등록된 비율대로 모양을 그릴 수 있습니다.

02 [Edit(편집)]-[Free Transform Path(패스 자유 변형)](Ctrl + T)를 클릭하고 조절점 밖을 드래그하여 회전 후 배치합니다.

03 Layers(레이어) 패널 하단의 'Add a layer style(레이어 스타일 추가, fx)'을 클릭하여 [Bevel & Emboss(경사와 엠보스)] 선택, 'Style(스타일) : Inner Bevel(내부 경사), Direction(방향) : Up(위로), Size(크기) : 5px'로 설정하고 [OK(확인)]를 클릭합니다.

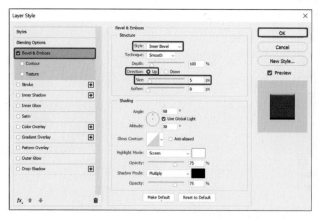

04 Custom Shape Tool(사용자 정의 모양 도구, 🔌)을 클릭하고 Options Bar(옵션 바)에서 'Pick tool mode(선택 도구 모드) : Shape(모양), Fill(칠) : #ffffff, Stroke(획) : No Color (색상 없음), Shape(모양)은 Legacy Shapes and More(레거시 모양 및 기타) 〉 All Legacy Default Shapes(모든 레거시 기본 모양) 〉 Nature(자연)에서 Waves(파형, 〰)'로 설정한 후 **Shift** 를 누른 채 드래그하여 모양을 그립니다.

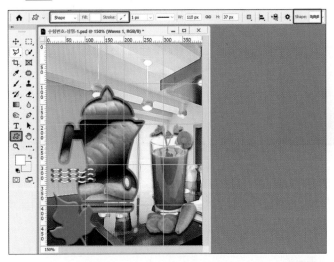

🎓 **기적의 Tip**

• 연속해서 사용자 정의 모양 도구로 그릴 때 Fill(칠)을 설정합니다.
• Options Bar(옵션 바)에서 목록 단추를 눌러 제시된 Shape(모양)을 선택하여 그린 후에 'Layer thumbnail(레이어 축소판)' 을 더블 클릭하여 Fill(칠)를 변경합니다.

05 Layers(레이어) 패널 하단의 'Add a layer style(레이어 스타일 추가, *fx.*)'을 클릭하고 [Outer Glow(외부 광선)] 선택, 'Opacity(불투명도) : 75%, Size(크기) : 5px'로 설정한 후 [OK(확인)]를 클릭합니다.

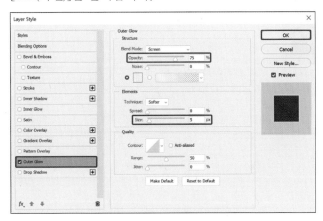

06 [Layer(레이어)]–[New(새로 만들기)]–[Shape Layer Via Copy(복사한 모양 레이어)]([Ctrl] +[J])를 클릭합니다.

07 Layer(레이어) 패널에서 복사된 'Waves 1 copy' 레이어의 'Layer thumbnail(레이어 축소판)'을 더블 클릭하여 Color Picker(색상 픽커)에서 'Color(색상) : #ff6633'으로 설정한 후 [OK(확인)]를 클릭합니다.

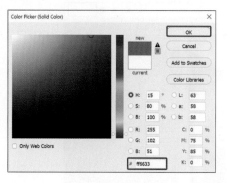

08 [Edit(편집)]–[Free Transform Path(패스 자유 변형)]([Ctrl]+[T])를 클릭하고 [Shift]를 누른 채 조절점을 드래그하여 축소 후 배치합니다.

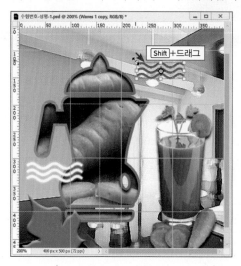

07 문자 입력 및 왜곡하고 레이어 스타일 적용

01 Horizontal Type Tool(수평 문자 도구, T)로 작업 이미지를 클릭하고 Options Bar(옵션 바)에서 'Font(글꼴) : 돋움, Set font size(글꼴 크기) : 45pt, Set anti-aliasing method (앤티 앨리어싱 방법 설정) : Strong(강하게), Color(색상) : 임의 색상'으로 설정한 후 신선한 당근 주스~를 입력합니다.

> **기적의 Tip**
>
> 한글 글꼴을 적용할 때 Options Bar (옵션 바)에서 'Set anti-aliasing method(앤티 앨리어싱 방법 설정)'를 'Strong(강하게)'으로 설정하면 문자를 진하게 표현할 수 있습니다.

> **기적의 Tip**
>
> 한글로 한글 폰트를 표시하는 방법은 [Edit(편집)]-[Preference(환경설정)]-[Type(문자)]를 선택한 후 Type Options(문자 옵션) 에서 'Show Font Names in English(글꼴 이름을 영어로 표시)'에 체크를 해제합니다.
>
>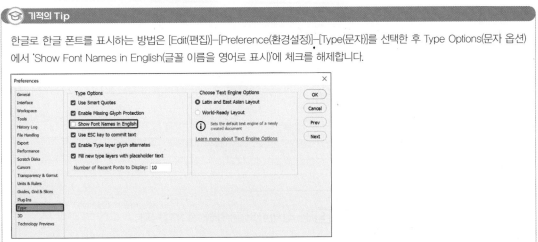

02 Options Bar(옵션 바)에서 Create warped text(뒤틀어진 텍스트 만들기, 工)를 클릭하여 [Warp Text(텍스트 뒤틀기)] 대화상자에서 'Style(스타일) : Rise(상승), Horizontal(가로) : 체크, Bend(구부리기) : -50%'를 설정하여 문자의 모양을 왜곡합니다.

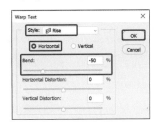

03 Layers(레이어) 패널 하단에 'Add a layer style(레이어 스타일 추가, _fx._)'을 클릭하고 [Stroke(획)]를 선택, 'Size(크기) : 2px, Color(색상) : #330033'으로 설정합니다.

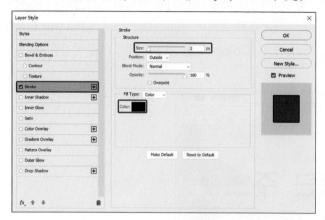

04 계속해서 [Gradient Overlay(그레이디언트 오버레이)]를 선택, 'Click to edit the gradient(클릭하여 그레이디언트 편집)'를 클릭한 후, 그레이디언트 슬라이더 왼쪽 하단의 'Color Stop(색상 정지점)'을 더블 클릭하여 #ffff00, 오른쪽 'Color Stop(색상 정지점)'을 더블 클릭하여 #ff3333으로 설정한 후, 'Style(스타일) : Linear(선형), Angle(각도) : 90°로 설정하고 [OK(확인)]를 클릭합니다.

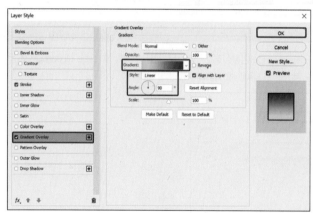

05 [File(파일)]-[Save(저장)]((Ctrl)+(S))를 선택하고 파일을 저장합니다.

⑧ 정답 파일 저장

01 [View(보기)]-[Show(표시)]-[Grid(격자)]([Ctrl]+[']])를 선택하여 격자를 가립니다.

02 [File(파일)]-[Save As(다른 이름으로 저장)]([Shift]+[Ctrl]+[S])를 선택하고 '저장 위치 : 내 PCW문서WGTQ, 파일 형식 : JPEG(*.JPG;*.JPEG;*.JPE), 파일 이름 : 수험번호-성명-문제번호'를 입력하고 [저장]을 클릭한 후 [JPEG Options(JPEG 옵션)] 대화상자에서 'Quality(품질) : 8'로 설정하고 [OK(확인)]를 클릭합니다.

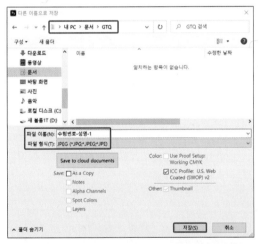

🎓 **기적의 Tip**

CC 2020 이후 버전에서 [Save As(다른 이름으로 저장)]로 '파일 형식 : JPEG(*.JPG;*.JPEG;*.JPE)'가 없는 경우에는 아래와 같이 저장하면 됩니다.

※ **CC 버전에 따라 정답 파일을 '파일 형식 : JPEG(*.JPG;*.JPEG;*.JPE)'로 저장하기**

- [File(파일)]-[Save As(다른 이름으로 저장)]([Shift]+[Ctrl]+[S])를 선택하고 [다른 이름으로 저장] 대화상자에서 [Save A Copy(사본 저장)]를 선택합니다.
- [File(파일)]-[Save A Copy(사본 저장)]([Alt]+[Ctrl]+[S])를 선택합니다.

03 [Image(이미지)]–[Image Size(이미지 크기)]([Alt]+[Ctrl]+[I])를 선택하고 'Constrain as-pect ratio(종횡비 제한) : 클릭, Width(폭) : 40Pixels(픽셀), Height(높이) : 50Pixels(픽셀)'로 입력하여 이미지 크기를 1/10로 축소한 후 [OK(확인)]를 클릭합니다.

🎓 **기적의 Tip**

'Constrain aspect ratio(종횡비 제한) : 클릭'을 하였으므로 'Width(폭) : 40Pixels(픽셀)'만 입력해도 자동으로 'Height(높이) : 50Pixels(픽셀)'이 설정됩니다.

04 [File(파일)]–[Save As(다른 이름으로 저장)]([Shift]+[Ctrl]+[S])를 선택하고 '저장 위치 : 내 PC₩문서₩GTQ, 파일 형식 : Photoshop(*.PSD;*.PDD;*.PSDT), 파일 이름 : 수험번호–성명–문제번호'를 입력하고 [저장]을 클릭합니다.

05 답안 저장이 완료되면 [File(파일)]–[Close(닫기)]([Ctrl]+[W])를 선택하여 파일을 닫고 수험 프로그램에서 [답안 전송]을 클릭하여 psd와 jpg 파일을 감독관 컴퓨터로 전송합니다.

작업과정	새 작업 이미지 만들기 및 파일 저장하기 ▶ 필터 적용 및 이미지 합성, 레이어 스타일 적용 ▶ 색상 보정 및 레이어 스타일 적용 ▶ 모양 생성 및 레이어 스타일 적용 ▶ 문자 입력 및 레이어 스타일 적용 ▶ 정답 파일 저장
완성이미지	Part04₩정답파일₩수험번호-성명-2.jpg, 수험번호-성명-2.psd

01 새 작업 이미지 만들기 및 파일 저장하기

01 [File(파일)]-[New(새로 만들기)]([Ctrl]+[N])를 선택하고 'Width(폭) : 400Pixels(픽셀), Height(높이) : 500Pixels(픽셀), Resolution(해상도) : 72Pixels/Inch(픽셀/인치), Color Mode(색상 모드) : RGB Color(RGB 색상), 8bit(비트), Background Contents(배경 내용) : White(흰색)'로 설정하여 새 작업 이미지를 만듭니다.

02 [Edit(편집)]-[Preference(환경설정)]([Ctrl]+[K])를 클릭하고 [Guides, Grid & Slices(안내선, 격자와 슬라이스)]를 선택하여 Grid(격자)의 'Gridline Every(격자 간격) : 100Pixels(픽셀), Subdivisions(세분) : 1'로 설정한 후 'Grid Color(격자 색상)'를 클릭하여 밝은 색상으로 변경합니다.

03 [View(보기)]-[Show(표시)]-[Grid(격자)]([Ctrl]+[']')와 [View(보기)]-[Rulers(눈금자)]([Ctrl]+[R])를 선택하여 격자와 눈금자를 표시합니다.

04 작업 도큐먼트를 저장하기 위해 [File(파일)]-[Save As(다른 이름으로 저장)]([Shift]+[Ctrl]+[S])를 선택하고 임의 경로에 '파일 이름 : 수험번호-성명-문제번호, 파일 형식 : Photoshop(*.PSD;*.PDD;*.PSDT)'으로 파일을 저장합니다.

02 필터 적용 및 이미지 합성, 레이어 스타일 적용

01 [File(파일)]-[Open(열기)]([Ctrl]+[O])을 선택하여 1급-4.jpg를 불러옵니다. [Ctrl]+[A]로 전체 선택, [Ctrl]+[C]로 복사, 작업 이미지에 [Ctrl]+[V]로 붙여넣기를 합니다. [Ctrl]+[T]를 눌러 [Shift]를 누른 채 크기를 축소하고, 마우스 오른쪽 버튼을 클릭하여 [Flip Horizontal(가로로 뒤집기)]로 뒤집고 배치합니다.

02 [Filter(필터)]–[Filter Gallery(필터 갤러리)]–[Brush Strokes(브러시 선)]–[Crosshatch (그물눈)]를 선택합니다.

03 색상 보정 및 레이어 스타일 적용

01 [File(파일)]–[Open(열기)]([Ctrl]+[O])을 선택하여 1급-5.jpg를 불러옵니다. Quick Selection Tool(빠른 선택 도구, [아이콘])을 클릭하고 Options Bar(옵션 바)에서 'Add to selection(선택 영역에 추가, [아이콘])'을 설정한 후 브러시의 크기를 조절하며 드래그하여 상단의 컵 이미지를 선택합니다.

02 [Ctrl]+[C]로 복사, 작업 이미지에 [Ctrl]+[V]로 붙여넣기를 합니다. [Ctrl]+[T]를 누르고 [Shift]를 누른 채 크기를 축소하고 회전하여 배치합니다.

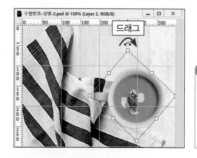

> 🎓 기적의 Tip
>
> [Ctrl]+[T]를 눌러 크기를 비율에 맞춰서 조절할 때는 [Shift]를 누르고 드래그하거나 Options Bar(옵션 바)에서 Maintain aspect ratio(종횡비 유지, [∞])를 클릭한 후 값을 입력합니다.

03 Layers(레이어) 패널 하단의 'Add a layer style(레이어 스타일 추가, *fx.*)'을 클릭하고 [Drop Shadow(그림자)] 선택, 'Opacity(불투명도) : 75%, Angle(각도) : 90°, Distance(거리) : 5px, Size(크기) : 5px'로 설정한 후 [OK(확인)]를 클릭합니다.

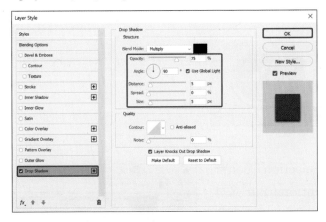

04 Quick Selection Tool(빠른 선택 도구, *아이콘*)을 클릭하고 Options Bar(옵션 바)에서 'Add to selection(선택 영역에 추가, *아이콘*)'을 설정한 후 드래그하여 컵 안쪽 이미지를 선택합니다.

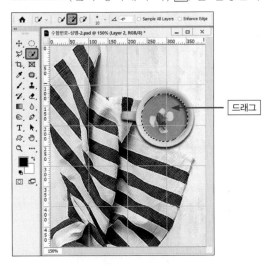

드래그

05 Layers(레이어) 패널 하단의 'Create new fill or adjustment layer(새 칠 또는 조정 레이어 생성, *아이콘*)'를 클릭하고 [Hue/Saturation(색조/채도)]을 선택합니다.

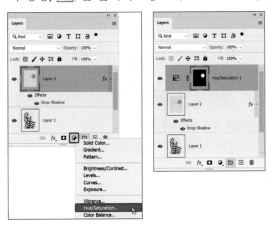

06 Properties(속성) 패널에서 'Colorize(색상화) : 체크, Hue(색조) : 320, Saturation(채도) : 70'으로 설정하여 보라색 계열로 색상을 보정합니다.

 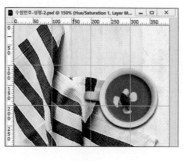

07 1급-5.jpg를 선택합니다. Quick Selection Tool(빠른 선택 도구, )을 클릭하고 Options Bar(옵션 바)에서 'Add to selection(선택 영역에 추가,)'을 설정한 후 브러시의 크기를 조절하며 드래그하여 하단의 컵 이미지를 선택합니다.

08 Ctrl+C 로 복사, 작업 이미지에 Ctrl+V 로 붙여넣기한 후, Ctrl+T 를 눌러 크기를 축소하고 배치합니다.

09 Layers(레이어) 패널 하단의 'Add a layer style(레이어 스타일 추가, fx.)'을 클릭하여 [Drop Shadow(그림자)]를 선택하고 [OK(확인)]를 클릭합니다.

10 Elliptical Marquee Tool(원형 선택 윤곽 도구,)을 클릭하고 Options Bar(옵션 바)에서 'New selection(새 선택,), Feather(페더) : 0px, Style(스타일) : Normal(표준)'을 설정한 후 컵 안쪽 이미지에 드래그하여 원형으로 선택합니다.

🎓 기적의 Tip

선택 영역 이동하기

• 선택 도구로 이미지를 선택한 후 키보드의 방향키를 눌러 선택 위치를 조절할 수 있습니다.
• 선택된 이미지 내부에 선택 도구를 위치하고 드래그하여 이동할 수 있습니다.

11 Layers(레이어) 패널 하단의 'Create new fill or adjustment layer(새 칠 또는 조정 레이어 생성, 🔘)'를 클릭하고 [Hue/Saturation(색조/채도)]을 선택합니다. Properties(속성) 패널에서 'Colorize(색상화) : 체크, Hue(색조) : 75, Saturation(채도) : 60, Lightness(명도) : 10'으로 설정하여 연두색 계열로 색상을 보정합니다.

12 [File(파일)]-[Open(열기)]($\boxed{\text{Ctrl}}$+$\boxed{\text{O}}$)을 선택하여 1급-6.jpg를 불러옵니다. Elliptical Marquee Tool(원형 선택 윤곽 도구, 🔘)을 클릭하고 Options Bar(옵션 바)에서 'New selection(새 선택, ■), Feather(페더) : 0px, Style(스타일) : Normal(표준)'로 설정한 후 접시 안쪽 이미지에 드래그하여 원형으로 선택합니다.

13 $\boxed{\text{Ctrl}}$+$\boxed{\text{C}}$로 복사, 작업 이미지에 $\boxed{\text{Ctrl}}$+$\boxed{\text{V}}$로 붙여넣기한 후, $\boxed{\text{Ctrl}}$+$\boxed{\text{T}}$를 눌러 크기를 축소하고 배치합니다.

14 Layers(레이어) 패널 하단의 'Add a layer style(레이어 스타일 추가, 𝑓𝑥)'을 클릭하고 [Inner Shadow(내부 그림자)] 선택, 'Opacity(불투명도) : 75%, Angle(각도) : 90°, Distance(거리) : 5px, Size(크기) : 5px'를 설정한 후 [OK(확인)]를 클릭합니다.

04 모양 생성 및 레이어 스타일 적용

01 Custom Shape Tool(사용자 정의 모양 도구, ✿)을 클릭하고 Options Bar(옵션 바)에서 'Pick tool mode(선택 도구 모드) : Shape(모양), Fill(칠) : #ff9900, Stroke(획) : No Color (색상 없음), Shape(모양)은 Legacy Shapes and More(레거시 모양 및 기타) > All Legacy Default Shapes(모든 레거시 기본 모양) > Shapes(모양)에서 Flower 1 Frame(꽃 1 프레임, ◯)'으로 설정한 후 Shift 를 누르고 모양을 그립니다.

02 Layers(레이어) 패널 하단의 'Add a layer style(레이어 스타일 추가, *fx*)'을 클릭하고 [Drop Shadow(그림자)] 선택, 'Opacity(불투명도) : 75%, Angle(각도) : 90°, Distance (거리) : 5px, Size(크기) : 5px'를 설정한 후 [OK(확인)]를 클릭합니다.

03 Custom Shape Tool(사용자 정의 모양 도구, ✿)을 클릭하고 Options Bar(옵션 바)에서 'Pick tool mode(선택 도구 모드) : Shape(모양), Fill(칠) : #cccc99, Stroke(획) : No Color(색상 없음), Shape(모양)은 Legacy Shapes and More(레거시 모양 및 기타) > All Legacy Default Shapes(모든 레거시 기본 모양) > Nature(자연)에서 Flower 4(꽃 4, ✳)' 로 설정한 후 Shift 를 누르고 모양을 그립니다. Ctrl + [를 여러 번 눌러 접시와 컵 모양 아래쪽으로 배치합니다.

> 🎓 **기적의 Tip**
>
> Layers(레이어) 패널에서 'Layer 1' 레이어를 선택한 후 Custom Shape Tool (사용자 정의 모양 도구, ✿)로 드래그해서 레이어 순서를 미리 정돈해도 됩니다.

> 🎓 **기적의 Tip**
>
> **연속해서 사용자 정의 모양 도구로 그릴 때 Fill(칠) 설정하기**
>
> Options Bar(옵션 바)에서 목록 단추를 눌러 제시된 Shape(모양)을 선택하여 그린 후에 'Layer thumbnail(레이어 축소판)' 을 더블 클릭하여 Fill(칠)을 변경합니다.

04 Layers(레이어) 패널 하단의 'Add a layer style(레이어 스타일 추가, [fx.])'을 클릭하고 [Outer Glow(외부 광선)] 선택, 'Opacity(불투명도) : 75%, Size(크기) : 5px'로 설정한 후 [OK(확인)]를 클릭합니다.

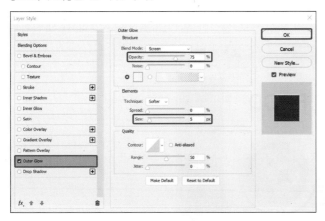

05 [Layer(레이어)]−[New(새로 만들기)]−[Shape Layer Via Copy(복사한 모양 레이어)]([Ctrl] +[J])를 클릭합니다. 레이어 패널에서 복사된 'Flower 4 1 copy' 레이어의 'Layer thumbnail (레이어 축소판)'를 더블 클릭하여 Color Picker(색상 픽커)에서 'Color(색상) : #cc9999'로 설정한 후 [OK(확인)]를 클릭합니다.

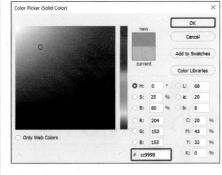

06 [Edit(편집)]−[Free Transform Path(패스 자유 변형)]([Ctrl]+[T])를 클릭하고 [Shift]를 누른 채 크기를 축소하고 조절점 밖을 드래그하여 회전한 후 배치합니다.

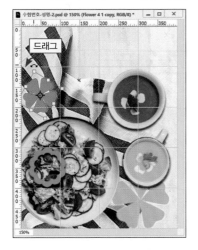

05 문자 입력 및 레이어 스타일 적용

01 Horizontal Type Tool(수평 문자 도구, T)로 작업 이미지를 클릭하고 Options Bar(옵션 바)에서 'Font(글꼴) : Arial, Set font style(글꼴 스타일 설정) : Regular, Set font size (글꼴 크기) : 40pt, Color(색상) : 임의 색상'으로 설정한 후 ORGANIC FOOD를 입력합니다.

02 Options Bar(옵션 바)에서 Create warped text(뒤틀어진 텍스트 만들기, ⍉)를 클릭하여 [Warp Text(텍스트 뒤틀기)] 대화상자에서 'Style(스타일) : Arc(부채꼴), Horizontal(가로) : 체크, Bend(구부리기) : -20%'를 설정하여 문자의 모양을 왜곡합니다.

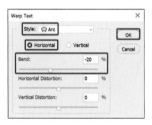

03 Layers(레이어) 패널 하단에 'Add a layer style(레이어 스타일 추가, fx.)'을 클릭하고 [Stroke(획)] 선택, 'Size(크기) : 2px, Color(색상) : #333366'으로 설정합니다.

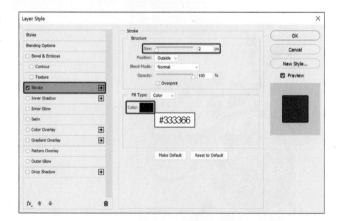

04 계속해서 [Gradient Overlay(그레이디언트 오버레이)] 선택, 'Click to edit the gradient (클릭하여 그레이디언트 편집)'를 클릭한 후, 그레이디언트 슬라이더 왼쪽 하단의 'Color Stop(색상 정지점)'을 더블 클릭하여 #ff00ff, 가운데 'Color Stop(색상 정지점)'을 더블 클릭하여 #99ccff, 오른쪽 'Color Stop(색상 정지점)'을 더블 클릭하여 #99ff33으로 설정한 후, 'Style(스타일) : Linear(선형), Angle(각도) : 90°로 설정하고 [OK(확인)]를 클릭합니다.

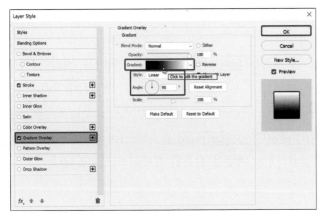 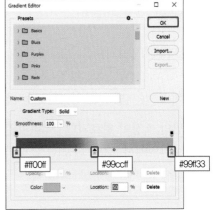

> 🎓 **기적의 Tip**
>
> **Color Midpoint(색상 중간점, ◇)의 위치 조절하기**
> 2개의 Color Stop(색상 정지점) 사이의 중간점을 표시하는 Color Midpoint(색상 중간점, ◇)를 드래그하여 위치를 조절하면 그레이디언트 색상의 중간 단계를 조절할 수 있습니다.

05 [File(파일)]–[Save(저장)]([Ctrl]+[S])를 선택하고 임시 파일을 저장합니다.

06 정답 파일 저장

01 [View(보기)]–[Show(표시)]–[Grid(격자)]([Ctrl]+[']])를 선택하여 격자를 가립니다.

02 [File(파일)]–[Save As(다른 이름으로 저장)]([Shift]+[Ctrl]+[S])를 선택하고 '저장 위치 : 내 PC₩문서₩GTQ, 파일 형식 : JPEG(*.JPG;*.JPEG;*.JPE), 파일 이름 : 수험번호–성명–문제번호'를 입력하고 [저장]을 클릭한 후 [JPEG Options(JPEG 옵션)] 대화상자에서 'Quality(품질) : 8'로 설정하고 [OK(확인)]를 클릭합니다.

03 [Image(이미지)]–[Image Size(이미지 크기)]($\boxed{Alt}$+$\boxed{Ctrl}$+$\boxed{I}$)를 선택하고 'Constrain aspect ratio(종횡비 제한) : 클릭, Width(폭) : 40Pixels(픽셀), Height(높이) : 50Pixels(픽셀)'로 입력하여 이미지 크기를 1/10로 축소한 후 [OK(확인)]를 클릭합니다.

> 🎓 **기적의 Tip**
>
> 'Constrain aspect ratio(종횡비 제한) : 클릭'를 하였으므로 'Width(폭) : 40Pixels(픽셀)'만 입력해도 자동으로 'Height(높이) : 50Pixels(픽셀)'이 설정됩니다.

04 [File(파일)]–[Save As(다른 이름으로 저장)]($\boxed{Shift}$+$\boxed{Ctrl}$+$\boxed{S}$)를 선택하고 '저장 위치 : 내 PC\문서\GTQ, 파일 형식 : Photoshop(*.PSD;*.PDD;*.PSDT), 파일 이름 : 수험번호-성명-문제번호'를 입력하고 [저장]을 클릭합니다.

05 답안 저장이 완료되면 [File(파일)]–[Close(닫기)]($\boxed{Ctrl}$+$\boxed{W}$)를 선택하여 파일을 닫고 수험 프로그램에서 [답안 전송]을 클릭하여 psd와 jpg 파일을 감독관 컴퓨터로 전송합니다.

문제 03	**[실무응용] 포스터 제작**
작업과정	새 작업 이미지 만들기 및 파일 저장하기 ▶ 혼합 모드 및 필터와 레이어 마스크 적용 ▶ 필터와 클리핑 마스크 적용 ▶ 이미지 보정 ▶ 모양 생성 후 레이어 스타일 적용 ▶ 문자 입력 및 레이어 스타일 적용 ▶ 정답 파일 저장
완성이미지	Part04\정답파일\수험번호-성명-3.jpg, 수험번호-성명-3.psd

01 새 작업 이미지 만들기 및 파일 저장하기

01 [File(파일)]–[New(새로 만들기)]($\boxed{Ctrl}$+$\boxed{N}$)를 선택하고 'Width(폭) : 600Pixels(픽셀), Height(높이) : 400Pixels(픽셀), Resolution(해상도) : 72Pixels/Inch(픽셀/인치), Color Mode(색상 모드) : RGB Color(RGB 색상), 8bit(비트), Background Contents(배경 내용) : White(흰색)'로 설정하여 새 작업 이미지를 만듭니다.

02 [Edit(편집)]–[Preference(환경설정)]($\boxed{Ctrl}$+$\boxed{K}$)를 클릭하고 [Guides, Grid & Slices(안내선, 격자와 슬라이스)]를 선택하여 Grid(격자)의 'Gridline Every(격자 간격) : 100Pixels(픽셀), Subdivisions(세분) : 1'로 설정한 후 'Grid Color(격자 색상)'를 클릭하여 밝은 색상으로 변경합니다.

03 [View(보기)]–[Show(표시)]–[Grid(격자)]($\boxed{Ctrl}$+$\boxed{'}$)와 [View(보기)]–[Rulers(눈금자)]($\boxed{Ctrl}$+$\boxed{R}$)를 선택하여 격자와 눈금자를 표시합니다.

04 작업 도큐먼트를 저장하기 위해 [File(파일)]–[Save As(다른 이름으로 저장)]($\boxed{Shift}$+$\boxed{Ctrl}$+$\boxed{S}$)를 선택하고 임의 경로에 '파일 이름 : 수험번호-성명-문제번호, 파일 형식 : Photoshop(*.PSD;*.PDD;*.PSDT)'으로 파일을 저장합니다.

02 혼합 모드 및 필터와 레이어 마스크 적용

01 Tool Panel(도구 패널) 하단의 'Set foreground color(전경색 설정)'을 클릭하여 # 오른쪽 입력란에 99cccc로 입력하고 [OK(확인)]를 클릭합니다. [Alt]+[Delete]를 눌러 제시된 Foreground Color(전경색)를 작업 이미지의 배경에 채웁니다.

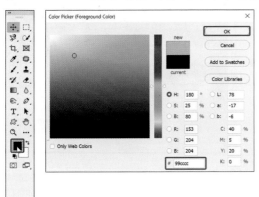
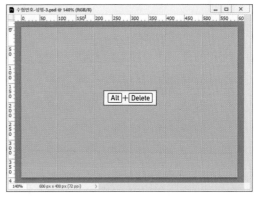

02 [File(파일)]–[Open(열기)]([Ctrl]+[O])을 선택하여 1급-7.jpg를 불러옵니다. [Ctrl]+[A]로 전체 선택, [Ctrl]+[C]로 복사, 작업 이미지에 [Ctrl]+[V]로 붙여넣기를 합니다. [Ctrl]+[T]를 누르고 [Shift]를 누른 채 조절점을 드래그하여 크기를 축소하여 배치합니다.

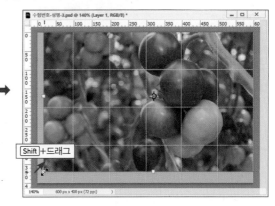

03 Layers(레이어) 패널에서 'Blending Mode(혼합 모드) : Hard Light(하드 라이트), Opacity(불투명도) : 80%'로 적용하여 배경과 합성합니다.

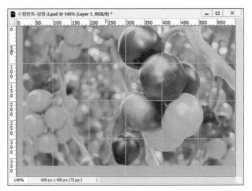

04 [File(파일)]-[Open(열기)]([Ctrl]+[O])을 선택하여 1급-8.jpg를 불러옵니다. [Ctrl]+[A]로 전체 선택, [Ctrl]+[C]로 복사, 작업 이미지에 [Ctrl]+[V]로 붙여넣기를 합니다. [Ctrl]+[T]를 눌러 크기를 조절하고 배치합니다.

05 [Filter(필터)]-[Filter Gallery(필터 갤러리)]-[Artistic(예술 효과)]-[Rough Pastels(거친 파스텔)]를 선택합니다.

06 Layers(레이어) 패널 하단의 'Add layer mask(레이어 마스크 추가, [▢])'를 클릭하여 레이어 마스크를 추가합니다.

07 Tool Panel(도구 패널) 하단의 'Set foreground color(전경색 설정)'를 #000000, 'Set background color(배경색 설정)'를 #ffffff로 설정합니다. Gradient Tool(그레이디언트 도구, ■)을 클릭하고 Options Bar(옵션 바)에서 'Type(유형) : Linear Gradient(선형 그레이디언트), Mode(모드) : Normal(표준), Opacity(불투명도) : 100%'로 설정한 후 **Shift** 를 누르고 오른쪽에서 왼쪽으로 가로 방향으로 드래그하여 이미지 일부를 자연스럽게 지워 합성합니다.

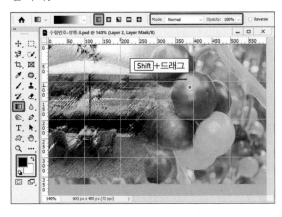

03 필터와 클리핑 마스크 적용

01 [File(파일)]-[Open(열기)](**Ctrl** + **O**)을 선택하여 1급-10.jpg를 불러옵니다. Pen Tool(펜도구, ✎)을 클릭하고 Options Bar(옵션 바)에서 'Pick tool mode(선택 도구 모드) : Path(패스), Exclude Overlapping Shapes(모양 오버랩 제외, ▣)'로 설정한 후 그릇 모양을 따라 닫힌 패스로 완료합니다.

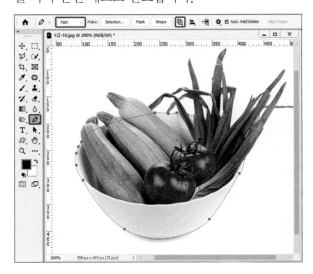

02 패스가 완료되면 [Ctrl]+[Enter]를 눌러 선택 상태로 전환합니다.

🎓 **기적의 Tip**

배경 이미지와 차이가 뚜렷하게 나지 않으므로 Pen Tool(펜 도구, 🖊)로 닫힌 패스를 만들어 선택 상태로 전환합니다.

03 Quick Selection Tool(빠른 선택 도구, 🖌)을 클릭하고 Options Bar(옵션 바)에서 'Add to selection(선택 영역에 추가, 🖌)'을 설정한 후 드래그하여 채소 이미지를 선택합니다.

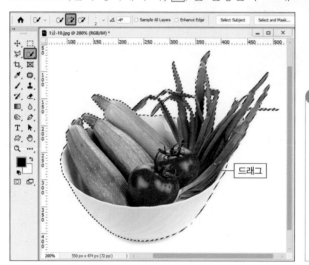

드래그

🎓 **기적의 Tip**

• Quick Selection Tool(빠른 선택 도구, 🖌)로 클릭 또는 드래그하여 선택하면 Options Bar (옵션 바)의 'Add to selection(선택 영역에 추가, 🖌)'으로 자동으로 설정됩니다.

• [Alt]를 누른 채 드래그하면 'Subtract from selection(선택 영역에서 빼기, 🖌)'이 설정되며 선택 영역을 드래그하여 선택을 제외할 수 있습니다.

04 [Ctrl]+[C]로 복사, 작업 이미지에 [Ctrl]+[V]로 붙여넣기를 합니다. [Ctrl]+[T]를 누른 후, 마우스 오른쪽 버튼을 클릭하여 [Flip Horizontal(가로로 뒤집기)]로 뒤집고 크기를 조절하여 배치합니다.

05 Layers(레이어) 패널 하단에 'Add a layer style(레이어 스타일 추가, 〔fx.〕)'을 클릭하고 [Stroke(획)] 선택, 'Size(크기) : 4px, Fill Type(칠 유형) : Gradient(그레이디언트)'로 설정 하고 'Click to edit the gradient(클릭하여 그레이디언트 편집)'를 클릭합니다. 그레이디언 트 슬라이더 왼쪽 하단의 'Color Stop(색상 정지점)'을 더블 클릭하여 #99ccff, 오른쪽 'Color Stop(색상 정지점)'을 더블 클릭하여 #ffff99로 설정한 후, 'Style(스타일) : Linear(선형), Angle(각도) : 90°'로 설정합니다.

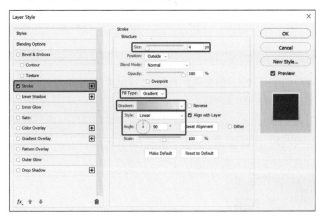

06 계속해서 [Inner Shadow(내부 그림자)] 선택, 'Angle(각도) : 90°, Distance(거리) : 5px, Size(크기) : 5px'로 설정하고 [OK(확인)]를 클릭합니다.

07 Quick Selection Tool(빠른 선택 도구, 〔✐〕)을 클릭하고 Options Bar(옵션 바)에서 'Add to selection(선택 영역에 추가, 〔✐〕)'을 설정한 후 드래그하여 그릇 하단 이미지를 선택하여 〔Ctrl〕 +〔C〕로 복사합니다.

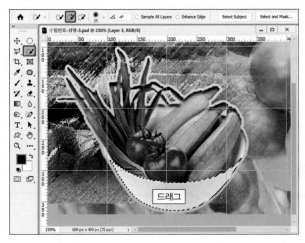

08 [Edit(편집)]−[Paste Special(특수 붙여넣기)]−[Paste In Place(제자리에 붙여넣기)](〔Shift〕 +〔Ctrl〕+〔V〕)를 클릭하여 복사한 위치에 붙여넣기를 합니다.

09 [File(파일)]−[Open(열기)]([Ctrl]+[O])을 선택하여 1급−9.jpg를 불러옵니다. [Ctrl]+[A]로 전체 선택, [Ctrl]+[C]로 복사, 작업 이미지에 [Ctrl]+[V]로 붙여넣기를 합니다.

10 Layers(레이어) 패널에서 'Layer 4' 레이어와 'Layer 5' 레이어 사이에 마우스 커서를 놓고 [Alt]를 누른 후 클릭하여 Clipping Mask(클리핑 마스크)를 적용합니다.

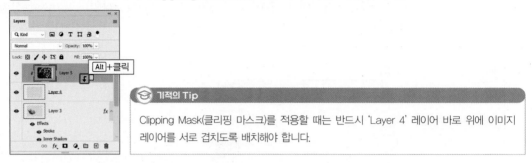

> 🎓 **기적의 Tip**
>
> Clipping Mask(클리핑 마스크)를 적용할 때는 반드시 'Layer 4' 레이어 바로 위에 이미지 레이어를 서로 겹치도록 배치해야 합니다.

11 [Ctrl]+[T]를 눌러 [Shift]를 누른 채 이미지의 크기를 축소하고 배치합니다.

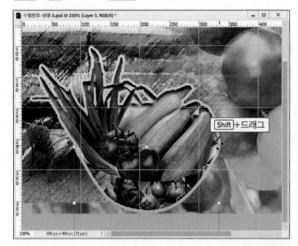

12 [Filter(필터)]−[Filter Gallery(필터 갤러리)]−[Artistic(예술 효과)]−[Dry Brush(드라이 브러시)]를 선택합니다.

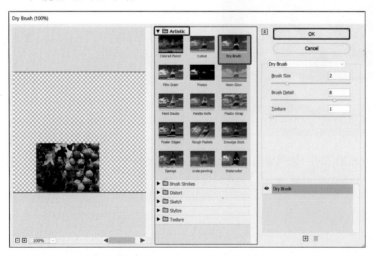

04 이미지 보정

01 Layers(레이어) 패널에서 'Layer 3' 레이어를 선택합니다. Quick Selection Tool(빠른 선택 도구, ![icon])을 클릭하고 Options Bar(옵션 바)에서 'Add to selection(선택 영역에 추가, ![icon])' 을 설정한 후 드래그하여 앞쪽 토마토 이미지를 선택합니다.

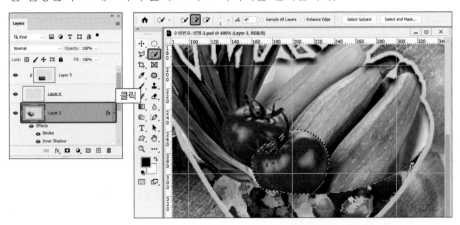

02 Layers(레이어) 패널 하단의 'Create new fill or adjustment layer(새 칠 또는 조정 레이어 생성, ![icon])'를 클릭하여 [Hue/Saturation(색조/채도)]을 선택합니다.

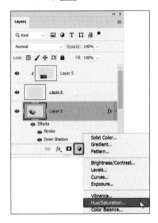

03 Properties(속성) 패널에서 'Colorize(색상화) : 체크, Hue(색조) : 90, Saturation(채도) : 70'으로 설정하여 녹색 계열로 색상을 보정합니다.

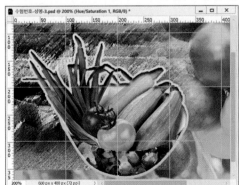

04 [File(파일)]−[Open(열기)]([Ctrl]+[O])을 선택하여 1급−11.jpg를 불러옵니다. Rectangular Marquee Tool(사각형 선택 윤곽 도구, [⬚])을 클릭하고 Options Bar(옵션 바)에서 'New selection(새 선택, ▣), Feather(페더) : 0px, Style(스타일) : Normal(표준)'로 설정한 후 드래그하여 선택합니다.

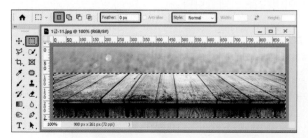

05 [Ctrl]+[C]로 복사한 후, 작업 이미지의 'Layer 2' 레이어를 선택하고 [Ctrl]+[V]로 붙여넣기를 합니다. [Ctrl]+[T]로 크기를 조절하여 하단에 배치합니다.

06 Layers(레이어) 패널 하단의 'Add a layer style(레이어 스타일 추가, [fx.])'을 클릭하고 [Bevel & Emboss(경사와 엠보스)] 선택, 'Style(스타일) : Inner Bevel(내부 경사), Direction(방향) : Up(위로), Size(크기) : 10px, Angle(각도) : 120°, Use Global Light(전체 조명 사용) : 체크 해제'를 설정합니다.

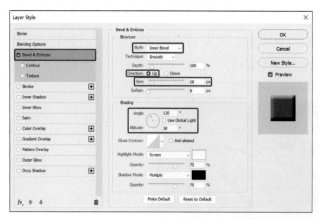

> 🎓 **기적의 Tip**
>
> 작업 이미지의 레이어 스타일에서 Shading (음영)의 Angle(각도)을 레이어별로 따로 적용하려면 'Use Global Light(전체 조명 사용)'의 체크를 해제해야 합니다.

07 계속해서 [Outer Glow(외부 광선)] 선택, 'Opacity(불투명도) : 75%, Spread(스프레드) : 0%, Size(크기) : 5px'로 설정하고 [OK(확인)]를 클릭합니다.

05 모양 생성 후 레이어 스타일 적용

01 Custom Shape Tool(사용자 정의 모양 도구, 🎨)을 클릭하고 Options Bar(옵션 바)에서 'Pick tool mode(선택 도구 모드) : Shape(모양), Fill(칠) : 임의 색상, Stroke(획) : No Color(색상 없음), Shape(모양)는 Legacy Shapes and More(레거시 모양 및 기타) 〉 All Legacy Default Shapes(모든 레거시 기본 모양) 〉 Talk Bubbles(말 풍선)에서 Talk 10(대화 10, 💬)'으로 설정한 후 드래그하여 모양을 그립니다.

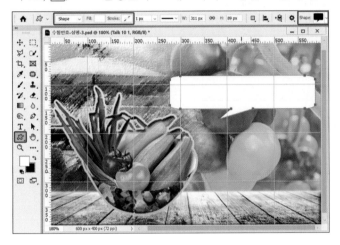

02 Layers(레이어) 패널 하단의 'Add a layer style(레이어 스타일 추가, *fx.*)'을 클릭하고 [Inner Shadow(내부 그림자)] 선택, 'Angle(각도) : 120°, Distance(거리) : 5px, Size(크기) : 5px'로 설정합니다.

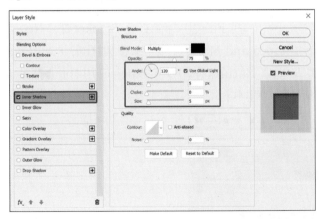

03 계속해서 [Gradient Overlay(그레이디언트 오버레이)] 선택, 'Click to edit the gradient (클릭하여 그레이디언트 편집)'를 클릭합니다. 그레이디언트 슬라이더 왼쪽 하단의 'Color Stop(색상 정지점)'을 더블 클릭하여 #66ffcc, 오른쪽 'Color Stop(색상 정지점)'을 더블 클릭하여 #ffffff로 설정한 후, 'Style(스타일) : Linear(선형), Angle(각도) : 180°로 설정하고 [OK(확인)]를 클릭합니다.

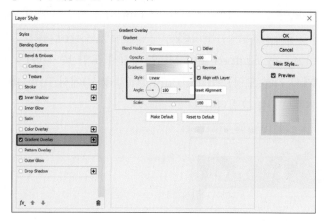

04 Layers(레이어) 패널 상단의 'Opacity(불투명도) : 70%'로 설정하여 불투명도를 적용합니다.

05 Custom Shape Tool(사용자 정의 모양 도구, ⚙)을 클릭하고 Options Bar(옵션 바)에서 'Pick tool mode(선택 도구 모드) : Shape(모양), Fill(칠) : #ffff00, Stroke(획) : No Color (색상 없음), Shape(모양)은 Legacy Shapes and More(레거시 모양 및 기타) 〉 All Legacy Default Shapes(모든 레거시 기본 모양) 〉 Nature(자연)에서 Butterfly(나비, 🦋)'로 설정한 후 Shift 를 누른 채 드래그하여 모양을 그립니다.

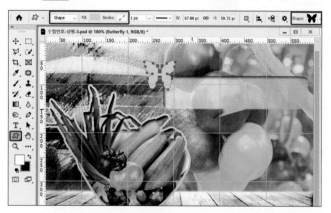

06 Layers(레이어) 패널 하단의 'Add a layer style(레이어 스타일 추가, *fx.*)'을 클릭하여 [Drop Shadow(그림자)]를 선택, 'Opacity(불투명도) : 75%, Angle(각도) : 120°, Distance(거리) : 5px, Size(크기) : 5px'로 설정하고 [OK(확인)]를 클릭합니다.

07 Layers(레이어) 패널 상단의 'Opacity(불투명도) : 70%'로 설정하여 불투명도를 적용합니다. Ctrl + T 를 눌러 회전하여 배치합니다.

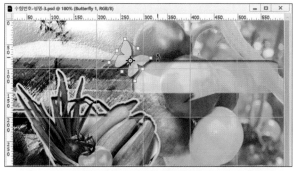

08 [Layers(레이어)]-[New(새로 만들기)]-[Shape Layer Via Copy(복사한 모양 레이어)] (Ctrl + J)를 클릭합니다. 레이어 패널에서 복사된 'Butterfly 1 copy' 레이어의 'Layer thumbnail(레이어 축소판)'를 더블 클릭하여 Color Picker(색상 픽커)에서 'Color(색상) : #ffffff'로 설정한 후 [OK(확인)]를 클릭합니다.

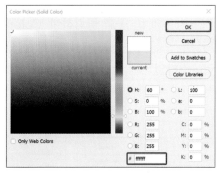

09 Ctrl + T 를 눌러 Shift 를 누른 채 조절점을 드래그하여 크기를 축소하고 회전하여 배치합니다.

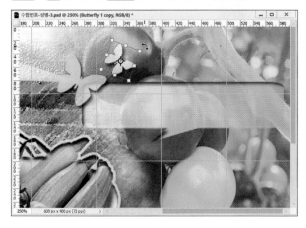

10 Custom Shape Tool(사용자 정의 모양 도구,)을 클릭하고 Options Bar(옵션 바)에서 'Pick tool mode(선택 도구 모드) : Shape(모양), Fill(칠) : 임의 색상, Stroke(획) : No Color(색상 없음), Shape(모양)은 Legacy Shapes and More(레거시 모양 및 기타) 〉 All Legacy Default Shapes(모든 레거시 기본 모양) 〉 Web(웹)에서 Volume(볼륨,)'으로 설정한 후 [Shift]를 누른 채 드래그하여 모양을 그립니다.

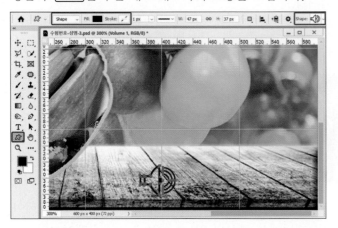

11 Layers(레이어) 패널 하단의 'Add a layer style(레이어 스타일 추가,)'을 클릭하여 [Gradient Overlay(그레이디언트 오버레이)] 선택, 'Click to edit the gradient(클릭하여 그레이디언트 편집)'를 클릭합니다. 그레이디언트 슬라이더 왼쪽 하단의 'Color Stop(색상 정지점)'을 더블 클릭하여 #330000, 가운데 빈 곳을 클릭하여 'Color Stop(색상 정지점)'을 추가한 후 더블 클릭하여 #990099, 오른쪽 'Color Stop(색상 정지점)'을 더블 클릭하여 #330000으로 설정한 후, 'Style(스타일) : Linear(선형), Angle(각도) : 90°로 설정하고 [OK(확인)]를 클릭합니다.

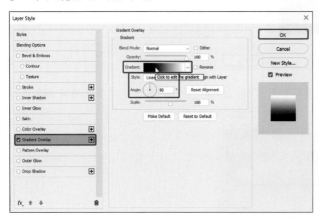

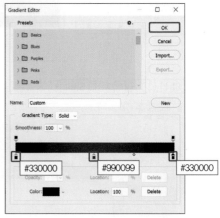

🔟 문자 입력 및 레이어 스타일 적용

01 Horizontal Type Tool(수평 문자 도구, T)로 작업 이미지를 클릭하고 Options Bar(옵션 바)에서 'Font(글꼴) : 돋움, Set font size(글꼴 크기) : 30pt, Set anti-aliasing method (앤티 앨리어싱 방법 설정) : Strong(강하게), Color(색상) : 임의 색상'으로 설정한 후 건강 식재료 세미나를 입력합니다.

02 Layers(레이어) 패널 하단의 'Add a layer style(레이어 스타일 추가, fx)'을 클릭하고 [Stroke(획)] 선택, 'Size(크기) : 2px, Color(색상) : #333333'으로 설정합니다.

03 계속해서 [Gradient Overlay(그레이디언트 오버레이)] 선택, 'Click to edit the gradient (클릭하여 그레이디언트 편집)'를 클릭한 후, 그레이디언트 슬라이더 왼쪽 하단의 'Color Stop(색상 정지점)'을 더블 클릭하여 #00ccff, 가운데 'Color Stop(색상 정지점)'을 더블 클릭하여 #ffccff, 오른쪽 'Color Stop(색상 정지점)'을 더블 클릭하여 #ffcc00으로 설정한 후, 'Style(스타일) : Linear(선형), Angle(각도) : 0°'로 설정합니다.

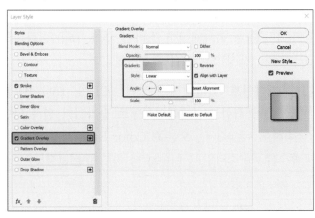

04 계속해서 [Drop Shadow(드롭 섀도)]를 선택하고 [OK(확인)]를 클릭합니다.

05 Horizontal Type Tool(수평 문자 도구, T)로 작업 이미지를 클릭하고 Options Bar(옵션 바)에서 'Font(글꼴) : 바탕, Set font size(글꼴 크기) : 23pt, Set anti-aliasing method (앤티 앨리어싱 방법 설정) : Strong(강하게), Center text(텍스트 중앙 정렬, 틀), Color(색상) : 임의 색상'으로 설정한 후 #1 신선한 토마토 요리하기를 입력합니다. '요리하기' 문자를 드래그하여 선택하고 'Set font size(글꼴 크기) : 30pt'로 설정합니다.

06 Options Bar(옵션 바)에서 Create warped text(뒤틀어진 텍스트 만들기, 工)를 클릭하여 [Warp Text(텍스트 뒤틀기)] 대화상자에서 'Style(스타일) : Rise(상승), Horizontal(가로) : 체크, Bend(구부리기) : 25%'를 설정하여 문자의 모양을 왜곡합니다.

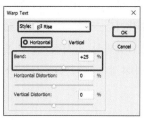

07 Layers(레이어) 패널 하단의 'Add a layer style(레이어 스타일 추가, fx.)'을 클릭하고 [Stroke(획)] 선택, 'Size(크기) : 2px, Color(색상) : #ffffff'로 설정합니다.

08 계속해서 [Gradient Overlay(그레이디언트 오버레이)] 선택, 'Click to edit the gradient(클릭하여 그레이디언트 편집)'를 클릭한 후, 그레이디언트 슬라이더 왼쪽 하단의 'Color Stop(색상 정지점)'을 더블 클릭하여 #003300, 오른쪽 'Color Stop(색상 정지점)'을 더블 클릭하여 #ff0033으로 설정한 후, 'Style(스타일) : Linear(선형), Angle(각도) : 0°'로 설정한 후 [OK(확인)]를 클릭합니다.

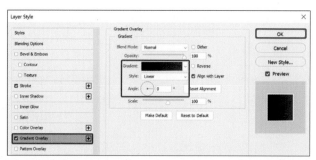

09 Horizontal Type Tool(수평 문자 도구, T)로 작업 이미지를 클릭하고 Options Bar(옵션 바)에서 'Font(글꼴) : 돋움, Set font size(글꼴 크기) : 13pt, Set anti-aliasing method (앤티 앨리어싱 방법 설정) : Strong(강하게), Color(색상) : #663300'으로 설정한 후 장소 : 교육문화회관강당 시간 : 매주 토요일 10시를 입력합니다.

10 Layers(레이어) 패널 하단의 'Add a layer style(레이어 스타일 추가, fx)'을 클릭하고 [Stroke(획)] 선택, 'Size(크기) : 2px, Color(색상) : #ffffff'로 설정합니다.

11 Horizontal Type Tool(수평 문자 도구, T)로 작업 이미지를 클릭하고 Options Bar(옵션 바)에서 'Font(글꼴) : Arial, Set font style(글꼴 스타일 설정) : Bold, Set font size(글꼴 크기) : 16pt, Center text(텍스트 중앙 정렬, 름), Color(색상) : #cc6600'으로 설정한 후 HEALTHY EATING SEMINAR를 입력합니다. 'SEMINAR' 문자를 드래그하여 선택하고 'Set font size(글꼴 크기) : 22pt, Color(색상) : #663399'로 설정합니다.

12 Options Bar(옵션 바)에서 Create warped text(뒤틀어진 텍스트 만들기, 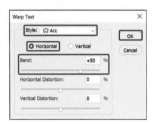)를 클릭하여 [Warp Text(텍스트 뒤틀기)] 대화상자에서 'Style(스타일) : Arc(부채꼴), Horizontal(가로) : 체크, Bend(구부리기) : 50%'를 설정하여 문자의 모양을 왜곡합니다.

13 Layers(레이어) 패널 하단의 'Add a layer style(레이어 스타일 추가, <u>*fx.*</u>)'을 클릭하고 [Stroke(획)] 선택, 'Size(크기) : 2px, Color(색상) : #99ff33'으로 설정합니다.

14 Ctrl+T를 누르고, Options Bar(옵션 바)에서 'Rotate(회전, △) : −24°'를 입력한 후 Enter를 눌러 회전을 적용하고 배치합니다.

15 [File(파일)]−[Save(저장)](Ctrl+S)를 선택하고 파일을 저장합니다.

⑰ 정답 파일 저장

01 [View(보기)]−[Show(표시)]−[Grid(격자)](Ctrl+`')를 선택하여 격자를 가립니다.

02 [File(파일)]−[Save As(다른 이름으로 저장)](Shift+Ctrl+S)를 선택하고 '저장 위치 : 내 PC₩문서₩GTQ, 파일 형식 : JPEG(*.JPG;*.JPEG;*.JPE), 파일 이름 : 수험번호−성명−문제번호'를 입력하고 [저장]을 클릭한 후 [JPEG Options(JPEG 옵션)] 대화상자에서 'Quality(품질) : 8'로 설정하고 [OK(확인)]를 클릭합니다.

03 [Image(이미지)]-[Image Size(이미지 크기)]([Alt]+[Ctrl]+[I])를 선택하고 'Constrain aspect ratio(종횡비 제한) : 클릭, Width(폭) : 60Pixels(픽셀), Height(높이) : 40Pixels(픽셀)'로 입력하여 이미지 크기를 1/10로 축소한 후 [OK(확인)]를 클릭합니다.

04 [File(파일)]-[Save As(다른 이름으로 저장)]([Shift]+[Ctrl]+[S])를 선택하고 '저장 위치 : 내 PC₩문서₩GTQ, 파일 형식 : Photoshop(*.PSD;*.PDD;*.PSDT), 파일 이름 : 수험번호-성명-문제번호'를 입력하고 [저장]을 클릭합니다.

05 답안 저장이 완료되면 [File(파일)]-[Close(닫기)]([Ctrl]+[W])를 선택하여 파일을 닫고 수험 프로그램에서 [답안 전송]을 클릭하여 psd와 jpg 파일을 감독관 컴퓨터로 전송합니다.

문제 04 **[실무응용] 웹 페이지 제작**

작업과정	새 작업 이미지 만들기 및 파일 저장하기 ▶ 혼합 모드 합성 및 필터, 레이어 마스크 적용 ▶ 이미지 보정 및 레이어 스타일 적용 ▶ 모양 생성 및 변형, 레이어 스타일 적용 ▶ 레이어 복제로 메뉴 버튼 만들기 ▶ 펜 도구로 모양 그리기 및 레이어 스타일 적용 ▶ 패턴 정의 ▶ 패턴 적용 ▶ 문자 입력과 왜곡 및 레이어 스타일 적용 ▶ 정답 파일 저장
완성이미지	Part04₩정답파일₩수험번호-성명-4.jpg, 수험번호-성명-4.psd

01 새 작업 이미지 만들기 및 파일 저장하기

01 [File(파일)]-[New(새로 만들기)]([Ctrl]+[N])를 선택하고 'Width(폭) : 600Pixels(픽셀), Height(높이) : 400Pixels(픽셀), Resolution(해상도) : 72Pixels/Inch(픽셀/인치), Color Mode(색상 모드) : RGB Color(RGB 색상), 8bit(비트), Background Contents(배경 내용) : White(흰색)'로 설정하여 새 작업 이미지를 만듭니다.

02 [Edit(편집)]-[Preference(환경설정)]([Ctrl]+[K])를 클릭하고 [Guides, Grid & Slices(안내선, 격자와 슬라이스)]를 선택하여 Grid(격자)의 'Gridline Every(격자 간격) : 100Pixels(픽셀), Subdivisions(세분) : 1'로 설정한 후 'Grid Color(격자 색상)'를 클릭하여 밝은 색상으로 변경합니다.

03 [View(보기)]-[Show(표시)]-[Grid(격자)]([Ctrl]+[']) 와 [View(보기)]-[Rulers(눈금자)]([Ctrl]+[R])를 선택하여 격자와 눈금자를 표시합니다.

04 작업 도큐먼트를 저장하기 위해 [File(파일)]-[Save As(다른 이름으로 저장)]([Shift]+[Ctrl]+[S])를 선택하고 임의 경로에 '파일 이름 : 수험번호-성명-문제번호, 파일 형식 : Photoshop(*.PSD;*.PDD;*.PSDT)'으로 파일을 저장합니다.

02 혼합 모드 합성 및 필터, 레이어 마스크 적용

01 Tool Panel(도구 패널) 하단의 'Set foreground color(전경색 설정)'를 클릭하여 # 오른쪽 입력란에 ffcc66으로 입력한 후, Alt + Delete 를 눌러 제시된 Foreground Color(전경색)를 작업 이미지의 배경에 채웁니다.

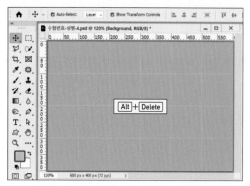

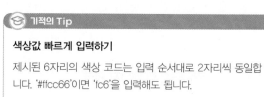

기적의 Tip

색상값 빠르게 입력하기

제시된 6자리의 색상 코드는 입력 순서대로 2자리씩 동일합니다. '#ffcc66'이면 'fc6'을 입력해도 됩니다.

02 [File(파일)]-[Open(열기)](Ctrl + O)을 선택하여 1급-12.jpg를 불러옵니다. Ctrl + A로 전체 선택, Ctrl + C로 복사, 작업 이미지에 Ctrl + V로 붙여넣기를 합니다. Ctrl + T를 누르고 Shift 를 누른 채 크기를 조절하여 배치합니다.

03 Layers(레이어) 패널에서 'Blending Mode(혼합 모드) : Darken(어둡게 하기)'으로 설정하여 배경 이미지와 합성을 한 후, 'Add layer mask(레이어 마스크 추가, ▣)'를 클릭하여 레이어 마스크를 추가합니다.

04 Tool Panel(도구 패널) 하단의 'Set foreground color(전경색 설정)'를 #000000, 'Set background color(배경색 설정)'를 #ffffff로 설정합니다. Gradient Tool(그레이디언트 도구, ▣)을 클릭하고 Options Bar(옵션 바)에서 'Type(유형) : Linear Gradient(선형 그레이디언트), Mode(모드) : Normal(표준), Opacity(불투명도) : 100%'로 설정한 후 아래에서 위쪽으로 Shift 를 누른 채 드래그하여 이미지 일부를 자연스럽게 지워 합성합니다.

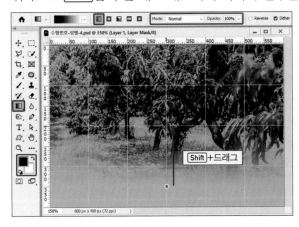

05 [File(파일)]-[Open(열기)](Ctrl + O)을 선택하여 1급-13.jpg를 불러옵니다. Ctrl + A 로 전체 선택, Ctrl + C 로 복사, 작업 이미지에 Ctrl + V 로 붙여넣기를 합니다. Ctrl + T 를 누르고 Shift 를 누른 채 크기를 조절하여 배치합니다.

06 [Filter(필터)]-[Filter Gallery(필터 갤러리)]-[Artistic(예술 효과)]-[Dry Brush(드라이 브러시)]를 선택합니다.

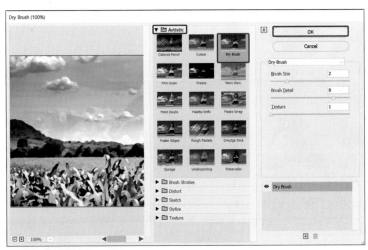

07 Layers(레이어) 패널에서 하단의 'Add layer mask(레이어 마스크 추가, ▣)'를 클릭하여 레이어 마스크를 추가합니다.

08 Tool Panel(도구 패널) 하단의 'Set foreground color(전경색 설정)'를 #000000, 'Set background color(배경색 설정)'를 #ffffff로 설정합니다. Gradient Tool(그레이디언트 도구, ▣)을 클릭하고 Options Bar(옵션 바)에서 'Type(유형) : Linear Gradient(선형 그레이디언트), Mode(모드) : Normal(표준), Opacity(불투명도) : 100%'로 설정한 후 오른쪽에서 왼쪽으로 Shift 를 누른 채 드래그하여 이미지 일부를 자연스럽게 지워 합성합니다.

09 [File(파일)]-[Open(열기)](Ctrl + O)을 선택하여 1급-14.jpg를 불러옵니다. Quick Selection Tool(빠른 선택 도구, ☑)을 클릭하고 Options Bar(옵션 바)에서 'Add to selection(선택 영역에 추가, ☑)'을 설정한 후 브러시의 크기를 조절하며 복숭아 바구니 이미지에 드래그하여 선택합니다.

10 Ctrl + C 로 복사, 작업 이미지에 Ctrl + V 로 붙여넣기를 합니다. Ctrl + T 를 누르고 Shift 를 누른 채 크기를 조절하여 배치합니다.

11 Layers(레이어) 패널 하단에 'Add a layer style(레이어 스타일 추가, *fx.*)'을 클릭하고 [Outer Glow(외부 광선)] 선택, 'Opacity(불투명도) : 75%, Size(크기) : 7px'로 설정합니다. 계속해서 [Drop Shadow(드롭 섀도)] 선택, 'Opacity(불투명도) : 75%, Angle(각도) : 90°, Distance(거리) : 5px, Size(크기) : 5px'로 설정하고 [OK(확인)]를 클릭합니다.

12 [File(파일)]-[Open(열기)]([Ctrl]+[O])을 선택하여 1급-15.jpg를 불러온 후 Magic Wand Tool(자동 선택 도구, *✦*)을 클릭하고 Options Bar(옵션 바)에서 'Contiguous(인접) : 체크 해제'를 설정하고 흰 배경 부분을 클릭하여 흰색 영역을 모두 선택합니다.

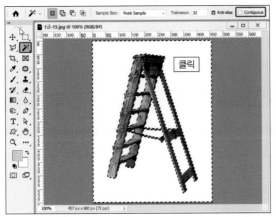

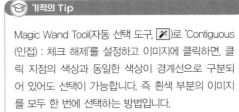

> **기적의 Tip**
>
> Magic Wand Tool(자동 선택 도구, *✦*)로 'Contiguous (인접) : 체크 해제'를 설정하고 이미지에 클릭하면, 클릭 지점의 색상과 동일한 색상이 경계선으로 구분되어 있어도 선택이 가능합니다. 즉 흰색 부분의 이미지를 모두 한 번에 선택하는 방법입니다.

13 [Shift]+[Ctrl]+[I]로 선택 영역을 반전하고, [Ctrl]+[C]로 복사, 작업 이미지에 [Ctrl]+[V]로 붙여 넣기를 합니다. [Ctrl]+[T]를 눌러 크기를 축소한 후, 마우스 오른쪽 버튼을 클릭하여 [Flip Horizontal(가로로 뒤집기)]로 뒤집고 배치합니다.

14 [Filter(필터)]-[Filter Gallery(필터 갤러리)]-[Texture(텍스처)]-[Texturizer(텍스처화)]를 선택합니다.

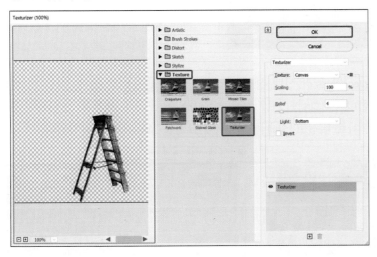

15 Layers(레이어) 패널 하단에 'Add a layer style(레이어 스타일 추가, *fx.*)'을 클릭하고 [Bevel & Emboss(경사와 엠보스)] 선택, 'Style(스타일) : Inner Bevel(내부 경사), Direction(방향) : Up(위로), Size(크기) : 5px'를 설정하고 [OK(확인)]를 클릭합니다.

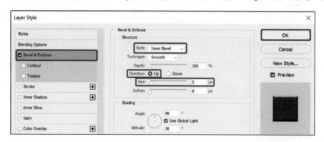

03 이미지 보정 및 레이어 스타일 적용

01 [File(파일)]-[Open(열기)]([Ctrl]+[O])을 선택하여 1급-16.jpg를 불러옵니다. Pen Tool(펜 도구, *ø*)을 클릭하고 Options Bar(옵션 바)에서 'Pick tool mode(선택 도구 모드) : Path (패스), Exclude Overlapping Shapes(모양 오버랩 제외, *回*)'로 설정한 후 제시된 복숭아 모양을 따라 닫힌 패스를 생성합니다.

> 🎓 **기적의 Tip**
>
> **닫힌 패스 만들기**
> 패스 작업 중 패스의 시작점과 끝 기준점을 연결하면 *o*로 표시되며 클릭하여 닫힌 패스를 완료할 수 있습니다.

02 패스가 완료되면 [Ctrl]+[Enter]를 눌러 선택 상태로 전환하고 [Ctrl]+[C]로 복사, 작업 이미지에 [Ctrl]+[V]로 붙여넣기를 합니다. [Ctrl]+[T]를 누른 후, 마우스 오른쪽 버튼을 클릭하여 [Flip Horizontal(가로로 뒤집기)]로 뒤집고 [Shift]를 누른 채 크기를 조절하여 배치합니다.

03 Layers(레이어) 패널 하단에 'Add a layer style(레이어 스타일 추가, _fx._)'을 클릭하고 [Inner Glow(내부 광선)] 선택, 'Opacity(불투명도) : 75%, Size(크기) : 7px'로 설정합니다. 계속해서 [Drop Shadow(드롭 새도)]를 선택하고 [OK(확인)]를 클릭합니다.

04 Quick Selection Tool(빠른 선택 도구, _◢_)을 클릭하고 위쪽 복숭아를 드래그하여 선택합니다.

05 Layers(레이어) 패널 하단의 'Create new fill or adjustment layer(새 칠 또는 조정 레이어 생성, _◑._)'를 클릭하고 [Hue/Saturation(색조/채도)]을 선택합니다. Properties(속성) 패널에서 'Colorize(색상화) : 체크, Hue(색조) : 50, Saturation(채도) : 80'으로 설정하여 노란색 계열로 색상을 보정합니다.

06 [File(파일)]−[Open(열기)]([Ctrl]+[O])을 선택하여 1급-17.jpg를 불러옵니다. Magic Wand Tool(자동 선택 도구, _◢_)을 클릭하고 Options Bar(옵션 바)에서 'Contiguous(인접) : 체크 해제'를 설정하고 검정색 부분을 클릭하여 나무 실루엣을 모두 선택합니다.

07 Ctrl+C로 복사, 작업 이미지에 Ctrl+V로 붙여넣기를 합니다. Ctrl+T를 누르고 Shift를 누른 채 크기를 조절합니다.

08 Layers(레이어) 패널에서 'Layer 6'을 'Layer 3' 레이어 아래쪽으로 드래그하여 배치합니다.

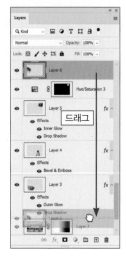

> 🎓 **기적의 Tip**
>
> **레이어 순서 바꾸기**
>
> [Layer(레이어)]–[Arrange(정돈)]–[Send Backward(뒤로 보내기)](Ctrl+[)를 여러 번 클릭하여 'Layer 3' 레이어 아래쪽으로 배치할 수도 있습니다.

04 모양 생성 및 변형, 레이어 스타일 적용

01 Rounded Rectangle Tool(모서리가 둥근 직사각형 도구, ▢)을 클릭하고 Options Bar(옵션 바)에서 'Pick tool mode(선택 도구 모드) : Shape(모양), Fill(칠) : #ffffff, Stroke(획) : No Color(색상 없음), Radius(반경) : 5px'로 설정한 후 드래그하여 모양을 그립니다. Shift+Ctrl+]을 눌러 레이어의 맨 앞으로 가져오기를 합니다.

02 Layers(레이어) 패널 하단의 'Add a layer style(레이어 스타일 추가, fx.)'을 클릭하고 [Stroke(획)] 선택, 'Size(크기) : 2px, Fill Type(칠 유형) : Gradient(그레이디언트)'로 설정하고 'Click to edit the gradient(클릭하여 그레이디언트 편집)'를 클릭합니다.

03 그레이디언트 슬라이더 왼쪽 하단의 'Color Stop(색상 정지점)'을 더블 클릭하여 #00ff33, 오른쪽 'Color Stop(색상 정지점)'을 더블 클릭하여 #996666으로 설정한 후, 'Style(스타일) : Linear(선형), Angle(각도) : 0°'로 설정하고 [OK(확인)]를 클릭합니다.

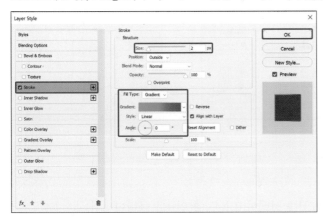

04 Custom Shape Tool(사용자 정의 모양 도구, ✿)을 클릭하고 Options Bar(옵션 바)에서 'Pick tool mode(선택 도구 모드) : Shape(모양), Fill(칠) : 임의 색상, Stroke(획) : No Color(색상 없음), Shape(모양)는 Legacy Shapes and More(레거시 모양 및 기타) 〉 All Legacy Default Shapes(모든 레거시 기본 모양) 〉 Web(웹)에서 Search(검색, 🔍)'로 설정한 후 Shift 를 누르고 모양을 그립니다.

05 Layers(레이어) 패널 하단에 'Add a layer style(레이어 스타일 추가, *fx.*)' 클릭, [Gradient Overlay(그레이디언트 오버레이)] 선택, 'Click to edit the gradient(클릭하여 그레이디언트 편집)'를 클릭한 후, 그레이디언트 슬라이더 왼쪽 하단의 'Color Stop(색상 정지점)'을 더블 클릭하여 #ff9966, 오른쪽 'Color Stop(색상 정지점)'을 더블 클릭하여 #ccff00으로 설정한 후, 'Style(스타일) : Linear(선형), Angle(각도) : 0°로 설정합니다.

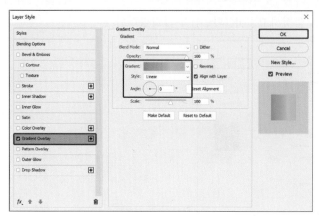

06 계속해서 [Drop Shadow(드롭 섀도)]를 선택하고 [OK(확인)]를 클릭합니다.

🄽 레이어 복제로 메뉴 버튼 만들기

01 Custom Shape Tool(사용자 정의 모양 도구, *🔊*)을 클릭하고 Options Bar(옵션 바)에서 'Pick tool mode(선택 도구 모드) : Shape(모양), Fill(칠) : #cc9900, Stroke(획) : No Color(색상 없음), Shape(모양)는 Legacy Shapes and More(레거시 모양 및 기타) 〉 All Legacy Default Shapes(모든 레거시 기본 모양) 〉 Banners and Awards(배너 및 상장)에서 Banner 3(배너 3, *■*)'으로 설정한 후 드래그하여 모양을 그립니다.

02 Layers(레이어) 패널 하단에 'Add a layer style(레이어 스타일 추가, *fx.*)'을 클릭하고 [Inner Shadow(내부 그림자)] 선택, 'Opacity(불투명도) : 75%, Angle(각도) : 90°, Distance(거리) : 5px, Size(크기) : 5px'를 설정한 후 [OK(확인)]를 클릭합니다.

03 Layers(레이어) 패널 상단의 'Opacity(불투명도) : 80%'로 설정하여 불투명도를 적용합니다.

04 Horizontal Type Tool(수평 문자 도구, *T*)로 작업 이미지를 클릭하고 Options Bar(옵션 바)에서 'Font(글꼴) : 돋움, Set font size(글꼴 크기) : 17pt, Set anti-aliasing method (앤티 앨리어싱 방법 설정) : Strong (강하게), Color(색상) : #330000'으로 설정한 후 농장 소개를 입력합니다.

05 Layers(레이어) 패널 하단에 'Add a layer style(레이어 스타일 추가, *fx.*)'을 클릭하고 Stroke(획)] 선택, 'Size(크기) : 2px, Color(색상) : #ffff99'로 설정한 후 [OK(확인)]를 클릭 합니다.

06 Layers(레이어) 패널에서 Shift 를 누른 채 '농장소개' 레이어와 'Banner 3 1' 레이어를 클릭하여 함께 선택하고 Ctrl + J 를 눌러 복사한 레이어를 만듭니다. Move Tool(이동 도구, ✛)로 작업 이미지에서 아래쪽으로 이동하여 배치합니다.

> 🎓 **기적의 Tip**
>
> Move Tool(이동 도구, ✛)로 이동 도중에 Shift 를 누르면 이동하는 방향으로 반듯하게 이동할 수 있습니다.

07 Ctrl + J 를 다시 한번 눌러 복사한 레이어를 만듭니다. Move Tool(이동 도구, ✛)로 작업 이미지에서 아래쪽으로 이동하여 배치합니다.

08 Horizontal Type Tool(수평 문자 도구, T)로 두 번째와 세 번째 '농장소개' 문자를 각각 드래그하여 선택하고 순서대로 체험안내, 교통안내를 입력합니다.

09 Layers(레이어) 패널에서 'Banner 3 1 copy' 레이어의 'Layer thumbnail(레이어 축소판)'을 더블 클릭하여 'Color(색상) : #cc6633'으로 설정하고 [OK(확인)]를 클릭합니다.

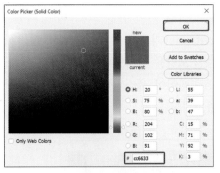

06 펜 도구로 모양 그리기 및 레이어 스타일 적용

01 Layers(레이어) 패널에서 'Layer 6' 레이어를 선택합니다. Ellipse Tool(타원 도구, ⬭)을 클릭하고 Options Bar(옵션 바)에서 'Pick tool mode(선택 도구 모드) : Shape(모양), Fill (칠) : #669966, Stroke(획) : No Color(색상 없음), Path operations(패스 작업) : Combine Shapes(모양 결합, ⬭)'로 설정한 후 크기가 다른 여러 개의 타원 모양을 겹치도록 그려서 완성합니다.

02 Options Bar(옵션 바)에서 'Path operations(패스 작업) : Merge Shape Components(모양 병합 구성 요소, ⬭)'를 클릭하여 모양을 하나로 병합합니다. Enter 를 눌러 패스 작업을 완료합니다.

03 Layers(레이어) 패널 하단의 'Add a layer style(레이어 스타일 추가, *fx.*)'을 클릭하고 [Drop Shadow(그림자)]를 선택하고 [OK(확인)]를 클릭합니다.

04 Ellipse Tool(타원 도구, ◯)로 작업 이미지에 드래그하여 타원 모양을 그립니다. Options Bar(옵션 바)에서 'Path operations(패스 작업) : Combine Shapes(모양 결합, ◘)'로 설정한 후 크기가 다른 여러 개의 타원 모양을 겹치도록 그립니다. Layers(레이어) 패널에서 'Ellipse 2' 레이어의 'Layer thumbnail(레이어 축소판)'을 더블 클릭하여 'Color(색상) : #99ff99'로 설정하고 [OK(확인)]를 클릭합니다.

05 Options Bar(옵션 바)에서 'Path operations(패스 작업) : Merge Shape Components(모양 병합 구성 요소, ◘)'을 클릭하여 모양을 하나로 병합합니다. [Enter]를 눌러 패스 작업을 완료합니다.

06 Layers(레이어) 패널 하단의 'Add a layer style(레이어 스타일 추가, *fx.*)'을 클릭하고 [Drop Shadow(그림자)]를 선택한 후 [OK(확인)]를 클릭합니다.

07 Layers(레이어) 패널에서 'Layer 6' 레이어를 선택합니다. Ellipse Tool(타원 도구, ◯)을 클릭하고 Options Bar(옵션 바)에서 'Pick tool mode(선택 도구 모드) : Shape(모양), Fill(칠) : #ccff99, Stroke(획) : No Color(색상 없음), Path operations(패스 작업) : Combine Shapes(모양 결합, ◘)'로 설정한 후 크기가 다른 여러 개의 타원형 모양을 겹치도록 그려서 완성합니다.

08 Options Bar(옵션 바)에서 'Path operations(패스 작업) : Merge Shape Components(모양 병합 구성 요소, ⬜)'를 클릭하여 모양을 하나로 병합합니다.

09 Layers(레이어) 패널 하단의 'Add a layer style(레이어 스타일 추가, *fx.*)'을 클릭하고 [Drop Shadow(그림자)]를 선택한 후 [OK(확인)]를 클릭합니다.

10 Pen Tool(펜 도구, ✐)을 클릭하고 Options Bar(옵션 바)에서 'Pick tool mode(선택 도구 모드) : Shape(모양), Fill(칠) : #666633, Stroke(획) : No Color(색상 없음)'으로 설정한 후 나무 모양을 그립니다. Layers(레이어) 패널에서 'Ellipse 2' 레이어보다 위쪽으로 순서를 이동합니다.

11 Layers(레이어) 패널 하단의 'Add a layer style(레이어 스타일 추가, *fx.*)'을 클릭하고 [Drop Shadow(그림자)]를 선택한 후 [OK(확인)]를 클릭합니다.

07 패턴 정의

01 [File(파일)]-[New(새로 만들기)]]([Ctrl]+[N])를 선택하고 'Width(폭) : 50Pixels(픽셀), Height(높이) : 50Pixels(픽셀), Resolution(해상도) : 72Pixels/Inch(픽셀/인치), Color Mode(색상 모드) : RGB Color(RGB 색상), 8bit(비트), Background Contents(배경 내용) : Transparent(투명)'로 설정하여 새 작업 이미지를 만듭니다.

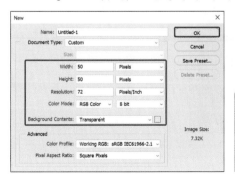

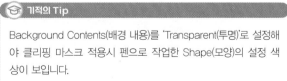

> 🎓 **기적의 Tip**
>
> Background Contents(배경 내용)를 'Transparent(투명)'로 설정해야 클리핑 마스크 적용시 펜으로 작업한 Shape(모양)의 설정 색상이 보입니다.

02 [View(보기)]−[Rulers(눈금자)]([Ctrl]+[R])를 클릭하여 눈금자를 표시합니다.

03 Custom Shape Tool(사용자 정의 모양 도구, ⚙)을 클릭하고 Options Bar(옵션 바)에서 'Pick tool mode(선택 도구 모드) : Shape(모양), Fill(칠) : #99cc33, Stroke(획) : No Color (색상 없음), Shape(모양)은 Legacy Shapes and More(레거시 모양 및 기타) > All Legacy Default Shapes(모든 레거시 기본 모양) > Nature(자연)에서 Leaf 4(나뭇잎 4, ♣)'로 설정한 후 [Shift]를 누른 채 드래그하여 모양을 그립니다.

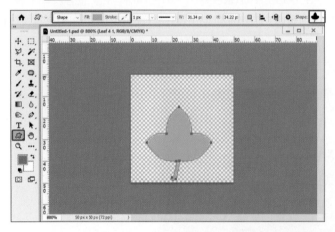

04 [Ctrl]+[T]를 눌러, Options Bar(옵션 바)에서 'Rotate(회전, ⊿) : −75°'로 입력하고 [Enter]를 눌러 회전을 적용합니다.

05 Custom Shape Tool(사용자 정의 모양 도구, ⚙)을 클릭하고 Options Bar(옵션 바)에서 'Pick tool mode(선택 도구 모드) : Shape(모양), Fill(칠) : #009966, Stroke(획) : No Color(색상 없음), Shape(모양)는 Legacy Shapes and More(레거시 모양 및 기타) > All Legacy Default Shapes(모든 레거시 기본 모양) > Nature(자연)에서 Leaf 3(나뭇잎 3, ♠)' 으로 설정한 후 [Shift]를 누른 채 드래그하여 모양을 그립니다.

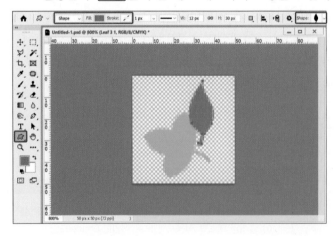

06 Ctrl+T를 눌러, Options Bar(옵션 바)에서 'Rotate(회전, ⊿) : 115°'로 입력하고 Enter를 눌러 회전을 적용합니다.

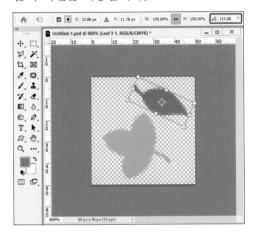

07 [Edit(편집)]-[Define Pattern(패턴 정의)]을 선택하고 'Name(이름) : 나뭇잎'으로 설정하고 패턴을 등록합니다.

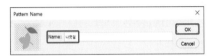

08 패턴 적용

01 Layers(레이어) 패널에서 Ctrl+Shift를 누른 채 'Ellipse 1, 2, 3' 레이어 각각의 'Layer thumbnail(레이어 축소판)'을 클릭하여 선택 영역으로 만듭니다.

Ctrl+Shift
+클릭

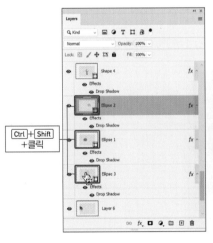

02 Layers(레이어) 패널에서 'Ellipse 2' 레이어를 클릭한 후 패널 하단의 'Create a new layer(새 레이어 만들기, 🗔)'를 클릭하여 새 레이어를 만든 후 레이어 이름을 더블 클릭하여 pattern으로 수정합니다.

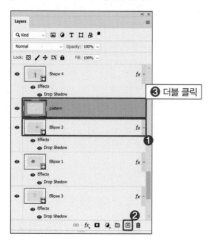

03 [Edit(편집)]-[Fill(칠)]을 선택하고 'Contents(내용) : Pattern(패턴), Custom Pattern(사용자 정의 패턴) : 나뭇잎, Mode(모드) : Normal(표준), Opacity(불투명도) : 100%, Preserve Transparency(투명도 유지) : 체크 해제'로 설정하여 채웁니다.

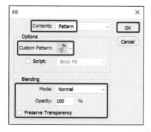

04 Layers(레이어) 패널에서 'pattern' 레이어의 'Opacity(불투명도) : 70%'로 설정합니다.

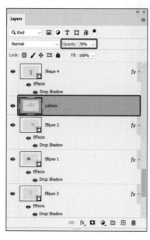

09 문자 입력과 왜곡 및 레이어 스타일 적용

01 Horizontal Type Tool(수평 문자 도구, T)로 작업 이미지를 클릭하고 Options Bar(옵션 바)에서 'Font(글꼴) : 궁서, Set font size(글꼴 크기) : 35pt, Color(색상) : 임의 색상'으로 설정한 후 복숭아 따기 체험을 입력합니다.

02 Options Bar(옵션 바)에서 Create warped text(뒤틀어진 텍스트 만들기, ɪ)를 클릭하여 [Warp Text(텍스트 뒤틀기)] 대화상자에서 'Style(스타일) : Arc(부채꼴), Horizontal(가로) : 체크, Bend(구부리기) : −20%'를 설정하여 문자의 모양을 왜곡합니다.

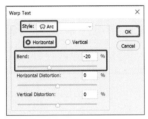

03 Layers(레이어) 패널 하단의 'Add a layer style(레이어 스타일 추가, fx.)'을 클릭하고 [Stroke(획)]를 선택, 'Size(크기) : 3px, Color(색상) : #006633'으로 설정합니다.

04 계속해서 [Gradient Overlay(그레이디언트 오버레이)] 선택, 'Click to edit the gradient (클릭하여 그레이디언트 편집)'를 클릭한 후, 그레이디언트 슬라이더 왼쪽 하단의 'Color Stop(색상 정지점)'을 더블 클릭하여 #ff6699, 가운데 'Color Stop(색상 정지점)'을 더블 클릭하여 #ffcc66, 오른쪽 'Color Stop(색상 정지점)'을 더블 클릭하여 #ccffcc로 설정한 후, 'Style(스타일) : Linear(선형), Angle(각도) : 0°'로 설정하고 [OK(확인)]를 클릭합니다.

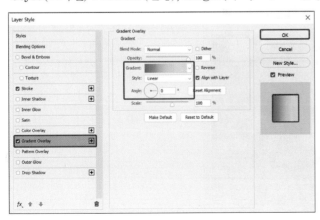

05 Horizontal Type Tool(수평 문자 도구, T)로 작업 이미지를 클릭하고 Options Bar(옵션 바)에서 'Font(글꼴) : Times New Roman, Set font style(글꼴 스타일 설정) : Bold, Set font size(글꼴 크기) : 20pt, Color(색상) : #ccff99'로 설정한 후 Experience Orchard를 입력합니다.

06 Options Bar(옵션 바)에서 Create warped text(뒤틀어진 텍스트 만들기, ⬙)를 클릭하여 [Warp Text(텍스트 뒤틀기)] 대화상자에서 'Style(스타일) : Arc Upper(위 부채꼴), Horizontal (가로) : 체크, Bend(구부리기) : 60%'를 설정하여 문자의 모양을 왜곡합니다.

07 Layers(레이어) 패널 하단의 'Add a layer style(레이어 스타일 추가, fx)'을 클릭하고 [Stroke(획)] 선택, 'Size(크기) : 2px, Color(색상) : #336633'으로 설정한 후 [OK(확인)]를 클릭합니다.

08 Ctrl+T를 눌러 조절점 밖을 드래그하여 회전하여 배치합니다.

09 Horizontal Type Tool(수평 문자 도구, T)로 작업 이미지를 클릭하고 Options Bar(옵션 바)에서 'Font(글꼴) : 돋움, Set font size(글꼴 크기) : 14pt, Set anti-aliasing method (앤티 앨리어싱 방법 설정) : Strong(강하게), Color(색상) : 임의 색상'으로 설정한 후 우리지 역 농산물 이용하기를 입력합니다.

10 Layers(레이어) 패널 하단에 'Add a layer style(레이어 스타일 추가, *fx.*)'을 클릭하고 [Stroke(획)] 선택, 'Size(크기) : 2px, Fill Type(칠 유형) : Gradient(그레이디언트), Click to edit the gradient(클릭하여 그레이디언트 편집)'를 클릭합니다. 그레이디언트 슬라이더 왼쪽 하단의 'Color Stop(색상 정지점)'을 더블 클릭하여 #ccffcc, 오른쪽 'Color Stop(색상 정지점)'을 더블 클릭하여 #99cc99로 설정한 후, 'Style(스타일) : Linear(선형), Angle(각도) : 0°'로 설정합니다.

11 [File(파일)]-[Save(저장)](Ctrl+S)를 선택하고 파일을 저장합니다.

⑩ 정답 파일 저장

01 [View(보기)]-[Show(보기)]-[Grid(격자)](Ctrl+')를 선택하여 격자를 가립니다.

02 [File(파일)]-[Save As(다른 이름으로 저장)](Shift+Ctrl+S)를 선택하고 '저장 위치 : 내 PC\문서\GTQ, 파일 형식 : JPEG(*.JPG;*.JPEG;*.JPE), 파일 이름 : 수험번호-성명-문제번호'를 입력하고 [저장]을 클릭한 후 [JPEG Options(JPEG 옵션)] 대화상자에서 'Quality(품질) : 8'로 설정하고 [OK(확인)]를 클릭합니다.

03 [Image(이미지)]-[Image Size(이미지 크기)](Alt+Ctrl+I)를 선택하고 'Constrain aspect ratio(종횡비 제한) : 클릭, Width(폭) : 60pixels, Height(높이) : 40pixels'로 입력하여 이미지 크기를 1/10로 축소한 후 [OK(확인)]를 클릭합니다.

04 [File(파일)]-[Save As(다른 이름으로 저장)](Shift+Ctrl+S)를 선택하고 '저장 위치 : 내 PC\문서\GTQ, 파일 형식 : Photoshop(*.PSD;*.PDD;*.PSDT), 파일 이름 : 수험번호-성명-문제번호'를 입력하고 [저장]을 클릭합니다.

05 답안 저장이 완료되면 [File(파일)]-[Exit(종료)](Ctrl+Q)를 선택하여 프로그램을 종료하고 수험 프로그램에서 [답안 전송]을 클릭하여 psd와 jpg 파일을 감독관 컴퓨터로 전송합니다.

PART 05

기출 유형 문제

기출 유형 문제 1회

급수	버전	문제유형	시험시간	수험번호	성명
1급		A	90분	G120250001	

수 험 자 유 의 사 항

- 수험자는 문제지를 받는 즉시 응시하고자 하는 <u>과목 및 급수가 맞는지 확인</u>한 후 수험번호와 성명을 작성합니다.
- 파일명은 본인의 "수험번호─성명─문제번호"로 공백 없이 정확히 입력하고 답안폴더(내 PC₩문서₩GTQ)에 jpg 파일과 psd 파일의 2가지 포맷으로 저장해야 하며, jpg 파일과 psd 파일의 내용이 상이할 경우 0점 처리됩니다. 답안문서 파일명이 "수험번호─성명─문제번호"와 일치하지 않거나, 답안 파일을 전송하지 않아 미제출로 처리될 경우 불합격 처리됩니다.
- 문제의 세부조건은 '영문(한글)' 형식으로 표기되어 있으니 유의하시기 바랍니다.
- 수험자 정보와 저장한 파일명, 저장 위치가 다를 경우 전송이 되지 않으므로, 주의하시기 바랍니다.
- 답안 작성 중에도 <u>주기적으로 '저장'과 '답안 전송'</u>을 이용하여 감독위원 PC로 답안을 전송하셔야 합니다.(※ 작업한 내용을 <u>저장하지 않고 전송할 경우</u> 이전의 저장내용이 전송되오니 이 점 반드시 유념하시기 바랍니다.)
- 답안문서는 지정된 경로 외의 다른 보조기억장치에 저장하는 행위, 지정된 시험 시간 외에 작성된 파일을 활용한 행위, 기타 허용되지 않은 프로그램(이메일, 메신저, 게임, 네트워크 등) 이용 시 부정행위로 간주되어 자격기본법 제32조에 의거 본 시험 및 국가공인 자격시험을 2년간 응시할 수 없습니다.
- 시험 중 부주의 또는 고의로 시스템을 파손한 경우와 〈수험자 유의사항〉에 기재된 방법대로 이행하지 않아 생기는 불이익은 수험자의 책임임을 알려 드립니다.
- 시험을 완료한 수험자는 최종적으로 저장한 답안파일이 전송되었는지 확인한 후 감독위원의 지시에 따라 문제지를 제출하고 퇴실합니다.

답 안 작 성 요 령

- **온라인 답안 작성 절차**

  수험자 등록 ⇒ 시험 시작 ⇒ 답안파일 저장 ⇒ 답안 전송 ⇒ 시험 종료
- 내 PC₩문서₩GTQ₩Image폴더에 있는 그림 원본파일을 사용하여 답안을 작성하시고 최종답안을 답안폴더(내 PC₩문서₩GTQ)에 저장하여 답안을 전송하시고, 이미지의 크기가 다른 경우 감점 처리됩니다.
- 배점은 총 100점으로 이루어지며, 점수는 각 문제별로 차등 배분됩니다.
- 각 문제는 주어진 〈조건〉에 따라 작성하고, 언급하지 않은 조건은 《출력형태》와 같이 작성합니다.
- 배치 등의 편의를 위해 주어진 눈금자의 단위는 '픽셀'입니다.

  그 외는 출력형태(효과, 이미지, 문자, 색상, 레이아웃, 규격 등)와 같게 작업하십시오.
- 문제 조건에 서체의 지정이 없을 경우 한글은 굴림이나 돋움, 영문은 Arial로 작업하십시오.

  (단, 그 외에 제시되지 않은 문자 속성을 기본값으로 작성하지 않은 경우는 감점 처리됩니다.)
- Image Mode(이미지 모드)는 별도의 처리조건이 없을 경우에는 RGB(8비트)로 작업하십시오.
- 모든 답안 파일은 해상도 72Pixels/Inch로 작업하십시오.
- Layer(레이어)는 각 기능별로 분할해야 하며, 임의로 합칠 경우나 각 기능에 대한 속성을 해지할 경우 해당 요소는 0점 처리됩니다.

한 국 생 산 성 본 부

▶합격 강의

다음의 《조건》에 따라 아래의 《출력형태》와 같이 작업하시오.

조건

출력형태

원본 이미지		Part05₩기출유형문제01회₩1급-1.jpg, 1급-2.jpg, 1급-3.jpg	
파일저장규칙	JPG	파일명	문서₩GTQ₩수험번호-성명-1.jpg
		크기	400×500 pixels
	PSD	파일명	문서₩GTQ₩수험번호-성명-1.psd
		크기	40×50 pixels

1. 그림 효과

① 1급-1.jpg : 필터 – Dry Brush(드라이 브러시)
② Save Path(패스 저장) : 가죽칼 모양
③ Mask(마스크) : 가죽칼 모양, 1급-2.jpg를 이용하여 작성
　레이어 스타일 – Stroke(선/획)(3px, 그라디언트(#ff99ff, #ffff66)), Inner
　Shadow(내부 그림자)
④ 1급-3.jpg : 레이어 스타일 – Drop Shadow(그림자 효과)
⑤ Shape Tool(모양 도구) :
　– 가위 모양(#99ffff, #ffcccc, 레이어 스타일 – Drop Shadow(그림자 효과))
　– 화살표 모양(#ccffcc, 레이어 스타일 – Bevel and Emboss(경사와 엠보스))

2. 문자 효과

① 가죽 공예품 만들기(바탕, 40pt, 레이어 스타일 – Stroke(선/획)(3px, #660033), 그라디언트 오버레이(#ccffcc, #cc66cc))

▶합격 강의

다음의 《조건》에 따라 아래의 《출력형태》와 같이 작업하시오.

조건

출력형태

원본 이미지		Part05₩기출유형문제01회₩1급-4.jpg, 1급-5.jpg, 1급-6.jpg	
파일저장규칙	JPG	파일명	문서₩GTQ₩수험번호-성명-2.jpg
		크기	400×500 pixels
	PSD	파일명	문서₩GTQ₩수험번호-성명-2.psd
		크기	40×50 pixels

1. 그림 효과

① 1급-4.jpg : 필터 – Rough Pastels(거친 파스텔)
② 색상 보정 : 1급-5.jpg – 보라색, 노란색 계열로 보정
③ 1급-5.jpg : 레이어 스타일 – Drop Shadow(그림자 효과)
④ 1급-6.jpg : 레이어 스타일 – Bevel and Emboss(경사와 엠보스)
⑤ Shape Tool(모양 도구)
　– 장식 모양(#660000, #330033, 레이어 스타일 – Stroke(선/획)(3px, #cc6633))
　– 프레임 모양(#cc6600, 레이어 스타일 – Inner Shadow(내부 그림자))

2. 문자 효과

① Real Leather(Arial, Bold, 55pt, 레이어 스타일 – 그라디언트 오버레이(#99ffff, #ff6699), Bevel and Emboss(경사와 엠보스))

| 문제 ❸ | [실무응용] 포스터 제작 | 25점 |

다음의 《조건》에 따라 아래의 《출력형태》와 같이 작업하시오.

조건

원본 이미지	Part05₩기출유형문제01회₩1급-7.jpg, 1급-8.jpg, 1급-9.jpg, 1급-10.jpg, 1급-11.jpg		
파일저장규칙	JPG	파일명	문서₩GTQ₩수험번호-성명-3.jpg
		크기	600×400 pixels
	PSD	파일명	문서₩GTQ₩수험번호-성명-3.psd
		크기	60×40 pixels

1. 그림 효과

① 배경 : #cccc99
② 1급-7.jpg : Blending Mode(혼합 모드) – Hard Light(하드 라이트), Opacity(불투명도)(70%)
③ 1급-8.jpg : 필터 – Crosshatch(그물눈), 레이어 마스크 – 대각선 방향으로 흐릿하게
④ 1급-9.jpg : 필터 – Poster Edges(포스터 가장자리), 레이어 스타일 – Inner Shadow(내부 그림자)
⑤ 1급-10.jpg : 레이어 스타일 – Bevel and Emboss(경사와 엠보스), Outer Glow(외부 광선)
⑥ 1급-11.jpg : 색상 보정 – 파란색 계열로 보정, 레이어 스타일 – Stroke(선/획)(5px, 그라디언트(#cc6633, #ffcc33))
⑦ 그 외 《출력형태》 참조

2. 문자 효과

① Custom Tailor Course(Times New Roman, Bold, 45pt, 30pt, 레이어 스타일 – Stroke(선/획)(2px, #cccccc), 그라디언트 오버레이(#33ccff, #333300, #cc0066), Drop Shadow(그림자 효과))
② 회원가입 / 로그인(돋움, 16pt, #333333, 레이어 스타일 – Stroke(선/획)(2px, #ffffff))
③ 지금 바로 신청하세요!(돋움, 18pt, 레이어 스타일 – Stroke(선/획)(2px, #003333), 그라디언트 오버레이(#ffffff, #66cccc))
④ Summer Promotion / 자격증 취득과정모집(바탕, 15pt, #ffff99, #ffccff, 레이어 스타일 – Stroke(선/획)(2px, #666633))

출력형태

Shape Tool(모양 도구) 사용
#ffffff,
레이어 스타일 –
Drop Shadow(그림자 효과),
Opacity(불투명도)(70%)

Shape Tool(모양 도구) 사용
레이어 스타일 –
그라디언트 오버레이(#ffffcc, #339999), Drop Shadow(그림자 효과)

Shape Tool(모양 도구) 사용
레이어 스타일 –
그라디언트 오버레이(#ff6699, #00ffff), Drop Shadow(그림자 효과), Opacity(불투명도)(80%)

다음의 《조건》에 따라 아래의 《출력형태》와 같이 작업하시오.

조건

원본 이미지	Part05₩기출유형문제01회₩1급-12.jpg, 1급-13.jpg, 1급-14.jpg, 1급-15.jpg, 1급-16.jpg, 1급-17.jpg		
파일저장규칙	JPG	파일명	문서₩GTQ₩수험번호-성명-4.jpg
		크기	600×400 pixels
	PSD	파일명	문서₩GTQ₩수험번호-성명-4.psd
		크기	60×40 pixels

1. 그림 효과

① 배경 : #99cccc

② 패턴(하트 프레임, 고양이 모양) : #99ccff, #cc9966, Opacity(불투명도)(70%)

③ 1급-12.jpg : Blending Mode(혼합 모드) – Soft Light(소프트 라이트), 레이어 마스크 – 대각선 방향으로 흐릿하게

④ 1급-13.jpg : 필터 – Texturizer(텍스처화), 레이어 마스크 – 가로 방향으로 흐릿하게

⑤ 1급-14.jpg : 레이어 스타일 – Outer Glow(외부 광선), Opacity(불투명도)(80%)

⑥ 1급-15.jpg : 색상 보정 – 주황색 계열로 보정, 레이어 스타일 – Bevel and Emboss(경사와 엠보스)

⑦ 1급-16.jpg : 필터 – Film Grain(필름 그레인), 레이어 스타일 – Drop Shadow(그림자 효과)

⑧ 그 외 《출력형태》 참조

2. 문자 효과

① Sewing Basic Class(Times New Roman, Bold, 45pt, 레이어 스타일 – Stroke(선/획)(2px, #cccccc), 그라디언트 오버레이(#ff6600, #333300, #339966))

② 재봉틀 배우기(바탕, 25pt, 18pt, #ffcc33, 레이어 스타일 – Stroke(선/획)(2px, #993300))

③ 일요특별강좌 [신청하기](바탕, 20pt, 14pt, #cccccc, 레이어 스타일 – Stroke(선/획)(2px, #996633))

④ 강좌소개 작품샘플 커뮤니티(돋움, 15pt, #000000, 레이어 스타일 – Stroke(선/획)(2px, #33cccc, #cccc99))

출력형태

Shape Tool(모양 도구) 사용
레이어 스타일 – Stroke(선/획)(2px, #669999, #cc9999)),
그라디언트 오버레이(#ccffff, #cccccc)

Shape Tool(모양 도구) 사용
#6699cc,
레이어 스타일 –
Inner Shadow(내부 그림자),
Opacity(불투명도)(50%)

Shape Tool(모양 도구) 사용
#ffcc33,
레이어 스타일
– Drop Shadow(그림자 효과)

Pen Tool(펜 도구) 사용
#ffffcc, #cccc99, #330000,
레이어 스타일 – Drop Shadow(그림자 효과)

CHAPTER 01
문제 01 [기능평가] 고급 Tool(도구) 활용

작업과정	새 작업 이미지 만들기 및 파일 저장하기 ▶ 필터 적용 ▶ 가죽칼 모양 패스 생성 ▶ 레이어 스타일 및 클리핑 마스크 적용 ▶ 모양 생성 및 레이어 스타일 적용 ▶ 문자 입력 및 왜곡하고 레이어 스타일 적용 ▶ 정답 파일 저장
완성이미지	Part05₩기출유형문제\01회₩G120250001-성명-1.jpg, G120250001-성명-1.psd

01 새 작업 이미지 만들기 및 파일 저장하기

01 [File(파일)]-[New(새로 만들기)]([Ctrl]+[N])를 선택하고 'Width(폭) : 400Pixels(픽셀), Height(높이) : 500Pixels(픽셀), Resolution(해상도) : 72Pixels/Inch(픽셀/인치), Color Mode(색상 모드) : RGB Color(RGB 색상), 8bit(비트), Background Contents(배경 내용) : White(흰색)'로 설정하여 새 작업 이미지를 만듭니다.

02 [Edit(편집)]-[Preference(환경설정)]([Ctrl]+[K])를 클릭하여 [Guides, Grid & Slices(안내선, 격자 및 분할 영역)]를 선택하고 'Color(색상)'를 클릭하여 밝은 색상으로 변경한 후 'Gridline Every(격자 간격) : 100Pixels(픽셀), Subdivisions(세분) : 1'로 설정합니다.

03 [View(보기)]-[Show(표시)]-[Grid(격자)]([Ctrl]+['])와 [View(보기)]-[Rulers(눈금자)]([Ctrl]+[R])를 선택하여 격자와 눈금자를 표시합니다.

04 작업 도큐먼트를 저장하기 위해 [File(파일)]-[Save As(다른 이름으로 저장)]([Shift]+[Ctrl]+[S])를 선택하고 임의 경로에 '파일 이름 : 수험번호-성명-문제번호, 파일 형식 : Photoshop(*.PSD;*.PDD;*.PSDT)'으로 파일을 저장합니다.

02 필터 적용

01 [File(파일)]-[Open(열기)]을 선택하여 1급-1.jpg를 불러옵니다. [Ctrl]+[A]를 눌러 전체를 선택한 후 [Ctrl]+[C]를 눌러 복사, 작업 이미지를 선택하여 [Ctrl]+[V]로 붙여넣기를 합니다. [Ctrl]+[T]를 누르고 마우스 오른쪽 버튼을 클릭한 후 [Flip Horizontal(가로로 뒤집기)]로 뒤집고 위치를 조절하여 배치합니다.

02 [Filter(필터)]-[Filter Gallery(필터 갤러리)]-[Artistic(예술효과)]-[Dry Brush(드라이 브러시)]를 선택합니다.

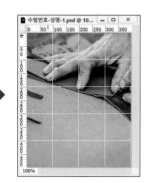

03 가죽칼 모양 패스 생성

01 Ellipse Tool(타원 도구, )을 클릭하고 Options Bar(옵션 바)에서 'Shape(모양), Fill(칠) : 임의 색상, Stroke(획) : No Color(색상 없음), Path operations(패스 작업) : Combine Shapes(모양 결합, )'로 설정합니다. 작업 도큐먼트에 클릭하여 'Width(폭) : 80px(픽셀), Height(높이) : 175px(픽셀)'를 설정하고 [OK(확인)]를 눌러 타원형 모양을 그립니다. 계속해서 클릭하여 'Width(폭) : 65px(픽셀), Height(높이) : 92px(픽셀)'를 설정하고 [OK(확인)]를 눌러 상단에 배치합니다.

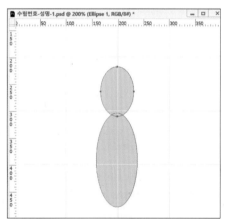

> **기적의 Tip**
>
> 명확하게 패스 작업이 보이게 하려면 Layers(레이어) 패널에서 'Layer 1' 레이어의 눈 아이콘(가시성)을 클릭하여 이미지를 보이지 않도록 한 후에 작업을 진행합니다.

> **기적의 Tip**
>
> 'Path operations(패스 작업) : Combine Shapes(모양 결합, )'를 설정하면 동일한 레이어에서 Fill(칠) 색상으로 여러 모양이 그려집니다.

02 Rounded Rectangle Tool(모서리가 둥근 직사각형 도구,)을 선택하고 'Shape(모양), Fill(칠) : 임의 색상, Stroke(획) : No Color(색상 없음), Path operations(패스 작업) : Combine Shapes(모양 결합, ■)'를 설정한 후 작업 도큐먼트를 클릭합니다. 'Width(폭) : 46px(픽셀), Height(높이) : 173px(픽셀), Radii(반경) : 8px'를 설정하고 [OK(확인)]를 눌러 둥근 사각형 모양을 그린 후에 2개의 타원형 모양과 겹치도록 상단에 배치합니다.

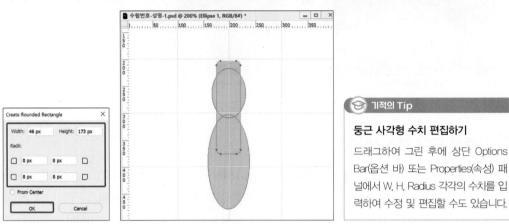

기적의 Tip

둥근 사각형 수치 편집하기

드래그하여 그린 후에 상단 Options Bar(옵션 바) 또는 Properties(속성) 패널에서 W, H, Radius 각각의 수치를 입력하여 수정 및 편집할 수도 있습니다.

03 계속해서 Rounded Rectangle Tool(모서리가 둥근 직사각형 도구,)을 드래그하여 크기가 다른 2개의 둥근 사각형을 상단에 서로 겹치도록 그린 후에 배치합니다.

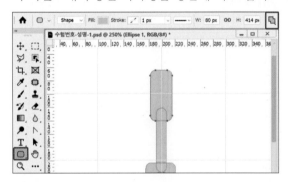

04 Edit(편집)-[Transform Path(패스 변형)]-[Perspective(원근)]를 클릭하고 상단 모서리 조절점을 안쪽으로 드래그하여 원근감 있게 변형하고 [Enter]를 눌러 완료합니다.

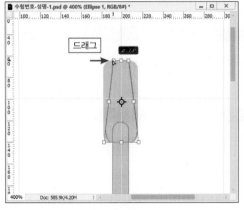

기적의 Tip

Perspective(원근)로 변형하기

- [Ctrl]+[T]를 누른 후 마우스 오른쪽 버튼을 눌러 [Perspective(원근)]를 클릭하고 조절점 모서리를 드래그하여 변형합니다.
- [Ctrl]+[T]를 누른 후 [Ctrl]+[Shift]+[Alt]를 누른 채 조절점 모서리를 드래그하여 변형합니다.

05 Path Selection Tool(패스 선택 도구, ▶)로 드래그하여 5개의 모양을 함께 선택하고 Options Bar(옵션 바)에서 Path alignment(패스 정렬)를 클릭한 후 'Align(정렬) : Align horizontal centers(수평 중앙 맞춤, ▣)'를 설정하여 5개 모양의 정렬을 맞춥니다.

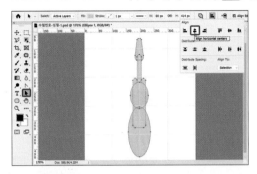

06 Convert Point Tool(기준점 변환 도구, ∧)을 클릭하고 상단에 배치된 작은 타원 모양의 왼쪽과 오른쪽 Anchor Point(기준점)를 각각 클릭하여 곡선 모양을 뾰족하게 변형합니다.

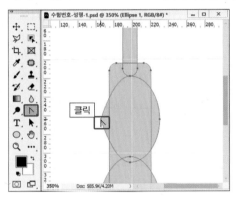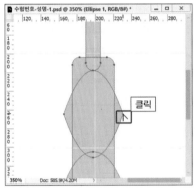

07 Direct Selection Tool(직접 선택 도구, ▶)을 클릭하고 큰 타원형의 가운데 2개의 기준점을 드래그하여 선택한 후 아래쪽으로 이동하여 모양을 수정합니다.

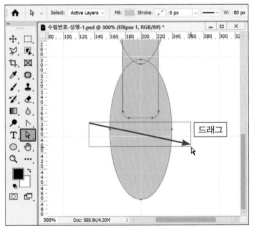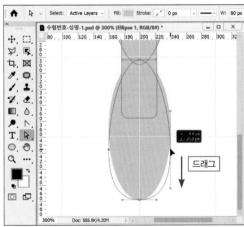

08 Ellipse Tool(타원 도구, 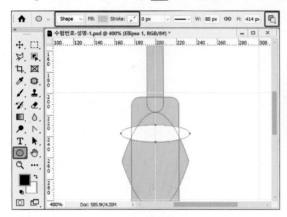)을 선택하고 Options Bar(옵션 바)에서 'Shape(모양), Fill(칠) : 임의 색상, Stroke(획) : No Color(색상 없음), Path operations(패스 작업) : Subtract Front Shape(전면 모양 빼기,)'로 설정한 후 드래그하여 타원형 모양을 겹치도록 그립니다.

🎓 **기적의 Tip**

작업 중인 모양의 조절점이 활성화되어 있을 때는 Options Bar(옵션 바)의 'Path operations(패스 작업)'의 설정이 반영되지 않을 수도 있습니다. Enter 를 1번 눌러 패스의 조절점을 비활성 상태로 만든 후 다시 한번 Enter 를 눌러 패스를 선택합니다.

09 Direct Selection Tool(직접 선택 도구,)을 클릭하고 원형 하단의 기준점을 클릭하여 상단으로 이동 후 모양을 수정합니다.

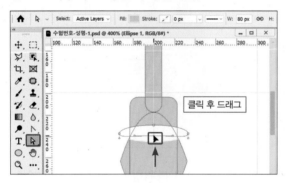

클릭 후 드래그

10 Ellipse Tool(타원 도구,)을 선택하고 Options Bar(옵션 바)에서 'Shape(모양), Fill(칠) : 임의 색상, Stroke(획) : No Color(색상 없음), Path operations(패스 작업) : Subtract Front Shape(전면 모양 빼기,)'로 설정한 후 드래그하여 타원형 모양이 왼쪽에 겹치도록 그립니다.

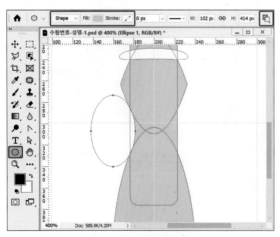

11 Path Selection Tool(패스 선택 도구, ▶)로 타원형 모양을 선택하고 Alt 를 누른 채 오른쪽으로 드래그하여 복사한 후 배치합니다.

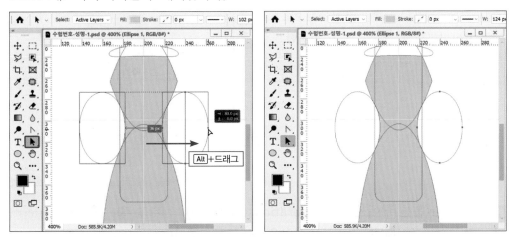

12 Ellipse Tool(타원 도구, ◎)을 선택하고 Options Bar(옵션 바)에서 'Shape(모양), Fill(칠) : 임의 색상, Stroke(획) : No Color(색상 없음), Path operations(패스 작업) : Subtract Front Shape(전면 모양 빼기, ⬚)'로 설정합니다. 작업 도큐먼트를 클릭하여 'Width(폭) : 30px(픽셀), Height(높이) : 95px(픽셀)'를 설정하고 [OK(확인)]를 눌러 타원형 모양을 그린 후 겹치도록 배치합니다.

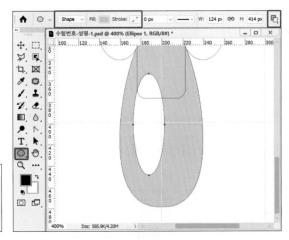

13 Direct Selection Tool(직접 선택 도구, ▶)로 타원형의 오른쪽 기준점을 클릭하여 선택 후 왼쪽으로 이동하고 모양을 수정합니다.

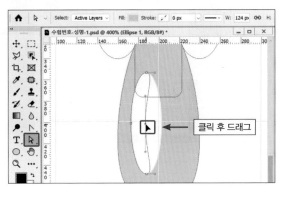

14 Path Selection Tool(패스 선택 도구, ▶)로 변형된 타원 모양을 선택하고 Ctrl+T를 눌러 Options Bar(옵션 바)에서 'Rotate(회전, ⊿) : 6°'를 설정한 후 Enter를 눌러 회전하고 배치합니다.

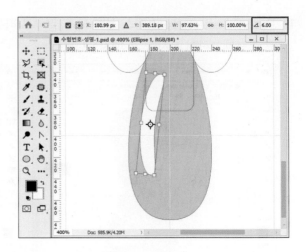

15 Options Bar(옵션 바)에서 'Path operations(패스 작업) : Merge Shape Components(모양 병합 구성 요소, ▣)'를 클릭하여 모양을 하나로 병합합니다.

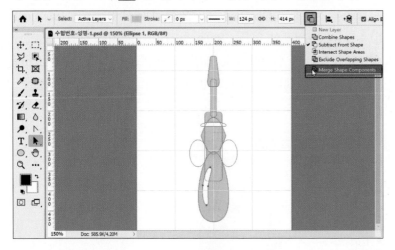

16 Ctrl+T를 누르고 Options Bar(옵션 바)에서 'Rotate(회전, ⊿) : −126°'를 설정한 후 Enter를 눌러 회전하고 배치합니다.

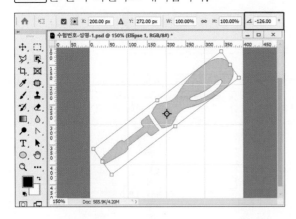

17 Paths(패스) 패널에서 작업 패스 'Ellipse 1 Shape Path'를 더블 클릭한 후 [Save Path(패스 저장)] 대화상자에서 'Name(이름) : 가죽칼 모양'으로 입력하여 패스를 저장합니다.

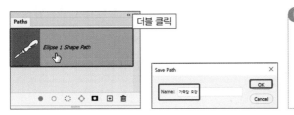

> **기적의 Tip**
>
> Paths(패스) 패널에 표시되는 이름은 최초에 그린 Shape(모양)의 이름대로 표기되며, 더블 클릭하여 [Save Path(패스 저장)]에서 문제지에 제시된 패스 이름으로 저장하면 됩니다.

04 레이어 스타일 및 클리핑 마스크 적용

01 Layers(레이어) 패널에서 'Ellipse 1' 레이어의 이름을 더블 클릭하여 path로 이름을 설정하고 마우스 오른쪽 버튼을 클릭한 후 [Rasterize Layer(레이어 래스터화)]를 선택하여 일반 레이어로 속성을 변환합니다.

> **기적의 Tip**
>
> 패스 작업이 완료되면 'Layer 1' 레이어의 눈 아이콘(가시성)을 다시 클릭합니다.

02 Layers(레이어) 패널 하단의 'Add a layer style(레이어 스타일 추가, *fx.*)'을 클릭하여 [Stroke(획)]를 선택하고 'Size(크기) : 3px, Fill Type(칠 유형) : Gradient(그레이디언트)'를 설정한 후 'Click to edit the gradient(클릭하여 그레이디언트 편집)'를 클릭합니다. 그레이디언트 슬라이더 왼쪽 하단의 'Color Stop(색상 정지점)'을 더블 클릭하여 #ff99ff를, 오른쪽 'Color Stop(색상 정지점)'을 더블 클릭하여 #ffff66으로 설정한 후 'Style(스타일) : Linear(선형), Angle(각도) : 90°'로 설정합니다.

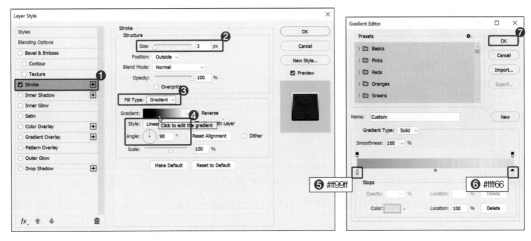

03 계속해서 [Inner Shadow(내부 그림자)]를 선택, 'Opacity(불투명도) : 75%, Angle(각도) : 120°, Distance(거리) : 7px, Choke(경계 감소) : 0%, Size(크기) : 7px'를 설정하고 [OK(확인)]를 클릭합니다.

04 [File(파일)]−[Open(열기)]을 선택하여 1급−2.jpg를 불러옵니다. Ctrl+A를 눌러 전체를 선택하고 Ctrl+C로 복사한 후, 작업 이미지에 Ctrl+V로 붙여넣기를 합니다. Ctrl+T를 누르고 Shift를 누른 채 크기를 축소하여 회전한 후 가죽칼 모양 위쪽에 겹치도록 배치합니다.

05 Layers(레이어) 패널에서 'path' 레이어와 'Layer 2' 레이어 사이에 마우스 커서를 놓고 Alt를 누른 상태로 클릭하여 Clipping Mask(클리핑 마스크)를 적용합니다.

06 [File(파일)]−[Open(열기)](Ctrl+O)을 선택하여 1급−3.jpg를 불러옵니다. Quick Selection Tool(빠른 선택 도구, 🖉)을 클릭하고 Options Bar(옵션 바)에서 'Add to selection(선택 영역에 추가, 🖉)'을 설정한 후 배경 이미지를 각각 드래그하여 선택합니다.

07 [Select]−[Inverse](Shift+Ctrl+I)로 선택을 반전하고 Ctrl+C를 눌러 복사합니다. 작업 이미지를 선택하여 Ctrl+V로 붙여넣고, Ctrl+T를 클릭 후 Shift를 누른 채 크기를 축소하고 반시계 방향으로 회전하여 배치합니다.

08 Layers(레이어) 패널 하단의 'Add a layer style(레이어 스타일 추가, fx.)'을 클릭하여 [Drop Shadow(그림자)]를 선택하고 'Opacity(불투명도) : 75%, Angle(각도) : 120°, Distance(거리) : 10px, Spread(스프레드) : 0%, Size(크기) : 10px'를 설정한 후 [OK(확인)]를 클릭합니다.

05 모양 생성 및 레이어 스타일 적용

01 Custom Shape Tool(사용자 정의 모양 도구, ✿)을 클릭하고 Options Bar(옵션 바)에서 'Shape(모양), Fill(칠) : #ccffcc, Stroke(획) : No Color(색상 없음), Shape(모양) : Arrow 19(화살표 19, ➤)'를 설정한 후 Shift 를 누른 채 드래그하여 모양을 그립니다.

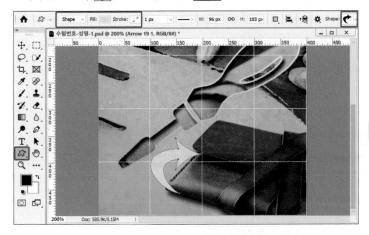

Shape 경로

[Legacy Shapes and More(레거시 모양 및 기타)]-[All Legacy Default Shapes(모든 레거시 기본 모양)]-[Arrows(화살표)]

02 Layers(레이어) 패널 하단의 'Add a layer style(레이어 스타일 추가, fx.)'을 클릭하여 [Bevel & Emboss(경사와 엠보스)]를 선택하고, 'Style(스타일) : Inner Bevel(내부 경사), Direction(방향) : Up(위로), Size(크기) : 5px'를 설정한 후 [OK(확인)]를 클릭합니다.

03 Custom Shape Tool(사용자 정의 모양 도구, ✿)을 클릭하고 Options Bar(옵션 바)에서 'Shape(모양), Fill(칠) : #99ffff, Stroke(획) : No Color(색상 없음), Shape(모양) : Scissors 1(가위 1, ✂)'을 설정한 후 Shift 를 누른 채 드래그하여 모양을 그립니다.

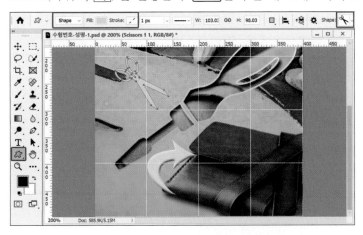

Shape 경로

[Legacy Shapes and More(레거시 모양 및 기타)]-[All Legacy Default Shapes(모든 레거시 기본 모양)]-[Object(물건)]

04 Ctrl + T 를 눌러 시계 방향으로 회전한 후 배치합니다. Layers(레이어) 패널 하단의 'Add a layer style(레이어 스타일 추가, fx.)'을 클릭하여 [Drop Shadow(그림자)]를 선택하고 'Opacity(불투명도) : 75%, Angle(각도) : 120°, Distance(거리) : 5px, Spread(스프레드) : 0%, Size(크기) : 5px'를 설정한 후 [OK(확인)]를 클릭합니다.

05 Ctrl+J를 눌러 복사한 'Scissors 1 1 copy' 레이어를 선택하고 Ctrl+T를 눌러 크기를 축소하고 회전한 후 이동하여 배치합니다.

06 Layers(레이어) 패널에서 'Scissors 1 1 copy' 레이어의 'Layer thumbnail(레이어 축소판)'을 더블 클릭 후 'Color(색상) : #ffcccc'로 변경합니다.

06 문자 입력 및 왜곡하고 레이어 스타일 적용

01 Horizontal Type Tool(수평 문자 도구, T)로 작업 이미지를 클릭하고 Options Bar(옵션바)에서 'Font(글꼴) : 바탕, Set font size(글꼴 크기) : 40pt, Set anti-aliasing method(앤티 앨리어싱 방법 설정) : Strong(강하게), Color(색상) : 임의 색상'으로 설정한 후 가죽 공예품 만들기를 입력합니다.

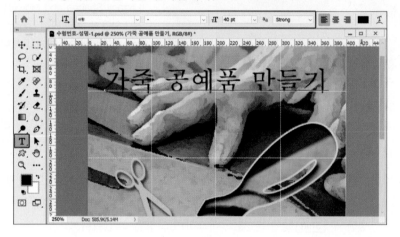

02 Options Bar(옵션 바)에서 Create warped text(뒤틀어진 텍스트 만들기, ⊥)를 클릭 후 [Warp Text(텍스트 뒤틀기)] 대화상자에서 'Style(스타일) : Arc Upper(위 부채꼴), Horizontal(가로) : 체크, Bend(구부리기) : 30%'를 설정하여 문자의 모양을 왜곡합니다.

03 Layers(레이어) 패널 하단의 'Add a layer style(레이어 스타일 추가, fx)'을 클릭하여 [Stroke(획)]를 선택하고 'Size(크기) : 3px, Color(색상) : #660033'으로 설정합니다.

04 계속해서 [Gradient Overlay(그레이디언트 오버레이)]를 선택하고 'Click to edit the gradient(클릭하여 그레이디언트 편집)'를 클릭합니다. 그레이디언트 슬라이더 왼쪽 하단의 'Color Stop(색상 정지점)'을 더블 클릭하여 #ccffcc를, 오른쪽 'Color Stop(색상 정지점)'을 더블 클릭하여 #cc66cc로 설정한 후 'Style(스타일) : Linear(선형), Angle(각도) : 0°'로 설정하고 [OK(확인)]를 클릭합니다.

07 정답 파일 저장

01 [View(보기)]-[Show(표시)]-[Grid(격자)]([Ctrl]+['])를 선택하여 격자를 가립니다.

02 [File(파일)]-[Save As(다른 이름으로 저장)]([Shift]+[Ctrl]+[S])를 눌러 '저장 위치 : 내 PC\문서\GTQ, 파일 형식 : JPEG(*.JPG;*.JPEG;*.JPE), 파일 이름 : 수험번호-성명-문제번호'를 입력하고 [저장]을 클릭한 후 [JPEG Options(JPEG 옵션)] 대화상자에서 'Quality(품질) : 8'로 설정한 후 [OK(확인)]를 클릭합니다.

> **기적의 Tip**
>
> Photoshop CC 2020 이후 버전에서 [Save As(다른 이름으로 저장)]([Shift]+[Ctrl]+[S])로 '파일 형식 : JPEG(*.JPG;*.JPEG;*.JPE)'가 없는 경우에는 아래와 같이 저장하면 됩니다.
> ※ **CC 버전에 따라 정답 파일을 '파일 형식 : JPEG'로 저장하기**
> • [File(파일)]-[Save As(다른 이름으로 저장)]([Shift]+[Ctrl]+[S])를 선택하고 [다른 이름으로 저장] 대화상자에서 [Save A Copy(사본 저장)]를 선택합니다.
> • [File(파일)]-[Save A Copy(사본 저장)]([Alt]+[Ctrl]+[S])를 선택합니다.

03 [Image(이미지)]-[Image Size(이미지 크기)]([Alt]+[Ctrl]+[I])를 누르고 'Constrain aspect ratio(종횡비 제한) : 클릭, Width(폭) : 40Pixels(픽셀), Height(높이) : 50Pixels(픽셀)'를 입력하여 이미지 크기를 1/10로 축소한 후 [OK(확인)]를 클릭합니다.

04 [File(파일)]-[Save As(다른 이름으로 저장)]([Shift]+[Ctrl]+[S])를 선택하고 '저장 위치 : 내 PC\문서\GTQ, 파일 형식 : Photoshop(*.PSD;*.PDD;*.PSDT), 파일 이름 : 수험번호-성명-문제번호'으로 파일을 저장합니다.

05 답안 저장이 완료되면 [File(파일)]-[Close(닫기)]([Ctrl]+[W])를 클릭하여 파일을 닫고 수험 프로그램에서 [답안 전송]을 눌러 감독관 컴퓨터로 psd와 jpg 파일을 전송합니다.

작업과정	새 작업 이미지 만들기 및 파일 저장하기 ▶ 필터 적용 및 이미지 합성, 레이어 스타일 적용 ▶ 색상 보정 및 레이어 스타일 적용 ▶ 모양 생성 및 레이어 스타일 적용 ▶ 문자 입력 및 변형, 레이어 스타일 적용 ▶ 정답 파일 저장
완성이미지	Part05₩기출유형문제01회₩G120250001-성명-2.jpg, G120250001-성명-2.psd

01 새 작업 이미지 만들기 및 파일 저장하기

01 [File(파일)]-[New(새로 만들기)]([Ctrl]+[N])를 선택하고 'Width(폭) : 400Pixels(픽셀), Height(높이) : 500Pixels(픽셀), Resolution(해상도) : 72Pixels/Inch(픽셀/인치), Color Mode(색상 모드) : RGB Color(RGB 색상), 8bit(비트), Background Contents(배경 내용) : White(흰색)'로 설정하여 새 작업 이미지를 만듭니다.

02 [Edit(편집)]-[Preference(환경설정)]([Ctrl]+[K])를 클릭하고 [Guides, Grid & Slices(안내선, 격자 및 분할 영역)]를 선택하여 Grid(격자)의 'Color(색상)'를 눌러 밝은 색상으로 변경한 후 'Gridline Every(격자 간격) : 100Pixels(픽셀), Subdivisions(세분) : 1'로 설정합니다.

03 [View(보기)]-[Show(표시)]-[Grid(격자)]([Ctrl]+[']`)와 [View(보기)]-[Rulers(눈금자)]([Ctrl]+[R])를 선택하여 격자와 눈금자를 표시합니다.

04 작업 도큐먼트를 저장하기 위해 [File(파일)]-[Save As(다른 이름으로 저장)]([Shift]+[Ctrl]+[S])를 선택하고 임의 경로에 '파일 이름 : 수험번호-성명-문제번호, 파일 형식 : Photoshop(*.PSD;*.PDD;*.PSDT)'으로 파일을 저장합니다.

02 필터 적용 및 이미지 합성, 레이어 스타일 적용

01 [File(파일)]-[Open(열기)]을 선택하여 1급-4.jpg를 불러옵니다. [Ctrl]+[A]로 전체를 선택하여 [Ctrl]+[C]로 복사한 후, 작업 이미지에 [Ctrl]+[V]로 붙여넣기를 하고 이동하여 배치합니다.

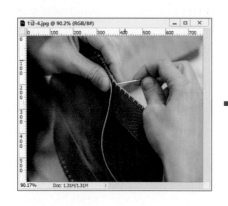 ➡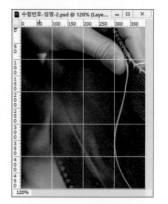

02 [Filter(필터)]-[Filter Gallery(필터 갤러리)]-[Artistic(예술 효과)]-[Rough Pastels(거친 파스텔)]를 선택합니다.

03 [File(파일)]-[Open(열기)]을 선택하여 1급-5.jpg를 불러옵니다. Pen Tool(펜 도구, ✐)을 클릭하고 Options Bar(옵션 바)에서 'Path(패스), Path operations(패스 작업) : Exclude Overlapping Shapes(모양 오버랩 제외, ▣)'를 설정하여 실타래 모양을 따라 2개의 닫힌 패스로 완료합니다.

04 패스가 완료되면 Ctrl+Enter를 눌러 선택 상태로 전환한 후, Ctrl+C로 복사합니다. 작업 이미지를 선택하고 Ctrl+V로 붙여넣기를 합니다. Ctrl+T를 눌러 마우스 오른쪽 버튼을 클릭하고 [Flip Vertical(세로로 뒤집기)]로 뒤집은 후 크기를 축소 및 회전하여 배치합니다.

05 Layers(레이어) 패널 하단에 'Add a layer style(레이어 스타일 추가, *fx*)'을 클릭하여 [Drop Shadow(그림자)]를 선택, 'Opacity(불투명도) : 75%, Angle(각도) : 120°, Distance(거리) : 7px, Size(크기) : 7px'로 설정하고 [OK(확인)]를 클릭합니다.

03 색상 보정 및 레이어 스타일 적용

01 Layers(레이어) 패널에서 Ctrl을 누른 채 'Layer 2' 레이어의 'Layer thumbnail(레이어 축소판)'을 클릭하여 픽셀이 있는 부분만을 빠르게 선택합니다.

 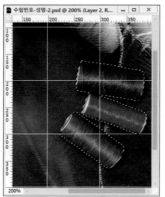

02 Polygonal Lasso Tool(다각형 올가미 도구, 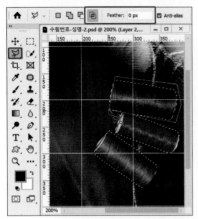)을 클릭하고 Options Bar(옵션 바)에서 'Intersect with selection(선택 교차 영역 남기기,), Feather(페더) : 0px'를 설정하여 갈색 실타래 부분과 겹치도록 클릭합니다.

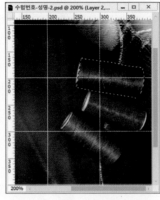

 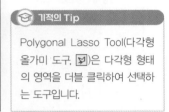
03 Layers(레이어) 패널 하단의 'Create new fill or adjustment layer(새 칠 또는 조정 레이어 생성, )'를 클릭하고 [Hue/Saturation(색조/채도)]을 선택합니다. Properties(속성) 패널에서 'Colorize(색상화) : 체크, Hue(색조) : 305, Saturation(채도) : 79, Lightness(명도) : 7'로 설정하여 보라색 계열로 보정합니다.

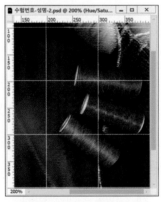

04 Quick Selection Tool(빠른 선택 도구, )을 클릭하고 Options Bar(옵션 바)에서 'Add to selection(선택 영역에 추가, )'을 설정한 후 브러시의 크기를 조절하면서 드래그하여 파란색 실타래 이미지를 선택합니다.

05 Layers(레이어) 패널 하단의 'Create new fill or adjustment layer(새 칠 또는 조정 레이어 생성, ◉.)'를 클릭하고 [Hue/Saturation(색조/채도)]을 선택합니다. Properties(속성) 패널에서 'Colorize(색상화) : 체크, Hue(색조) : 42, Saturation(채도) : 86, Lightness(명도) : 21'로 설정하여 노란색 계열로 보정합니다.

06 [File(파일)]−[Open(열기)]을 선택하여 1급−6.jpg를 불러옵니다. Object Selection Tool(개체 선택 도구, ▣.)을 클릭하고 Options Bar(옵션 바)에서 'New Selection(새 선택 영역, ▣), Mode(모드) : Rectangle(사각형)'로 설정한 'Select Subject(피사체 선택)'를 클릭하여 이미지를 빠르게 선택합니다.

> 🎓 **기적의 Tip**
>
> Object Selection Tool(개체 선택 도구, ▣.)로 드래그하거나 'Select Subject(피사체 선택)'를 클릭하여 복잡한 이미지의 선택 영역을 빠르게 지정할 수 있습니다.

07 Polygonal Lasso Tool(다각형 올가미 도구, ▽)을 클릭하고 Options Bar(옵션 바)에서 'Subtract from selection(선택 영역에서 빼기, ▣)'을 설정한 후 왼쪽의 지갑 이미지에 클릭하여 선택에서 빼기를 합니다.

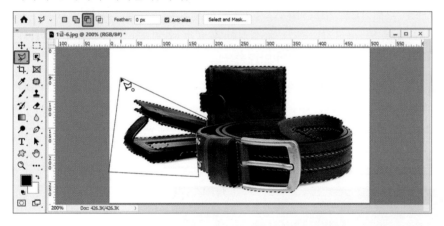

08 Ctrl + C로 복사한 후 작업 이미지를 선택하고 Ctrl + V로 붙여넣기를 합니다. Ctrl + T를 눌러 Shift를 누른 채 크기를 조절하고 배치합니다.

09 Layers(레이어) 패널 하단의 'Add a layer style(레이어 스타일 추가, fx.)'을 클릭하여 [Bevel & Emboss(경사와 엠보스)]를 선택하고 'Style(스타일) : Inner Bevel(내부 경사), Direction(방향) : Up(위로), Size(크기) : 7px'를 설정한 후 [OK(확인)]를 클릭합니다.

04 모양 생성 및 레이어 스타일 적용

01 Custom Shape Tool(사용자 정의 모양 도구, ⌖)을 클릭하고 Options Bar(옵션 바)에서 'Shape(모양), Fill(칠) : #cc6600, Stroke(획) : No Color(색상 없음), Shape(모양) : Frame 4(프레임 4, ◯)'를 설정한 후 드래그하여 모양을 그립니다.

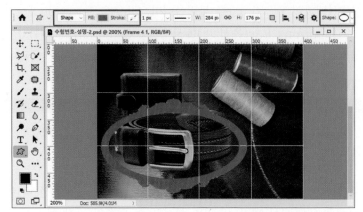

Shape 경로

[Legacy Shapes and More(레거시 모양 및 기타)]-[All Legacy Default Shapes(모든 레거시 기본 모양)]-[Frames(프레임)]

02 Layers(레이어) 패널 하단의 'Add a layer style(레이어 스타일 추가, *fx.*)'을 클릭하여 [Inner Shadow(내부 그림자)]를 선택하고, 'Opacity(불투명도) : 75%, Angle(각도) : 120°, Distance(거리) : 6px, Size(크기) : 6px'를 설정한 후 [OK(확인)]를 클릭합니다. `Ctrl`+`[`를 눌러 뒤로 보내기를 통해 'Layer 3' 레이어 아래쪽으로 배치합니다.

03 Custom Shape Tool(사용자 정의 모양 도구, ⌖)을 클릭하고 Options Bar(옵션 바)에서 'Shape(모양), Fill(칠) : #660000, Stroke(획) : No Color(색상 없음), Shape(모양) : Floral Ornament 4(꽃 장식 4, ❋)'를 설정한 후 `Shift`를 누른 채 드래그하여 모양을 그립니다.

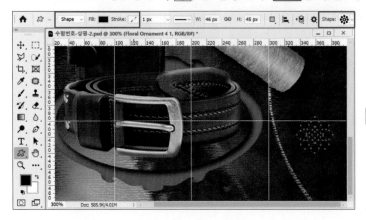

Shape 경로

[Legacy Shapes and More(레거시 모양 및 기타)]-[All Legacy Default Shapes(모든 레거시 기본 모양)]-[Ornaments(장식)]

04 Layers(레이어) 패널 하단의 'Add a layer style(레이어 스타일 추가, *fx.*)'을 클릭하여 [Stroke(획)]를 선택하고 'Size(크기) : 3px, Color(색상) : #cc6633'으로 설정한 후 [OK(확인)]를 클릭합니다.

05 Ctrl+J를 눌러 복사한 레이어를 만들고 Layers(레이어) 패널에서 'Floral Ornament 4 1 copy 1' 레이어의 'Layer thumbnail(레이어 축소판)'을 더블 클릭하여 'Color(색상) : #330033'으로 설정한 후 [OK(확인)]를 클릭합니다.

06 Ctrl+T를 눌러 Shift를 누른 채 드래그하여 크기를 확대하고 이동하여 배치합니다. Ctrl+[를 여러 번 눌러 뒤로 보내기를 한 후 'Layer 1' 레이어 위쪽으로 배치합니다.

05 문자 입력 및 변형, 레이어 스타일 적용

01 Horizontal Type Tool(수평 문자 도구, T)로 작업 이미지를 클릭하고 Options Bar(옵션 바)에서 'Font(글꼴) : Arial, Set font style(글꼴 스타일 설정) : Bold, Set font size(글꼴 크기) : 55pt, Left align text(텍스트 왼쪽 맞춤, ▤), Color(색상) : 임의 색상'으로 설정한 후 Real Leather를 입력합니다.

02 Options Bar(옵션 바)에서 Create warped text(뒤틀어진 텍스트 만들기, ⊥)를 클릭 후 [Warp Text(텍스트 뒤틀기)] 대화상자에서 'Style(스타일) : Flag(깃발), Horizontal(가로) : 체크, Bend(구부리기) : 20%'를 설정하여 문자의 모양을 왜곡합니다.

03 Layers(레이어) 패널 하단의 'Add a layer style(레이어 스타일 추가, fx)'을 클릭하여 [Bevel & Emboss(경사와 엠보스)]를 선택하고 'Style(스타일) : Inner Bevel(내부 경사), Direction(방향) : Up(위로), Size(크기) : 3px'를 설정합니다.

04 계속해서 [Gradient Overlay(그레이디언트 오버레이)]를 선택하고 'Click to edit the gradient(클릭하여 그레이디언트 편집)'를 클릭합니다.

05 그레이디언트 슬라이더 왼쪽 하단의 'Color Stop(색상 정지점)'을 더블 클릭하여 #99ffff를, 오른쪽 'Color Stop(색상 정지점)'을 더블 클릭하여 #ff6699로 설정한 후 'Style(스타일) : Linear(선형), Angle(각도) : 0°, Scale(비율) : 150%'로 설정하고 [OK(확인)]를 클릭합니다. Ctrl+S를 눌러 저장합니다.

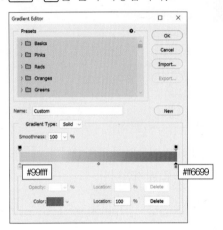

06 정답 파일 저장

01 [View(보기)]-[Show(표시)]-[Grid(격자)](Ctrl+')를 선택하여 격자를 가립니다.

02 [File(파일)]-[Save As(다른 이름으로 저장)](Shift+Ctrl+S)를 선택하여 '저장 위치 : 내 PC\문서\GTQ, 파일 형식 : JPEG(*.JPG;*.JPEG;*.JPE), 파일 이름 : 수험번호-성명-문제번호'를 입력하고 [저장]을 클릭한 후 [JPEG Options(JPEG 옵션)] 대화상자에서 'Quality(품질) : 8'로 설정한 후 [OK(확인)]를 클릭합니다.

03 [Image(이미지)]-[Image Size(이미지 크기)](Alt+Ctrl+I)를 선택하고 'Constrain aspect ratio(종횡비 제한) : 클릭, Width(폭) : 40Pixels(픽셀), Height(높이) : 50Pixels(픽셀)'로 입력하여 이미지 크기를 1/10로 축소한 후 [OK(확인)]를 클릭합니다.

04 [File(파일)]-[Save As(다른 이름으로 저장)](Shift+Ctrl+S)를 선택하여 '저장 위치 : 내 PC\문서\GTQ, 파일 형식 : Photoshop(*.PSD;*.PDD;*.PSDT), 파일 이름 : 수험번호-성명-문제번호'를 입력하고 [저장]을 클릭합니다.

05 답안 저장이 완료되면 [File(파일)]-[Close(닫기)](Ctrl+W)를 선택하여 파일을 닫고 수험 프로그램에서 [답안 전송]을 클릭하여 감독관 컴퓨터로 psd와 jpg 파일을 전송합니다.

작업과정	새 작업 이미지 만들기 및 파일 저장하기 ▶ 혼합 모드 합성 및 필터 적용과 레이어 마스크 ▶ 클리핑 마스크 및 레이어 스타일, 필터 적용 ▶ 이미지 보정 및 레이어 스타일 적용 ▶ 모양 생성 및 레이어 스타일 적용 ▶ 문자 입력 및 왜곡과 레이어 스타일 적용 ▶ 정답 파일 저장
완성이미지	Part05₩기출유형문제01회₩정답파일₩G120250001-성명-3.jpg, G120250001-성명-3.psd

01 새 작업 이미지 만들기 및 파일 저장하기

01 [File(파일)]-[New(새로 만들기)]([Ctrl]+[N])를 선택하고 'Width(폭) : 600Pixels(픽셀), Height(높이) : 400Pixels(픽셀), Resolution(해상도) : 72Pixels/Inch(픽셀/인치), Color Mode(색상 모드) : RGB Color(RGB 색상), 8bit(비트), Background Contents(배경 내용) : White(흰색)'로 설정하여 새 작업 이미지를 만듭니다.

02 [Edit(편집)]-[Preference(환경설정)]([Ctrl]+[K])를 클릭하고 [Guides, Grid & Slices(안내선, 격자 및 분할 영역)]를 선택하여 Grid(격자)의 'Color(색상)'에서 밝은 색상으로 변경한 후 'Gridline Every(격자 간격) : 100Pixels(픽셀), Subdivisions(세분) : 1'로 설정합니다.

03 [View(보기)]-[Show(표시)]-[Grid(격자)]([Ctrl]+['])와 [View(보기)]-[Rulers(눈금자)] ([Ctrl]+[R])를 선택하여 격자와 눈금자를 표시합니다.

04 작업 도큐먼트를 저장하기 위해 [File(파일)]-[Save As(다른 이름으로 저장)]([Shift]+[Ctrl] +[S])를 선택하고 임의 경로에 '파일 이름 : 수험번호-성명-문제번호, 파일 형식 : Photoshop(*.PSD;*.PDD;*.PSDT)'으로 파일을 저장합니다.

02 혼합 모드 합성 및 필터 적용과 레이어 마스크

01 Tool Panel(도구 패널) 하단의 'Set foreground color(전경색 설정)'를 클릭하여 # 오른쪽 입력란에 cccc99로 입력한 후, [Alt]+[Delete]를 눌러 제시된 Foreground Color(전경색)를 작업 이미지의 배경에 채웁니다.

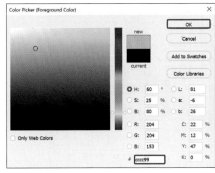
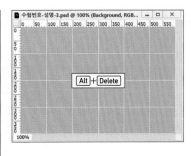

02 [File(파일)]-[Open(열기)]을 선택하여 1급-7.jpg를 불러옵니다. [Ctrl]+[A]를 눌러 전체를 선택한 후 [Ctrl]+[C]를 눌러 복사합니다. 작업 이미지에 [Ctrl]+[V]로 붙여넣기를 하고 [Ctrl]+[T]를 눌러 크기를 조절하고 이동하여 배치합니다.

03 Layers(레이어) 패널에서 'Blend-ing Mode(혼합 모드) : Hard Light(하드 라이트), Opacity(불투명도) : 70%'를 설정하여 배경과 합성합니다.

 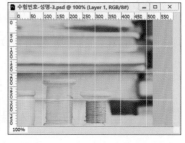

04 [File(파일)]-[Open(열기)]을 선택하여 1급-8.jpg를 불러옵니다. [Ctrl]+[A]를 눌러 전체를 선택한 후 [Ctrl]+[C]를 눌러 복사합니다. 작업 이미지에 [Ctrl]+[V]로 붙여넣기를 하고 [Ctrl]+[T]를 눌러 크기를 조절하여 배치합니다.

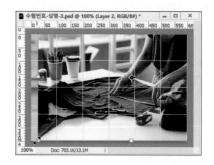

05 [Filter(필터)]-[Filter Gallery(필터 갤러리)]-[Brush Strokes(브러시 선)]-[Crosshatch(그물눈)]를 선택합니다.

06 Layers(레이어) 패널 하단의 'Add layer mask(레이어 마스크 추가, ▣)'를 클릭하여 레이어 마스크를 추가합니다.

07 Tool Panel(도구 패널) 하단의 'Set foreground color(전경색 설정)'를 #000000으로, 'Set background color(배경색 설정)'를 #ffffff로 설정합니다. Gradient Tool(그레이디언트 도구, ▣)을 클릭하고 Options Bar(옵션 바)에서 'Type(유형) : Linear Gradient(선형 그레이디언트), Mode(모드) : Normal(표준), Opacity(불투명도) : 100%'로 설정한 후 [Shift]를 누르고 왼쪽 하단에서 오른쪽 상단의 대각선 방향으로 드래그하여 이미지 일부를 자연스럽게 지워 합성합니다.

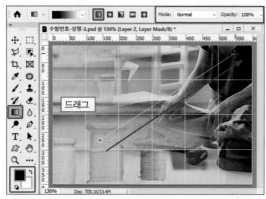 

03 클리핑 마스크 및 레이어 스타일, 필터 적용

01 [File(파일)]–[Open(열기)]을 선택하여 1급–10.jpg를 불러옵니다. Pen Tool(펜 도구, )을 클릭하고 Options Bar(옵션 바)에서 'Path(패스), Path operations(패스 작업) : Exclude Overlapping Shapes(모양 오버랩 제외, ▣)'를 클릭하고 닫힌 패스로 완료합니다.

02 패스가 완료되면 `Ctrl`+`Enter`를 눌러 선택 상태로 전환하고 `Ctrl`+`C`로 복사합니다. 작업 이미지를 선택하고 `Ctrl`+`V`로 붙여넣기를 합니다. `Ctrl`+`T`를 눌러 마우스 오른쪽 버튼을 누르고 [Flip Horizontal(가로로 뒤집기)]로 뒤집은 후 크기를 축소하여 배치합니다.

03 Pen Tool(펜 도구, )을 클릭하고 Options Bar(옵션 바)에서 'Path(패스), Path operations(패스 작업) : Exclude Overlapping Shapes(모양 오버랩 제외, ▣)'를 클릭하고 마네킹의 오른쪽 바디를 따라 닫힌 패스를 완료합니다.

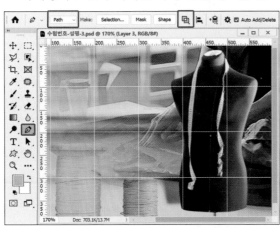

04 패스가 완료되면 `Ctrl`+`Enter`를 눌러 선택 상태로 전환하고 `Ctrl`+`J`를 눌러 'Layer 3' 레이어의 오른쪽 이미지를 복사합니다.

05 [File(파일)]-[Open(열기)]을 선택하여 1급-9.jpg를 불러옵니다. `Ctrl`+`A`를 눌러 전체를 선택한 후 `Ctrl`+`C`를 눌러 복사합니다. 작업 이미지를 선택하여 `Ctrl`+`V`로 붙여넣기하고 `Ctrl`+`T`를 눌러 크기를 축소 후 회전하여 'Layer 4' 레이어의 이미지와 겹치도록 배치합니다.

06 [Filter(필터)]-[Filter Gallery(필터 갤러리)]-[Artistic(예술 효과)]-[Poster Edges(포스터 가장자리)]를 선택합니다.

07 Layers(레이어) 패널에서 'Layer 4' 레이어와 'Layer 5' 레이어 사이에 마우스 커서를 놓고 `Alt`를 누른 후 클릭하여 Clipping Mask(클리핑 마스크)를 적용합니다.

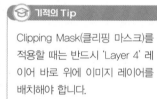

기적의 Tip

Clipping Mask(클리핑 마스크)를 적용할 때는 반드시 'Layer 4' 레이어 바로 위에 이미지 레이어를 배치해야 합니다.

08 Layers(레이어) 패널에서 'Layer 4' 레이어를 선택합니다. Layers(레이어) 패널 하단의 'Add a layer style(레이어 스타일 추가, *fx.*)'을 클릭하여 [Inner Shadow(내부 그림자)]를 선택하고 'Opacity(불투명도) : 75%, Angle(각도) : 120°, Distance(거리) : 5px, Size(크기) : 5px'를 설정한 후 [OK(확인)]를 클릭합니다.

09 Layers(레이어) 패널에서 'Layer 3' 레이어를 선택합니다. Layers(레이어) 패널 하단의 'Add a layer style(레이어 스타일 추가, *fx.*)'을 클릭하여 [Bevel & Emboss(경사와 엠보스)]를 선택하고 'Style(스타일) : Inner Bevel(내부 경사), Direction(방향) : Up(위로), Size(크기) : 15px'를 설정합니다.

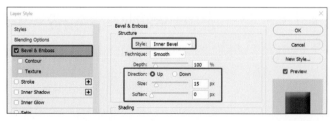

10 계속해서 [Outer Glow(외부 광선)]를 선택하고 'Opacity(불투명도) : 75%, Spread(스프레드) : 10%, Size(크기) : 10px'로 설정한 후 [OK(확인)]를 클릭합니다.

04 이미지 보정 및 레이어 스타일 적용

01 [File(파일)]-[Open(열기)]을 선택하여 1급-11.jpg를 불러옵니다. Object Selection Tool(개체 선택 도구, 🔲)을 클릭하고 Options Bar(옵션 바)에서 New Selection(새 선택 영역, ◼)을 선택하여 'Select Subject(피사체 선택)'를 클릭한 후 이미지를 선택합니다.

02 계속해서 Options Bar(옵션 바)에서 'Select and Mask(선택 및 마스크)'를 클릭하고 'Subtract from selection(선택 영역에서 빼기, ⊖)', Size(크기) : 1'을 지정하여 선택에서 제외할 배경 이미지에 드래그한 후 [OK(확인)]를 클릭합니다.

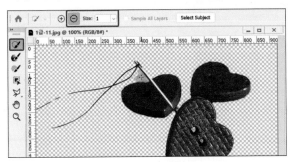

> 🎓 **기적의 Tip**
>
> Options Bar(옵션 바)에서 'Add to selection(선택 영역에 추가, ⊕)'을 선택하고 드래그하여 선택 영역을 추가하거나 'Subtract from selection(선택 영역에서 빼기, ⊖)'으로 선택 영역에서 제외할 수 있으며 정교한 선택이 가능합니다.

03 'Rectangular Marquee Tool(사각형 선택 윤곽 도구, ▭)'을 클릭하고 Options Bar(옵션 바)에서 Subtract from selection(선택 영역에서 빼기, 🔲)'을 설정한 후 선택에서 제외할 왼쪽 이미지에 드래그합니다.

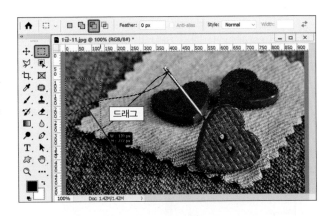

04 Ctrl + C 를 눌러 복사하고 작업 이미지에 Ctrl + V 로 붙여넣기를 합니다. Ctrl + T 를 눌러 크기를 축소 후 회전하여 배치합니다.

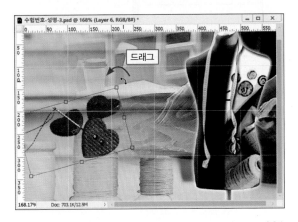

05 Layers(레이어) 패널 하단의 'Add a layer style(레이어 스타일 추가, *fx.*)'을 클릭하여 [Stroke(획)]를 선택하고 'Size(크기) : 5px, Fill Type(칠 유형) : Gradient(그레이디언트)'를 설정한 후 'Click to edit the gradient(클릭하여 그레이디언트 편집)'를 클릭합니다. 그레이디 언트 슬라이더 왼쪽 하단의 'Color Stop(색상 정지점)'을 더블 클릭하여 #cc6633을, 오른쪽 'Color Stop(색상 정지점)'을 더블 클릭하여 #ffcc33으로 설정한 후 'Style(스타일) : Linear(선 형), Angle(각도) : 90°, Scale(비율) : 100%'로 설정한 후 [OK(확인)]를 클릭합니다.

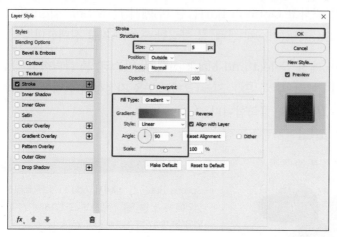

06 Quick Selection Tool(빠른 선택 도구, *☑*)을 클릭하고 Options Bar(옵션 바)에서 Add to selection(선택 영역에 추가, *☑*)을 설정한 후 브러시의 크기를 조절한 채 드래그하여 하단 단추 이미지를 선택합니다.

07 Layers(레이어) 패널 하단의 'Create new fill or adjustment layer(새 칠 또는 조정 레이 어 생성, *☑*)'를 클릭하고 [Hue/Saturation(색조/채도)]을 선택합니다. Properties(속성) 패 널에서 'Colorize(색상화) : 체크, Hue(색조) : 190, Saturation(채도) : 50, Lightness(명 도) : 5'로 설정하여 파란색 계열로 보정합니다.

ⓞ⑤ 모양 생성 및 레이어 스타일 적용

01 Custom Shape Tool(사용자 정의 모양 도구, 🔖)을 클릭하고 Options Bar(옵션 바)에서 'Shape(모양), Fill(칠) : 임의 색상, Stroke(획) : No Color(색상 없음), Shape(모양) : Shape 171(모양 171, 🌸)'을 설정한 후 Shift 를 누른 채 드래그하여 모양을 그립니다.

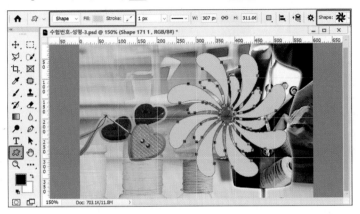

> **Shape 경로**
>
> [Legacy Shapes and More(레거시 모양 및 기타)]-[2019 Shapes(2019 모양)]-[Spiral Shapes(나선형)]

02 Layers(레이어) 패널 하단의 'Add a layer style(레이어 스타일 추가, *fx.*)'을 클릭하여 [Gradient Overlay(그레이디언트 오버레이)]를 선택하고 'Click to edit the gradient(클릭하여 그레이디언트 편집)'를 클릭합니다. 그레이디언트 슬라이더 왼쪽 하단의 'Color Stop(색상 정지점)'을 더블 클릭하여 #ff6699로, 오른쪽 'Color Stop(색상 정지점)'을 더블 클릭하여 #00ffff로 설정한 후 'Style(스타일) : Linear(선형), Angle(각도) : 90˚'로 설정합니다.

03 계속해서 [Drop Shadow(드롭 섀도)]를 선택하여 'Opacity(불투명도) : 75%, Angle(각도) : 120˚, Distance(거리) : 7px, Size(크기) : 7px'를 설정하고 [OK(확인)]를 클릭합니다.

04 Layers(레이어) 패널 상단의 'Opacity(불투명도) : 80%'를 설정합니다. Ctrl + [를 여러 번 눌러 'Layer 3' 레이어의 아래쪽으로 순서를 정돈하여 배치합니다.

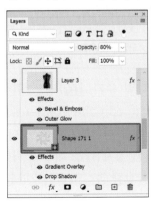
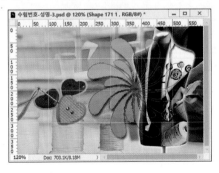

05 Custom Shape Tool(사용자 정의 모양 도구, )을 클릭하고 Options Bar(옵션 바)에서 'Shape(모양), Fill(칠) : #ffffff, Stroke(획) : No Color(색상 없음), Shape(모양) : Flag(깃발,)'를 설정한 후 드래그하여 모양을 그립니다.

Shape 경로

[Legacy Shapes and More(레거시 모양 및 기타)]–[All Legacy Default Shapes(모든 레거시 기본 모양)]–[Banners and Awards(배너 및 상장)]

06 Layers(레이어) 패널 상단의 'Opacity(불투명도) : 70%'를 설정합니다. Ctrl+T를 눌러 마우스 오른쪽 버튼을 누르고 [Flip Vertical(세로로 뒤집기)]로 뒤집고 회전하여 배치합니다.

07 Layers(레이어) 패널 하단의 'Add a layer style(레이어 스타일 추가, fx.)'을 클릭하여 [Drop Shadow(그림자)]를 선택하고, 'Opacity(불투명도) : 75%, Angle(각도) : 120°, Distance(거리) : 5px, Size(크기) : 5px'를 설정한 후 [OK(확인)]를 클릭합니다.

08 Custom Shape Tool(사용자 정의 모양 도구,)을 클릭하고 Options Bar(옵션 바)에서 'Shape(모양), Fill(칠) : 임의 색상, Stroke(획) : No Color(색상 없음), Shape(모양) : Information(정보, i)'을 설정한 후 Shift를 누르고 드래그하여 모양을 그립니다.

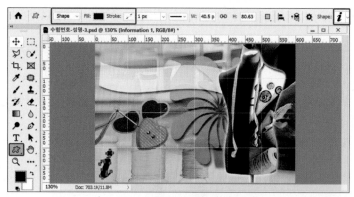

Shape 경로

[Legacy Shapes and More(레거시 모양 및 기타)]–[All Legacy Default Shapes(모든 레거시 기본 모양)]–[Symbols(기호)]

09 Layers(레이어) 패널 하단의 'Add a layer style(레이어 스타일 추가, fx.)'을 클릭하여 [Gradient Overlay(그레이디언트 오버레이)]를 선택하고 'Click to edit the gradient(클릭하여 그레이디언트 편집)'를 클릭합니다. 그레이디언트 슬라이더 왼쪽 하단의 'Color Stop(색상 정지점)'을 더블 클릭하여 #ffffcc를, 오른쪽 'Color Stop(색상 정지점)'을 더블 클릭하여 #339999, Color Midpoint(색상 중간점, ◇) : 66%'로 설정한 후 'Style(스타일) : Linear(선형), Angle(각도) : −90°'로 설정합니다.

10 계속해서 [Drop Shadow(드롭 섀도)]를 선택하여 'Opacity(불투명도) : 75%, Angle(각도) : 120°, Distance(거리) : 5px, Size(크기) : 5px'를 설정한 후 [OK(확인)]를 클릭합니다.

06 문자 입력 및 왜곡과 레이어 스타일 적용

01 Horizontal Type Tool(수평 문자 도구, T)로 작업 이미지를 클릭하고 Options Bar(옵션 바)에서 'Font(글꼴) : Times New Roman, Set font style(글꼴 스타일 설정) : Bold, Set font size(글꼴 크기) : 30pt, Color(색상) : 임의 색상'으로 설정한 후 Custom Tailor Course를 입력합니다.

02 Horizontal Type Tool(수평 문자 도구, T)로 C, T, C 문자를 각각 드래그하여 선택하고 Options Bar(옵션 바)에서 'Set font size(글꼴 크기) : 45pt'로 설정합니다.

03 Options Bar(옵션 바)에서 Create warped text(뒤틀어진 텍스트 만들기, ⊥)를 클릭 후 [Warp Text(텍스트 뒤틀기)] 대화상자에서 'Style(스타일) : Flag(깃발), Horizontal(가로) : 체크, Bend(구부리기) : −30%'를 설정하여 문자의 모양을 왜곡합니다.

04 Layers(레이어) 패널 하단의 'Add a layer style(레이어 스타일 추가, fx)'을 클릭하여 [Stroke(획)]를 선택하고 'Size(크기) : 2px, Color(색상) : #cccccc'로 설정합니다. 계속해서 [Gradient Overlay(그레이디언트 오버레이)]를 선택하고 'Click to edit the gradient(클릭하여 그레이디언트 편집)'를 클릭합니다.

05 그레이디언트 슬라이더 왼쪽 하단의 'Color Stop(색상 정지점)'을 더블 클릭하여 #33ccff로 설정합니다. 가운데 빈 곳을 눌러 'Color Stop(색상 정지점)'을 추가하고 더블 클릭하여 #333300, 오른쪽 'Color Stop(색상 정지점)'을 더블 클릭하여 #cc0066으로 설정한 후 'Style(스타일) : Linear(선형), Angle(각도) : 0°'로 설정합니다. 계속해서 [Drop Shadow(드롭 섀도)]를 선택하고 [OK(확인)]를 클릭합니다.

06 Horizontal Type Tool(수평 문자 도구, T)로 작업 이미지를 클릭하고 Options Bar(옵션 바)에서 'Font(글꼴) : 돋움, Set font size(글꼴 크기) : 16pt, Set anti-aliasing method(앤티 앨리어싱 방법 설정) : Strong(강하게), Color(색상) : #333333'으로 설정한 후 회원가입 / 로그인을 입력합니다.

07 Layers(레이어) 패널 하단의 'Add a layer style(레이어 스타일 추가, fx.)'을 클릭하여 [Stroke(획)]를 선택하고 'Size(크기) : 2px, Color(색상) : #ffffff'로 설정한 후 [OK(확인)] 를 클릭합니다.

08 Horizontal Type Tool(수평 문자 도구, T)로 작업 이미지를 클릭하고 Options Bar(옵션 바)에서 'Font(글꼴) : 돋움, Set font size(글꼴 크기) : 18pt, Set anti-aliasing method(앤티 앨리어싱 방법 설정) : Strong(강하게), Color(색상) : 임의 색상'으로 설정한 후 지금 바로 신청하세요!를 입력합니다.

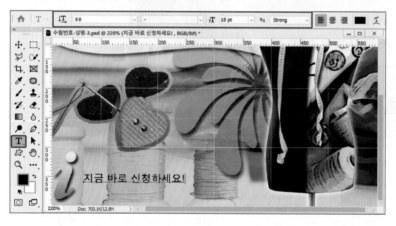

09 Options Bar(옵션 바)에서 Create warped text(뒤틀어진 텍스트 만들기, ⏉)를 클릭하고 [Warp Text(텍스트 뒤틀기)] 대화상자에서 'Style(스타일) : Arc Upper(위 부채꼴), Horizontal(가로) : 체크, Bend(구부리기) : 20%'를 설정하여 문자의 모양을 왜곡합니다.

10 Layers(레이어) 패널 하단의 'Add a layer style(레이어 스타일 추가, fx.)'을 클릭하여 [Stroke(획)]를 선택하고 'Size(크기) : 2px, Color(색상) : #003333'으로 설정합니다.

11 계속해서 [Gradient Overlay(그레이디언트 오버레이)]를 선택하고 'Click to edit the gradient(클릭하여 그레이디언트 편집)'를 클릭합니다. 그레이디언트 슬라이더 왼쪽 하단의 'Color Stop(색상 정지점)'을 더블 클릭하여 #ffffff를, 오른쪽 'Color Stop(색상 정지점)'을 더블 클릭하여 #66cccc로 설정한 후 'Style(스타일) : Linear(선형), Angle(각도) : 0°'로 설정하고 [OK(확인)]를 클릭합니다.

12 Horizontal Type Tool(수평 문자 도구, T)로 작업 이미지를 클릭하고 Options Bar(옵션 바)에서 'Font(글꼴) : 바탕, Set font size(글꼴 크기) : 15pt, Set anti-aliasing method(앤티 앨리어싱 방법 설정) : Strong(강하게), Color(색상) : #ffff99'로 설정한 후 Summer Promotion / 자격증 취득과정모집을 입력합니다.

13 Horizontal Type Tool(수평 문자 도구, T)로 자격증 취득과정모집 문자를 드래그하여 선택하고 Options Bar(옵션 바)에서 'Color(색상) : #ffccff'로 설정합니다.

14 Layers(레이어) 패널 하단의 'Add a layer style(레이어 스타일 추가, fx)'을 클릭하여 [Stroke(획)]를 선택하고 'Size(크기) : 2px, Color(색상) : #666633'으로 설정한 후 [OK(확인)]를 클릭합니다. Ctrl+S를 눌러 파일을 저장합니다.

07 정답 파일 저장

01 [View(보기)]-[Show(표시)]-[Grid(격자)](Ctrl+')를 선택하여 격자를 가립니다.

02 [File(파일)]-[Save As(다른 이름으로 저장)](Shift+Ctrl+S)를 선택하여 '저장 위치 : 내 PC₩문서₩GTQ, 파일 형식 : JPEG(*.JPG;*.JPEG;*.JPE), 파일 이름 : 수험번호-성명-문제번호'를 입력하고 [저장]을 클릭한 후 [JPEG Options(JPEG 옵션)] 대화상자에서 'Quality(품질) : 8'로 설정하고 [OK(확인)]를 클릭합니다.

03 [Image(이미지)]-[Image Size(이미지 크기)](Alt+Ctrl+I)를 선택하고 'Constrain aspect ratio(종횡비 제한) : 클릭, Width(폭) : 60Pixels(픽셀), Height(높이) : 40Pixels(픽셀)'로 입력하여 이미지 크기를 1/10로 축소한 후 [OK(확인)]를 클릭합니다.

04 [File(파일)]-[Save As(다른 이름으로 저장)](Shift+Ctrl+S)를 선택하고 '저장 위치 : 내 PC₩문서₩GTQ, 파일 형식 : Photoshop(*.PSD;*.PDD;*.PSDT), 파일 이름 : 수험번호-성명-문제번호'를 입력한 후 [저장]을 클릭합니다.

05 답안 저장 완료가 되면 [File(파일)]-[Close(닫기)](Ctrl+W)를 선택하여 파일을 닫고 수험 프로그램에서 [답안 전송]을 클릭하여 감독관 컴퓨터로 psd와 jpg 파일을 전송합니다.

| 문제 | 04 | **[실무응용] 웹 페이지 제작** |

작업과정	새 작업 이미지 만들기 및 파일 저장하기 ▶ 혼합 모드 합성 및 필터, 레이어 마스크 적용 ▶ 이미지 보정 및 레이어 스타일 적용 ▶ 모양 생성 및 변형, 레이어 스타일 적용 ▶ 메뉴 버튼 만들기 ▶ 펜 도구 작업 및 레이어 스타일 적용 ▶ 패턴 정의와 적용 및 클리핑 마스크 적용 ▶ 문자 입력과 왜곡 및 레이어 스타일 적용 ▶ 정답 파일 저장
완성이미지	Part05₩기출유형문제01회₩정답파일₩G120250001-성명-4.jpg, G120250001-성명-4.psd

01 새 작업 이미지 만들기 및 파일 저장하기

01 [File(파일)]-[New(새로 만들기)]([Ctrl]+[N])를 선택하고 'Width(폭) : 600Pixels(픽셀), Height(높이) : 400Pixels(픽셀), Resolution(해상도) : 72Pixels/Inch(픽셀/인치), Color Mode(색상 모드) : RGB Color(RGB 색상), 8bit(비트), Background Contents(배경 내용) : White(흰색)'로 설정하여 새 작업 이미지를 만듭니다.

02 [Edit(편집)]-[Preference(환경설정)]([Ctrl]+[K])를 클릭하여 [Guides, Grid & Slices(안내선, 격자 및 분할 영역)]를 선택하고 Grid(격자)의 'Color(색상)'를 눌러 밝은 색상으로 변경한 후 'Gridline Every(격자 간격) : 100Pixels(픽셀), Subdivisions(세분) : 1'로 설정합니다.

03 [View(보기)]-[Show(표시)]-[Grid(격자)]([Ctrl]+['])와 [View(보기)]-[Rulers(눈금자)] ([Ctrl]+[R])를 선택하여 격자와 눈금자를 표시합니다.

04 작업 도큐먼트를 저장하기 위해 [File(파일)]-[Save As(다른 이름으로 저장)]([Shift]+[Ctrl] +[S])를 선택하고 임의 경로에 '파일 이름 : 수험번호-성명-문제번호, 파일 형식 : Photoshop(*.PSD;*.PDD;*.PSDT)'으로 파일을 저장합니다.

02 혼합 모드 합성 및 필터, 레이어 마스크 적용

01 Tool Panel(도구 패널) 하단의 'Set foreground color(전경색 설정)'를 클릭하여 # 오른쪽 입력란에 99cccc로 입력한 후, [Alt] +[Delete]를 눌러 제시된 Foreground Color(전경색)를 작업 이미지의 배경에 채웁니다.

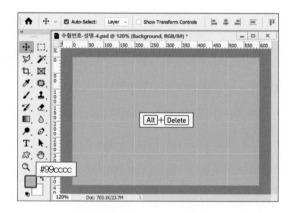

02 [File(파일)]-[Open(열기)]을 선택하여 1급-12.jpg를 불러온 후 [Ctrl]+[A]를 눌러 전체를 선택하고 [Ctrl]+[C]를 눌러 복사합니다. 작업 이미지를 선택하여 [Ctrl]+[V]로 붙여넣기를 하고 [Ctrl]+[T]로 크기를 축소하고 회전한 후 격자를 참고하여 배치합니다.

03 Layers(레이어) 패널에서 'Blending Mode(혼합 모드) : Soft Light(소프트 라이트)'로 설정하여 배경 이미지와 합성합니다.

 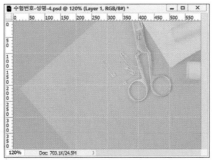

04 Layers(레이어) 패널에서 하단의 'Add layer mask(레이어 마스크 추가, ▣)'를 클릭하여 레이어 마스크를 추가합니다.

05 Tool Panel(도구 패널) 하단의 'Set foreground color(전경색 설정)'를 #000000, 'Set background color(배경색 설정)'를 #ffffff로 설정합니다. Gradient Tool(그레이디언트 도구, ▣)을 클릭하고 Options Bar(옵션 바)에서 'Type(유형) : Linear Gradient(선형 그레이디언트), Mode(모드) : Normal(표준), Opacity(불투명도) : 100%'로 설정한 후 대각선 방향인 왼쪽 하단에서 오른쪽 상단으로 드래그하여 이미지 일부를 자연스럽게 지워 합성합니다.

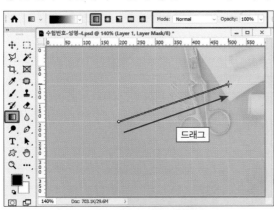 

06 [File(파일)]-[Open(열기)]을 선택하여 1급-13.jpg를 불러옵니다. [Ctrl]+[A]를 눌러 전체를 선택하고 [Ctrl]+[C]로 복사 후 작업 이미지에 [Ctrl]+[V]로 붙여넣기를 한 후 [Ctrl]+[T]로 크기를 축소하여 배치합니다.

07 [Filter(필터)]-[Filter Gallery(필터 갤러리)]-[Texture(텍스처)]-[Texturizer(텍스처화)]를 선택합니다.

08 Layers(레이어) 패널에서 하단의 'Add layer mask(레이어 마스크 추가, ▣)'를 클릭하여 레이어 마스크를 추가합니다.

09 Tool Panel(도구 패널) 하단의 'Set foreground color(전경색 설정)'를 #000000, 'Set background color(배경색 설정)'를 #ffffff로 설정합니다. Gradient Tool(그레이디언트 도구, ▣)을 클릭하고 Options Bar(옵션 바)에서 'Type(유형) : Linear Gradient(선형 그레이디언트), Mode(모드) : Normal(표준), Opacity(불투명도) : 100%'로 설정한 후 Shift 를 누른 채 가로 방향 중앙에서 왼쪽으로 드래그하여 이미지 일부를 자연스럽게 지워 합성합니다.

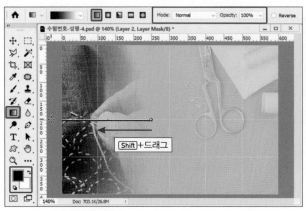 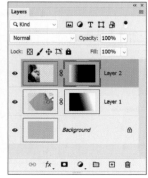

10 [File(파일)]–[Open(열기)]을 선택하여 1급-14.jpg를 불러옵니다. Quick Selection Tool(빠른 선택 도구, ▣)을 클릭하고 Options Bar(옵션 바)에서 Add to selection(선택 영역에 추가, ▣)을 설정한 후 브러시의 크기를 조절하며 드래그하여 선택합니다.

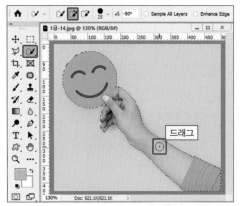

🎓 **기적의 Tip**

선택 영역에서 일부 빼기

• Alt 를 누른 채 선택에서 제외할 이미지를 클릭 또는 드래그합니다.

• Options Bar(옵션 바)에서 'Subtract from selection(선택 영역에서 빼기, ▣)'을 설정한 후 선택에서 제외할 이미지를 클릭합니다.

11 Ctrl + C 로 복사하고 작업 이미지에 Ctrl + V 로 붙여넣기를 합니다. Ctrl + T 를 누르고 마우스 오른쪽 버튼을 클릭하여 [Flip Horizontal(가로로 뒤집기)]로 뒤집고 크기와 회전을 조절하여 배치합니다.

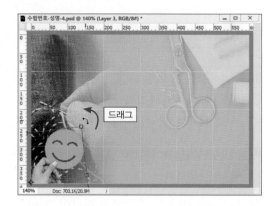

12 Layers(레이어) 패널 하단의 'Add a layer style(레이어 스타일 추가, *fx.*)'을 클릭하여 [Outer Glow(외부 광선)]를 선택하고 'Opacity(불투명도) : 75%, Spread(스프레드) : 0%, Size(크기) : 10px'로 설정한 후 [OK(확인)]를 클릭합니다.

13 Layers(레이어) 패널 상단에서 'Opacity(불투명도) : 80%'를 설정합니다.

03 이미지 보정 및 레이어 스타일 적용

01 [File(파일)]-[Open(열기)]을 선택하여 1급-15.jpg를 불러옵니다. Object Selection Tool(개체 선택 도구, *_*)을 클릭하고 Options Bar(옵션 바)에서 'New Selection(새 선택 영역, *_*), Mode(모드) : Rectangle(사각형)'을 선택한 후 Select Subject(피사체 선택)를 클릭하여 이미지를 빠르게 선택합니다.

02 Rectangular Marquee Tool(사각형 선택 윤곽 도구, *_*)을 클릭하고 Options Bar(옵션 바)에서 'Add to selection(선택 영역에 추가, *_*), Feather(페더) : 0px, Style(스타일) : Normal(표준)'을 설정한 후 오른쪽 하단에 여러 번 드래그하여 이미지를 추가로 선택합니다.

03 Ctrl + C 로 복사하고 작업 이미지를 선택하여 Ctrl + V 로 붙여넣기를 한 후, Ctrl + T 를 눌러 크기를 축소 후 배치합니다.

04 Layers(레이어) 패널 하단의 'Add a layer style(레이어 스타일 추가, *fx.*)'을 클릭하여 [Bevel & Emboss(경사와 엠보스)]를 선택하고 'Style(스타일) : Inner Bevel(내부 경사), Direction(방향) : Up(위로), Size(크기) : 8px'를 설정한 후 [OK(확인)]를 클릭합니다.

05 Quick Selection Tool(빠른 선택 도구, 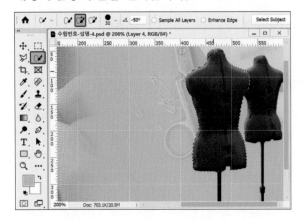)을 클릭하고 Options Bar(옵션 바)에서 Add to selection(선택 영역에 추가, 🖌️)을 설정한 후 브러시의 크기를 조절 후 드래그하여 왼쪽 마네킹의 몸통 부분을 선택합니다.

06 Layers(레이어) 패널 하단의 'Create new fill or adjustment layer(새 칠 또는 조정 레이어 생성, 🔘)'를 클릭하고 [Hue/Saturation(색조/채도)]을 선택합니다. Properties(속성) 패널에서 'Colorize(색상화) : 체크, Hue(색조) : 18, Saturation(채도) : 65, Lightness(명도) : 28'로 설정하여 주황색 계열로 색상을 보정합니다.

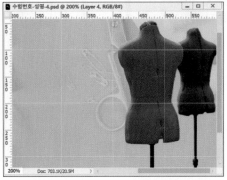

07 [File(파일)]-[Open(열기)]을 선택하여 1급-16. jpg를 불러옵니다. Polygonal Lasso Tool(다각형 올가미 도구, ☑️)을 클릭하고 Options Bar(옵션 바)에서 'New Selection(새 선택 영역, ▣), Feather(페더) : 0px, Anti-alias(앤티 앨리어스) : 체크'를 설정하고 이미지의 가장자리 모양을 따라 클릭하여 선택합니다.

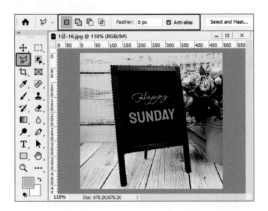

08 Ctrl+C를 눌러 복사 후 작업 이미지를 선택하고 Ctrl+V로 붙여넣기를 합니다. Ctrl+T를 눌러 크기를 축소하고 회전하여 배치합니다. Ctrl+[를 여러 번 눌러 뒤로 보내기를 하여 'Layer 3' 레이어 아래쪽으로 배치합니다.

09 [Filter(필터)]-[Filter Gallery(필터 갤러리)]-[Artistic(예술 효과)]-[Film Grain(필름 그 레인)]을 선택합니다.

10 Layers(레이어) 패널 하단의 'Add a layer style(레이어 스타일 추가, *fx.*)'을 클릭하여 [Drop Shadow(그림자)]를 선택하고 'Opacity(불투명도) : 75%, Angle(각도) : 120°, Distance(거리) : 7px, Size(크기) : 7px'를 설정한 후 [OK(확인)]를 클릭합니다.

11 [File(파일)]-[Open(열기)]을 선택하여 1급-17.jpg를 불러온 후 Quick Selection Tool(빠른 선택 도구, *☑*)을 클릭하고 Options Bar(옵션 바)에서 'Add to selection(선택 영역에 추가, *☑*)'을 설정한 후 브러시의 크기를 조절하며 드래그하여 선택합니다.

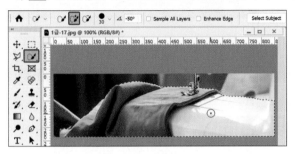

12 Ctrl + C 로 복사하고 작업 이미지를 클릭한 후 Ctrl + V 로 붙여넣기를 합니다. Ctrl + T 로 Shift 를 누른 채 크기를 축소하여 배치한 후 Ctrl + [를 눌러 뒤로 보내기를 하여 'Layer 5' 레이어 아래쪽으로 배치합니다.

04 모양 생성 및 변형, 레이어 스타일 적용

01 Layers(레이어) 패널에서 'Layer 3' 레이어를 선택합니다. Custom Shape Tool(사용자 정의 모양 도구, *☆*)을 클릭하고 Options Bar(옵션 바)에서 'Shape(모양), Fill(칠) : #ffcc33, Stroke(획) : No Color(색상 없음), Shape(모양) : Smile 2(미소 2, *☺*)'로 설정한 후 Shift 를 누른 채 모양을 그립니다.

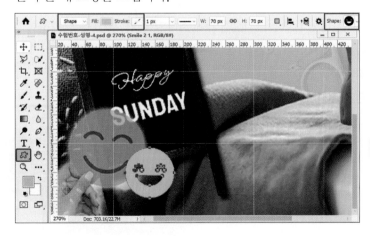

> **Shape 경로**
>
> [Legacy Shapes and More(레거시 모양 및 기타)]-[2019 Shapes (2019 모양)]-[Emoticons(이모티콘)]

02 Ctrl+T를 누르고 Options Bar(옵션 바)에서 'Rotate(회전, △) : 15°'를 입력하고 Enter를 눌러 회전을 적용합니다.

🎓 기적의 Tip

Ctrl+T를 누르고 Shift를 누른 채 조절점 밖을 드래그하면 15° 단위로 회전이 됩니다.

03 Layers(레이어) 패널 하단의 'Add a layer style(레이어 스타일 추가, fx.)'을 클릭하여 [Drop Shadow(그림자)]를 선택하고 'Opacity(불투명도) : 75%, Angle(각도) : 120°, Distance(거리) : 5px, Size(크기) : 5px'를 설정한 후 [OK(확인)]를 클릭합니다.

04 Custom Shape Tool(사용자 정의 모양 도구, ✿)을 클릭하고 Options Bar(옵션 바)에서 'Shape(모양), Fill(칠) : #6699cc, Stroke(획) : No Color(색상 없음), Shape(모양) : Checker king 2(체커 킹 2, ◉)'로 설정한 후 Shift를 누른 채 드래그하여 모양을 그립니다.

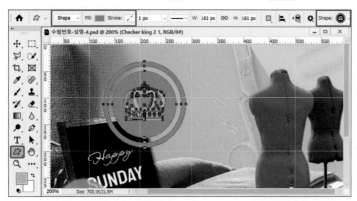

Shape 경로

[Legacy Shapes and More(레거시 모양 및 기타)]-[2019 Shapes(2019 모양)]-[Chess and Checkers(체스 및 체커)]

05 Layers(레이어) 패널 하단의 'Add a layer style(레이어 스타일 추가, fx.)'을 클릭하여 [Inner Shadow(내부 그림자)]를 선택하고 'Opacity(불투명도) : 75%, Angle(각도) : 120°, Distance(거리) : 6px, Size(크기) : 6px'를 설정한 후 [OK(확인)]를 클릭합니다.

06 Layers(레이어) 패널 상단의 'Opacity(불투명도) : 50%'를 설정한 후 'Checker king 2 1' 레이어를 'Layer 5' 레이어의 아래쪽으로 배치합니다.

⑤ 메뉴 버튼 만들기

01 Custom Shape Tool(사용자 정의 모양 도구, [🔧])을 클릭하고 Options Bar(옵션 바)에서 'Shape(모양), Fill(칠) : 임의 색상, Stroke(획) : No Color(색상 없음), Shape(모양) : Talk 9(대화 9, [▬])'를 설정합니다. 작업 이미지를 클릭하여 'Width(폭) : 97px(픽셀), Height(높이) : 43px(픽셀)'을 설정하고 [OK(확인)]를 클릭한 후 모양을 그려 상단에 배치합니다.

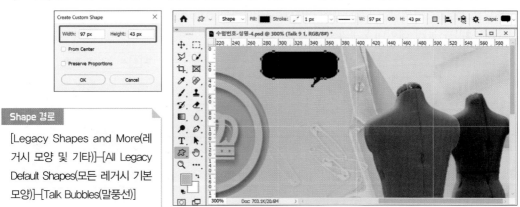

Shape 경로

[Legacy Shapes and More(레거시 모양 및 기타)]–[All Legacy Default Shapes(모든 레거시 기본 모양)]–[Talk Bubbles(말풍선)]

02 Layers(레이어) 패널 하단의 'Add a layer style(레이어 스타일 추가, [fx.])'을 클릭하여 [Stroke(획)]를 선택하고 'Size(크기) : 2px, Color(색상) : #669999'로 설정합니다.

03 계속해서 [Gradient Overlay(그레이디언트 오버레이)]를 선택하고 'Click to edit the gradient(클릭하여 그레이디언트 편집)'를 클릭합니다. 그레이디언트 슬라이더 왼쪽 하단의 'Color Stop(색상 정지점)'을 더블 클릭하여 #ccffff를, 오른쪽 'Color Stop(색상 정지점)'을 더블 클릭하여 #cccccc로 설정한 후 'Style(스타일) : Linear(선형), Angle(각도) : 0°'로 설정하고 [OK(확인)]를 클릭합니다.

04 Horizontal Type Tool(수평 문자 도구, [T])로 작업 이미지를 클릭하고 Options Bar(옵션 바)에서 'Font(글꼴) : 돋움, Set font size(글꼴 크기) : 15pt, Set anti-aliasing method(앤티 앨리어싱 방법 설정) : Strong(강하게), Color(색상) : #000000'으로 설정한 후 강좌소개를 입력합니다.

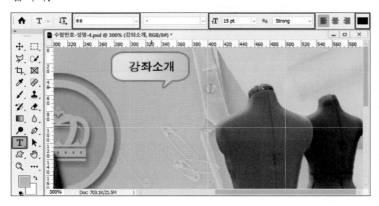

05 Layers(레이어) 패널 하단의 'Add a layer style(레이어 스타일 추가, *fx.*)'을 클릭하여 [Stroke(획)]를 선택하고 'Size(크기) : 2px, Color(색상) : #33cccc'로 설정한 후 [OK(확인)]를 클릭합니다.

06 Layers(레이어) 패널에서 Shift 를 누른 채 'Talk 9 1' 레이어와 '강좌소개' 레이어를 클릭하여 함께 선택합니다. Shift + Ctrl +] 를 눌러 맨 앞으로 레이어를 배치합니다. Move Tool(이동 도구, ✛)을 클릭하고 Options Bar(옵션 바)에서 Align horizontal centers(수평 중앙 맞춤, ♣)를 눌러 레이어 2개의 정렬을 지정합니다.

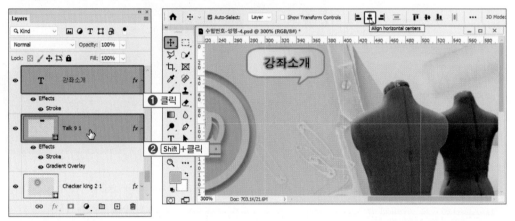

🎓 기적의 Tip

Layers(레이어) 패널에서 Shift 를 눌러 레이어를 다중 선택하고 Move Tool(이동 도구, ✛)의 Options Bar(옵션 바)에서 정렬과 배분을 맞춰서 버튼을 배치할 수 있습니다.

07 'Move Tool(이동 도구, ✛)'로 작업 이미지에서 Alt 를 누른 채 'Talk 9 1' 모양과 '강좌소개' 문자를 오른쪽으로 드래그한 후 이동하며 복제합니다.

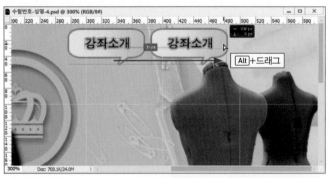

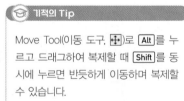

🎓 기적의 Tip

Move Tool(이동 도구, ✛)로 Alt 를 누르고 드래그하여 복제할 때 Shift 를 동시에 누르면 반듯하게 이동하며 복제할 수 있습니다.

08 같은 방법으로 3번째 버튼의 모양을 만듭니다. Layers(레이어) 패널에서 'Talk 9 1 copy' 레이어에 적용된 [Effects(효과)] 중에 [Stroke(획)]를 더블 클릭하고 'Color(색상) : #cc9999'로 설정한 후 [OK(확인)]를 클릭합니다.

09 Horizontal Type Tool(수평 문자 도구, [T])로 문자를 각각 드래그하여 작품샘플, 커뮤니티 로 수정합니다.

10 Layers(레이어) 패널에서 '작품샘플' 문자 레이어에 적용된 [Effects(효과)]의 [Stroke(획)]를 더블 클릭하고 'Color(색상) : #cccc99'로 설정한 후 [OK(확인)]를 클릭합니다.

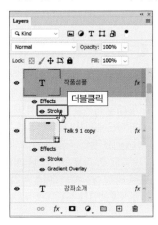
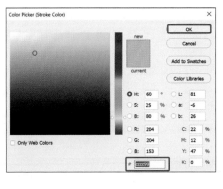

06 펜 도구 작업 및 레이어 스타일 적용

01 Layers(레이어) 패널에서 'Hue/Saturation 1' 레이어를 선택합니다.

02 Rounded Rectangle Tool(모서리가 둥근 직사각형 도구, [◻])을 클릭하고 Options Bar(옵 션 바)에서 'Shape(모양), Fill(칠) : 임의 색상, Stroke(획) : No Color(색상 없음), Path operations(패스 작업) : New Layer(새 레이어, [◻]), Radius(반경) : 8px'로 설정한 후 드 래그하여 둥근 사각형 모양을 그립니다.

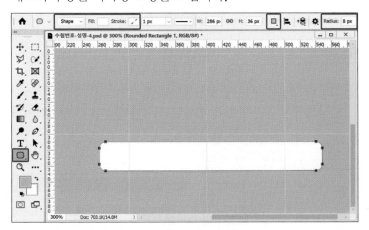

🎓 **기적의 Tip**

모양의 명확한 구별을 위해 Layers(레이어) 패널에서 하단 레이어의 가시성(눈 아이콘)을 끄고 작업을 진행합니다. 모양 작업 이 완료되면 하단 레이어의 눈 아이콘을 다시 클릭합니다.

03 계속해서 Options Bar(옵션 바)에서 'Shape(모양), Fill(칠) : 임의 색상, Stroke(획) : No Color(색상 없음), Path operations(패스 작업) : Subtract Front Shape(전면 모양 빼기, 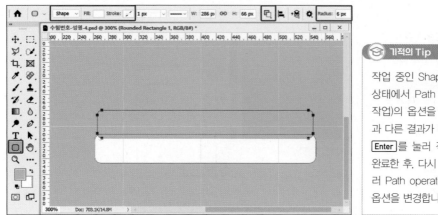), Radius(반경) : 6px'로 설정한 후 드래그하여 둥근 사각형 모양의 상단과 겹치도록 그립니다.

🎓 **기적의 Tip**

작업 중인 Shape(모양)이 선택된 상태에서 Path operations(패스 작업)의 옵션을 바꾸면 지시사항과 다른 결과가 나올 수 있습니다. Enter 를 눌러 작업 중인 모양을 완료한 후, 다시 한번 Enter 를 눌러 Path operations(패스 작업)의 옵션을 변경합니다.

04 Rounded Rectangle Tool(모서리가 둥근 직사각형 도구, ◻)을 클릭하고 Options Bar(옵션 바)에서 'Path operations(패스 작업) : Combine Shapes(모양 결합, ◻)'로 설정한 후 드래그하여 크기가 다른 둥근 사각형을 상단에 그립니다.

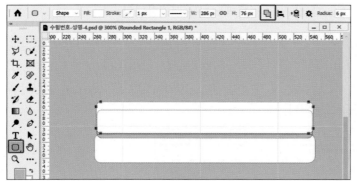

🎓 **기적의 Tip**

Path Selection Tool(패스 선택 도구, ▶)로 드래그하여 3개의 모양을 선택한 후 Options Bar(옵션 바)에서 'Path alignment(패스 정렬)'를 활용하여 중앙에 정렬할 수 있습니다.

05 Ctrl + T 를 누르고 마우스 오른쪽 버튼을 클릭하여 [Perspective(원근)]를 설정하고 조절점의 상단 모서리점을 안쪽으로 드래그하여 원근감 있게 변형한 후 Enter 를 눌러 완료합니다.

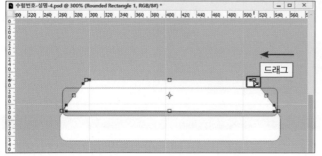

🎓 **기적의 Tip**

Perspective(원근) 바로 적용하기

Ctrl + T 를 누른 후 Ctrl + Shift + Alt 를 누른 채 모서리 조절점 드래그로 변형할 수도 있습니다.

06 Ellipse Tool(타원 도구, 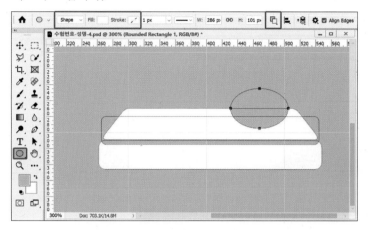)을 클릭하고 Options Bar(옵션 바)에서 'Shape(모양), Fill(칠) : 임의 색상, Stroke(획) : No Color(색상 없음), Path operations(패스 작업) : Subtract Front Shape(전면 모양 빼기,)'로 설정한 후 드래그하여 오른쪽 상단에 타원형 모양을 겹치도록 그립니다.

07 Options Bar(옵션 바)에서 'Path operations(패스 작업) : Merge Shape Components(모양 병합 구성 요소,)'를 클릭하여 모양을 하나로 병합하고 [Enter]를 눌러 패스 작업을 완료합니다.

08 Layers(레이어) 패널에서 'Rounded Rectangle 1' 레이어의 'Layer thumbnail(레이어 축소판)'을 더블 클릭하여 'Color(색상) : #cccc99'로 변경합니다. 레이어의 이름을 더블 클릭하여 'path 1'로 변경합니다.

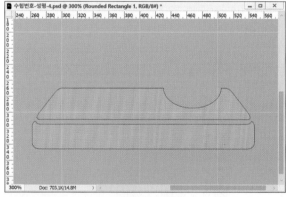

09 Layers(레이어) 패널 하단의 'Add a layer style(레이어 스타일 추가, fx.)'을 클릭하여 [Drop Shadow(그림자 효과)]를 선택하고 'Opacity(불투명도) : 75%, Angle(각도) : 120°, Distance(거리) : 5px, Size(크기) : 5px'를 설정한 후 [OK(확인)]를 클릭합니다.

10 Rounded Rectangle Tool(모서리가 둥근 직사각형 도구, 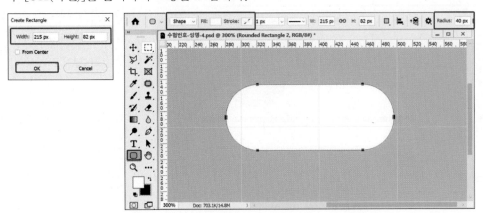)을 클릭하고 Options Bar(옵션 바)에서 'Shape(모양), Fill(칠) : 임의 색상, Stroke(획) : No Color(색상 없음), Path operations(패스 작업) : New Layer(새 레이어, ■), Radius(반경) : 40px'로 설정합니다. 작업 이미지를 클릭한 후 'Width(폭) : 215px(픽셀), Height(높이) : 82px(픽셀)'을 설정한 후 [OK(확인)]를 클릭하여 모양을 그립니다.

11 계속해서 Options Bar(옵션 바)에서 'Path operations(패스 작업) : Combine Shapes(모양 결합, ⬛), Radius(반경) : 15px'로 설정합니다. 작업 이미지를 클릭한 후 'Width(폭) : 57px(픽셀), Height(높이) : 120px(픽셀)'을 설정한 후 [OK(확인)]를 클릭하고 오른쪽에 겹치도록 배치합니다.

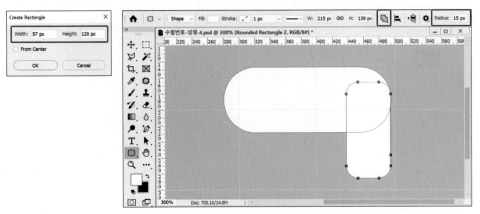

12 Options Bar(옵션 바)에서 'Shape(모양), Path operations(패스 작업) : Subtract Front Shape(전면 모양 빼기, ⬛), Radius(반경) : 30px'로 설정합니다. 작업 이미지를 클릭하여 'Width(폭) : 120px(픽셀), Height(높이) : 68px(픽셀)'을 설정한 후 [OK(확인)]를 클릭하고 하단에 겹치도록 배치합니다.

13 Ctrl+T를 누르고 시계 방향을 회전하여 변형한 후 Enter를 눌러 배치합니다.

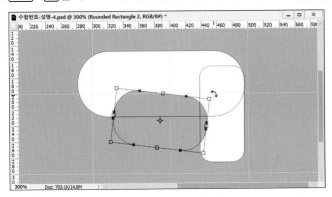

14 Rectangle Tool(사각형 도구, ▢)을 클릭하고 Options Bar(옵션 바)에서 'Shape(모양), Fill(칠) : 임의 색상, Stroke(획) : No Color(색상 없음), Path operations(패스 작업) : Subtract Front Shape(전면 모양 빼기, ▣)'로 설정한 후 상단의 둥근 사각형 왼쪽과 겹치 도록 드래그하여 모양을 정리합니다.

15 Ellipse Tool(타원 도구, ◯)을 클릭하고 Options Bar(옵션 바)에서 'Shape(모양), Fill(칠) : 임의 색상, Stroke(획) : No Color(색상 없음), Path operations(패스 작업) : Subtract Front Shape(전면 모양 빼기, ▣)'로 설정합니다. 작업 이미지를 클릭한 후 'Width(폭) : 153px(픽셀), Height(높이) : 87px(픽셀)'을 설정한 후 [OK(확인)]를 클릭하고 상단에 겹치 도록 배치합니다.

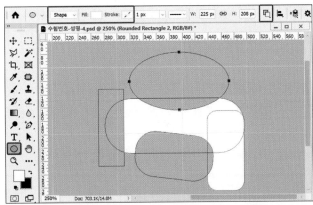

16 계속해서 Ellipse Tool(타원 도구, ◯)로 드래그하여 오른쪽 하단에 크기가 작은 타원을 겹치 도록 배치합니다.

17 Options Bar(옵션 바)에서 'Shape(모양), Path operations(패스 작업) : Combine Shapes(모양 결합, 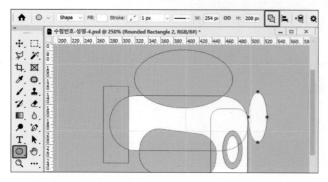)'로 설정한 후 크기가 다른 2개의 타원형 모양을 그리고 배치합니다.

18 Options Bar(옵션 바)에서 'Shape(모양), Path operations(패스 작업) : Subtract Front Shape(전면 모양 빼기, ⬚)'로 설정한 후 드래그하여 크기가 작은 타원형 모양을 오른쪽 타원형과 겹치도록 배치합니다.

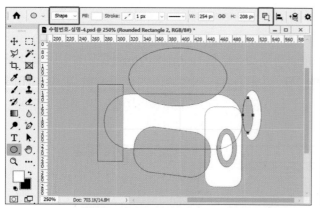

🎓 **기적의 Tip**

작업 중인 Shape(모양)가 선택된 상태에서 Path operations(패스 작업)의 옵션을 바꾸면 지시와 다른 결과가 나올 수 있습니다. `Enter`를 눌러 작업 중인 모양을 완료한 후, 다시 한번 `Enter`를 눌러 Path operations(패스 작업)의 옵션을 변경합니다.

19 Options Bar(옵션 바)에서 'Shape(모양), Path operations(패스 작업) : Combine Shapes(모양 결합, ⬚)'로 설정한 후 드래그하여 크기가 작은 2개의 타원형과 1개의 정원 모양을 그려서 배치합니다.

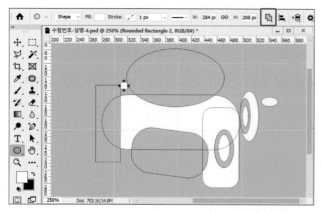

🎓 **기적의 Tip**

`Shift`를 누른 채 드래그하면 정원 모양을 그릴 수 있습니다.

20 Rectangle Tool(사각형 도구, 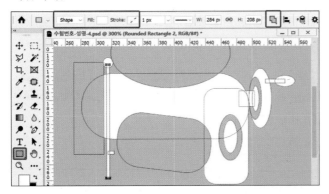)을 클릭하고 Options Bar(옵션 바)에서 'Shape(모양), Fill(칠) : 임의 색상, Stroke(획) : No Color(색상 없음), Path operations(패스 작업) : Combine Shapes(모양 결합,)'로 설정한 후 크기가 다른 4개의 사각형 모양을 그리고 배치합니다.

21 Rounded Rectangle Tool(모서리가 둥근 직사각형 도구,)을 클릭하고 Options Bar(옵션 바)에서 'Shape(모양), Path operations(패스 작업) : Combine Shapes(모양 결합,)'로 설정한 후 드래그하여 크기가 다른 2개의 둥근 사각형 모양을 그리고 배치합니다.

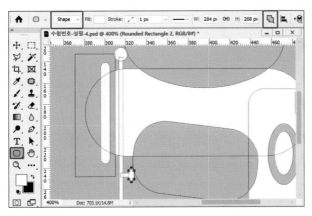

22 Options Bar(옵션 바)에서 'Path operations(패스 작업) : Merge Shape Components(모양 병합 구성 요소,)'를 클릭하여 모양을 하나로 병합합니다.

23 Direct Selection Tool(직접 선택 도구,)을 눌러 사각형 하단의 오른쪽 기준점을 클릭하여 선택한 후 상단으로 이동하여 모양을 수정합니다. 계속해서 오른쪽 하단의 기준점을 클릭하여 선택하고 곡선의 핸들을 조절하여 모양을 수정합니다.

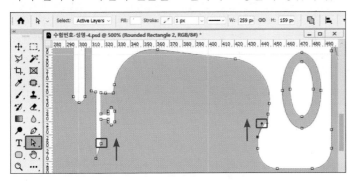

24 Layers(레이어) 패널에서 'Rounded Rectangle 2' 레이어의 'Layer thumbnail(레이어 축소판)'을 더블 클릭하여 'Color(색상) : #ffffcc'로 변경합니다. 레이어의 이름을 더블 클릭하여 path 2로 변경합니다.

25 Layers(레이어) 패널 하단의 'Add a layer style(레이어 스타일 추가, *fx.*)'을 클릭하여 [Drop Shadow(그림자 효과)]를 선택하고 'Opacity(불투명도) : 75%, Angle(각도) : 120°, Distance(거리) : 5px, Size(크기) : 5px'를 설정한 후 [OK(확인)]를 클릭합니다.

26 Pen Tool(펜 도구, *∅*)을 클릭하고 Options Bar(옵션 바)에서 'Shape(모양), Fill(칠) : #330000, Stroke(획) : No Color(색상 없음), Path opera-tions(패스 작업) : New Layer(새 레이어, *▣*)'로 설정한 후 드래그하여 모양을 그립니다.

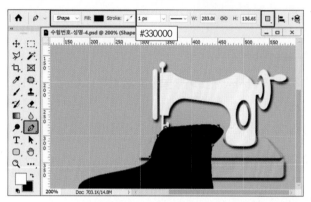

27 Ctrl+[를 눌러 'path 2' 레이어의 아래쪽으로 배치합니다. Layers(레이어) 패널에서 레이어의 이름을 더블 클릭하여 path 3으로 변경합니다.

28 Layers(레이어) 패널 하단의 'Add a layer style(레이어 스타일 추가, *fx.*)'을 클릭하여 [Drop Shadow(그림자 효과)]를 선택하고 [OK(확인)]를 클릭합니다.

07 패턴 정의와 적용 및 클리핑 마스크 적용

01 [File(파일)]-[New(새로 만들기)](Ctrl+N)를 선택하고 'Width(폭) : 40Pixels(픽셀), Height(높이) : 40Pixels(픽셀), Resolution(해상도) : 72Pixels/Inch(픽셀/인치), Color Mode(색상 모드) : RGB Color(RGB 색상), 8bits(비트), Background Contents(배경 내용) : Transparent(투명)'로 설정하여 새 작업 이미지를 만듭니다.

> 🎓 **기적의 Tip**
>
> Background Contents(배경 내용)를 'Transparent(투명)'로 설정해야 클리핑 마스크 적용 시 펜으로 작업한 Shape(모양)의 설정 색상이 보입니다.

02 Custom Shape Tool(사용자 정의 모양 도구, ⬢)을 클릭하고 Options Bar(옵션 바)에서 'Shape(모양), Fill(칠) : #cc9966, Stroke(획) : No Color(색상 없음), Shape(모양) : Cat(고양이, 🐾)'로 설정한 후 Shift 를 누른 채 드래그하여 모양을 그립니다.

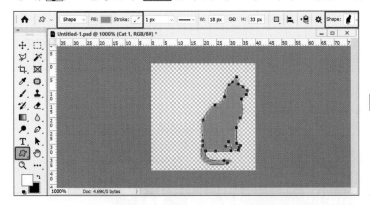

Shape 경로

[Legacy Shapes and More(레거시 모양 및 기타)]-[All Legacy Default Shapes(모든 레거시 기본 모양)]-[Animals(동물)]

03 Custom Shape Tool(사용자 정의 모양 도구, ⬢)을 클릭하고 Options Bar(옵션 바)에서 'Shape(모양), Fill(칠) : #99ccff, Stroke(획) : No Color(색상 없음), Shape(모양) : Heart Frame(하트 프레임, ♡)'으로 설정한 후 Shift 를 누른 채 드래그하여 모양을 그립니다.

Shape 경로

[Legacy Shapes and More(레거시 모양 및 기타)]-[All Legacy Default Shapes(모든 레거시 기본 모양)]-[Shapes(모양)]

04 Ctrl + T 를 누르고 Options Bar(옵션 바)에서 'Rotate(회전, ◿) : −30°'를 입력하고 Enter 를 눌러 반시계 방향으로 회전한 후 배치합니다.

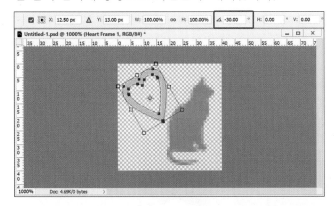

05 [Edit(편집)]-[Define Pattern(패턴 정의)]을 선택하고 'Name(이름) : 고양이와 하트'로 설정한 후 패턴을 등록합니다.

06 작업 이미지를 선택하고 Layers(레이어) 패널에서 'path 3' 레이어를 선택합니다. 패널 하단의 Create a new layer(새 레이어 만들기, ⬜)를 클릭하여 'path 3' 레이어의 위쪽에 새 레이어를 추가하고 이름을 pattern으로 설정합니다.

07 Layers(레이어) 패널의 'pattern' 레이어를 선택합니다. [Edit(편집)]-[Fill(칠)]을 선택하고 'Contents(내용) : Pattern(패턴), Custom Pattern(사용자 정의 패턴) : 고양이와 하트, Mode(모드) : Normal(표준), Opacity(불투명도) : 100%, Preserve Transparency(투명도 유지) : 체크 해제'로 설정합니다.

08 Layers(레이어) 패널 상단의 'Opacity(불투명도) : 70%'를 설정합니다. Layers(레이어) 패널에서 'path 3' 레이어와 'pattern' 레이어 사이에 마우스 커서를 놓고 Alt 를 누른 채 클릭하여 Clipping Mask(클리핑 마스크)를 적용합니다.

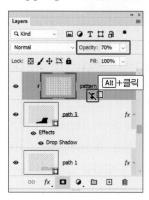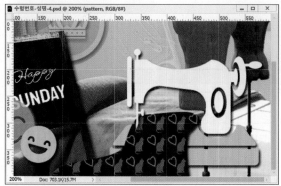

08 문자 입력과 왜곡 및 레이어 스타일 적용

01 Horizontal Type Tool(수평 문자 도구, T)로 작업 이미지를 클릭하고 Options Bar(옵션 바)에서 'Font(글꼴) : Times New Roman, Set font style(글꼴 스타일 설정) : Bold, Set font size(글꼴 크기) : 45pt, Color(색상) : 임의 색상'으로 설정한 후 Sewing Basic Class를 입력합니다.

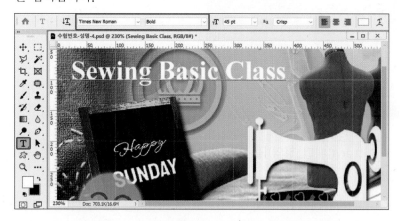

02 Options Bar(옵션 바)에서 Create warped text(뒤틀어진 텍스트 만들기, I)를 클릭하여 [Warp Text(텍스트 뒤틀기)] 대화상자에서 'Style(스타일) : Rise(상승), Horizontal(가로) : 체크, Bend(구부리기) : −60%, Horizontal Distortion(가로 왜곡) : −50%'를 설정하여 문자의 모양을 왜곡합니다

03 Layers(레이어) 패널 하단에 'Add a layer style(레이어 스타일 추가, *fx.*)'을 클릭하여 [Stroke(획)]를 선택하고 'Size(크기) : 2px, Color(색상) : #cccccc'로 설정합니다. 계속해서 [Gradient Overlay(그레이디언트 오버레이)]를 선택하고 'Click to edit the gradient(클릭하여 그레이디언트 편집)'를 클릭합니다.

04 그레이디언트 슬라이더 왼쪽 하단의 'Color Stop(색상 정지점)'을 더블 클릭하여 #ff6600을, 가운데 빈 곳을 클릭하여 'Color Stop(색상 정지점)'을 추가하고 더블 클릭하여 #333300, 오른쪽 'Color Stop(색상 정지점)'을 더블 클릭하여 #339966으로 설정한 후 'Style(스타일) : Linear(선형), Angle(각도) : 0°'로 설정하고 [OK(확인)]를 클릭합니다.

05 Horizontal Type Tool(수평 문자 도구, *T*)로 작업 이미지를 클릭하고 Options Bar(옵션 바)에서 'Font(글꼴) : 바탕, Set font size(글꼴 크기) : 25pt, Set anti-aliasing method(앤티 앨리어싱 방법 설정) : Strong(강하게), Color(색상) : #ffcc33'으로 설정한 후 재봉틀 배우기를 입력합니다.

06 Horizontal Type Tool(수평 문자 도구, *T*)로 '배우기' 문자를 선택하고 Options Bar(옵션 바)에서 'Set font size(글꼴 크기) : 18pt'로 설정합니다.

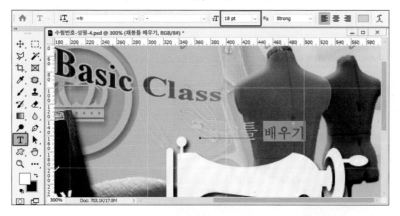

07 Options Bar(옵션 바)에서 Create warped text(뒤틀어진 텍스트 만들기, *Ɪ*)를 클릭하여 [Warp Text(텍스트 뒤틀기)] 대화상자에서 'Style(스타일) : Arc(부채꼴), Horizontal(가로) : 체크, Bend(구부리기) : −30%'를 설정한 후 문자의 모양을 왜곡하고 배치합니다.

08 Layers(레이어) 패널 하단에 'Add a layer style(레이어 스타일 추가, *fx.*)'을 클릭하여 [Stroke(획)]를 선택하고 'Size(크기) : 2px, Color(색상) : #993300'으로 설정한 후 [OK(확인)]를 클릭합니다.

09 Horizontal Type Tool(수평 문자 도구, T)로 작업 이미지를 클릭하고 Options Bar(옵션 바)에서 'Font(글꼴) : 바탕, Set font size(글꼴 크기) : 20pt, Set anti-aliasing method(앤티 앨리어싱 방법 설정) : Strong(강하게), Color(색상) : #cccccc'로 설정한 후 일요특별강좌를 입력합니다.

10 Layers(레이어) 패널 하단에 'Add a layer style(레이어 스타일 추가, fx.)'을 클릭하여 [Stroke(획)]를 선택하고 'Size(크기) : 2px, Color(색상) : #996633'으로 설정한 후 [OK(확인)]를 클릭합니다.

11 Ctrl + T 를 눌러 Options Bar(옵션 바)에서 'Rotate(회전, △) : −8°를 입력하고 Enter 를 누른 후 회전하여 배치합니다.

12 Ctrl + J 를 눌러 '일요특별강좌' 문자 레이어를 복사한 후, Move Tool(이동 도구, ⊕.)을 클릭하여 작업 이미지의 하단으로 이동하여 배치합니다.

> 🎓 **기적의 Tip**
>
> Move Tool(이동 도구, ⊕.)로 Alt 를 누르고 드래그하여 이동하며 복제할 수도 있습니다.

13 Horizontal Type Tool(수평 문자 도구, T)로 '일요특별강좌' 문자를 더블 클릭하여 선택하고 [신청하기]로 수정합니다. Options Bar(옵션 바)에서 'Set font size(글꼴 크기) : 14pt'로 설정합니다.

14 [Ctrl]+[T]를 눌러 Options Bar(옵션 바)에서 'Rotate(회전, ⊿) : -5°'를 입력하고 [Enter]를 눌러 회전을 적용하고 배치합니다. [Ctrl]+[S]를 눌러 파일을 저장합니다.

09 정답 파일 저장

01 [View(보기)]-[Show(표시)]-[Grid(격자)]([Ctrl]+['])를 선택하여 격자를 가립니다.

02 [File(파일)]-[Save As(다른 이름으로 저장)]([Shift]+[Ctrl]+[S])를 선택하여 '저장 위치 : 내 PC\문서\GTQ, 파일 형식 : JPEG(*.JPG;*.JPEG;*.JPE), 파일 이름 : 수험번호-성명-문제번호'를 입력하고 [저장]을 클릭한 후 [JPEG Options(JPEG 옵션)] 대화상자에서 'Quality(품질) : 8'로 설정한 후 [OK(확인)]를 클릭합니다.

03 [Image(이미지)]-[Image Size(이미지 크기)]([Alt]+[Ctrl]+[I])를 선택하고 'Constrain aspect ratio(종횡비 제한) : 클릭, Width(폭) : 60Pixels(픽셀), Height(높이) : 40Pixels(픽셀)'로 입력하여 이미지 크기를 1/10로 축소한 후 [OK(확인)]를 클릭합니다.

04 [File(파일)]-[Save As(다른 이름으로 저장)]([Shift]+[Ctrl]+[S])를 선택하고 '저장 위치 : 내 PC\문서\GTQ, 파일 형식 : Photoshop(*.PSD;*.PDD;*.PSDT), 파일 이름 : 수험번호-성명-문제번호'를 입력하고 [저장]을 클릭합니다.

05 답안 저장이 완료되면 [File(파일)]-[Exit(종료)]([Ctrl]+[Q])를 선택하여 프로그램을 종료하고 수험 프로그램에서 [답안 전송]을 클릭하여 감독관 컴퓨터로 psd와 jpg 파일을 전송합니다.

기출 유형 문제 2회

급수	버전	문제유형	시험시간	수험번호	성명
1급		A	90분	G120250002	

수 험 자 유 의 사 항

- 수험자는 문제지를 받는 즉시 응시하고자 하는 <u>과목 및 급수가 맞는지 확인</u>한 후 수험번호와 성명을 작성합니다.
- 파일명은 본인의 "수험번호–성명–문제번호"로 공백 없이 정확히 입력하고 답안폴더(내 PC₩문서₩GTQ)에 jpg 파일과 psd 파일의 2가지 포맷으로 저장해야 하며, jpg 파일과 psd 파일의 내용이 상이할 경우 0점 처리됩니다. 답안문서 파일명이 "수험번호–성명–문제번호"와 일치하지 않거나, 답안 파일을 전송하지 않아 미제출로 처리될 경우 불합격 처리됩니다.
- 문제의 세부조건은 '영문(한글)' 형식으로 표기되어 있으니 유의하시기 바랍니다.
- 수험자 정보와 저장한 파일명, 저장 위치가 다를 경우 전송이 되지 않으므로, 주의하시기 바랍니다.
- 답안 작성 중에도 <u>주기적으로 '저장'과 '답안 전송'</u>을 이용하여 감독위원 PC로 답안을 전송하셔야 합니다.(※ 작업한 내용을 <u>저장하지 않고 전송할 경우</u> 이전의 저장내용이 전송되오니 이 점 반드시 유념하시기 바랍니다.)
- 답안문서는 지정된 경로 외의 다른 보조기억장치에 저장하는 행위, 지정된 시험 시간 외에 작성된 파일을 활용한 행위, 기타 허용되지 않은 프로그램(이메일, 메신저, 게임, 네트워크 등) 이용 시 부정행위로 간주되어 자격기본법 제32조에 의거 본 시험 및 국가공인 자격시험을 2년간 응시할 수 없습니다.
- 시험 중 부주의 또는 고의로 시스템을 파손한 경우와 〈수험자 유의사항〉에 기재된 방법대로 이행하지 않아 생기는 불이익은 수험자의 책임임을 알려 드립니다.
- 시험을 완료한 수험자는 최종적으로 저장한 답안파일이 전송되었는지 확인한 후 감독위원의 지시에 따라 문제지를 제출하고 퇴실합니다.

답 안 작 성 요 령

- **온라인 답안 작성 절차**
  수험자 등록 ⇒ 시험 시작 ⇒ 답안파일 저장 ⇒ 답안 전송 ⇒ 시험 종료
- 내 PC₩문서₩GTQ₩Image폴더에 있는 그림 원본파일을 사용하여 답안을 작성하고 최종답안을 답안폴더(내 PC₩문서₩GTQ)에 저장하여 답안을 전송하시고, 이미지의 크기가 다른 경우 감점 처리됩니다.
- 배점은 총 100점으로 이루어지며, 점수는 각 문제별로 차등 배분됩니다.
- 각 문제는 주어진 〈조건〉에 따라 작성하고, 언급하지 않은 조건은 《출력형태》와 같이 작성합니다.
- 배치 등의 편의를 위해 주어진 눈금자의 단위는 '픽셀'입니다.
  그 외는 출력형태(효과, 이미지, 문자, 색상, 레이아웃, 규격 등)와 같게 작업하십시오.
- 문제 조건에 서체의 지정이 없을 경우 한글은 굴림이나 돋움, 영문은 Arial로 작업하십시오.
  (단, 그 외에 제시되지 않은 문자 속성을 기본값으로 작성하지 않은 경우는 감점 처리됩니다.)
- Image Mode(이미지 모드)는 별도의 처리조건이 없을 경우에는 RGB(8비트)로 작업하십시오.
- 모든 답안 파일은 해상도 72Pixels/Inch로 작업하십시오.
- Layer(레이어)는 각 기능별로 분할해야 하며, 임의로 합칠 경우나 각 기능에 대한 속성을 해지할 경우 해당 요소는 0점 처리됩니다.

한 국 생 산 성 본 부

문제 ❶ | **[기능평가] 고급 Tool(도구) 활용** | **20점**

▶ 합격 강의

다음의 《조건》에 따라 아래의 《출력형태》와 같이 작업하시오.

조건

원본 이미지		Part05₩기출유형문제02회₩1급−1.jpg, 1급−2.jpg, 1급−3.jpg
파일저장규칙	JPG	파일명	문서₩GTQ₩수험번호−성명−1.jpg
		크기	400×500 pixels
	PSD	파일명	문서₩GTQ₩수험번호−성명−1.psd
		크기	40×50 pixels

출력형태

1. 그림 효과

① 1급−1.jpg : 필터 − Paint Daubs(페인트 덥스/페인트 바르기)
② Save Path(패스 저장) : 골프채와 골프공 모양
③ Mask(마스크) : 골프채와 골프공 모양, 1급−2.jpg를 이용하여 작성
　레이어 스타일 − Stroke(선/획)(3px, 그라디언트(#66ff66, #ff99ff)),
　Drop Shadow(그림자 효과)
④ 1급−3.jpg : 레이어 스타일 − Bevel and Emboss(경사와 엠보스)
⑤ Shape Tool(모양 도구) :
　− 폭발 모양(#ccff66, 레이어 스타일 − Inner Shadow(내부 그림자))
　− 구름 모양(#66ccff, #99ccff, 레이어 스타일 − Inner Glow(내부 광선))

2. 문자 효과

① GOLF(Arial, Bold, 65pt, 레이어 스타일 − 그라디언트 오버레이(#ffff00, #00cc33), Drop Shadow(그림자 효과))

문제 ❷ | **[기능평가] 사진편집 응용** | **20점**

▶ 합격 강의

다음의 《조건》에 따라 아래의 《출력형태》와 같이 작업하시오.

조건

원본 이미지		Part05₩기출유형문제02회₩1급−4.jpg, 1급−5.jpg, 1급−6.jpg
파일저장규칙	JPG	파일명	문서₩GTQ₩수험번호−성명−2.jpg
		크기	400×500 pixels
	PSD	파일명	문서₩GTQ₩수험번호−성명−2.psd
		크기	40×50 pixels

출력형태

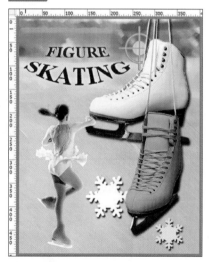

1. 그림 효과

① 1급−4.jpg : 필터 − Angled Strokes(각진 선)
② 색상 보정 : 1급−5.jpg − 보라색 계열로 보정
③ 1급−5.jpg : 레이어 스타일 − Drop Shadow(그림자 효과)
④ 1급−6.jpg : 레이어 스타일 − Inner Glow(내부 광선)
⑤ Shape Tool(모양 도구) :
　− 눈송이 모양(#ffffff, #ccffff, 레이어 스타일 − Drop Shadow(그림자
　효과))
　− 타깃 모양(#ffcccc, 레이어 스타일 − Stroke(선/획)(2px, #cc9999))

2. 문자 효과

① FIGURE SKATING(Times New Roman, Bold, 33pt, 레이어 스타일 − 그라디언트 오버레이(#990099, #003366), Outer Glow(외부 광선))

| 문제 ❸ | [실무응용] 포스터 제작 | 25점 |

▶합격 강의

다음의 《조건》에 따라 아래의 《출력형태》와 같이 작업하시오.

조건

원본 이미지		Part05₩기출유형문제02회₩1급-7.jpg, 1급-8.jpg, 1급-9.jpg, 1급-10.jpg, 1급-11.jpg	
파일저장규칙	JPG	파일명	문서₩GTQ₩수험번호-성명-3.jpg
		크기	600×400 pixels
	PSD	파일명	문서₩GTQ₩수험번호-성명-3.psd
		크기	60×40 pixels

1. 그림 효과
① 배경 : #66cccc
② 1급-7.jpg : Blending Mode(혼합 모드) – Soft Light(소프트 라이트), Opacity(불투명도)(70%)
③ 1급-8.jpg : 필터 – Texturizer(텍스처화), 레이어 마스크 – 가로 방향으로 흐릿하게
④ 1급-9.jpg : 필터 – Wind(바람), 레이어 스타일 – Inner Glow(내부 광선)
⑤ 1급-10.jpg : 레이어 스타일 – Stroke(선/획)(3px, 그라디언트(#ff99ff, #663333), Drop Shadow(그림자 효과))
⑥ 1급-11.jpg : 색상 보정 – 빨간색 계열로 보정, 레이어 스타일 – Outer Glow(외부 광선)
⑦ 그 외《출력형태》참조

2. 문자 효과
① 즐거운 스포츠 교실(돋움, 42pt, 60pt, 레이어 스타일 – Stroke(선/획)(2px, #666666), 그라디언트 오버레이(#ccff99, #66ccff, #ffccff), Drop Shadow(그림자 효과))
② TENNIS CLUB(Arial, Bold, 30pt, #ffffcc, 레이어 스타일 – Stroke(선/획)(2px, #009966))
③ 공개 강좌에 참여해 보세요!(바탕, 18pt, 레이어 스타일 – Stroke(선/획)(2px, #99ffff), 그라디언트 오버레이(#000000, #cc00ff))
④ 취미반 / 선수반 모집(바탕, 20pt, #cc0033, #006600, 레이어 스타일 – Stroke(선/획)(2px, #6699cc))

출력형태

Shape Tool(모양 도구) 사용
레이어 스타일 – Stroke(선/획)(2px, #996633),그라디언트 오버레이(#ffffff, #ffcc33)

Shape Tool(모양 도구) 사용
#cccc99, #ffffff,
레이어 스타일 – Drop Shadow(그림자 효과),
Opacity(불투명도)(60%)

Shape Tool(모양 도구) 사용
#99cc33,
레이어 스타일 – Inner Glow(내부 광선)

문제 ④　**[실무응용] 웹 페이지 제작**　　　　35점

▶ 합격 강의

다음의 《조건》에 따라 아래의 《출력형태》와 같이 작업하시오.

조건

원본 이미지		Part05₩기출유형문제02회₩1급-12.jpg, 1급-13.jpg, 1급-14.jpg, 1급-15.jpg, 1급-16.jpg, 1급-17.jpg	
파일저장규칙	JPG	파일명	문서₩GTQ₩수험번호-성명-4.jpg
		크기	600×400 pixels
	PSD	파일명	문서₩GTQ₩수험번호-성명-4.psd
		크기	60×40 pixels

1. 그림 효과

① 배경 : #99ccff

② 패턴(눈송이, 빗방울 모양) : #ffffff, #99ffff, Opacity(불투명도)(70%)

③ 1급-12.jpg : Blending Mode(혼합 모드) - Overlay(오버레이), 레이어 마스크 - 가로 방향으로 흐릿하게

④ 1급-13.jpg : 필터 - Texturizer(텍스처화), 레이어 마스크 - 대각선 방향으로 흐릿하게

⑤ 1급-14.jpg : 레이어 스타일 - Inner Shadow(내부 그림자), Inner Glow(내부 광선)

⑥ 1급-15.jpg : 필터 - Diffuse Glow(광선 확산), 레이어 스타일 - Drop Shadow(그림자 효과)

⑦ 1급-16.jpg : 색상 보정 - 녹색 계열로 보정, 레이어 스타일 - Bevel and Emboss(경사와 엠보스)

⑧ 그 외 《출력형태》참조

2. 문자 효과

① Let's Enjoy Winter Sports~(Times New Roman, Bold, 24pt, 35pt, #ccffcc, 레이어 스타일 - Stroke(선/획)(2px, 그라디언트(#ff6600, #006633), Drop Shadow(그림자 효과))

② 겨울방학특강(돋움, 40pt, 레이어 스타일 - Stroke(선/획)(2px, #000033), 그라디언트 오버레이(#ffffff, #00cccc, #ff9900))

③ 어린이 스키캠프 개강(바탕, 16pt, #ccffff, 레이어 스타일 - Stroke(선/획)(2px, #666699))

④ 특강안내 온라인예약 영상보기(돋움, 16pt, #000000, 레이어 스타일 - Stroke(선/획)(2px, #ffffff, #9999ff))

출력형태

Shape Tool(모양 도구) 사용
레이어 스타일 - 그라디언트
오버레이(#ffffff, #cc9999, #9999ff),
Stroke(선/획)(2px, #cc6600, #663366)

Shape Tool(모양 도구) 사용
#cc3366,
레이어 스타일 - Outer Glow(외부 광선)

Shape Tool(모양 도구) 사용
#99cccc, #cccc99,
레이어 스타일 - Drop Shadow(그림자 효과),
Opacity(불투명도)(80%)

Pen Tool(펜 도구) 사용
#ff6699, #993333, #999999,
레이어 스타일 - Drop Shadow(그림자 효과)

문제 01 **[기능평가] 고급 Tool(도구) 활용**

작업과정	새 작업 이미지 만들기 및 파일 저장하기 ▶ 필터 적용 ▶ 골프채와 골프공 모양 패스 생성 ▶ 클리핑 마스크 적용 후 레이어 스타일 적용 ▶ 모양 생성 및 레이어 스타일 적용 ▶ 문자 입력 및 왜곡하고 레이어 스타일 적용 ▶ 정답 파일 저장
완성이미지	Part05\기출유형문제02회\정답파일\G120250002-성명-1.jpg, G120250002-성명-1.psd

01 새 작업 이미지 만들기 및 파일 저장하기

01 [File(파일)]-[New(새로 만들기)]([Ctrl]+[N])를 선택하고 'Width(폭) : 400Pixels(픽셀), Height(높이) : 500Pixels(픽셀), Resolution(해상도) : 72Pixels/Inch(픽셀/인치), Color Mode(색상 모드) : RGB Color(RGB 색상), 8bit(비트), Background Contents(배경 내용) : White(흰색)'로 설정하여 새 작업 이미지를 만듭니다.

02 [Edit(편집)]-[Preference(환경설정)]([Ctrl]+[K])를 클릭하고 [Guides, Grid & Slices(안내선, 격자 및 분할 영역)]를 선택하여 'Color(색상)'를 클릭하여 밝은 색상으로 변경한 후 'Gridline Every(격자 간격) : 100Pixels(픽셀), Subdivisions(세분) : 1'로 설정합니다.

03 [View(보기)]-[Show(표시)]-[Grid(격자)]([Ctrl]+[']')와 [View(보기)]-[Rulers(눈금자)] ([Ctrl]+[R])를 선택하여 격자와 눈금자를 표시합니다.

04 작업 도큐먼트를 저장하기 위해 [File(파일)]-[Save As(다른 이름으로 저장)]([Shift]+[Ctrl]+[S])를 선택하고 임의 경로에 '파일 이름 : 수험번호-성명-문제번호, 파일 형식 : Photoshop(*.PSD;*.PDD;*.PSDT)'으로 파일을 저장합니다.

02 필터 적용

01 [File(파일)]-[Open(열기)]을 선택하여 1급-1.jpg를 불러옵니다. [Ctrl]+[A]를 눌러 전체를 선택한 후 [Ctrl]+[C]를 눌러 복사, 작업 이미지에 [Ctrl]+[V]로 붙여넣기를 합니다. [Ctrl]+[T]를 누른 후 [Shift]를 누른 채 크기를 축소한 후 위치를 조절하여 배치합니다.

02 [Filter(필터)]-[Filter Gallery(필터 갤러리)]-[Artistic(예술 효과)]-[Paint Daubs(페인트 덥스)]를 선택합니다.

03 골프채와 골프공 모양 패스 생성

01 Pen Tool(펜 도구, ☑)을 클릭하고 Options Bar(옵션 바)에서 'Shape(모양), Fill(칠) : 임의 색상, Stroke(획) : No Color(색상 없음), Path operations(패스 작업) : New Layer(새레이어, ☑)'로 설정한 후 모양을 그립니다.

> 🎓 **기적의 Tip**
>
> 명확하게 패스 작업이 보이도록 Layers(레이어) 패널에서 'Layer 1' 레이어의 가시성(눈 아이콘)을 끄고 작업을 진행하겠습니다. 모양 작업이 완료되면 'Layer 1' 레이어의 눈 아이콘을 다시 클릭합니다.

02 계속해서 Options Bar(옵션 바)에서 'Shape(모양), Fill(칠) : 임의 색상, Stroke(획) : No Color(색상 없음), Path operations(패스 작업) : Combine Shapes(모양 결합, ☑)'로 설정한 후 오른쪽에 모양을 그립니다.

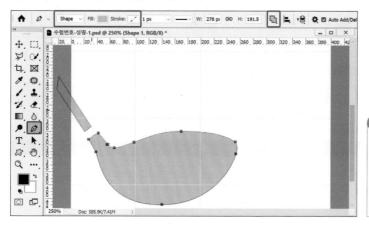

> 🎓 **기적의 Tip**
>
> 'Path operations(패스 작업) : Combine Shapes(모양 결합, ☑)'를 설정하면 동일한 레이어에 칠 색상으로 여러 모양이 그려집니다.

03 Ellipse Tool(타원 도구, 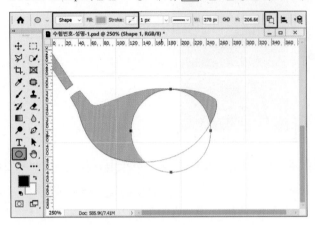)을 클릭하고 Options Bar(옵션 바)에서 'Shape(모양), Fill(칠) : 임의 색상, Stroke(획) : No Color(색상 없음), Path operations(패스 작업) : Subtract Front Shape(전면 모양 빼기, ⬚)'를 설정한 후 드래그하여 정원 모양을 겹치도록 그립니다.

> 🎓 **기적의 Tip**
>
> 작업 중인 모양의 조절점이 활성화되어 있을 때는 Options Bar(옵션 바)의 'Path operations(패스 작업)' 설정이 반영되지 않을 수도 있습니다. Enter 를 1번 눌러 패스의 조절점을 비활성 상태로 만든 후 다시 한번 Enter 를 눌러 Path operations(패스 작업)의 옵션을 변경합니다.

04 Rectangle Tool(사각형 도구, ⬚)을 클릭하고 Options Bar(옵션 바)에서 'Shape(모양), Fill(칠) : 임의 색상, Stroke(획) : No Color(색상 없음), Path operations(패스 작업) : Subtract Front Shape(전면 모양 빼기, ⬚)'를 설정한 후 드래그하여 사각형 모양을 왼쪽 모양과 겹치도록 그립니다.

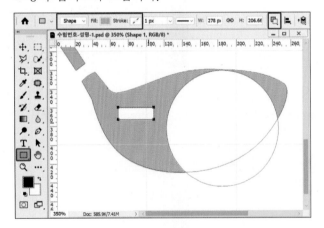

05 Path Selection Tool(패스 선택 도구, ▶)로 사각형 모양을 선택하고 Alt 를 누른 채 하단으로 드래그하여 복사합니다.

> 🎓 **기적의 Tip**
>
> Path Selection Tool(패스 선택 도구, ▶)로 복사하면 동일한 'Path operations(패스 작업)' 상태가 유지된 채로 같은 크기의 모양을 복사할 수 있습니다.

06 계속해서 동일한 방법으로 1개의 사각형을 추가로 복사하여 배치하고 [Ctrl]+[T]를 눌러 사각형의 폭만을 축소하고 [Enter]를 눌러 변형을 완료합니다.

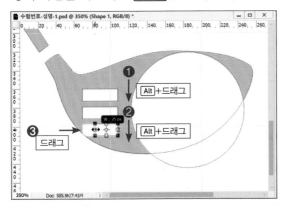

07 Path Selection Tool(패스 선택 도구, [▶])로 [Shift]를 누른 채 클릭하여 3개의 사각형 모양을 모두 선택하고 Options Bar(옵션 바)에서 'Rotate(회전, [◿]) : −7°'를 입력하고 [Enter]를 눌러 회전을 적용하고 배치합니다.

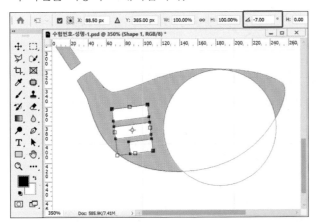

08 Ellipse Tool(타원 도구, [◯])을 선택하고 Options Bar(옵션 바)에서 'Shape(모양), Fill(칠) : 임의 색상, Stroke(획) : No Color(색상 없음), Path operations(패스 작업) : Combine Shapes(모양 결합, [⬚])'를 설정한 후 드래그하여 정원 모양을 그립니다.

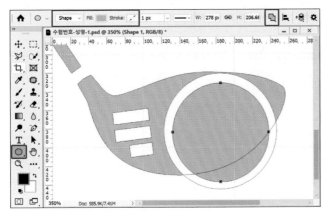

09 계속해서 Options Bar(옵션 바)에서 'Path operations(패스 작업) : Subtract Front Shape(전면 모양 빼기, ⬛)'를 설정한 후 드래그하여 큰 정원 모양과 겹치도록 작은 정원을 그립니다.

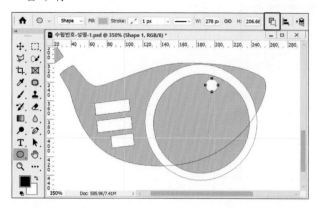

10 Path Selection Tool(패스 선택 도구, ▶)로 작은 정원 모양을 선택하고 Alt 를 누른 채 드래그하여 4개의 작은 정원 모양을 추가로 복사하고 배치합니다.

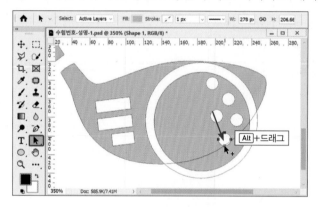

11 Rounded Rectangle Tool(모서리가 둥근 직사각형 도구, ⬜)을 클릭하고 'Shape(모양), Fill(칠) : 임의 색상, Stroke(획) : No Color(색상 없음), Path operations(패스 작업) : Combine Shapes(모양 결합, ⬛), Radius(반경) : 10px'를 설정한 후 드래그하여 큰 정원 모양의 하단과 서로 겹치도록 크기가 다른 2개의 둥근 사각형 모양을 그립니다.

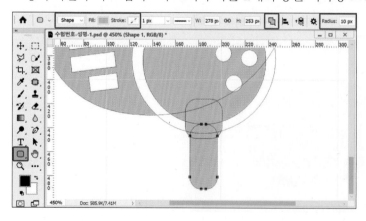

12 Ellipse Tool(타원 도구, ◎)을 클릭하고 Options Bar(옵션 바)에서 'Shape(모양), Fill(칠) : 임의 색상, Stroke(획) : No Color(색상 없음), Path operations(패스 작업) : Subtract Front Shape(전면 모양 빼기, ◑)'를 설정한 후 드래그하여 둥근 사각형의 왼쪽과 겹치도록 타원 모양을 그립니다.

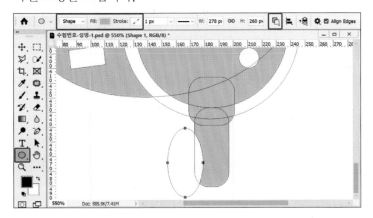

13 Path Selection Tool(패스 선택 도구, ▶)로 타원 모양을 선택하고 Alt 를 누른 채 드래그하여 오른쪽에 타원 모양을 복사하고 배치합니다.

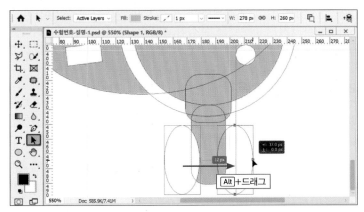

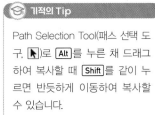

14 Options Bar(옵션 바)에서 'Path operations(패스 작업) : Merge Shape Components(모양 병합 구성 요소, ▣)'를 클릭하여 모양을 하나로 병합합니다.

15 Paths(패스) 패널에서 작업 패스 'Shape 1 Shape Path'를 더블 클릭한 후 [Save Path(패스 저장)] 대화상자에 'Name(이름) : 골프채와 골프공'으로 입력하여 패스를 저장합니다.

16 Layers(레이어) 패널에서 'Shape 1' 레이어의 이름을 더블 클릭 하여 path로 이름을 설정하고 마우스 오른쪽 버튼을 눌러 'Ras-terize Layer(레이어 래스터화)'를 클릭하여 일반 레이어로 속성 을 변환합니다.

17 Layers(레이어) 패널 하단의 'Add a layer style(레이어 스타일 추가, fx.)'을 클릭하여 [Stroke(획)]를 선택하고 'Size(크기) : 3px, Fill Type(칠 유형) : Gradient(그레이디언트)' 를 설정한 후 'Click to edit the gradient(클릭하여 그레이디언트 편집)'를 클릭합니다.

18 그레이디언트 슬라이더 왼쪽 하단의 'Color Stop(색상 정지점)'을 더블 클릭하여 #66ff66 을, 오른쪽 'Color Stop(색상 정지점)'을 더블 클릭하여 #ff99ff로 설정한 후 'Style(스타일) : Linear(선형), Angle(각도) : 180°로 설정합니다.

19 계속해서 [Drop Shadow(드롭 섀도)]를 선택하여 'Opacity(불투명도) : 75%, Angle(각도) : 120°, Distance(거리) : 10px, Size(크기) : 10px'를 설정하고 [OK(확인)]를 클릭합니다.

04 클리핑 마스크 적용 후 레이어 스타일 적용

01 [File(파일)]-[Open(열기)]을 선택하여 1급-2.jpg를 불러옵니다. Ctrl+A를 눌러 전체를 선 택하고 Ctrl+C로 복사합니다. 작업 이미지를 선택하고 Ctrl+V로 붙여넣기를 한 후 Ctrl +T를 눌러 크기를 조절하고 회전하여 'path' 레이어의 골프채와 골프공 모양 위쪽에 겹치도 록 배치합니다.

02 Layers(레이어) 패널에서 'path' 레이어와 'Layer 2' 레이어 사이에 마우스 커서를 놓고 Alt 를 누른 채 클릭하여 Clipping Mask(클리핑 마스크)를 적용합니다.

03 [File(파일)]–[Open(열기)]을 선택하여 1급-3.jpg를 불러옵니다. Object Selection Tool(개체 선택 도구, ▣)을 클릭하고 Options Bar(옵션 바)에서 'New Selection(새 선택 영역, ▣), Mode(모드) : Rectangle(사각형)'을 선택한 후 'Select Subject(피사체 선택)'를 클릭하여 이미지를 빠르게 선택합니다.

04 Options Bar(옵션 바)에서 'Select and Mask(선택 및 마스크)'를 클릭합니다. Properties(속성) 패널에서 'Radius(반경) : 1px, Smooth(매끄럽게) : 0, Feather(페더) : 0px'를 설정하고 상단 Options Bar(옵션 바)에서 'Subtract from selection(선택 영역에서 빼기, ▣), Size(크기) : 4'로 설정하고 선택 영역에서 제외할 이미지에 클릭한 후 [OK(확인)]를 클릭합니다.

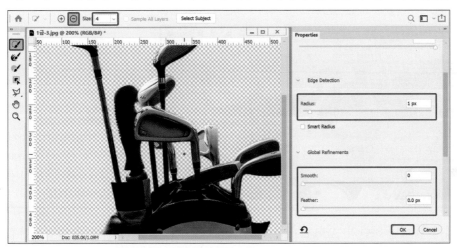

🎓 **기적의 Tip**

Options Bar(옵션 바)에서 'Add to selection(선택 영역에 추가, ▣)'을 선택하고 드래그하여 선택 영역을 추가하거나 'Subtract from selection(선택 영역에서 빼기, ▣)'으로 선택 영역에서 제외할 수 있으며 정교한 선택이 가능합니다.

05 [Ctrl]+[C]로 복사하고 작업 이미지를 선택한 후 [Ctrl]+[V]로 붙여넣기를 합니다. [Ctrl]+[T]를 눌러 크기를 축소하고 격자를 참조하여 배치합니다.

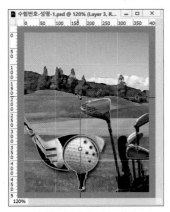

06 Layers(레이어) 패널 하단의 'Add a layer style(레이어 스타일 추가, *fx.*)'을 클릭하여 [Bevel & Emboss(경사와 엠보스)]를 선택하고 'Style(스타일) : Inner Bevel(내부 경사), Direction(방향) : Up(위로), Size(크기) : 7px'를 설정한 후 [OK(확인)]를 클릭합니다.

05 모양 생성 및 레이어 스타일 적용

01 Custom Shape Tool(사용자 정의 모양 도구, *)을 클릭하고 Options Bar(옵션 바)에서 'Shape(모양), Fill(칠) : #ccff66, Stroke(획) : No Color(색상 없음), Shape(모양) : Boom 1(폭발 1, ✸)'를 설정한 후 **Shift**를 누른 채 드래그하여 모양을 그립니다.

> **Shape 경로**
>
> [Legacy Shapes and More(레거시 모양 및 기타)]-[All Legacy Default Shapes(모든 레거시 기본 모양)]-[Symbols(기호)]

02 Layers(레이어) 패널 하단의 'Add a layer style(레이어 스타일 추가, *fx.*)'을 클릭하여 [Inner Shadow(내부 그림자)]를 선택하고 'Opacity(불투명도) : 75%, Angle(각도) : 120°, Distance(거리) : 6px, Size(크기) : 6px'를 설정한 후 [OK(확인)]를 클릭합니다. **Ctrl**+**[**를 눌러 뒤로 보내기를 하여 'Layer 3' 레이어 아래쪽으로 배치합니다.

03 Custom Shape Tool(사용자 정의 모양 도구, *)을 클릭하고 Options Bar(옵션 바)에서 'Shape(모양), Fill(칠) : #66ccff, Stroke(획) : No Color(색상 없음), Shape(모양) : Cloud 1(구름 1, ☁)'를 설정한 후 드래그하여 모양을 그립니다.

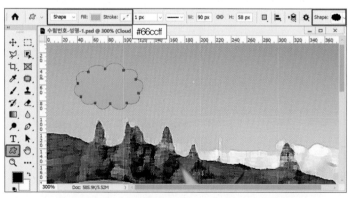

> **Shape 경로**
>
> [Legacy Shapes and More(레거시 모양 및 기타)]-[All Legacy Default Shapes(모든 레거시 기본 모양)]-[Nature(자연)]

04 Layers(레이어) 패널 하단의 'Add a layer style(레이어 스타일 추가, *fx.*)'을 클릭하여 [Inner Glow(내부 광선)]를 선택하고 'Opacity(불투명도) : 75%, Choke(경계 감소) : 0%, Size(크기) : 10px'로 설정한 후 [OK(확인)]를 클릭합니다.

05 Ctrl+J를 눌러 복사한 'Cloud 1 1 copy' 레이어를 선택하고 Ctrl+T를 눌러 크기를 확대한 후 격자를 참조하여 이동 후 배치합니다.

06 Layers(레이어) 패널에서 'Cloud1 1 copy' 레이어의 'Layer thumbnail(레이어 축소판)'을 더블 클릭하여 'Color(색상) : #99ccff'로 변경합니다.

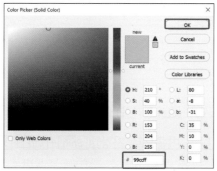

06 문자 입력 및 왜곡하고 레이어 스타일 적용

01 Horizontal Type Tool(수평 문자 도구, T)로 작업 이미지를 클릭하고 Options Bar(옵션 바)에서 'Font(글꼴) : Arial, Set font style(글꼴 스타일 설정) : Bold, Set font size(글꼴 크기) : 65pt, Color(색상) : 임의 색상'으로 설정한 후 GOLF를 입력합니다.

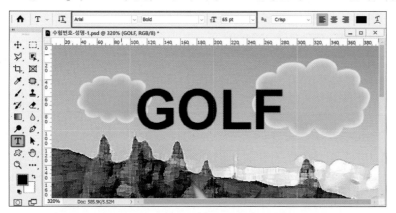

02 Options Bar(옵션 바)에서 Create warped text(뒤틀어진 텍스트 만들기, ⊥)를 클릭하고 [Warp Text(텍스트 뒤틀기)] 대화상자에서 'Style(스타일) : Arc(부채꼴), Horizontal(가로) : 체크, Bend(구부리기) : 30%, Horizontal Distortion(가로 왜곡) : 40%'를 설정한 후 문자의 모양을 왜곡합니다.

03 Layers(레이어) 패널 하단의 'Add a layer style(레이어 스타일 추가, fx.)'을 클릭하여 [Gradient Overlay(그레이디언트 오버레이)]를 선택하고 'Click to edit the gradient(클릭하여 그레이디언트 편집)'를 클릭합니다.

04 그레이디언트 슬라이더 왼쪽 하단의 'Color Stop(색상 정지점)'을 더블 클릭하여 #ffff00을, 오른쪽 'Color Stop(색상 정지점)'을 더블 클릭하여 #00cc33으로 설정한 후 'Style(스타일) : Linear(선형), Angle(각도) : 90°'로 설정합니다.

05 계속해서 [Drop Shadow(드롭 섀도)]를 선택하고 'Opacity(불투명도) : 75%, Angle(각도) : 120°, Distance(거리) : 5px, Size(크기) : 5px'를 설정한 후 [OK(확인)]를 클릭합니다. Ctrl +S를 눌러 파일을 저장합니다.

⑦ 정답 파일 저장

01 [View(보기)]−[Show(표시)]−[Grid(격자)](Ctrl+')를 선택하여 격자를 가립니다.

02 [File(파일)]−[Save As(다른 이름으로 저장)](Shift+Ctrl+S)를 선택하여 '저장 위치 : 내 PC\문서\GTQ, 파일 이름 : 수험번호−성명−문제번호, 파일 형식 : JPEG(*.JPG; *.JPEG;*.JPE)'를 입력하고 [저장]을 클릭한 후 [JPEG Options(JPEG 옵션)] 대화상자에서 'Quality(품질) : 8'로 설정하고 [OK(확인)]를 클릭합니다.

> 🎓 **기적의 Tip**
>
> Photoshop CC 2020 이후 버전에서 [Save As(다른 이름으로 저장)](Shift+Ctrl+S)로 '파일 형식 : JPEG(*.JPG;*.JPEG; *.JPE)'가 없는 경우에는 아래와 같이 저장하면 됩니다.
>
> **※ CC 버전에 따라 정답 파일을 '파일 형식 : JPEG'로 저장하기**
> • [File(파일)]−[Save As(다른 이름으로 저장)](Shift+Ctrl+S)를 선택하고 [다른 이름으로 저장] 대화상자에서 [Save A Copy(사본 저장)]를 선택합니다.
> • [File(파일)]−[Save A Copy(사본 저장)](Alt+Ctrl+S)를 선택합니다.

03 [Image(이미지)]−[Image Size(이미지 크기)](Alt+Ctrl+I)를 선택하고 'Constrain aspect ratio(종횡비 제한) : 클릭, Width(폭) : 40Pixels(픽셀), Height(높이) : 50Pixels(픽셀)'로 입력하여 이미지 크기를 1/10로 축소한 후 [OK(확인)]를 클릭합니다.

04 [File(파일)]−[Save As(다른 이름으로 저장)](Shift+Ctrl+S)를 선택하고 '저장 위치 : 내 PC\문서\GTQ, 파일 형식 : Photoshop(*.PSD;*.PDD;*.PSDT), 파일 이름 : 수험번호−성명−문제번호'를 입력한 후 [저장]을 클릭합니다.

05 답안 저장이 완료되면 [File(파일)]−[Close(닫기)](Ctrl+W)를 선택하여 파일을 닫고 수험 프로그램에서 [답안 전송]을 클릭하여 감독관 컴퓨터로 psd와 jpg 파일을 전송합니다.

작업과정	새 작업 이미지 만들기 및 파일 저장하기 ▶ 필터 적용 및 이미지 합성, 레이어 스타일 적용 ▶ 이미지 보정 및 레이어 스타일 적용 ▶ 모양 생성 및 레이어 스타일 적용 ▶ 문자 입력 및 변형, 레이어 스타일 적용 ▶ 정답 파일 저장
완성이미지	Part05₩기출유형문제02회₩정답파일₩G120250002-성명-2.jpg, G120250002-성명-2.psd

01 새 작업 이미지 만들기 및 파일 저장하기

01 [File(파일)]-[New(새로 만들기)]([Ctrl]+[N])를 선택하고 'Width(폭) : 400Pixels(픽셀), Height(높이) : 500Pixels(픽셀), Resolution(해상도) : 72Pixels/Inch(픽셀/인치), Color Mode(색상 모드) : RGB Color(RGB 색상), 8bit(비트), Background Contents(배경 내용) : White(흰색)'로 설정하여 새 작업 이미지를 만듭니다.

02 [Edit(편집)]-[Preference(환경설정)]([Ctrl]+[K])를 클릭하여 [Guides, Grid & Slices(안내선, 격자 및 분할 영역)]를 선택하고 Grid(격자)의 'Color(색상)'를 클릭하여 밝은 색상으로 변경한 후 'Gridline Every(격자 간격) : 100Pixels(픽셀), Subdivisions(세분) : 1'로 설정합니다.

03 [View(보기)]-[Show(표시)]-[Grid(격자)]([Ctrl]+[']')와 [View(보기)]-[Rulers(눈금자)]([Ctrl]+[R])를 선택하여 격자와 눈금자를 표시합니다.

04 작업 도큐먼트를 저장하기 위해 [File(파일)]-[Save As(다른 이름으로 저장)]([Shift]+[Ctrl]+[S])를 선택하고 임의 경로에 '파일 이름 : 수험번호-성명-문제번호, 파일 형식 : Photoshop(*.PSD;*.PDD;*.PSDT)'으로 파일을 저장합니다.

02 필터 적용 및 이미지 합성, 레이어 스타일 적용

01 [File(파일)]-[Open(열기)]을 선택하여 1급-4.jpg를 불러옵니다. [Ctrl]+[A]를 눌러 전체를 선택한 후 [Ctrl]+[C]를 눌러 복사하고 작업 이미지를 선택하여 [Ctrl]+[V]로 붙여넣기를 합니다. [Ctrl]+[T]를 누른 후에 [Shift]를 누른 채 크기를 축소하고 위치를 조절하여 배치합니다.

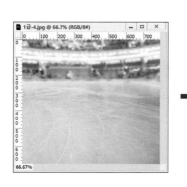 ➡

02 [Filter(필터)]–[Filter Gallery(필터 갤러리)]–[Brushes Strokes(브러시 선)]–[Angled Strokes(각진 선)]을 선택합니다.

03 [File(파일)]–[Open(열기)]을 선택하여 1급–5.jpg를 불러옵니다. Object Selection Tool(개체 선택 도구, [▦])을 클릭하고 Options Bar(옵션 바)에서 'New Selection(새 선택 영역, [▦]), Mode(모드) : Rectangle(사각형)'을 선택하고 'Select Subject(피사체 선택)'를 클릭한 후 이미지를 빠르게 선택합니다.

04 계속해서 Options Bar(옵션 바)에서 'Select and Mask(선택 및 마스크)'를 클릭하고 'Subtract from selection(선택 영역에서 빼기, [⊖]), Size(크기) : 1'을 지정하여 선택에서 제외할 배경 이미지에 드래그한 후 [OK(확인)]를 클릭합니다.

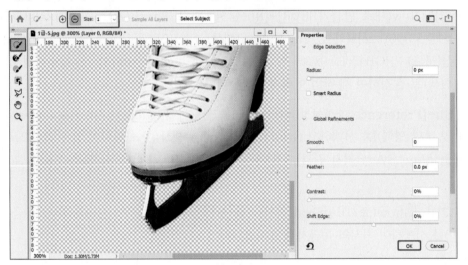

05 [Ctrl]+[C]로 복사, 작업 이미지를 선택하여 [Ctrl]+[V]로 붙여넣기를 합니다. [Ctrl]+[T]를 눌러 크기를 축소하고 시계 방향으로 회전하여 배치합니다.

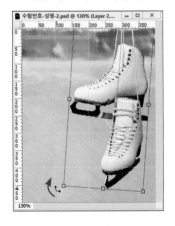

06 Layers(레이어) 패널 하단의 'Add a layer style(레이어 스타일 추가, [fx.])'을 클릭하여 [Drop Shadow(그림자)]를 선택하고 'Opacity(불투명도) : 75%, Angle(각도) : 120˚, Distance(거리) : 5px, Size(크기) : 5px'를 설정한 후 [OK(확인)]를 클릭합니다.

03 이미지 보정 및 레이어 스타일 적용

01 Quick Selection Tool(빠른 선택 도구, [아이콘])을 클릭하고 Options Bar(옵션 바)에서 'Add to selection(선택 영역에 추가, [아이콘])'을 설정한 후 브러시의 크기를 조절하며 드래그하여 하단 스케이트화 이미지를 선택합니다.

02 Layers(레이어) 패널 하단의 'Create new fill or adjustment layer(새 칠 또는 조정 레이어 생성, [아이콘])'를 클릭하고 [Hue/Saturation(색조/채도)]을 선택합니다. Properties(속성) 패널에서 'Colorize(색상화) : 체크, Hue(색조) : 308, Saturation(채도) : 70, Lightness(명도) : −15'로 설정하여 보라색 계열로 보정합니다.

03 [File(파일)]−[Open(열기)]을 선택하여 1급−6.jpg를 불러옵니다. Quick Selection Tool(빠른 선택 도구, [아이콘])을 클릭하고 Options Bar(옵션 바)에서 'Select Subject(피사체 선택)'를 클릭하여 이미지를 빠르게 선택합니다.

04 계속해서 Options Bar(옵션 바)에서 Add to selection(선택 영역에 추가, [아이콘])과 Subtract from selection(선택 영역에서 빼기, [아이콘])을 각각 설정한 후 브러시의 크기를 조절하며 드래그하여 선택을 정교하게 합니다.

> 🎓 **기적의 Tip**
> - Quick Selection Tool(빠른 선택 도구, [아이콘])의 브러시 크기는 []]를 눌러 크기를 확대하거나 [[]를 눌러 축소할 수 있습니다.
> - [Caps Lock]이 켜져 있으면 ⊕로 표시되어 브러시의 크기를 파악할 수 없으므로 [Caps Lock]을 눌러 꺼줍니다.

05 ⌈Ctrl⌉+⌈C⌉로 복사하여 작업 이미지를 선택하고 ⌈Ctrl⌉+⌈V⌉로 붙여넣기를 합니다. ⌈Ctrl⌉+⌈T⌉를 누르고 마우스 오른쪽 버튼을 클릭하여 [Flip Horizontal(가로로 뒤집기)]로 뒤집은 후 ⌈Shift⌉를 누른 채 크기를 축소하여 배치합니다.

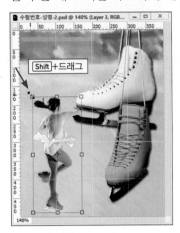

06 Layers(레이어) 패널 하단의 'Add a layer style(레이어 스타일 추가, fx.)'을 클릭하여 [Inner Glow(내부 광선)]를 선택하고 'Opacity(불투명도) : 75%, Choke(경계 감소) : 0%, Size(크기) : 10px'로 설정한 후 [OK(확인)]를 클릭합니다.

04 모양 생성 및 레이어 스타일 적용

01 Layers(레이어) 패널에서 'Layer 1' 레이어를 선택합니다.

02 Custom Shape Tool(사용자 정의 모양 도구, ☒)을 클릭하고 Options Bar(옵션 바)에서 'Shape(모양), Fill(칠) : #ffcccc, Stroke(획) : No Color(색상 없음), Shape(모양) : Registration Target 1(등록 대상 1, ◉)'을 설정한 후 ⌈Shift⌉를 누른 채 드래그하여 모양을 그립니다.

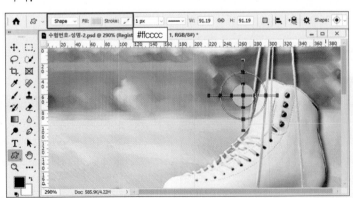

> **Shape 경로**
>
> [Legacy Shapes and More(레거시 모양 및 기타)]–[All Legacy Default Shapes(모든 레거시 기본 모양)]–[Symbols(기호)]

03 Layers(레이어) 패널 하단에 'Add a layer style(레이어 스타일 추가, fx.)'을 클릭하여 [Stroke(획)]를 선택하고 'Size(크기) : 2px, Color(색상) : #cc9999'로 설정한 후 [OK(확인)]를 클릭합니다.

04 Custom Shape Tool(사용자 정의 모양 도구, 🔷)을 클릭하고 Options Bar(옵션 바)에서 'Shape(모양), Fill(칠) : #ffffff, Stroke(획) : No Color(색상 없음), Shape(모양) : Snow-flake 2(눈송이 2, ❄)'를 설정한 후 [Shift]를 누른 채 드래그하여 모양을 그립니다.

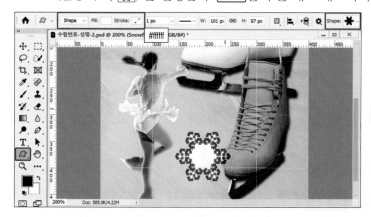

Shape 경로

[Legacy Shapes and More(레거시 모양 및 기타)]-[All Legacy Default Shapes(모든 레거시 기본 모양)]-[Nature(자연)]

🎓 **기적의 Tip**

연속해서 사용자 정의 모양 도구로 그릴 때 Fill(칠) 설정하기

Options Bar(옵션 바)에서 목록 단추를 눌러 제시된 Shape(모양)을 선택하여 그린 후에 Layers(레이어) 패널에서 'Layer thumbnail(레이어 축소판)'을 더블 클릭하여 Fill(칠)을 변경합니다.

---

05 Layers(레이어) 패널 하단의 'Add a layer style(레이어 스타일 추가, fx)'을 클릭하여 [Drop Shadow(내부 그림자)]를 선택하고 'Opacity(불투명도) : 75%, Angle(각도) : 120°, Distance(거리) : 3px, Size(크기) : 3px'를 설정한 후 [OK(확인)]를 클릭합니다.

06 [Ctrl]+[J]를 눌러 복사한 레이어를 만든 후 [Ctrl]+[T]를 눌러 [Shift]를 누른 채 크기를 축소하고 Options Bar(옵션 바)에서 'Rotate(회전, △) : 30°'를 입력한 후 [Enter]를 눌러 회전 후 배치합니다.

07 Layers(레이어) 패널에서 'Snowflake 2 1 copy' 레이어의 'Layer thumbnail(레이어 축소판)'을 더블 클릭하여 'Color(색상) : #ccffff'로 설정하고 [OK(확인)]를 클릭합니다.

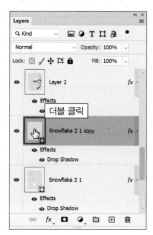

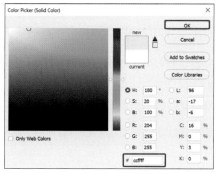

05 문자 입력 및 변형, 레이어 스타일 적용

01 Horizontal Type Tool(수평 문자 도구, T)로 작업 이미지를 클릭하고 Options Bar(옵션 바)에서 'Font(글꼴) : Times New Roman, Set font style(글꼴 스타일 설정) : Bold, Set font size(글꼴 크기) : 33pt, Center text(텍스트 중앙 정렬, ≡), Color(색상) : 임의 색상'으로 설정한 후 FIGURE SKATING을 입력합니다.

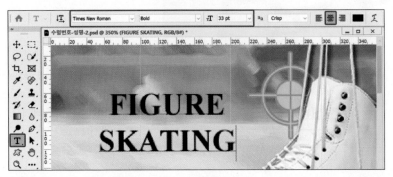

02 Options Bar(옵션 바)에서 Create warped text(뒤틀어진 텍스트 만들기, ⊥)를 클릭하여 [Warp Text(텍스트 뒤틀기)] 대화상자에서 'Style(스타일) : Shell Lower(아래가 넓은 조개), Horizontal(가로) : 체크, Bend(구부리기) : 50%'를 설정하여 문자의 모양을 왜곡합니다.

03 Layers(레이어) 패널 하단의 'Add a layer style(레이어 스타일 추가, fx.)'을 클릭하여 [Gradient Overlay(그레이디언트 오버레이)]를 선택하고 'Click to edit the gradient(클릭하여 그레이디언트 편집)'를 클릭합니다.

04 그레이디언트 슬라이더 왼쪽 하단의 'Color Stop(색상 정지점)'을 더블 클릭하여 #990099를, 오른쪽 'Color Stop(색상 정지점)'을 더블 클릭하여 #003366으로 설정한 후 'Style(스타일) : Linear(선형), Angle(각도) : −90˚'로 설정합니다.

05 계속해서 [Outer Glow(외부 광선)]를 선택하고 'Opacity(불투명도) : 75%, Spread(스프레드) : 0%, Size(크기) : 10px'로 설정한 후 [OK(확인)]를 클릭합니다. Ctrl + S를 눌러 파일을 저장합니다.

06 정답 파일 저장

01 [View(보기)]−[Show(표시)]−[Grid(격자)](Ctrl + ')를 선택하여 격자를 가립니다.

02 [File(파일)]−[Save As(다른 이름으로 저장)](Shift + Ctrl + S)를 선택하고 '저장 위치 : 내 PC₩문서₩GTQ, 파일 형식 : JPEG(*.JPG;*.JPEG;*.JPE), 파일 이름 : 수험번호−성명−문제번호'를 입력하여 [저장]을 클릭한 후 [JPEG Options(JPEG 옵션)] 대화상자에서 'Quality(품질) : 8'로 설정한 후 [OK(확인)]를 클릭합니다.

03 [Image(이미지)]-[Image Size(이미지 크기)]([Alt]+[Ctrl]+[I])를 선택하고 'Constrain aspect ratio(종횡비 제한) : 클릭, Width(폭) : 40Pixels(픽셀), Height(높이) : 50Pixels(픽셀)'로 입력하여 이미지 크기를 1/10로 축소한 후 [OK(확인)]를 클릭합니다.

04 [File(파일)]-[Save As(다른 이름으로 저장)]([Shift]+[Ctrl]+[S])를 선택하고 '저장 위치 : 내 PC\문서\GTQ, 파일 형식 : Photoshop(*.PSD;*.PDD;*.PSDT), 파일 이름 : 수험번호-성명-문제번호'를 입력한 후 [저장]을 클릭합니다.

05 답안 저장이 완료되면 [File(파일)]-[Close(닫기)]([Ctrl]+[W])를 선택하여 파일을 닫고 수험 프로그램에서 [답안 전송]을 클릭하여 감독관 컴퓨터로 psd와 jpg 파일을 전송합니다.

CHAPTER 02
문제 03 [실무응용] 포스터 제작

작업과정	새 작업 이미지 만들기 및 파일 저장하기 ▶ 혼합 모드와 필터 및 레이어 마스크 적용 ▶ 클리핑 마스크 및 레이어 스타일, 필터 적용 ▶ 이미지 보정 및 레이어 스타일 적용 ▶ 모양 생성 및 레이어 스타일 적용 ▶ 문자 입력 및 왜곡과 레이어 스타일 적용 ▶ 정답 파일 저장
완성이미지	Part05\기출유형문제02회\정답파일\G120250002-성명-3.jpg, G120250002-성명-3.psd

01 새 작업 이미지 만들기 및 파일 저장하기

01 [File(파일)]-[New(새로 만들기)]([Ctrl]+[N])를 선택하고 'Width(폭) : 600Pixels(픽셀), Height(높이) : 400Pixels(픽셀), Resolution(해상도) : 72Pixels/Inch(픽셀/인치), Color Mode(색상 모드) : RGB Color(RGB 색상), 8bit(비트), Background Contents(배경 내용) : White(흰색)'로 설정하여 새 작업 이미지를 만듭니다.

02 [Edit(편집)]-[Preference(환경설정)]([Ctrl]+[K])를 클릭하고 [Guides, Grid & Slices(안내선, 격자 및 분할 영역)]를 선택하여 Grid(격자)의 'Color(색상)'를 클릭하여 밝은 색상으로 변경한 후 'Gridline Every(격자 간격) : 100Pixels(픽셀), Subdivisions(세분) : 1'로 설정합니다.

03 [View(보기)]-[Show(표시)]-[Grid(격자)]([Ctrl]+[']')와 [View(보기)]-[Rulers(눈금자)]([Ctrl]+[R])를 선택하여 격자와 눈금자를 표시합니다.

04 작업 도큐먼트를 저장하기 위해 [File(파일)]-[Save As(다른 이름으로 저장)]([Shift]+[Ctrl]+[S])를 선택하고 임의 경로에 '파일 이름 : 수험번호-성명-문제번호, 파일 형식 : Photoshop(*.PSD;*.PDD;*.PSDT)'으로 파일을 저장합니다.

01 Tool Panel(도구 패널) 하단의 'Set foreground color(전경색 설정)'를 클릭하여 # 오른쪽 입력란에 66cccc로 입력한 후, Alt + Delete 를 눌러 제시된 Foreground Color(전경색)를 작업 이미지의 배경에 채웁니다.

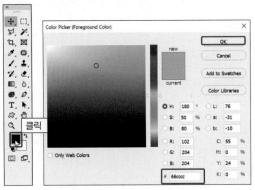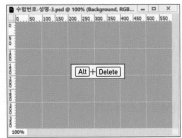

02 [File(파일)]-[Open(열기)]을 선택하여 1급-7.jpg를 불러온 후 Ctrl + A 를 눌러 전체를 선택하고 Ctrl + C 를 눌러 복사 후, 작업 이미지에 Ctrl + V 로 붙여넣기를 합니다. Ctrl + T 를 눌러 [Flip Horizontal(가로로 뒤집기)]로 뒤집은 후 크기를 축소하여 배치합니다.

03 Layers(레이어) 패널에서 'Blending Mode(혼합 모드) : Soft Light(소프트 라이트), Opacity(불투명도) : 70%'을 설정하여 배경과 합성합니다.

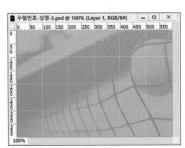

04 [File(파일)]-[Open(열기)]을 선택하여 1급-8.jpg를 불러옵니다. Ctrl + A 를 눌러 전체를 선택한 후 Ctrl + C 를 눌러 복사합니다. 작업 이미지를 선택하여 Ctrl + V 로 붙여넣기를 하고 Ctrl + T 를 눌러 Shift 를 누른 채 크기를 축소하여 배치합니다.

05 [Filter(필터)]-[Filter Gallery(필터 갤러리)]-[Texture(텍스처)]-[Texturizer(텍스처화)]를 선택합니다.

06 Layers(레이어) 패널 하단의 'Add layer mask(레이어 마스크 추가, ▣)'를 클릭하여 레이어 마스크를 추가합니다.

07 Tool Panel(도구 패널) 하단의 'Set foreground color(전경색 설정)'를 #000000, 'Set background color(배경색 설정)'를 #ffffff로 설정합니다. Gradient Tool(그레이디언트 도구, )을 클릭하고 Options Bar(옵션 바)에서 'Type(유형) : Linear Gradient(선형 그레이디언트), Mode(모드) : Normal(표준), Opacity(불투명도) : 100%'로 설정한 후 Shift를 누른 채 오른쪽에서 왼쪽 가로 방향으로 드래그하여 이미지 일부를 자연스럽게 지워 합성합니다.

🔘 클리핑 마스크 및 레이어 스타일, 필터 적용

01 [File(파일)]-[Open(열기)]을 선택하여 1급-10.jpg를 불러옵니다. Magic Wand Tool(자동 선택 도구, ✦)을 클릭하고 Options Bar(옵션 바)에서 'Add to selection(선택 영역에 추가, ⬚), Tolerance(허용치) : 5, Anti-alias(앤티 앨리어스) : 체크, Contiguous(인접) : 체크'를 설정한 후 흰색 배경 부분을 각각 클릭하여 선택합니다.

02 Shift+Ctrl+I를 눌러 선택을 반전하고 Ctrl+C를 눌러 복사한 후 작업 이미지를 선택하여 Ctrl+V로 붙여넣기를 합니다. Ctrl+T를 눌러 마우스 오른쪽 버튼을 누르고 [Flip Horizontal(가로로 뒤집기)]로 뒤집은 후 크기를 축소하고 Options Bar(옵션 바)에서 'Rotate(회전, ⊿) : -102°'를 입력하고 Enter를 눌러 회전하여 배치합니다.

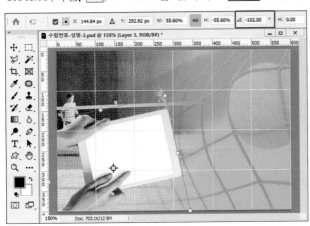

03 Pen Tool(펜 도구, 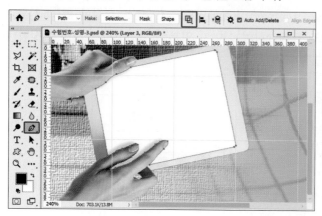)을 클릭하고 Options Bar(옵션 바)에서 'Path(패스), Path opera
tions(패스 작업) : Exclude Overlapping Shapes(모양 오버랩 제외,)'를 클릭하고 패드
안쪽의 액정 화면을 따라 닫힌 패스를 완료합니다.

> 🎓 **기적의 Tip**
>
> 손가락 사이의 그림자 부분까지 깔끔하게
> 선택하기 위해 Path(패스)로 작업합니다.

04 패스가 완료되면 `Ctrl`+`Enter`를 눌러 선택 상태로 전환하고 `Ctrl`+`J`를 눌러 'Layer 3' 레이
어의 선택된 이미지를 복사합니다.

05 [File(파일)]−[Open(열기)]을 선택하여 1급−9.jpg를 불러옵니다. `Ctrl`+`A`를 눌러 전체를 선
택한 후 `Ctrl`+`C`를 눌러 복사합니다. 작업 이미지를 선택하여 `Ctrl`+`V`로 붙여넣기를 하고
`Ctrl`+`T`를 눌러 `Shift`를 누른 채 크기를 축소하고 'Layer 4' 레이어와 겹치도록 배치합니다.

06 [Filter(필터)]−[Stylize(스타일화)]−[Wind(바람)]를 선택하고 'Method(방법) : Wind(바람),
Direction(방향) : From the Left(왼쪽에서)'을 설정한 후 [OK(확인)]를 클릭합니다.

07 Layers(레이어) 패널에서 'Layer 4'과 'Layer 5' 레이어 사이에 마우스 커서를 놓고 `Alt`를
누르고 클릭하여 Clipping Mask(클리핑 마스크)를 적용합니다. 'Layer 5' 레이어를 선택한
후 `Ctrl`+`T`를 눌러 반시계 방향으로 회전하여 배치합니다.

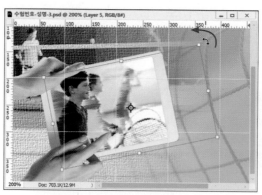

> 🎓 **기적의 Tip**
>
> Clipping Mask(클리핑 마스크)를 적용할 때는 반드시 'Layer 4' 레이어 바로 위에 이미지 레이어를 배치해야 합니다.

08 Layers(레이어) 패널에서 'Layer 4' 레이어를 선택합니다. Layers(레이어) 패널 하단의 'Add a layer style(레이어 스타일 추가, *fx.*)'을 클릭하여 [Inner Glow(내부 광선)]를 선택하고 'Opacity(불투명도) : 75%, Choke(경계 감소) : 0%, Size(크기) : 10px'로 설정한 후 [OK(확인)]를 클릭합니다.

09 Layers(레이어) 패널에서 'Layer 3' 레이어를 선택합니다. Layers(레이어) 패널 하단의 'Add a layer style(레이어 스타일 추가, *fx.*)'을 클릭하여 [Stroke(획)]를 선택하고 'Size(크기) : 3px, Fill Type(칠 유형) : Gradient(그레이디언트)'를 설정합니다. 'Click to edit the gradient(클릭하여 그레이디언트 편집)'를 클릭합니다.

10 그레이디언트 슬라이더 왼쪽 하단의 'Color Stop(색상 정지점)'을 더블 클릭하여 #ff99ff를, 오른쪽 'Color Stop(색상 정지점)'을 더블 클릭하여 #663333으로 설정한 후 'Style(스타일) : Linear(선형), Angle(각도) : −45°'로 설정합니다.

11 계속해서 [Drop Shadow(드롭 섀도)]를 선택하여 'Opacity(불투명도) : 75%, Angle(각도) : 120°, Distance(거리) : 10px, Spread(스프레드) : 0%, Size(크기) : 10px'를 설정한 후 [OK(확인)]를 클릭합니다.

⓸ 이미지 보정 및 레이어 스타일 적용

01 [File(파일)]−[Open(열기)]을 선택하여 1급−11.jpg를 불러옵니다. Rectangular Marquee Tool(사각형 선택 윤곽 도구, [□])을 클릭하고 Options Bar(옵션 바)에서 'New Selection(새 선택 영역, [■]), Feather(페더) : 0px, Style(스타일) : Normal(표준)'을 설정한 후 테니스 선수 이미지에 드래그합니다.

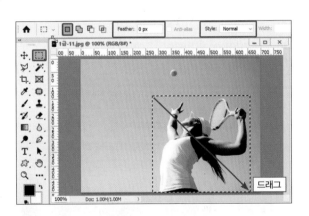

02 Magic Wand Tool(자동 선택 도구, [✦])을 클릭하고 Options Bar(옵션 바)에서 'Subtract from selection(선택 영역에서 빼기, [✦]), Tolerance(허용치) : 20, Anti−alias(앤티 앨리어스) : 체크, Contiguous(인접) : 체크'를 설정한 후 선택에서 제외할 배경 이미지를 여러 번 클릭합니다.

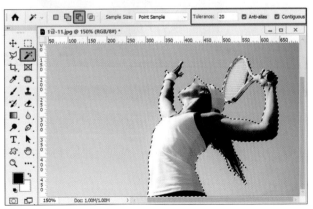

03 Ctrl+C를 눌러 복사하여 작업 이미지를 선택하고 Layers(레이어) 패널에서 'Layer 5' 레이어를 선택한 후 Ctrl+V로 붙여넣기를 합니다. Ctrl+T를 눌러 크기를 축소하고 Options Bar(옵션 바)에서 'Rotate(회전, ⊿) : −30°'를 입력한 후 Enter를 눌러 회전을 적용하고 배치합니다.

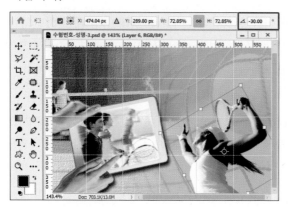

04 Layers(레이어) 패널 하단의 'Add a layer style(레이어 스타일 추가, fx.)'을 클릭하여 [Outer Glow(외부 광선)]를 선택하고 'Opacity(불투명도) : 75%, Spread(스프레드) : 0%, Size(크기) : 10px'로 설정하고 [OK(확인)]를 클릭합니다.

05 Layers(레이어) 패널에서 Ctrl을 누른 채 'Layer 6' 레이어의 'Layer thumbnail(레이어 축소판)'을 클릭하여 이미지를 선택합니다.

06 Polygonal Lasso Tool(다각형 올가미 도구, ⊠)을 클릭하고 Options Bar(옵션 바)에서 'Intersect with selection(선택 교차 영역 남기기, ⊡), Feather(페더) : 0px'를 설정한 후 손목 밴드와 모자 이미지에 겹치도록 클릭합니다.

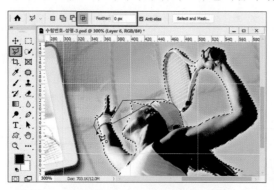 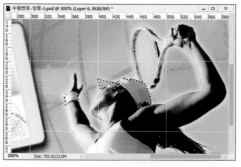

🎓 **기적의 Tip**

Polygonal Lasso Tool(다각형 올가미 도구, ⊠)은 다각형 형태의 영역을 클릭하여 선택하는 도구로 더블 클릭하여 선택을 완료합니다.

07 Layers(레이어) 패널 하단의 'Create new fill or adjustment layer(새 칠 또는 조정 레이어 생성, ◉)'를 클릭하고 [Hue/Saturation(색조/채도)]을 선택합니다. Properties(속성) 패널에서 'Colorize(색상화) : 체크, Hue(색조) : 10, Saturation(채도) : 86, Lightness(명도) : −15'로 설정한 후 빨간색 계열로 보정합니다.

⑤ 모양 생성 및 레이어 스타일 적용

01 Layers(레이어) 패널에서 'Layer 2' 레이어를 선택합니다.

02 Custom Shape Tool(사용자 정의 모양 도구, ▧)을 클릭하고 Options Bar(옵션 바)에서 'Shape(모양), Fill(칠) : 임의 색상, Stroke(획) : No Color(색상 없음), Shape(모양) : Trophy(트로피, ▨)'를 설정한 후 Shift 를 누른 채 드래그하여 모양을 그립니다.

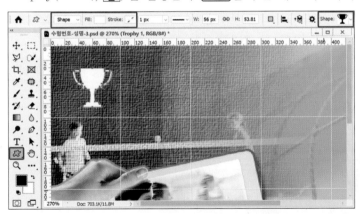

> **Shape 경로**
>
> [Legacy Shapes and More(레거시 모양 및 기타)]–[All Legacy Default Shapes(모든 레거시 기본 모양)]–[Banners and Awards(배너 및 상장)]

03 Layers(레이어) 패널 하단의 'Add a layer style(레이어 스타일 추가, fx)'을 클릭하여 [Stroke(획)]를 선택하고 'Size(크기) : 2px, Color(색상) : #996633'으로 설정합니다. 계속해서 [Gradient Overlay(그레이디언트 오버레이)]를 선택하고 'Click to edit the gradient(클릭하여 그레이디언트 편집)'를 클릭합니다.

04 그레이디언트 슬라이더 왼쪽 하단의 'Color Stop(색상 정지점)'을 더블 클릭하여 #ffffff를, 오른쪽 'Color Stop(색상 정지점)'을 더블 클릭하여 #ffcc33, Location(위치) : 70%'를 설정합니다. 계속해서 'Style(스타일) : Linear(선형), Angle(각도) : −90°로 설정한 후 [OK(확인)]를 클릭합니다.

> 🎓 **기적의 Tip**
>
> 문제지의 《출력형태》를 참조하여 'Color Stop(색상 정지점)'의 'Location(위치)'을 설정합니다.

05 Custom Shape Tool(사용자 정의 모양 도구, ⚙)을 클릭하고 Options Bar(옵션 바)에서 'Shape(모양), Fill(칠) : #99cc33, Stroke(획) : No Color(색상 없음), Shape(모양) : tennisball(테니스공, ⬤)'을 설정한 후 [Shift]를 누르고 모양을 그립니다.

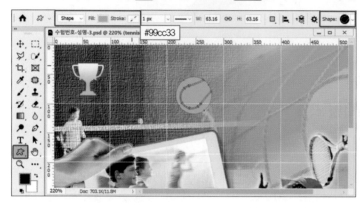

> **Shape 경로**
>
> [Legacy Shapes and More(레거시 모양 및 기타)]−[2019 Shapes (2019 모양)]−[Sports Equipment (스포츠 장비)]

06 Layers(레이어) 패널 하단의 'Add a layer style(레이어 스타일 추가, *fx.*)'을 클릭하여 [Inner Glow(내부 광선)]를 선택하고 'Opacity(불투명도) : 75%, Choke(경계 감소) : 0%, Size(크기) : 7px'로 설정한 후 [OK(확인)]를 클릭합니다.

07 Custom Shape Tool(사용자 정의 모양 도구, ⚙)을 클릭하고 Options Bar(옵션 바)에서 'Shape(모양), Fill(칠) : #ffffff, Stroke(획) : No Color(색상 없음), Shape(모양) : Tennis 3(테니스 3, 🎾)'을 설정한 후 [Shift]를 누르고 모양을 그립니다.

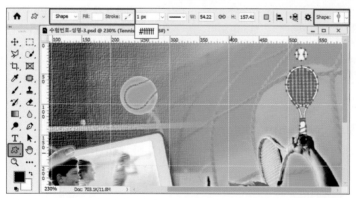

> **Shape 경로**
>
> [Legacy Shapes and More(레거시 모양 및 기타)]−[2019 Shapes (2019 모양)]−[Sports Equipment (스포츠 장비)]

08 Layers(레이어) 패널 하단의 'Add a layer style(레이어 스타일 추가, _fx._)'을 클릭하여 [Drop Shadow(그림자)]를 선택하고 'Opacity(불투명도) : 75%, Angle(각도) : 120°, Distance(거리) : 5px, Size(크기) : 5px'를 설정한 후 [OK(확인)]를 클릭합니다.

09 Layers(레이어) 패널 상단의 'Opacity(불투명도) : 60%'를 설정합니다. [Ctrl]+[T]를 눌러 Options Bar(옵션 바)에서 'Rotate(회전, _△_) : −60°'를 입력하고 [Enter]를 눌러 회전을 적용한 후 배치합니다.

 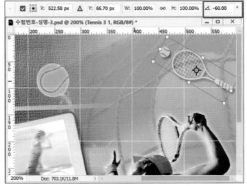

10 [Ctrl]+[J]를 눌러 복사한 'Tennis 3 1 copy' 레이어의 'Layer thumbnail(레이어 축소판)'을 더블 클릭하여 Color Picker(색상 픽커)에서 'Color(색상) : #cccc99'로 설정한 후 [OK(확인)]를 클릭합니다. 계속해서 [Ctrl]+[T]를 눌러 크기 조절과 회전을 하고 배치합니다.

06 문자 입력 및 왜곡과 레이어 스타일 적용

01 Horizontal Type Tool(수평 문자 도구, [T])로 작업 이미지를 클릭하고 Options Bar(옵션 바)에서 'Font(글꼴) : 돋움, Set font size(글꼴 크기) : 42pt, Set anti-aliasing method(앤티 앨리어싱 방법 설정) : Strong(강하게), Color(색상) : 임의 색상'으로 설정한 후 즐거운 스포츠 교실을 입력합니다.

02 Horizontal Type Tool(수평 문자 도구, [T])로 '스포츠 교실' 문자를 드래그하여 선택하고 Options Bar(옵션 바)에서 'Set font size(글꼴 크기) : 60pt'로 설정합니다.

03 Options Bar(옵션 바)에서 Create warped text(뒤틀어진 텍스트 만들기, ⬚)를 클릭하고 [Warp Text(텍스트 뒤틀기)] 대화상자에서 'Style(스타일) : Flag(깃발), Horizontal(가로) : 체크, Bend(구부리기) : 60%'를 설정하여 문자의 모양을 왜곡합니다.

04 Layers(레이어) 패널 하단의 'Add a layer style(레이어 스타일 추가, ⬚)'을 클릭하여 [Stroke(획)]를 선택하고 'Size(크기) : 2px, Color(색상) : #666666'으로 설정합니다. 계속 해서 [Gradient Overlay(그레이디언트 오버레이)]를 선택하고 'Click to edit the gradient(클릭하여 그레이디언트 편집)'를 클릭합니다.

05 그레이디언트 슬라이더 왼쪽 하단의 'Color Stop(색상 정지점)'을 더블 클릭하여 #ccff99로 설 정하고 가운데 빈 곳을 클릭하여 'Color Stop(색상 정지점)'을 추가 후 더블 클릭하여 #66ccff 를 설정합니다. 계속해서 오른쪽 'Color Stop(색상 정지점)'을 더블 클릭하여 #ffccff로 설정하 고 'Style(스타일) : Linear(선형), Angle(각도) : 0°'로 설정합니다. 이후 [Drop Shadow(드 롭 섀도)]를 선택한 후 [OK(확인)]를 클릭합니다.

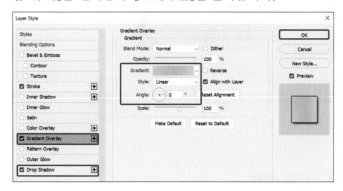

06 Horizontal Type Tool(수평 문자 도구, T)로 작업 이미지를 클릭하고 Options Bar(옵션 바)에서 'Font(글꼴) : Arial, Set font style(글꼴 스타일 설정) : Bold, Set font size(글꼴 크기) : 30pt, Color(색상) : #ffffcc'로 설정한 후 TENNIS CLUB을 입력합니다.

07 Options Bar(옵션 바)에서 Create warped text(뒤틀어진 텍스트 만들기, ⬚)를 클릭하고 [Warp Text(텍스트 뒤틀기)] 대화상자에서 'Style(스타일) : Arc(부채꼴), Horizontal(가로) : 체크, Bend(구부리기) : −40%, Horizontal Distortion(가로 왜곡) : 50%'를 설정하여 문 자의 모양을 왜곡합니다

🎓 **기적의 Tip**

문제지의 《출력형태》를 참조하여 'Horizontal Distortion(가로 왜곡)'의 정도를 설정한 후 문자를 왜곡합니다.

08 Layers(레이어) 패널 하단의 'Add a layer style(레이어 스타일 추가, ⬚)'을 클릭하여 [Stroke(획)]를 선택하고 'Size(크기) : 2px, Color(색상) : #009966'으로 설정합니다. Shift +Ctrl+] 를 눌러 맨 앞으로 가져오기를 통해 'Hue/Saturation 1' 레이어 위쪽으로 배치합니다.

09 Horizontal Type Tool(수평 문자 도구, [T])로 작업 이미지를 클릭하고 Options Bar(옵션 바)에서 'Font(글꼴) : 바탕, Set font size(글꼴 크기) : 18pt, Set anti-aliasing method(앤티 앨리어싱 방법 설정) : Strong(강하게), Color(색상) : 임의 색상'으로 설정한 후 공개 강좌에 참여해 보세요!를 입력합니다.

10 Layers(레이어) 패널 하단의 'Add a layer style(레이어 스타일 추가, [fx.])'을 클릭하여 [Stroke(획)]를 선택하고 'Size(크기) : 2px, Color(색상) : #99ffff'로 설정합니다.

11 계속해서 [Gradient Overlay(그레이디언트 오버레이)]를 선택하고 'Click to edit the gradient(클릭하여 그레이디언트 편집)'를 클릭합니다. 그레이디언트 슬라이더 왼쪽 하단의 'Color Stop(색상 정지점)'을 더블 클릭하여 #000000을, 오른쪽 'Color Stop(색상 정지점)'을 더블 클릭하여 #cc00ff로 설정하고 'Style(스타일) : Linear(선형), Angle(각도) : 0°'로 설정한 후 [OK(확인)]를 클릭합니다.

12 Horizontal Type Tool(수평 문자 도구, [T])로 작업 이미지를 클릭하고 Options Bar(옵션 바)에서 'Font(글꼴) : 바탕, Set font size(글꼴 크기) : 20pt, Set anti-aliasing method(앤티 앨리어싱 방법 설정) : Strong(강하게), Color(색상) : #cc0033'으로 설정한 후 취미반 / 선수반 모집을 입력합니다.

13 Horizontal Type Tool(수평 문자 도구, [T])로 '선수반 모집' 문자를 드래그하여 선택하고 Options Bar(옵션 바)에서 'Color(색상) : #006600'을 설정합니다.

14 Layers(레이어) 패널 하단의 'Add a layer style(레이어 스타일 추가, ___fx.___)'을 클릭하여 [Stroke(획)]를 선택하고 'Size(크기) : 2px, Color(색상) : #6699cc'로 설정한 후 [OK(확인)]를 클릭합니다. ___Ctrl___+___S___를 눌러 파일을 저장합니다.

❼ 정답 파일 저장

01 [View(보기)]–[Show(표시)]–[Grid(격자)](___Ctrl___+___'___)를 선택하여 격자를 가립니다.

02 [File(파일)]–[Save As(다른 이름으로 저장)](___Shift___+___Ctrl___+___S___)를 선택하고 '저장 위치 : 내 PC\문서\GTQ, 파일 형식 : JPEG(*.JPG;*.JPEG;*.JPE), 파일 이름 : 수험번호–성명–문제번호'를 입력하고 [저장]을 클릭한 후 [JPEG Options(JPEG 옵션)] 대화상자에서 'Quality(품질) : 8'로 설정하고 [OK(확인)]를 클릭합니다.

03 [Image(이미지)]–[Image Size(이미지 크기)](___Alt___+___Ctrl___+___I___)를 선택하고 'Constrain aspect ratio(종횡비 제한) : 클릭, Width(폭) : 60Pixels(픽셀), Height(높이) : 40Pixels(픽셀)'로 입력하여 이미지 크기를 1/10로 축소한 후 [OK(확인)]를 클릭합니다.

04 [File(파일)]–[Save As(다른 이름으로 저장)](___Shift___+___Ctrl___+___S___)를 선택하고 '저장 위치 : 내 PC\문서\GTQ, 파일 형식 : Photoshop(*.PSD;*.PDD;*.PSDT), 파일 이름 : 수험번호–성명–문제번호'를 입력한 후 [저장]을 클릭합니다.

05 답안 저장이 완료되면 [File(파일)]–[Close(닫기)](___Ctrl___+___W___)를 선택하여 파일을 닫고 수험 프로그램에서 [답안 전송]을 클릭하여 감독관 컴퓨터로 psd와 jpg 파일을 전송합니다.

문제 **04** [실무응용] 웹 페이지 제작	
작업과정	새 작업 이미지 만들기 및 파일 저장하기 ▶ 혼합 모드 합성 및 필터, 레이어 마스크 적용 ▶ 이미지 보정 및 레이어 스타일 적용 ▶ 모양 생성 및 변형, 레이어 스타일 적용 ▶ 메뉴 버튼 만들기 ▶ 펜 도구 작업 및 레이어 스타일 적용 ▶ 패턴 정의와 적용 및 클리핑 마스크 적용 ▶ 문자 입력과 왜곡 및 레이어 스타일 적용 ▶ 정답 파일 저장
완성이미지	Part05\기출유형문제02회\정답파일\G120250002–성명–4.jpg, G120250002–성명–4.psd

01 새 작업 이미지 만들기 및 파일 저장하기

01 [File(파일)]−[New(새로 만들기)](Ctrl+N)를 선택하고 'Width(폭) : 600Pixels(픽셀), Height(높이) : 400Pixels(픽셀), Resolution(해상도) : 72Pixels/Inch(픽셀/인치), Color Mode(색상 모드) : RGB Color(RGB 색상), 8bit(비트), Background Contents(배경 내용) : White(흰색)'로 설정하여 새 작업 이미지를 만듭니다.

02 [Edit(편집)]−[Preference(환경설정)](Ctrl+K)를 클릭하고 [Guides, Grid & Slices(안내선, 격자 및 분할 영역)]를 선택합니다. Grid(격자)의 'Color(색상)'를 클릭하여 밝은 색상으로 변경한 후 'Gridline Every(격자 간격) : 100Pixels(픽셀), Subdivisions(세분) : 1'로 설정합니다.

03 [View(보기)]−[Show(표시)]−[Grid(격자)](Ctrl+')와 [View(보기)]−[Rulers(눈금자)](Ctrl+R)를 선택하여 격자와 눈금자를 표시합니다.

04 작업 도큐먼트를 저장하기 위해 [File(파일)]−[Save As(다른 이름으로 저장)](Shift+Ctrl+S)를 선택하고 임의 경로에 '파일 이름 : 수험번호−성명−문제번호, 파일 형식 : Photo-shop(*.PSD;*.PDD;*.PSDT)'으로 파일을 저장합니다.

02 혼합 모드 합성 및 필터, 레이어 마스크 적용

01 Tool Panel(도구 패널) 하단의 'Set foreground color(전경색 설정)'를 클릭하여 # 오른쪽 입력란에 '99ccff'로 입력 후, Alt+Delete를 눌러 제시된 Foreground Color(전경색)를 작업 이미지의 배경에 채웁니다.

02 [File(파일)]−[Open(열기)]을 선택하여 1급−12.jpg를 불러온 후 Ctrl+A를 눌러 전체를 선택하고 Ctrl+C를 눌러 복사합니다. 작업 이미지를 선택하여 Ctrl+V로 붙여넣기를 하고 Ctrl+T로 크기를 조절하여 배치합니다.

03 Layers(레이어) 패널에서 'Blending Mode(혼합 모드) : Overlay(오버레이)'로 설정하여 배경 이미지와 합성을 합니다.

04 Layers(레이어) 패널에서 하단의 'Add layer mask(레이어 마스크 추가, ▣)'를 클릭하여 레이어 마스크를 추가합니다.

05 Tool Panel(도구 패널) 하단의 'Set foreground color(전경색 설정)'를 #000000, 'Set background color(배경색 설정)'를 #ffffff로 설정합니다. Gradient Tool(그레이디언트 도구, ▣)을 클릭하고 Options Bar(옵션 바)에서 'Type(유형) : Linear Gradient(선형 그레이디언트), Mode(모드) : Normal(표준), Opacity(불투명도) : 100%'로 설정한 후 [Shift]를 누른 채 오른쪽에서 왼쪽인 가로 방향으로 드래그하여 이미지 일부를 자연스럽게 지워 합성합니다.

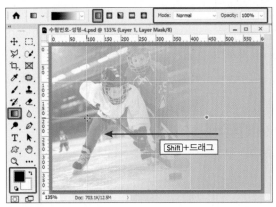 

06 [File(파일)]−[Open(열기)]을 선택하여 1급-13.jpg를 불러옵니다. [Ctrl]+[A]를 눌러 전체를 선택하고 [Ctrl]+[C]로 복사합니다. 작업 이미지에 [Ctrl]+[V]로 붙여넣기를 한 후 [Ctrl]+[T]로 크기를 조절하여 배치합니다.

07 [Filter(필터)]−[Filter Gallery(필터 갤러리)]−[Texture(텍스처)]−[Texturizer(텍스처화)]를 선택합니다.

08 Layers(레이어) 패널에서 하단의 'Add layer mask(레이어 마스크 추가, ▣)'를 클릭하여 레이어 마스크를 추가합니다.

09 Tool Panel(도구 패널) 하단의 'Set foreground color(전경색 설정)'를 #000000, 'Set background color(배경색 설정)'를 #ffffff로 설정합니다. Gradient Tool(그레이디언트 도구, ▣)을 클릭하고 Options Bar(옵션 바)에서 'Type(유형) : Linear Gradient(선형 그레이디언트), Mode(모드) : Normal(표준), Opacity(불투명도) : 100%'로 설정한 후 [Shift]를 누른 채 중앙에서 오른쪽 상단 방향인 대각선으로 드래그하여 이미지 일부를 자연스럽게 지워 합성합니다.

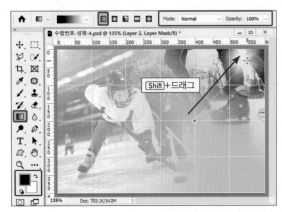 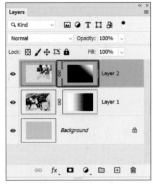

10 [File(파일)]-[Open(열기)]을 선택하여 1급-14.jpg를 불러옵니다. Pen Tool(펜 도구, 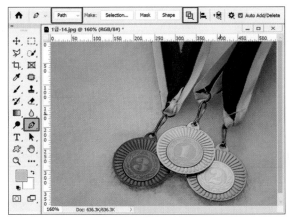)을 클릭하고 Options Bar(옵션 바)에서 'Path(패스), Path operations(패스 작업) : Exclude Overlapping Shapes(모양 오버랩 제외,)'를 클릭하고 메달 모양을 따라 2개의 닫힌 패스로 완료합니다.

11 패스가 완료되면 Ctrl+Enter를 눌러 선택 상태로 전환하고 Ctrl+C로 복사합니다. 작업 이미지를 선택하고 Ctrl+V로 붙여 넣기를 합니다. Ctrl+T를 눌러 마우스 오른쪽 버튼을 누르고 [Flip Horizontal(가로로 뒤집기)]로 뒤집은 후 크기를 축소하고 회전하여 배치합니다.

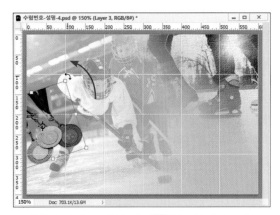

12 Layers(레이어) 패널 하단의 'Add a layer style(레이어 스타일 추가, *fx.*)'을 클릭하여 [Inner Shadow(내부 그림자)]를 선택하고 'Opacity(불투명도) : 75%, Angle(각도) : 120°, Distance(거리) : 6px, Size(크기) : 6px'를 설정합니다.

13 계속해서 [Inner Glow(내부 광선)]를 선택하고 'Opacity(불투명도) : 75%, Choke(경계 감소) : 0%, Size(크기) : 10px'로 설정한 후 [OK(확인)]를 클릭합니다.

14 [File(파일)]-[Open(열기)]을 선택하여 1급-15.jpg를 불러옵니다. Quick Selection Tool(빠른 선택 도구,)을 클릭하고 Options Bar(옵션 바)에서 'Select Subject(피사체 선택)'를 클릭한 후 빠르게 이미지를 선택합니다.

15 계속해서 Options Bar(옵션 바)에서 'Subtract from selection(선택 영역에서 빼기,)'을 설정한 후 브러시의 크기를 조절하며 선택에서 제외할 이미지를 드래그합니다.

> 🎓 **기적의 Tip**
>
> 선택 영역에 추가할 이미지 부분은 Options Bar(옵션 바)에서 'Add to selection(선택 영역에 추가,)'을 설정한 후 드래그하여 선택합니다.

16 Ctrl+C를 눌러 복사 후 작업 이미지를 선택하고 Ctrl+V로 붙여넣기를 한 후, Ctrl+T를 눌러 Shift를 누른 채 크기를 축소하여 배치합니다.

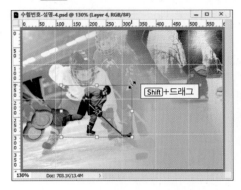

> 🎓 **기적의 Tip**
>
> **Ctrl+T로 종횡비에 맞게 크기 조절하기**
> - Shift를 누른 채 조절점을 드래그합니다.
> - Options Bar(옵션 바)의 'Maintain aspect ratio(종횡비 유지), 🔗)'를 클릭한 후 절점을 드래그합니다. 또는 W(폭)이나 H(높이) 위에 마우스로 드래그하거나 수치를 입력합니다.

17 Tool Panel(도구 패널) 하단의 Default Foreground and Background Colors(기본 전경색과 배경색, 🔳)를 클릭하여 Background Color(배경색)를 #ffffff로 설정합니다.

> 🎓 **기적의 Tip**
>
> [Diffuse Glow(광선 확산)] 필터는 현재 설정된 Background Color(배경색)를 반영하므로 필터를 적용하기 전에 색상을 먼저 설정합니다.

18 [Filter(필터)]-[Filter Gallery(필터 갤러리)]-[Distort(왜곡)]-[Diffuse Glow(광선 확산)]를 선택합니다.

19 Layers(레이어) 패널 하단의 'Add a layer style(레이어 스타일 추가, 𝑓𝑥.)'을 클릭하여 [Drop Shadow(그림자)]를 선택하고 'Opacity(불투명도) : 75%, Angle(각도) : 120°, Distance(거리) : 5px, Size(크기) : 5px'를 설정한 후 [OK(확인)]를 클릭합니다.

03 이미지 보정 및 레이어 스타일 적용

01 [File(파일)]-[Open(열기)]을 선택하여 1급-16.jpg를 불러옵니다. Object Selection Tool(개체 선택 도구, 🔳)을 클릭하고 Options Bar(옵션 바)에서 'New Selection(새 선택 영역, ▣), Mode(모드) : Rectangle(사각형)'을 선택한 후 이미지에 드래그합니다.

02 Quick Selection Tool(빠른 선택 도구, )을 클릭하고 Options Bar(옵션 바)에서 Sub-tract from selection(선택 영역에서 빼기,)을 설정한 후 브러시의 크기를 조절하며 선택에서 제외할 이미지에 드래그합니다.

03 Ctrl+C를 눌러 복사 후 작업 이미지를 선택하고 Ctrl+V로 붙여넣기를 합니다. Ctrl+T를 눌러 마우스 오른쪽 버튼을 누르고 [Flip Horizontal(가로로 뒤집기)]로 뒤집은 후 크기를 축소하고 배치합니다.

04 Layers(레이어) 패널 하단의 'Add a layer style(레이어 스타일 추가, *fx.*)'을 클릭하여 [Bevel & Emboss(경사와 엠보스)]를 선택하고 'Style(스타일) : Inner Bevel(내부 경사), Direction(방향) : Up(위로), Size(크기) : 10px'를 설정한 후 [OK(확인)]를 클릭합니다.

05 Quick Selection Tool(빠른 선택 도구,)을 클릭하고 Options Bar(옵션 바)에서 'Add to selection(선택 영역에 추가,)'을 설정한 후 브러시의 크기를 조절하며 파란색 스키점퍼 이미지에 드래그하여 선택합니다.

06 Layers(레이어) 패널 하단의 'Create new fill or adjustment layer(새 칠 또는 조정 레이어 생성,)'를 클릭하고 [Hue/Saturation(색조/채도)]을 선택합니다. Properties(속성) 패널에서 'Colorize(색상화) : 체크, Hue(색조) : 106, Saturation(채도) : 60, Lightness(명도) : 10'으로 설정하여 녹색 계열로 색상을 보정합니다.

07 [File(파일)]-[Open(열기)]을 선택하여 1급-17.jpg를 불러옵니다. Magic Wand Tool(자동 선택 도구, ✎)을 클릭하고 Options Bar(옵션 바)에서 'Add to selection(선택 영역에 추가, ⬚), Tolerance(허용치) : 25, Anti-alias(앤티 앨리어스) : 체크, Contiguous(인접) : 체크'를 설정한 후 이미지에 여러 번 클릭하여 선택합니다.

08 Ctrl + C 를 눌러 복사하여 작업 이미지를 선택하고 Layers(레이어) 패널에서 'Layer 2' 레이어를 선택합니다. Ctrl + V 로 붙여넣기 후, Ctrl + T 를 눌러 크기를 조절하고 배치합니다.

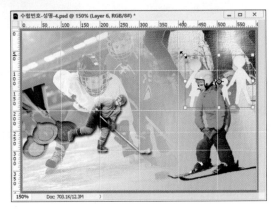

🄴 모양 생성 및 변형, 레이어 스타일 적용

01 Custom Shape Tool(사용자 정의 모양 도구, ✐)을 클릭하고 Options Bar(옵션 바)에서 'Shape(모양), Fill(칠) : #99cccc, Stroker(획) : No Color(색상 없음), Shape(모양) : Left Hand(왼손, ✋)'로 설정한 후 Shift 를 누르고 드래그하여 왼쪽 하단에 모양을 그립니다.

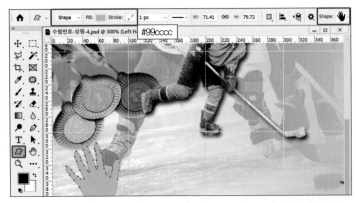

> **Shape 경로**
>
> [Legacy Shapes and More(레거시 모양 및 기타)]-[All Legacy Default Shapes(모든 레거시 기본 모양)]-[Objects(물건)]

02 Layers(레이어) 패널 하단의 'Add a layer style(레이어 스타일 추가, *fx.*)'을 클릭하여 [Drop Shadow(그림자)]를 선택하고 'Opacity(불투명도) : 75%, Angle(각도) : 120°, Distance(거리) : 5px, Size(크기) : 5px'를 설정하고 [OK(확인)]를 클릭합니다.

03 Layers(레이어) 패널 상단의 'Opacity(불투명도) : 80%'를 설정합니다. Ctrl+J를 눌러 복사한 레이어를 만들고 Ctrl+T를 눌러 Shift를 누른 채 크기를 축소하고 시계 방향으로 회전하여 배치합니다.

04 Layers(레이어) 패널에서 'Left Hand 1 copy' 레이어의 'Layer thumbnail(레이어 축소판)'을 더블 클릭하여 'Color(색상) : #cccc99'로 설정한 후 [OK(확인)]를 클릭합니다.

05 메뉴 버튼 만들기

01 Layers(레이어) 패널에서 'Hue/Saturation 1' 레이어를 선택합니다.

02 Custom Shape Tool(사용자 정의 모양 도구, ⬚)을 클릭하고 Options Bar(옵션 바)에서 'Shape(모양), Fill(칠) : 임의 색상, Stroke(획) : No Color(색상 없음), Shape(모양) : Banner 3(배너 3, ▬)'을 설정한 후 드래그하여 모양을 그립니다.

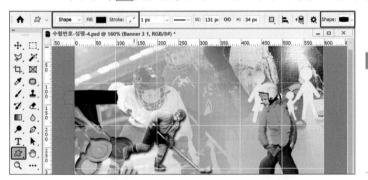

> **Shape 경로**
>
> [Legacy Shapes and More(레거시 모양 및 기타)]-[All Legacy Default Shapes(모든 레거시 기본 모양)]-[Banners and Awards(배너 및 상장)]

03 Layers(레이어) 패널 하단의 'Add a layer style(레이어 스타일 추가, fx)'을 클릭하여 [Stroke(획)]를 선택하고 'Size(크기) : 2px, Color(색상) : #cc6600'으로 설정합니다.

04 계속해서 [Gradient Overlay(그레이디언트 오버레이)]를 선택하고 'Click to edit the gradient(클릭하여 그레이디언트 편집)'를 클릭합니다. 그레이디언트 슬라이더 왼쪽 하단의 'Color Stop(색상 정지점)'을 더블 클릭하여 #ffffff를, 오른쪽 'Color Stop(색상 정지점)'을 더블 클릭하여 #cc9999로 설정한 후 'Style(스타일) : Reflected(반사), Angle(각도) : 90°'로 설정하고 [OK(확인)]를 클릭합니다.

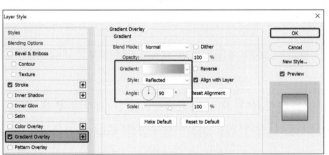

> **기적의 Tip**
>
> 'Style(스타일) : Reflected(반사)'로 설정하면 그레이디언트 슬라이더에서 2개의 'Color Stop(색상 정지점)'만으로도 반사된 3가지 색상의 그레이디언트 편집이 가능합니다.

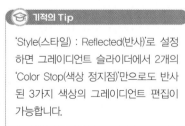

05 Horizontal Type Tool(수평 문자 도구, T)로 작업 이미지를 클릭하고 Options Bar(옵션 바)에서 'Font(글꼴) : 돋움, Set font size(글꼴 크기) : 16pt, Set anti-aliasing method(앤티 앨리어싱 방법 설정) : Strong(강하게), Left align text(텍스트 왼쪽 맞춤, ▤), Color(색상) : #000000'으로 설정한 후 영상보기를 입력합니다.

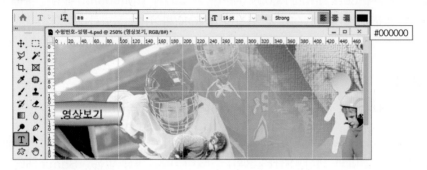

06 Layers(레이어) 패널 하단의 'Add a layer style(레이어 스타일 추가, *fx.*)'을 클릭하여 [Stroke(획)]를 선택하고 'Size(크기) : 2px, Color(색상) : #ffffff'로 설정한 후 [OK(확인)] 를 클릭합니다.

07 Layers(레이어) 패널에서 Shift를 누른 채 '영상보기' 레이어와 'Banner 3 1' 레이어를 클릭하여 함께 선택합니다. Move Tool(이동 도구, ✛)을 선택하고 작업 이미지에서 Alt를 누른 채 2개의 레이어를 위쪽으로 이동하며 복제합니다.

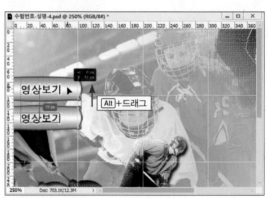

> 🎓 **기적의 Tip**
>
> • Layers(레이어) 패널에서 Shift를 눌러 레이어를 다중 선택한 후 Move Tool(이동 도구, ✛)의 Options Bar(옵션 바)에서 정렬과 배분을 맞춰서 버튼을 배치할 수 있습니다.
> • Move Tool(이동 도구, ✛)로 Alt를 누르고 드래그하여 복제할 때 Shift를 동시에 누르면 반듯하게 이동하며 복제할 수 있습니다.

08 동일한 방법으로 3번째 버튼의 모양을 만듭니다. Horizontal Type Tool(수평 문자 도구, T)로 문자를 각각 드래그하여 온라인예약, 특강안내를 입력하여 수정합니다.

09 Layers(레이어) 패널에서 '온라인예약' 문자 레이어에 적용된 [Effects(효과)]의 [Stroke(획)]를 더블 클릭하고 'Color(색상) : #9999ff'로 설정한 후 [OK(확인)]를 클릭합니다.

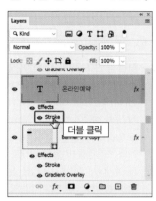 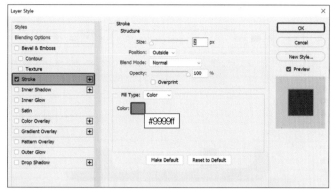

10 Layers(레이어) 패널에서 'Banner 3 1 copy' 레이어에 적용된 [Effects(효과)]의 [Stroke(획)]를 더블 클릭하고 'Color(색상) : #663366'으로 설정합니다.

11 계속해서 [Gradient Overlay(그레이디언트 오버레이)]를 선택하고 'Click to edit the gradient(클릭하여 그레이디언트 편집)'를 클릭합니다. 그레이디언트 슬라이더 오른쪽 하단의 'Color Stop(색상 정지점)'을 더블 클릭하여 #9999ff로 설정한 후 [OK(확인)]를 클릭합니다.

06 펜 도구 작업 및 레이어 스타일 적용

01 Rounded Rectangle Tool(모서리가 둥근 직사각형 도구, ⬜)을 클릭하고 Options Bar(옵션 바)에서 'Shape(모양), Fill(칠) : 임의 색상, Stroke(획) : No Color(색상 없음), Path operations(패스 작업) : New Layer(새 레이어, ⬛), Radius(반경) : 30px'로 설정합니다. 작업 이미지를 선택하고 'Width(폭) : 270px(픽셀), Height(높이) : 48px(픽셀)'을 설정한 후 [OK(확인)]를 클릭합니다.

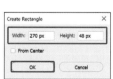 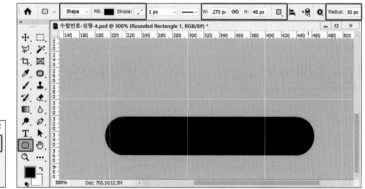

> 🎯 **기적의 Tip**
>
> 명확하게 패스 작업이 보이도록 Layers(레이어) 패널에서 'Background(배경)' 레이어의 가시성(눈 아이콘)만 켜고 나머지 레이어의 가시성은 끄고 작업을 진행하겠습니다. 패스 작업이 완료되면 나머지 레이어의 눈 아이콘을 다시 클릭합니다.

02 계속해서 Options Bar(옵션 바)에서 'Shape(모양), Path operations(패스 작업) : Subtract Front Shape(전면 모양 빼기,), Radius(반경) : 15px'로 설정하고 드래그하여 크기가 다른 4개의 둥근 사각형을 겹치도록 그려서 배치합니다.

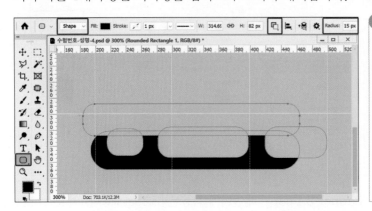

> **기적의 Tip**
>
> 작업 중인 모양의 조절점이 활성화되어 있을 때는 Options Bar(옵션 바)의 'Path operations(패스 작업)'의 설정이 반영되지 않을 수도 있습니다. Enter 를 1번 눌러 패스의 조절점을 비활성 상태로 만든 후 다시 한번 Enter 를 눌러 Path operations(패스 작업)의 옵션을 변경합니다.

03 Options Bar(옵션 바)에서 'Shape(모양), Path operations(패스 작업) : Combine Shapes(모양 결합, 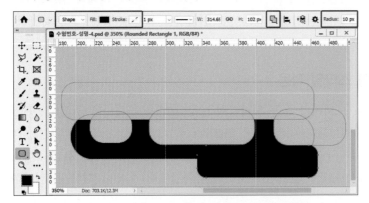), Radius(반경) : 10px'로 설정하고 드래그하여 오른쪽 하단과 겹치도록 둥근 사각형 모양을 그립니다.

04 계속해서 Options Bar(옵션 바)에서 'Shape(모양), Path operations(패스 작업) : Subtract Front Shape(전면 모양 빼기, 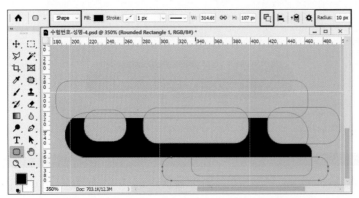)'로 설정하고 드래그하여 둥근 사각형을 하단에 겹치도록 그립니다.

05 Options Bar(옵션 바)에서 'Path operations(패스 작업) : Merge Shape Components(모양 병합 구성 요소, [⬛])'를 클릭하여 모양을 하나로 병합하고 [Enter]를 눌러 패스 작업을 완료합니다.

06 Layers(레이어) 패널에서 'Rounded Rectangle 1' 레이어의 'Layer thumbnail(레이어 축소판)'을 더블 클릭하여 'Color(색상) : #999999'로 설정한 후, 레이어의 이름을 더블 클릭하여 path 1로 변경합니다.

07 Layers(레이어) 패널 하단의 'Add a layer style(레이어 스타일 추가, [fx.])'을 클릭하여 [Drop Shadow(그림자)]를 선택하고 'Opacity(불투명도) : 75%, Angle(각도) : 120°, Distance(거리) : 5px, Size(크기) : 5px'를 설정한 후 [OK(확인)]를 클릭합니다.

08 Pen Tool(펜 도구, [⌀])을 클릭하고 Options Bar(옵션 바)에서 'Shape(모양), Fill(칠) : #993333, Stroke(획) : No Color(색상 없음), Path operations(패스 작업) : New Layer(새 레이어, [⬛])'로 설정한 후 모양을 그립니다.

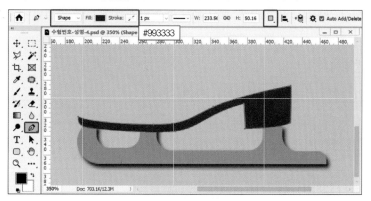

09 Layers(레이어) 패널 하단의 'Add a layer style(레이어 스타일 추가, [fx.])'을 클릭하여 [Drop Shadow(그림자)]를 선택하고 'Opacity(불투명도) : 75%, Angle(각도) : 120°, Distance(거리) : 5px, Size(크기) : 5px'를 설정한 후 [OK(확인)]를 클릭합니다. 이후 레이어의 이름을 더블 클릭하여 path 2로 변경합니다.

10 Pen Tool(펜 도구, [⌀])을 클릭하고 Options Bar(옵션 바)에서 'Shape(모양), Fill(칠) : #ff6699, Stroke(획) : No Color(색상 없음), Path operations(패스 작업) : New Layer(새 레이어, [⬛])'로 설정한 후 상단에 모양을 그립니다.

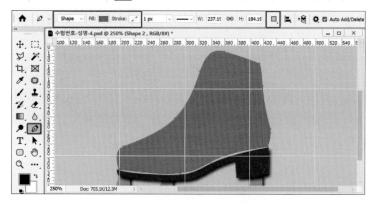

11 계속해서 Options Bar(옵션 바)에서 'Shape(모양), Path operations(패스 작업) : Subtract Front Shape(전면 모양 빼기,)'로 설정한 후 겹치도록 모양을 그립니다.

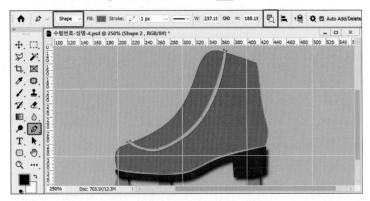

12 Ellipse Tool(타원 도구,)을 클릭하고 Options Bar(옵션 바)에서 'Shape(모양), Fill(칠) : 임의 색상, Stroke(획) : No Color(색상 없음), Path operations(패스 작업) : Subtract Front Shape(전면 모양 빼기,)'로 설정한 후 정원 모양을 상단에 겹치도록 그립니다.

13 Path Selection Tool(패스 선택 도구,)로 [Alt]를 누른 채 왼쪽 하단으로 드래그하여 복사합니다. 계속해서 동일한 방법으로 1개의 정원을 추가로 복사하여 배치합니다.

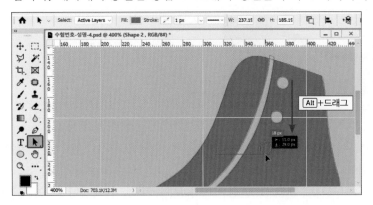

14 Options Bar(옵션 바)에서 'Path operations(패스 작업) : Merge Shape Components(모양 병합 구성 요소,)'를 클릭하여 모양을 하나로 병합하고 [Enter]를 눌러 패스 작업을 완료합니다.

15 Layers(레이어) 패널 하단의 'Add a layer style(레이어 스타일 추가, [fx.])'을 클릭하여 [Drop Shadow(그림자)]를 선택하고 [OK(확인)]를 클릭한 후, 레이어의 이름을 더블 클릭하여 path 3으로 변경합니다.

16 Layers(레이어) 패널에서 'path 3' 레이어가 선택된 상태에서 [Shift]를 누른 채 'path 1' 레이어를 클릭하여 3개의 레이어를 함께 선택합니다. [Ctrl]+[T]를 누르고 Options Bar(옵션 바)에서 'Rotate(회전, [△]) : -5°'를 입력한 후 [Enter]를 눌러 회전을 적용하고 배치합니다.

07 패턴 정의와 적용 및 클리핑 마스크 적용

01 [File(파일)]−[New(새로 만들기)](**Ctrl**+**N**)를 선택하고 'Width(폭) : 40Pixels(픽셀), Height(높이) : 40Pixels(픽셀), Resolution(해상도) : 72Pixels/Inch(픽셀/인치), Color Mode(색상 모드) : RGB Color(RGB 색상), 8bits(비트), Background Contents(배경 내용) : Transparent(투명)'로 설정하여 새 작업 이미지를 만듭니다.

02 Custom Shape Tool(사용자 정의 모양 도구, 🔯)을 클릭하고 Options Bar(옵션 바)에서 'Shape(모양), Fill(칠) : #ffffff, Stroke(획) : No Color(색상 없음), Shape(모양) : Snow−flake 1(눈송이 1, ✴)'로 설정한 후 **Shift**를 누른 채 드래그하여 모양을 그립니다.

> **Shape 경로**
> [Legacy Shapes and More(레거시 모양 및 기타)]−[All Legacy Default Shapes(모든 레거시 기본 모양)]−[Nature(자연)]

03 Custom Shape Tool(사용자 정의 모양 도구, 🔯)을 클릭하고 Options Bar(옵션 바)에서 'Shape(모양), Fill(칠) : #99ffff, Stroke(획) : No Color(색상 없음), Shape(모양) : Raindrop(빗방울, 💧)'으로 설정한 후 **Shift**를 누른 채 드래그하여 모양을 그립니다.

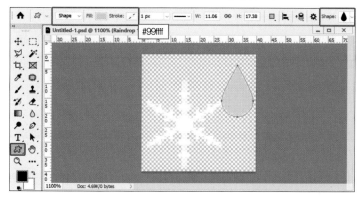

> **Shape 경로**
> [Legacy Shapes and More(레거시 모양 및 기타)]−[All Legacy Default Shapes(모든 레거시 기본 모양)]−[Nature(자연)]

04 [Edit(편집)]−[Define Pattern(패턴 정의)]을 선택하고 'Name(이름) : 눈송이와 빗방울'로 설정하여 패턴을 등록합니다

05 작업 이미지를 선택하고 Layers(레이어) 패널에서 'path 3' 레이어를 선택합니다. Layers(레이어) 패널 하단의 'Create new fill or adjustment layer(새 칠 또는 조정 레이어 생성, 🌓)'를 클릭하고 [Pattern(패턴)]을 선택합니다. 'Click to open Pattern picker(클릭하여 패턴 편집)'를 클릭한 후 '눈송이와 빗방울' 패턴을 선택하여 'Scale(비율) : 100%'를 설정하고 [OK(확인)]를 클릭합니다.

> 😊 **기적의 Tip**
>
> 패턴이 적용된 'Pattern Fill 1' 레이어를 설정하면 등록된 패턴의 크기가 맞지 않을 때 'Scale(비율)'을 조절하여 수정할 수 있습니다.

06 Layers(레이어) 패널 상단의 'Opacity(불투명도) : 70%'를 설정합니다. 'path 3' 레이어와 'Pattern Fill 1' 레이어 사이에 마우스 커서를 놓고 Alt 를 누르고 클릭하여 Clipping Mask(클리핑 마스크)를 적용합니다.

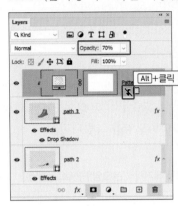 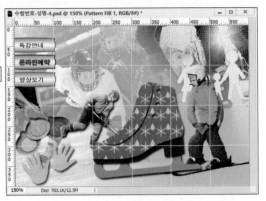

🎓 **기적의 Tip**

Layers(레이어) 패널에서 하단에 배치된 레이어의 눈 아이콘을 모두 다시 클릭하여 가시성(눈 아이콘)을 켜고 이미지가 보이도록 합니다.

07 Custom Shape Tool(사용자 정의 모양 도구, ⚙)을 클릭하고 Options Bar(옵션 바)에서 'Shape(모양), Fill(칠) : #cc3366, Stroke(획) : No Color(색상 없음), Shape(모양) : Bow(나비매듭 리본, ⚙)'로 설정한 후 Shift 를 누른 채 드래그하여 모양을 그립니다.

Shape 경로

[Legacy Shapes and More(레거시 모양 및 기타)]–[All Legacy Default Shapes(모든 레거시 기본 모양)]–[Objects(물건)]

08 Ctrl + T 를 눌러 Options Bar(옵션 바)에서 'Rotate(회전, ◿) : 10°'를 입력하고 Enter 를 눌러 회전을 적용한 후 배치합니다.

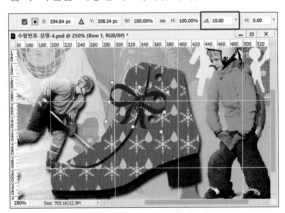

09 Layers(레이어) 패널 하단의 'Add a layer style(레이어 스타일 추가, _fx._)'을 클릭하여 [Outer Glow(외부 광선)]를 선택하고 'Opacity(불투명도) : 75%, Spread(스프레드) : 0%, Size(크기) : 7px'로 설정한 후 [OK(확인)]를 클릭합니다.

10 Layers(레이어) 패널에서 Shift 를 누른 채 'Hue/Saturation 1' 레이어와 'Layer 5' 레이어를 클릭하여 함께 선택합니다. Shift + Ctrl +] 를 눌러 맨 앞으로 가져오기를 하여 'Bow 1' 레이어 위쪽으로 배치합니다.

08 문자 입력과 왜곡 및 레이어 스타일 적용

01 Layers(레이어) 패널에서 'Hue/Saturation 1' 레이어를 선택합니다.

02 Horizontal Type Tool(수평 문자 도구, T)로 작업 이미지를 클릭하고 Options Bar(옵션 바)에서 'Font(글꼴) : Times New Roman, Set font style(글꼴 스타일 설정) : Bold, Set font size(글꼴 크기) : 24pt, Color(색상) : #ccffcc'로 설정한 후 Let's Enjoy Winter Sports~를 입력합니다.

03 Horizontal Type Tool(수평 문자 도구, T)로 'Winter Sports~' 문자를 드래그하여 선택하고 Options Bar(옵션 바)에서 'Set font size(글꼴 크기) : 35pt'로 설정합니다.

04 Options Bar(옵션 바)에서 Create warped text(뒤틀어진 텍스트 만들기, 工)를 클릭하여 [Warp Text(텍스트 뒤틀기)] 대화상자에서 'Style(스타일) : Arch(아치), Horizontal(가로) : 체크, Bend(구부리기) : 30%'를 설정한 후 문자의 모양을 왜곡합니다

05 Layers(레이어) 패널 하단의 'Add a layer style(레이어 스타일 추가, _fx._)'을 클릭하여 [Stroke(획)]를 선택하고 'Size(크기) : 2px, Fill Type(칠 유형) : Gradient(그레이디언트)'를 설정합니다. 'Click to edit the gradient(클릭하여 그레이디언트 편집)'를 클릭합니다.

06 그레이디언트 슬라이더 왼쪽 하단의 'Color Stop(색상 정지점)'을 더블 클릭하여 #ff6600을, 오른쪽 'Color Stop(색상 정지점)'을 더블 클릭하여 #006633으로 설정한 후 'Style(스타일) : Linear(선형), Angle(각도) : 90°'로 설정합니다. 계속해서 [Drop Shadow(드롭 섀도)]를 선택하고 [OK(확인)]를 클릭합니다.

07 Horizontal Type Tool(수평 문자 도구, T)로 작업 이미지를 클릭하고 Options Bar(옵션 바)에서 'Font(글꼴) : 돋움, Set font size(글꼴 크기) : 40pt, Set anti-aliasing method(앤티 앨리어싱 방법 설정) : Strong(강하게), Color(색상) : 임의 색상'을 설정한 후 겨울방학특강을 입력합니다.

08 Options Bar(옵션 바)에서 Create warped text(뒤틀어진 텍스트 만들기, 工)를 클릭하고 [Warp Text(텍스트 뒤틀기)] 대화상자에서 'Style(스타일) : Shell Upper(위가 넓은 조개), Horizontal(가로) : 체크, Bend(구부리기) : 30%'를 설정하여 문자의 모양을 왜곡합니다

09 Layers(레이어) 패널 하단에 'Add a layer style(레이어 스타일 추가, fx.)'을 클릭하여 [Stroke(획)]를 선택하고 'Size(크기) : 2px, Color(색상) : #000033'으로 설정합니다. 계속해서 [Gradient Overlay(그레이디언트 오버레이)]를 선택한 후 'Click to edit the gradient(클릭하여 그레이디언트 편집)'를 클릭합니다.

10 그레이디언트 슬라이더 왼쪽 하단의 'Color Stop(색상 정지점)'을 더블 클릭한 후 #ffffff 를, 가운데 빈 곳을 클릭하여 'Color Stop(색상 정지점)'을 추가합니다. 이어서 더블 클릭하여 #00cccc를, 오른쪽 'Color Stop(색상 정지점)'을 더블 클릭하여 #ff9900으로 설정하고 'Style(스타일) : Linear(선형), Angle(각도) : 0°'로 설정한 후 [OK(확인)]를 클릭합니다.

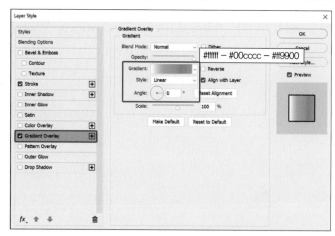

11 Horizontal Type Tool(수평 문자 도구, T)로 작업 이미지를 클릭하고 Options Bar(옵션 바)에서 'Font(글꼴) : 바탕, Set font size(글꼴 크기) : 16pt, Set anti-aliasing method(앤티 앨리어싱 방법 설정) : Strong(강하게), Color(색상) : #ccffff'로 설정한 후 어린이 스키캠프 개강을 입력합니다.

12 Layers(레이어) 패널 하단의 'Add a layer style(레이어 스타일 추가, fx.)'을 클릭하여 [Stroke(획)]를 선택하고 'Size(크기) : 2px, Color(색상) : #666699'로 설정한 후 [OK(확인)]를 클릭합니다.

13 Ctrl + T를 눌러 Options Bar(옵션 바)에서 'Rotate(회전, △) : -10°'를 입력하고 Enter를 눌러 회전한 후 배치합니다. Ctrl + S를 눌러 파일을 저장합니다.

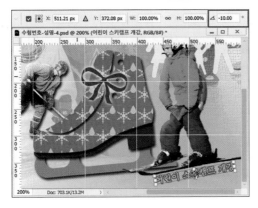

09 정답 파일 저장

01 [View(보기)]-[Show(표시)]-[Grid(격자)](Ctrl + ')를 선택하여 격자를 가립니다.

02 [File(파일)]-[Save As(다른 이름으로 저장)](Shift + Ctrl + S)를 선택하고 '저장 위치 : 내 PCW문서WGTQ, 파일 형식 : JPEG(*.JPG;*.JPEG;*.JPE), 파일 이름 : 수험번호-성명-문제번호'를 입력하여 [저장]을 클릭합니다. [JPEG Options(JPEG 옵션)] 대화상자에서 'Quality(품질) : 8'로 설정한 후 [OK(확인)]를 클릭합니다.

03 [Image(이미지)]-[Image Size(이미지 크기)](Alt + Ctrl + I)를 선택하고 'Constrain aspect ratio(종횡비 제한) : 클릭, Width(폭) : 60Pixels(픽셀), Height(높이) : 40Pixels(픽셀)'로 입력하여 이미지 크기를 1/10로 축소한 후 [OK(확인)]를 클릭합니다.

04 [File(파일)]-[Save As(다른 이름으로 저장)](Shift + Ctrl + S)를 선택하고 '저장 위치 : 내 PCW문서WGTQ, 파일 형식 : Photoshop(*.PSD;*.PDD;*.PSDT), 파일 이름 : 수험번호-성명-문제번호'를 입력한 후 [저장]을 클릭합니다.

05 답안 저장이 완료되면 [File(파일)]-[Exit(종료)](Ctrl + Q)를 선택하여 프로그램을 종료하고 수험 프로그램에서 [답안 전송]을 클릭하여 감독관 컴퓨터로 psd와 jpg 파일을 전송합니다.

기출 유형 문제 3회

급수	버전	문제유형	시험시간	수험번호	성명
1급		A	90분	G120250003	

수 험 자 유 의 사 항

- 수험자는 문제지를 받는 즉시 응시하고자 하는 <u>과목 및 급수가 맞는지 확인</u>한 후 수험번호와 성명을 작성합니다.
- 파일명은 본인의 "수험번호–성명–문제번호"로 공백 없이 정확히 입력하고 답안폴더(내 PC\문서\GTQ)에 jpg 파일과 psd 파일의 2가지 포맷으로 저장해야 하며, jpg 파일과 psd 파일의 내용이 상이할 경우 0점 처리됩니다. 답안문서 파일명 이 "수험번호–성명–문제번호"와 일치하지 않거나, 답안 파일을 전송하지 않아 미제출로 처리될 경우 불합격 처리됩니다.
- 문제의 세부조건은 '영문(한글)' 형식으로 표기되어 있으니 유의하시기 바랍니다.
- 수험자 정보와 저장한 파일명, 저장 위치가 다를 경우 전송이 되지 않으므로, 주의하시기 바랍니다.
- 답안 작성 중에도 <u>주기적으로 '저장'과 '답안 전송'</u>을 이용하여 감독위원 PC로 답안을 전송하셔야 합니다.(※ 작업한 내용 을 <u>저장하지 않고 전송할 경우</u> 이전의 저장내용이 전송되오니 이 점 반드시 유념하시기 바랍니다.)
- 답안문서는 지정된 경로 외의 다른 보조기억장치에 저장하는 행위, 지정된 시험 시간 외에 작성된 파일을 활용한 행위, 기 타 허용되지 않은 프로그램(이메일, 메신저, 게임, 네트워크 등) 이용 시 부정행위로 간주되어 자격기본법 제32조에 의거 본 시험 및 국가공인 자격시험을 2년간 응시할 수 없습니다.
- 시험 중 부주의 또는 고의로 시스템을 파손한 경우와 〈수험자 유의사항〉에 기재된 방법대로 이행하지 않아 생기는 불이익 은 수험자의 책임임을 알려 드립니다.
- 시험을 완료한 수험자는 최종적으로 저장한 답안파일이 전송되었는지 확인한 후 감독위원의 지시에 따라 문제지를 제출하 고 퇴실합니다.

답 안 작 성 요 령

- **온라인 답안 작성 절차**
  수험자 등록 ⇒ 시험 시작 ⇒ 답안파일 저장 ⇒ 답안 전송 ⇒ 시험 종료
- 내 PC\문서\GTQ\Image폴더에 있는 그림 원본파일을 사용하여 답안을 작성하시고 최종답안을 답안폴더(내 PC\문 서\GTQ)에 저장하여 답안을 전송하시고, 이미지의 크기가 다른 경우 감점 처리됩니다.
- 배점은 총 100점으로 이루어지며, 점수는 각 문제별로 차등 배분됩니다.
- 각 문제는 주어진 〈조건〉에 따라 작성하고, 언급하지 않은 조건은 《출력형태》와 같이 작성합니다.
- 배치 등의 편의를 위해 주어진 눈금자의 단위는 '픽셀'입니다.
  그 외는 출력형태(효과, 이미지, 문자, 색상, 레이아웃, 규격 등)와 같게 작업하십시오.
- 문제 조건에 서체의 지정이 없을 경우 한글은 굴림이나 돋움, 영문은 Arial로 작업하십시오.
  (단, 그 외에 제시되지 않은 문자 속성을 기본값으로 작성하지 않은 경우는 감점 처리됩니다.)
- Image Mode(이미지 모드)는 별도의 처리조건이 없을 경우에는 RGB(8비트)로 작업하십시오.
- 모든 답안 파일은 해상도 72Pixels/Inch로 작업하십시오.
- Layer(레이어)는 각 기능별로 분할해야 하며, 임의로 합칠 경우나 각 기능에 대한 속성을 해지할 경우 해당 요소는 0점 처리 됩니다.

한 국 생 산 성 본 부

▶합격 강의

다음의 《조건》에 따라 아래의 《출력형태》와 같이 작업하시오.

조건

원본 이미지	Part05₩기출유형문제03회₩1급-1.jpg, 1급-2.jpg, 1급-3.jpg		
파일저장규칙	JPG	파일명	문서₩GTQ₩수험번호-성명-1.jpg
		크기	400×500 pixels
	PSD	파일명	문서₩GTQ₩수험번호-성명-1.psd
		크기	40×50 pixels

출력형태

1. 그림 효과

① 1급-1.jpg : 필터 – Crosshatch(그물눈)
② Save Path(패스 저장) : 눈사람 모양
③ Mask(마스크) : 눈사람 모양, 1급-2.jpg를 이용하여 작성
  레이어 스타일 – Stroke(선/획)(4px, 그라디언트(#000000, #cc0000)),
  Inner Shadow(내부 그림자)
④ 1급-3.jpg : 레이어 스타일 – Drop Shadow(그림자 효과)
⑤ Shape Tool(모양 도구) :
  – 눈 모양(#ffffff, #333366, Opacity(불투명도)(60%))
  – 나무 모양(#ffffff, 레이어 스타일 – Bevel and Emboss(경사와 엠보스))

2. 문자 효과

① SNOWY DAY(Times New Roman, Bold, 45pt, #ffffff, 레이어 스타일 – Stroke(선/획)(3px, 그라디언트(#663366, #99ccff)), Drop Shadow(그림자 효과))

▶합격 강의

다음의 《조건》에 따라 아래의 《출력형태》와 같이 작업하시오.

조건

원본 이미지	Part05₩기출유형문제03회₩1급-4.jpg, 1급-5.jpg, 1급-6.jpg		
파일저장규칙	JPG	파일명	문서₩GTQ₩수험번호-성명-2.jpg
		크기	400×500 pixels
	PSD	파일명	문서₩GTQ₩수험번호-성명-2.psd
		크기	40×50 pixels

출력형태

1. 그림 효과

① 1급-4.jpg : 필터 – Dry Brush(드라이 브러시)
② 색상 보정 : 1급-5.jpg – 보라색, 빨간색 계열로 보정
③ 1급-5.jpg : 레이어 스타일 – Drop Shadow(그림자 효과)
④ 1급-6.jpg : 레이어 스타일 – Outer Glow(외부 광선)
⑤ Shape Tool(모양 도구) :
  – 장식 모양(#cc6666, #666699, 레이어 스타일 – Outer Glow(외부 광선))
  – 태양 모양(#ffff33, 레이어 스타일 – Inner Shadow(내부 그림자))

2. 문자 효과

① HOT SUMMER(Arial, Bold, 50pt, 레이어 스타일 – 그라디언트 오버레이(#ff3333, #006633, #ffff00), Drop Shadow (그림자 효과))

다음의 《조건》에 따라 아래의 《출력형태》와 같이 작업하시오.

조건

원본 이미지		Part05₩기출유형문제03회₩1급-7.jpg, 1급-8.jpg, 1급-9.jpg, 1급-10.jpg, 1급-11.jpg	
파일저장규칙	JPG	파일명	문서₩GTQ₩수험번호-성명-3.jpg
		크기	600×400 pixels
	PSD	파일명	문서₩GTQ₩수험번호-성명-3.psd
		크기	60×40 pixels

1. 그림 효과

① 배경 : #ff9999

② 1급-7.jpg : Blending Mode(혼합 모드) – Pin Light(핀 라이트), Opacity(불투명도)(70%)

③ 1급-8.jpg : 필터 – Crosshatch(그물눈), 레이어 마스크 – 대각선 방향으로 흐릿하게

④ 1급-9.jpg : 필터 – Texturizer(텍스처화), 레이어 스타일 – Inner Shadow(내부 그림자), Outer Glow(외부 광선)

⑤ 1급-10.jpg : 레이어 스타일 – Inner Shadow(내부 그림자), Outer Glow(외부 광선)

⑥ 1급-11.jpg : 색상 보정 – 보라색 계열로 보정, 레이어 스타일 – Stroke(선/획)(5px, 그라디언트(#660066, #ccff00))

⑦ 그 외 《출력형태》 참조

2. 문자 효과

① Island Travel(Arial, Bold, 50pt, 레이어 스타일 – Stroke(선/획)(3px, #330000), 그라디언트 오버레이(#ff6600, #cccccc, #9966ff), Drop Shadow(그림자 효과))

② # Jeju Island(Arial, Bold, 30pt, #006633, 레이어 스타일 – Stroke(선/획)(2px, #ffffff))

③ 제주의 풍경을 다양하게 즐겨요!(바탕, 23pt, 30pt, 레이어 스타일 – Stroke(선/획)(2px, #330000), 그라디언트 오버레이 (#ffffff, #33ffcc))

④ 장소 : 제주 디지털영상센터(굴림, 15pt, #000000, 레이어 스타일 – Stroke(선/획)(2px, #ffcccc))

출력형태

Shape Tool(모양 도구)
사용
#996699, #ffffff,
레이어 스타일 – Inner
Shadow(내부 그림자),
Opacity(불투명도)(60%)

Shape Tool(모양 도구) 사용
레이어 스타일 –
그라디언트 오버레이
(#009900, #ffccff),
Drop Shadow(그림자 효과),
Opacity(불투명도)(80%)

Shape Tool(모양 도구) 사용
#ffcccc,
레이어 스타일 –Stroke(선/획)
(1px, #000000)

문제 ❹   [실무응용] 웹 페이지 제작   35점

다음의 《조건》에 따라 아래의 《출력형태》와 같이 작업하시오.

조건

원본 이미지		Part05₩기출유형문제03회₩1급-12.jpg, 1급-13.jpg, 1급-14.jpg, 1급-15.jpg, 1급-16.jpg, 1급-17.jpg	
파일저장규칙	JPG	파일명	문서₩GTQ₩수험번호-성명-4.jpg
		크기	600×400 pixels
	PSD	파일명	문서₩GTQ₩수험번호-성명-4.psd
		크기	60×40 pixels

1. 그림 효과

① 배경 : #99ccff

② 패턴(우산, 물방울 모양) : #ff6666, #ccffff, Opacity(불투명도)(70%)

③ 1급-12.jpg : Blending Mode(혼합 모드) – Hard Light(하드 라이트), 레이어 마스크 – 세로 방향으로 흐릿하게

④ 1급-13.jpg : 필터 – Film Grain(필름 그레인), 레이어 마스크 – 세로 방향으로 흐릿하게

⑤ 1급-14.jpg : 레이어 스타일 – Bevel and Emboss(경사와 엠보스), Outer Glow(외부 광선)

⑥ 1급-15.jpg : 색상 보정 – 파란색 계열로 보정, 레이어 스타일 – Drop Shadow(그림자 효과)

⑦ 1급-16.jpg : 필터 – Poster Edges(포스터 가장자리), 레이어 스타일 – Drop Shadow(그림자 효과)

⑧ 그 외 《출력형태》 참조

2. 문자 효과

① 기상 정보 센터(궁서, 45pt, 레이어 스타일 – Stroke(선/획)(3px, #ccffff), 그라디언트 오버레이(#993399, #006633, #cc3300))

② Weather Information(Times New Roman, Bold, 25pt, 레이어 스타일 – Stroke(선/획)(2px, #ffffff), 그라디언트 오버레이(#cccc00, #006666))

③ 특보현황 육상예보 해상예보(돋움, 18pt, #ff9933, #ccff00, 레이어 스타일 – Stroke(선/획)(2px, #000000))

④ 25도 90% 남동 7km/h 1~5mm(바탕, 13pt, #000000, 레이어 스타일 – Stroke(선/획)(2px, #ccffff))

출력형태

Pen Tool(펜 도구) 사용
#cccccc,
레이어 스타일
– 그라디언트 오버레이
(#ff3300, #ffff99),
Drop Shadow(그림자 효과)

Shape Tool(모양 도구) 사용
#ffcc00,
레이어 스타일 –
Stroke(선/획)(2px, #ffffff),
Opacity(불투명도)(50%)

Shape Tool(모양 도구)
사용
#ffff00, #99cccc,
레이어 스타일 – Drop
Shadow(그림자 효과)

Shape Tool(모양 도구) 사용
#ff9933, #ccff00, 레이어 스타일
– Stroke(선/획)(2px, #000000)

문제 01 CHAPTER 03
[기능평가] 고급 Tool(도구) 활용

작업과정	새 작업 이미지 만들기 및 파일 저장하기 ▶ 필터 적용 ▶ 눈사람 모양 패스 생성 ▶ 레이어 스타일 및 클리핑 마스크 적용 ▶ 모양 생성 및 레이어 스타일 적용 ▶ 문자 입력 및 레이어 스타일 적용 ▶ 정답 파일 저장
완성이미지	Part05₩기출유형문제03회₩정답파일₩G120250003-성명-1.jpg, G120250003-성명-1.psd

01 새 작업 이미지 만들기 및 파일 저장하기

01 [File(파일)]−[New(새로 만들기)]([Ctrl]+[N])를 선택하고 'Width(폭) : 400Pixels(픽셀), Height(높이) : 500Pixels(픽셀), Resolution(해상도) : 72Pixels/Inch(픽셀/인치), Color Mode(색상 모드) : RGB Color(RGB 색상), 8bit(비트), Background Contents(배경 내용) : White(흰색)'로 설정하여 새 작업 이미지를 만듭니다.

02 [Edit(편집)]−[Preference(환경설정)]([Ctrl]+[K])를 클릭하고 [Guides, Grid & Slices(안내 선, 격자와 슬라이스)]를 선택하여 Grid(격자)의 'Gridline Every(격자 간격) : 100Pixels(픽셀), Subdivisions(세분) : 1'로 설정한 후 'Grid Color(격자 색상)'를 클릭하여 밝은 색상으로 변경합니다.

03 [View(보기)]−[Show(표시)]−[Grid(격자)]([Ctrl]+[']）와 [View(보기)]−[Rulers(눈금자)] ([Ctrl]+[R])를 선택하여 격자와 눈금자를 표시합니다.

04 작업 도큐먼트를 저장하기 위해 [File(파일)]−[Save As(다른 이름으로 저장)]([Shift]+[Ctrl]+ [S])를 선택하고 임의 경로에 '파일 이름 : 수험번호−성명−문제번호, 파일 형식 : Photo-shop(*.PSD;*.PDD;*.PSDT)'으로 파일을 저장합니다.

02 필터 적용

01 [File(파일)]−[Open(열기)]([Ctrl]+[O]) 을 선택하여 1급−1.jpg를 불러옵니다. [Ctrl]+[A]로 전체 선택, [Ctrl]+[C] 로 복사하고 작업 이미지에 [Ctrl]+[V] 로 붙여넣기를 합니다. [Ctrl]+[T]를 누르고 [Shift]를 누른 채 크기를 조절 하여 배치합니다.

02 [Filter(필터)]–[Filter Gallery(필터 갤러리)]–[Brush Strokes(브러시 선)]–[Crosshatch (그물눈)]를 선택합니다.

03 눈사람 모양 패스 생성

01 Ellipse Tool(타원 도구, ◯)을 클릭하고 Options Bar(옵션 바)에서 'Shape(모양), Fill(칠) : 임의 색상, Stroke(획) : No Color(색상 없음), Path operations(패스 작업) : Subtract Front Shape(전면 모양 빼기, ◻)'로 설정한 후 드래그하여 크기가 다른 2개의 원형 모양을 겹치도록 그립니다.

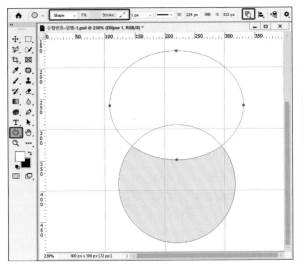

> **기적의 Tip**
> • 명확하게 패스 작업이 보이도록 Layers(레이어) 패널에서 'Layer 1' 레이어의 눈 아이콘(가시성)을 클릭하여 이미지를 보이지 않도록 한 후 진행하겠습니다.
> • 'Path operations(패스 작업) : Subtract Front Shape(전면 모양 빼기, ◻)'을 설정하고 하단의 원형을 먼저 그린 후 상단 원형을 겹치도록 그려서 겹친 부분의 모양을 뺍니다.

02 Pen Tool(펜 도구, ✎)을 클릭하고 Options Bar(옵션 바)에서 'Shape(모양), Fill(칠) : 임의 색상, Stroke(획) : No Color(색상 없음), Path operations(패스 작업) : Subtract Front Shape(전면 모양 빼기, ◻)'로 설정한 후 닫힌 패스를 겹치도록 그립니다.

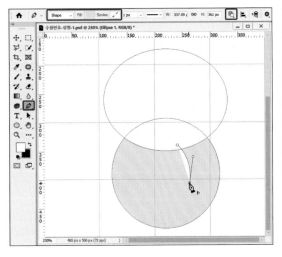
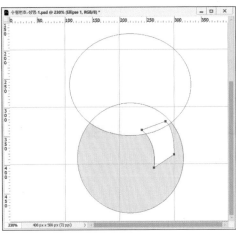

03 Pen Tool(펜 도구, 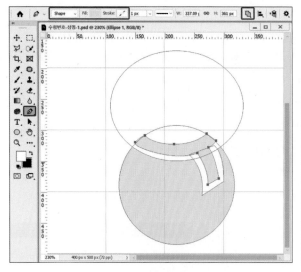)을 클릭하고 Options Bar(옵션 바)에서 'Shape(모양), Fill(칠) : 임의 색상, Stroke(획) : No Color(색상 없음), Path operations(패스 작업) : Combine Shapes(모양 결합,)'로 설정한 후 닫힌 패스를 그립니다.

> **기적의 Tip**
> • 'Path operations(패스 작업) : Combine Shapes
>   (모양 결합,)'를 설정하면 동일한 레이어에
>   칠 색상으로 여러 모양이 그려집니다.
> • 작업 중인 모양의 조절점이 활성화되어 있을 때
>   는 Options Bar(옵션 바)의 'Path operations
>   (패스 작업)'의 설정이 반영되지 않을 수도 있
>   습니다. [Enter]를 1번 눌러 패스의 조절점을 비
>   활성 상태로 만든 후 다시 한 번 [Enter]를 눌
>   러 패스를 선택합니다.

04 Ellipse Tool(타원 도구, 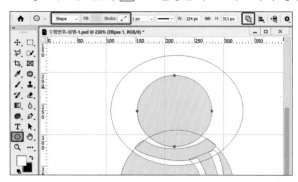)을 클릭하고 Options Bar(옵션 바)에서 'Shape(모양), Fill(칠) : 임의 색상, Stroke(획) : No Color(색상 없음), Path operations(패스 작업) : Combine Shapes(모양 결합,)'로 설정한 후 드래그하여 상단에 원형 모양을 그립니다.

05 Direct Selection Tool(직접 선택 도구, 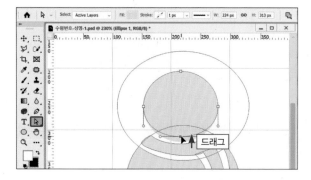)로 원형 하단의 기준점을 선택하고 위쪽으로 이동하여 모양을 수정합니다.

06 Ellipse Tool(타원 도구, ⬭)을 클릭하고 Options Bar(옵션 바)에서 'Shape(모양), Fill(칠) : 임의 색상, Stroke(획) : No Color(색상 없음), Path operations(패스 작업) : Subtract Front Shape(전면 모양 빼기, ⬚)'로 설정한 후 드래그하여 상단 원형 모양과 겹치도록 그립니다.

07 Path Selection Tool(패스 선택 도구, ▶)로 선택하고 Alt 를 누른 채 오른쪽으로 드래그하여 복사합니다. 같은 방법으로 하단에 원형 모양을 그리고 아래쪽으로 복사하여 2개의 원형 모양을 배치합니다.

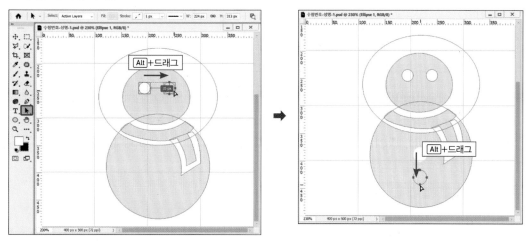

🎓 기적의 Tip

Selection Tool(패스 선택 도구, ▶)로 Alt 를 누른 채 드래그할 때 Shift 를 동시에 누르면 반듯하게 복사됩니다. 선택된 원형 모양의 속성을 유지한 채 복사가 되므로 겹친 부분을 뺍니다.

08 Ellipse Tool(타원 도구, ⬭)을 클릭하고 Options Bar(옵션 바)에서 'Shape(모양), Fill(칠) : 임의 색상, Stroke(획) : No Color(색상 없음), Path operations(패스 작업) : Combine Shapes(모양 결합, ⬚)'를 설정한 후 드래그하여 상단에 원형 모양을 그립니다.

09 Rounded Rectangle Tool(모서리가 둥근 직사각형 도구, ⬭)을 클릭하고 'Shape(모양), Fill(칠) : 임의 색상, Stroke(획) : No Color(색상 없음), Path operations(패스 작업) : Combine Shapes(모양 결합, ⬚), Radius(반경) : 20px'로 설정한 후 드래그하여 눈사람 얼굴 모양과 겹치도록 둥근 사각형 모양을 그립니다.

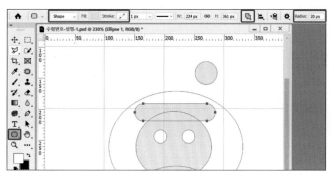

10 Pen Tool(펜 도구, 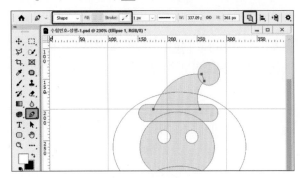)을 클릭하고 Options Bar(옵션 바)에서 'Shape(모양), Fill(칠) : 임의 색상, Stroke(획) : No Color(색상 없음), Path operations(패스 작업) : Combine Shapes(모양 결합,)'를 설정한 후 모자 모양을 겹치도록 그립니다.

11 Rounded Rectangle Tool(모서리가 둥근 직사각형 도구,)과 Ellipse Tool(타원 도구,)로 Options Bar(옵션 바)에서 'Shape(모양), Fill(칠) : 임의 색상, Stroke(획) : No Color(색상 없음), Path operations(패스 작업) : Combine Shapes(모양 결합,)'를 각각 설정한 후 서로 겹치도록 그려 장갑 모양을 만듭니다.

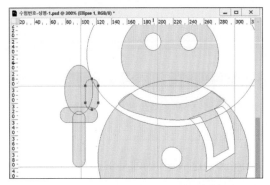

12 Path Selection Tool(패스 선택 도구,)로 4개의 모양을 드래그하여 선택하고 Ctrl+T를 눌러 반시계 방향으로 드래그하여 회전 후 Enter 를 눌러 변형을 완료합니다.

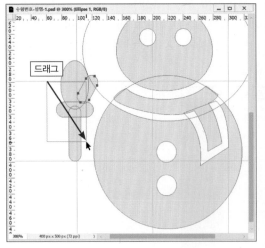
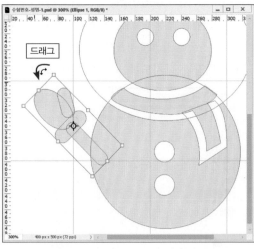

13 Ctrl + C 로 복사, Ctrl + V 로 붙여넣기를 합니다. Ctrl + T 를 누르고 마우스 오른쪽 버튼을 클릭하여 [Flip Horizontal(가로로 뒤집기)]로 뒤집기를 한 후 Enter 를 눌러 배치합니다.

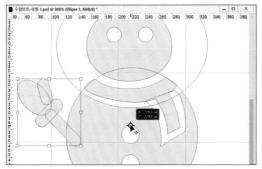 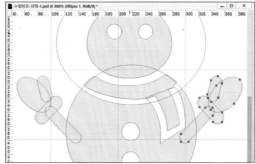

14 Options Bar(옵션 바)에서 'Path operations(패스 작업) : Merge Shape Components(모양 병합 구성 요소, 🔲)'를 클릭하여 모양을 하나로 병합합니다.

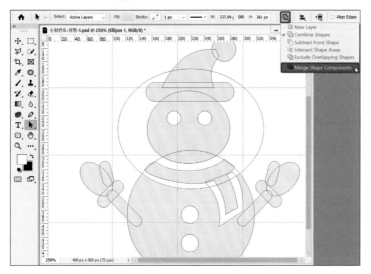

15 Paths(패스) 패널에서 작업 패스 'Elipes 1 Shape Path'를 더블 클릭한 후 [Save Path(패스 저장)] 대화상자에서 'Name(이름) : 눈사람'으로 입력하여 패스를 저장합니다.

더블 클릭

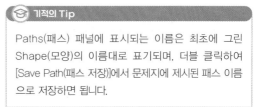

🎓 **기적의 Tip**

Paths(패스) 패널에 표시되는 이름은 최초에 그린 Shape(모양)의 이름대로 표기되며, 더블 클릭하여 [Save Path(패스 저장)]에서 문제지에 제시된 패스 이름 으로 저장하면 됩니다.

04 레이어 스타일 및 클리핑 마스크 적용

01 Layers(레이어) 패널에서 'Layer 1' 레이어의 눈 아이콘(가시성)을 클릭합니다. 'Ellipse 1' 레이어의 이름을 더블 클릭하여 path로 이름을 설정하고, 마우스 오른쪽 버튼을 클릭한 후 [Rasterize Layer(레이어 래스터화)]를 선택하여 일반 레이어로 속성을 변환합니다.

02 Layers(레이어) 패널 하단의 'Add a layer style(레이어 스타일 추가, ⬚)'을 클릭하여 [Stroke(획)]를 선택하고 'Size(크기) : 4px, Fill Type(칠 유형) : Gradient(그레이디언트), Click to edit the gradient(클릭하여 그레이디언트 편집)'를 클릭합니다. 그레이디언트 슬라이더 왼쪽 하단의 'Color Stop(색상 정지점)'을 더블 클릭하여 #000000, 오른쪽 'Color Stop(색상 정지점)'을 더블 클릭하여 #cc0000으로 설정한 후, 'Style(스타일) : Linear(선형), Angle(각도) : 0°'로 설정합니다.

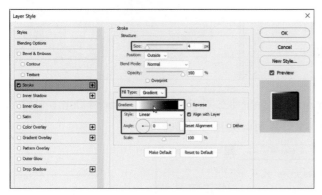 

03 계속해서 [Inner Shadow(내부 그림자)]를 선택, 'Opacity(불투명도) : 75%, Angle(각도) : 120°, Distance(거리) : 0px, Choke(경계 감소) : 7%, Size(크기) : 10px'로 설정하고 [OK(확인)]를 클릭합니다.

04 [File(파일)]-[Open(열기)]([Ctrl]+[O])을 선택하여 1급-2.jpg를 불러옵니다. [Ctrl]+[A]로 전체 선택, [Ctrl]+[C]로 복사, 작업 이미지에 [Ctrl]+[V]로 붙여넣기를 한 후 눈사람 모양 위쪽에 겹치도록 배치하고 위치를 조절합니다.

05 Layers(레이어) 패널에서 'path' 레이어와 'Layer 2' 레이어 사이에 마우스 커서를 놓고 [Alt]를 누르고 클릭하여 Clipping Mask(클리핑 마스크)를 적용합니다.

06 [File(파일)]-[Open(열기)]([Ctrl]+[O])을 선택하여 1급-3.jpg를 불러옵니다. Rectangular Marquee Tool(사각형 선택 윤곽 도구, ⬚)로 당근 이미지를 드래그하여 사각형 영역으로 선택한 후 다시 Magic Wand Tool(자동 선택 도구, ⬚)을 클릭하고 Options Bar(옵션 바)에서 Subtract from selection(선택 영역 빼기, ⬚)을 설정한 후 사각형 선택 영역 내부의 흰 배경을 클릭하여 선택에서 뺍니다.

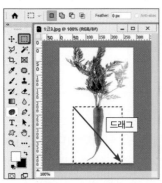 

🎓 기적의 Tip

당근 뿌리의 끝부분까지 선택하기 위해 Rectangular Marquee Tool(사각형 선택 윤곽 도구, ⬚)과 Magic Wand Tool(자동 선택 도구, ⬚)의 선택 연산을 활용합니다.

07 Ctrl+C로 복사, 작업 이미지에 Ctrl+V로 붙여넣기를 한 후, Ctrl+T를 눌러 크기를 축소하고 회전하여 배치합니다.

08 Layers(레이어) 패널 하단의 'Add a layer style(레이어 스타일 추가, fx.)'을 클릭하여 [Drop Shadow(그림자)]를 선택하고 'Opacity(불투명도) : 75%, Angle(각도) : 120°, Distance(거리) : 5px, Size(크기) : 5px'로 설정하고 [OK(확인)]를 클릭합니다.

05 모양 생성 및 레이어 스타일 적용

01 Custom Shape Tool(사용자 정의 모양 도구, ☒)을 클릭하고 Options Bar(옵션 바)에서 'Shape(모양), Fill(칠) : #ffffff, Stroke(획) : No Color(색상 없음), Shape(모양) : Tree(나무, ♣)'로 설정한 후 Shift를 누른 채 드래그하여 모양을 그립니다.

> **Shape 경로**
>
> [Legacy Shapes and More(레거시 모양 및 기타)]–[All Legacy Default Shapes(모든 레거시 기본 모양)]– [Nature(자연)]

02 Layers(레이어) 패널 하단의 'Add a layer style(레이어 스타일 추가, fx.)'을 클릭하여 [Bevel & Emboss(경사와 엠보스)]를 선택, 'Style(스타일) : Inner Bevel(내부 경사), Direction(방향) : Up(위로), Size(크기) : 5px'로 설정하고 [OK(확인)]를 클릭합니다.

03 Custom Shape Tool(사용자 정의 모양 도구, ☒)을 클릭하고 Options Bar(옵션 바)에서 'Shape(모양), Fill(칠) : #ffffff, Stroke(획) : No Color(색상 없음), Shape(모양) : Snow-flake 2(눈송이 2, ✲)'로 설정한 후 Shift를 누른 채 드래그하여 모양을 그립니다.

> **Shape 경로**
>
> [Legacy Shapes and More(레거시 모양 및 기타)]–[All Legacy Default Shapes(모든 레거시 기본 모양)]– [Nature(자연)]

04 Layers(레이어) 패널 상단의 'Opacity(불투명도) : 60%'로 설정합니다.

05 `Ctrl`+`J`를 눌러 복사한 'Snowflake 2 1 copy' 레이어를 선택하고, `Ctrl`+`T`를 눌러 크기를 축소하고 이동하여 배치합니다.

06 계속해서 `Ctrl`+`J`를 눌러 복사한 후, `Ctrl`+`T`를 눌러 《출력형태》를 참고하여 크기를 확대하고 이동하여 배치합니다. Layers(레이어) 패널에서 'Snowflake 2 1 copy 2' 레이어의 'Layer thumbnail(레이어 축소판)'을 더블 클릭하여 'Color(색상) : #333366'으로 변경합니다.

06 문자 입력 및 레이어 스타일 적용

01 Horizontal Type Tool(수평 문자 도구, `T`)로 작업 이미지를 클릭하고 Options Bar(옵션 바)에서 'Font(글꼴) : Times New Roman, Set font style(글꼴 스타일 설정) : Bold, Set font size(글꼴 크기) : 45pt, Color(색상) : #ffffff'로 설정한 후 SNOWY DAY를 입력합니다.

02 Options Bar(옵션 바)에서 Create warped text(뒤틀어진 텍스트 만들기, `工`)를 클릭한 후 [Warp Text(텍스트 뒤틀기)] 대화상자에서 'Style(스타일) : Rise(상승), Horizontal(가로) : 체크, Bend(구부리기) : 50%'로 설정하여 문자의 모양을 왜곡합니다.

03 Layers(레이어) 패널 하단의 'Add a layer style(레이어 스타일 추가, $fx.$)'을 클릭하여 [Stroke(획)]를 선택, 'Size(크기) : 3px, Fill Type(칠 유형) : Gradient(그레이디언트), Click to edit the gradient(클릭하여 그레이디언트 편집)'를 클릭한 후, 그레이디언트 슬라이더 왼쪽 하단의 'Color Stop(색상 정지점)'을 더블 클릭하여 #663366, 오른쪽 'Color Stop(색상 정지점)'을 더블 클릭하여 #99ccff로 설정한 후, 'Style(스타일) : Linear(선형), Angle(각도) : 90°로 설정합니다.

04 계속해서 [Drop Shadow(드롭 섀도)]를 선택, 'Opacity(불투명도) : 75%, Angle(각도) : 120°, Distance(거리) : 7px, Size(크기) : 7px'로 설정하고 [OK(확인)]를 클릭합니다. Ctrl + S 를 눌러 저장합니다.

07 정답 파일 저장

01 [View(보기)]-[Show(표시)]-[Grid(격자)](Ctrl + ')를 선택하여 격자를 가립니다.

02 [File(파일)]-[Save As(다른 이름으로 저장)](Shift + Ctrl + S)를 선택하고 '저장 위치 : 내 PC₩문서₩GTQ, 파일 형식 : JPEG(*.JPG;*.JPEG;*.JPE), 파일 이름 : 수험번호-성명-문제번호'를 입력하고 [저장]을 클릭한 후 [JPEG Options(JPEG 옵션)] 대화상자에서 'Quality(품질) : 8'로 설정하고 [OK(확인)]를 클릭합니다.

> **기적의 Tip**
>
> Photoshop CC 2020 이후 버전에서 [Save As(다른 이름으로 저장)](Shift + Ctrl + S)로 '파일 형식 : JPEG(*.JPG;*.JPEG; *.JPE)'가 없는 경우에는 아래와 같이 저장하면 됩니다.
>
> ※ CC 버전에 따라 정답 파일을 '파일 형식 : JPEG'로 저장하기
> • [File(파일)]-[Save As(다른 이름으로 저장)](Shift + Ctrl + S)를 선택하고 [다른 이름으로 저장] 대화상자에서 [Save A Copy(사본 저장)]를 선택합니다.
> • [File(파일)]-[Save A Copy(사본 저장)](Alt + Ctrl + S)를 선택합니다.

03 [Image(이미지)]-[Image Size(이미지 크기)](Alt + Ctrl + I)를 선택하고 'Constrain aspect ratio(종횡비 제한) : 클릭, Width(폭) : 40Pixels(픽셀), Height(높이) : 50Pixels(픽셀)'로 입력하여 이미지 크기를 1/10로 축소한 후 [OK(확인)]를 클릭합니다.

04 [File(파일)]-[Save As(다른 이름으로 저장)](Shift + Ctrl + S)를 선택하고 '저장 위치 : 내 PC₩문서₩GTQ, 파일 형식 : Photoshop(*.PSD;*.PDD;*.PSDT), 파일 이름 : 수험번호-성명-문제번호'를 입력하고 [저장]을 클릭합니다.

05 답안 저장이 완료되면 [File(파일)]-[Close(닫기)](Ctrl + W)를 선택하여 파일을 닫고 수험 프로그램에서 [답안 전송]을 클릭하여 감독관 컴퓨터로 psd와 jpg 파일을 전송합니다.

작업과정	새 작업 이미지 만들기 및 파일 저장하기 ▶ 필터 적용 및 이미지 합성, 레이어 스타일 적용 ▶ 색상 보정 및 레이어 스타일 적용 ▶ 모양 생성 및 레이어 스타일 적용 ▶ 문자 입력 및 변형, 레이어 스타일 적용 ▶ 정답 파일 저장
완성이미지	Part05₩기출유형문제03회₩정답파일₩G120250003-성명-2.jpg, G120250003-성명-2.psd

01 새 작업 이미지 만들기 및 파일 저장하기

01 [File(파일)]-[New(새로 만들기)]([Ctrl]+[N])를 선택하고 'Width(폭) : 400Pixels(픽셀), Height(높이) : 500Pixels(픽셀), Resolution(해상도) : 72Pixels/Inch(픽셀/인치), Color Mode(색상 모드) : RGB Color(RGB 색상), 8bit(비트), Background Contents(배경 내용) : White(흰색)'로 설정하여 새 작업 이미지를 만듭니다.

02 [Edit(편집)]-[Preference(환경설정)]([Ctrl]+[K])를 클릭하고 [Guides, Grid & Slices(안내선, 격자와 슬라이스)]를 선택하여 Grid(격자)의 'Gridline Every(격자 간격) : 100pixels(픽셀), Subdivisions(세분) : 1'로 설정한 후 'Grid Color(격자 색상)'를 클릭하여 밝은 색상으로 변경합니다.

03 [View(보기)]-[Show(표시)]-[Grid(격자)]([Ctrl]+[']')와 [View(보기)]-[Rulers(눈금자)] ([Ctrl]+[R])를 선택하여 격자와 눈금자를 표시합니다.

04 작업 도큐먼트를 저장하기 위해 [File(파일)]-[Save As(다른 이름으로 저장)]([Shift]+[Ctrl]+ [S])를 선택하고 임의 경로에 '파일 이름 : 수험번호-성명-문제번호, 파일 형식 : Photoshop(*.PSD;*.PDD;*.PSDT)'으로 파일을 저장합니다.

02 필터 적용 및 이미지 합성, 레이어 스타일 적용

01 [File(파일)]-[Open(열기)]([Ctrl]+[O])을 선택하여 1급-4.jpg를 불러옵니다. [Ctrl]+[A]로 전체 선택, [Ctrl]+[C]로 복사, 작업 이미지에 [Ctrl]+[V]로 붙여넣기를 합니다. [Ctrl]+[T]를 눌러 크기를 축소하고 이동하여 배치합니다.

02 [Filter(필터)]-[Filter Gallery(필터 갤러리)]-[Artistic(예술 효과)]-[Dry Brush(드라이 브러시)]를 선택합니다.

03 [File(파일)]-[Open(열기)]([Ctrl]+[O])을 선택하여 1급-5.jpg를 불러옵니다. Quick Selection Tool(빠른 선택 도구, [이미지])을 클릭하고 Options Bar(옵션 바)에서 Add to selection(선택 영역에 추가, [이미지])을 설정한 후 브러시의 크기를 조절하며 드래그하여 선택합니다.

04 Polygonal Lasso Tool(다각형 올가미 도구, [이미지])을 클릭하고 Options Bar(옵션 바)에서 'Add to selection(선택 영역에 추가, [이미지])'을 설정한 후 파라솔의 기둥 부분을 클릭하여 추가로 선택합니다. [Ctrl]+[C]로 복사, 작업 이미지에 [Ctrl]+[V]로 붙여넣기 후 [Ctrl]+[T]로 회전하여 배치합니다.

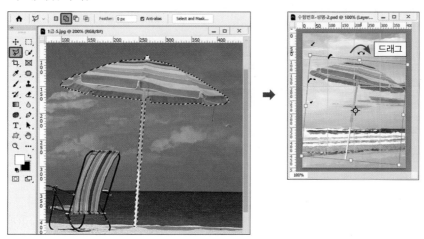

05 Layers(레이어) 패널 하단에 'Add a layer style(레이어 스타일 추가, [fx.])'을 클릭하여 [Drop Shadow(그림자)]를 선택, 'Opacity(불투명도) : 75%, Angle(각도) : 120°, Distance(거리) : 7px, Size(크기) : 7px'로 설정하고 [OK(확인)]를 클릭합니다.

03 색상 보정 및 레이어 스타일 적용

01 Magic Wand Tool(자동 선택 도구, [이미지])을 클릭하고 Options Bar(옵션 바)에서 'Add to selection(선택 영역에 추가, [이미지]), Tolerance(허용치) : 50'으로 설정한 후 파라솔 끝 부분을 여러 차례 클릭하여 선택합니다.

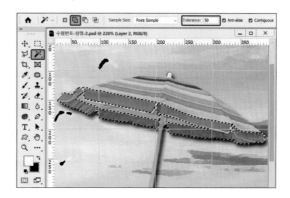

02 Layers(레이어) 패널 하단의 'Create new fill or adjustment layer(새 칠 또는 조정 레이어 생성, )'를 클릭하고 [Hue/Saturation(색조/채도)]을 선택합니다. Properties(속성) 패널에서 'Colorize(색상화) : 체크, Hue(색조) : 270, Saturation(채도) : 60, Lightness(명도) : −10'으로 설정하여 보라색 계열로 보정합니다.

03 Magic Wand Tool(자동 선택 도구, )을 클릭하고 파라솔의 연두색 영역을 클릭하여 선택합니다. Layers(레이어) 패널 하단의 'Create new fill or adjustment layer(새 칠 또는 조정 레이어 생성, )'를 클릭하고 [Hue/Saturation(색조/채도)]을 선택합니다. Properties(속성) 패널에서 'Colorize(색상화) : 체크, Hue(색조) : 0, Saturation(채도) : 100, Lightness(명도) : −40'으로 설정하여 빨간색 계열로 보정합니다.

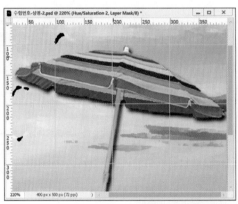

04 [File(파일)]−[Open(열기)](Ctrl+O)을 선택하여 1급−6.jpg를 불러옵니다. Pen Tool(펜 도구, )을 클릭하고 Options Bar(옵션 바)에서 'Paths(패스), Path operations(패스 작업) : Exclude Overlapping Shapes(모양 오버랩 제외, )'를 클릭하고 2개의 의자 모양을 따라 닫힌 패스로 완료합니다.

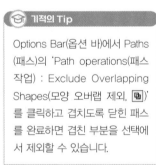

> **기적의 Tip**
>
> Options Bar(옵션 바)에서 Paths (패스)의 'Path operations(패스 작업) : Exclude Overlapping Shapes(모양 오버랩 제외, )' 를 클릭하고 겹치도록 닫힌 패스 를 완료하면 겹친 부분을 선택에 서 제외할 수 있습니다.

05 패스가 완료되면 Ctrl+Enter를 눌러 선택 상태로 전환하고 Ctrl+C로 복사합니다. 작업 이미지에 Ctrl+V로 붙여넣기한 후, Ctrl+T를 누르고 Shift를 누른 채 크기를 조절합니다.

06 Layers(레이어) 패널 하단의 'Add a layer style(레이어 스타일 추가, *fx.*)'을 클릭하여 [Outer Glow(외부 광선)]를 선택하고, 'Opacity(불투명도) : 75%, Size(크기) : 7px'로 설정한 후 [OK(확인)]를 클릭합니다.

04 모양 생성 및 레이어 스타일 적용

01 Custom Shape Tool(사용자 정의 모양 도구, *✿*)을 클릭하고 Options Bar(옵션 바)에서 'Shape(모양), Fill(칠) : #ffff33, Stroke(획) : No Color(색상 없음), Shape(모양) : Sun 1(해 1, ☀)'를 설정한 후 Shift 를 누른 채 드래그하여 모양을 그립니다.

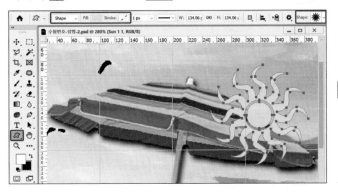

> **Shape 경로**
>
> [Legacy Shapes and More(레거시 모양 및 기타)]-[All Legacy Default Shapes(모든 레거시 기본 모양)]-[Nature(자연)]

02 Layers(레이어) 패널 하단의 'Add a layer style(레이어 스타일 추가, *fx.*)'을 클릭하여 [Inner Shadow(내부 그림자)]를 선택, 'Opacity(불투명도) : 75%, Angle(각도) : 120°, Distance (거리) : 3px, Size(크기) : 3px'로 설정하고 [OK(확인)]를 클릭합니다.

03 Custom Shape Tool(사용자 정의 모양 도구, *✿*)을 클릭하고 Options Bar(옵션 바)에서 'Shape(모양), Fill(칠) : #cc6666, Stroke(획) : No Color(색상 없음), Shape(모양) : Or-nament 4(장식 4, ✛)'로 설정한 후 Shift 를 누른 채 드래그하여 모양을 그립니다.

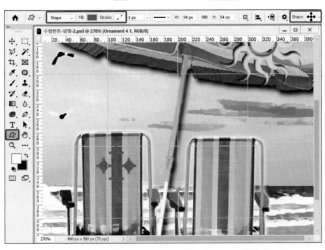

> **Shape 경로**
>
> [Legacy Shapes and More(레거시 모양 및 기타)]-[All Legacy Default Shapes(모든 레거시 기본 모양)]-[Ornaments(장식)]

04 Layers(레이어) 패널 하단의 'Add a layer style(레이어 스타일 추가, *fx.*)'을 클릭하여 [Outer Glow(외부 광선)]를 선택하고, 'Opacity(불투명도) : 75%, Size(크기) : 5px'로 설정한 후 [OK(확인)]를 클릭합니다.

05 Ctrl + J 를 눌러 복사한 레이어를 만들고 이동하여 배치합니다. Layers(레이어) 패널에서 'Ornament 4 1 copy' 레이어의 'Layer thumbnail(레이어 축소판)'을 더블 클릭하여 'Color (색상) : #666699'로 설정하고 [OK(확인)]를 클릭합니다.

05 문자 입력 및 변형, 레이어 스타일 적용

01 Horizontal Type Tool(수평 문자 도구, T)로 작업 이미지를 클릭하고 Options Bar(옵션 바)에서 'Font(글꼴) : Arial, Set font style(글꼴 스타일 설정) : Bold, Set font size(글꼴 크기) : 50pt, Color(색상) : 임의 색상'으로 설정한 후 HOT SUMMER를 입력합니다.

02 Options Bar(옵션 바)에서 Create warped text(뒤틀어진 텍스트 만들기, ⊥)를 클릭하여 [Warp Text(텍스트 뒤틀기)] 대화상자에서 'Style(스타일) : Rise(상승), Horizontal(가로) : 체크, Bend(구부리기) : 35%'로 설정하여 문자의 모양을 왜곡합니다.

03 Layers(레이어) 패널 하단의 'Add a layer style(레이어 스타일 추가, fx.)'을 클릭하여 [Gradient Overlay(그레이디언트 오버레이)]를 선택하고 'Click to edit the gradient(클릭 하여 그레이디언트 편집)'를 클릭합니다.

04 그레이디언트 슬라이더 왼쪽 하단의 'Color Stop(색상 정지점)'을 더블 클릭하여 #ff3333, 가운데 빈 곳을 클릭하여 'Color Stop(색상 정지점)'을 추가하고 더블 클릭하여 #006633, 오른쪽 'Color Stop(색상 정지점)'을 더블 클릭하여 #ffff00으로 설정한 후, 'Style(스타일) : Linear(선형), Angle(각도) : 90°로 설정합니다.

> 🎓 **기적의 Tip**
>
> 가운데 Color Stop(색상 정지점)을 클릭한 후 좌우 'Color Midpoint(색상 중간점, ◇)'의 Location(위치)을 각각 '70%', '30%'로 설정합니다.

05 계속해서 [Drop Shadow(드롭 섀도)]를 선택, 'Opacity(불투명도) : 75%, Angle(각도) : 120˚, Distance(거리) : 5px, Size(크기) : 5px'로 설정하고 [OK(확인)]를 클릭합니다. `Ctrl`+`S`를 눌러 저장합니다.

06 정답 파일 저장

01 [View(보기)]–[Show(표시)]–[Grid(격자)](`Ctrl`+`'`)를 선택하여 격자를 가립니다.

02 [File(파일)]–[Save As(다른 이름으로 저장)](`Shift`+`Ctrl`+`S`)를 선택하여 '저장 위치 : 내 PC₩문서₩GTQ, 파일 형식 : JPEG(*.JPG;*.JPEG;*.JPE), 파일 이름 : 수험번호–성명–문제번호'를 입력하고 [저장]을 클릭한 후 [JPEG Options(JPEG 옵션)] 대화상자에서 'Quality(품질) : 8'로 설정하고 [OK(확인)]를 클릭합니다.

03 [Image(이미지)]–[Image Size(이미지 크기)](`Alt`+`Ctrl`+`I`)를 선택하고 'Constrain aspect ratio(종횡비 제한) : 클릭, Width(폭) : 40Pixels, Height(높이) : 50Pixels'로 입력하여 이미지 크기를 1/10로 축소한 후 [OK(확인)]를 클릭합니다.

04 [File(파일)]–[Save As(다른 이름으로 저장)](`Shift`+`Ctrl`+`S`)를 선택하고 '저장 위치 : 내 PC₩문서₩GTQ, 파일 형식 : Photoshop(*.PSD;*.PDD;*.PSDT), 파일 이름 : 수험번호–성명–문제번호'를 입력하고 [저장]을 클릭합니다.

05 답안 저장이 완료되면 [File(파일)]–[Close(닫기)](`Ctrl`+`W`)를 선택하여 파일을 닫고 수험 프로그램에서 [답안 전송]을 클릭하여 psd와 jpg 파일을 감독관 컴퓨터로 전송합니다.

문제 03	CHAPTER 03 [실무응용] 포스터 제작
작업과정	새 작업 이미지 만들기 및 파일 저장하기 ▶ 혼합 모드 합성 및 필터 적용과 레이어 마스크 ▶ 클리핑 마스크 및 레이어 스타일, 필터 적용 ▶ 이미지 보정 및 레이어 스타일 적용 ▶ 모양 생성 및 레이어 스타일 적용 ▶ 문자 입력 및 레이어 스타일 적용 ▶ 정답 파일 저장
완성이미지	Part05₩기출유형문제03회₩정답파일₩G120250003–성명–3.jpg, G120250003–성명–3.psd

01 새 작업 이미지 만들기 및 파일 저장하기

01 [File(파일)]–[New(새로 만들기)](`Ctrl`+`N`)를 선택하고 'Width(폭) : 600Pixels(픽셀), Height(높이) : 400Pixels(픽셀), Resolution(해상도) : 72Pixels/Inch(픽셀/인치), Color Mode(색상 모드) : RGB Color(RGB 색상), 8bit(비트), Background Contents(배경 내용) : White(흰색)'로 설정하여 새 작업 이미지를 만듭니다.

02 [Edit(편집)]-[Preference(환경설정)]([Ctrl]+[K])를 클릭하고 [Guides, Grid & Slices(안내선, 격자와 슬라이스)]를 선택하여 Grid(격자)의 'Gridline Every(격자 간격) : 100Pixels(픽셀), Subdivisions(세분) : 1'로 설정한 후 'Grid Color(격자 색상)'를 클릭하여 밝은 색상으로 변경합니다.

03 [View(보기)]-[Show(표시)]-[Grid(격자)]([Ctrl]+['])와 [View(보기)]-[Rulers(눈금자)]([Ctrl]+[R])를 선택하여 격자와 눈금자를 표시합니다.

04 작업 도큐먼트를 저장하기 위해 [File(파일)]-[Save As(다른 이름으로 저장)]([Shift]+[Ctrl]+[S])를 선택하고 임의 경로에 '파일 이름 : 수험번호-성명-문제번호, 파일 형식 : Photoshop(*.PSD;*.PDD;*.PSDT)'으로 파일을 저장합니다.

02 혼합 모드 합성 및 필터 적용과 레이어 마스크

01 Tool Panel(도구 패널) 하단의 'Set foreground color(전경색 설정)'를 클릭하여 # 입력란에 ff9999로 입력한 후, [Alt]+[Delete]를 눌러 제시된 Foreground Color(전경색)를 작업 이미지의 배경에 채웁니다.

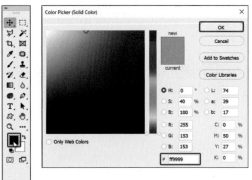 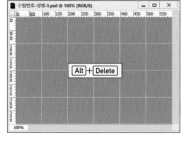

02 [File(파일)]-[Open(열기)]([Ctrl]+[O])을 선택하여 1급-7.jpg를 불러옵니다. [Ctrl]+[A]로 전체 선택한 후 [Ctrl]+[C]로 복사하여 작업 이미지에 [Ctrl]+[V]로 붙여넣고 위치를 조절하여 배치합니다.

03 Layers(레이어) 패널에서 'Blending Mode(혼합 모드) : Pin Light(핀 라이트), Opacity(불투명도) : 70%'로 설정하여 배경과 합성합니다.

 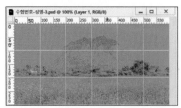

04 [File(파일)]-[Open(열기)]([Ctrl]+[O])을 선택하여 1급-8.jpg를 불러옵니다. [Ctrl]+[A]로 전체 선택하고 [Ctrl]+[C]로 복사, 작업 이미지에 [Ctrl]+[V]로 붙여넣기를 하고 [Ctrl]+[T]를 눌러 크기를 조절합니다.

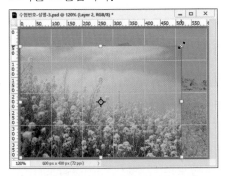

05 [Filter(필터)]-[Filter Gallery(필터 갤러리)]-[Brush Strokes(브러시 선)]-[Crosshatch(그물눈)]를 선택합니다.

06 Layers(레이어) 패널 하단의 'Add layer mask(레이어 마스크 추가, ▣)'를 클릭하여 레이어 마스크를 추가합니다.

07 Tool Panel(도구 패널) 하단의 Set foreground color(전경색 설정)를 #000000, Set background color(배경색 설정)를 #ffffff로 설정합니다. Gradient Tool(그레이디언트 도구, ▤)을 클릭하고 Options Bar(옵션 바)에서 'Type(유형) : Linear Gradient(선형 그레이디언트), Mode(모드) : Normal(표준), Opacity(불투명도) : 100%'로 설정한 후 [Shift]를 누르고 오른쪽 상단에서 왼쪽 하단인 대각선 방향으로 드래그하여 이미지의 일부를 자연스럽게 지워 합성합니다.

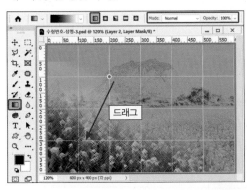

③ 클리핑 마스크 및 레이어 스타일, 필터 적용

01 Custom Shape Tool(사용자 정의 모양 도구, ▨)을 클릭하고 Options Bar(옵션 바)에서 'Shape(모양), Fill(칠) : 임의 색상, Stroke(획) : No Color(색상 없음), Shape(모양) : Puzzle 4(퍼즐 4, ▨)'로 설정한 후 [Shift]를 누른 채 드래그하여 모양을 그립니다.

> **Shape 경로**
>
> [Legacy Shapes and More(레거시 모양 및 기타)]-[All Legacy Default Shapes(모든 레거시 기본 모양)]-[Objects(물건)]

02 Ctrl+T를 눌러 Shift를 누른 채 조절점 밖을 시계 방향으로 드래그하여 15°로 회전하고 배치합니다.

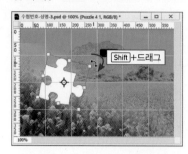

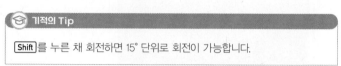

🎓 기적의 Tip

Shift를 누른 채 회전하면 15° 단위로 회전이 가능합니다.

03 Layers(레이어) 패널 하단의 'Add a layer style(레이어 스타일 추가, *fx.*)'을 클릭하여 [Inner Shadow(내부 그림자)]를 선택하고 'Opacity(불투명도) : 75%, Angle(각도) : 120°, Distance(거리) : 5px, Size(크기) : 5px'로 설정합니다. 계속해서 [Outer Glow(외부 광선)]를 선택하여 'Opacity(불투명도) : 75%, Size(크기) : 10px'로 설정하고 [OK(확인)]를 클릭합니다.

04 [File(파일)]-[Open(열기)](Ctrl+O)을 선택하여 1급-9.jpg를 불러옵니다. Ctrl+A로 전체 선택, Ctrl+C로 복사, 작업 이미지에 Ctrl+V로 붙여넣기를 합니다. Ctrl+T를 눌러 크기를 축소하고 'Puzzle 4 1' 레이어와 겹치도록 배치합니다.

05 [Filter(필터)]-[Filter Gallery(필터 갤러리)]-[Texture(텍스처)]-[Texturizer(텍스처화)]를 선택합니다.

06 Layers(레이어) 패널에서 'Puzzle 4 1'과 'Layer 3' 레이어 사이에 마우스 커서를 놓고 Alt를 누르고 클릭하여 Clipping Mask(클리핑 마스크)를 적용합니다.

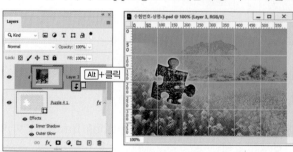

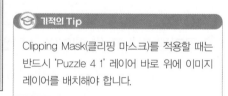

🎓 기적의 Tip

Clipping Mask(클리핑 마스크)를 적용할 때는 반드시 'Puzzle 4 1' 레이어 바로 위에 이미지 레이어를 배치해야 합니다.

04 이미지 보정 및 레이어 스타일 적용

01 [File(파일)]−[Open(열기)]([Ctrl]+[O])을 선택하여 1급−10.jpg를 불러옵니다. Quick Selec-tion Tool(빠른 선택 도구, [✓])을 클릭하고 Options Bar(옵션 바)에서 Add to selection(선택 영역에 추가, [✓])으로 설정한 후 브러시의 크기를 조절하며 드래그하여 선택합니다.

02 [Ctrl]+[C]를 눌러 복사, 작업 이미지에 [Ctrl]+[V]로 붙여넣기를 합니다.

03 Layers(레이어) 패널 하단의 'Add a layer style(레이어 스타일 추가, [fx.])'을 클릭하여 [Inner Shadow(내부 그림자)]를 선택, 'Opacity(불투명도) : 75%, Angle(각도) : 120°, Distance (거리) : 5px, Size(크기) : 5px'로 설정합니다. 계속해서 [Outer Glow(외부 광선)]를 선택, 'Opacity(불투명도) : 75%, Size(크기) : 5px'로 설정하고 [OK(확인)]를 클릭합니다.

04 [File(파일)]−[Open(열기)]([Ctrl]+[O])을 선택하여 1급−11.jpg를 불러옵니다. Pen Tool(펜 도구, [∅])을 클릭하고 Options Bar(옵션 바)에서 'Path(패스), Exclude Overlapping Shapes(모양 오버랩 제외, [⬚])'로 설정한 후 제시된 자동차 모양을 따라 닫힌 패스로 완료합니다.

05 패스가 완료되면 [Ctrl]+[Enter]를 눌러 선택 상태로 전환하고, [Ctrl]+[C]를 눌러 복사합니다. 작업 이미지에 [Ctrl]+[V]로 붙여넣기를 하고 [Ctrl]+[T]를 눌러 크기를 조절한 후, 오른쪽 마우스 버튼을 클릭하여 [Flip Horizontal(가로로 뒤집기)]로 뒤집어서 배치합니다.

06 Layers(레이어) 패널 하단의 'Add a layer style(레이어 스타일 추가, *fx.*)'을 클릭하여 [Stroke(획)]를 선택, 'Size(크기) : 5px, Fill Type(칠 유형) : Gradient(그레이디언트), Click to edit the gradient(클릭하여 그레이디언트 편집)'를 클릭합니다. 그레이디언트 슬라 이더 왼쪽 하단의 'Color Stop(색상 정지점)'을 더블 클릭하여 #660066, 오른쪽 'Color Stop(색상 정지점)'을 더블 클릭하여 #ccff00으로 설정한 후, 'Style(스타일) : Linear(선형), Angle(각도) : 54°로 설정하고 [OK(확인)]를 클릭합니다.

07 Quick Selection Tool(빠른 선택 도구, ☑)을 클릭하고 Options Bar(옵션 바)에서 Add to selection(선택 영역에 추가, ☑)으로 설정한 후 브러시의 크기를 조절하며 드래그하여 자동 차 하단 이미지를 선택합니다.

08 Layers(레이어) 패널 하단의 'Create new fill or adjustment layer(새 칠 또는 조정 레이 어 생성, ◐)'를 클릭하고 [Hue/Saturation(색조/채도)]을 선택합니다. Properties(속성) 패 널에서 'Colorize(색상화) : 체크, Hue(색조) : 290, Saturation(채도) : 77, Lightness(명 도) : 0'으로 설정하여 보라색 계열로 보정합니다.

05 모양 생성 및 레이어 스타일 적용

01 Custom Shape Tool(사용자 정의 모양 도구, ☒)을 클릭하고 Options Bar(옵션 바)에서 'Shape(모양), Fill(칠): 임의 색상, Stroke(획) : No Color(색상 없음), Shape(모양) : School(학교, ☖)'로 설정한 후 Shift 를 누른 채 드래그하여 모양을 그립니다.

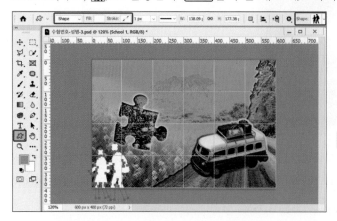

> **Shape 경로**
>
> [Legacy Shapes and More(레거시 모양 및 기타)]–[All Legacy Default Shapes(모 든 레거시 기본 모양)]–[Symbols(기호)]

02 Ctrl+T를 누르고 마우스 오른쪽 버튼을 클릭하여 [Flip Horizontal(가로로 뒤집기)]로 뒤집어 배치합니다.

03 Layers(레이어) 패널 상단의 'Opacity(불투명도) : 80%'로 설정합니다.

04 Layers(레이어) 패널 하단의 'Add a layer style(레이어 스타일 추가, fx.)'을 클릭하여 [Gradient Overlay(그레이디언트 오버레이)]를 선택하고 'Click to edit the gradient(클릭하여 그레이디언트 편집)'를 클릭합니다. 그레이디언트 슬라이더 왼쪽 하단의 'Color Stop(색상 정지점)'을 더블 클릭하여 #009900, 오른쪽 'Color Stop(색상 정지점)'을 더블 클릭하여 #ffccff로 설정한 후, 'Style(스타일) : Linear(선형), Angle(각도) : 90°'로 설정합니다.

05 계속해서 [Drop Shadow(드롭 섀도)]를 선택, 'Opacity(불투명도) : 75%, Angle(각도) : 120°, Distance(거리) : 5px, Size(크기) : 5px'로 설정하고 [OK(확인)]를 클릭합니다.

06 Custom Shape Tool(사용자 정의 모양 도구, ✿)을 클릭하고 Options Bar(옵션 바)에서 'Shape(모양), Fill(칠) : #ffcccc, Stroke(획) : No Color(색상 없음), Shape(모양) : Movie(동영상, 🎞)'로 설정한 후 Shift를 누르고 모양을 그립니다.

Shape 경로

[Legacy Shapes and More(레거시 모양 및 기타)]–[All Legacy Default Shapes(모든 레거시 기본 모양)]–[Web(웹)]

07 Layers(레이어) 패널 하단의 'Add a layer style(레이어 스타일 추가, fx.)'을 클릭하여 [Stroke(획)]를 선택, 'Size(크기) : 1px, Color(색상) : #000000'으로 설정하고 [OK(확인)]를 클릭합니다.

08 Custom Shape Tool(사용자 정의 모양 도구, ✿)을 클릭하고 Options Bar(옵션 바)에서 'Shape(모양), Fill(칠) : #ffffff, Stroke(획) : No Color(색상 없음), Shape(모양) : Airplane(비행기, ✈)'을 설정한 후 Shift를 누르고 모양을 그립니다.

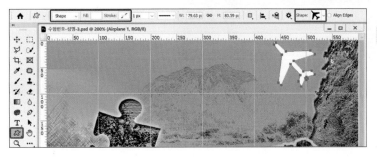

Shape 경로

[Legacy Shapes and More(레거시 모양 및 기타)]–[All Legacy Default Shapes(모든 레거시 기본 모양)]–[Symbols(기호)]

09 Layers(레이어) 패널 하단의 'Add a layer style(레이어 스타일 추가, *fx.*)'을 클릭하여 [In-ner Shadow(내부 그림자)]를 선택, 'Opacity(불투명도) : 75%, Angle(각도) : 60°, Use Global Light(전체 조명 사용) : 체크 해제, Distance(거리) : 5px, Size(크기) : 5px'로 설정하고 [OK(확인)]를 클릭합니다.

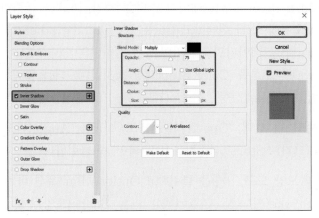

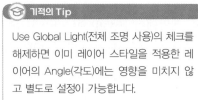

기적의 Tip

Use Global Light(전체 조명 사용)의 체크를 해제하면 이미 레이어 스타일을 적용한 레이어의 Angle(각도)에는 영향을 미치지 않고 별도로 설정이 가능합니다.

10 [Ctrl]+[T]를 눌러 반시계 방향으로 회전한 후, Layers(레이어) 패널 상단의 'Opacity(불투명도) : 60%'로 설정하여 합성합니다.

11 [Ctrl]+[J]를 눌러 'Airplane 1' 레이어를 복사한 후, [Ctrl]+[T]를 눌러 크기와 회전을 조절하고 이동하여 배치합니다.

12 Layers(레이어) 패널에서 'Airplane 1 copy' 레이어의 'Layer thumbnail(레이어 축소판)'을 더블 클릭하여 'Color(색상) : #996699'로 설정하고 [OK(확인)]를 클릭합니다.

06 문자 입력 및 레이어 스타일 적용

01 Horizontal Type Tool(수평 문자 도구, [T])로 작업 이미지를 클릭하고 Options Bar(옵션 바)에서 'Font(글꼴) : Arial, Set font style(글꼴 스타일 설정) : Bold, Set font size(글꼴 크기) : 50pt, Color(색상) : 임의 색상'으로 설정한 후 Island Travel을 입력합니다.

02 Options Bar(옵션 바)에서 Create warped text(뒤틀어진 텍스트 만들기, [ꓕ])를 클릭하여 [Warp Text(텍스트 뒤틀기)] 대화상자에서 'Style(스타일) : Arc(부채꼴), Horizontal(가로) : 체크, Bend(구부리기) : 30%'로 설정하여 문자의 모양을 왜곡합니다.

03 Layers(레이어) 패널 하단의 'Add a layer style(레이어 스타일 추가, [fx])'을 클릭하여 [Stroke(획)]를 선택, 'Size(크기) : 3px, Color(색상) : #330000'으로 설정합니다. 계속해서 [Gradient Overlay(그레이디언트 오버레이)]를 선택하고 'Click to edit the gradient(클릭 하여 그레이디언트 편집)'를 클릭합니다.

04 그레이디언트 슬라이더 왼쪽 하단의 'Color Stop(색상 정지점)'을 더블 클릭하여 #ff6600, 가운데 빈 곳을 클릭하여 'Color Stop(색상 정지점)'을 추가하고 더블 클릭하여 #cccccc, 오 른쪽 'Color Stop(색상 정지점)'을 더블 클릭하여 #9966ff로 설정한 후, 'Style(스타일) : Linear(선형), Angle(각도) : 90˚로 설정합니다. 계속해서 [Drop Shadow(드롭 섀도)]를 선 택하고 [OK(확인)]를 클릭합니다.

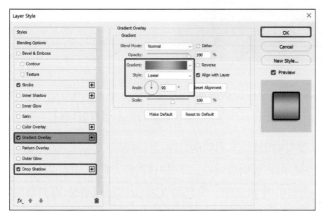

05 Horizontal Type Tool(수평 문자 도구, [T])로 작업 이미지를 클릭하고 Options Bar(옵션 바)에서 'Font(글꼴) : Arial, Set font style(글꼴 스타일 설정) : Bold, Set font size(글꼴 크기) : 30pt, Color(색상) : #006633'으로 설정한 후 # Jeju Island를 입력합니다.

06 Options Bar(옵션 바)에서 Create warped text(뒤틀어진 텍스트 만들기, [I])를 클릭하여 [Warp Text(텍스트 뒤틀기)] 대화상자에서 'Style(스타일) : Arc(부채꼴), Horizontal(가로) : 체크, Bend(구부리기) : −40%'로 설정하여 문자의 모양을 왜곡합니다.

07 Layers(레이어) 패널 하단의 'Add a layer style(레이어 스타일 추가, [fx])'을 클릭하여 [Stroke(획)]를 선택, 'Size(크기) : 2px, Color(색상) : #ffffff'로 설정합니다.

08 Horizontal Type Tool(수평 문자 도구, [T])로 작업 이미지를 클릭하고 Options Bar(옵션 바)에서 'Font(글꼴) : 바탕, Set font size(글꼴 크기) : 23pt, Set anti-aliasing method (앤티 앨리어싱 방법 설정) : Strong(강하게), Center text(텍스트 중앙 정렬, [≡]), Color(색 상) : 임의 색상'으로 설정한 후 제주의 풍경을 다양하게 즐겨요!를 입력합니다.

09 Horizontal Type Tool(수평 문자 도구, T)로 '다양하게 즐겨요!' 문자를 드래그하여 선택하고 'Set font size(글꼴 크기) : 30pt'로 설정합니다.

10 Layers(레이어) 패널 하단의 'Add a layer style(레이어 스타일 추가, fx.)'을 클릭하여 [Stroke(획)]를 선택, 'Size(크기) : 2px, Color(색상) : #330000'으로 설정합니다.

11 계속해서 [Gradient Overlay(그레이디언트 오버레이)]를 선택하고 'Click to edit the gradient(클릭하여 그레이디언트 편집)'를 클릭합니다. 그레이디언트 슬라이더 왼쪽 하단의 'Color Stop(색상 정지점)'을 더블 클릭하여 #ffffff, 오른쪽 'Color Stop(색상 정지점)'을 더블 클릭하여 #33ffcc로 설정한 후, 'Style(스타일) : Linear(선형), Angle(각도) : 0°로 설정하고 [OK(확인)]를 클릭합니다.

12 Horizontal Type Tool(수평 문자 도구, T)로 작업 이미지를 클릭하고 Options Bar(옵션 바)에서 'Font(글꼴) : 굴림, Set font size(글꼴 크기) : 15pt, Set anti-aliasing method (앤티 앨리어싱 방법 설정) : Strong(강하게), Color(색상) : #000000'으로 설정한 후 장소 : 제주 디지털영상센터를 입력합니다.

13 Layers(레이어) 패널 하단에 'Add a layer style(레이어 스타일 추가, fx.)'을 클릭하여 [Stroke(획)]를 선택, 'Size(크기) : 2px, Color(색상) : #ffcccc'로 설정하고 [OK(확인)]를 클릭합니다. Ctrl+S를 눌러 저장합니다.

07 정답 파일 저장

01 [View(보기)]−[Show(표시)]−[Grid(격자)]([Ctrl]+[']))를 선택하여 격자를 가립니다.

02 [File(파일)]−[Save As(다른 이름으로 저장)]([Shift]+[Ctrl]+[S])를 선택하고 '저장 위치 : 내 PC₩문서₩GTQ, 파일 형식 : JPEG(*.JPG;*.JPEG;*.JPE), 파일 이름 : 수험번호−성명−문제번호'를 입력하고 [저장]을 클릭한 후 [JPEG Options(JPEG 옵션)] 대화상자에서 'Quality(품질) : 8'로 설정하고 [OK(확인)]를 클릭합니다.

03 [Image(이미지)]−[Image Size(이미지 크기)]([Alt]+[Ctrl]+[I])를 선택하고 'Constrain aspect ratio(종횡비 제한) : 클릭, Width(폭) : 60Pixels(픽셀), Height(높이) : 40Pixels(픽셀)'로 입력하여 이미지 크기를 1/10로 축소한 후 [OK(확인)]를 클릭합니다.

04 [File(파일)]−[Save As(다른 이름으로 저장)]([Shift]+[Ctrl]+[S])를 선택하고 '저장 위치 : 내 PC₩문서₩GTQ, 파일 형식 : Photoshop(*.PSD;*.PDD;*.PSDT), 파일 이름 : 수험번호−성명−문제번호'를 입력하고 [저장]을 클릭합니다.

05 답안 저장이 완료되면 [File(파일)]−[Close(닫기)]([Ctrl]+[W])를 선택하여 파일을 닫고 수험 프로그램에서 [답안 전송]을 클릭하여 psd와 jpg 파일을 감독관 컴퓨터로 전송합니다.

문제 **04**	CHAPTER 03 **[실무응용] 웹 페이지 제작**
작업과정	새 작업 이미지 만들기 및 파일 저장하기 ▶ 혼합 모드 합성 및 필터, 레이어 마스크 적용 ▶ 이미지 보정 및 레이어 스타일 적용 ▶ 모양 생성 및 변형, 레이어 스타일 적용 ▶ 메뉴 버튼 만들기 ▶ 펜 도구 작업 및 레이어 스타일 적용 ▶ 패턴 정의와 적용 및 클리핑 마스크 적용 ▶ 문자 입력과 왜곡 및 레이어 스타일 적용 ▶ 정답 파일 저장
완성이미지	Part05₩기출유형문제03회₩정답파일₩G120250003−성명−4.jpg, G120250003−성명−4.psd

01 새 작업 이미지 만들기 및 파일 저장하기

01 [File(파일)]−[New(새로 만들기)]([Ctrl]+[N])를 선택하고 'Width(폭) : 600Pixels(픽셀), Height(높이) : 400Pixels(픽셀), Resolution(해상도) : 72Pixels/Inch(픽셀/인치), Color Mode(색상 모드) : RGB Color(RGB 색상), 8bit(비트), Background Contents(배경 내용) : White(흰색)'로 설정하여 새 작업 이미지를 만듭니다.

02 [Edit(편집)]−[Preference(환경설정)]([Ctrl]+[K])를 클릭하고 [Guides, Grid & Slices(안내선, 격자와 슬라이스)]를 선택하여 Grid(격자)의 'Gridline Every(격자 간격) : 100Pixels(픽셀), Subdivisions(세분) : 1'로 설정한 후 'Grid Color(격자 색상)'를 클릭하여 밝은 색상으로 변경합니다.

03 [View(보기)]–[Show(표시)]–[Grid(격자)]([Ctrl]+['])와 [View(보기)]–[Rulers(눈금자)]([Ctrl]+[R])를 선택하여 격자와 눈금자를 표시합니다.

04 작업 도큐먼트를 저장하기 위해 [File(파일)]–[Save As(다른 이름으로 저장)]([Shift]+[Ctrl]+[S])를 선택하고 임의 경로에 '파일 이름 : 수험번호–성명–문제번호, 파일 형식 : Photo-shop(*.PSD;*.PDD;*.PSDT)'으로 파일을 저장합니다.

02 혼합 모드 합성 및 필터, 레이어 마스크 적용

01 Tool Panel(도구 패널) 하단의 'Set foreground color(전경색 설정)'를 클릭하여 # 입력란에 99ccff로 입력한 후, [Alt]+[Delete]를 눌러 제시된 Foreground Color(전경색)를 작업 이미지의 배경에 채웁니다.

02 [File(파일)]–[Open(열기)]([Ctrl]+[O])을 선택하여 1급–12.jpg를 불러옵니다. [Ctrl]+[A]로 전체 선택, [Ctrl]+[C]로 복사, 작업 이미지에 [Ctrl]+[V]로 붙여넣기를 합니다. [Ctrl]+[T]로 크기를 조절한 후 격자를 참고하여 배치합니다.

03 Layers(레이어) 패널에서 'Blending Mode(혼합 모드) : Hard Light(하드 라이트)'로 설정하여 배경 이미지와 합성을 합니다.

 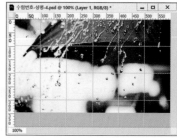

04 Layers(레이어) 패널 하단의 'Add layer mask(레이어 마스크 추가, ◻)'를 클릭하여 레이어 마스크를 추가합니다.

05 Tool Panel(도구 패널) 하단의 'Set foreground color(전경색 설정)'를 #000000, 'Set background color(배경색 설정)'를 #ffffff로 설정합니다. Gradient Tool(그레이디언트 도구, ◻)을 클릭하고 Options Bar(옵션 바)에서 'Type(유형) : Linear Gradient(선형 그레이디언트), Mode(모드) : Normal(표준), Opacity(불투명도) : 100%'로 설정한 후 [Shift]를 누른 채 아래에서 위쪽 수직 방향으로 드래그하여 이미지 일부를 자연스럽게 지워 합성합니다.

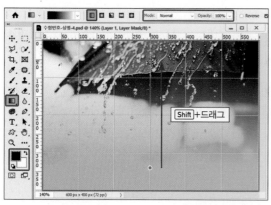 

06 [File(파일)]-[Open(열기)]([Ctrl]+[O])을 선택하여 1급-13.jpg를 불러옵니다. [Ctrl]+[A]로 전체 선택, [Ctrl]+[C]로 복사, 작업 이미지에 [Ctrl]+[V]로 붙여넣기를 합니다. [Ctrl]+[T]로 크기를 조절하여 배치합니다.

07 [Filter(필터)]-[Filter Gallery(필터 갤러리)]-[Artistic(예술 효과)]-[Film Grain(필름 그레인)]을 선택합니다.

08 Layers(레이어) 패널 하단의 'Add layer mask(레이어 마스크 추가, ▣)'를 클릭하여 레이어 마스크를 추가합니다.

09 Tool Panel(도구 패널) 하단의 Set foreground color(전경색 설정)를 #000000, Set background color(배경색 설정)를 #ffffff로 설정합니다. Gradient Tool(그레이디언트 도구, ▣)을 클릭하고 Options Bar(옵션 바)에서 'Type(유형) : Linear Gradient(선형 그레이디언트), Mode(모드) : Normal(표준), Opacity(불투명도) : 100%'로 설정한 후 [Shift]를 누른 채 위에서 아래쪽 수직 방향으로 드래그하여 이미지 일부를 자연스럽게 지워 합성합니다.

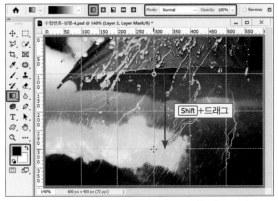 

10 [File(파일)]-[Open(열기)]([Ctrl]+[O])을 선택하여 1급-14.jpg를 불러옵니다. Object Selection Tool(개체 선택 도구, ▣)을 클릭하고 Options Bar(옵션 바)에서 'Mode(모드) : Rectangle(사각형)'로 선택하고 드래그합니다.

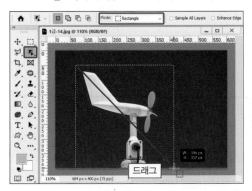

> 🎓 **기적의 Tip**
>
> Object Selection Tool(개체 선택 도구, ▣)로 드래그하여 복잡한 이미지의 선택 영역을 지정할 수 있습니다. 선택하려는 이미지 영역 이외의 불필요한 배경 또는 겹쳐져 있는 이미지를 선택 영역으로 지정하지 않습니다.

11 Ctrl+C로 복사, 작업 이미지에 Ctrl+V로 붙여넣기를 하고, Ctrl+T를 누르고 마우스 오른쪽 버튼을 클릭하여 [Flip Horizontal(가로로 뒤집기)]로 뒤집고 크기를 조절한 후 배치합니다.

12 Layers(레이어) 패널 하단의 'Add a layer style(레이어 스타일 추가, *fx.*)'을 클릭하여 [Bevel & Emboss(경사와 엠보스)]를 선택, 'Style(스타일) : Inner Bevel(내부 경사), Direction(방향) : Up(위로), Size(크기) : 5px'로 설정합니다. 계속해서 [Outer Glow(외부 광선)]를 선택, 'Opacity(불투명도) : 75%, Size(크기) : 5px'로 설정하고 [OK(확인)]를 클릭합니다.

03 이미지 보정 및 레이어 스타일 적용

01 [File(파일)]-[Open(열기)](Ctrl+O)을 선택하여 1급-15.jpg를 불러옵니다. Pen Tool(펜 도구, *∅.*)을 클릭하고 Options Bar(옵션 바)에서 'Path(패스), Path operations(패스 작업) : Exclude Overlapping Shapes(모양 오버랩 제외, *⬚*)'로 설정하고 제시된 자동차 모양을 따라 닫힌 패스로 완료합니다.

02 패스가 완료되면 Ctrl+Enter를 눌러 선택 상태로 전환하고, Ctrl+C로 복사합니다. 작업 이미지에 Ctrl+V로 붙여넣기를 한 후, Ctrl+T를 눌러 크기를 축소하고 배치합니다.

03 Layers(레이어) 패널 하단의 'Add a layer style(레이어 스타일 추가, *fx.*)'을 클릭하여 [Drop Shadow(그림자)]를 선택, 'Opacity(불투명도) : 75%, Angle(각도) : 120°, Distance(거리) : 5px, Size(크기) : 5px'로 설정하고 [OK(확인)]를 클릭합니다.

04 Layers(레이어) 패널에서 'Layer 4' 레이어의 'Layer thumbnail(레이어 축소판)'을 [Ctrl]을 누르고 클릭하여 자동차 이미지를 선택 상태로 전환합니다.

05 Layers(레이어) 패널 하단의 'Create new fill or adjustment layer(새 칠 또는 조정 레이어 생성, [◐])'를 클릭하고 [Hue/Saturation(색조/채도)]을 선택합니다. Properties(속성) 패널에서 'Colorize(색상화) : 체크, Hue(색조) : 180, Saturation(채도) : 70, Lightness(명도) : 10'으로 설정하여 파란색 계열로 색상을 보정합니다.

06 [File(파일)]-[Open(열기)]([Ctrl]+[O])을 선택하여 1급-16.jpg를 불러옵니다. Pen Tool(펜 도구, [✎])을 클릭하고 Options Bar(옵션 바)에서 'Path(패스), Path operations(패스 작업) : Exclude Overlapping Shapes(모양 오버랩 제외, [▣])'로 설정하고 배 모양을 따라 닫힌 패스로 완료합니다.

07 패스가 완료되면 [Ctrl]+[Enter]를 눌러 선택 상태로 전환하고, [Ctrl]+[C]를 눌러 복사합니다. 작업 이미지에 [Ctrl]+[V]로 붙여넣기를 한 후, [Ctrl]+[T]를 누르고 마우스 오른쪽 버튼을 클릭하여 [Flip Horizontal(가로로 뒤집기)]로 뒤집고 크기를 조절하여 배치합니다.

08 [Filter(필터)]-[Filter Gallery(필터 갤러리)]-[Artistic(예술 효과)]-[Poster Edges(포스터 가장자리)]를 선택합니다.

09 Layers(레이어) 패널 하단의 'Add a layer style(레이어 스타일 추가, [fx.])'을 클릭하여 [Drop Shadow(그림자)]를 선택, 'Opacity(불투명도) : 75%, Angle(각도) : 120°, Distance(거리) : 5px, Size(크기) : 5px'로 설정하고 [OK(확인)]를 클릭합니다.

10 [File(파일)]–[Open(열기)]([Ctrl]+[O])을 선택하여 1급–17.jpg를 불러옵니다. Polygonal Lasso Tool(다각형 올가미 도구, [ ])로 그림과 같이 선택합니다.

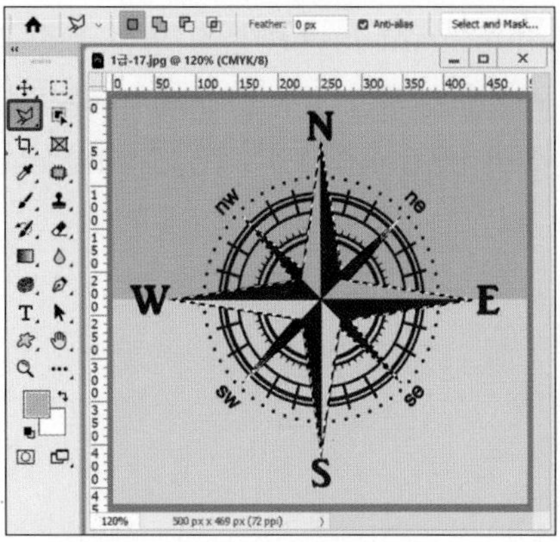

> **기적의 Tip**
> 클릭 중 앞 단계로 취소하려면 [Back Space]를 누르고, 선택을 완료하려면 더블 클릭을 합니다.

11 [Ctrl]+[C]로 복사, 작업 이미지에 [Ctrl]+[V]로 붙여넣기를 한 후 [Ctrl]+[T]로 [Shift]를 누른 채 크기를 축소하여 배치합니다.

04 모양 생성 및 변형, 레이어 스타일 적용

01 Custom Shape Tool(사용자 정의 모양 도구, [ ])을 클릭하고 Options Bar(옵션 바)에서 'Shape(모양), Fill(칠) : #ffcc00, Stroke(획) : No Color(색상 없음), Shape(모양) : Crescent Moon(초승달, [ ])'으로 설정한 후 [Shift]를 누른 채 왼쪽 하단에 모양을 그립니다.

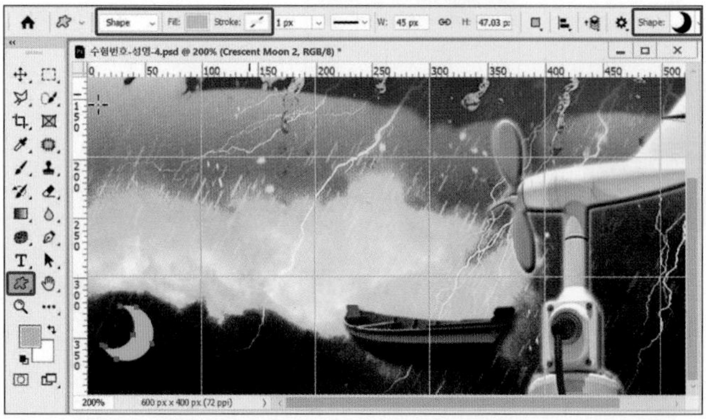

> **Shape 경로**
> [Legacy Shapes and More(레거시 모양 및 기타)]–[All Legacy Default Shapes(모든 레거시 기본 모양)]–[Shapes(모양)]

02 Layers(레이어) 패널 하단의 'Add a layer style(레이어 스타일 추가, [fx])'을 클릭하여 [Stroke(획)]를 선택, 'Size(크기) : 2px, Color(색상) : #ffffff'로 설정하고 [OK(확인)]를 클릭합니다. Layers(레이어) 패널 상단의 'Opacity(불투명도) : 50%'로 설정합니다.

03 Custom Shape Tool(사용자 정의 모양 도구, 🎨)을 클릭하고 Options Bar(옵션 바)에서 'Shape(모양), Fill(칠) : #ffff00, Stroke(획) : No Color(색상 없음), Shape(모양) : Lightning(번개, 🔩)'으로 설정한 후 Shift 를 누른 채 드래그하여 모양을 그립니다. Ctrl + T 를 눌러 회전하여 배치합니다.

Shape 경로

[Legacy Shapes and More(레거시 모양 및 기타)]—[All Legacy Default Shapes(모든 레거시 기본 모양)]—[Nature(자연)]

04 Layers(레이어) 패널 하단의 'Add a layer style(레이어 스타일 추가, fx.)'을 클릭하여 [Drop Shadow(그림자)]를 선택, 'Opacity(불투명도) : 75%, Angle(각도) : 120°, Distance (거리) : 5px, Size(크기) : 5px'로 설정하고 [OK(확인)]를 클릭합니다.

05 Ctrl + J 를 눌러 복사한 레이어를 만들고 Ctrl + T 를 눌러 크기와 회전을 조절하고 이동하여 배치합니다.

06 Layers(레이어) 패널에서 'Lightning 1 copy' 레이어의 'Layer thumbnail(레이어 축소판)'을 더블 클릭하여 'Color(색상) : #99cccc'로 설정하고 [OK(확인)]를 클릭합니다.

05 메뉴 버튼 만들기

01 Custom Shape Tool(사용자 정의 모양 도구, 🎨)을 클릭하고 Options Bar(옵션 바)에서 'Shape(모양), Fill(칠) : #ff9933, Stroke(획) : No Color(색상 없음), Shape(모양) : Forward(앞으로, ▶)'로 설정한 후 Shift 를 누른 채 드래그하여 모양을 그립니다.

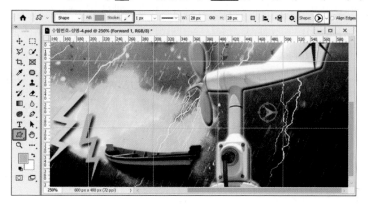

Shape 경로

[Legacy Shapes and More(레거시 모양 및 기타)]—[All Legacy Default Shapes(모든 레거시 기본 모양)]—[Web(웹)]

02 Layers(레이어) 패널 하단의 'Add a layer style(레이어 스타일 추가, *fx.*)'을 클릭하여 [Stroke(획)]를 선택, 'Size(크기) : 2px, Color(색상) : #000000'으로 설정합니다.

03 Horizontal Type Tool(수평 문자 도구, **T**)로 작업 이미지를 클릭하고 Options Bar(옵션 바)에서 'Font(글꼴) : 돋움, Set font size(글꼴 크기) : 18pt, Set anti-aliasing method (앤티 앨리어싱 방법 설정) : Strong(강하게), Color(색상) : #ff9933'으로 설정한 후 특보현 황을 입력합니다.

04 Layers(레이어) 패널 하단의 'Add a layer style(레이어 스타일 추가, *fx.*)'을 클릭하여 [Stroke(획)]를 선택, 'Size(크기) : 2px, Color(색상) : #000000'으로 설정합니다.

05 Layers(레이어) 패널에서 **Shift**를 누른 채 'Forward 1' 레이어와 '특보현황' 레이어를 클릭하 여 함께 선택합니다. Move Tool(이동 도구, **✛**)을 선택하고 작업 이미지의 모양과 문자를 **Alt**를 누른 채 아래쪽으로 드래그하여 이동하며 복제합니다.

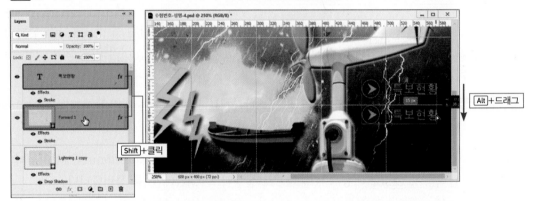

> 🎓 **기적의 Tip**
>
> • Layers(레이어) 패널에서 **Shift**를 눌러 레이어를 다중 선택하고 Move Tool(이동 도구, **✛**)의 Options Bar(옵션 바)에서 정렬과 배분을 맞춰서 버튼을 배치할 수 있습니다.
> • Move Tool(이동 도구, **✛**)로 **Alt**를 누르고 드래그하여 복제할 때 **Shift**를 동시에 누르면 반듯하게 이동하며 복제할 수 있습니다.

06 같은 방법으로 3번째 버튼의 모양을 만듭니다. Layers(레이어) 패널에서 'Forward 1 copy' 레이어의 'Layer thumbnail(레이어 축소판)'을 더블 클릭하여 Color(색상)를 #ccff00으로 설정합니다.

07 Horizontal Type Tool(수평 문자 도구, **T**)로 문자를 각각 드래그하여 육상예보, 해상예보 로 입력하여 수정합니다. 수정한 '육상예보' 문자를 드래그하여 Color(색상)를 #ccff00으로 설정합니다.

06 펜 도구 작업 및 레이어 스타일 적용

01 Layers(레이어) 패널에서 'Layer 6' 레이어를 선택합니다.

02 Rounded Rectangle Tool(모서리가 둥근 직사각형 도구, ▢)을 클릭하고 Options Bar(옵션 바)에서 'Shape(모양), Fill(칠) : #cccccc, Stroke(획) : No Color(색상 없음), Radius(반경) : 30px'로 설정한 후 드래그하여 둥근 사각형 모양을 그립니다.

03 Ellipse Tool(타원 도구, ◯)을 클릭하고 Options Bar(옵션 바)에서 'Shape(모양), Fill(칠) : #cccccc, Stroke(획) : No Color(색상 없음), Path operations(패스 작업) : Combine Shapes(모양 결합, ⬚)'로 설정한 후 크기가 다른 3개의 원형 모양을 겹치도록 그립니다.

04 Pen Tool(펜 도구, ✒)을 클릭하고 Options Bar(옵션 바)에서 'Shape(모양), Fill(칠) : #cccccc, Stroke(획) : No Color(색상 없음), Path operations(패스 작업) : Combine Shapes(모양 결합, ⬚)'로 설정한 후 겹치도록 모양을 그립니다.

05 Options Bar(옵션 바)에서 'Path operations(패스 작업) : Merge Shape Components(모양 병합 구성 요소, 📇)'를 클릭하여 모양을 하나로 병합하고 [Enter]를 눌러 패스 작업을 완료합니다.

06 Layers(레이어) 패널 하단의 'Add a layer style(레이어 스타일 추가, 𝑓𝑥.)'을 클릭하여 [Drop Shadow(그림자)]를 선택, 'Opacity(불투명도) : 75%, Angle(각도) : 120°, Distance(거리) : 7px, Size(크기) : 7px'로 설정하고 [OK(확인)]를 클릭합니다.

07 Custom Shape Tool(사용자 정의 모양 도구, 🦋)을 클릭하고 Options Bar(옵션 바)에서 'Shape(모양), Fill(칠) : 임의 색상, Stroke(획) : No Color(색상 없음), Shape(모양) : 10 Point Star(10포인트 별, ✹)'로 설정한 후 [Shift]를 누른 채 드래그하여 모양을 그립니다.

Shape 경로

[Legacy Shapes and More(레거시 모양 및 기타)]-[All Legacy Default Shapes(모든 레거시 기본 모양)]-[Shapes(모양)]

08 Ellipse Tool(타원 도구, 〇)을 클릭하고 Options Bar(옵션 바)에서 'Shape(모양), Fill(칠) : 임의 색상, Stroke(획) : No Color(색상 없음), Path operations(패스 작업) : Subtract Front Shape(전면 모양 빼기, 🖵)'로 설정한 후 원형 모양을 중앙에 겹치도록 그립니다.

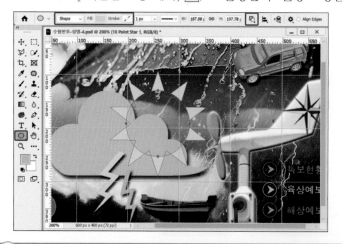

🎓 **기적의 Tip**

작업 중인 Shape(모양)이 선택된 상태에서 Path operations(패스 작업)의 옵션을 바꾸면 지시와 다른 결과가 나올 수 있습니다. [Enter]를 눌러 작업 중인 모양을 완료한 후, 다시 한 번 [Enter]를 눌러 Path operations(패스 작업)의 옵션을 변경합니다.

09 계속해서 Ellipse Tool(타원 도구, ◯)의 Options Bar(옵션 바)에서 'Path operations(패스 작업) : Combine Shapes(모양 결합, ⬚)'로 설정한 후 중앙에 겹치도록 원형 모양을 그려 줍니다.

10 Options Bar(옵션 바)에서 'Path operations(패스 작업) : Merge Shape Components(모양 병합 구성 요소, ⬚)'를 클릭하여 모양을 하나로 병합하고 Enter 를 눌러 패스 작업을 완료합니다. Ctrl + [를 눌러 뒤로 보내기를 하여 구름 모양 레이어 아래쪽으로 배치합니다.

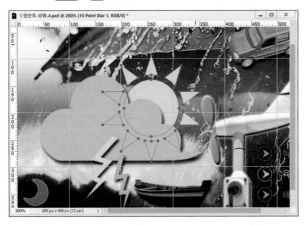

11 Layers(레이어) 패널 하단의 'Add a layer style(레이어 스타일 추가, fx.)'을 클릭하여 [Gradient Overlay(그레이디언트 오버레이)]를 선택하고 'Click to edit the gradient(클릭하여 그레이디언트 편집)'를 클릭합니다. 그레이디언트 슬라이더 왼쪽 하단의 'Color Stop(색상 정지점)'을 더블 클릭하여 #ff3300, 오른쪽 'Color Stop(색상 정지점)'을 더블 클릭하여 #ffff99로 설정한 후, 'Style(스타일) : Linear(선형), Angle(각도) : 90°로 설정합니다. 계속해서 [Drop Shadow(드롭 섀도)]를 선택하고 [OK(확인)]를 클릭합니다.

07 패턴 정의와 적용 및 클리핑 마스크 적용

01 [File(파일)]–[New(새로 만들기)]([Ctrl]+[N])를 선택하고 'Width(폭) : 40Pixels(픽셀), Height(높이) : 50Pixels(픽셀), Resolution(해상도) : 72Pixels/Inch(픽셀/인치), Color Mode(색상 모드) : RGB Color(RGB 색상), 8bit(비트), Background Contents(배경 내용) : Transparent(투명)'로 설정하여 새 작업 이미지를 만듭니다.

02 Custom Shape Tool(사용자 정의 모양 도구,)을 클릭하고 Options Bar(옵션 바)에서 'Shape(모양), Fill(칠) : #ff6666, Stroke(획) : No Color(색상 없음), Shape(모양) : Umbrella(우산,)'로 설정한 후 모양을 그립니다.

> **Shape 경로**
>
> [Legacy Shapes and More(레거시 모양 및 기타)]–[All Legacy Default Shapes(모든 레거시 기본 모양)]–[Objects(물건)]

03 Custom Shape Tool(사용자 정의 모양 도구,)을 클릭하고 Options Bar(옵션 바)에서 'Shape(모양), Fill(칠) : #ccffff, Stroke(획) : No Color(색상 없음), Shape(모양) : Raindrop(빗방울,)'으로 설정한 후 모양을 그립니다.

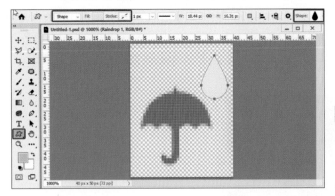

> **Shape 경로**
>
> [Legacy Shapes and More(레거시 모양 및 기타)]–[All Legacy Default Shapes(모든 레거시 기본 모양)]–[Nature(자연)]

04 [Edit(편집)]–[Define Pattern(패턴 정의)]을 선택하여 'Name(이름) : 우산'으로 설정하고 패턴을 등록합니다.

05 작업 이미지를 선택하고 Layers(레이어) 패널에서 'Rounded Rectangle 1' 레이어를 선택합니다. 패널 하단의 'Create a new layer(새 레이어 만들기,)'를 클릭하여 'Rounded Rectangle 1' 레이어의 위쪽에 새 레이어를 추가하고 이름을 pattern으로 설정합니다.

> **기적의 Tip**
>
> Layers(레이어) 패널의 선택된 레이어 위쪽으로 새로운 레이어가 만들어지므로 순서를 정돈하지 않아도 됩니다.

06 Layers(레이어) 패널의 'pattern' 레이어를 선택합니다.

07 [Edit(편집)]–[Fill(칠)]을 선택하고 'Contents(내용) : Pattern(패턴), Custom Pattern(사용자 정의 패턴) : 우산, Mode(모드) : Normal(표준), Opacity(불투명도) : 100%, Preserve Transparency(투명도 유지) : 체크 해제'로 설정하여 채웁니다.

08 Layers(레이어) 패널 상단의 'Opacity(불투명도) : 70%'로 설정합니다. 'Rounded Rectangle 1'과 'pattern' 레이어 사이에 마우스 커서를 놓고 Alt 를 누르고 클릭하여 Clipping Mask(클리핑 마스크)를 적용합니다.

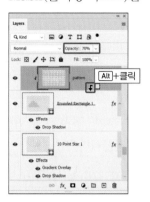

08 문자 입력과 왜곡 및 레이어 스타일 적용

01 Horizontal Type Tool(수평 문자 도구, T)로 작업 이미지를 클릭하고 Options Bar(옵션 바)에서 'Font(글꼴) : 궁서, Set font size(글꼴 크기) : 45pt, Set anti-aliasing method(앤티 앨리어싱 방법 설정) : Strong(강하게), Color(색상) : 임의 색상'으로 설정한 후 기상 정보 센터를 입력합니다.

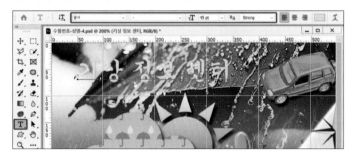

02 Options Bar(옵션 바)에서 Create warped text(뒤틀어진 텍스트 만들기, 工)를 클릭하여 [Warp Text(텍스트 뒤틀기)] 대화상자에서 'Style(스타일) : Fish(물고기), Horizontal(가로) : 체크, Bend(구부리기) : 40%'로 설정하여 문자의 모양을 왜곡합니다.

03 Layers(레이어) 패널 하단에 'Add a layer style(레이어 스타일 추가, fx)'을 클릭하여 [Stroke(획)]를 선택, 'Size(크기) : 3px, Color(색상) : #ccffff'로 설정합니다. 계속해서 [Gradient Overlay(그레이디언트 오버레이)]를 선택하고 'Click to edit the gradient(클릭하여 그레이디언트 편집)'를 클릭합니다.

04 그레이디언트 슬라이더 왼쪽 하단의 'Color Stop(색상 정지점)'을 더블 클릭하여 #993399, 가운데 빈 곳을 클릭하여 'Color Stop(색상 정지점)'을 추가하고 더블 클릭하여 #006633, 오른쪽 'Color Stop(색상 정지점)'을 더블 클릭하여 #cc3300으로 설정한 후, 'Style(스타일) : Linear(선형), Angle(각도) : 90°'로 설정하고 [OK(확인)]를 클릭합니다.

05 Horizontal Type Tool(수평 문자 도구, T)로 작업 이미지를 클릭하고 Options Bar(옵션 바)에서 'Font(글꼴) : Times New Roman, Set font style(글꼴 스타일 설정) : Bold, Set font size(글꼴 크기) : 25pt, Color(색상) : 임의 색상'으로 설정한 후 Weather Information을 입력합니다.

06 Options Bar(옵션 바)에서 Create warped text(뒤틀어진 텍스트 만들기, Ⅰ)를 클릭하여 [Warp Text(텍스트 뒤틀기)] 대화상자에서 'Style(스타일) : Arch(아치), Horizontal(가로) : 체크, Bend(구부리기) : 40%'로 설정하여 문자의 모양을 왜곡합니다.

07 Layers(레이어) 패널 하단에 'Add a layer style(레이어 스타일 추가, fx.)'을 클릭하여 [Stroke(획)]를 선택, 'Size(크기) : 2px, Color(색상) : #ffffff'로 설정합니다.

08 계속해서 [Gradient Overlay(그레이디언트 오버레이)]를 선택하고 'Click to edit the gradient(클릭하여 그레이디언트 편집)'를 클릭합니다. 그레이디언트 슬라이더 왼쪽 하단의 'Color Stop(색상 정지점)'을 더블 클릭하여 #cccc00, 오른쪽 'Color Stop(색상 정지점)'을 더블 클릭하여 #006666으로 설정한 후, 'Style(스타일) : Linear(선형), Angle(각도) : 0°로 설정하고 [OK(확인)]를 클릭합니다.

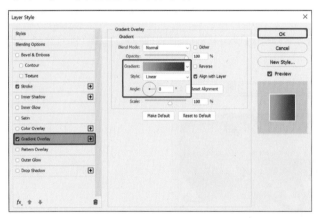

09 Shift + Ctrl +]를 눌러 Layers(레이어) 패널에서 맨 위쪽으로 배치합니다. Ctrl + T를 눌러 Options Bar(옵션 바)에서 'Rotate(회전, ◿) : -9°로 입력하고 Enter를 눌러 회전을 적용하고 배치합니다.

10 Horizontal Type Tool(수평 문자 도구, T)로 작업 이미지를 클릭하고 Options Bar(옵션 바)에서 'Font(글꼴) : 바탕, Set font size(글꼴 크기) : 13pt, Set anti-aliasing method (앤티 앨리어싱 방법 설정) : Strong(강하게), Color(색상) : #000000'으로 설정한 후 25도 90% 남동 7km/h 1~5mm를 입력합니다.

11 Layers(레이어) 패널 하단에 'Add a layer style(레이어 스타일 추가, *fx.*)'을 클릭하여 [Stroke(획)]를 선택, 'Size(크기) : 2px, Color(색상) : #ccffff'로 설정합니다. Ctrl+S를 눌러 저장합니다.

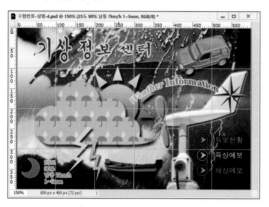

09 정답 파일 저장

01 [View(보기)]-[Show(표시)]-[Grid(격자)](Ctrl+')를 선택하여 격자를 가립니다.

02 [File(파일)]-[Save As(다른 이름으로 저장)](Shift+Ctrl+S)를 선택하고 '저장 위치 : 내 PC₩문서₩GTQ, 파일 형식 : JPEG(*.JPG;*.JPEG;*.JPE), 파일 이름 : 수험번호-성명-문제번호'를 입력하고 [저장]을 클릭한 후 [JPEG Options(JPEG 옵션)] 대화상자에서 'Quality(품질) : 8'로 설정하고 [OK(확인)]를 클릭합니다.

03 [Image(이미지)]-[Image Size(이미지 크기)](Alt+Ctrl+I)를 선택하고 'Constrain aspect ratio(종횡비 제한) : 클릭, Width(폭) : 60Pixels, Height(높이) : 40Pixels'로 입력하여 이미지 크기를 1/10로 축소한 후 [OK(확인)]를 클릭합니다.

04 [File(파일)]-[Save As(다른 이름으로 저장)](Shift+Ctrl+S)를 선택하고 '저장 위치 : 내 PC₩문서₩GTQ, 파일 형식 : Photoshop(*.PSD;*.PDD;*.PSDT), 파일 이름 : 수험번호-성명-문제번호'를 입력하고 [저장]을 클릭합니다.

05 답안 저장이 완료되면 [File(파일)]-[Exit(종료)](Ctrl+Q)를 선택하여 프로그램을 종료하고 수험 프로그램에서 [답안 전송]을 클릭하여 감독관 컴퓨터로 psd와 jpg 파일을 전송합니다.

기출 유형 문제 4회

급수	버전	문제유형	시험시간	수험번호	성명
1급		A	90분	G120250004	

수 험 자 유 의 사 항

- 수험자는 문제지를 받는 즉시 응시하고자 하는 <u>과목 및 급수가 맞는지 확인</u>한 후 수험번호와 성명을 작성합니다.
- 파일명은 본인의 "수험번호–성명–문제번호"로 공백 없이 정확히 입력하고 답안폴더(내 PC\문서\GTQ)에 jpg 파일과 psd 파일의 2가지 포맷으로 저장해야 하며, jpg 파일과 psd 파일의 내용이 상이할 경우 0점 처리됩니다. 답안문서 파일명이 "수험번호–성명–문제번호"와 일치하지 않거나, 답안 파일을 전송하지 않아 미제출로 처리될 경우 불합격 처리됩니다.
- 문제의 세부조건은 '영문(한글)' 형식으로 표기되어 있으니 유의하시기 바랍니다.
- 수험자 정보와 저장한 파일명, 저장 위치가 다를 경우 전송이 되지 않으므로, 주의하시기 바랍니다.
- 답안 작성 중에도 <u>주기적으로 '저장'과 '답안 전송'</u>을 이용하여 감독위원 PC로 답안을 전송하셔야 합니다.(※ 작업한 내용을 <u>저장하지 않고 전송할 경우</u> 이전의 저장내용이 전송되오니 이 점 반드시 유념하시기 바랍니다.)
- 답안문서는 지정된 경로 외의 다른 보조기억장치에 저장하는 행위, 지정된 시험 시간 외에 작성된 파일을 활용한 행위, 기타 허용되지 않은 프로그램(이메일, 메신저, 게임, 네트워크 등) 이용 시 부정행위로 간주되어 자격기본법 제32조에 의거 본 시험 및 국가공인 자격시험을 2년간 응시할 수 없습니다.
- 시험 중 부주의 또는 고의로 시스템을 파손한 경우와 〈수험자 유의사항〉에 기재된 방법대로 이행하지 않아 생기는 불이익은 수험자의 책임임을 알려 드립니다.
- 시험을 완료한 수험자는 최종적으로 저장한 답안파일이 전송되었는지 확인한 후 감독위원의 지시에 따라 문제지를 제출하고 퇴실합니다.

답 안 작 성 요 령

- **온라인 답안 작성 절차**

  수험자 등록 ⇒ 시험 시작 ⇒ 답안파일 저장 ⇒ 답안 전송 ⇒ 시험 종료
- 내 PC\문서\GTQ\Image폴더에 있는 그림 원본파일을 사용하여 답안을 작성하시고 최종답안을 답안폴더(내 PC\문서\GTQ)에 저장하여 답안을 전송하시고, 이미지의 크기가 다른 경우 감점 처리됩니다.
- 배점은 총 100점으로 이루어지며, 점수는 각 문제별로 차등 배분됩니다.
- 각 문제는 주어진 〈조건〉에 따라 작성하고, 언급하지 않은 조건은 《출력형태》와 같이 작성합니다.
- 배치 등의 편의를 위해 주어진 눈금자의 단위는 '픽셀'입니다.

  그 외는 출력형태(효과, 이미지, 문자, 색상, 레이아웃, 규격 등)와 같게 작업하십시오.
- 문제 조건에 서체의 지정이 없을 경우 한글은 굴림이나 돋움, 영문은 Arial로 작업하십시오.

  (단, 그 외에 제시되지 않은 문자 속성을 기본값으로 작성하지 않은 경우는 감점 처리됩니다.)
- Image Mode(이미지 모드)는 별도의 처리조건이 없을 경우에는 RGB(8비트)로 작업하십시오.
- 모든 답안 파일은 해상도 72Pixels/Inch로 작업하십시오.
- Layer(레이어)는 각 기능별로 분할해야 하며, 임의로 합칠 경우나 각 기능에 대한 속성을 해지할 경우 해당 요소는 0점 처리됩니다.

한 국 생 산 성 본 부

| 문제 ❶ | [기능평가] 고급 Tool(도구) 활용 | 20점 |

▶합격 강의

다음의 《조건》에 따라 아래의 《출력형태》와 같이 작업하시오.

조건

원본 이미지		Part05₩기출유형문제04회₩1급-1.jpg, 1급-2.jpg, 1급-3.jpg	
파일저장규칙	JPG	파일명	문서₩GTQ₩수험번호-성명-1.jpg
		크기	400×500 pixels
	PSD	파일명	문서₩GTQ₩수험번호-성명-1.psd
		크기	40×50 pixels

출력형태

1. 그림 효과

① 1급-1.jpg : 필터 – Dry Brush(드라이 브러시)
② Save Path(패스 저장) : 헤어 드라이어 모양
③ Mask(마스크) : 헤어 드라이어 모양, 1급-2.jpg를 이용하여 작성
　레이어 스타일 – Drop Shadow(그림자 효과), Stroke(선/획)(5px, 그라
　디언트(#003300, #ffcccc, #ffff00))
④ 1급-3.jpg : 레이어 스타일 – Drop Shadow(그림자 효과)
⑤ Shape Tool(모양 도구) :
　– 타일 모양(#cccccc, #999999, 레이어 스타일 – Inner Shadow(내부 그림자))
　– 파형 모양(#ffcc66, 레이어 스타일 – Outer Glow(외부 광선))

2. 문자 효과

① Hair Shop(Times New Roman, Bold, 50pt, 레이어 스타일 – Stroke(선/획)(3px, #ffffff), Drop Shadow(그림자 효과)), 그
　라디언트 오버레이(#33ff00, #330000)

| 문제 ❷ | [기능평가] 사진편집 응용 | 20점 |

▶합격 강의

다음의 《조건》에 따라 아래의 《출력형태》와 같이 작업하시오.

조건

원본 이미지		Part05₩기출유형문제04회₩1급-4.jpg, 1급-5.jpg, 1급-6.jpg	
파일저장규칙	JPG	파일명	문서₩GTQ₩수험번호-성명-2.jpg
		크기	400×500 pixels
	PSD	파일명	문서₩GTQ₩수험번호-성명-2.psd
		크기	40×50 pixels

출력형태

1. 그림 효과

① 1급-4.jpg : 필터 – Cutout(오려내기)
② 색상 보정 : 1급-5.jpg – 빨간색 계열로 보정
③ 1급-5.jpg : 레이어 스타일 – Drop Shadow(그림자 효과)
④ 1급-6.jpg : 레이어 스타일 – Outer Glow(외부 광선)
⑤ Shape Tool(모양 도구) :
　– 꽃 모양(#99cccc, #ccccff, 레이어 스타일 – Inner Shadow(내부 그림자))
　– 장식 모양(#330033, 레이어 스타일 – Bevel and Emboss(경사와
　엠보스))

2. 문자 효과

① Nail Color(Times New Roman, Regular, 55pt, 레이어 스타일 – Stroke(선/획)(2px, #333333), 그라디언트 오버레이
　(#33ffcc, #ff99cc), Drop Shadow(그림자 효과))

▶합격 강의

다음의 《조건》에 따라 아래의 《출력형태》와 같이 작업하시오.

조건

원본 이미지		Part05₩기출유형문제\04회₩1급-7.jpg, 1급-8.jpg, 1급-9.jpg, 1급-10.jpg, 1급-11.jpg	
파일저장규칙	JPG	파일명	문서₩GTQ₩수험번호-성명-3.jpg
		크기	600×400 pixels
	PSD	파일명	문서₩GTQ₩수험번호-성명-3.psd
		크기	60×40 pixels

1. 그림 효과
① 배경 : #ffcccc
② 1급-7.jpg : Blending Mode(혼합 모드) – Multiply(곱하기), Opacity(불투명도)(60%)
③ 1급-8.jpg : 필터 – Dry Brush(드라이 브러시), 레이어 마스크 – 대각선 방향으로 흐릿하게
④ 1급-9.jpg : 필터 – Crosshatch(그물눈), 레이어 스타일 – Stroke(선/획)(6px, 그라디언트(#330033, #ffcccc), Inner Shadow(내부 그림자))
⑤ 1급-10.jpg : 레이어 스타일 – Bevel and Emboss(경사와 엠보스), Outer Glow(외부 광선)
⑥ 1급-11.jpg : 색상 보정 – 보라색 계열로 보정, 레이어 스타일 – Inner Shadow(내부 그림자)
⑦ 그 외 《출력형태》 참조

2. 문자 효과
① 기초 메이크업 강좌(돋움, 38pt, 레이어 스타일 – Stroke(선/획)(2px, #ffffff), 그라디언트 오버레이(#9933ff, #66cccc, #ff3300), Outer Glow(외부 광선))
② #1 자연스러운 색조 화장(돋움, 25pt, #ffffff, 레이어 스타일 – Stroke(선/획)(2px, #336699))
③ 사전 등록 이벤트(돋움, 15pt, #ffffff, 레이어 스타일 – Stroke(선/획)(2px, 그라디언트(#0000ff, #ff66cc))
④ MAKE-UP Academy(Arial, Regular, 22pt, #cc66cc, 레이어 스타일 – Stroke(선/획)(2px, #ffffff))

출력형태

Shape Tool(모양 도구) 사용
레이어 스타일 – 그라디언트
오버레이(#cc0066, #ffffff),
Drop Shadow(그림자 효과),
Opacity(불투명도)(80%)

Shape Tool(모양 도구) 사용
#ff3366, #ffcc66,
레이어 스타일 –
Drop Shadow(그림자 효과)

Shape Tool(모양 도구) 사용
#ffffff,
레이어 스타일 – Stroke(선/획)(2px,
그라디언트(#0000ff, #ff66cc))

문제 ❹	[실무응용] 웹 페이지 제작	35점

▶합격 강의

다음의 《조건》에 따라 아래의 《출력형태》와 같이 작업하시오.

조건

원본 이미지	Part05₩기출유형문제04회₩1급-12.jpg, 1급-13.jpg, 1급-14.jpg, 1급-15.jpg, 1급-16.jpg, 1급-17.jpg		
파일저장규칙	JPG	파일명	문서₩GTQ₩수험번호-성명-4.jpg
		크기	600×400 pixels
	PSD	파일명	문서₩GTQ₩수험번호-성명-4.psd
		크기	60×40 pixels

1. 그림 효과
① 배경 : #cccc99
② 패턴(얼룩, 파형 모양) : #ffcccc, #999999, Opacity(불투명도)(60%)
③ 1급-12.jpg : Blending Mode(혼합 모드) – Overlay(오버레이), 레이어 마스크 – 대각선 방향으로 흐릿하게
④ 1급-13.jpg : 필터 – Texturizer(텍스처화), 레이어 마스크 – 가로 방향으로 흐릿하게
⑤ 1급-14.jpg : 레이어 스타일 – Inner Glow(내부 광선), Drop Shadow(그림자 효과)
⑥ 1급-15.jpg : 필터 – Facet(단면화), 레이어 스타일 – Outer Glow(외부 광선)
⑦ 1급-16.jpg : 색상 보정 – 파란색 계열로 보정, 레이어 스타일 – Drop Shadow(그림자 효과)
⑧ 그 외 《출력형태》 참조

2. 문자 효과
① BEAUTY & SKIN CLINIC(Arial, Bold, 43pt, 레이어 스타일 – 그라디언트 오버레이(#99ffff, #ff9999, #ffcc00), Stroke(선/획)(2px, #666600), Drop Shadow(그림자 효과))
② 림프 순환~ 면역력 증강~ 천연석 사용!(돋움, 20pt, 24pt, #000033, 레이어 스타일 – Stroke(선/획)(2px, #ffccff))
③ 핫스톤테라피 바로가기(궁서, 18pt, #ffffff, 레이어 스타일 – Drop Shadow(그림자 효과))
④ 보습 클리닉 재생 클리닉 예약하기(돋움, 15pt, #000000, 레이어 스타일 – Outer Glow(외부 광선))

출력형태

Pen Tool(펜 도구) 사용
#663333, 레이어 스타일
– 그라디언트 오버레이
(#ffff00, #ff0000),
Drop Shadow(그림자 효과)

Shape Tool(모양 도구) 사용
#ccff99, 레이어 스타일 –
Inner Shadow(내부 그림자)

Shape Tool(모양 도구) 사용
레이어 스타일 – 그라디언트
오버레이(#ffffff, #cc3366),
Inner Shadow(내부 그림자),
Opacity(불투명도)(80%)

Shape Tool(모양 도구) 사용
#ff9900, #996633, 레이어
스타일 – Outer Glow(외부
광선),
Opacity(불투명도)(60%)

문제 01	CHAPTER 04 [기능평가] 고급 Tool(도구) 활용
작업과정	새 작업 이미지 만들기 및 파일 저장하기 ▶ 필터 적용 ▶ 헤어 드라이어 모양 패스 생성 ▶ 클리핑 마스크 적용 후 레이어 스타일 적용 ▶ 모양 생성 및 레이어 스타일 적용 ▶ 문자 입력 및 레이어 스타일 적용 ▶ 정답 파일 저장
완성이미지	Part05₩기출유형문제04회₩정답파일₩G120250004−성명−1.jpg, G120250004−성명−1.psd

01 새 작업 이미지 만들기 및 파일 저장하기

01 [File(파일)]−[New(새로 만들기)]([Ctrl]+[N])를 선택하고 'Width(폭) : 400Pixels(픽셀), Height(높이) : 500Pixels(픽셀), Resolution(해상도) : 72Pixels/Inch(픽셀/인치), Color Mode(색상 모드) : RGB Color(RGB 색상), 8bit(비트), Background Contents(배경 내용) : White(흰색)'로 설정하여 새 작업 이미지를 만듭니다.

02 [Edit(편집)]−[Preference(환경설정)]([Ctrl]+[K])를 클릭하고 [Guides, Grid & Slices(안내선, 격자와 슬라이스)]를 선택하여 Grid(격자)의 'Color(색상)'를 클릭하여 밝은 색상으로 변경한 후 'Gridline Every(격자 간격) : 100Pixels(픽셀), Subdivisions(세분) : 1'로 설정합니다.

03 [View(보기)]−[Show(표시)]−[Grid(격자)]([Ctrl]+['])와 [View(보기)]−[Rulers(눈금자)] ([Ctrl]+[R])를 선택하여 격자와 눈금자를 표시합니다.

04 작업 도큐먼트를 저장하기 위해 [File(파일)]−[Save As(다른 이름으로 저장)]([Shift]+[Ctrl]+ [S])를 선택하고 임의 경로에 '파일 이름 : 수험번호−성명−문제번호, 파일 형식 : Photoshop(*.PSD;*.PDD;*.PSDT)'으로 파일을 저장합니다.

02 필터 적용

01 [File(파일)]−[Open(열기)]([Ctrl]+[O])을 선택하여 1급−1.jpg를 불러옵니다. [Ctrl]+[A]로 전체 선택, [Ctrl]+[C]로 복사, 작업 이미지에 [Ctrl]+[V]로 붙여넣기를 합니다. [Ctrl]+[T]를 눌러 [Shift]를 누른 채 크기를 축소하고 위치를 조절하여 배치합니다.

02 [Filter(필터)]-[Filter Gallery(필터 갤러리)]-[Artistic(예술 효과)]-[Dry Brush(드라이 브러시)]를 선택합니다.

03 헤어 드라이어 모양 패스 생성

01 Ellipse Tool(타원 도구, ⬭)을 클릭하고 Options Bar(옵션 바)에서 'Shape(모양), Fill(칠) : 임의 색상, Stroke(획) : No Color(색상 없음), Path operations(패스 작업) : New Layer(새 레이어, ▣)'로 설정한 후 드래그하여 정원 모양을 그립니다.

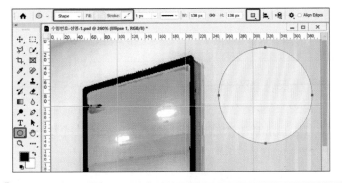

> **기적의 Tip**
>
> **정원 그리기**
> • 드래그할 때 Shift 를 눌러 그립니다.
> • 작업 이미지를 클릭하여 Create Ellipse(원형 만들기) 대화상자에서 Width(폭)와 Height(높이)의 수치를 동일하게 입력합니다.

02 Rectangle Tool(사각형 도구, ▢)을 클릭하고 Options Bar(옵션 바)에서 'Shape(모양), Fill(칠) : 임의 색상, Stroke(획) : No Color(색상 없음), Path operations(패스 작업) : Combine Shapes(모양 결합, ▣)'로 설정한 후 드래그하여 크기가 다른 2개의 사각형 모양을 정원과 각각 겹치도록 그립니다.

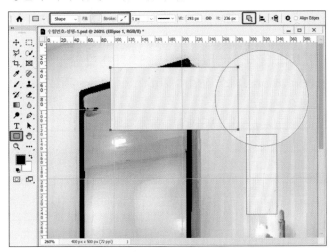

> **기적의 Tip**
>
> 'Path operations(패스 작업) : Combine Shapes(모양 결합, ▣)'를 설정하면 동일한 레이어에 칠 색상으로 여러 모양이 그려집니다.

03 상단의 사각형을 선택한 후 `Ctrl`+`T`를 누르고, 마우스 오른쪽 버튼을 클릭하여 [Warp(뒤틀기)]을 클릭합니다. 4개의 핸들을 각각 드래그하여 상하 모양을 서로 대칭적으로 변형하고 `Enter`를 눌러 완료합니다.

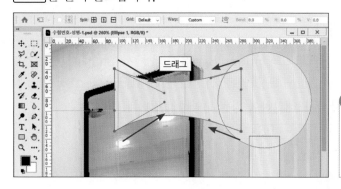

04 Rounded Rectangle Tool(모서리가 둥근 직사각형 도구, ⬜)을 클릭하고 'Shape(모양), Fill(칠) : 임의 색상, Stroke(획) : No Color(색상 없음), Path operations(패스 작업) : Combine Shapes(모양 결합, 🔲), Radius(반경) : 10px'로 설정한 후 드래그하여 오른쪽 사각형 모양과 서로 겹치도록 크기가 다른 2개의 둥근 사각형 모양을 그립니다.

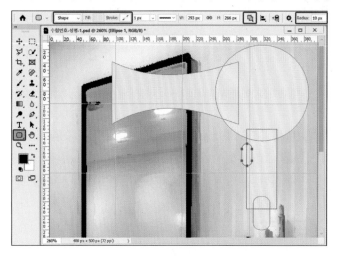

05 Ellipse Tool(타원 도구, ⬭)을 클릭하고 큰 정원의 중앙에 드래그하여 작은 정원을 그리고 Options Bar(옵션 바)에서 'Path operations(패스 작업) : Subtract Front Shape(전면 모양 빼기, 🔲)'을 설정하여 겹치는 부분을 뺍니다.

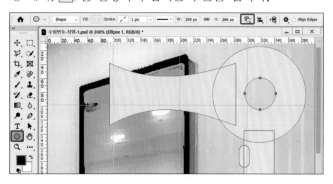

06 Rectangle Tool(사각형 도구, ▣)을 클릭하고 Options Bar(옵션 바)에서 'Shape(모양), Fill(칠) : 임의 색상, Stroke(획) : No Color(색상 없음), Path operations(패스 작업) : Subtract Front Shape(전면 모양 빼기, ▣)'을 설정한 후 왼쪽 상단 모양과 겹치도록 드래그 하여 사각형 모양으로 겹친 부분을 뺍니다.

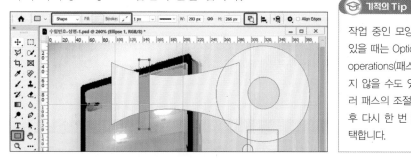

🎓 **기적의 Tip**

작업 중인 모양의 조절점이 활성화되어 있을 때는 Options Bar(옵션 바)의 'Path operations(패스 작업)'의 설정이 반영되지 않을 수도 있습니다. Enter 를 1번 눌러 패스의 조절점을 비활성 상태로 만든 후 다시 한 번 Enter 를 눌러 패스를 선택합니다.

07 Path Selection Tool(패스 선택 도구, ▶)로 오른쪽 하단 3개의 모양을 드래그하여 선택한 후, Ctrl + T 를 눌러 Options Bar(옵션 바)에서 'Rotate(회전, ◿) : 11°'를 입력하고 Enter 를 눌러 회전을 적용하고 배치합니다.

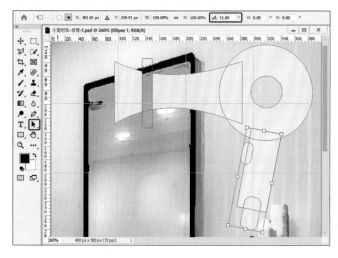

08 Path Selection Tool(패스 선택 도구, ▶)로 드래그하여 모든 모양을 선택하고, Ctrl + T 를 눌러 Options Bar(옵션 바)에서 'Rotate(회전, ◿) : −30°'로 입력하고 Enter 를 눌러 회전을 적용하고 배치합니다.

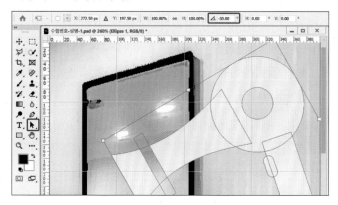

09 Options Bar(옵션 바)에서 'Path operations(패스 작업) : Merge Shape Components(모양 병합 구성 요소, 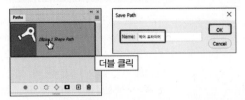)'를 클릭하여 모양을 하나로 병합합니다.

10 Paths(패스) 패널에서 작업 패스 'Ellipse 1 Shape Path'를 더블 클릭한 후 [Save Path(패스 저장)] 대화상자에서 'Name(이름) : 헤어 드라이어'로 입력하여 패스를 저장합니다.

더블 클릭

🎓 **기적의 Tip**

- Paths(패스) 패널에 표시되는 이름은 최초에 그린 Shape(모양)의 이름대로 표기되며, 더블 클릭하여 [Save Path(패스 저장)]에서 문제지에 제시된 패스 이름으로 저장하면 됩니다.
- Paths(패스) 패널에 여전히 존재하는 'Ellipse 1 Shape Path'는 'Ellipse 1' 레이어를 'Rasterize Layer(레이어 래스터화)'로 변환한 이후에는 자동으로 삭제됩니다.

11 Layers(레이어) 패널에서 'Ellipse 1' 레이어의 이름을 더블 클릭하여 path로 이름을 변경하고, 마우스 오른쪽 버튼을 눌러 [Rasterize Layer(레이어 래스터화)]를 선택하여 일반 레이어로 속성을 변환합니다.

12 Layers(레이어) 패널 하단의 'Add a layer style(레이어 스타일 추가, *fx.*)'을 클릭하여 [Stroke(획)]를 선택, 'Size(크기) : 5px, Fill Type(칠 유형) : Gradient(그레이디언트), Click to edit the gradient(클릭하여 그레이디언트 편집)'를 클릭합니다.

13 그레이디언트 슬라이더 왼쪽 하단의 'Color Stop(색상 정지점)'을 더블 클릭하여 #003300, 가운데 빈 곳을 클릭하여 'Color Stop(색상 정지점)'을 추가한 후 더블 클릭하여 #ffcccc, 오른쪽 'Color Stop(색상 정지점)'을 더블 클릭하여 #ffff00으로 설정한 후, 'Style(스타일) : Linear(선형), Angle(각도) : 180°로 설정합니다.

14 계속해서 [Drop Shadow(드롭 섀도)]를 선택, 'Opacity(불투명도) : 75%, Angle(각도) : 120°, Distance(거리) : 10px, Size(크기) : 10px'로 설정한 후 [OK(확인)]를 클릭합니다.

04 클리핑 마스크 적용 후 레이어 스타일 적용

01 [File(파일)]-[Open(열기)]([Ctrl]+[O])을 선택하여 1급-2.jpg를 불러옵니다. [Ctrl]+[A]로 전체 선택, [Ctrl]+[C]로 복사, 작업 이미지에 [Ctrl]+[V]로 붙여넣기를 합니다. [Ctrl]+[T]를 누르고 마우스 오른쪽 버튼을 클릭하여 [Flip Horizontal(가로로 뒤집기)]로 뒤집고 크기를 조절한 후, 헤어 드라이어 모양 위쪽에 겹치도록 배치합니다.

02 Layers(레이어) 패널에서 'path' 레이어와 'Layer 2' 레이어 사이에 마우스 커서를 놓고 [Alt]를 누르고 클릭하여 Clipping Mask(클리핑 마스크)를 적용합니다.

03 [File(파일)]-[Open(열기)]([Ctrl]+[O])을 선택하여 1급-3.jpg를 불러옵니다. Quick Selection Tool(빠른 선택 도구, [이미지])을 클릭하고 Options Bar(옵션 바)에서 Add to selection(선택 영역에 추가, [이미지])으로 설정한 후 브러시의 크기를 조절하며 드래그하여 이미지를 선택합니다.

04 Options Bar(옵션 바)에서 'Select and Mask(선택 및 마스크)'를 클릭하여 'Properties(속성)'에서 'Radius(반경) : 1px, Smooth(매끄럽게) : 0, Feather(페더) : 0.5px'로 설정한 후 [OK(확인)]를 클릭하고, [Ctrl]+[C]로 복사합니다.

🎓 **기적의 Tip**

Options Bar(옵션 바)에서 'Add to selection(선택 영역에 추가, [이미지])'을 선택하고 드래그하여 선택 영역을 추가하거나 'Subtract from selection(선택 영역에서 빼기, [이미지])'으로 선택 영역에서 제외할 수 있으며 정교한 선택이 가능합니다.

05 Layers(레이어) 패널에서 'Layer 1' 레이어를 클릭하고 [Ctrl]+[V]로 'Layer 1' 레이어 위쪽으로 붙여넣기를 합니다. [Ctrl]+[T]를 눌러 크기를 축소하고 격자를 참조하여 배치합니다.

06 Layers(레이어) 패널 하단의 'Add a layer style(레이어 스타일 추가, [fx.])'을 클릭하여 [Drop Shadow(그림자)]를 선택, 'Opacity(불투명도) : 75%, Angle(각도) : 120°, Distance(거리) : 5px, Size(크기) : 5px'로 설정하고 [OK(확인)]를 클릭합니다.

05 모양 생성 및 레이어 스타일 적용

01 Custom Shape Tool(사용자 정의 모양 도구, [⌂])을 클릭하고 Options Bar(옵션 바)에서 'Shape(모양), Fill(칠) : #cccccc, Stroke(획) : No Color(색상 없음), Shape(모양) : Tile 4(타일 4, [⌗])'로 설정한 후 드래그하여 모양을 그립니다.

> **Shape 경로**
>
> [Legacy Shapes and More(레거시 모양 및 기타)]-[All Legacy Default Shapes(모든 레거시 기본 모양)]-[Tiles(타일)]

02 Layers(레이어) 패널 하단의 'Add a layer style(레이어 스타일 추가, [fx.])'을 클릭하여 [Inner Shadow(내부 그림자)]를 선택, 'Opacity(불투명도) : 75%, Angle(각도) : 120°, Distance(거리) : 5px, Size(크기) : 5px'로 설정하고 [OK(확인)]를 클릭합니다.

03 [Ctrl]+[J]를 눌러 복사한 'Tile 4 1 copy' 레이어를 선택합니다. [Ctrl]+[T]를 눌러 크기를 축소하고 [Shift]를 누른 채 조절점 밖을 드래그하여 45°로 회전한 후 격자를 참조하여 배치합니다.

> 🎓 **기적의 Tip**
>
> [Shift]를 누른 채 회전하면 15° 단위로 회전이 가능합니다.

04 Layers(레이어) 패널에서 'Tile 4 1 copy' 레이어의 'Layer thumbnail(레이어 축소판)'을 더블 클릭하여 'Color(색상) : #999999'로 변경합니다.

05 Layers(레이어) 패널에서 'Layer 2' 레이어를 선택합니다.

06 Custom Shape Tool(사용자 정의 모양 도구, [🖉])을 클릭하고 Options Bar(옵션 바)에서 'Shape(모양), Fill(칠) : #ffcc66, Stroke(획) : No Color(색상 없음), Shape(모양) : Waves(파형, 〰)'로 설정한 후 드래그하여 모양을 그리고, [Ctrl]+[T]를 눌러 회전하여 배치합니다.

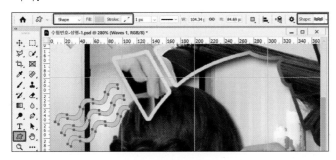

Shape 경로

[Legacy Shapes and More(레거시 모양 및 기타)]–[All Legacy Default Shapes(모든 레거시 기본 모양)]– [Nature(자연)]

07 Layers(레이어) 패널 하단의 'Add a layer style(레이어 스타일 추가, [fx.])'을 클릭하여 [Outer Glow(외부 광선)]를 선택, 'Opacity(불투명도) : 75%, Size(크기) : 10px'로 설정한 후 [OK(확인)]를 클릭합니다.

06 문자 입력 및 레이어 스타일 적용

01 Horizontal Type Tool(수평 문자 도구, [T])로 작업 이미지를 클릭하고 Options Bar(옵션 바)에서 'Font(글꼴) : Times New Roman, Set font style(글꼴 스타일 설정) : Bold, Set font size(글꼴 크기) : 50pt, Color(색상) : 임의 색상'으로 설정한 후 Hair Shop을 입력합니다.

02 Options Bar(옵션 바)에서 Create warped text(뒤틀어진 텍스트 만들기, [𝓘])를 클릭하여 [Warp Text(텍스트 뒤틀기)] 대화상자에서 'Style(스타일) : Arc(부채꼴), Horizontal(가로) : 체크, Bend(구부리기) : −40%'로 설정하여 문자의 모양을 왜곡합니다.

03 Layers(레이어) 패널 하단의 'Add a layer style(레이어 스타일 추가, fx)'을 클릭하여 [Stroke(획)]를 선택, 'Size(크기) : 3px, Color(색상) : #ffffff'로 설정합니다. 계속해서 [Gradient Overlay(그레이디언트 오버레이)]를 선택하고 'Click to edit the gradient(클릭하여 그레이디언트 편집)'를 클릭합니다.

04 그레이디언트 슬라이더 왼쪽 하단의 'Color Stop(색상 정지점)'을 더블 클릭하여 #33ff00, 오른쪽 'Color Stop(색상 정지점)'을 더블 클릭하여 #330000으로 설정한 후, 'Style(스타일) : Linear(선형), Angle(각도) : 0˚'로 설정합니다. 계속해서 [Drop Shadow(드롭 섀도)]를 선택하고 [OK(확인)]를 클릭한 후, Ctrl + S 를 눌러 저장합니다.

07 정답 파일 저장

01 [View(보기)]-[Show(표시)]-[Grid(격자)](Ctrl + ')를 선택하여 격자를 가립니다.

02 [File(파일)]-[Save As(다른 이름으로 저장)](Shift + Ctrl + S)를 선택하고 '저장 위치 : 내 PC₩문서₩GTQ, 파일 형식 : JPEG(*.JPG;*.JPEG;*.JPE), 파일 이름 : 수험번호-성명-문제번호'를 입력하고 [저장]을 클릭한 후 [JPEG Options(JPEG 옵션)] 대화상자에서 'Quality(품질) : 8'로 설정하고 [OK(확인)]를 클릭합니다.

> 🎓 **기적의 Tip**
>
> Photoshop CC 2020 이후 버전에서 [Save As(다른 이름으로 저장)](Shift + Ctrl + S)로 '파일 형식 : JPEG(*.JPG;*.JPEG; *.JPE)'가 없는 경우에는 아래와 같이 저장하면 됩니다.
> ※ **CC 버전에 따라 정답 파일을 '파일 형식 : JPEG'로 저장하기**
> • [File(파일)]-[Save As(다른 이름으로 저장)](Shift + Ctrl + S)를 선택하고 [다른 이름으로 저장] 대화상자에서 [Save A Copy(사본 저장)]를 선택합니다.
> • [File(파일)]-[Save A Copy(사본 저장)](Alt + Ctrl + S)를 선택합니다.

03 [Image(이미지)]-[Image Size(이미지 크기)](Alt + Ctrl + I)를 선택하고 'Constrain aspect ratio(종횡비 제한) : 클릭, Width(폭) : 40Pixels(픽셀), Height(높이) : 50Pixels(픽셀)'로 입력하여 이미지 크기를 1/10로 축소한 후 [OK(확인)]를 클릭합니다.

04 [File(파일)]-[Save As(다른 이름으로 저장)](Shift + Ctrl + S)를 선택하고 '저장 위치 : 내 PC₩문서₩GTQ, 파일 형식 : Photoshop(*.PSD;*.PDD;*.PSDT), 파일 이름 : 수험번호-성명-문제번호'으로 파일을 저장합니다.

05 답안 저장이 완료되면 [File(파일)]-[Close(닫기)](Ctrl + W)를 선택하여 파일을 닫고 수험 프로그램에서 [답안 전송]을 클릭하여 감독관 컴퓨터로 psd와 jpg 파일을 전송합니다.

작업과정	새 작업 이미지 만들기 및 파일 저장하기 ▶ 필터 적용 및 이미지 합성, 레이어 스타일 적용 ▶ 색상 보정 및 레이어 스타일 적용 ▶ 모양 생성 및 레이어 스타일 적용 ▶ 문자 입력 및 변형, 레이어 스타일 적용 ▶ 정답 파일 저장
완성이미지	Part05₩기출유형문제04회₩정답파일₩G120250004-성명-2.jpg, G120250004-성명-2.psd

01 새 작업 이미지 만들기 및 파일 저장하기

01 [File(파일)]-[New(새로 만들기)]([Ctrl]+[N])를 선택하고 'Width(폭) : 400Pixels(픽셀), Height(높이) : 500Pixels(픽셀), Resolution(해상도) : 72Pixels/Inch(픽셀/인치), Color Mode(색상 모드) : RGB Color(RGB 색상), 8bit(비트), Background Contents(배경 내용) : White(흰색)'로 설정하여 새 작업 이미지를 만듭니다.

02 [Edit(편집)]-[Preference(환경설정)]([Ctrl]+[K])를 클릭하고 [Guides, Grid & Slices(안내선, 격자와 슬라이스)]를 선택하여 Grid(격자)의 'Color(색상)'를 클릭하여 밝은 색상으로 변경한 후 'Gridline Every(격자 간격) : 100Pixels(픽셀), Subdivisions(세분) : 1'로 설정합니다.

03 [View(보기)]-[Show(표시)]-[Grid(격자)]([Ctrl]+[']')와 [View(보기)]-[Rulers(눈금자)]([Ctrl]+[R])를 선택하여 격자와 눈금자를 표시합니다.

04 작업 도큐먼트를 저장하기 위해 [File(파일)]-[Save As(다른 이름으로 저장)]([Shift]+[Ctrl]+[S])를 선택하고 임의 경로에 '파일 이름 : 수험번호-성명-문제번호, 파일 형식 : Photo-shop(*.PSD;*.PDD;*.PSDT)'으로 파일을 저장합니다.

02 필터 적용 및 이미지 합성, 레이어 스타일 적용

01 [File(파일)]-[Open(열기)]([Ctrl]+[O])을 선택하여 1급-4.jpg를 불러옵니다. [Ctrl]+[A]로 전체 선택, [Ctrl]+[C]로 복사, 작업 이미지에 [Ctrl]+[V]로 붙여넣기를 합니다. [Ctrl]+[T]를 눌러 [Shift]를 누른 채 크기를 축소하고 위치를 조절하여 배치합니다.

02 [Filter(필터)]-[Filter Gallery(필터 갤러리)]-[Artistic(예술 효과)]-[Cutout(오려내기)]을 선택합니다.

03 [File(파일)]-[Open(열기)]([Ctrl]+[O])을 선택 하여 1급-5.jpg를 불러옵니다. Pen Tool(펜 도구, ✎)을 클릭하고 Options Bar(옵션 바) 에서 'Path(패스), Path operations(패스 작 업) : Exclude Overlapping Shapes(모양 오 버랩 제외, ▣)'로 설정한 후 매니큐어 용기 모양을 따라 닫힌 패스로 완료합니다.

04 패스가 완료되면 [Ctrl]+[Enter]를 눌러 선택 상태로 전환한 후, [Ctrl]+[C]로 복사합니다. 작업 이미지에 [Ctrl]+[V]로 붙여넣기를 하고 [Ctrl]+[T]를 눌러 크기를 축소합니다.

05 Layers(레이어) 패널 하단의 'Add a layer style(레이어 스타일 추가, *fx.*)'을 클릭하여 [Drop Shadow(그림자)]를 선택, 'Opacity(불투명도) : 75%, Angle(각도) : 120°, Distance (거리) : 10px, Size(크기) : 10px'로 설정하고 [OK(확인)]를 클릭합니다.

03 색상 보정 및 레이어 스타일 적용

01 Layers(레이어) 패널에서 'Layer 2' 레이어의 'Layer thumbnail(레이어 축소판)'을 [Ctrl]을 누른 채 클릭하여 픽셀이 있는 부분만을 빠르게 선택합니다. Rectangular Marquee Tool(사 각형 선택 윤곽 도구, ▣)을 클릭하고 Options Bar(옵션 바)에서 Intersect with selection(선택 영역 교차, ▣)으로 선택하고 매니큐어 용기 하단에 드래그하여 선택합니다.

02 Layers(레이어) 패널 하단의 'Create new fill or adjustment layer(새 칠 또는 조정 레이어 생성, )'를 클릭하고 [Hue/Saturation(색조/채도)]을 선택합니다. Properties(속성) 패널에서 'Colorize(색상화) : 체크, Hue(색조) : 340, Saturation(채도) : 60, Lightness(명도) : 40'으로 설정하여 빨간색 계열로 보정합니다.

03 [File(파일)]−[Open(열기)]([Ctrl]+[O])을 선택하여 1급-6.jpg를 불러옵니다. Quick Selection Tool(빠른 선택 도구, [아이콘])을 클릭하고 Options Bar(옵션 바)에서 'Add to selection(선택 영역에 추가, [아이콘])'을 설정한 후 브러시의 크기를 조절하며 드래그하여 선택하고 [Ctrl]+[C]로 복사합니다.

> 🎓 **기적의 Tip**
>
> Quick Selection Tool(빠른 선택 도구, [아이콘])의 브러시 크기는 []]를 눌러 크기를 확대하고 [[]를 눌러 축소할 수 있습니다. [Caps Lock]이 켜져 있으면 '⊹'로 표시되어 브러시의 크기를 파악할 수 없으므로 [Caps Lock]을 눌러 꺼줍니다.

04 작업 이미지를 선택한 후, Layers(레이어) 패널에서 'Layer 1' 레이어를 선택하여 [Ctrl]+[V]로 붙여넣기를 합니다. [Ctrl]+[T]를 누르고, 마우스 오른쪽 버튼을 클릭하여 [Flip Horizontal(가로로 뒤집기)]로 뒤집고 크기와 회전을 조절하여 배치합니다.

> 🎓 **기적의 Tip**
>
> Layers(레이어) 패널에서 선택한 레이어의 위쪽으로 붙여넣기가 되므로 따로 레이어의 순서를 정돈하지 않아도 됩니다.

05 Layers(레이어) 패널 하단의 'Add a layer style(레이어 스타일 추가, [fx.])'을 클릭하여 [Outer Glow(외부 광선)]를 선택, 'Opacity(불투명도) : 75%, Size(크기) : 10px'로 설정하고 [OK(확인)]를 클릭합니다.

04 모양 생성 및 레이어 스타일 적용

01 Layers(레이어) 패널에서 'Hue/Saturation 1' 레이어를 선택합니다.

02 Custom Shape Tool(사용자 정의 모양 도구, [⚘])을 클릭하고 Options Bar(옵션 바)에서 'Shape(모양), Fill(칠) : #330033, Stroke(획) : No Color(색상 없음), Shape(모양) : Fleur-De-Lis(백합, [⚜])'로 설정한 후 Shift 를 누른 채 드래그하여 모양을 그립니다.

Shape 경로

[Legacy Shapes and More(레거시 모양 및 기타)]-[All Legacy Default Shapes(모든 레거시 기본 모양)]-[Ornaments(장식)]

03 Layers(레이어) 패널 하단의 'Add a layer style(레이어 스타일 추가, [fx.])'을 클릭하여 [Bevel & Emboss(경사와 엠보스)]를 선택, 'Style(스타일) : Inner Bevel(내부 경사), Direction(방향) : Up(위로), Size(크기) : 7px'로 설정하고 [OK(확인)]를 클릭합니다.

04 Custom Shape Tool(사용자 정의 모양 도구, [⚘])을 클릭하고 Options Bar(옵션 바)에서 'Shape(모양), Fill(칠) : #99cccc, Stroke(획) : No Color(색상 없음), Shape(모양) : Shape 45(모양 45, [⬤])'로 설정한 후 Shift 를 누른 채 드래그하여 모양을 그립니다.

Shape 경로

[Flowers(꽃)]

🎓 **기적의 Tip**

연속해서 사용자 정의 모양 도구로 그릴 때 Fill(칠) 설정하기

Options Bar(옵션 바)에서 목록 단추를 눌러 제시된 Shape(모양)을 선택하여 그린 후에 'Layer thumbnail(레이어 축소판)'을 더블 클릭하여 Fill(칠)을 변경합니다.

05 Layers(레이어) 패널 하단의 'Add a layer style(레이어 스타일 추가, fx.)'을 클릭하여 [In-ner Shadow(내부 그림자)]를 선택, 'Opacity(불투명도) : 75%, Angle(각도) : 120°, Distance(거리) : 3px, Size(크기) : 3px'로 설정하고 [OK(확인)]를 클릭합니다.

06 Ctrl+J를 눌러 복사한 레이어를 만든 후 Ctrl+[를 여러 번 눌러 'Layer 2' 레이어 아래쪽으로 배치합니다. Ctrl+T를 눌러 크기를 확대하고 회전합니다.

07 Layers(레이어) 패널에서 'Shape 45 1 copy' 레이어의 'Layer thumbnail(레이어 축소판)'을 더블 클릭하여 'Color(색상) : #ccccff'로 설정하고 [OK(확인)]를 클릭합니다.

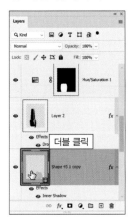
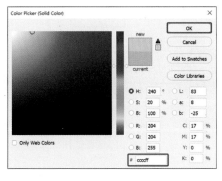

05 문자 입력 및 변형, 레이어 스타일 적용

01 Horizontal Type Tool(수평 문자 도구, T)로 작업 이미지를 클릭하고 Options Bar(옵션 바)에서 'Font(글꼴) : Times New Roman, Set font style(글꼴 스타일 설정) : Regular, Set font size(글꼴 크기) : 55pt, Color(색상) : 임의 색상'으로 설정한 후 Nail Color를 입력합니다.

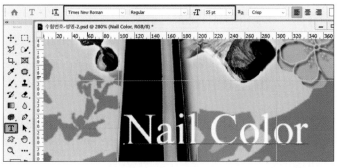

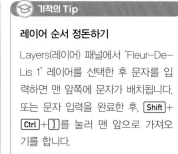

기적의 Tip

레이어 순서 정돈하기

Layers(레이어) 패널에서 'Fleur-De-Lis 1' 레이어를 선택한 후 문자를 입력하면 맨 앞쪽에 문자가 배치됩니다. 또는 문자 입력을 완료한 후, Shift+Ctrl+]를 눌러 맨 앞으로 가져오기를 합니다.

02 Options Bar(옵션 바)에서 Create warped text(뒤틀어진 텍스트 만들기, Ⱦ)를 클릭하여 [Warp Text(텍스트 뒤틀기)] 대화상자에서 'Style(스타일) : Arc(부채꼴), Horizontal(가로) : 체크, Bend(구부리기) : -30%'로 설정하여 문자의 모양을 왜곡합니다.

03 Layers(레이어) 패널 하단의 'Add a layer style(레이어 스타일 추가, fx.)'을 클릭하여 [Stroke(획)]를 선택, 'Size(크기) : 2px, Color(색상) : #333333'으로 설정합니다. 계속해서 [Gradient Overlay(그레이디언트 오버레이)]를 선택하고 'Click to edit the gradient(클릭하여 그레이디언트 편집)'를 클릭합니다.

04 그레이디언트 슬라이더 왼쪽 하단의 'Color Stop(색상 정지점)'을 더블 클릭하여 #33ffcc, 오른쪽 'Color Stop(색상 정지점)'을 더블 클릭하여 #ff99cc로 설정한 후, 'Style(스타일) : Linear(선형), Angle(각도) : 0°'로 설정합니다.

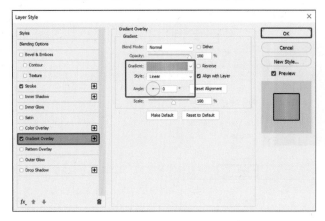

05 계속해서 [Drop Shadow(드롭 섀도)]를 선택, 'Opacity(불투명도) : 75%, Angle(각도) : 120°, Distance(거리) : 5px, Size(크기) : 5px'로 설정하고 [OK(확인)]를 클릭합니다. Ctrl + T 를 눌러 회전하여 배치한 후, Ctrl + S 를 눌러 저장합니다.

06 정답 파일 저장

01 [View(보기)]-[Show(표시)]-[Grid(격자)](Ctrl + ')를 선택하여 격자를 가립니다.

02 [File(파일)]-[Save As(다른 이름으로 저장)](Shift + Ctrl + S)를 선택하고 '저장 위치 : 내 PC₩문서₩GTQ, 파일 형식 : JPEG(*.JPG;*.JPEG;*.JPE), 파일 이름 : 수험번호-성명-문제번호'를 입력하고 [저장]을 클릭한 후 [JPEG Options(JPEG 옵션)] 대화상자에서 'Quality(품질) : 8'로 설정하고 [OK(확인)]를 클릭합니다.

03 [Image(이미지)]-[Image Size(이미지 크기)](Alt + Ctrl + I)를 선택하고 'Constrain aspect ratio(종횡비 제한) : 클릭, Width(폭) : 40Pixels(픽셀), Height(높이) : 50Pixels(픽셀)'로 입력하여 이미지 크기를 1/10로 축소한 후 [OK(확인)]를 클릭합니다.

04 [File(파일)]-[Save As(다른 이름으로 저장)](Shift + Ctrl + S)를 선택하고 '저장 위치 : 내 PC₩문서₩GTQ, 파일 형식 : Photoshop(*.PSD;*.PDD;*.PSDT), 파일 이름 : 수험번호-성명-문제번호'를 입력하고 [저장]을 클릭합니다.

05 답안 저장이 완료되면 [File(파일)]-[Close(닫기)](Ctrl + W)를 선택하여 파일을 닫고 수험 프로그램에서 [답안 전송]을 클릭하여 감독관 컴퓨터로 psd와 jpg 파일을 전송합니다.

CHAPTER 04

작업과정	새 작업 이미지 만들기 및 파일 저장하기 ▶ 혼합 모드와 필터 및 레이어 마스크 적용 ▶ 클리핑 마스크 및 레이어 스타일, 필터 적용 ▶ 이미지 보정 및 레이어 스타일 적용 ▶ 모양 생성 및 레이어 스타일 적용 ▶ 문자 입력 및 왜곡과 레이어 스타일 적용 ▶ 정답 파일 저장
완성이미지	Part05₩기출유형문제04회₩정답파일₩G120250004-성명-3.jpg, G120250004-성명-3.psd

01 새 작업 이미지 만들기 및 파일 저장하기

01 [File(파일)]-[New(새로 만들기)]([Ctrl]+[N])를 선택하고 'Width(폭) : 600Pixels(픽셀), Height(높이) : 400Pixels(픽셀), Resolution(해상도) : 72Pixels/Inch(픽셀/인치), Color Mode(색상 모드) : RGB Color(RGB 색상), 8bit(비트), Background Contents(배경 내용) : White(흰색)'로 설정하여 새 작업 이미지를 만듭니다.

02 [Edit(편집)]-[Preference(환경설정)]([Ctrl]+[K])를 클릭하고 [Guides, Grid & Slices(안내선, 격자와 슬라이스)]를 선택하여 Grid(격자)의 'Color(색상)'를 클릭하여 밝은 색상으로 변경한 후 'Gridline Every(격자 간격) : 100Pixels(픽셀), Subdivisions(세분) : 1'로 설정합니다.

03 [View(보기)]-[Show(표시)]-[Grid(격자)]([Ctrl]+[']')와 [View(보기)]-[Rulers(눈금자)]([Ctrl]+[R])를 선택하여 격자와 눈금자를 표시합니다.

04 작업 도큐먼트를 저장하기 위해 [File(파일)]-[Save As(다른 이름으로 저장)]([Shift]+[Ctrl]+[S])를 선택하고 임의 경로에 '파일 이름 : 수험번호-성명-문제번호, 파일 형식 : Photoshop(*.PSD;*.PDD;*.PSDT)'으로 파일을 저장합니다.

02 혼합 모드와 필터 및 레이어 마스크 적용

01 Tool Panel(도구 패널) 하단의 'Set foreground color(전경색 설정)'를 클릭하여 # 오른쪽 입력란에 ffcccc로 입력한 후, [Alt]+[Delete]를 눌러 제시된 Foreground Color(전경색)를 작업 이미지의 배경에 채웁니다.

02 [File(파일)]-[Open(열기)]([Ctrl]+[O])을 선택하여 1급-7.jpg를 불러옵니다. [Ctrl]+[A]로 전체 선택, [Ctrl]+[C]로 복사, 작업 이미지에 [Ctrl]+[V]로 붙여넣기를 하고 [Ctrl]+[T]를 눌러 크기를 조절합니다.

03 Layers(레이어) 패널에서 'Blending Mode(혼합 모드) : Multiply(곱하기), Opacity(불투명도) : 60%'로 설정하여 배경과 합성합니다.

 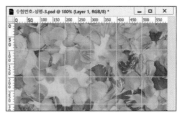

04 [File(파일)]–[Open(열기)]($\boxed{\text{Ctrl}}$+$\boxed{\text{O}}$)을 선택하여 1급-8.jpg를 불러옵니다. $\boxed{\text{Ctrl}}$+$\boxed{\text{A}}$로 전체 선택, $\boxed{\text{Ctrl}}$+$\boxed{\text{C}}$로 복사, 작업 이미지에 $\boxed{\text{Ctrl}}$+$\boxed{\text{V}}$로 붙여넣기를 하고 $\boxed{\text{Ctrl}}$+$\boxed{\text{T}}$를 눌러 크기를 조절합니다.

05 [Filter(필터)]–[Filter Gallery(필터 갤러리)]–[Artistic(예술 효과)]–[Dry Brush(드라이 브러시)]를 선택합니다.

06 Layers(레이어) 패널 하단의 'Add layer mask(레이어 마스크 추가, $\boxed{\text{◻}}$)'를 클릭하여 레이어 마스크를 추가합니다.

07 Tool Panel(도구 패널) 하단의 'Set foreground color(전경색 설정)'를 #000000, 'Set background color(배경색 설정)'를 #ffffff로 설정합니다. Gradient Tool(그레이디언트 도구, $\boxed{\text{◼}}$)을 클릭하고 Options Bar(옵션 바)에서 'Type(유형) : Linear Gradient(선형 그레이디언트), Mode(모드) : Normal(표준), Opacity(불투명도) : 100%'로 설정한 후 왼쪽 아래에서 오른쪽 위의 대각선 방향으로 드래그하여 이미지 일부를 자연스럽게 지워 합성합니다.

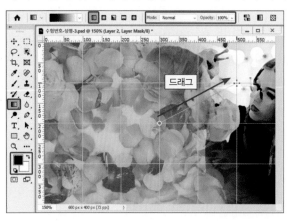

🄌 클리핑 마스크 및 레이어 스타일, 필터 적용

01 Custom Shape Tool(사용자 정의 모양 도구, $\boxed{\text{⬚}}$)을 클릭하고 Options Bar(옵션 바)에서 'Shape(모양), Fill(칠) : 임의 색상, Stroke(획) : No Color(색상 없음), Shape(모양) : Blob 1(얼룩 1, ✿)'로 설정한 후 $\boxed{\text{Shift}}$를 누른 채 드래그하여 모양을 그립니다.

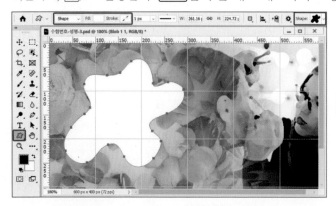

> **Shape 경로**
>
> [Legacy Shapes and More(레거시 모양 및 기타)]–[All Legacy Default Shapes(모든 레거시 기본 모양)]–[Shapes(모양)]

02 [Ctrl]+[T]를 눌러 Options Bar(옵션 바)에서 'Rotate(회전, ⊿) : 14°'를 입력하고 [Enter]를 눌러 회전을 적용합니다.

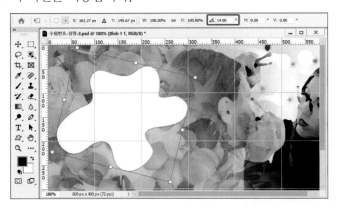

03 Layers(레이어) 패널 하단의 'Add a layer style(레이어 스타일 추가, [fx.])'을 클릭하여 [Stroke(획)]를 선택, 'Size(크기) : 6px, Fill Type(칠 유형) : Gradient(그레이디언트), Click to edit the gradient(클릭하여 그레이디언트 편집)'를 클릭합니다.

04 그레이디언트 슬라이더 왼쪽 하단의 'Color Stop(색상 정지점)'을 더블 클릭하여 #330033, 오른쪽 'Color Stop(색상 정지점)'을 더블 클릭하여 #ffcccc로 설정한 후, 'Style(스타일) : Linear(선형), Angle(각도) : 0°'로 설정합니다.

05 계속해서 [Inner Shadow(내부 그림자)]를 선택, 'Opacity(불투명도) : 75%, Angle(각도) : 90°, Distance(거리) : 5px, Size(크기) : 5px'로 설정하고 [OK(확인)]를 클릭합니다.

06 [File(파일)]-[Open(열기)]([Ctrl]+[O])을 선택하여 1급-9.jpg를 불러옵니다. [Ctrl]+[A]로 전체 선택, [Ctrl]+[C]로 복사, 작업 이미지에 [Ctrl]+[V]로 붙여넣기를 하고 'Blob 1 1' 레이어와 겹치도록 위쪽에 배치합니다.

07 Layers(레이어) 패널에서 'Blob 1 1'과 'Layer 3' 레이어 사이에 마우스 커서를 놓고 [Alt]를 누르고 클릭하여 Clipping Mask(클리핑 마스크)를 적용합니다.

> 🎓 **기적의 Tip**
>
> Clipping Mask(클리핑 마스크)를 적용할 때
> 는 반드시 'Blob 1 1' 레이어 바로 위에 이미
> 지 레이어를 배치해야 합니다.

08 Layers(레이어) 패널에서 'Layers 3' 레이어를 선택하고, [Filter(필터)]-[Filter Gallery(필터 갤러리)]-[Brush Strokes(브러시 선)]-[Crosshatch(그물눈)]를 선택합니다.

09 [File(파일)]-[Open(열기)]([Ctrl]+[O])을 선택하여 1급-10.jpg를 불러옵니다. Pen Tool(펜 도구, [✎])을 클릭하고 Options Bar(옵션 바)에서 'Path(패스), Path operations(패스 작업) : Exclude Overlapping Shapes(모양 오버랩 제외, [◱])'로 설정한 후 뷰러 모양을 따라 5개의 닫힌 패스로 완료합니다.

10 [Ctrl]+[Enter]를 눌러 패스를 선택 상태로 전환하고, [Ctrl]+[C]를 눌러 복사합니다. 작업 이미지를 선택하여 [Ctrl]+[V]를 눌러 붙여넣기를 합니다. [Ctrl]+[T]를 눌러 크기를 조절하고 오른쪽 상단에 배치합니다.

11 Layers(레이어) 패널 하단의 'Add a layer style(레이어 스타일 추가, [fx.])'을 클릭하여 [Bevel & Emboss(경사와 엠보스)]를 선택, 'Style(스타일) : Inner Bevel(내부 경사), Direction(방향) : Up(위로), Size(크기) : 5px'로 설정합니다.

12 계속해서 [Outer Glow(외부 광선)]를 선택, 'Opacity(불투명도) : 75%, Size(크기) : 7px'로 설정하고 [OK(확인)]를 클릭합니다.

04 이미지 보정 및 레이어 스타일 적용

01 [File(파일)]-[Open(열기)]([Ctrl]+[O])을 선택하여 1급-11.jpg를 불러옵니다. Magic Wand Tool(자동 선택 도구, [✦])을 클릭하고 Options Bar(옵션 바)에서 'Add to selection(선택 영역에 추가, [◱]), Tolerance(허용치) : 25'로 설정한 후 배경 부분을 여러 번 클릭하여 선택합니다.

02 Shift+Ctrl+I를 눌러 선택을 반전하고 Ctrl+C를 눌러 복사합니다. 작업 이미지를 선택하여 Ctrl+V로 붙여넣기를 하고, Ctrl+T를 눌러 크기를 조절한 후 시계 방향으로 회전하여 배치합니다.

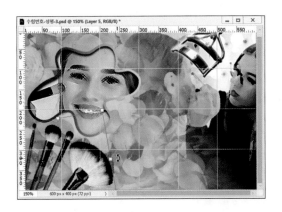

03 Layers(레이어) 패널 하단의 'Add a layer style(레이어 스타일 추가, fx.)'을 클릭하여 [Inner Shadow(내부 그림자)]를 선택, 'Opacity(불투명도) : 75%, Angle(각도) : 90°, Distance(거리) : 5px, Size(크기) : 10px'로 설정하고 [OK(확인)]를 클릭합니다.

04 Layers(레이어) 패널에서 'Layer 5' 레이어의 'Layer thumbnail(레이어 축소판)'을 Ctrl을 누른 채 클릭하여 브러시 이미지를 선택합니다.

05 Polygonal Lasso Tool(다각형 올가미 도구, ☑)을 클릭하고 Options Bar(옵션 바)에서 'Intersect with selection(선택 교차 영역 남기기, ☑), Feather(페더) : 0px'로 설정하고 브러시의 손잡이 부분과 겹치도록 클릭합니다.

06 Layers(레이어) 패널 하단의 'Create new fill or adjustment layer(새 칠 또는 조정 레이어 생성, )'를 클릭하고 [Hue/Saturation(색조/채도)]을 선택합니다. Properties(속성) 패널에서 'Colorize(색상화) : 체크, Hue(색조) : 290, Saturation(채도) : 75, Lightness(명도) : 10'으로 설정하여 보라색 계열로 보정합니다.

⑤ 모양 생성 및 레이어 스타일 적용

01 Layers(레이어) 패널에서 'Layer 1' 레이어를 선택합니다.

02 Custom Shape Tool(사용자 정의 모양 도구, ⬚)을 클릭하고 Options Bar(옵션 바)에서 'Shape(모양), Fill(칠) : 임의 색상, Stroke(획) : No Color(색상 없음), Shape(모양) : Flower 6(꽃 6, ⬤)'으로 설정한 후 Shift 를 누른 채 드래그하여 모양을 그립니다.

> **Shape 경로**
>
> [Legacy Shapes and More(레거시 모양 및 기타)]-[All Legacy Default Shapes(모든 레거시 기본 모양)]-[Nature(자연)]

03 Layers(레이어) 패널 하단의 'Add a layer style(레이어 스타일 추가, *fx.*)'을 클릭하여 [Gradient Overlay(그레이디언트 오버레이)]를 선택하고 'Click to edit the gradient(클릭하여 그레이디언트 편집)'를 클릭합니다. 그레이디언트 슬라이더 왼쪽 하단의 'Color Stop(색상 정지점)'을 더블 클릭하여 #cc0066, 오른쪽 'Color Stop(색상 정지점)'을 더블 클릭하여 #ffffff로 설정한 후, 'Style(스타일) : Linear(선형), Angle(각도) : −90°'로 설정합니다.

04 계속해서 [Drop Shadow(드롭 섀도)]를 선택, 'Opacity(불투명도) : 75%, Angle(각도) : 90°, Distance(거리) : 5px, Size(크기) : 5px'로 설정하고 [OK(확인)]를 클릭합니다.

05 Layers(레이어) 패널 상단의 'Opacity(불투명도) : 80%'로 설정합니다.

06 Custom Shape Tool(사용자 정의 모양 도구, 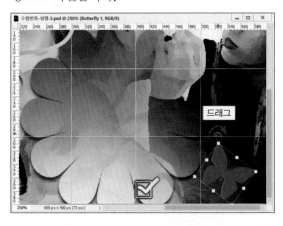)을 클릭하고 Options Bar(옵션 바)에서 'Shape(모양), Fill(칠) : #ffffff, Stroke(획) : No Color(색상 없음), Shape(모양) : Checked Box(확인란, ✅)'로 설정한 후 Shift 를 누르고 모양을 그립니다.

> **Shape 경로**
> [Legacy Shapes and More(레거시 모양 및 기타)]–[All Legacy Default Shapes(모든 레거시 기본 모양)]–[Web(웹)]

07 Layers(레이어) 패널 하단의 'Add a layer style(레이어 스타일 추가, fx.)'을 클릭하여 [Stroke(획)]를 선택, 'Size(크기) : 2px, Fill Type(칠 유형) : Gradient(그레이디언트), Click to edit the gradient(클릭하여 그레이디언트 편집)'를 클릭합니다. 그레이디언트 슬라이더 왼쪽 하단의 'Color Stop(색상 정지점)'을 더블 클릭하여 #0000ff, 오른쪽 'Color Stop(색상 정지점)'을 더블 클릭하여 #ff66cc로 설정한 후, 'Style(스타일) : Linear(선형), Angle(각도) : 0°'로 설정합니다.

08 Layers(레이어) 패널에서 'Hue/Saturation 1' 레이어를 선택합니다.

09 Custom Shape Tool(사용자 정의 모양 도구, 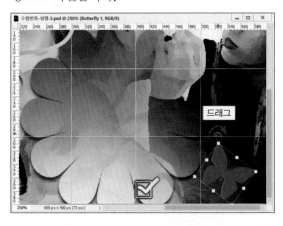)을 클릭하고 Options Bar(옵션 바)에서 'Shape(모양), Fill(칠) : #ff3366, Stroke(획) : No Color(색상 없음), Shape(모양) : Butterfly(나비, 🦋)'로 설정한 후 Shift 를 누르고 모양을 그립니다. Ctrl + T 를 눌러 시계 방향으로 회전합니다.

> **Shape 경로**
> [Legacy Shapes and More(레거시 모양 및 기타)]–[All Legacy Default Shapes(모든 레거시 기본 모양)]–[Nature(자연)]

10 Layers(레이어) 패널 하단의 'Add a layer style(레이어 스타일 추가, fx.)'을 클릭하여 [Drop Shadow(그림자)]를 선택, 'Opacity(불투명도) : 75%, Angle(각도) : 90°, Distance (거리) : 5px, Size(크기) : 5px'로 설정하고 [OK(확인)]를 클릭합니다.

11 Ctrl + J 를 눌러 복사한 'Butterfly 1 copy' 레이어의 'Layer thumbnail(레이어 축소판)'을 더블 클릭하여 Color Picker(색상 픽커)에서 'Color(색상) : #ffcc66'으로 설정한 후 [OK(확인)]를 클릭합니다. Ctrl + T 를 눌러 크기 조절과 회전을 하여 배치합니다.

06 문자 입력 및 왜곡과 레이어 스타일 적용

01 Horizontal Type Tool(수평 문자 도구, T)로 작업 이미지를 클릭하고 Options Bar(옵션 바)에서 'Font(글꼴) : 돋움, Set font size(글꼴 크기) : 15pt, Set anti-aliasing method (앤티 앨리어싱 방법 설정) : Strong(강하게), Color(색상) : #ffffff'로 설정한 후 사전 등록 이벤트를 입력합니다.

02 Layers(레이어) 패널 하단의 'Add a layer style(레이어 스타일 추가, fx.)'을 클릭하여 [Stroke(획)]를 선택, 'Size(크기) : 2px, Fill Type(칠 유형) : Gradient(그레이디언트), Click to edit the gradient(클릭하여 그레이디언트 편집)'를 클릭합니다.

03 그레이디언트 슬라이더 왼쪽 하단의 'Color Stop(색상 정지점)'을 더블 클릭하여 #0000ff, 오른쪽 'Color Stop(색상 정지점)'을 더블 클릭하여 #ff66cc로 설정한 후, 'Style(스타일) : Linear(선형), Angle(각도) : 90°'로 설정하고 [OK(확인)]를 클릭합니다.

04 Horizontal Type Tool(수평 문자 도구, T)로 작업 이미지를 클릭하고 Options Bar(옵션 바)에서 'Font(글꼴) : 돋움, Set font size(글꼴 크기) : 38pt, Set anti-aliasing method (앤티 앨리어싱 방법 설정) : Strong(강하게), Color(색상) : 임의 색상'으로 설정한 후 기초 메이크업 강좌를 입력합니다.

05 Options Bar(옵션 바)에서 Create warped text(뒤틀어진 텍스트 만들기, ꕐ)를 클릭하여 [Warp Text(텍스트 뒤틀기)] 대화상자에서 'Style(스타일) : Fish(물고기), Horizontal(가로) : 체크, Bend(구부리기) : 40%'로 설정하여 문자의 모양을 왜곡합니다.

06 Layers(레이어) 패널 하단의 'Add a layer style(레이어 스타일 추가, fx.)'을 클릭하여 [Stroke(획)]를 선택, 'Size(크기) : 2px, Color(색상) : #ffffff'로 설정합니다.

07 계속해서 [Gradient Overlay(그레이디언트 오버레이)]를 선택하고 'Click to edit the gradient(클릭하어 그레이디언트 편집)'를 클릭한 후, 그레이디언트 슬라이더 왼쪽 하단의 'Color Stop(색상 정지점)'을 더블 클릭하여 #9933ff, 가운데 빈 곳을 클릭하여 'Color Stop(색상 정지점)'을 추가하고 더블 클릭하여 #66cccc, 오른쪽 'Color Stop(색상 정지점)'을 더블 클릭하여 #ff3300으로 설정하고, 'Style(스타일) : Linear(선형), Angle(각도) : 0°'로 설정합니다.

08 [Outer Glow(외부 광선)]를 선택하고 'Opacity(불투명도) : 75%, Spread(스프레드) : 6%, Size(크기) : 9px'로 설정하고 [OK(확인)]를 클릭합니다.

09 Horizontal Type Tool(수평 문자 도구, T)로 작업 이미지를 클릭하고 Options Bar(옵션 바)에서 'Font(글꼴) : 돋움, Set font size(글꼴 크기) : 25pt, Set anti-aliasing method (앤티 앨리어싱 방법 설정) : Strong(강하게), Color(색상) : #ffffff'로 설정한 후 #1 자연스러운 색조 화장을 입력합니다.

10 Options Bar(옵션 바)에서 Create warped text(뒤틀어진 텍스트 만들기, ㄥ)를 클릭하여 [Warp Text(텍스트 뒤틀기)] 대화상자에서 'Style(스타일) : Flag(깃발), Horizontal(가로) : 체크, Bend(구부리기) : -50%'로 설정하여 문자의 모양을 왜곡합니다.

11 Layers(레이어) 패널 하단의 'Add a layer style(레이어 스타일 추가, fx.)'을 클릭하여 [Stroke(획)]를 선택, 'Size(크기) : 2px, Color(색상) : #336699'로 설정하고 [OK(확인)]를 클릭합니다.

12 Horizontal Type Tool(수평 문자 도구, T)로 작업 이미지를 클릭하고 Options Bar(옵션 바)에서 'Font(글꼴) : Arial, Set font style(글꼴 스타일 설정) : Regular, Set font size (글꼴 크기) : 22pt, Color(색상) : #cc66cc'로 설정한 후 MAKE-UP Academy를 입력합니다.

13 Layers(레이어) 패널 하단의 'Add a layer style(레이어 스타일 추가, fx.)'을 클릭하여 [Stroke(획)]를 선택, 'Size(크기) : 2px, Color(색상) : #ffffff'로 설정하고 [OK(확인)]를 클릭합니다. Ctrl+S를 눌러 저장합니다.

07 정답 파일 저장

01 [View(보기)]-[Show(표시)]-[Grid(격자)](Ctrl+`)를 선택하여 격자를 가립니다.

02 [File(파일)]–[Save As(다른 이름으로 저장)]([Shift]+[Ctrl]+[S])를 선택하고 '저장 위치 : 내 PC\문서\GTQ, 파일 형식 : JPEG(*.JPG;*.JPEG;*.JPE), 파일 이름 : 수험번호–성명–문제번호'를 입력하고 [저장]을 클릭한 후 [JPEG Options(JPEG 옵션)] 대화상자에서 'Quality(품질) : 8'로 설정하고 [OK(확인)]를 클릭합니다.

03 [Image(이미지)]–[Image Size(이미지 크기)]([Alt]+[Ctrl]+[I])를 선택하고 'Constrain aspect ratio(종횡비 제한) : 클릭, Width(폭) : 60Pixels(픽셀), Height(높이) : 40Pixels(픽셀)'로 입력하여 이미지 크기를 1/10로 축소한 후 [OK(확인)]를 클릭합니다.

04 [File(파일)]–[Save As(다른 이름으로 저장)]([Shift]+[Ctrl]+[S])를 선택하고 '저장 위치 : 내 PC\문서\GTQ, 파일 형식 : Photoshop(*.PSD;*.PDD;*.PSDT), 파일 이름 : 수험번호–성명–문제번호'를 입력하고 [저장]을 클릭합니다.

05 답안 저장이 완료되면 [File(파일)]–[Close(닫기)]([Ctrl]+[W])를 선택하여 파일을 닫고 수험 프로그램에서 [답안 전송]을 클릭하여 감독관 컴퓨터로 psd와 jpg 파일을 전송합니다.

문제 **04** **[실무응용] 웹 페이지 제작**

작업과정	새 작업 이미지 만들기 및 파일 저장하기 ▶ 혼합 모드 합성 및 필터, 레이어 마스크 적용 ▶ 이미지 보정 및 레이어 스타일 적용 ▶ 모양 생성 및 변형, 레이어 스타일 적용 ▶ 메뉴 버튼 만들기 ▶ 펜 도구 작업 및 레이어 스타일 적용 ▶ 패턴 정의와 적용 및 클리핑 마스크 적용 ▶ 문자 입력과 왜곡 및 레이어 스타일 적용 ▶ 정답 파일 저장
완성이미지	Part05\기출유형문제04회\정답파일\G120250004–성명–4.jpg, G120250004–성명–4.psd

🕐 새 작업 이미지 만들기 및 파일 저장하기

01 [File(파일)]–[New(새로 만들기)]([Ctrl]+[N])를 선택하고 'Width(폭) : 600Pixels(픽셀), Height(높이) : 400Pixels(픽셀), Resolution(해상도) : 72Pixels/Inch(픽셀/인치), Color Mode(색상 모드) : RGB Color(RGB 색상), 8bit(비트), Background Contents(배경 내용) : White(흰색)'로 설정하여 새 작업 이미지를 만듭니다.

02 [Edit(편집)]–[Preference(환경설정)]([Ctrl]+[K])를 클릭하고 [Guides, Grid & Slices(안내선, 격자와 슬라이스)]를 선택하여 Grid(격자)의 'Color(색상)'를 클릭하여 밝은 색상으로 변경한 후 'Gridline Every(격자 간격) : 100Pixels(픽셀), Subdivisions(세분) : 1'로 설정합니다.

03 [View(보기)]–[Show(표시)]–[Grid(격자)]([Ctrl]+[']])와 [View(보기)]–[Rulers(눈금자)]([Ctrl]+[R])를 선택하여 격자와 눈금자를 표시합니다.

04 작업 도큐먼트를 저장하기 위해 [File(파일)]–[Save As(다른 이름으로 저장)]([Shift]+[Ctrl]+[S])를 선택하고 임의 경로에 '파일 이름 : 수험번호–성명–문제번호, 파일 형식 : Photoshop(*.PSD;*.PDD;*.PSDT)'으로 파일을 저장합니다.

02 혼합 모드 합성 및 필터, 레이어 마스크 적용

01 Tool Panel(도구 패널) 하단의 'Set foreground color(전경색 설정)'를 클릭하여 # 입력란에 cccc99로 입력한 후, [Alt]+[Delete]를 눌러 제시된 Foreground Color(전경색)를 작업 이미지의 배경에 채웁니다.

02 [File(파일)]−[Open(열기)]([Ctrl]+[O])을 선택하여 1급−12.jpg를 불러옵니다. [Ctrl]+[A]로 전체 선택, [Ctrl]+[C]로 복사, 작업 이미지에 [Ctrl]+[V]로 붙여넣기를 하고 [Ctrl]+[T]로 크기를 조절하여 배치합니다.

03 Layers(레이어) 패널에서 'Blending Mode(혼합 모드) : Overlay(오버레이)'로 설정하여 배경 이미지와 합성을 합니다.

 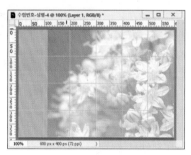

04 Layers(레이어) 패널 하단의 'Add layer mask(레이어 마스크 추가, ▣)'를 클릭하여 레이어 마스크를 추가합니다.

05 Tool Panel(도구 패널) 하단의 'Set foreground color(전경색 설정)'를 #000000, 'Set background color(배경색 설정)'를 #ffffff로 설정합니다. Gradient Tool(그레이디언트 도구, ▣)을 클릭하고 Options Bar(옵션 바)에서 'Type(유형) : Linear Gradient(선형 그레이디언트), Mode(모드) : Normal(표준), Opacity(불투명도) : 100%'로 설정한 후 왼쪽 아래에서 오른쪽 위로 대각선 방향으로 드래그하여 이미지 일부를 자연스럽게 지워 합성합니다.

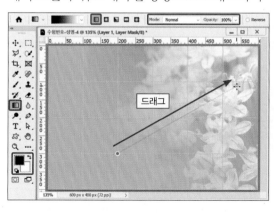 

06 [File(파일)]−[Open(열기)]([Ctrl]+[O])을 선택하여 1급−13.jpg를 불러옵니다. [Ctrl]+[A]로 전체 선택, [Ctrl]+[C]로 복사, 작업 이미지에 [Ctrl]+[V]로 붙여넣기를 한 후 위치를 조절하여 배치합니다.

07 [Filter(필터)]-[Filter Gallery(필터 갤러리)]-[Texture(텍스처)]-[Texturizer(텍스처화)]를 선택합니다.

08 Layers(레이어) 패널 하단의 'Add layer mask(레이어 마스크 추가, ▣)'를 클릭하여 레이어 마스크를 추가합니다.

09 Tool Panel(도구 패널) 하단의 'Set foreground color(전경색 설정)'를 #000000, 'Set background color(배경색 설정)'를 #ffffff로 설정합니다. Gradient Tool(그레이디언트 도구, ▣)을 클릭하고 Options Bar(옵션 바)에서 'Type(유형) : Linear Gradient(선형 그레이디언트), Mode(모드) : Normal(표준), Opacity(불투명도) : 100%'로 설정한 후 [Shift]를 누른 채 오른쪽에서 왼쪽 가로 방향으로 드래그하여 이미지 일부를 자연스럽게 지워 합성합니다.

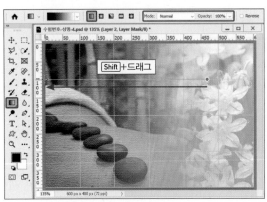 

10 [File(파일)]-[Open(열기)]([Ctrl]+[O])을 선택하여 1급-14.jpg를 불러옵니다. Quick Selection Tool(빠른 선택 도구, ▣)을 클릭하고 연잎 이미지에 드래그하여 선택한 후, [Ctrl]+[C]를 눌러 복사합니다.

11 작업 이미지에 [Ctrl]+[V]로 붙여넣기를 합니다. [Ctrl]+[T]를 누른 후, 마우스 오른쪽 버튼을 클릭하여 [Flip Horizontal(가로로 뒤집기)]로 뒤집고 크기 조절과 회전을 하여 배치합니다.

12 Layers(레이어) 패널 하단의 'Add a layer style(레이어 스타일 추가, fx.)'을 클릭하여 [Inner Glow(내부 광선)]를 선택, 'Opacity(불투명도) : 35%, Size(크기) : 5px'로 설정하고 합니다.

13 계속해서 [Drop Shadow(드롭 섀도)]를 선택, 'Opacity(불투명도) : 75%, Angle(각도) : 90°, Distance(거리) : 3px, Size(크기) : 7px'로 설정하고 [OK(확인)]를 클릭합니다.

14 [File(파일)]–[Open(열기)]([Ctrl]+[O])을 선택하여 1급-15.jpg를 불러온 후 Quick Selection Tool(빠른 선택 도구, ☑)을 클릭하고 Options Bar(옵션 바)에서 Add to selection(선택 영역에 추가, ☑)을 설정한 후 브러시의 크기를 조절하며 드래그하여 선택하고 [Ctrl]+[C]를 눌러 복사합니다.

15 작업 이미지에 [Ctrl]+[V]로 붙여넣기를 합니다. [Ctrl]+[T]를 누른 후, 마우스 오른쪽 버튼을 클릭하여 [Flip Horizontal(가로로 뒤집기)]로 뒤집고 [Shift]를 누른 채 크기를 축소하여 배치합니다.

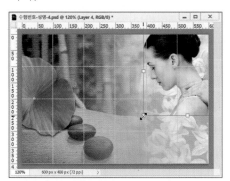

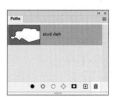

> 🎓 **기적의 Tip**
>
> **[Ctrl]+[T]로 종횡비에 맞게 크기 조절하기**
>
> • [Shift]를 누른 채 조절점을 드래그합니다.
> • Options Bar(옵션 바)의 'Maintain aspect ratio(종횡비 유지), ∞'를 클릭한 후 조절점을 드래그합니다. 또는 W(폭)이나 H(높이) 위에 마우스로 드래그하거나 수치를 입력합니다.

16 [Filter(필터)]–[Pixelate(픽셀화)]–[Facet(단면화)]를 선택합니다.

17 Layers(레이어) 패널 하단의 'Add a layer style(레이어 스타일 추가, fx.)'을 클릭하여 [Outer Glow(외부 광선)]를 선택, 'Opacity(불투명도) : 75%, Size(크기) : 5px'로 설정하고 [OK(확인)]를 클릭합니다.

03 이미지 보정 및 레이어 스타일 적용

01 [File(파일)]–[Open(열기)]([Ctrl]+[O])을 선택하여 1급-16.jpg를 불러옵니다. Pen Tool(펜 도구, ∅)을 클릭하고 Options Bar(옵션 바)에서 Path(패스), Exclude Overlapping Shapes(모양 오버랩 제외, ⬚)를 클릭하고 제시된 이미지를 따라 닫힌 패스로 완료합니다.

02 패스가 완료되면 Ctrl + Enter 를 눌러 선택 상태로 전환하고 Ctrl + C 를 눌러 복사합니다. 작업 이미지에 Ctrl + V 로 붙여넣기를 한 후, Ctrl + T 를 눌러 Shift 를 누른 채 크기를 조절하고 배치합니다.

03 Layers(레이어) 패널 하단의 'Add a layer style(레이어 스타일 추가, fx.)'을 클릭하여 [Drop Shadow(그림자)]를 선택, 'Opacity(불투명도) : 75%, Angle(각도) : 90°, Distance (거리) : 5px, Size(크기) : 5px'로 설정하고 [OK(확인)]를 클릭합니다.

04 Quick Selection Tool(빠른 선택 도구, ✔️)을 클릭하고 제시된 이미지에 드래그하여 선택합니다.

05 Layers(레이어) 패널 하단의 'Create new fill or adjustment layer(새 칠 또는 조정 레이어 생성, ◐)'를 클릭하고 [Hue/Saturation(색조/채도)]을 선택합니다. Properties(속성) 패널에서 'Colorize(색상화) : 체크, Hue(색조) : 180, Saturation(채도) : 50, Lightness(명도) : 0'으로 설정하여 파란색 계열로 색상을 보정합니다.

06 [File(파일)]-[Open(열기)](Ctrl + O)을 선택하여 1급-17.jpg를 불러옵니다. Pen Tool(펜 도구, ✒️)을 클릭하고 Options Bar(옵션 바)에서 'Path(패스), Path operations(패스 작업) : Exclude Overlapping Shapes(모양 오버랩 제외, ⬚)'를 클릭하고 제시된 이미지를 따라 닫힌 패스로 완료합니다.

07 Ctrl + Enter 를 눌러 선택 상태로 전환하고, Ctrl + C 를 눌러 복사합니다. 작업 이미지에 Ctrl + V 로 붙여넣기를 한 후, Ctrl + T 를 눌러 크기를 조절하여 배치합니다.

🄬 모양 생성 및 변형, 레이어 스타일 적용

01 Custom Shape Tool(사용자 정의 모양 도구, 🟦)을 클릭하고 Options Bar(옵션 바)에서 'Shape(모양), Fill(칠) : #ff9900, Stroke(획) : No Color(색상 없음), Shape(모양) : Leaf 2(나뭇잎 2, ✿)'로 설정한 후 Shift 를 누르고 오른쪽 상단에 모양을 그립니다.

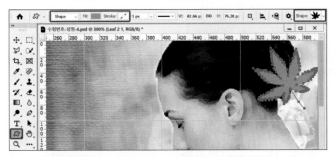

> **Shape 경로**
>
> [Legacy Shapes and More(레거시 모양 및 기타)]-[All Legacy Default Shapes(모든 레거시 기본 모양)]-[Nature(자연)]

02 Layers(레이어) 패널 하단의 'Add a layer style(레이어 스타일 추가, fx.)'을 클릭하여 [Outer Glow(외부 광선)]를 선택, 'Opacity(불투명도) : 75%, Spread(스프레드) : 0%, Size(크기) : 5px'로 설정하고 [OK(확인)]를 클릭합니다.

03 Layers(레이어) 패널 상단의 'Opacity(불투명도) : 60%'로 설정합니다. Ctrl + J 를 눌러 복사한 레이어를 만들고 Ctrl + T 를 눌러 Shift 를 누른 채 크기를 확대한 후 회전하여 배치합니다.

04 Ctrl + [를 눌러 'Leaf 2 1' 레이어 아래쪽으로 순서를 정돈합니다. Layers(레이어) 패널에서 'Leaf 2 1 copy' 레이어의 'Layer thumbnail(레이어 축소판)'을 더블 클릭하여 'Color(색상) : #996633'으로 설정하고 [OK(확인)]를 클릭합니다.

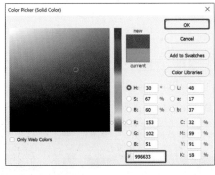

05 Custom Shape Tool(사용자 정의 모양 도구, 🟦)을 클릭하고 Options Bar(옵션 바)에서 'Shape(모양), Fill(칠) : 임의 색상, Stroke(획) : No Color(색상 없음), Shape(모양) : Tabbed Button(탭이 지정된 단추, ▬)'으로 설정한 후 오른쪽 하단에 드래그하여 모양을 그립니다.

Shape 경로

[Legacy Shapes and More(레거시 모양 및 기타)]–[All Legacy Default Shapes(모든 레거시 기본 모양)]–[Web(웹)]

06 Layers(레이어) 패널 하단의 'Add a layer style(레이어 스타일 추가, fx.)'을 클릭하여 [Inner Shadow(내부 그림자)]를 선택, 'Opacity(불투명도) : 75%, Angle(각도) : 90°, Distance(거리) : 5px, Size(크기) : 5px'로 설정합니다.

07 계속해서 [Gradient Overlay(그레이디언트 오버레이)]를 선택하고 'Click to edit the gradient(클릭하여 그레이디언트 편집)'를 클릭합니다. 그레이디언트 슬라이더 왼쪽 하단의 'Color Stop(색상 정지점)'을 더블 클릭하여 #ffffff, 오른쪽 'Color Stop(색상 정지점)'을 더블 클릭하여 #cc3366으로 설정한 후, 'Style(스타일) : Linear(선형), Angle(각도) : 90°로 설정하고 [OK(확인)]를 클릭합니다.

08 Layers(레이어) 패널 상단의 'Opacity(불투명도) : 80%'로 설정합니다.

05 메뉴 버튼 만들기

01 Custom Shape Tool(사용자 정의 모양 도구, ✿)을 클릭하고 Options Bar(옵션 바)에서 'Shape(모양), Fill(칠) : #ccff99, Stroke(획) : No Color(색상 없음), Shape(모양) : Cloud 1(구름 1, ●)'로 설정한 후 드래그하여 모양을 그립니다.

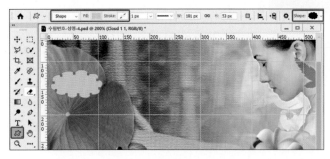

Shape 경로

[Legacy Shapes and More(레거시 모양 및 기타)]–[All Legacy Default Shapes(모든 레거시 기본 모양)]–[Nature(자연)]

02 Layers(레이어) 패널 하단의 'Add a layer style(레이어 스타일 추가, fx.)'을 클릭하여 [Inner Shadow(내부 그림자)]를 선택, 'Opacity(불투명도) : 75%, Angle(각도) : 90°, Distance(거리) : 5px, Size(크기) : 5px'로 설정하고 [OK(확인)]를 클릭합니다.

03 Horizontal Type Tool(수평 문자 도구, T)로 작업 이미지를 클릭하고 Options Bar(옵션 바)에서 'Font(글꼴) : 돋움, Set font size(글꼴 크기) : 15pt, Set anti-aliasing method (앤티 앨리어싱 방법 설정) : Strong(강하게), Center text(텍스트 중앙 정렬, ▤), Color(색상) : #000000'으로 설정한 후 보습 클리닉을 입력합니다.

04 Layers(레이어) 패널 하단의 'Add a layer style(레이어 스타일 추가, fx.)'을 클릭하여 [Outer Glow(외부 광선)]를 선택, 'Opacity(불투명도) : 75%, Spread(스프레드) : 5%, Size (크기) : 7px'로 설정하고 [OK(확인)]를 클릭합니다.

05 Layers(레이어) 패널에서 Shift 를 누른 채 'Cloud 1 1' 레이어와 '보습 클리닉' 레이어를 클릭하여 함께 선택합니다. Move Tool(이동 도구, ⊕)을 선택하고 작업 이미지에서 Alt 를 누른 채 2개의 레이어를 아래쪽으로 드래그하여 이동하며 복제합니다.

06 같은 방법으로 3번째 버튼의 모양을 만듭니다. Horizontal Type Tool(수평 문자 도구, T) 로 문자를 각각 드래그하여 재생 클리닉, 예약하기를 입력하여 수정합니다.

06 펜 도구 작업 및 레이어 스타일 적용

01 Ellipse Tool(타원 도구, ◎)을 클릭하고 Options Bar(옵션 바)에서 'Shape(모양), Fill(칠) : 임의 색상, Stroke(획) : No Color(색상 없음), Path operations(패스 작업) : New Layer (새 레이어, ▣)'로 설정한 후 격자를 참조하여 타원형 모양을 그립니다.

02 Rectangle Tool(사각형 도구, ▭)을 클릭하고 Options Bar(옵션 바)에서 'Shape(모양), Fill(칠) : 임의 색상, Stroke(획) : No Color(색상 없음), Path operations(패스 작업) : Combine Shapes(모양 결합, ▣)'로 설정한 후 타원형 모양의 상단과 겹치도록 사각형 모양을 그립니다.

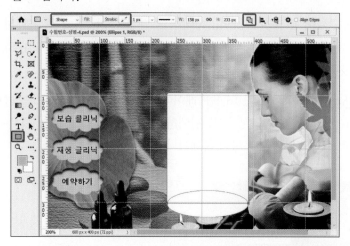

03 Ctrl + T 를 누르고, 마우스 오른쪽 버튼을 클릭하여 [Perspective(원근)]를 선택합니다. 상단 조절점을 안쪽으로 드래그하여 변형하고 Enter 를 눌러 변형을 완료합니다.

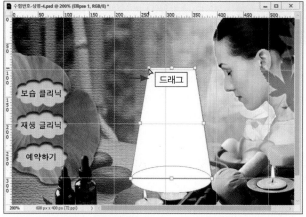

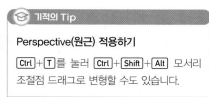

🎓 기적의 Tip

Perspective(원근) 적용하기

Ctrl + T 를 눌러 Ctrl + Shift + Alt 모서리 조절점 드래그로 변형할 수도 있습니다.

04 Rounded Rectangle Tool(모서리가 둥근 직사각형 도구, ▢)을 클릭하고 Options Bar(옵션 바)에서 'Shape(모양), Fill(칠) : 임의 색상, Stroke(획) : No Color(색상 없음), Path operations(패스 작업) : Combine Shapes(모양 결합, ▣), Radius(반경) : 10px'로 설정한 후 크기가 다른 2개의 둥근 직사각형을 서로 겹치도록 그립니다.

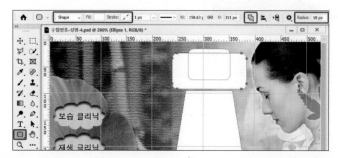

05 Path Selection Tool(패스 선택 도구, ▶)로 아래쪽에 배치된 둥근 직사각형을 선택합니다. Ctrl + T 를 누르고, 마우스 오른쪽 버튼을 클릭하여 [Perspective(원근)]를 클릭한 후 하단 조절점을 안쪽으로 드래그하여 변형하고 Enter 를 눌러 완료합니다.

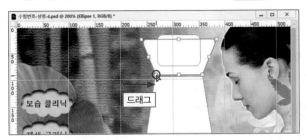

06 Rounded Rectangle Tool(모서리가 둥근 직사각형 도구, ◻)로 드래그하여 변형된 모양의 하단과 겹치도록 드래그한 후 Options Bar(옵션 바)에서 'Path operations(패스 작업) : Subtract Front Shape(전면 모양 빼기, ◻)'를 클릭하여 겹친 부분을 뺍니다.

07 Ellipse Tool(타원 도구, ◯)을 클릭하고 Options Bar(옵션 바)에서 'Shape(모양), Fill(칠) : 임의 색상, Stroke(획) : No Color(색상 없음), Path operations(패스 작업) : Subtract Front Shape(전면 모양 빼기, ◻)'로 설정한 후 타원형 모양을 하단에 겹치도록 그립니다.

08 Direct Selection Tool(직접 선택 도구, ▷)을 클릭하고 타원형의 하단 기준점을 선택하고 위쪽으로 이동하여 패스 모양을 변형합니다.

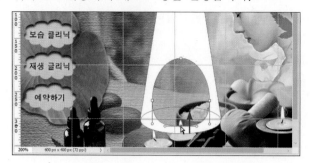

09 Path Selection Tool(패스 선택 도구, ▶)로 드래그하여 6개의 모양을 모두 선택하고 Options Bar(옵션 바)에서 'Path alignment(패스 정렬) : Align horizontal centers(수평 중앙 맞춤, ⫟)'를 클릭하여 가로 중앙에 정렬합니다.

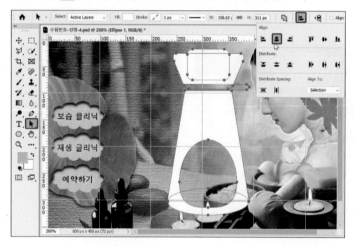

10 Options Bar(옵션 바)에서 'Path operations(패스 작업) : Merge Shape Components(모양 병합 구성 요소, ▣)'를 클릭하여 모양을 하나로 병합하고 [Enter]를 눌러 패스 작업을 완료합니다.

11 Layers(레이어) 패널에서 'Ellipse 1' 레이어의 'Layer thumbnail(레이어 축소판)'을 더블 클릭하여 'Color(색상) : #663333'으로 설정한 후, 레이어의 이름을 더블 클릭하여 path 1로 변경합니다.

12 Layers(레이어) 패널 하단의 'Add a layer style(레이어 스타일 추가, fx.)'을 클릭하여 [Drop Shadow(그림자)]를 선택, 'Opacity(불투명도) : 75%, Angle(각도) : 90°, Distance(거리) : 3px, Size(크기) : 7px'로 설정하고 [OK(확인)]를 클릭합니다. Ctrl+[ ]를 여러 번 눌러 'Layer 2' 레이어의 바로 위쪽으로 정돈합니다.

13 Pen Tool(펜 도구, ⌀)을 클릭하고 Options Bar(옵션 바)에서 'Shape(모양), Fill(칠) : 임의 색상, Stroke(획) : No Color(색상 없음), Path operations(패스 작업) : New Layer(새 레이어, ▣)'로 설정한 후 모양을 그립니다.

14 Layers(레이어) 패널에서 레이어의 이름을 더블 클릭하여 path 2로 변경합니다.

15 Layers(레이어) 패널 하단의 'Add a layer style(레이어 스타일 추가, fx.)'을 클릭하여 [Gradient Overlay(그레이디언트 오버레이)]를 선택하고 'Click to edit the gradient(클릭하여 그레이디언트 편집)'를 클릭합니다. 그레이디언트 슬라이더 왼쪽 하단의 'Color Stop(색상 정지점)'을 더블 클릭하여 #ffff00, 오른쪽 'Color Stop(색상 정지점)'을 더블 클릭하여 #ff0000으로 설정한 후, 'Style(스타일) : Linear(선형), Angle(각도) : 45°로 설정합니다.

16 계속해서 [Drop Shadow(드롭 섀도)]를 선택하고 [OK(확인)]를 클릭합니다.

07 패턴 정의와 적용 및 클리핑 마스크 적용

01 [File(파일)]-[New(새로 만들기)](Ctrl+N)를 선택하고 'Width(폭) : 50Pixels(픽셀), Height(높이) : 50Pixels(픽셀), Resolution(해상도) : 72Pixels/Inch(픽셀/인치), Color Mode(색상 모드) : RGB Color(RGB 색상), 8bit(비트), Background Contents(배경 내용) : Transparent(투명)'로 설정하여 새 작업 이미지를 만듭니다.

02 Custom Shape Tool(사용자 정의 모양 도구, 🔲)을 클릭하고 Options Bar(옵션 바)에서 'Shape(모양), Fill(칠) : #ffcccc, Stroke(획) : No Color(색상 없음), Shape(모양) : Blob 2 Frame(얼룩 2 프레임, 🏵)'으로 설정한 후 Shift 를 누른 채 드래그하여 모양을 그립니다.

Shape 경로

[Legacy Shapes and More(레거시 모양 및 기타)]-[All Legacy Default Shapes(모든 레거시 기본 모양)]-[Shapes(모양)]

03 Custom Shape Tool(사용자 정의 모양 도구, 🔲)을 클릭하고 Options Bar(옵션 바)에서 'Shape(모양), Fill(칠) : #999999, Stroke(획) : No Color(색상 없음), Shape(모양) : Waves(파형, 〰)'로 설정한 후 모양을 그립니다.

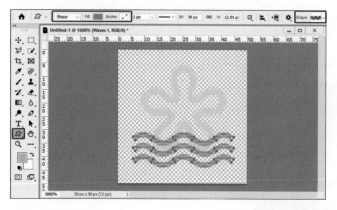

Shape 경로

[Legacy Shapes and More(레거시 모양 및 기타)]-[All Legacy Default Shapes(모든 레거시 기본 모양)]-[Nature(자연)]

04 [Edit(편집)]-[Define Pattern(패턴 정의)]을 선택하여 'Name(이름) : 물결'로 설정하고 패턴을 등록합니다.

05 작업 이미지를 선택하고 Layers(레이어) 패널에서 'path 1' 레이어를 선택합니다. 패널 하단의 'Create a new layer(새 레이어 만들기, 🔲)'를 클릭하여 'path 1' 레이어의 위쪽에 새 레이어를 추가하고 이름을 pattern으로 설정합니다.

06 Layers(레이어) 패널의 'pattern' 레이어를 선택합니다.

07 [Edit(편집)]-[Fill(칠)]을 선택하고 'Contents(내용) : Pattern(패턴), Custom Pattern(사용자 정의 패턴) : 물결, Mode(모드) : Normal(표준), Opacity(불투명도) : 100%, Preserve Transparency(투명도 유지) : 체크 해제'로 설정하여 채웁니다.

08 Layers(레이어) 패널 상단의 'Opacity(불투명도) : 60%'로 설정합니다. 'path 1' 레이어와 'pattern' 레이어 사이에 마우스 커서를 놓고 [Alt]를 누르고 클릭하여 Clipping Mask(클리핑 마스크)를 적용합니다.

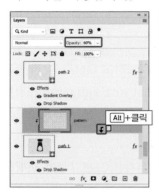

08 문자 입력과 왜곡 및 레이어 스타일 적용

01 Layers(레이어) 패널에서 '예약하기' 문자 레이어를 선택합니다.

02 Horizontal Type Tool(수평 문자 도구, [T])로 작업 이미지를 클릭하고 Options Bar(옵션 바)에서 'Font(글꼴) : Arial, Set font style(글꼴 스타일 설정) : Bold, Set font size(글꼴 크기) : 43pt, Center text(텍스트 중앙 정렬, [罵]), Color(색상) : 임의 색상'으로 설정한 후 BEAUTY & SKIN CLINIC을 입력합니다.

03 Options Bar(옵션 바)에서 Create warped text(뒤틀어진 텍스트 만들기, [工])를 클릭하여 [Warp Text(텍스트 뒤틀기)] 대화상자에서 'Style(스타일) : Bulge(돌출), Horizontal(가로) : 체크, Bend(구부리기) : −15%'로 설정하여 문자의 모양을 왜곡합니다.

04 Layers(레이어) 패널 하단의 'Add a layer style(레이어 스타일 추가, [fx.])'을 클릭하여 [Stroke(획)]를 선택, 'Size(크기) : 2px, Color(색상) : #666600'으로 설정합니다. 계속해서 [Gradient Overlay(그레이디언트 오버레이)]를 선택하고 'Click to edit the gradient(클릭 하여 그레이디언트 편집)'를 클릭합니다.

05 그레이디언트 슬라이더 왼쪽 하단의 'Color Stop(색상 정지점)'을 더블 클릭하여 #99ffff, 가운데 빈 곳을 클릭하여 'Color Stop(색상 정지점)'을 추가하고 더블 클릭하여 #ff9999, 오른쪽 'Color Stop(색상 정지점)'을 더블 클릭하여 #ffcc00으로 설정한 후, 'Style(스타일) : Linear(선형), Angle(각도) : −90°로 설정합니다. 계속해서 [Drop Shadow(드롭 섀도)]를 선택하고 [OK(확인)]를 클릭합니다.

06 Horizontal Type Tool(수평 문자 도구, T)로 작업 이미지를 클릭하고 Options Bar(옵션 바)에서 'Font(글꼴) : 돋움, Set font size(글꼴 크기) : 20pt, Set anti-aliasing method (앤티 앨리어싱 방법 설정) : Strong(강하게), Center text(텍스트 중앙 정렬, 畺), Color(색상) : #000033'으로 설정한 후 림프 순환~ 면역력 증강~ 천연석 사용!을 입력합니다.

07 Horizontal Type Tool(수평 문자 도구, T)로 '천연석 사용!' 문자를 드래그하여 선택하고 'Set font size(글꼴 크기) : 24pt'로 설정합니다.

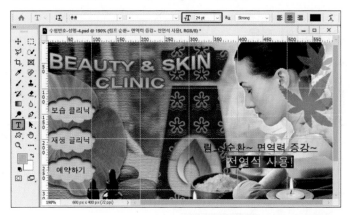

08 Options Bar(옵션 바)에서 Create warped text(뒤틀어진 텍스트 만들기, ⬈)를 클릭하여 [Warp Text(텍스트 뒤틀기)] 대화상자에서 'Style(스타일) : Arc(부채꼴), Horizontal(가로) : 체크, Bend(구부리기) : −30%'로 설정하여 문자의 모양을 왜곡합니다.

09 Layers(레이어) 패널 하단에 'Add a layer style(레이어 스타일 추가, fx.)'을 클릭하여 [Stroke(획)]를 선택, 'Size(크기) : 2px, Color(색상) : #ffccff'로 설정합니다.

10 Ctrl+T를 눌러 Options Bar(옵션 바)에서 'Rotate(회전, ⊿) : 20°로 입력하고 Enter를 눌러 회전을 적용하고 배치합니다.

11 Horizontal Type Tool(수평 문자 도구, T)로 작업 이미지를 클릭하고 Options Bar(옵션 바)에서 'Font(글꼴) : 궁서, Set font size(글꼴 크기) : 18pt, Set anti-aliasing method(앤티 앨리어싱 방법 설정) : Strong(강하게), Color(색상) : #ffffff'로 설정한 후 핫 스톤테라피 바로가기를 입력합니다.

12 Layers(레이어) 패널 하단의 'Add a layer style(레이어 스타일 추가, fx.)'을 클릭하여 [Drop Shadow(그림자)]를 선택, 'Opacity(불투명도) : 75%, Angle(각도) : 90°, Distance(거리) : 5px, Size(크기) : 5px'로 설정하고 [OK(확인)]를 클릭합니다. Ctrl+S를 눌러 저장합니다.

09 정답 파일 저장

01 [View(보기)]-[Show(표시)]-[Grid(격자)](Ctrl+')를 선택하여 격자를 가립니다.

02 [File(파일)]-[Save As(다른 이름으로 저장)](Shift+Ctrl+S)를 선택하고 '저장 위치 : 내 PC₩문서₩GTQ, 파일 형식 : JPEG(*.JPG;*.JPEG;*.JPE), 파일 이름 : 수험번호-성명-문제번호'를 입력하고 [저장]을 클릭한 후 [JPEG Options(JPEG 옵션)] 대화상자에서 'Quality(품질) : 8'로 설정하고 [OK(확인)]를 클릭합니다.

03 [Image(이미지)]-[Image Size(이미지 크기)](Alt+Ctrl+I)를 선택하고 'Constrain aspect ratio(종횡비 제한) : 클릭, Width(폭) : 60Pixels(픽셀), Height(높이) : 40Pixels(픽셀)'로 입력하여 이미지 크기를 1/10로 축소한 후 [OK(확인)]를 클릭합니다.

04 [File(파일)]-[Save As(다른 이름으로 저장)](Shift+Ctrl+S)를 선택하고 '저장 위치 : 내 PC₩문서₩GTQ, 파일 형식 : Photosho(*.PSD;*.PDD;*.PSDT), 파일 이름 : 수험번호-성명-문제번호'를 입력하고 [저장]을 클릭합니다.

05 답안 저장이 완료되면 [File(파일)]-[Exit(종료)](Ctrl+Q)를 선택하여 프로그램을 종료하고 수험 프로그램에서 [답안 전송]을 클릭하여 psd와 jpg 파일을 감독관 컴퓨터로 전송합니다.

기출 유형 문제 5회

급수	버전	문제유형	시험시간	수험번호	성명
1급		A	90분	G120250005	

수 험 자 유 의 사 항

- 수험자는 문제지를 받는 즉시 응시하고자 하는 **과목 및 급수가 맞는지 확인**한 후 수험번호와 성명을 작성합니다.
- 파일명은 본인의 "수험번호–성명–문제번호"로 공백 없이 정확히 입력하고 답안폴더(내 PC₩문서₩GTQ)에 jpg 파일과 psd 파일의 2가지 포맷으로 저장해야 하며, jpg 파일과 psd 파일의 내용이 상이할 경우 0점 처리됩니다. 답안문서 파일명 이 "수험번호–성명–문제번호"와 일치하지 않거나, 답안 파일을 전송하지 않아 미제출로 처리될 경우 불합격 처리됩니다.
- 문제의 세부조건은 '영문(한글)' 형식으로 표기되어 있으니 유의하시기 바랍니다.
- 수험자 정보와 저장한 파일명, 저장 위치가 다를 경우 전송이 되지 않으므로, 주의하시기 바랍니다.
- 답안 작성 중에도 **주기적으로 '저장'과 '답안 전송'**을 이용하여 감독위원 PC로 답안을 전송하셔야 합니다.(※ 작업한 내용 을 **저장하지 않고 전송할 경우** 이전의 저장내용이 전송되오니 이 점 반드시 유념하시기 바랍니다.)
- 답안문서는 지정된 경로 외의 다른 보조기억장치에 저장하는 행위, 지정된 시험 시간 외에 작성된 파일을 활용한 행위, 기 타 허용되지 않은 프로그램(이메일, 메신저, 게임, 네트워크 등) 이용 시 부정행위로 간주되어 자격기본법 제32조에 의거 본 시험 및 국가공인 자격시험을 2년간 응시할 수 없습니다.
- 시험 중 부주의 또는 고의로 시스템을 파손한 경우와 〈수험자 유의사항〉에 기재된 방법대로 이행하지 않아 생기는 불이익 은 수험자의 책임임을 알려 드립니다.
- 시험을 완료한 수험자는 최종적으로 저장한 답안파일이 전송되었는지 확인한 후 감독위원의 지시에 따라 문제지를 제출하 고 퇴실합니다.

답 안 작 성 요 령

- **온라인 답안 작성 절차**
  수험자 등록 ⇒ 시험 시작 ⇒ 답안파일 저장 ⇒ 답안 전송 ⇒ 시험 종료
- 내 PC₩문서₩GTQ₩Image폴더에 있는 그림 원본파일을 사용하여 답안을 작성하시고 최종답안을 답안폴더(내 PC₩문 서₩GTQ)에 저장하여 답안을 전송하시고, 이미지의 크기가 다른 경우 감점 처리됩니다.
- 배점은 총 100점으로 이루어지며, 점수는 각 문제별로 차등 배분됩니다.
- 각 문제는 주어진 〈조건〉에 따라 작성하고, 언급하지 않은 조건은 《출력형태》와 같이 작성합니다.
- 배치 등의 편의를 위해 주어진 눈금자의 단위는 '픽셀'입니다.
  그 외는 출력형태(효과, 이미지, 문자, 색상, 레이아웃, 규격 등)와 같게 작업하십시오.
- 문제 조건에 서체의 지정이 없을 경우 한글은 굴림이나 돋움, 영문은 Arial로 작업하십시오.
  (단, 그 외에 제시되지 않은 문자 속성을 기본값으로 작성하지 않은 경우는 감점 처리됩니다.)
- Image Mode(이미지 모드)는 별도의 처리조건이 없을 경우에는 RGB(8비트)로 작업하십시오.
- 모든 답안 파일은 해상도 72Pixels/Inch로 작업하십시오.
- Layer(레이어)는 각 기능별로 분할해야 하며, 임의로 합칠 경우나 각 기능에 대한 속성을 해지할 경우 해당 요소는 0점 처리 됩니다.

한 국 생 산 성 본 부

문제 ❶	[기능평가] 고급 Tool(도구) 활용	20점

▶ 합격 강의

다음의 《조건》에 따라 아래의 《출력형태》와 같이 작업하시오.

조건

원본 이미지		Part05₩기출유형문제05회₩1급-1.jpg, 1급-2.jpg, 1급-3.jpg	
파일저장규칙	JPG	파일명	문서₩GTQ₩수험번호-성명-1.jpg
		크기	400×500 pixels
	PSD	파일명	문서₩GTQ₩수험번호-성명-1.psd
		크기	40×50 pixels

출력형태

1. 그림 효과
① 1급-1.jpg : 필터 – Cutout(오려내기)
② Save Path(패스 저장) : 텀블러 모양
③ Mask(마스크) : 텀블러 모양, 1급-2.jpg를 이용하여 작성
　레이어 스타일 – Inner Glow(내부 광선), Stroke(선/획)(4px, 그라디언트(#3300cc, #00ffff))
④ 1급-3.jpg : 레이어 스타일 – Outer Glow(외부 광선)
⑤ Shape Tool(모양 도구) :
　– 나비 모양(#ff6600, #ff99cc, 레이어 스타일 – Inner Shadow(내부 그림자))
　– 화살표 모양(#66cc33, 레이어 스타일 – Bevel & Emboss(경사와 엠보스), Drop Shadow(그림자 효과))

2. 문자 효과
① Zero waste(Arial, Regular, 50pt, 레이어 스타일 – Stroke(선/획)(3px, #ffffff), 그라디언트 오버레이(#006600, #cc6666))

문제 ❷	[기능평가] 사진편집 응용	20점

▶ 합격 강의

다음의 《조건》에 따라 아래의 《출력형태》와 같이 작업하시오.

조건

원본 이미지		Part05₩기출유형문제05회₩1급-4.jpg, 1급-5.jpg, 1급-6.jpg	
파일저장규칙	JPG	파일명	문서₩GTQ₩수험번호-성명-2.jpg
		크기	400×500 pixels
	PSD	파일명	문서₩GTQ₩수험번호-성명-2.psd
		크기	40×50 pixels

출력형태

1. 그림 효과
① 1급-4.jpg : 필터 – Paint Daubs(페인트 덥스/페인트 바르기)
② 색상 보정 : 1급-5.jpg – 노란색, 녹색 계열로 보정
③ 1급-5.jpg : 레이어 스타일 – Drop Shadow(그림자 효과)
④ 1급-6.jpg : 레이어 스타일 – Outer Glow(외부 광선)
⑤ Shape Tool(모양 도구) :
　– 새 모양 1(#99ffff, 레이어 스타일 – Stroke(선/획)(3px, #663366))
　– 새 모양 2(#66cccc, 레이어 스타일 – Inner Shadow(내부 그림자))

2. 문자 효과
① 자연을 생각하는 작은 실천(돋움, 40pt, 레이어 스타일 – 그라디언트 오버레이(#ffff00, #ffffff, #00ffcc), Drop Shadow(그림자 효과))

문제 ❸	[실무응용] 포스터 제작	25점

▶합격 강의

다음의 《조건》에 따라 아래의 《출력형태》와 같이 작업하시오.

조건

원본 이미지			Part05₩기출유형문제05회₩1급-7.jpg, 1급-8.jpg, 1급-9.jpg, 1급-10.jpg, 1급-11.jpg
파일저장규칙	JPG	파일명	문서₩GTQ₩수험번호-성명-3.jpg
		크기	600×400 pixels
	PSD	파일명	문서₩GTQ₩수험번호-성명-3.psd
		크기	60×40 pixels

1. 그림 효과
① 배경 : #ccffcc
② 1급-7.jpg : Blending Mode(혼합 모드) – Darken(어둡게 하기), Opacity(불투명도)(60%)
③ 1급-8.jpg : 필터 – Paint Daubs(페인트 덥스/페인트 바르기), 레이어 마스크 – 세로 방향으로 흐릿하게
④ 1급-9.jpg : 필터 – Film Grain(필름 그레인), 레이어 스타일 – Inner Shadow(내부 그림자)
⑤ 1급-10.jpg : 레이어 스타일 – Stroke(선/획)(5px, 그라디언트(#ccffff, #993300))
⑥ 1급-11.jpg : 색상 보정 – 빨간색 계열로 보정, 레이어 스타일 – Stroke(선/획)(7px, #33cc66)
⑦ 그 외 《출력형태》 참조

2. 문자 효과
① 지속 가능성을 생각하는(돋움, 16pt, #000000, 레이어 스타일 – Outer Glow(외부 광선))
② RECYCLING + UPCYCLING(Times New Roman, Bold, 30pt, 레이어 스타일 – Stroke(선/획)(2px, #ffffcc), 그라디언트 오버레이(#ff00cc, #0033ff), Drop Shadow(그림자 효과))
③ 라벨프리 페트병 사용(궁서, 20pt, #ffff99, 레이어 스타일 – Stroke(선/획)(2px, 그라디언트(#3366cc, #330033), Drop Shadow(그림자 효과))
④ 세상을 바꾸는 작은 실천(돋움, 16pt, #ffffff, 레이어 스타일 – Stroke(선/획)(2px, #660000))

출력형태

Shape Tool
(모양 도구) 사용
#ff0033, 레이어 스타일
– Out Glow(외부 광선),
Bevel & Emboss(경사
와 엠보스), Opacity(불
투명도)(70%)

Shape Tool
(모양 도구) 사용
레이어 스타일 – 그라
디언트 오버레이(#ffffff,
#ffff00),
Inner Shadow(내부 그림
자)

Shape Tool(모양 도구) 사용
#33cc66,
레이어 스타일 – Outer Glow(외부 광선)

| 문제 ❹ | [실무응용] 웹 페이지 제작 | 35점 |

다음의 《조건》에 따라 아래의 《출력형태》와 같이 작업하시오.

조건

원본 이미지			Part05₩기출유형문제05회₩1급-12.jpg, 1급-13.jpg, 1급-14.jpg, 1급-15.jpg, 1급-16.jpg, 1급-17.jpg
파일저장규칙	JPG	파일명	문서₩GTQ₩수험번호-성명-4.jpg
		크기	600×400 pixels
	PSD	파일명	문서₩GTQ₩수험번호-성명-4.psd
		크기	60×40 pixels

1. 그림 효과

① 배경 : #cccccc
② 패턴(별, 달 모양) : #993300, #3399cc, Opacity(불투명도)(70%)
③ 1급-12.jpg : Blending Mode(혼합 모드) – Multiply(곱하기), 레이어 마스크 – 가로 방향으로 흐릿하게
④ 1급-13.jpg : 필터 – Film Grain(필름 그레인)
⑤ 1급-14.jpg : 색상 보정 – 파란색 계열로 보정, 레이어 스타일 – Bevel and Emboss(경사와 엠보스), Outer Glow(외부 광선)
⑥ 1급-15.jpg : 레이어 스타일 – Drop Shadow(그림자 효과)
⑦ 1급-16.jpg : 필터 – Texturizer(텍스처화), 레이어 스타일 – Drop Shadow(그림자 효과)
⑧ 그 외 《출력형태》 참조

2. 문자 효과

① ECO SHOP(Arial, Bold, 30pt, 레이어 스타일 – Stroke(선/획)(3px, #ffffff), 그라디언트 오버레이(#ff3333, #339900))
② Welcome to Eco Shop(Arial, Bold, 16pt, 레이어 스타일 – Stroke(선/획)(2px, #ffffff), 그라디언트 오버레이(#ff6633, #0099cc, #ff99cc))
③ 탄소 제로! 실천이 중요합니다(궁서, 20pt, #ccffff, 레이어 스타일 – Stroke(선/획)(2px, #333399), Drop Shadow(그림자 효과))
④ 업사이클링 에코제품 사용후기(바탕, 15pt, #ffffff, 레이어 스타일 – Stroke(선/획)(1px, #cc6633))

출력형태

Shape Tool(모양 도구) 사용
#ff9966, 레이어 스타일 – Inner Shadow(내부 그림자),
Opacity(불투명도)(80%)

Pen Tool(펜 도구) 사용
레이어 스타일
– 그라디언트 오버레이
(#66ff66, #333333),
레이어 마스크
– 세로 방향으로 흐릿하게

Shape Tool(모양 도구)
사용
#999999,
레이어 스타일 – Outer
Glow(외부 광선),
Opacity(불투명도)(60%)

Shape Tool(모양 도구) 사용
레이어 스타일
– 그라디언트 오버레이
(#333333, #666699),
Drop Shadow(그림자 효과)

Pen Tool(펜 도구) 사용
레이어 스타일 – 그라디언트 오버레이(#ffff33, #00ff66),
Drop Shadow(그림자 효과)

문제 01	CHAPTER 05 [기능평가] 고급 Tool(도구) 활용
작업과정	새 작업 이미지 만들기 및 파일 저장하기 ▶ 필터 적용 ▶ 텀블러 모양 패스 생성 ▶ 패스 저장 및 레이어 스타일 적용 ▶ 클리핑 마스크 적용 후 레이어 스타일 적용 ▶ 모양 생성 및 레이어 스타일 적용 ▶ 문자 입력 및 레이어 스타일 적용 ▶ 정답 파일 저장
완성이미지	Part05₩기출유형문제\05회₩정답파일₩G120250005-성명-1.jpg, G120250005-성명-1.psd

01 새 작업 이미지 만들기 및 파일 저장하기

01 [File(파일)]-[New(새로 만들기)]([Ctrl]+[N])를 선택하고 'Width(폭) : 400Pixels(픽셀), Height(높이) : 500Pixels(픽셀), Resolution(해상도) : 72Pixels/Inch(픽셀/인치), Color Mode(색상 모드) : RGB Color(RGB 색상), 8bit(비트), Background Contents(배경 내용) : White(흰색)'로 설정하여 새 작업 이미지를 만듭니다.

02 [Edit(편집)]-[Preference(환경설정)]([Ctrl]+[K])를 클릭하고 [Guides, Grid & Slices(안내선, 격자와 슬라이스)]를 선택하여 Grid(격자)의 'Color(색상)'를 클릭하여 밝은 색상으로 변경한 후 'Gridline Every(격자 간격) : 100Pixels(픽셀), Subdivisions(세분) : 1'로 설정합니다.

03 [View(보기)]-[Show(표시)]-[Grid(격자)]([Ctrl]+['])와 [View(보기)]-[Rulers(눈금자)]([Ctrl]+[R])를 선택하여 격자와 눈금자를 표시합니다.

04 작업 도큐먼트를 저장하기 위해 [File(파일)]-[Save As(다른 이름으로 저장)]([Shift]+[Ctrl]+[S])를 선택하고 임의 경로에 '파일 이름 : 수험번호-성명-문제번호, 파일 형식 : Photoshop(*.PSD;*.PDD;*.PSDT)'으로 파일을 저장합니다.

02 필터 적용

01 [File(파일)]-[Open(열기)]([Ctrl]+[O])을 선택하여 1급-1.jpg를 불러옵니다. [Ctrl]+[A]로 전체 선택, [Ctrl]+[C]로 복사, 작업 이미지에 [Ctrl]+[V]로 붙여넣기를 합니다. [Ctrl]+[T]를 누르고 마우스 오른쪽 버튼을 클릭하여 [Flip Horizontal(가로로 뒤집기)]로 뒤집고 배치합니다.

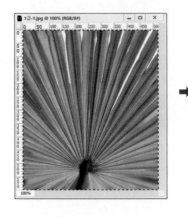 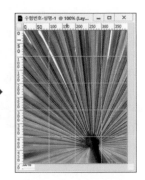

02 [Filter(필터)]–[Filter Gallery(필터 갤러리)]–[Artistic(예술 효과)]–[Cutout(오려내기)]를 선택합니다.

⓸ 텀블러 모양 패스 생성

01 Ellipse Tool(타원 도구, ◎)을 클릭하고 Options Bar(옵션 바)에서 Shape(모양)로 설정한 후 임의 색상의 타원형 모양을 그립니다.

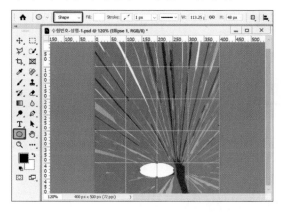

02 Rectangle Tool(사각형 도구, ▢)을 클릭하고 Options Bar(옵션 바)에서 'Shape(모양), Path operations(패스 작업) : Combine Shapes(모양 결합, ▣)'를 설정한 후 드래그하여 임의 색상의 사각형 모양을 타원형의 상단과 겹치도록 그립니다.

03 Ctrl + T 를 누르고, 마우스 오른쪽 버튼을 클릭하여 [Warp(뒤틀기)]을 선택합니다. 상단 고정점을 각각 선택하고 바깥 방향으로 이동한 후, 방향점을 각각 드래그하여 대칭적으로 변형합니다. 계속해서 하단 방향점을 각각 안쪽 방향으로 드래그하여 대칭적으로 변형한 후 Enter 를 눌러 완료합니다.

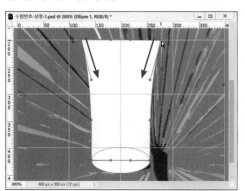 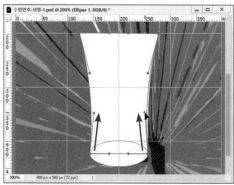

04 Rectangle Tool(사각형 도구, ▢)을 클릭하고 Options Bar(옵션 바)에서 'Shape(모양), Path operations(패스 작업) : Combine Shapes(모양 결합, ▣)'를 설정한 후 드래그하여 임의 색상의 사각형 모양을 상단과 겹치도록 그립니다.

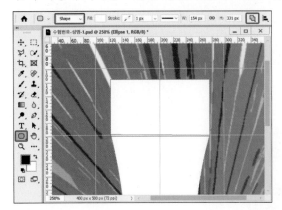

05 Rounded Rectangle Tool(모서리가 둥근 직사각형 도구, ▢)을 클릭하고 'Shape(모양), Path operations(패스 작업) : Combine Shapes(모양 결합, ▣), Radius(반경) : 10px'로 설정한 후 드래그하여 사각형 모양과 겹치도록 둥근 직사각형 모양을 그립니다.

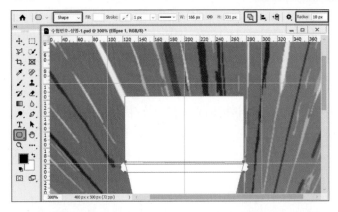

06 Path Selection Tool(패스 선택 도구, ▸)로 둥근 직사각형을 선택하고 Alt 를 누른 채 위쪽 방향으로 드래그하여 복사합니다. 계속해서 동일한 방법으로 3번째 둥근 사각형을 위쪽으로 복사하여 배치합니다.

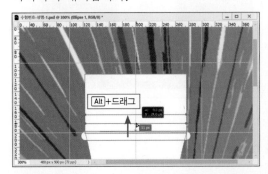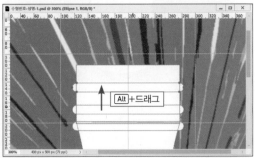

🎓 **기적의 Tip**

Alt 를 누른 채 드래그하는 도중에 Shift 를 함께 누르고 드래그하면 이동하는 방향으로 반듯하게 복사할 수 있습니다.

07 Ellipse Tool(타원 도구, 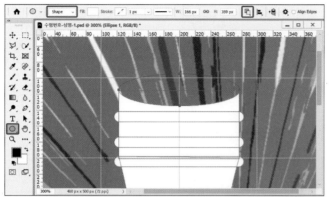)을 클릭하고 Options Bar(옵션 바)에서 'Shape(모양)'로 설정하고 사각형 모양의 상단과 겹치도록 타원형 모양을 그립니다. Options Bar(옵션 바)의 'Path operations(패스 작업) : Subtract Front Shape(전면 모양 빼기,)'을 클릭합니다.

> **기적의 Tip**
>
> 먼저 그린 모양 패스가 선택된 상태에서 'Path operations(패스 작업)'의 옵션을 바꾸면 작업 결과가 다를 수 있습니다. 타원형 모양을 그린 후에 옵션을 변경하여 클릭합니다.

08 계속해서 상단에 드래그하여 타원형 모양을 그린 후 Options Bar(옵션 바)에서 'Path operations(패스 작업) : Combine Shapes(모양 결합,)'를 설정합니다.

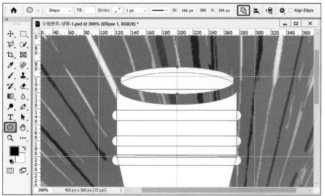

> **기적의 Tip**
>
> **여러 개의 모양을 중앙에 정렬하기**
>
> Path Selection Tool(패스 선택 도구,)로 드래그하여 모양을 모두 선택하고 Options Bar(옵션 바)에서 'Path alignment(패스 정렬) : Align horizontal centers(수평 중앙 맞춤,)'를 클릭합니다.

09 Rounded Rectangle Tool(모서리가 둥근 직사각형 도구, 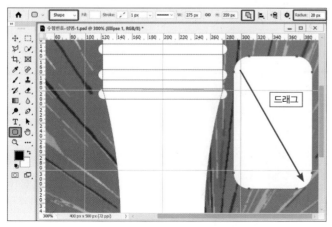)을 선택하고 Options Bar(옵션 바)에서 'Shape(모양), Path operations(패스 작업) : Combine Shapes(모양 결합,), Radius(반경) : 20px'로 설정한 후 드래그하여 둥근 직사각형 모양을 그립니다.

10 Options Bar(옵션 바)에서 'Radius(반경) : 10px'로 설정하고 크기가 작은 둥근 직사각형을 겹치도록 그린 후 'Path operations(패스 작업) : Subtract Front Shape(전면 모양 빼기, 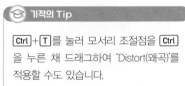)'를 클릭합니다.

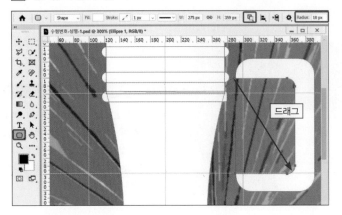

11 Path Selection Tool(패스 선택 도구, ▶)로 드래그하여 2개의 둥근 직사각형 모양을 선택하고 Options Bar(옵션 바)에서 'Path operations(패스 작업) : Merge Shape Components (모양 병합 구성 요소)'를 클릭하여 병합합니다.

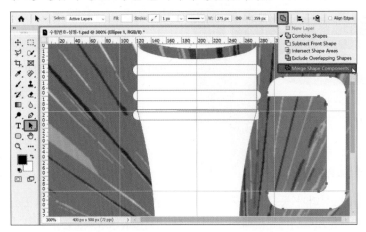

12 손잡이 모양을 이동하여 컵 모양과 겹치도록 배치합니다. Ctrl+T를 누르고, 마우스 오른쪽 버튼을 클릭하여 [Distort(왜곡)]를 선택합니다. 오른쪽 하단의 조절점을 대각선 방향으로 드래그하여 변형하고 Enter를 눌러 완료합니다.

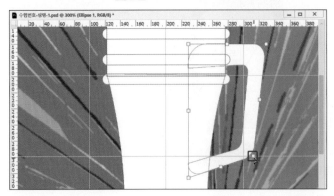

😊 기적의 Tip

Ctrl+T를 눌러 모서리 조절점을 Ctrl을 누른 채 드래그하여 'Distort(왜곡)'를 적용할 수도 있습니다.

13 Options Bar(옵션 바)에서 'Path operations(패스 작업) : Merge Shape Components(모양 병합 구성 요소)'를 클릭하여 모든 패스 모양을 하나로 병합합니다.

04 패스 저장 및 레이어 스타일 적용

01 Paths(패스) 패널에서 작업 패스 'Ellipse 1 Shape Path'를 더블 클릭한 후 [Save Path(패스 저장)] 대화상자에서 'Name(이름) : 텀블러'로 입력하여 패스를 저장합니다.

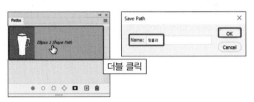
더블 클릭

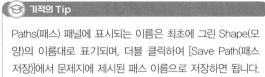

기적의 Tip

Paths(패스) 패널에 표시되는 이름은 최초에 그린 Shape(모양)의 이름대로 표기되며, 더블 클릭하여 [Save Path(패스 저장)]에서 문제지에 제시된 패스 이름으로 저장하면 됩니다.

02 Layers(레이어) 패널에서 'Ellipse 1' 레이어의 이름을 더블 클릭하여 'path'로 이름을 변경하고 마우스 오른쪽 버튼을 눌러 [Rasterize Layer(레이어 래스터화)]를 선택하여 일반 레이어로 속성을 변환합니다.

03 Layers(레이어) 패널 하단의 'Add a layer style(레이어 스타일 추가, *fx.*)'을 클릭하여 [Stroke(획)]를 선택, 'Size(크기) : 4px, Fill Type(칠 유형) : Gradient(그레이디언트), Click to edit the gradient(클릭하여 그레이디언트 편집)'를 클릭합니다. 그레이디언트 슬라이더 왼쪽 하단의 'Color Stop(색상 정지점)'을 더블 클릭하여 #3300cc, 오른쪽 'Color Stop(색상 정지점)'을 더블 클릭하여 #00ffff로 설정한 후, 'Style(스타일) : Linear(선형), Angle(각도) : 90°'로 설정합니다.

04 계속해서 [Inner Glow(내부 광선)]를 선택, 'Opacity(불투명도) : 75%, Choke(경계 감소) : 0%, Size(크기) : 10px'로 설정하고 [OK(확인)]를 클릭합니다.

05 클리핑 마스크 적용 후 레이어 스타일 적용

01 [File(파일)]-[Open(열기)]([Ctrl]+[O])을 선택하여 1급-2.jpg를 불러옵니다. [Ctrl]+[A]로 전체 선택, [Ctrl]+[C]로 복사, 작업 이미지에 [Ctrl]+[V]로 붙여넣기를 하고 [Ctrl]+[T]로 크기를 조절한 후 텀블러 모양 위쪽에 겹치도록 배치합니다.

02 Layers(레이어) 패널에서 'path' 레이어와 'Layer 2' 레이어 사이에 마우스 커서를 놓고 [Alt]를 누르고 클릭하여 Clipping Mask(클리핑 마스크)를 적용합니다.

03 [File(파일)]−[Open(열기)]([Ctrl]+[O])을 선택하여 1급−3.jpg를 불러옵니다. Object Selec-
tion Tool(개체 선택 도구, 🔲)을 클릭하고 Options Bar(옵션 바)에서 'Mode(모드) :
Rectangle(사각형)'을 선택하고 이미지에 드래그하여 선택합니다.

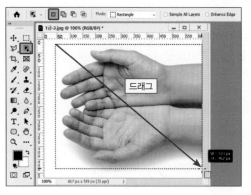

04 Magic Wand Tool(자동 선택 도구, 🪄)을 클릭하고 Options Bar(옵션 바)에서 'Subtract
From selection(선택 영역에서 빼기, 🔲), Tolerance(허용치) : 32'로 설정하고 손가락 사이
의 흰 배경 부분을 각각 클릭하여 선택에서 제외한 후, [Ctrl]+[C]를 눌러 복사합니다.

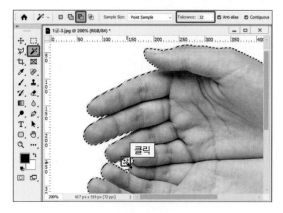

05 작업 이미지를 선택하여 Layers(레이어) 패널에서 'Layer 1' 레이어를 클릭합니다. [Ctrl]+[V]로
붙여넣기를 한 후 [Ctrl]+[T]를 누르고, 마우스 오른쪽 버튼을 클릭하여 [Flip Horizontal(가로로
뒤집기)]로 뒤집고 크기와 회전을 조절하여 배치합니다.

06 Layers(레이어) 패널 하단의 'Add a layer style(레이어 스타일 추가, 🔲)'을 클릭하여
[Outer Glow(외부 광선)]를 선택, 'Opacity(불투명도) : 75%, Size(크기) : 5px'로 설정하고
[OK(확인)]를 클릭합니다.

06 모양 생성 및 레이어 스타일 적용

01 Layers(레이어) 패널에서 'Layer 2' 레이어를 클릭합니다. Custom Shape Tool(사용자 정의 모양 도구, ⬧)을 클릭하고 Options Bar(옵션 바)에서 'Shape(모양), Fill(칠) : #66cc33, Stroke(획) : No Color(색상 없음), Shape(모양) : Arrow 18(화살표 18, ➡)'로 설정한 후 Shift 를 누른 채 드래그하여 모양을 그립니다.

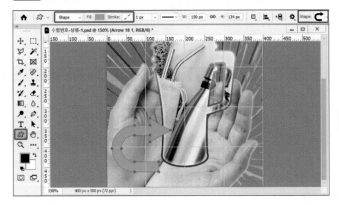

> **Shape 경로**
>
> [Legacy Shapes and More(레거시 모양 및 기타)]-[All Legacy Default Shapes(모든 레거시 기본 모양)]-[Arrows(화살표)]

02 Layers(레이어) 패널 하단의 'Add a layer style(레이어 스타일 추가, *fx.*)'을 클릭하여 [Bevel & Emboss(경사와 엠보스)]를 선택, 'Style(스타일) : Inner Bevel(내부 경사), Direction(방향) : Up(위로), Size(크기) : 5px'로 설정합니다.

03 계속해서 [Drop Shadow(드롭 섀도)]를 선택, 'Opacity(불투명도) : 75%, Angle(각도) : 90°, Distance(거리) : 3px, Size(크기) : 7px'로 설정하고 [OK(확인)]를 클릭합니다.

04 Custom Shape Tool(사용자 정의 모양 도구, ⬧)을 클릭하고 Options Bar(옵션 바)에서 'Shape(모양), Fill(칠) : #ff6600, Stroke(획) : No Color(색상 없음), Shape(모양) : Butterfly(나비, 🦋)'를 설정한 후 Shift 를 누른 채 드래그하여 모양을 그립니다. Ctrl + T 를 눌러 회전하여 배치합니다.

> **Shape 경로**
>
> [Legacy Shapes and More(레거시 모양 및 기타)]-[2019 Shapes(2019 모양)]-[Insects and Arachnids(곤충류 및 거미류)]

> 🎓 **기적의 Tip**
>
> **연속해서 사용자 정의 모양 도구로 그릴 때 Fill(칠) 설정하기**
>
> Options Bar(옵션 바)에서 목록 단추를 눌러 제시된 Shape(모양)을 선택하여 그린 후에 'Layer thumbnail(레이어 축소판)'을 더블 클릭하여 Fill(칠)를 변경합니다.

05 Layers(레이어) 패널 하단의 'Add a layer style(레이어 스타일 추가, fx.)'을 클릭하여 [Inner Shadow(내부 그림자)]를 선택, 'Opacity(불투명도) : 75%, Angle(각도) : 90°, Distance(거리) : 5px, Size(크기) : 5px'로 설정하고 [OK(확인)]를 클릭합니다.

06 Ctrl + J 를 눌러 'Butterfly 1' 레이어를 복사한 후, Ctrl + T 를 눌러 크기를 축소하고 회전하여 배치합니다.

07 Layers(레이어) 패널에서 'Butterfly 1 copy' 레이어의 'Layer thumbnail(레이어 축소판)'을 더블 클릭하여 'Color(색상) : #ff99cc'로 변경합니다.

🎓 **기적의 Tip**

색상값 빠르게 입력하기

시험에서 제시된 6자리의 색상 코드는 입력 순서대로 2자리씩 동일합니다. 중복되는 값은 생략하여 3자리인 'f9c'만 입력해도 됩니다.

---

07 문자 입력 및 레이어 스타일 적용

01 Horizontal Type Tool(수평 문자 도구, T)로 작업 이미지를 클릭하고 Options Bar(옵션 바)에서 'Font(글꼴) : Arial, Set font style(글꼴 스타일 설정) : Regular, Set font size(글꼴 크기) : 50pt, Color(색상) : 임의 색상'으로 설정한 후 Zero waste를 입력합니다.

02 Layers(레이어) 패널 하단의 'Add a layer style(레이어 스타일 추가, fx.)'을 클릭하여 [Stroke(획)]를 선택, 'Size(크기) : 3px, Color(색상) : #ffffff'로 설정합니다. 계속해서 [Gradient Overlay(그레이디언트 오버레이)]를 선택하고 'Click to edit the gradient(클릭하여 그레이디언트 편집)'를 클릭합니다.

03 그레이디언트 슬라이더 왼쪽 하단의 'Color Stop(색상 정지점)'을 더블 클릭하여 #006600, 오른쪽 'Color Stop(색상 정지점)'을 더블 클릭하여 #cc6666으로 설정한 후, 'Style(스타일) : Linear(선형), Angle(각도) : 0°'로 설정하고 [OK(확인)]를 클릭합니다. Ctrl + S 를 눌러 저장합니다.

🔟 정답 파일 저장

01 [View(보기)]-[Show(표시)]-[Grid(격자)]([Ctrl]+['])를 선택하여 격자를 가립니다.

02 [File(파일)]-[Save As(다른 이름으로 저장)]([Shift]+[Ctrl]+[S])를 선택하고 '저장 위치 : 내 PC\문서\GTQ, 파일 형식 : JPEG(*.JPG;*.JPEG;*.JPE), 파일 이름 : 수험번호-성명-문제번호'를 입력하고 [저장]을 클릭한 후 [JPEG Options(JPEG 옵션)] 대화상자에서 'Quality(품질) : 8'로 설정하고 [OK(확인)]를 클릭합니다.

> 🎓 **기적의 Tip**
>
> Photoshop CC 2020 이후 버전에서 [Save As(다른 이름으로 저장)]([Shift]+[Ctrl]+[S])로 '파일 형식 : JPEG(*.JPG;*.JPEG; *.JPE)'가 없는 경우에는 아래와 같이 저장하면 됩니다.
>
> **※ CC 버전에 따라 정답 파일을 '파일 형식 : JPEG'로 저장하기**
> • [File(파일)]-[Save As(다른 이름으로 저장)]([Shift]+[Ctrl]+[S])를 선택하고 [다른 이름으로 저장] 대화상자에서 [Save A Copy(사본 저장)]를 선택합니다.
> • [File(파일)]-[Save A Copy(사본 저장)]([Alt]+[Ctrl]+[S])를 선택합니다.

03 [Image(이미지)]-[Image Size(이미지 크기)]([Alt]+[Ctrl]+[I])를 선택하고 'Constrain aspect ratio(종횡비 제한) : 클릭, Width(폭) : 40Pixels(픽셀), Height(높이) : 50Pixels(픽셀)'로 입력하여 이미지 크기를 1/10로 축소한 후 [OK(확인)]를 클릭합니다.

04 [File(파일)]-[Save As(다른 이름으로 저장)]([Shift]+[Ctrl]+[S])를 선택하고 '저장 위치 : 내 PC\문서\GTQ, 파일 형식 : Photoshop(*.PSD;*.PDD;*.PSDT), 파일 이름 : 수험번호-성명-문제번호'를 입력하고 [저장]을 클릭합니다.

05 답안 저장이 완료되면 [File(파일)]-[Close(닫기)]([Ctrl]+[W])를 선택하여 파일을 닫고 수험 프로그램에서 [답안 전송]을 클릭하여 psd와 jpg 파일을 감독관 컴퓨터로 전송합니다.

문제 **02**	**CHAPTER 05** [기능평가] 사진편집 응용

작업과정	새 작업 이미지 만들기 및 파일 저장하기 ▶ 필터 적용 및 이미지 합성, 레이어 스타일 적용 ▶ 색상 보정 및 레이어 스타일 적용 ▶ 모양 생성 및 레이어 스타일 적용 ▶ 문자 입력 및 변형, 레이어 스타일 적용 ▶ 정답 파일 저장
완성이미지	Part05\기출유형문제05회\정답파일\G120250005-성명-2.jpg, G120250005-성명-2.psd

01 새 작업 이미지 만들기 및 파일 저장하기

01 [File(파일)]-[New(새로 만들기)]([Ctrl]+[N])를 선택하고 'Width(폭) : 400Pixels(픽셀), Height(높이) : 500Pixels(픽셀), Resolution(해상도) : 72Pixels/Inch(픽셀/인치), Color Mode(색상 모드) : RGB Color(RGB 색상), 8bit(비트), Background Contents(배경 내용) : White(흰색)'로 설정하여 새 작업 이미지를 만듭니다.

02 [Edit(편집)]-[Preference(환경설정)]([Ctrl]+[K])를 클릭하고 [Guides, Grid & Slices(안내선, 격자와 슬라이스)]를 선택하여 Grid(격자)의 'Color(색상)'를 클릭하여 밝은 색상으로 변경한 후 'Gridline Every(격자 간격) : 100Pixels(픽셀), Subdivisions(세분) : 1'로 설정합니다.

03 [View(보기)]-[Show(표시)]-[Grid(격자)]([Ctrl]+['])와 [View(보기)]-[Rulers(눈금자)]([Ctrl]+[R])를 선택하여 격자와 눈금자를 표시합니다.

04 작업 도큐먼트를 저장하기 위해 [File(파일)]-[Save As(다른 이름으로 저장)]([Shift]+[Ctrl]+[S])를 선택하고 임의 경로에 '파일 이름 : 수험번호-성명-문제번호, 파일 형식 : Photoshop(*.PSD;*.PDD;*.PSDT)'으로 파일을 저장합니다.

02 필터 적용 및 이미지 합성, 레이어 스타일 적용

01 [File(파일)]-[Open(열기)]([Ctrl]+[O])을 선택하여 1급-4.jpg를 불러옵니다. [Ctrl]+[A]로 전체 선택, [Ctrl]+[C]로 복사, 작업 이미지에 [Ctrl]+[V]로 붙여넣기를 합니다. [Ctrl]+[T]를 눌러 [Shift]를 누른 채 크기를 축소하고 위치를 조절하여 배치합니다.

02 [Filter(필터)]-[Filter Gallery(필터 갤러리)]-[Artistic(예술 효과)]-[Paint Daubs(페인트 덥스/페인트 바르기)]를 선택합니다.

03 [File(파일)]-[Open(열기)]([Ctrl]+[O])을 선택하여 1급-5.jpg를 불러옵니다. Pen Tool(펜 도구, [✎])을 클릭하고 Options Bar(옵션 바)에서 'Path(패스), Path operations(패스 작업) : Exclude Overlapping Shapes(모양 오버랩 제외, [回])'로 설정하고 칫솔 모양을 따라 닫힌 패스로 완료합니다.

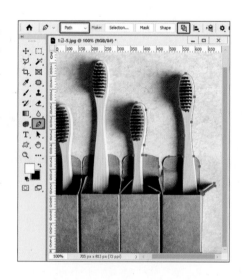

04 패스가 완료되면 [Ctrl]+[Enter]를 눌러 선택 상태로 전환한 후,
[Ctrl]+[C]로 복사합니다. 작업 이미지에 [Ctrl]+[V]로 붙여넣기
를 하고 [Ctrl]+[T]를 눌러 마우스 오른쪽 버튼을 클릭한 후
[Flip Horizontal(가로로 뒤집기)]로 뒤집은 후 크기와 회전
을 조절하여 배치합니다.

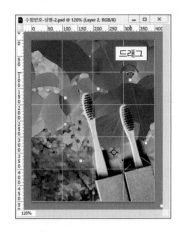

05 Layers(레이어) 패널 하단의 'Add a layer style(레이어 스타일 추가, [fx.])'을 클릭하여
[Drop Shadow(그림자)]를 선택, 'Opacity(불투명도) : 75%, Angle(각도) : 120°,
Distance(거리) : 15px, Size(크기) : 10px'로 설정하고 [OK(확인)]를 클릭합니다.

03 색상 보정 및 레이어 스타일 적용

01 Quick Selection Tool(빠른 선택 도구, [✓])을 클릭하고 Options Bar(옵션 바)에서 'Add to
selection(선택 영역에 추가, [✓])'으로 설정한 후 브러시의 크기를 조절하며 왼쪽 칫솔모 부분
에 드래그하여 선택합니다.

02 Layers(레이어) 패널 하단의 'Create new fill or adjustment layer(새 칠 또는 조정 레이
어 생성, [◑])'를 클릭하고 [Hue/Saturation(색조/채도)]을 선택합니다. Properties(속성) 패
널에서 'Colorize(색상화) : 체크, Hue(색조) : 50, Saturation(채도) : 95, Lightness(명도)
: 20'으로 설정하여 노란색 계열로 보정합니다.

03 Quick Selection Tool(빠른 선택 도구, [✓])로 오른쪽 칫솔모 부분에 드래그하여 선택합니다.
Layers(레이어) 패널 하단의 'Create new fill or adjustment layer(새 칠 또는 조정 레이
어 생성, [◑])'를 클릭하고 [Hue/Saturation(색조/채도)]을 선택합니다. Properties(속성) 패
널에서 'Colorize(색상화) : 체크, Hue(색조) : 130, Saturation(채도) : 40, Lightness(명
도) : 0'으로 설정하여 녹색 계열로 보정합니다.

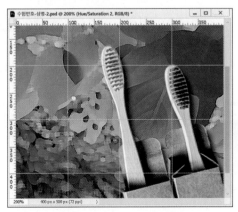

04 [File(파일)]–[Open(열기)]([Ctrl]+[O])을 선택하여 1급-6.jpg를 불러옵니다. Polygonal Lasso Tool(다각형 올가미 도구, ☑)을 클릭하고 Options Bar(옵션 바)에서 'Feather(페더) : 0px'로 설정한 후 새집 모양을 따라 클릭하여 선택합니다.

05 [Ctrl]+[C]로 복사, 작업 이미지에 [Ctrl]+[V]로 붙여넣기를 합니다. [Ctrl]+[T]를 누르고, 마우스 오른쪽 버튼을 클릭하여 [Flip Horizontal(가로로 뒤집기)]로 뒤집고 크기를 조절하여 배치합니다.

06 Layers(레이어) 패널 하단의 'Add a layer style(레이어 스타일 추가, [fx.])'을 클릭하여 [Outer Glow(외부 광선)]를 선택, 'Opacity(불투명도) : 75%, Size(크기) : 7px'로 설정하고 [OK(확인)]를 클릭합니다.

04 모양 생성 및 레이어 스타일 적용

01 Custom Shape Tool(사용자 정의 모양 도구, ☑)을 클릭하고 Options Bar(옵션 바)에서 'Shape(모양), Fill(칠) : #99ffff, Stroke(획) : No Color(색상 없음), Shape(모양) : Bird 1(새 1, ☑)'로 설정한 후 [Shift]를 누른 채 드래그하여 모양을 그립니다.

> **Shape 경로**
>
> [Legacy Shapes and More(레거시 모양 및 기타)]–[All Legacy Default Shapes(모든 레거시 기본 모양)]–[Animals(동물)]

02 Layers(레이어) 패널 하단의 'Add a layer style(레이어 스타일 추가, [fx.])'을 클릭하여 [Stroke(획)]를 선택, 'Size(크기) : 3px, Color(색상) : #663366'으로 설정하고 [OK(확인)]를 클릭합니다.

03 Custom Shape Tool(사용자 정의 모양 도구, ☑)을 클릭하고 Options Bar(옵션 바)에서 'Shape(모양), Fill(칠) : #66cccc, Stroke(획) : No Color(색상 없음), Shape(모양) : Bird 2(새 2, ☑)'로 설정한 후 [Shift]를 누른 채 드래그하여 모양을 그립니다. [Ctrl]+[T]를 눌러 [Shift]를 누른 채 드래그하여 반시계 방향으로 드래그하여 회전합니다.

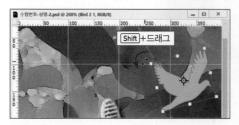

> **Shape 경로**
>
> [Legacy Shapes and More(레거시 모양 및 기타)]–[All Legacy Default Shapes(모든 레거시 기본 모양)]–[Animals(동물)]

04 Layers(레이어) 패널 하단의 'Add a layer style(레이어 스타일 추가, [fx.])'을 클릭하여 [Inner Shadow(내부 그림자)]를 선택, 'Opacity(불투명도) : 75%, Angle(각도) : 120°, Distance(거리) : 5px, Size(크기) : 5px'로 설정하고 [OK(확인)]를 클릭합니다.

05 문자 입력 및 변형, 레이어 스타일 적용

01 Horizontal Type Tool(수평 문자 도구, [T])로 작업 이미지를 클릭하고 Options Bar(옵션 바)에서 'Font(글꼴) : 돋움, Set font size(글꼴 크기) : 40pt, Set anti-aliasing method (앤티 앨리어싱 방법 설정) : Strong(강하게), Center text(텍스트 중앙 정렬, [亘]), Color(색상) : 임의 색상'으로 설정한 후 자연을 생각하는 작은 실천을 입력합니다.

02 Options Bar(옵션 바)에서 Create warped text(뒤틀어진 텍스트 만들기, [工])를 클릭하여 [Warp Text(텍스트 뒤틀기)] 대화상자에서 'Style(스타일) : Arc Upper(위 부채꼴), Horizontal(가로) : 체크, Bend(구부리기) : 30%'로 설정하여 문자의 모양을 왜곡합니다.

03 Layers(레이어) 패널 하단의 'Add a layer style(레이어 스타일 추가, [fx.])'을 클릭하여 [Gradient Overlay(그레이디언트 오버레이)]를 선택하고 'Click to edit the gradient(클릭하여 그레이디언트 편집)'를 클릭합니다.

04 그레이디언트 슬라이더 왼쪽 하단의 'Color Stop(색상 정지점)'을 더블 클릭하여 #ffff00, 가운데 빈 곳을 클릭하여 'Color Stop(색상 정지점)'을 추가하고 더블 클릭하여 #ffffff, 오른쪽 'Color Stop(색상 정지점)'을 더블 클릭하여 #00ffcc로 설정한 후, 'Style(스타일) : Linear(선형), Angle(각도) : 0°'로 설정하고 [OK(확인)]를 클릭합니다.

05 계속해서 [Drop Shadow(드롭 섀도)]를 선택, 'Opacity(불투명도) : 75%, Angle(각도) : 120°, Distance(거리) : 5px, Size(크기) : 5px'로 설정하고 [OK(확인)]를 클릭합니다. [Ctrl]+[S]를 눌러 저장합니다.

06 정답 파일 저장

01 [View(보기)]-[Show(표시)]-[Grid(격자)]([Ctrl]+['])를 선택하여 격자를 가립니다.

02 [File(파일)]-[Save As(다른 이름으로 저장)]([Shift]+[Ctrl]+[S])를 선택하고 '저장 위치 : 내 PC₩문서₩GTQ, 파일 형식 : JPEG(*.JPG;*.JPEG;*.JPE), 파일 이름 : 수험번호-성명-문제번호'를 입력하고 [저장]을 클릭한 후 [JPEG Options(JPEG 옵션)] 대화상자에서 'Quality(품질) : 8'로 설정하고 [OK(확인)]를 클릭합니다.

03 [Image(이미지)]-[Image Size(이미지 크기)]([Alt]+[Ctrl]+[I])를 선택하고 'Constrain aspect ratio(종횡비 제한) : 클릭, Width(폭) : 40Pixels(픽셀), Height(높이) : 50Pixels(픽셀)'로 입력하여 이미지 크기를 1/10로 축소한 후 [OK(확인)]를 클릭합니다.

04 [File(파일)]-[Save As(다른 이름으로 저장)]([Shift]+[Ctrl]+[S])를 선택하고 '저장 위치 : 내 PC₩문서₩GTQ, 파일 형식 : Photoshop(*.PSD;*.PDD;*.PSDT), 파일 이름 : 수험번호-성명-문제번호'를 입력하고 [저장]을 클릭합니다.

05 답안 저장이 완료되면 [File(파일)]-[Close(닫기)]([Ctrl]+[W])를 선택하여 파일을 닫고 수험 프로그램에서 [답안 전송]을 클릭하여 psd와 jpg 파일을 감독관 컴퓨터로 전송합니다.

문제 **03**	CHAPTER 05 **[실무응용] 포스터 제작**
작업과정	새 작업 이미지 만들기 및 파일 저장하기 ▶ 혼합 모드 합성 및 레이어 마스크, 필터 적용 ▶ 이미지 보정 및 레이어 스타일 적용 ▶ 모양 생성 및 레이어 스타일 적용 ▶ 문자 입력 및 레이어 스타일 적용 ▶ 정답 파일 저장
완성이미지	Part05₩기출유형문제|05회₩정답파일₩G120250005-성명-3.jpg, G120250005-성명-3.psd

01 새 작업 이미지 만들기 및 파일 저장하기

01 [File(파일)]-[New(새로 만들기)]([Ctrl]+[N])를 선택하고 'Width(폭) : 600Pixels(픽셀), Height(높이) : 400Pixels(픽셀), Resolution(해상도) : 72Pixels/Inch(픽셀/인치), Color Mode(색상 모드) : RGB Color(RGB 색상), 8bit(비트), Background Contents(배경 내용) : White(흰색)'로 설정하여 새 작업 이미지를 만듭니다.

02 [Edit(편집)]-[Preference(환경설정)]([Ctrl]+[K])를 클릭하고 [Guides, Grid & Slices(안내선, 격자와 슬라이스)]를 선택하여 Grid(격자)의 'Color(색상)'를 클릭하여 밝은 색상으로 변경한 후 'Gridline Every(격자 간격) : 100Pixels(픽셀), Subdivisions(세분) : 1'로 설정합니다.

03 [View(보기)]-[Show(표시)]-[Grid(격자)]([Ctrl]+['])와 [View(보기)]-[Rulers(눈금자)]([Ctrl]+[R])를 선택하여 격자와 눈금자를 표시합니다.

04 작업 도큐먼트를 저장하기 위해 [File(파일)]–[Save As(다른 이름으로 저장)]([Shift]+[Ctrl]+[S])를 선택하고 임의 경로에 '파일 이름 : 수험번호–성명–문제번호, 파일 형식 : Photo-shop(*.PSD;*.PDD;*.PSDT)'으로 파일을 저장합니다.

02 혼합 모드 합성 및 레이어 마스크, 필터 적용

01 Tool Panel(도구 패널) 하단의 'Set foreground color(전경색 설정)'를 클릭하여 # 오른쪽 입력란에 ccffcc로 입력한 후, [Alt]+[Delete]를 눌러 제시된 Foreground Color(전경색)를 작업 이미지의 배경에 채웁니다.

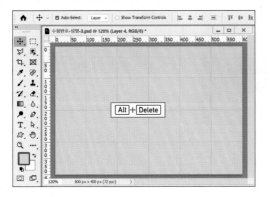

02 [File(파일)]–[Open(열기)]([Ctrl]+[O])을 선택하여 1급–7.jpg를 불러옵니다. [Ctrl]+[A]로 전체 선택, [Ctrl]+[C]로 복사, 작업 이미지에 [Ctrl]+[V]로 붙여넣기를 하고 [Ctrl]+[T]를 눌러 크기를 조절하여 배치합니다.

03 Layers(레이어) 패널에서 'Blending Mode(혼합 모드) : Darken(어둡게 하기), Opacity(불투명도) : 60%'로 설정합니다.

04 [File(파일)]–[Open(열기)]([Ctrl]+[O])을 선택하여 1급–8.jpg를 불러옵니다. [Ctrl]+[A]로 전체 선택, [Ctrl]+[C]로 복사, 작업 이미지에 [Ctrl]+[V]로 붙여넣기를 하고 격자를 참조하여 배치합니다.

05 [Filter(필터)]–[Filter Gallery(필터 갤러리)]–[Artistic(예술 효과)]–[Paint Daubs(페인트 덥스/페인트 바르기)]를 선택합니다.

06 Layers(레이어) 패널 하단의 'Add layer mask(레이어 마스크 추가, ▣)'를 클릭하여 레이어 마스크를 추가합니다.

07 Tool Panel(도구 패널) 하단의 'Set foreground color(전경색 설정)'를 #000000, 'Set background color(배경색 설정)'를 #ffffff로 설정합니다. Gradient Tool(그레이디언트 도구, )을 클릭하고 Options Bar(옵션 바)에서 'Type(유형) : Linear Gradient(선형 그레이디언트), Mode(모드) : Normal(표준), Opacity(불투명도) : 100%'로 설정한 후 Shift 를 누르고 아래쪽에서 위쪽인 세로 방향으로 드래그하여 이미지 일부를 자연스럽게 지워 합성합니다.

08 [File(파일)]−[Open(열기)](Ctrl + O)을 선택하여 1급−9.jpg를 불러옵니다. Quick Selection Tool(빠른 선택 도구, ✐)을 클릭하고 Options Bar(옵션 바)에서 'Add to selection(선택 영역에 추가, ✐)'을 설정한 후 브러시의 크기를 조절하며 드래그하여 제시된 이미지를 선택한 후, Ctrl + C 로 복사합니다.

09 작업 이미지에 Ctrl + V 로 붙여넣기를 하고 Ctrl + T 를 눌러 축소하고 회전하여 오른쪽 상단에 배치합니다.

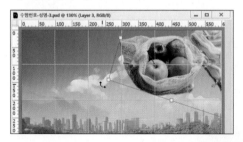

10 [Filter(필터)]−[Filter Gallery(필터 갤러리)]−[Artistic(예술 효과)]−[Film Grain(필름 그레인)]를 선택합니다.

11 Layers(레이어) 패널 하단의 'Add a layer style(레이어 스타일 추가, fx.)'을 클릭하여 [Inner Shadow(내부 그림자)]를 선택, 'Opacity(불투명도) : 75%, Angle(각도) : 90°, Distance(거리) : 3px, Size(크기) : 7px'로 설정하고 [OK(확인)]를 클릭합니다.

12 [File(파일)]−[Open(열기)](Ctrl + O)을 선택하여 1급−10.jpg를 불러옵니다. Quick Selection Tool(빠른 선택 도구, ✐)을 클릭하고 Options Bar(옵션 바)에서 'Add to selection(선택 영역에 추가, ✐)'을 설정한 후 브러시의 크기를 조절하며 드래그하여 제시된 이미지를 선택한 후, Ctrl + C 로 복사합니다.

13 작업 이미지에 Ctrl+V로 붙여넣기 후 Ctrl+T를 눌러 크기와 회전을 조절하여 배치합니다.

14 Layers(레이어) 패널 하단의 'Add a layer style(레이어 스타일 추가, fx.)'을 클릭하여 [Stroke(획)]를 선택, 'Size(크기) : 5px, Fill Type(칠 유형) : Gradient(그레이디언트)'를 설정하고 'Click to edit the gradient(클릭하여 그레이디언트 편집)'를 클릭합니다.

15 그레이디언트 슬라이더 왼쪽 하단의 'Color Stop(색상 정지점)'을 더블 클릭하여 #ccffff, 오른쪽 'Color Stop(색상 정지점)'을 더블 클릭하여 #993300으로 설정한 후, 'Style(스타일) : Linear(선형), Angle(각도) : 0°로 설정하고 [OK(확인)]를 클릭합니다.

03 이미지 보정 및 레이어 스타일 적용

01 [File(파일)]-[Open(열기)](Ctrl+O)을 선택하여 1급-11.jpg를 불러옵니다. Object Selection Tool(개체 선택 도구, ▣)을 클릭하고 Options Bar(옵션 바)에서 'Mode(모드) : Rectangle(사각형)'을 설정하고 이미지에 드래그하여 선택합니다.

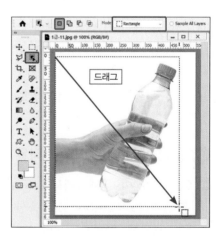

02 Ctrl+C로 복사, 작업 이미지에 Ctrl+V로 붙여넣기를 합니다. Ctrl+T를 눌러 [Flip Horizontal(가로로 뒤집기)]로 뒤집은 후 Shift를 누른 채 크기를 조절하고 회전하여 배치합니다.

03 Layers(레이어) 패널 하단의 'Add a layer style(레이어 스타일 추가, fx.)'을 클릭하여 [Stroke(획)]를 선택, 'Size(크기) : 7px, Color(색상) : #33cc66'으로 설정하고 [OK(확인)]를 클릭합니다.

04 Layers(레이어) 패널에서 'Layer 5' 레이어의 'Layer thumbnail(레이어 축소판)'을 Ctrl 을 누른 채 클릭하여 이미지를 선택합니다.

05 Polygonal Lasso Tool(다각형 올가미 도구, ☑)을 클릭하고 Options Bar(옵션 바)에서 'Intersect with selection(선택 영역 교차, ▣), Feather(페더) : 0px'로 설정하고 페트병 뚜껑 부분을 클릭하여 선택합니다.

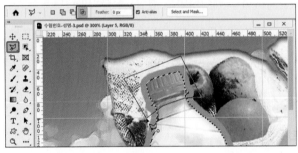

> **기적의 Tip**
>
> 클릭 중 앞 단계로 취소하려면 Back Space 를 누르고, 선택을 완료하려면 더블 클릭을 합니다.

06 Layers(레이어) 패널 하단의 'Create new fill or adjustment layer(새 칠 또는 조정 레이어 생성, ◐)'를 클릭하고 [Hue/Saturation(색조/채도)]을 선택합니다. Properties(속성) 패널에서 'Colorize(색상화) : 체크, Hue(색조) : 0, Saturation(채도) : 85, Lightness(명도) : −5'로 설정하여 빨간색 계열로 보정합니다.

04 모양 생성 및 레이어 스타일 적용

01 Layers(레이어) 패널에서 'Layer 3' 레이어를 선택합니다. Rectangle Tool(사각형 도구, ▭)을 클릭하고 Options Bar(옵션 바)에서 'Shape(모양), Fill(칠): #33cc66, Stroke(획) : No Color(색상 없음)'로 설정한 후 직사각형 모양을 그립니다.

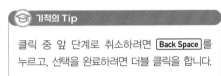 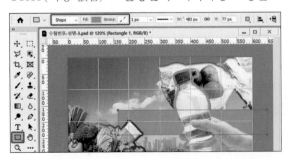

> **기적의 Tip**
>
> • 선택한 레이어 위쪽으로 모양 레이어가 생성되어 레이어 순서를 정돈하지 않아도 됩니다.
> • 회전하여 변형하므로 작업 이미지 바깥 영역까지 배치되도록 충분한 너비로 사각형을 그립니다.

02 Ctrl+T를 눌러 Options Bar(옵션 바)에서 'Rotate(회전, △) : −20°로 입력하고 Enter를 눌러 회전을 적용합니다.

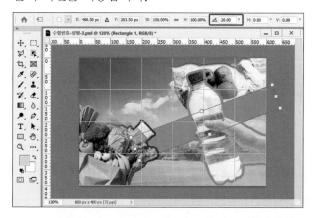

03 Layers(레이어) 패널 하단의 'Add a layer style(레이어 스타일 추가, *fx.*)'을 클릭하여 [Outer Glow(외부 광선)]를 선택, 'Opacity(불투명도) : 75%, Size(크기) : 5px'로 설정하고 [OK(확인)]를 클릭합니다.

04 Custom Shape Tool(사용자 정의 모양 도구, △)을 클릭하고 Options Bar(옵션 바)에서 'Shape(모양), Fill(칠) : 임의 색상, Stroke(획) : No Color(색상 없음), Shape(모양) : Ar-row 19(화살표 19, ➟)'로 설정한 후 드래그하여 모양을 그립니다.

Shape 경로

[Legacy Shapes and More(레거시 모양 및 기타)]−[All Legacy Default Shapes(모든 레거시 기본 모양)]−[Arrows(화살표)]

05 Ctrl+T를 누른 후, 마우스 오른쪽 버튼을 클릭하여 [Flip Horizontal(가로로 뒤집기)]로 뒤집고 배치합니다.

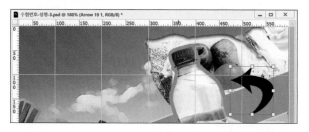

06 Layers(레이어) 패널 하단의 'Add a layer style(레이어 스타일 추가, *fx.*)'을 클릭하여 [In-ner Shadow(내부 그림자)]를 선택, 'Opacity(불투명도) : 75%, Angle(각도) : 90°, Distance(거리) : 5px, Size(크기) : 5px'로 설정합니다.

07 계속해서 [Gradient Overlay(그레이디언트 오버레이)]를 선택하고 'Click to edit the gradient(클릭하여 그레이디언트 편집)'를 클릭한 후, 그레이디언트 슬라이더 왼쪽 하단의 'Color Stop(색상 정지점)'을 더블 클릭하여 #ffffff, 오른쪽 'Color Stop(색상 정지점)'을 더블 클릭하여 #ffff00으로 설정한 후, 'Style(스타일) : Linear(선형), Angle(각도) : 0°로 설정하고 [OK(확인)]를 클릭합니다.

08 Layers(레이어) 패널에서 'Layer 4' 레이어를 선택합니다. Custom Shape Tool(사용자 정의 모양 도구, ⚙)을 클릭하고 Options Bar(옵션 바)에서 'Shape(모양), Fill(칠) : #ff0033, Stroke(획) : No Color(색상 없음), Shape(모양) : Recycle 2(순환 2, ♻)'로 설정한 후 Shift 를 누르고 모양을 그립니다.

> **Shape 경로**
>
> [Legacy Shapes and More(레거시 모양 및 기타)]−[All Legacy Default Shapes(모든 레거시 기본 모양)]− [Symbols(기호)]

09 Layers(레이어) 패널 하단의 'Add a layer style(레이어 스타일 추가, *fx.*)'을 클릭하여 [Bevel & Emboss(경사와 엠보스)]를 선택, 'Style(스타일) : Inner Bevel(내부 경사), Direction(방향) : Up(위로), Size(크기) : 5px'로 설정합니다.

10 계속해서 [Outer Glow(외부 광선)]를 선택, 'Opacity(불투명도) : 75%, Size(크기) : 7px'로 설정하고 [OK(확인)]를 클릭합니다. Layers(레이어) 패널 상단의 'Opacity(불투명도) : 70%'로 설정합니다.

05 문자 입력 및 레이어 스타일 적용

01 Horizontal Type Tool(수평 문자 도구, T)로 작업 이미지를 클릭하고 Options Bar(옵션 바)에서 'Font(글꼴) : 돋움, Set font size(글꼴 크기) : 16pt, Set anti−aliasing method (앤티 앨리어싱 방법 설정) : Strong(강하게), Color(색상) : #000000'으로 설정한 후 지속 가능성을 생각하는을 입력합니다.

02 Layers(레이어) 패널 하단의 'Add a layer style(레이어 스타일 추가, *fx.*)'을 클릭하여 [Outer Glow(외부 광선)]를 선택, 'Opacity(불투명도) : 75%, Size(크기) : 5px'로 설정하고 [OK(확인)]를 클릭합니다.

03 Horizontal Type Tool(수평 문자 도구, T)로 작업 이미지를 클릭하고 Options Bar(옵션 바)에서 'Font(글꼴) : Times New Roman, Set font style(글꼴 스타일 설정) : Bold, Set font size(글꼴 크기) : 30pt, Center text(텍스트 중앙 정렬, 홈), Color(색상) : 임의 색상'으로 설정한 후 RECYCLING + UPCYCLING을 입력합니다.

04 Options Bar(옵션 바)에서 Create warped text(뒤틀어진 텍스트 만들기, [工])를 클릭하여 [Warp Text(텍스트 뒤틀기)] 대화상자에서 'Style(스타일) : Shell Lower(아래가 넓은 조개), Horizontal(가로) : 체크, Bend(구부리기) : 40%'로 설정하여 문자의 모양을 왜곡합니다.

05 Layers(레이어) 패널 하단의 'Add a layer style(레이어 스타일 추가, [fx.])'을 클릭하여 [Stroke(획)]를 선택, 'Size(크기) : 2px, Color(색상) : #ffffcc'로 설정합니다. 계속해서 [Gradient Overlay(그레이디언트 오버레이)]를 선택하고 'Click to edit the gradient(클릭하여 그레이디언트 편집)'를 클릭합니다.

06 그레이디언트 슬라이더 왼쪽 하단의 'Color Stop(색상 정지점)'을 더블 클릭하여 #ff00cc, 오른쪽 'Color Stop(색상 정지점)'을 더블 클릭하여 #0033ff로 설정한 후, 'Style(스타일) : Linear(선형), Angle(각도) : 90°'로 설정합니다.

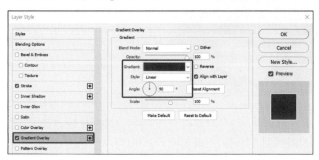

07 계속해서 [Drop Shadow(드롭 섀도)]를 선택, 'Opacity(불투명도) : 75%, Angle(각도) : 90°, Distance(거리) : 5px, Size(크기) : 5px'로 설정하고 [OK(확인)]를 클릭합니다.

08 Horizontal Type Tool(수평 문자 도구, [T])로 작업 이미지를 클릭하고 Options Bar(옵션 바)에서 'Font(글꼴) : 돋움, Set font size(글꼴 크기) : 16pt, Set anti-aliasing method (앤티 앨리어싱 방법 설정) : Strong(강하게), Center text(텍스트 중앙 정렬, [≡]), Color(색상) : #ffffff'로 설정한 후 세상을 바꾸는 작은 실천을 입력합니다.

09 Layers(레이어) 패널 하단의 'Add a layer style(레이어 스타일 추가, [fx.])'을 클릭하여 [Stroke(획)]를 선택, 'Size(크기) : 2px, Color(색상) : #660000'으로 설정합니다. [Ctrl]+[T]를 눌러 반시계 방향으로 회전하여 배치합니다.

드래그

🎓 **기적의 Tip**

문자를 입력하고 키패드의 [Enter]를 눌러 완료해야 [Ctrl]+[T]를 눌러 회전을 할 수 있습니다. 문자 입력을 완료하지 않으면 Character Panel(문자 패널)이 활성화됩니다.

10 Layers(레이어) 패널에서 'Hue/Saturation 1' 레이어를 선택합니다. Horizontal Type Tool(수평 문자 도구, $\boxed{T}$)로 작업 이미지를 클릭하고 Options Bar(옵션 바)에서 'Font(글꼴) : 궁서, Set font size(글꼴 크기) : 20pt, Set anti-aliasing method(앤티 앨리어싱 방법 설정) : Strong(강하게), Color(색상) : #ffff99'로 설정한 후 라벨프리 페트병 사용을 입력합니다.

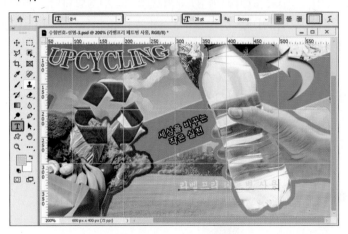

11 Options Bar(옵션 바)에서 Create warped text(뒤틀어진 텍스트 만들기, $\boxed{\mathcal{I}}$)를 클릭하여 [Warp Text(텍스트 뒤틀기)] 대화상자에서 'Style(스타일) : Arch(아치), Horizontal(가로) : 체크, Bend(구부리기) : −25%'로 설정하여 문자의 모양을 왜곡합니다.

12 Layers(레이어) 패널 하단의 'Add a layer style(레이어 스타일 추가, $\boxed{fx.}$)'을 클릭하여 [Stroke(획)]를 선택, 'Size(크기) : 2px, Fill Type(칠 유형) : Gradient(그레이디언트), Click to edit the gradient(클릭하여 그레이디언트 편집)'를 클릭합니다.

13 그레이디언트 슬라이더 왼쪽 하단의 'Color Stop(색상 정지점)'을 더블 클릭하여 #3366cc, 가운데 빈 곳을 클릭하여 'Color Stop(색상 정지점)'을 추가하고 더블 클릭하여 #330033, 오른쪽 'Color Stop(색상 정지점)'을 더블 클릭하여 #3366cc로 설정한 후, 'Style(스타일) : Linear(선형), Angle(각도) : 0°'으로 설정합니다.

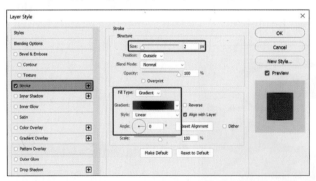

14 계속해서 [Drop Shadow(드롭 섀도)]를 선택, 'Opacity(불투명도) : 75%, Angle(각도) : 90°, Distance(거리) : 5px, Size(크기) : 5px'로 설정하고 [OK(확인)]를 클릭합니다. $\boxed{\text{Ctrl}}$+ $\boxed{\text{S}}$를 눌러 저장합니다.

06 정답 파일 저장

01 [View(보기)]-[Show(표시)]-[Grid(격자)]([Ctrl]+[']))를 선택하여 격자를 가립니다.

02 [File(파일)]-[Save As(다른 이름으로 저장)]([Shift]+[Ctrl]+[S])를 선택하고 '저장 위치 : 내 PC₩문서₩GTQ, 파일 형식 : JPEG(*.JPG;*.JPEG;*.JPE), 파일 이름 : 수험번호-성명-문제번호'를 입력하고 [저장]을 클릭한 후 [JPEG Options(JPEG 옵션)] 대화상자에서 'Quality(품질) : 8'로 설정하고 [OK(확인)]를 클릭합니다.

03 [Image(이미지)]-[Image Size(이미지 크기)]([Alt]+[Ctrl]+[I])를 선택하고 'Constrain aspect ratio(종횡비 제한) : 클릭, Width(폭) : 60Pixels(픽셀), Height(높이) : 40Pixels(픽셀)'로 입력하여 이미지 크기를 1/10로 축소한 후 [OK(확인)]를 클릭합니다.

04 [File(파일)]-[Save As(다른 이름으로 저장)]([Shift]+[Ctrl]+[S])를 선택하고 '저장 위치 : 내 PC₩문서₩GTQ, 파일 형식 : Photoshop(*.PSD;*.PDD;*.PSDT), 파일 이름 : 수험번호-성명-문제번호'를 입력하고 [저장]을 클릭합니다.

05 답안 저장이 완료되면 [File(파일)]-[Close(닫기)]([Ctrl]+[W])를 선택하여 파일을 닫고 수험 프로그램에서 [답안 전송]을 클릭하여 감독관 컴퓨터로 psd와 jpg 파일을 전송합니다.

문제 04 CHAPTER 05
[실무응용] 웹 페이지 제작

작업과정	새 작업 이미지 만들기 및 파일 저장하기 ▶ 혼합 모드 합성 및 필터. 레이어 마스크 적용 ▶ 이미지 보정 및 레이어 스타일 적용 ▶ 필터 및 레이어 스타일 적용 ▶ 모양 생성 및 변형. 레이어 스타일 적용 ▶ 펜 도구 작업 및 레이어 스타일 적용 ▶ 패턴 정의와 적용 및 레이어 마스크 적용 ▶ 문자 입력과 왜곡 및 레이어 스타일 적용 ▶ 정답 파일 저장
완성이미지	Part05₩기출유형문제05회₩정답파일₩G120250005-성명-4.jpg, G120250005-성명-4.psd

---

01 새 작업 이미지 만들기 및 파일 저장하기

01 [File(파일)]-[New(새로 만들기)]([Ctrl]+[N])를 선택하고 'Width(폭) : 600Pixels(픽셀), Height(높이) : 400Pixels(픽셀), Resolution(해상도) : 72Pixels/Inch(픽셀/인치), Color Mode(색상 모드) : RGB Color(RGB 색상), 8bit(비트), Background Contents(배경 내용) : White(흰색)'로 설정하여 새 작업 이미지를 만듭니다.

02 [Edit(편집)]-[Preference(환경설정)]([Ctrl]+[K])를 클릭하고 [Guides, Grid & Slices(안내선, 격자와 슬라이스)]를 선택하여 Grid(격자)의 'Color(색상)'를 클릭하여 밝은 색상으로 변경한 후 'Gridline Every(격자 간격) : 100Pixels(픽셀), Subdivisions(세분) : 1'로 설정합니다.

03 [View(보기)]-[Show(표시)]-[Grid(격자)]([Ctrl]+[']))와 [View(보기)]-[Rulers(눈금자)]([Ctrl]+[R])를 선택하여 격자와 눈금자를 표시합니다.

04 작업 도큐먼트를 저장하기 위해 [File(파일)]-[Save As(다른 이름으로 저장)](Shift+Ctrl+S)를 선택하고 임의 경로에 '파일 이름 : 수험번호-성명-문제번호, 파일 형식 : Photoshop(*.PSD;*.PDD;*.PSDT)'으로 파일을 저장합니다.

02 혼합 모드 합성 및 필터, 레이어 마스크 적용

01 Tool Panel(도구 패널) 하단의 'Set foreground color(전경색 설정)'를 클릭하여 # 오른쪽 입력란에 cccccc로 입력한 후, Alt+Delete를 눌러 제시된 Foreground Color(전경색)를 작업 이미지의 배경에 채웁니다.

02 [File(파일)]-[Open(열기)](Ctrl+O)을 선택하여 1급-12.jpg를 불러옵니다. Ctrl+A로 전체 선택, Ctrl+C로 복사, 작업 이미지에 Ctrl+V로 붙여넣기를 하고 Ctrl+T로 크기를 조절하여 배치합니다.

03 Layers(레이어) 패널에서 'Blending Mode(혼합 모드) : Multiply(곱하기)'로 설정하여 배경 이미지와 합성을 합니다.

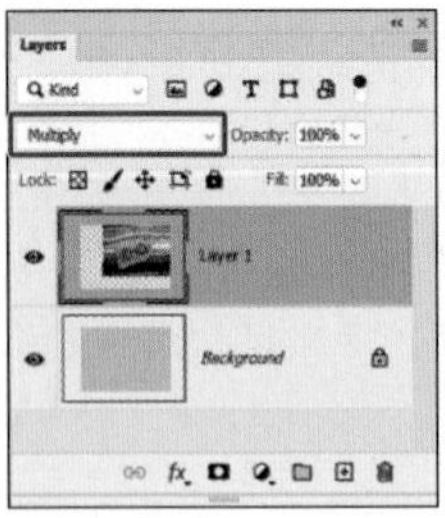

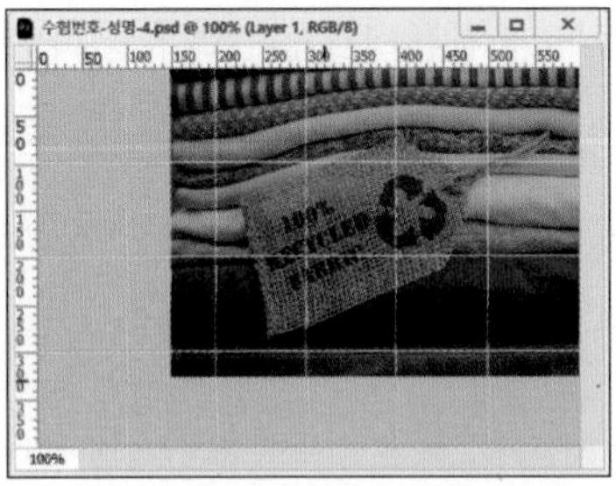

04 Layers(레이어) 패널 하단의 'Add layer mask(레이어 마스크 추가, ◘)'를 클릭하여 레이어 마스크를 추가합니다.

05 Tool Panel(도구 패널) 하단의 'Set foreground color(전경색 설정)'를 #000000, 'Set background color(배경색 설정)'를 #ffffff로 설정합니다. Gradient Tool(그레이디언트 도구, ◧)을 클릭하고 Options Bar(옵션 바)에서 'Type(유형) : Linear Gradient(선형 그레이디언트), Mode(모드) : Normal(표준), Opacity(불투명도) : 100%'로 설정한 후 Shift를 누른 채 왼쪽에서 오른쪽인 가로 방향으로 드래그하여 이미지 일부를 자연스럽게 지워 합성합니다.

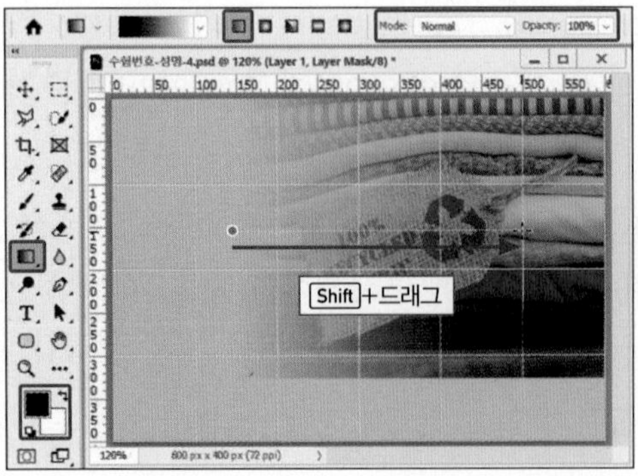

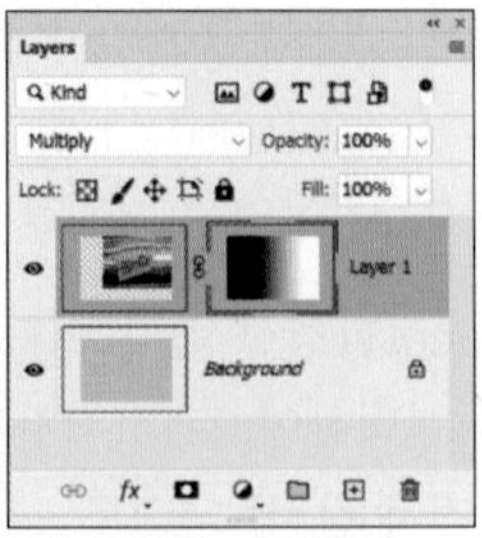

06 [File(파일)]–[Open(열기)]([Ctrl]+[O])을 선택하여 1급-13.jpg를 불러옵니다. Magic Wand Tool(자동 선택 도구, ![펜]])을 클릭하고 Options Bar(옵션 바)에서 'Add to selection(선택 영역에 추가, ![]]), Tolerance(허용치) : 13'으로 설정하고 배경 부분을 여러 차례 클릭하여 선택합니다.

07 [Shift]+[Ctrl]+[I]로 선택 영역을 반전한 후, [Ctrl] +[C]로 복사합니다. 작업 이미지에 [Ctrl]+[V]로 붙여넣기를 하고, [Ctrl]+[T]를 눌러 마우스 오른쪽 버튼을 클릭하여 [Flip Horizontal(가로로 뒤집기)]로 뒤집고 크기와 회전을 조절하여 배치합니다.

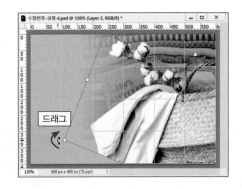

08 [Filter(필터)]–[Filter Gallery(필터 갤러리)]–[Artistic(예술 효과)]–[Film Grain(필름 그레인)]을 선택합니다.

⓸ 이미지 보정 및 레이어 스타일 적용

01 [File(파일)]–[Open(열기)]([Ctrl]+[O])을 선택하여 1급-14.jpg를 불러옵니다. Pen Tool(펜 도구, ![펜]])을 클릭하고 Options Bar(옵션 바)에서 'Path(패스), Path operations(패스 작업) : Exclude Overlapping Shapes(모양 오버랩 제외, ![]])'를 클릭하고 제시된 텀블러 이미지를 따라 닫힌 패스로 완료합니다.

02 패스가 완료되면 [Ctrl]+[Enter]를 눌러 선택 상태로 전환하고 [Ctrl]+[C]를 눌러 복사합니다. 작업 이미지에 [Ctrl]+[V]로 붙여넣기를 한 후, [Ctrl]+[T]를 눌러 [Shift]를 누른 채 크기를 조절하고 배치합니다.

03 Layers(레이어) 패널 하단의 'Add a layer style(레이어 스타일 추가, ![fx]])'을 클릭하여 [Bevel & Emboss(경사와 엠보스)]를 선택, 'Style(스타일) : Inner Bevel(내부 경사), Direction(방향) : Up(위로), Size(크기) : 7px'로 설정합니다.

04 계속해서 [Outer Glow(외부 광선)]를 선택, 'Opacity(불투명도) : 75%, Size(크기) : 7px'로 설정하고 [OK(확인)]를 클릭합니다.

05 Layers(레이어) 패널에서 'Layer 3' 레이어의 'Layer thumbnail(레이어 축소판)'을 Ctrl 을 누르고 클릭하여 텀블러 이미지를 선택 상태로 전환합니다.

06 Polygonal Lasso Tool(다각형 올가미 도구, ⬚)을 선택하고 Options Bar(옵션 바)에서 'Intersect with selection(선택 교차 영역 남기기, ⬚), Feather(페더) : 0px'로 설정하고 오른쪽 텀블러 이미지의 하단 부분에 클릭하여 교차된 이미지만 선택합니다.

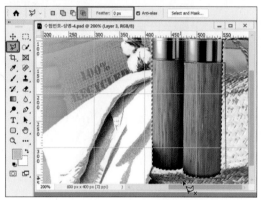

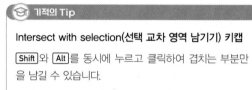

기적의 Tip

Intersect with selection(선택 교차 영역 남기기) 키캡

Shift 와 Alt 를 동시에 누르고 클릭하여 겹치는 부분만을 남길 수 있습니다.

07 Layers(레이어) 패널 하단의 'Create new fill or adjustment layer(새 칠 또는 조정 레이어 생성, ◐)'를 클릭하고 [Hue/Saturation(색조/채도)]을 선택합니다. Properties(속성) 패널에서 'Colorize(색상화) : 체크, Hue(색조) : 186, Saturation(채도) : 63, Lightness(명도) : −20'으로 설정하여 파란색 계열로 색상을 보정합니다.

08 [File(파일)]−[Open(열기)](Ctrl + O)을 선택하여 1급−15.jpg를 불러온 후 Quick Selection Tool(빠른 선택 도구, ☑)을 클릭하고 Options Bar(옵션 바)에서 'Add to selection(선택 영역에 추가, ☑)'으로 설정한 후 브러시의 크기를 조절하며 드래그하여 선택합니다.

09 Ctrl + C 로 복사, 작업 이미지에 Ctrl + V 로 붙여넣기를 합니다. Ctrl + T 를 눌러 크기와 회전을 조절하고 텀블러 이미지와 겹치도록 배치합니다.

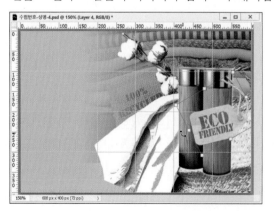

10 Layers(레이어) 패널 하단의 'Add a layer style(레이어 스타일 추가, fx)'을 클릭하여 [Drop Shadow(그림자)]를 선택, 'Opacity(불투명도) : 75%, Angle(각도) : 90°, Distance (거리) : 3px, Size(크기) : 7px'로 설정하고 [OK(확인)]를 클릭합니다.

11 Rectangle Tool(사각형 도구, ☐)을 클릭하고 Options Bar(옵션 바)에서 'Feather(페더) : 0px, Style(스타일) : Normal(표준)'을 설정하고 문제지의 《출력형태》를 참조하여 태그의 왼쪽 끈 부분을 드래그하여 선택합니다. Delete 를 눌러 삭제한 후, Ctrl + D 를 눌러 선택을 해제합니다.

04 필터 및 레이어 스타일 적용

01 [File(파일)]-[Open(열기)]([Ctrl + O)을 선택하여 1급-16.jpg를 불러옵니다. Quick Selection Tool(빠른 선택 도구, ☑)을 클릭하고 Options Bar(옵션 바)에서 'Add to selection(선택 영역에 추가, ☑)'을 설정한 후 브러시의 크기를 조절하며 드래그하여 선택하고 Ctrl + C 로 복사합니다.

02 작업 이미지에 Ctrl + V 로 붙여넣기를 합니다. Ctrl + T 를 누르고, 마우스 오른쪽 버튼을 클릭하여 [Flip Horizontal(가로로 뒤집기)]로 뒤집고 크기 조절과 회전을 하여 배치합니다.

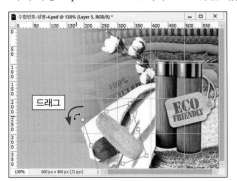

03 [Filter(필터)]-[Filter Gallery(필터 갤러리)]-[Texture(텍스처)]-[Texturizer(텍스처화)]를 선택합니다.

04 Layers(레이어) 패널 하단의 'Add a layer style(레이어 스타일 추가, fx)'을 클릭하여 [Drop Shadow(그림자)]를 선택, 'Opacity(불투명도) : 75%, Angle(각도) : 90°, Distance (거리) : 3px, Size(크기) : 7px'로 설정하고 [OK(확인)]를 클릭합니다.

05 [File(파일)]-[Open(열기)]($\boxed{Ctrl}$+$\boxed{O}$)을 선택하여 1급-17.jpg를 불러옵니다. Pen Tool(펜 도구, $\boxed{\mathscr{O}}$)을 클릭하고 Options Bar(옵션 바)에서 'Path(패스), Path operations(패스 작업) : Exclude Overlapping Shapes(모양 오버랩 제외, $\boxed{\square}$)'를 클릭하고 제시된 이미지를 따라 닫힌 패스로 완료합니다.

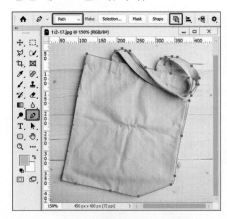 

🎓 **기적의 Tip**

에코백 외곽선을 따라 닫힌 패스로 먼저 완성한 후, 손잡이 부분의 선택에서 제외할 영역을 각각 닫힌 패스로 완료합니다.

06 패스가 완료되면 $\boxed{Ctrl}$+$\boxed{Enter}$를 눌러 선택 상태로 전환하고, $\boxed{Ctrl}$+$\boxed{C}$를 눌러 복사합니다. 작업 이미지에 $\boxed{Ctrl}$+$\boxed{V}$로 붙여넣기를 한 후, $\boxed{Ctrl}$+$\boxed{T}$를 눌러 $\boxed{Shift}$를 누른 채 크기를 조절하고 회전하여 배치합니다.

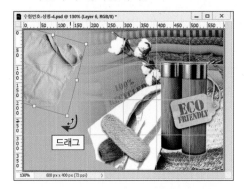

07 $\boxed{Alt}$+$\boxed{Ctrl}$+$\boxed{F}$를 눌러 앞에서 적용한 동일한 필터를 적용합니다.

08 Layers(레이어) 패널 하단의 'Add a layer style(레이어 스타일 추가, $\boxed{fx.}$)'을 클릭하여 [Drop Shadow(그림자)]를 선택하고 [OK(확인)]를 클릭합니다.

05 모양 생성 및 변형, 레이어 스타일 적용

01 Custom Shape Tool(사용자 정의 모양 도구, ⬚)을 클릭하고 Options Bar(옵션 바)에서 'Shape(모양), Fill(칠) : #999999, Stroke(획) : No Color(색상 없음), Shape(모양) : World(세계, 🌐)'로 설정한 후 Shift를 누른 채 오른쪽 하단에 모양을 그립니다.

Shape 경로

[Legacy Shapes and More(레거시 모양 및 기타)]–[All Legacy Default Shapes(모든 레거시 기본 모양)]–[Symbols(기호)]

02 Layers(레이어) 패널 하단의 'Add a layer style(레이어 스타일 추가, *fx.*)'을 클릭하여 [Outer Glow(외부 광선)]를 선택, 'Opacity(불투명도) : 75%, Size(크기) : 5px'로 설정하고 [OK(확인)]를 클릭합니다.

03 Layers(레이어) 패널 상단의 'Opacity(불투명도) : 60%'로 설정합니다.

04 Layers(레이어) 패널에서 'Layer 6' 레이어를 선택합니다. Custom Shape Tool(사용자 정의 모양 도구, ⬚)을 클릭하고 Options Bar(옵션 바)에서 'Shape(모양), Fill(칠) : #ff9966, Stroke(획) : No Color(색상 없음), Shape(모양) : Heart Card(하트 모양 카드, ♥)'로 설정한 후 Shift를 누른 채 오른쪽 상단에 드래그하여 모양을 그립니다.

Shape 경로

[Legacy Shapes and More(레거시 모양 및 기타)]–[All Legacy Default Shapes(모든 레거시 기본 모양)]–[Shapes(모양)]

05 Ctrl+T를 눌러 Options Bar(옵션 바)에서 'Rotate(회전, ◿) : 30°'를 입력하고 Enter를 눌러 회전을 적용하고 배치합니다.

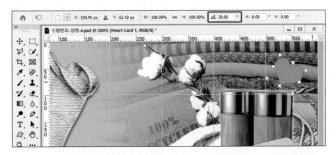

🎓 **기적의 Tip**

Ctrl+T를 눌러 Shift를 누른 채 조절점 밖을 시계 방향으로 드래그하면 15° 단위로 회전할 수 있습니다.

06 Layers(레이어) 패널 하단의 'Add a layer style(레이어 스타일 추가, [fx.])'을 클릭하여 [Inner Shadow(내부 그림자)]를 선택, 'Opacity(불투명도) : 75%, Angle(각도) : 90°, Distance(거리) : 5px, Size(크기) : 5px'로 설정하고 [OK(확인)]를 클릭합니다.

07 Layers(레이어) 패널 상단의 'Opacity(불투명도) : 80%'로 설정합니다.

08 Rounded Rectangle Tool(모서리가 둥근 직사각형 도구, [□])을 클릭하고 Options Bar(옵션 바)에서 'Shape(모양), Fill(칠) : 임의 색상, Stroke(획) : No Color(색상 없음), Radius(반경) : 5px'로 설정한 후 왼쪽 하단에 드래그하여 모양을 그립니다.

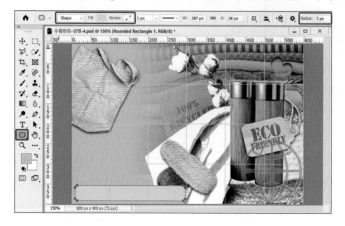

09 Layers(레이어) 패널 하단의 'Add a layer style(레이어 스타일 추가, [fx.])'을 클릭하여 [Gradient Overlay(그레이디언트 오버레이)]를 선택하고 'Click to edit the gradient(클릭하여 그레이디언트 편집)'를 클릭합니다.

10 그레이디언트 슬라이더 왼쪽 하단의 'Color Stop(색상 정지점)'을 더블 클릭하여 #333333, 오른쪽 'Color Stop(색상 정지점)'을 더블 클릭하여 #666699로 설정한 후, 'Style(스타일) : Linear(선형), Angle(각도) : 90°로 설정합니다.

11 계속해서 [Drop Shadow(드롭 섀도)]를 선택, 'Opacity(불투명도) : 75%, Angle(각도) : 90°, Distance(거리) : 5px, Size(크기) : 5px'로 설정하고 [OK(확인)]를 클릭합니다.

06 펜 도구 작업 및 레이어 스타일 적용

01 Pen Tool(펜 도구, 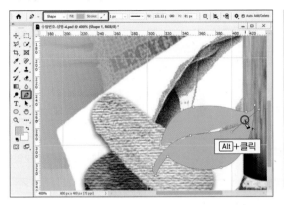▨)을 클릭하고 Options Bar(옵션 바)에서 'Shape(모양), Fill(칠) : 임의 색상, Stroke(획) : No Color(색상 없음)'로 설정한 후 나뭇잎 모양의 닫힌 패스를 그립니다.

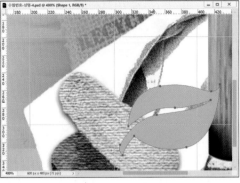

02 완성된 나뭇잎 모양의 닫힌 패스를 Ctrl+C로 복사, Ctrl+V로 붙여넣기를 합니다. Ctrl+T를 눌러 Shift를 누른 채 크기를 축소하고 회전하여 서로 겹치도록 배치합니다.

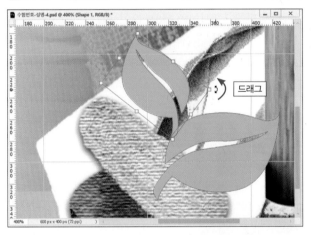

> 🎓 **기적의 Tip**
>
> 닫힌 패스를 Ctrl+C로 복사하고 Ctrl+V로 붙여넣기를 하면, 현재 작업 중인 레이어에 제자리 붙여넣기가 됩니다. Ctrl+T로 변형하면 복사된 패스 모양이 변형됩니다.

03 Options Bar(옵션 바)에서 'Path operations(패스 작업) : Merge Shape Components(모양 병합 구성 요소, ▨)'를 클릭하여 나뭇잎 모양을 하나로 병합하고 Enter를 눌러 패스 작업을 완료합니다.

04 Layers(레이어) 패널 하단의 'Add a layer style(레이어 스타일 추가, ƒx)'을 클릭하여 [Gradient Overlay(그레이디언트 오버레이)]를 선택하고 'Click to edit the gradient(클릭하여 그레이디언트 편집)'를 클릭합니다. 그레이디언트 슬라이더 왼쪽 하단의 'Color Stop(색상 정지점)'을 더블 클릭하여 #ffff33, 오른쪽 'Color Stop(색상 정지점)'을 더블 클릭하여 #00ff66으로 설정한 후, 'Style(스타일) : Linear(선형), Angle(각도) : 0°'로 설정합니다.

05 계속해서 [Drop Shadow(드롭 섀도)]를 선택, 'Opacity(불투명도) : 75%, Angle(각도) : 90˚, Distance(거리) : 7px, Size(크기) : 7px'로 설정하고 [OK(확인)]를 클릭합니다.

06 Custom Shape Tool(사용자 정의 모양 도구, ✍)을 클릭하고 Options Bar(옵션 바)에서 'Shape(모양), Fill(칠) : 임의 색상, Stroke(획) : No Color(색상 없음), Shape(모양) : Sign 1(기호 1, ●)'로 설정한 후 격자를 참고하여 Shift 를 누른 채 드래그하여 모양을 그립니다.

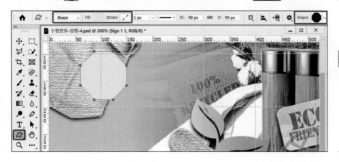

Shape 경로

[Legacy Shapes and More(레거시 모양 및 기타)]-[All Legacy Default Shapes(모든 레거시 기본 모양)]-[Symbols(기호)]

07 Options Bar(옵션 바)에서 'Path operations(패스 작업) : Combine Shapes(모양 결합, ▣)'로 설정하고 나머지 3개의 모양을 서로 겹치도록 그린 후 배치합니다.

08 Rectangle Tool(사각형 도구, ▢)을 클릭하고 Options Bar(옵션 바)에서 'Shape(모양), Fill(칠) : 임의 색상, Stroke(획) : No Color(색상 없음), Path operations(패스 작업) : Combine Shapes(모양 결합, ▣)'로 설정한 후 격자를 참고하여 하단에 겹치도록 그립니다.

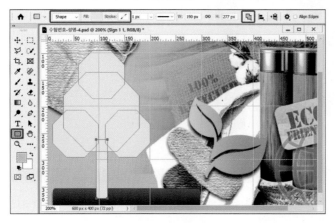

09 Options Bar(옵션 바)에서 'Path operations(패스 작업) : Merge Shape Components(모양 병합 구성 요소, ▣)'를 클릭하여 하나로 병합하고 Enter 를 눌러 패스 작업을 완료합니다.

10 Layers(레이어) 패널 하단의 'Add layer mask(레이어 마스크 추가, ▣)'를 클릭하여 레이어 마스크를 추가합니다.

11 Tool Panel(도구 패널) 하단의 'Set foreground color(전경색 설정)'를 #000000, 'Set background color(배경색 설정)'를 #ffffff로 설정합니다. Gradient Tool(그레이디언트 도구, )을 클릭하고 Options Bar(옵션 바)에서 'Type(유형) : Linear Gradient(선형 그레이디언트), Mode(모드) : Normal(표준), Opacity(불투명도) : 100%'로 설정한 후 Shift 를 누른 채 아래쪽에서 위쪽인 세로 방향으로 드래그하여 자연스럽게 지워 합성합니다.

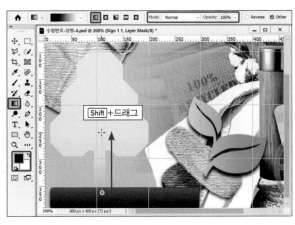

12 Layers(레이어) 패널 하단의 'Add a layer style(레이어 스타일 추가, [fx.])'을 클릭하여 [Gradient Overlay(그레이디언트 오버레이)]를 선택하고 'Click to edit the gradient(클릭하여 그레이디언트 편집)'를 클릭합니다. 그레이디언트 슬라이더 왼쪽 하단의 'Color Stop(색상 정지점)'을 더블 클릭하여 #66ff66, 오른쪽 'Color Stop(색상 정지점)'을 더블 클릭하여 #333333으로 설정한 후 'Style(스타일) : Linear(선형), Angle(각도) : 90°'로 설정하고 [OK(확인)]를 클릭합니다.

07 패턴 정의와 적용 및 레이어 마스크 적용

01 [File(파일)]-[New(새로 만들기)]([Ctrl]+[N])를 선택하고 'Width(폭) : 60Pixels(픽셀), Height(높이) : 30Pixels(픽셀), Resolution(해상도) : 72Pixels/Inch(픽셀/인치), Color Mode(색상 모드) : RGB Color(RGB 색상), 8bit(비트), Background Contents(배경 내용) : Transparent(투명)'로 설정하여 새 작업 이미지를 만듭니다.

02 Custom Shape Tool(사용자 정의 모양 도구, [모양])을 클릭하고 Options Bar(옵션 바)에서 'Shape(모양), Fill(칠) : #993300, Stroke(획) : No Color(색상 없음), Shape(모양) : 5 Point Star(5포인트 별, [★])'로 설정한 후 Shift 를 누른 채 모양을 그립니다.

> **Shape 경로**
>
> [Legacy Shapes and More(레거시 모양 및 기타)]-[All Legacy Default Shapes(모든 레거시 기본 모양)]-[Shapes(모양)]

03 Custom Shape Tool(사용자 정의 모양 도구, 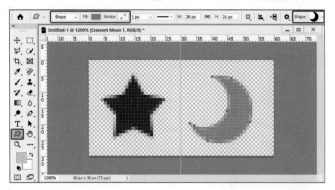)을 클릭하고 Options Bar(옵션 바)에서
'Shape(모양), Fill(칠) : #3399cc, Stroke(획) : No Color(색상 없음), Shape(모양) :
Crescent Moon(초승달, 🌙)'으로 설정한 후 Shift 를 누른 채 모양을 그립니다.

Shape 경로

[Legacy Shapes and More(레거시 모양 및 기타)]–[All Legacy Default Shapes(모든 레거시 기본 모양)]–[Shapes(모양)]

04 [Edit(편집)]–[Define Pattern(패턴 정의)]을 선택하고 'Name(이름) : 별과 달'로 설정하여
패턴을 등록합니다.

05 Layers(레이어) 패널에서 'Layer 1' 레이어를 선택합니다. 패널 하단의 'Create a new
layer(새 레이어 만들기, 📄)'를 클릭하여 'Layer 1' 레이어의 위쪽에 새 레이어를 추가하고
이름을 pattern으로 설정합니다.

06 Layers(레이어) 패널의 'pattern' 레이어를 선택하고, [Edit(편집)]–[Fill(칠)]을 선택하고
'Contents(내용) : Pattern(패턴), Custom Pattern(사용자 정의 패턴) : 별과 달, Mode(모
드) : Normal(표준), Opacity(불투명도) : 100%, Preserve Transparency(투명도 유지) :
체크 해제'로 설정하여 채웁니다.

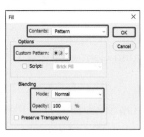

07 Layers(레이어) 패널 상단의 'Opacity(불투명도) : 70%'로 설정합니다.

08 Layers(레이어) 패널 하단의 'Add layer mask(레이어 마스크 추가, ▣)'를 클릭하여 레이어
마스크를 추가합니다.

09 Tool Panel(도구 패널) 하단의 'Set foreground color(전경색 설정)'를 #000000, 'Set background color(배경색 설정)'를 #ffffff로 설정합니다. Gradient Tool(그레이디언트 도구, ▣)을 클릭하고 Options Bar(옵션 바)에서 'Type(유형) : Linear Gradient(선형 그레이디언트), Mode(모드) : Normal(표준), Opacity(불투명도) : 100%'로 설정한 후 오른쪽 위에서 왼쪽 아래인 대각선 방향으로 드래그하여 패턴의 일부를 자연스럽게 지워 합성합니다.

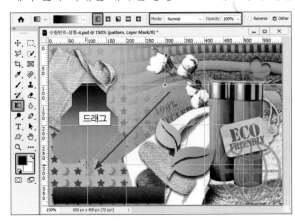 

⑧ 문자 입력과 왜곡 및 레이어 스타일 적용

01 Layers(레이어) 패널에서 맨 위쪽의 레이어를 선택합니다. Horizontal Type Tool(수평 문자 도구, T)로 작업 이미지를 클릭하고 Options Bar(옵션 바)에서 'Font(글꼴) : Arial, Set font style(글꼴 스타일 설정) : Bold, Set font size(글꼴 크기) : 30pt, Center text(텍스트 중앙 정렬, ▤), Color(색상) : 임의 색상'으로 설정한 후 ECO SHOP을 입력합니다.

02 Layers(레이어) 패널 하단에 'Add a layer style(레이어 스타일 추가, fx.)'을 클릭하여 [Stroke(획)]를 선택, 'Size(크기) : 3px, Color(색상) : #ffffff'로 설정합니다.

03 계속해서 [Gradient Overlay(그레이디언트 오버레이)]를 선택하고 'Click to edit the gradient(클릭하여 그레이디언트 편집)'를 클릭합니다. 그레이디언트 슬라이더 왼쪽 하단의 'Color Stop(색상 정지점)'을 더블 클릭하여 #ff3333, 오른쪽 'Color Stop(색상 정지점)'을 더블 클릭하여 #339900으로 설정한 후, 'Style(스타일) : Linear(선형), Angle(각도) : 90°'로 설정합니다.

04 Horizontal Type Tool(수평 문자 도구, T)로 작업 이미지를 클릭하고 Options Bar(옵션 바)에서 'Font(글꼴) : Arial, Set font style(글꼴 스타일 설정) : Bold, Set font size(글꼴 크기) : 16pt, Color(색상) : 임의 색상'으로 설정한 후 Welcome to Eco Shop을 입력합니다.

05 Options Bar(옵션 바)에서 Create warped text(뒤틀어진 텍스트 만들기, ⚒)를 클릭하여 [Warp Text(텍스트 뒤틀기)] 대화상자에서 'Style(스타일) : Flag(깃발), Horizontal(가로) : 체크, Bend(구부리기) : −25%'로 설정하여 문자의 모양을 왜곡합니다.

06 Layers(레이어) 패널 하단에 'Add a layer style(레이어 스타일 추가, fx.)'을 클릭하여 [Stroke(획)]를 선택, 'Size(크기) : 2px, Color(색상) : #ffffff'로 설정합니다. 계속해서 [Gradient Overlay(그레이디언트 오버레이)]를 선택하고 'Click to edit the gradient(클릭 하여 그레이디언트 편집)'를 클릭합니다.

07 그레이디언트 슬라이더 왼쪽 하단의 'Color Stop(색상 정지점)'을 더블 클릭하여 #ff6633 을, 가운데 빈 곳을 클릭하여 'Color Stop(색상 정지점)'을 추가하고 더블 클릭하여 #0099cc, 오른쪽 'Color Stop(색상 정지점)'을 더블 클릭하여 #ff99cc로 설정한 후, 'Style(스타일) : Linear(선형), Angle(각도) : 0˚'로 설정하고 [OK(확인)]를 클릭합니다.

08 Horizontal Type Tool(수평 문자 도구, T)로 작업 이미지를 클릭하고 Options Bar(옵션 바)에서 'Font(글꼴) : 바탕, Set font size(글꼴 크기) : 15pt, Set anti-aliasing method (앤티 앨리어싱 방법 설정) : Strong(강하게), Color(색상) : #ffffff'로 설정한 후 업사이클링 에코제품 사용후기를 입력합니다.

09 Layers(레이어) 패널 하단에 'Add a layer style(레이어 스타일 추가, fx.)'을 클릭하여 [Stroke(획)]를 선택, 'Size(크기) : 1px, Color(색상) : #cc6633'으로 설정하고 [OK(확인)]를 클릭합니다.

10 Horizontal Type Tool(수평 문자 도구, T)로 작업 이미지를 클릭하고 Options Bar(옵션 바)에서 'Font(글꼴) : 궁서, Set font size(글꼴 크기) : 20pt, Set anti-aliasing method (앤티 앨리어싱 방법 설정) : Strong(강하게), Color(색상) : #ccffff'로 설정한 후 탄소 제로! 실천이 중요합니다를 입력합니다.

11 Options Bar(옵션 바)에서 Create warped text(뒤틀어진 텍스트 만들기, $\mathcal{I}$)를 클릭하여 [Warp Text(텍스트 뒤틀기)] 대화상자에서 'Style(스타일) : Arc(부채꼴), Horizontal(가로) : 체크, Bend(구부리기) : 30%'로 설정하여 문자의 모양을 왜곡합니다.

12 Layers(레이어) 패널 하단에 'Add a layer style(레이어 스타일 추가, $fx.$)'을 클릭하여 [Stroke(획)]를 선택, 'Size(크기) : 2px, Color(색상) : #333399'로 설정합니다.

13 계속해서 [Drop Shadow(드롭 섀도)]를 선택, 'Opacity(불투명도) : 75%, Angle(각도) : 90°, Distance(거리) : 3px, Size(크기) : 7px'로 설정하고 [OK(확인)]를 클릭합니다.

14 $\boxed{\text{Ctrl}}$+$\boxed{\text{T}}$를 눌러 Options Bar(옵션 바)에서 'Rotate(회전, $\angle$) : -15°'를 입력하고 $\boxed{\text{Enter}}$를 눌러 회전을 적용하고 배치합니다. $\boxed{\text{Ctrl}}$+$\boxed{\text{S}}$를 눌러 저장합니다.

🟠09 정답 파일 저장

01 [View(보기)]-[Show(표시)]-[Grid(격자)]($\boxed{\text{Ctrl}}$+$\boxed{\text{'}}$)를 선택하여 격자를 가립니다.

02 [File(파일)]-[Save As(다른 이름으로 저장)]($\boxed{\text{Shift}}$+$\boxed{\text{Ctrl}}$+$\boxed{\text{S}}$)를 선택하고 '저장 위치 : 내 PC₩문서₩GTQ, 파일 형식 : JPEG(*.JPG;*.JPEG;*.JPE), 파일 이름 : 수험번호-성명-문제번호'를 입력하고 [저장]을 클릭한 후 [JPEG Options(JPEG 옵션)] 대화상자에서 'Quality(품질) : 8'로 설정하고 [OK(확인)]를 클릭합니다.

03 [Image(이미지)]-[Image Size(이미지 크기)]($\boxed{\text{Alt}}$+$\boxed{\text{Ctrl}}$+$\boxed{\text{I}}$)를 선택하고 'Constrain aspect ratio(종횡비 제한) : 클릭, Width(폭) : 60Pixels(픽셀), Height(높이) : 40Pixels(픽셀)'로 입력하여 이미지 크기를 1/10로 축소한 후 [OK(확인)]를 클릭합니다.

04 [File(파일)]-[Save As(다른 이름으로 저장)]($\boxed{\text{Shift}}$+$\boxed{\text{Ctrl}}$+$\boxed{\text{S}}$)를 선택하고 '저장 위치 : 내 PC₩문서₩GTQ, 파일 형식 : Photoshop(*.PSD;*.PDD;*.PSDT), 파일 이름 : 수험번호-성명-문제번호'를 입력하고 [저장]을 클릭합니다.

05 답안 저장이 완료되면 [File(파일)]-[Exit(종료)]($\boxed{\text{Ctrl}}$+$\boxed{\text{Q}}$)를 선택하여 프로그램을 종료하고 수험 프로그램에서 [답안 전송]을 클릭하여 psd와 jpg 파일을 감독관 컴퓨터로 전송합니다.

기출 유형 문제 6회

급수	버전	문제유형	시험시간	수험번호	성명
1급		A	90분	G120250006	

수 험 자 유 의 사 항

- 수험자는 문제지를 받는 즉시 응시하고자 하는 <u>과목 및 급수가 맞는지 확인</u>한 후 수험번호와 성명을 작성합니다.
- 파일명은 본인의 "수험번호–성명–문제번호"로 공백 없이 정확히 입력하고 답안폴더(내 PC₩문서₩GTQ)에 jpg 파일과 psd 파일의 2가지 포맷으로 저장해야 하며, jpg 파일과 psd 파일의 내용이 상이할 경우 0점 처리됩니다. 답안문서 파일명 이 "수험번호–성명–문제번호"와 일치하지 않거나, 답안 파일을 전송하지 않아 미제출로 처리될 경우 불합격 처리됩니다.
- 문제의 세부조건은 '영문(한글)' 형식으로 표기되어 있으니 유의하시기 바랍니다.
- 수험자 정보와 저장한 파일명, 저장 위치가 다를 경우 전송이 되지 않으므로, 주의하시기 바랍니다.
- 답안 작성 중에도 <u>주기적으로 '저장'과 '답안 전송'</u>을 이용하여 감독위원 PC로 답안을 전송하셔야 합니다.(※ 작업한 내용 을 <u>저장하지 않고 전송할 경우</u> 이전의 저장내용이 전송되오니 이 점 반드시 유념하시기 바랍니다.)
- 답안문서는 지정된 경로 외의 다른 보조기억장치에 저장하는 행위, 지정된 시험 시간 외에 작성된 파일을 활용한 행위, 기 타 허용되지 않은 프로그램(이메일, 메신저, 게임, 네트워크 등) 이용 시 부정행위로 간주되어 자격기본법 제32조에 의거 본 시험 및 국가공인 자격시험을 2년간 응시할 수 없습니다.
- 시험 중 부주의 또는 고의로 시스템을 파손한 경우와 〈수험자 유의사항〉에 기재된 방법대로 이행하지 않아 생기는 불이익 은 수험자의 책임임을 알려 드립니다.
- 시험을 완료한 수험자는 최종적으로 저장한 답안파일이 전송되었는지 확인한 후 감독위원의 지시에 따라 문제지를 제출하 고 퇴실합니다.

답 안 작 성 요 령

- **온라인 답안 작성 절차**

  수험자 등록 ⇒ 시험 시작 ⇒ 답안파일 저장 ⇒ 답안 전송 ⇒ 시험 종료
- 내 PC₩문서₩GTQ₩Image폴더에 있는 그림 원본파일을 사용하여 답안을 작성하고 최종답안을 답안폴더(내 PC₩문 서₩GTQ)에 저장하여 답안을 전송하시고, 이미지의 크기가 다른 경우 감점 처리됩니다.
- 배점은 총 100점으로 이루어지며, 점수는 각 문제별로 차등 배분됩니다.
- 각 문제는 주어진 〈조건〉에 따라 작성하고, 언급하지 않은 조건은 《출력형태》와 같이 작성합니다.
- 배치 등의 편의를 위해 주어진 눈금자의 단위는 '픽셀'입니다.

  그 외는 출력형태(효과, 이미지, 문자, 색상, 레이아웃, 규격 등)와 같게 작업하십시오.
- 문제 조건에 서체의 지정이 없을 경우 한글은 굴림이나 돋움, 영문은 Arial로 작업하십시오.

  (단, 그 외에 제시되지 않은 문자 속성을 기본값으로 작성하지 않은 경우는 감점 처리됩니다.)
- Image Mode(이미지 모드)는 별도의 처리조건이 없을 경우에는 RGB(8비트)로 작업하십시오.
- 모든 답안 파일은 해상도 72Pixels/Inch로 작업하십시오.
- Layer(레이어)는 각 기능별로 분할해야 하며, 임의로 합칠 경우나 각 기능에 대한 속성을 해지할 경우 해당 요소는 0점 처리 됩니다.

한 국 생 산 성 본 부

문제 ①   **[기능평가] 고급 Tool(도구) 활용**   **20점**

▶합격 강의

다음의 《조건》에 따라 아래의 《출력형태》와 같이 작업하시오.

조건

원본 이미지	Part05₩기출유형문제06회₩1급-1.jpg, 1급-2.jpg, 1급-3.jpg		
파일저장규칙	JPG	파일명	문서₩GTQ₩수험번호-성명-1.jpg
		크기	400×500 pixels
	PSD	파일명	문서₩GTQ₩수험번호-성명-1.psd
		크기	40×50 pixels

출력형태

1. 그림 효과
① 1급-1.jpg : 필터 – Cutout(오려내기)
② Save Path(패스 저장) : 소독약 용기 모양
③ Mask(마스크) : 소독약 용기 모양, 1급-2.jpg를 이용하여 작성
　레이어 스타일 – Stroke(선/획)(4px, 그라디언트(#ffffff, #ff99ff), Inner Shadow(내부 그림자))
④ 1급-3.jpg : 레이어 스타일 – Bevel & Emboss(경사와 엠보스)
⑤ Shape Tool(모양 도구) :
　– 꽃 모양(#ffffff, #99ccff, 레이어 스타일 – Outer Glow(외부 광선))
　– 나뭇잎 모양(#33ff33, 레이어 스타일 – Inner Shadow(내부 그림자))

2. 문자 효과
① Hand sanitizer(Arial, Bold Italic, 50pt, 레이어 스타일 – 그라디언트 오버레이(#ffcc00, #ffffff, #ff99ff), Drop Shadow (그림자 효과))

문제 ②   **[기능평가] 사진편집 응용**   **20점**

▶합격 강의

다음의 《조건》에 따라 아래의 《출력형태》와 같이 작업하시오.

조건

원본 이미지	Part05₩기출유형문제06회₩1급-4.jpg, 1급-5.jpg, 1급-6.jpg		
파일저장규칙	JPG	파일명	문서₩GTQ₩수험번호-성명-2.jpg
		크기	400×500 pixels
	PSD	파일명	문서₩GTQ₩수험번호-성명-2.psd
		크기	40×50 pixels

출력형태

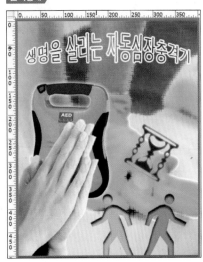

1. 그림 효과
① 1급-4.jpg : 필터 – Water Paper(물 종이/젖은 종이)
② 색상 보정 : 1급-5.jpg – 주황색, 빨간색 계열로 보정
③ 1급-5.jpg : 레이어 스타일 – Outer Glow(외부 광선)
④ 1급-6.jpg : 레이어 스타일 – Inner Glow(내부 광선)
⑤ Shape Tool(모양 도구) :
　– 사람 모양(#cccc99, #cc9966, 레이어 스타일 – Inner Shadow(내부 그림자))
　– 모래시계 모양(#333366, 레이어 스타일 – Inner Glow(내부 광선))

2. 문자 효과
① 생명을 살리는 자동심장충격기(돋움, 27pt, 레이어 스타일 – 그라디언트 오버레이(#00ccff, #333399, #ff3399), Stroke(선/획)(3px, #ffffff))

다음의 《조건》에 따라 아래의 《출력형태》와 같이 작업하시오.

조건

원본 이미지	Part05₩기출유형문제06회₩1급-7.jpg, 1급-8.jpg, 1급-9.jpg, 1급-10.jpg, 1급-11.jpg		
파일저장규칙	JPG	파일명	문서₩GTQ₩수험번호-성명-3.jpg
		크기	600×400 pixels
	PSD	파일명	문서₩GTQ₩수험번호-성명-3.psd
		크기	60×40 pixels

1. 그림 효과

① 배경 : #ffcccc
② 1급-7.jpg : Blending Mode(혼합 모드) – Linear Burn(선형 번), 레이어 마스크 – 세로 방향으로 흐릿하게
③ 1급-8.jpg : 필터 – Angled Strokes(각진 선), 레이어 마스크 – 가로 방향으로 흐릿하게
④ 1급-9.jpg : 필터 – Texturizer(텍스처화), 레이어 스타일 – Stroke(선/획)(6px, 그라디언트(#660000, 투명으로)), Inner Shadow(내부 그림자))
⑤ 1급-10.jpg : 레이어 스타일 – Drop Shadow(그림자 효과), Opacity(불투명도)(80%)
⑥ 1급-11.jpg : 색상 보정 – 녹색 계열로 보정, 레이어 스타일 – Inner Glow(내부 광선), Drop Shadow(그림자 효과)
⑦ 그 외 《출력형태》 참조

2. 문자 효과

① COVID-19 Medical News(Times New Roman, Bold Italic, 20pt, #cc6600, 레이어 스타일 – Drop Shadow(그림자 효과))
② 청결과 예방수칙 지키기(궁서, 40pt, 레이어 스타일 – Stroke(선/획)(2px, #663333), 그라디언트 오버레이(#33cc99, #cc66cc))
③ 올바른 생활 속 방역 준수하기(궁서, 22pt, #ccffff, 레이어 스타일 – Stroke(선/획)(2px, #333300))
④ 마스크 착용 / 올바른 손씻기 / 방역소독(궁서, 16pt, #000000, 레이어 스타일 – Outer Glow(외부 광선))

출력형태

Shape Tool(모양 도구) 사용 #99ccff, #ffffff, 레이어 스타일 – Drop Shadow(그림자 효과), Opacity(불투명도)(70%)

Shape Tool(모양 도구) 사용 #666666, 레이어 스타일 – Outer Glow(외부 광선), Opacity(불투명도)(70%)

Shape Tool(모양 도구) 사용 레이어 스타일 – Inner Shadow(내부 그림자), 그라디언트 오버레이(#666699, #ffcccc)

문제 ④	[실무응용] 웹 페이지 제작	35점

▶합격 강의

다음의 《조건》에 따라 아래의 《출력형태》와 같이 작업하시오.

조건

원본 이미지		Part05₩기출유형문제06회₩1급−12.jpg, 1급−13.jpg, 1급−14.jpg, 1급−15.jpg, 1급−16.jpg, 1급−17.jpg	
파일저장규칙	JPG	파일명	문서₩GTQ₩수험번호−성명−4.jpg
		크기	600×400 pixels
	PSD	파일명	문서₩GTQ₩수험번호−성명−4.psd
		크기	60×40 pixels

1. 그림 효과

① 배경 : #669999
② 패턴(물음표, 전구 모양) : #ff3333, #ffffff, Opacity(불투명도)(60%)
③ 1급−12.jpg : Blending Mode(혼합 모드) − Screen(스크린), 레이어 마스크 − 세로 방향으로 흐릿하게
④ 1급−13.jpg : 필터 − Angled Strokes(각진 선), 레이어 마스크 − 가로 방향으로 흐릿하게
⑤ 1급−14.jpg : 레이어 스타일 − Bevel and Emboss(경사와 엠보스)
⑥ 1급−15.jpg : 필터 − Dry Brush(드라이 브러시), 레이어 스타일 − Outer Glow(외부 광선)
⑦ 1급−16.jpg: 색상 보정 − 노란색 계열로 보정. 레이어 스타일 − Bevel and Emboss(경사와 엠보스), Stroke(선/획)(4px, 그라디언트(#cc9966, #ffffff))
⑧ 그 외 《출력형태》 참조

2. 문자 효과

① https://nedrug.mfds.go.kr(Arial, Bold, 16pt, #cc6633, 레이어 스타일 − Stroke(선/획)(2px, #ffffff))
② 의약품 통합정보시스템(돋움, 45pt, 레이어 스타일 − Stroke(선/획)(3px, #ffffff), 그라디언트 오버레이(#3300ff, #ff00ff), Drop Shadow(그림자 효과))
③ 안전하고 건강한 삶을 위하여...(돋움, 16pt, #993300, 레이어 스타일 − Stroke(선/획)(2px, #ffff99))
④ 의약품등 검색 안전사용정보 의약품정보(궁서, 17pt, #000000, #cc0033, 레이어 스타일 − Stroke(선/획)(1px, #ffffff))

출력형태

Shape Tool(모양 도구) 사용
#669999,
레이어 스타일
− Outer Glow(외부 광선)

Pen Tool(펜 도구) 사용
#000000,
레이어 스타일
− Drop Shadow(그림자 효과)

Shape Tool(모양 도구) 사용
#cc6633, #ffff00,
레이어 스타일
− Drop Shadow(그림자 효과),
Opacity(불투명도)(60%)

Shape Tool(모양 도구)
사용
#ccffff,
레이어 스타일
− Inner Shadow
(내부 그림자),
Opacity(불투명도)(70%)

Pen Tool(펜 도구) 사용
레이어 스타일 − 그라디언트 오버레이
(#660000, #cc0000),
Drop Shadow(그림자 효과)

문제 01	CHAPTER 06 [기능평가] 고급 Tool(도구) 활용
작업과정	새 작업 이미지 만들기 및 파일 저장하기 ▶ 필터 적용 ▶ 소독약 용기 모양 패스 생성 ▶ 패스 저장 및 레이어 스타일 적용 ▶ 클리핑 마스크 적용 후 레이어 스타일 적용 ▶ 모양 생성 및 레이어 스타일 적용 ▶ 문자 입력 및 왜곡하고 레이어 스타일 적용 ▶ 정답 파일 저장
완성이미지	Part05\기출유형문제06회\정답파일\G120250006-성명-1.jpg, G120250006-성명-1.psd

01 새 작업 이미지 만들기 및 파일 저장하기

01 [File(파일)]-[New(새로 만들기)]([Ctrl]+[N])를 선택하고 'Width(폭) : 400Pixels(픽셀), Height(높이) : 500Pixels(픽셀), Resolution(해상도) : 72Pixels/Inch(픽셀/인치), Color Mode(색상 모드) : RGB Color(RGB 색상), 8bit(비트), Background Contents(배경 내용) : White(흰색)'로 설정하여 새 작업 이미지를 만듭니다.

02 [Edit(편집)]-[Preference(환경설정)]([Ctrl]+[K])를 클릭하고 [Guides, Grid & Slices(안내선, 격자와 슬라이스)]를 선택하여 Grid(격자)의 'Color(색상)'를 클릭하여 밝은 색상으로 변경한 후 'Gridline Every(격자 간격) : 100Pixels(픽셀), Subdivisions(세분) : 1'로 설정합니다.

03 [View(보기)]-[Show(표시)]-[Grid(격자)]([Ctrl]+['])와 [View(보기)]-[Rulers(눈금자)]([Ctrl]+[R])를 선택하여 격자와 눈금자를 표시합니다.

04 작업 도큐먼트를 저장하기 위해 [File(파일)]-[Save As(다른 이름으로 저장)]([Shift]+[Ctrl]+[S])를 선택하고 임의 경로에 '파일 이름 : 수험번호-성명-문제번호, 파일 형식 : Photoshop(*.PSD;*.PDD;*.PSDT)'으로 파일을 저장합니다.

02 필터 적용

01 [File(파일)]-[Open(열기)]([Ctrl]+[O])을 선택하여 1급-1.jpg를 불러옵니다. [Ctrl]+[A]로 전체 선택, [Ctrl]+[C]로 복사, 작업 이미지에 [Ctrl]+[V]로 붙여넣기를 합니다. [Ctrl]+[T]를 눌러 [Shift]를 누른 채 크기를 조절하고 격자를 참고하여 배치합니다.

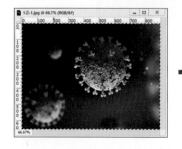 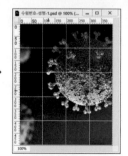

02 [Filter(필터)]-[Filter Gallery(필터 갤러리)]-[Artistic(예술 효과)]-[Cutout(오려내기)]를 선택합니다.

03 소독약 용기 모양 패스 생성

01 Rounded Rectangle Tool(모서리가 둥근 직사각형 도구, ▢)을 클릭하고 Options Bar(옵션 바)에서 'Shape(모양), Fill(칠) : 임의 색상, Stroke(획) : No Color(색상 없음), Path operations(패스 작업) : Combine Shapes(모양 결합, ▣), Radius(반경) : 5px'로 설정한 후 드래그하여 크기가 다른 5개의 둥근 사각형을 서로 겹치도록 그립니다.

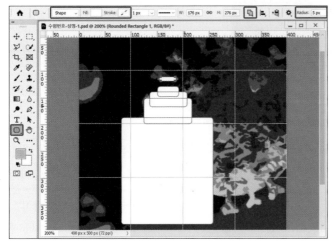

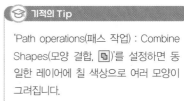

🎓 기적의 Tip

'Path operations(패스 작업) : Combine Shapes(모양 결합, ▣)'를 설정하면 동일한 레이어에 칠 색상으로 여러 모양이 그려집니다.

02 Rectangle Tool(사각형 도구, ▢)을 클릭하고 Options Bar(옵션 바)에서 'Shape(모양), Fill(칠) : 임의 색상, Stroke(획) : No Color(색상 없음), Path operations(패스 작업) : Combine Shapes(모양 결합, ▣)'로 설정한 후 드래그하여 크기가 다른 2개의 사각형 모양을 배치합니다.

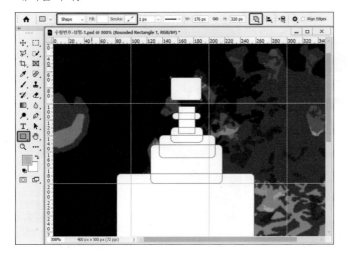

03 Ellipse Tool(타원 도구, 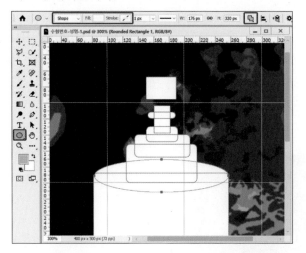)을 클릭하고 Options Bar(옵션 바)에서 'Shape(모양), Fill(칠) : 임의 색상, Stroke(획) : No Color(색상 없음), Path operations(패스 작업) : Combine Shapes(모양 결합, 🗗)'로 설정한 후 드래그하여 타원형 모양을 큰 둥근 사각형의 상단과 겹치도록 배치합니다.

04 Ctrl+C를 눌러 타원형 모양을 복사하고 Ctrl+V를 눌러 붙여넣기를 합니다. Path Selection Tool(패스 선택 도구, ▶)을 클릭하고 큰 둥근 사각형 하단으로 이동하여 배치합니다.

05 Path Selection Tool(패스 선택 도구, ▶)로 드래그하여 배치된 모든 모양을 선택하고 Options Bar(옵션 바)에서 'Path alignment(패스 정렬) : Align horizontal centers(수평 중앙 맞춤, ♣)'를 클릭합니다.

06 Pen Tool(펜 도구, ✐)을 클릭하고 Options Bar(옵션 바)에서 'Shape(모양), Fill(칠) : 임의 색상, Stroke(획) : No Color(색상 없음), Path operations(패스 작업) : Combine Shapes(모양 결합, 🗗)'로 설정한 후 2개의 모양을 그립니다.

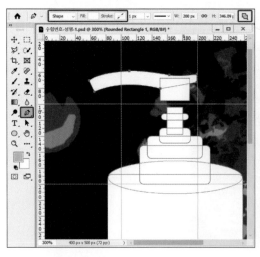 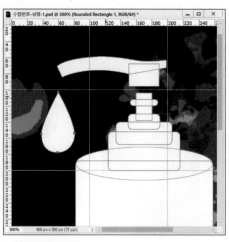

07 Rectangle Tool(사각형 도구, ▭)을 클릭하고 Options Bar(옵션 바)에서 'Shape(모양), Fill(칠) : 임의 색상, Stroke(획) : No Color(색상 없음), Path operations(패스 작업) : Subtract Front Shape(전면 모양 빼기, ▣)'을 설정한 후 드래그하여 사각형 모양을 그립니다.

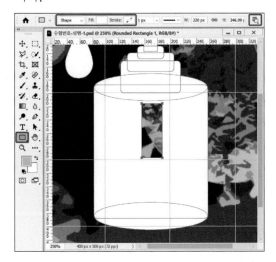

08 Ctrl + C 를 눌러 사각형 모양을 복사하고, Ctrl + V 를 눌러 붙여넣기를 합니다. Ctrl + T 를 눌러 Shift 를 누른 채 90° 회전하고 Enter 를 눌러 완료합니다.

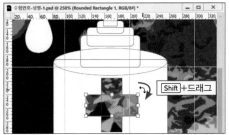

Shift + 드래그

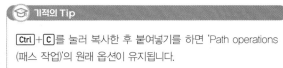

🎓 기적의 Tip

Ctrl + C 를 눌러 복사한 후 붙여넣기를 하면 'Path operations (패스 작업)'의 원래 옵션이 유지됩니다.

09 Options Bar(옵션 바)에서 'Path operations(패스 작업) : Merge Shape Components(모양 병합 구성 요소, ▣)'를 클릭하여 병합합니다.

04 패스 저장 및 레이어 스타일 적용

01 Paths(패스) 패널에서 작업 패스 'Rounded Rectangle 1 Shape Path'를 더블 클릭한 후 [Save Path(패스 저장)] 대화상자에서 'Name(이름) : 소독약 용기 모양'으로 입력하여 패스를 저장합니다.

🎓 기적의 Tip

Paths(패스) 패널에 표시되는 이름은 최초에 그린 Shape(모양)의 이름대로 표기되며, 더블 클릭하여 [Save Path(패스 저장)]에서 문제지에 제시된 패스 이름으로 저장하면 됩니다.

02 Layers(레이어) 패널에서 'Ellipse 1' 레이어의 이름을 더블 클릭하여 'path'로 이름을 설정하고 마우스 오른쪽 버튼을 눌러 [Rasterize Layer(레이어 래스터화)]를 선택하여 일반 레이어로 속성을 변환합니다.

03 Layers(레이어) 패널 하단의 'Add a layer style(레이어 스타일 추가, *fx.*)'을 클릭하여 [Stroke(획)]를 선택, 'Size(크기) : 4px, Fill Type(칠 유형) : Gradient(그레이디언트), Click to edit the gradient(클릭하여 그레이디언트 편집)'를 클릭합니다.

04 그레이디언트 슬라이더 왼쪽 하단의 'Color Stop(색상 정지점)'을 더블 클릭하여 #ffffff, 오른쪽 'Color Stop(색상 정지점)'을 더블 클릭하여 #ff99ff로 설정한 후, 'Style(스타일) : Linear(선형), Angle(각도) : −90˚'로 설정합니다.

05 계속해서 Inner Shadow(내부 그림자)]를 선택, 'Opacity(불투명도) : 75%, Angle(각도) : 90˚, Distance(거리) : 5px, Size(크기) : 5px'로 설정하고 [OK(확인)]를 클릭합니다.

05 클리핑 마스크 적용 후 레이어 스타일 적용

01 [File(파일)]−[Open(열기)]([Ctrl]+[O])을 선택하여 1급-2.jpg를 불러옵니다. [Ctrl]+[A]로 전체 선택, [Ctrl]+[C]로 복사, 작업 이미지에 [Ctrl]+[V]로 붙여넣기를 하고 소독약 용기 모양 위쪽에 겹치도록 배치합니다.

02 Layers(레이어) 패널에서 'path' 레이어와 'Layer 2' 레이어 사이에 마우스 커서를 놓고 [Alt]를 누르고 클릭하여 Clipping Mask(클리핑 마스크)를 적용합니다. [Ctrl]+[T]를 눌러 회전하여 배치합니다.

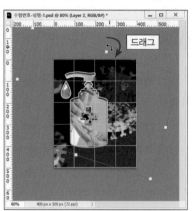

03 [File(파일)]−[Open(열기)]([Ctrl]+[O])을 선택하여 1급-3.jpg를 불러옵니다. Magic Wand Tool(자동 선택 도구, *∕*)을 클릭하고 Options Bar(옵션 바)에서 'Add to selection(선택 영역에 추가, *◨*), Tolerance(허용치) : 35'를 설정하고 배경 부분을 여러 차례 클릭하여 선택합니다.

04 `Shift`+`Ctrl`+`I`로 선택 영역을 반전하고, `Ctrl`+`C`로 복사합니다. 작업 이미지에 `Ctrl`+`V`로 붙여넣고, `Ctrl`+`T`로 크기 조절과 회전을 하여 배치합니다.

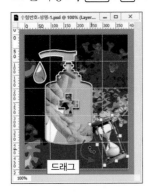

05 Layers(레이어) 패널 하단의 'Add a layer style(레이어 스타일 추가, `fx.`)'을 클릭하여 [Bevel & Emboss(경사와 엠보스)]를 선택, 'Style(스타일) : Inner Bevel(내부 경사), Direction(방향) : Up(위로), Size(크기) : 7px'로 설정하고 [OK(확인)]를 클릭합니다.

06 모양 생성 및 레이어 스타일 적용

01 Layers(레이어) 패널에서 'Layer 2' 레이어를 클릭합니다. Custom Shape Tool(사용자 정의 모양 도구, `⬚`)을 클릭하고 Options Bar(옵션 바)에서 'Shape(모양), Fill(칠) : #ffffff, Stroke(획) : No Color(색상 없음), Shape(모양) : Flower 1(꽃 1, `⬚`)'로 설정한 후 `Shift`를 누른 채 드래그하여 모양을 그립니다.

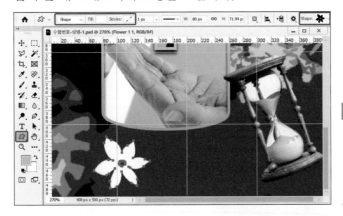

> **Shape 경로**
>
> [Legacy Shapes and More(레거시 모양 및 기타)]–[All Legacy Default Shapes(모든 레거시 기본 모양)]–[Nature(자연)]

02 Layers(레이어) 패널 하단의 'Add a layer style(레이어 스타일 추가, `fx.`)'을 클릭하여 [Outer Glow(외부 광선)]를 선택, 'Opacity(불투명도) : 75%, Spread(스프레드) : 0%, Size(크기) : 7px'로 설정하고 [OK(확인)]를 클릭합니다.

03 `Ctrl`+`J`를 눌러 'Flower 1 1' 레이어를 복사하고 Layers(레이어) 패널에서 'Flower 1 1 copy' 레이어의 'Layer thumbnail(레이어 축소판)'을 더블 클릭하여 'Color(색상) : #99ccff'로 변경합니다.

04 `Ctrl`+`T`를 눌러 `Shift`를 누른 채 크기를 확대합니다. `Ctrl`+`[`를 여러 번 눌러 뒤로 보내기를 하여 'Layer 1' 레이어 위쪽으로 배치합니다.

05 Custom Shape Tool(사용자 정의 모양 도구, [버튼])을 클릭하고 Options Bar(옵션 바)에서 'Shape(모양), Fill(칠) : #33ff33, Stroke(획) : No Color(색상 없음), Shape(모양) : Leaf 4(나뭇잎 4, [버튼])'로 설정한 후 `Shift`를 누른 채 드래그하여 모양을 그립니다. `Ctrl`+`T`를 눌러 회전하여 배치합니다.

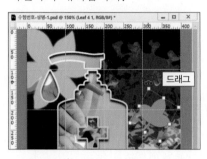

> **Shape 경로**
>
> [Legacy Shapes and More(레거시 모양 및 기타)]-[All Legacy Default Shapes(모든 레거시 기본 모양)]-[Nature(자연)]

06 Layers(레이어) 패널 하단의 'Add a layer style(레이어 스타일 추가, [버튼])'을 클릭하여 [Inner Shadow(내부 그림자)]를 선택, 'Opacity(불투명도) : 75%, Angle(각도) : 90°, Distance(거리) : 5px, Size(크기) : 7px'로 설정하고 [OK(확인)]를 클릭합니다.

07 문자 입력 및 왜곡하고 레이어 스타일 적용

01 Layers(레이어) 패널에서 'Flower 1 1' 레이어를 선택합니다. Horizontal Type Tool(수평 문자 도구, [T])로 작업 이미지를 클릭하고 Options Bar(옵션 바)에서 'Font(글꼴) : Arial, Set font style(글꼴 스타일 설정) : Bold Italic, Set font size(글꼴 크기) : 50pt, Color(색상) : 임의 색상'으로 설정한 후 Hand sanitizer를 입력합니다.

02 Options Bar(옵션 바)에서 Create warped text(뒤틀어진 텍스트 만들기, [버튼])를 클릭하여 [Warp Text(텍스트 뒤틀기)] 대화상자에서 'Style(스타일) : Rise(상승), Horizontal(가로) : 체크, Bend(구부리기) : 50%'로 설정하여 문자의 모양을 왜곡합니다.

03 Layers(레이어) 패널 하단의 'Add a layer style(레이어 스타일 추가, [fx.])'을 클릭하여 [Gradient Overlay(그레이디언트 오버레이)]를 선택하고 'Click to edit the gradient(클릭하여 그레이디언트 편집)'를 클릭합니다.

04 그레이디언트 슬라이더 왼쪽 하단의 'Color Stop(색상 정지점)'을 더블 클릭하여 #ffcc00, 가운데 빈 곳을 클릭하여 'Color Stop(색상 정지점)'을 추가한 후 더블 클릭하여 #ffffff, 오른쪽 'Color Stop(색상 정지점)'을 더블 클릭하여 #ff99ff로 설정한 후, 'Style(스타일) : Linear(선형), Angle(각도) : 0˚'로 설정합니다.

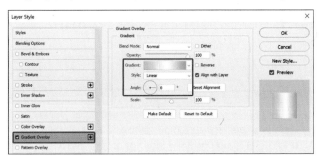

05 계속해서 [Drop Shadow(드롭 섀도)]를 선택, 'Opacity(불투명도) : 75%, Angle(각도) : 90˚, Distance(거리) : 5px, Size(크기) : 7px'로 설정하고 [OK(확인)]를 클릭합니다. [Ctrl]+[S]를 눌러 저장합니다.

🔘08 정답 파일 저장

01 [View(보기)]-[Show(표시)]-[Grid(격자)]([Ctrl]+[ˊ])를 선택하여 격자를 가립니다.

02 [File(파일)]-[Save As(다른 이름으로 저장)]([Shift]+[Ctrl]+[S])를 선택하고 '저장 위치 : 내 PCW문서WGTQ, 파일 형식 : JPEG(*.JPG;*.JPEG;*.JPE), 파일 이름 : 수험번호-성명-문제번호'를 입력하고 [저장]을 클릭한 후 [JPEG Options(JPEG 옵션)] 대화상자에서 'Quality(품질) : 8'로 설정하고 [OK(확인)]를 클릭합니다.

🟢 **기적의 Tip**

Photoshop CC 2020 이후 버전에서 [Save As(다른 이름으로 저장)]([Shift]+[Ctrl]+[S])로 '파일 형식 : JPEG(*.JPG;*.JPEG; *.JPE)'가 없는 경우에는 아래와 같이 저장하면 됩니다.
※ CC 버전에 따라 정답 파일을 '파일 형식 : JPEG'로 저장하기
• [File(파일)]-[Save As(다른 이름으로 저장)]([Shift]+[Ctrl]+[S])를 선택하고 [다른 이름으로 저장] 대화상자에서 [Save A Copy(사본 저장)]를 선택합니다.
• [File(파일)]-[Save A Copy(사본 저장)]([Alt]+[Ctrl]+[S])를 선택합니다.

03 [Image(이미지)]-[Image Size(이미지 크기)]]([Alt]+[Ctrl]+[I])를 선택하고 'Constrain aspect ratio(종횡비 제한) : 클릭, Width(폭) : 40Pixels(픽셀), Height(높이) : 50Pixels(픽셀)'로 입력하여 이미지 크기를 1/10로 축소한 후 [OK(확인)]를 클릭합니다.

04 [File(파일)]-[Save As(다른 이름으로 저장)]]([Shift]+[Ctrl]+[S])를 선택하고 '저장 위치 : 내 PC\문서\GTQ, 파일 형식 : Photoshop(*.PSD;*.PDD;*.PSDT), 파일 이름 : 수험번호-성명-문제번호'를 입력하고 [저장]을 클릭합니다.

05 답안 저장이 완료되면 [File(파일)]-[Close(닫기)]]([Ctrl]+[W])를 선택하여 파일을 닫고 수험 프로그램에서 [답안 전송]을 클릭하여 감독관 컴퓨터로 psd와 jpg 파일을 전송합니다.

문제 02
CHAPTER 06
[기능평가] 사진편집 응용

작업과정	새 작업 이미지 만들기 및 파일 저장하기 ▶ 필터 적용 및 레이어 스타일 적용 ▶ 색상 보정하기 ▶ 모양 생성 및 레이어 스타일 적용 ▶ 문자 입력 및 변형, 레이어 스타일 적용 ▶ 정답 파일 저장
완성이미지	Part05\기출유형문제06회\정답파일\G120250006-성명-2.jpg, G120250006-성명-2.psd

01 새 작업 이미지 만들기 및 파일 저장하기

01 [File(파일)]-[New(새로 만들기)]]([Ctrl]+[N])를 선택하고 'Width(폭) : 400Pixels(픽셀), Height(높이) : 500Pixels(픽셀), Resolution(해상도) : 72Pixels/Inch(픽셀/인치), Color Mode(색상 모드) : RGB Color(RGB 색상), 8bit(비트), Background Contents(배경 내용) : White(흰색)'로 설정하여 새 작업 이미지를 만듭니다.

02 [Edit(편집)]-[Preference(환경설정)]]([Ctrl]+[K])를 클릭하고 [Guides, Grid & Slices(안내선, 격자와 슬라이스)]를 선택하여 Grid(격자)의 'Color(색상)'를 클릭하여 밝은 색상으로 변경한 후 'Gridline Every(격자 간격) : 100Pixels(픽셀), Subdivisions(세분) : 1'로 설정합니다.

03 [View(보기)]-[Show(표시)]-[Grid(격자)]]([Ctrl]+[']])와 [View(보기)]-[Rulers(눈금자)]]([Ctrl]+[R])를 선택하여 격자와 눈금자를 표시합니다.

04 작업 도큐먼트를 저장하기 위해 [File(파일)]-[Save As(다른 이름으로 저장)]]([Shift]+[Ctrl]+[S])를 선택하고 임의 경로에 '파일 이름 : 수험번호-성명-문제번호, 파일 형식 : Photoshop(*.PSD;*.PDD;*.PSDT)'으로 파일을 저장합니다.

02 필터 적용 및 레이어 스타일 적용

01 [File(파일)]-[Open(열기)]]([Ctrl]+[O])을 선택하여 1급-4.jpg를 불러옵니다. [Ctrl]+[A]로 전체 선택, [Ctrl]+[C]로 복사, 작업 이미지에 [Ctrl]+[V]로 붙여넣기를 합니다. [Ctrl]+[T]를 눌러 [Shift]를 누른 채 크기를 조절하고 격자를 참고하여 배치합니다.

02 [Filter(필터)]−[Filter Gallery(필터 갤러리)]−[Sketch(스케치)]−[Water Paper(물 종이/젖은 종이)]를 선택합니다.

03 [File(파일)]−[Open(열기)]([Ctrl]+[O])을 선택하여 1급-5.jpg를 불러옵니다. Object Selection Tool(개체 선택 도구, [▣])을 클릭하고 Options Bar(옵션 바)에서 Rectangle(사각형)을 선택하고 이미지에 드래그하여 선택합니다.

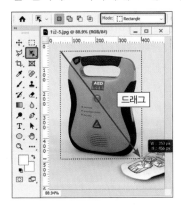

04 Magic Wand Tool(자동 선택 도구, [✐])을 클릭하고 Options Bar(옵션 바)에서 'Subtract from selection(선택 영역 빼기, [▣])'을 설정하고 손잡이 안쪽 흰색 배경을 클릭한 후 [Ctrl]+[C]를 눌러 복사합니다.

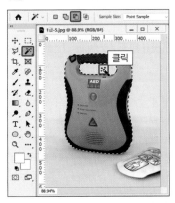

05 작업 이미지에 [Ctrl]+[V]로 붙여넣기를 합니다. [Ctrl]+[T]를 눌러 [Shift]를 누른 채 크기를 조절하여 배치합니다.

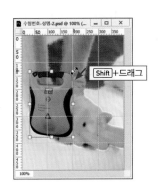

06 Layers(레이어) 패널 하단의 'Add a layer style(레이어 스타일 추가, [fx.])'을 클릭하여 [Outer Glow(외부 광선)]를 선택, 'Opacity(불투명도) : 75%, Size(크기) : 10px'로 설정하고 [OK(확인)]를 클릭합니다.

03 색상 보정하기

01 Layers(레이어) 패널에서 'Layer 2' 레이어의 'Layer thumbnail(레이어 축소판)'을 `Ctrl`을 누른 채 클릭하여 제세동기 이미지를 빠르게 선택합니다.

02 Quick Selection Tool(빠른 선택 도구, ☑️)을 클릭하고 Options Bar(옵션 바)에서 'Subtract from selection(선택 영역에서 빼기, ☑️)'을 설정합니다. 브러시의 크기를 조절하며 드래그하여 선택 영역에서 제외하고, 노란색 부분만 선택 영역으로 남깁니다.

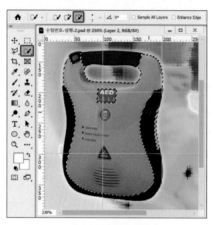

03 Layers(레이어) 패널 하단의 'Create new fill or adjustment layer(새 칠 또는 조정 레이어 생성, ◑)'를 클릭하고 [Hue/Saturation(색조/채도)]을 선택합니다. Properties(속성) 패널에서 'Colorize(색상화) : 체크, Hue(색조) : 35, Saturation(채도) : 100, Lightness(명도) : 10'으로 설정하여 주황색 계열로 보정합니다.

04 Quick Selection Tool(빠른 선택 도구, ☑️)을 클릭하고 검정색 손잡이 이미지에 클릭하여 선택합니다.

05 Layers(레이어) 패널 하단의 'Create new fill or adjustment layer(새 칠 또는 조정 레이어 생성, ◑)'를 클릭하고 [Hue/Saturation(색조/채도)]을 선택합니다. Properties(속성) 패널에서 'Colorize(색상화) : 체크, Hue(색조) : 0, Saturation(채도) : 75, Lightness(명도) : 25'로 설정하여 빨간색 계열로 보정합니다.

 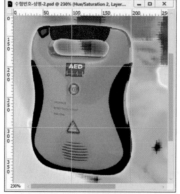

06 [File(파일)]–[Open(열기)]([Ctrl]+[O])을 선택하여 1급-6.jpg를 불러옵니다. Quick Selec-
tion Tool(빠른 선택 도구, [🖌️])을 클릭하고 Options Bar(옵션 바)에서 'Add to selection(선
택 영역에 추가, [🖌️])'을 설정한 후 브러시의 크기를 조절하며 드래그하여 선택한 후 [Ctrl]+[C]
로 복사합니다.

> **기적의 Tip**
>
> Quick Selection Tool(빠른 선택 도구, [🖌️])로 작업 중 [Alt]를 누르고 클릭이나 드래그하면 'Subtract from selection(선택 영역
> 에서 빼기, [🖌️])'으로 설정되어 선택 영역에서 빼기가 가능합니다.

07 작업 이미지에 [Ctrl]+[V]로 붙여넣기를 합니다. [Ctrl]+[T]를 누르고, 마우스 오른쪽 버튼을 클
릭하여 [Flip Horizontal(가로로 뒤집기)]로 뒤집고 크기를 조절한 후 회전하여 배치합니다.

08 Layers(레이어) 패널 하단의 'Add a layer style(레이어 스타일 추가, [fx.])'을 클릭하여 [In-
ner Glow(내부 광선)]를 선택, 'Opacity(불투명도) : 75%, Size(크기) : 10px'로 설정하고
[OK(확인)]를 클릭합니다.

04 모양 생성 및 레이어 스타일 적용

01 Custom Shape Tool(사용자 정의 모양 도구, [⚗️])을 클릭하고 Options Bar(옵션 바)에서
'Shape(모양)', 'Fill(칠) : #333366, Stroke(획) : No Color(색상 없음), Shape(모양) :
Hourglass(모래 시계, [⌛])'로 설정한 후 [Shift]를 누른 채 드래그하여 모양을 그립니다.

> **Shape 경로**
>
> [Legacy Shapes and More(레거시 모양 및 기타)]–[All Legacy Default Shapes(모든 레거시 기본 모양)]–[Objects(물건)]

02 Layers(레이어) 패널 하단의 'Add a layer style(레이어 스타일 추가, [fx.])'을 클릭하여 [In-
ner Glow(내부 광선)]를 선택, 'Opacity(불투명도) : 75%, Choke(경계 감소) : 0%, Size(크
기) : 5px'로 설정하고 [OK(확인)]를 클릭합니다.

03 Ctrl+T를 눌러 Options Bar(옵션 바)에서 'Rotate(회전, △) : 30°'로 입력하고 Enter를 눌러 회전을 적용하고 배치합니다.

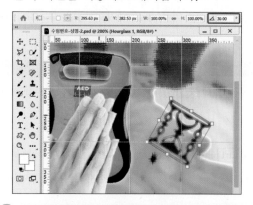

🎓 기적의 Tip

15° 단위로 회전하기

Ctrl+T를 눌러 Shift를 누른 채 조절점 밖을 드래그하면 15° 단위로 회전할 수 있습니다.

04 Custom Shape Tool(사용자 정의 모양 도구, ⬚)을 클릭하고 Options Bar(옵션 바)에서 'Shape(모양), Fill(칠) : #cccc99, Stroke(획) : No Color(색상 없음), Shape(모양) : Pedestrian(보행자, 🚶)'으로 설정한 후 Shift를 누른 채 드래그하여 모양을 그립니다.

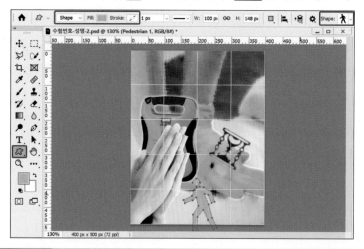

Shape 경로

[Legacy Shapes and More(레거시 모양 및 기타)]–[All Legacy Default Shapes(모든 레거시 기본 모양)]–[Symbols(기호)]

05 Layers(레이어) 패널 하단의 'Add a layer style(레이어 스타일 추가, fx.)'을 클릭하여 [Inner Shadow(내부 그림자)]를 선택, 'Opacity(불투명도) : 75%, Angle(각도) : 90°, Distance(거리) : 5px, Size(크기) : 5px'로 설정하고 [OK(확인)]를 클릭합니다.

06 Ctrl+J를 눌러 'Pedestrian 1' 레이어를 복사합니다. Ctrl+T를 누르고, 마우스 오른쪽 버튼을 클릭하여 [Flip Horizontal(가로로 뒤집기)]로 뒤집고 오른쪽으로 이동하여 배치합니다.

07 Layers(레이어) 패널에서 'Pedestrian 1 copy' 레이어의 'Layer thumbnail(레이어 축소판)'
을 더블 클릭하여 'Color(색상) : #cc9966'으로 변경합니다.

 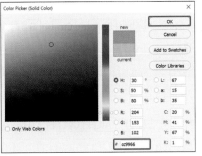 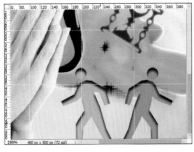

05 문자 입력 및 변형, 레이어 스타일 적용

01 Horizontal Type Tool(수평 문자 도구, T)로 작업 이미지를 클릭하고 Options Bar(옵션
바)에서 'Font(글꼴) : 돋움, Set font size(글꼴 크기) : 27pt, Set anti-aliasing method
(앤티 앨리어싱 방법 설정) : Strong(강하게), Color(색상) : 임의 색상'으로 설정한 후 생명을
살리는 자동심장충격기를 입력합니다.

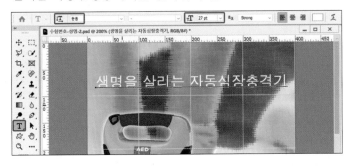

02 Options Bar(옵션 바)에서 Create warped text(뒤틀어진 텍스트 만들기, ㅜ)를 클릭하여
[Warp Text(텍스트 뒤틀기)] 대화상자에서 'Style(스타일) : Arc Upper(위 부채꼴),
Horizontal(가로) : 체크, Bend(구부리기) : 30%'로 설정하여 문자의 모양을 왜곡합니다.

03 Layers(레이어) 패널 하단의 'Add a layer style(레이어 스타일 추가, fx.)'을 클릭하여
[Stroke(획)]를 선택, 'Size(크기) : 3px, Color(색상) : #ffffff'로 설정합니다. 계속해서
[Gradient Overlay(그레이디언트 오버레이)]를 선택하고 'Click to edit the gradient(클릭
하여 그레이디언트 편집)'를 클릭합니다.

04 그레이디언트 슬라이더 왼쪽 하단의 'Color Stop(색상 정지점)'을 더블 클릭하여 #00ccff, 가
운데 빈 곳을 클릭하여 'Color Stop(색상 정지점)'을 추가하고 더블 클릭하여 #333399, 오른
쪽 'Color Stop(색상 정지점)'을 더블 클릭하여 #ff3399로 설정한 후, 'Style(스타일) :
Radial(방사형), Angle(각도) : 0°'로 설정하고 [OK(확인)]를 클릭합니다. Ctrl+S를 눌러
저장합니다.

06 정답 파일 저장

01 [View(보기)]-[Show(표시)]-[Grid(격자)]([Ctrl]+['])를 선택하여 격자를 가립니다.

02 [File(파일)]-[Save As(다른 이름으로 저장)]([Shift]+[Ctrl]+[S])를 선택하고 '저장 위치 : 내 PC\문서\GTQ, 파일 형식 : JPEG(*.JPG;*.JPEG;*.JPE), 파일 이름 : 수험번호-성명-문제번호'를 입력하고 [저장]을 클릭한 후 [JPEG Options(JPEG 옵션)] 대화상자에서 'Quality(품질) : 8'로 설정하고 [OK(확인)]를 클릭합니다.

03 [Image(이미지)]-[Image Size(이미지 크기)]([Alt]+[Ctrl]+[I])를 선택하고 'Constrain aspect ratio(종횡비 제한) : 클릭, Width(폭) : 40Pixels(픽셀), Height(높이) : 50Pixels(픽셀)'로 입력하여 이미지 크기를 1/10로 축소한 후 [OK(확인)]를 클릭합니다.

04 [File(파일)]-[Save As(다른 이름으로 저장)]([Shift]+[Ctrl]+[S])를 선택하고 '저장 위치 : 내 PC\문서\GTQ, 파일 형식 : Photoshop(*.PSD;*.PDD;*.PSDT), 파일 이름 : 수험번호-성명-문제번호'를 입력하고 [저장]을 클릭합니다.

05 답안 저장이 완료되면 [File(파일)]-[Close(닫기)]([Ctrl]+[W])를 선택하여 파일을 닫고 수험 프로그램에서 [답안 전송]을 클릭하여 감독관 컴퓨터로 psd와 jpg 파일을 전송합니다.

문제 03	CHAPTER 06 [실무응용] 포스터 제작
작업과정	새 작업 이미지 만들기 및 파일 저장하기 ▶ 혼합 모드 합성 및 레이어 마스크, 필터 적용 ▶ 클리핑 마스크 및 필터 적용 ▶ 이미지 보정 및 레이어 스타일 적용 ▶ 모양 생성 및 레이어 스타일 적용 ▶ 문자 입력 및 왜곡과 레이어 스타일 적용 ▶ 정답 파일 저장
완성이미지	Part05\기출유형문제06회\정답파일\G120250006-성명-3.jpg, G120250006-성명-3.psd

01 새 작업 이미지 만들기 및 파일 저장하기

01 [File(파일)]-[New(새로 만들기)]([Ctrl]+[N])를 선택하고 'Width(폭) : 600Pixels(픽셀), Height(높이) : 400Pixels(픽셀), Resolution(해상도) : 72Pixels/Inch(픽셀/인치), Color Mode(색상 모드) : RGB Color(RGB 색상), 8bit(비트), Background Contents(배경 내용) : White(흰색)'로 설정하여 새 작업 이미지를 만듭니다.

02 [Edit(편집)]-[Preference(환경설정)]([Ctrl]+[K])를 클릭하고 [Guides, Grid & Slices(안내선, 격자와 슬라이스)]를 선택하여 Grid(격자)의 'Color(색상)'를 클릭하여 밝은 색상으로 변경한 후 'Gridline Every(격자 간격) : 100Pixels(픽셀), Subdivisions(세분) : 1'로 설정합니다.

03 [View(보기)]-[Show(표시)]-[Grid(격자)]([Ctrl]+[']')와 [View(보기)]-[Rulers(눈금자)] ([Ctrl]+[R])를 선택하여 격자와 눈금자를 표시합니다.

04 작업 도큐먼트를 저장하기 위해 [File(파일)]-[Save As(다른 이름으로 저장)]([Shift]+[Ctrl]+ [S])를 선택하고 임의 경로에 '파일 이름 : 수험번호-성명-문제번호, 파일 형식 : Photo-shop(*.PSD;*.PDD;*.PSDT)'으로 파일을 저장합니다.

02 혼합 모드 합성 및 레이어 마스크, 필터 적용

01 Tool Panel(도구 패널) 하단의 'Set foreground color(전경색 설정)'를 클릭하여 # 오른쪽 입력란에 ffcccc로 입력한 후, [Alt]+[Delete]를 눌러 제시된 Foreground Color(전경색)를 작업 이미지의 배경에 채웁니다.

02 [File(파일)]-[Open(열기)]([Ctrl]+[O])을 선택하여 1급-7.jpg를 불러옵니다. [Ctrl]+[A]로 전체 선택, [Ctrl]+[C]로 복사, 작업 이미지에 [Ctrl]+[V]로 붙여넣기를 하고 [Ctrl]+[T]를 눌러 크기를 조절하여 배치합니다.

03 Layers(레이어) 패널에서 'Blending Mode(혼합 모드) : Linear Burn(선형 번)'을 설정하여 배경과 합성합니다.

04 Layers(레이어) 패널 하단의 'Add layer mask(레이어 마스크 추가, ◻)'를 클릭하여 레이어 마스크를 추가합니다.

05 Tool Panel(도구 패널) 하단의 'Set foreground color(전경색 설정)'를 #000000, 'Set background color(배경색 설정)'를 #ffffff로 설정합니다. Gradient Tool(그레이디언트 도구, ▦)을 클릭하고 Options Bar(옵션 바)에서 'Type(유형) : Linear Gradient(선형 그레이디언트), Mode(모드) : Normal(표준), Opacity(불투명도) : 100%'로 설정한 후 [Shift]를 누르고 아래쪽에서 위쪽 세로 방향으로 드래그하여 이미지 일부를 자연스럽게 지워 합성합니다.

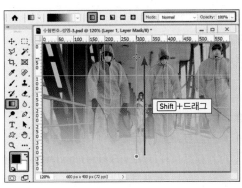

06 [File(파일)]-[Open(열기)]([Ctrl]+[O])을 선택하여 1급-8.jpg를 불러옵니다. [Ctrl]+[A]로 전체 선택, [Ctrl]+[C]로 복사, 작업 이미지에 [Ctrl]+[V]로 붙여넣기를 합니다. [Ctrl]+[T]를 누르고 마우스 오른쪽 버튼을 클릭하여 [Flip Horizontal(가로로 뒤집기)]로 뒤집고 크기를 조절하여 격자를 참조하여 배치합니다.

07 [Filter(필터)]-[Filter Gallery(필터 갤러리)]-[Brush Strokes(브러시 선)]-[Angled Strokes(각진 선)]를 선택합니다.

08 Layers(레이어) 패널 하단의 'Add layer mask(레이어 마스크 추가, ▣)'를 클릭하여 레이어 마스크를 추가합니다.

09 Tool Panel(도구 패널) 하단의 'Set foreground color(전경색 설정)'를 #000000, 'Set background color(배경색 설정)'를 #ffffff로 설정합니다. Gradient Tool(그레이디언트 도구, ▣)을 클릭하고 Options Bar(옵션 바)에서 'Type(유형) : Linear Gradient(선형 그레이디언트), Mode(모드) : Normal(표준), Opacity(불투명도) : 100%'로 설정한 후 [Shift]를 누르고 오른쪽에서 왼쪽 가로 방향으로 드래그하여 이미지 일부를 자연스럽게 지워 합성합니다.

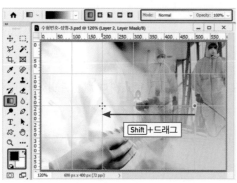 

03 클리핑 마스크 및 필터 적용

01 Custom Shape Tool(사용자 정의 모양 도구, ▨)을 클릭하고 Options Bar(옵션 바)에서 'Shape(모양), Fill(칠) : 임의 색상, Stroke(획) : No Color(색상 없음), Shape(모양) : Talk 2(대화 2, ●)'로 설정한 후 격자를 참조하여 모양을 그립니다.

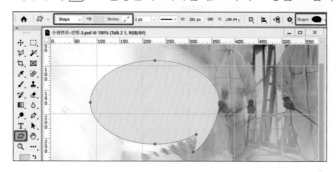

> **Shape 경로**
>
> [Legacy Shapes and More(레거시 모양 및 기타)]-[All Legacy Default Shapes(모든 레거시 기본 모양)]-[Talk Bubbles(말풍선)]

02 Layers(레이어) 패널 하단의 'Add a layer style(레이어 스타일 추가, fx.)'을 클릭하여 [Stroke(획)]를 선택, 'Size(크기) : 6px, Fill Type(칠 유형) : Gradient(그레이디언트), Click to edit the gradient(클릭하여 그레이디언트 편집)'를 클릭합니다.

03 Presets(사전 설정)의 Basics(기본 사항)에서 'Foreground to Transparent(전경색에서 투명으로)'를 클릭한 후 그레이디언트 슬라이더 왼쪽 하단의 'Color Stop(색상 정지점)'을 더블 클릭하여 #660000으로 설정하고 [OK(확인)]를 클릭합니다. 'Style(스타일) : Linear(선형), Angle(각도) : 90°로 설정합니다.

04 계속해서 [Inner Shadow(내부 그림자)]를 선택, 'Opacity(불투명도) : 75%, Angle(각도) : 90°, Distance(거리) : 3px, Size(크기) : 7px'로 설정하고 [OK(확인)]를 클릭합니다.

05 [File(파일)]-[Open(열기)]([Ctrl]+[O])을 선택하여 1급-9.jpg를 불러옵니다. [Ctrl]+[A]로 전체 선택, [Ctrl]+[C]로 복사, 작업 이미지에 [Ctrl]+[V]로 붙여넣기를 합니다. [Ctrl]+[T]를 눌러 크기를 축소하고 'Talk 2 1' 레이어와 겹치도록 배치합니다.

06 [Filter(필터)]-[Filter Gallery(필터 갤러리)]-[Texture(텍스처)]-[Texturizer(텍스처화)]를 선택합니다.

07 Layers(레이어) 패널에서 'Talk 2 1'과 'Layer 3' 레이어 사이에 마우스 커서를 놓고 [Alt]를 누르고 클릭하여 Clipping Mask(클리핑 마스크)를 적용합니다.

 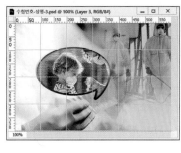

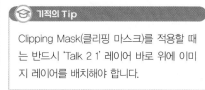
기적의 Tip

Clipping Mask(클리핑 마스크)를 적용할 때는 반드시 'Talk 2 1' 레이어 바로 위에 이미지 레이어를 배치해야 합니다.

08 [File(파일)]-[Open(열기)]([Ctrl]+[O])을 선택하여 1급-10.jpg를 불러온 후 Magic Wand Tool(자동 선택 도구, ✦)을 클릭하고 Options Bar(옵션 바)에서 'Add to selection(선택 영역에 추가, ◳), Tolerance(허용치) : 15'를 설정하고 배경 부분을 클릭하여 선택합니다.

09 Shift+Ctrl+I로 선택 영역을 반전한 후, Ctrl+C로 복사합니다. 작업 이미지를 선택하여 Ctrl+V로 붙여넣고 Ctrl+T로 크기 조절과 회전을 하여 배치합니다.

10 Layers(레이어) 패널 하단의 'Add a layer style(레이어 스타일 추가, fx.)'을 클릭하여 [Drop Shadow(그림자)]를 선택, 'Opacity(불투명도) : 75%, Angle(각도) : 90˚, Distance (거리) : 5px, Size(크기) : 5px'로 설정하고 [OK(확인)]를 클릭합니다.

11 Layers(레이어) 패널 상단의 'Opacity(불투명도) : 80%'로 설정합니다.

04 이미지 보정 및 레이어 스타일 적용

01 [File(파일)]-[Open(열기)](Ctrl+O)을 선택하여 1급-11.jpg를 불러온 후 Magic Wand Tool(자동 선택 도구, ✎)을 클릭하고 Options Bar(옵션 바)에서 'Tolerance(허용치) : 5'로 설정하고 배경 부분을 클릭하여 선택합니다.

02 Shift+Ctrl+I로 선택 영역을 반전한 후, Ctrl+C로 복사하고 작업 이미지를 선택하여 Ctrl+V로 붙여넣기를 합니다. Ctrl+T를 눌러 Shift를 누른 채 크기를 조절하여 배치합니다.

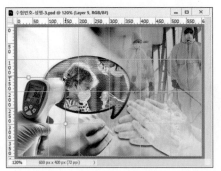

03 Layers(레이어) 패널 하단의 'Add a layer style(레이어 스타일 추가, fx.)'을 클릭하여 [Inner Glow(내부 광선)]를 선택, 'Opacity(불투명도) : 75%, Choke(경계 감소) : 0%, Size(크기) : 9px'로 설정합니다.

04 계속해서 [Drop Shadow(드롭 섀도)]를 선택, 'Opacity(불투명도) : 75%, Angle(각도) : 90˚, Distance(거리) : 5px, Size(크기) : 5px'로 설정하고 [OK(확인)]를 클릭합니다.

05 Layers(레이어) 패널에서 'Layer 5'를 선택합니다. Polygonal Lasso Tool(다각형 올가미 도구, ▷)을 선택하고 Options Bar(옵션 바)에서 'New selection(새 선택 영역, ■), Feather(페더) : 0px, Anti-alias(앤티 앨리어스) : 체크'로 설정한 후 체온계의 액정 부분을 선택합니다.

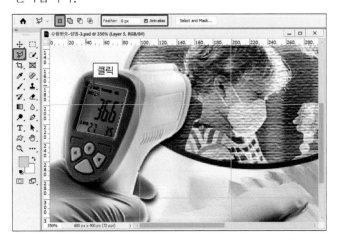

06 Layers(레이어) 패널 하단의 'Create new fill or adjustment layer(새 칠 또는 조정 레이어 생성, ●)'를 클릭하고 [Hue/Saturation(색조/채도)]을 선택합니다. Properties(속성) 패널에서 'Colorize(색상화) : 체크, Hue(색조) : 138, Saturation(채도) : 60, Lightness(명도) : 0'으로 설정하여 녹색 계열로 보정합니다.

05 모양 생성 및 레이어 스타일 적용

01 Layers(레이어) 패널에서 'Layer 2' 레이어를 선택합니다. Custom Shape Tool(사용자 정의 모양 도구, ☒)을 클릭하고 Options Bar(옵션 바)에서 'Shape(모양), Fill(칠) : 임의 색상, Stroke(획) : No Color(색상 없음), Shape(모양) : Shape 92(모양 92, ◢◣)'로 설정한 후 모양을 그립니다.

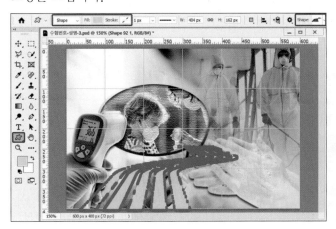

> **Shape 경로**
>
> [Legacy Shapes and More(레거시 모양 및 기타)]-[2019 Shapes(2019 모양)]-[Roads and Streams(도로 및 개울)]

02 Ctrl+T를 누르고, 마우스 오른쪽 버튼을 클릭하여 [Flip Horizontal(가로로 뒤집기)]로 뒤집고 격자를 참조하여 배치합니다.

03 Layers(레이어) 패널 하단의 'Add a layer style(레이어 스타일 추가, fx.)'을 클릭하여 [Inner Shadow(내부 그림자)]를 선택, 'Opacity(불투명도) : 75%, Angle(각도) : 90°, Distance(거리) : 5px, Size(크기) : 5px'로 설정합니다.

04 계속해서 [Gradient Overlay(그레이디언트 오버레이)]를 선택하고 'Click to edit the gradient(클릭하여 그레이디언트 편집)'를 클릭합니다. 그레이디언트 슬라이더 왼쪽 하단의 'Color Stop(색상 정지점)'을 더블 클릭하여 #666699, 가운데 빈 곳을 클릭하여 'Color Stop(색상 정지점)'을 추가하고 더블 클릭하여 #ffcccc, 오른쪽 'Color Stop(색상 정지점)'을 더블 클릭하여 #666699로 설정한 후, 'Style(스타일) : Linear(선형), Angle(각도) : 90°'로 설정하고 [OK(확인)]를 클릭합니다.

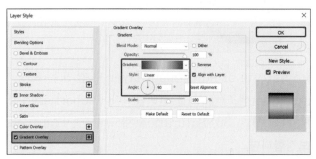

🎓 **기적의 Tip**

Color Stop(색상 정지점) 복사하기

Alt를 누른 채 'Color Stop(색상 정지점)'을 드래그하면 색상이 동일한 색상 정지점을 복사할 수 있습니다.

05 Layers(레이어) 패널에서 'Hue/Saturation 1' 레이어를 선택합니다. Custom Shape Tool(사용자 정의 모양 도구, 🔳)을 클릭하고 Options Bar(옵션 바)에서 'Shape(모양), Fill(칠) : #666666, Stroke(획) : No Color(색상 없음), Shape(모양) : Shape 284(모양 284, 🔳)'로 설정한 후 Shift를 누른 채 드래그하여 모양을 그립니다.

Shape 경로

[Legacy Shapes and More(레거시 모양 및 기타)]–[2019 Shapes(2019 모양)]–[People(인물)]

06 Layers(레이어) 패널 하단의 'Add a layer style(레이어 스타일 추가, *fx.*)'을 클릭하여 [Outer Glow(외부 광선)]를 선택, 'Opacity(불투명도) : 75%, Spread(스프레드) : 0%, Size(크기) : 7px'로 설정하고 [OK(확인)]를 클릭합니다.

07 Layers(레이어) 패널 상단의 'Opacity(불투명도) : 70%'로 설정합니다.

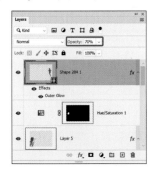

08 Custom Shape Tool(사용자 정의 모양 도구, 🔊)을 클릭하고 Options Bar(옵션 바)에서 'Shape(모양), Fill(칠) : #99ccff, Stroke(획) : No Color(색상 없음), Shape(모양) : Ornament 7(장식 7, 🔙)'로 설정한 후 [Shift]를 누른 채 드래그하여 모양을 그립니다.

Shape 경로

[Legacy Shapes and More(레거시 모양 및 기타)]-[All Legacy Default Shapes(모든 레거시 기본 모양)]-[Ornaments(장식)]

🎓 **기적의 Tip**

연속해서 사용자 정의 모양 도구로 그릴 때 Fill(칠) 설정하기

Options Bar(옵션 바)에서 목록 단추를 눌러 제시된 Shape(모양)을 선택하여 그린 후에 'Layer thumbnail(레이어 축소판)'을 더블 클릭하여 Fill(칠)를 변경합니다.

09 [Ctrl]+[T]를 눌러 Options Bar(옵션 바)에서 'Rotate(회전, ◿) : 120°'를 입력하고 [Enter]를 눌러 회전을 적용하고 배치합니다.

10 Layers(레이어) 패널 하단의 'Add a layer style(레이어 스타일 추가, *fx.*)'을 클릭하여 [Drop Shadow(그림자)]를 선택, 'Opacity(불투명도) : 75%, Angle(각도) : 90°, Distance (거리) : 5px, Size(크기) : 5px'로 설정하고 [OK(확인)]를 클릭합니다.

11 Layers(레이어) 패널 상단의 'Opacity(불투명도) : 70%'로 설정합니다.

12 [Ctrl]+[J]를 눌러 'Ornament 7 1' 레이어를 복사하고, Layers(레이어) 패널에서 'Ornament 7 1 copy' 레이어의 'Layer thumbnail(레이어 축소판)'을 더블 클릭하여 'Color(색상) : #ffffff'로 변경합니다.

13 Ctrl+T를 누르고, 마우스 오른쪽 버튼을 클릭하여 [Rotate 180°(180도 회전)]로 회전한 후 크기를 축소하여 배치합니다.

06 문자 입력 및 왜곡과 레이어 스타일 적용

01 Horizontal Type Tool(수평 문자 도구, T)을 클릭하고 Options Bar(옵션 바)에서 'Font (글꼴) : 궁서, Set font size(글꼴 크기) : 16pt, Set anti-aliasing method(앤티 앨리어싱 방법 설정) : Strong(강하게), Color(색상) : #000000'으로 설정한 후 마스크 착용 / 올바른 손씻기 / 방역소독을 입력합니다.

02 Layers(레이어) 패널 하단의 'Add a layer style(레이어 스타일 추가, fx.)'을 클릭하여 [Outer Glow(외부 광선)]를 선택, 'Opacity(불투명도) : 75%, Spread(스프레드) : 0%, Size (크기) : 5px'로 설정하고 [OK(확인)]를 클릭합니다.

03 Horizontal Type Tool(수평 문자 도구, T)로 작업 이미지를 클릭하고 Options Bar(옵션 바)에서 'Font(글꼴) : 궁서, Set font size(글꼴 크기) : 22pt, Set anti-aliasing method (앤티 앨리어싱 방법 설정) : Strong(강하게), Color(색상) : #ccffff'로 설정한 후 올바른 생활 속 방역 준수하기를 입력합니다.

04 Options Bar(옵션 바)에서 Create warped text(뒤틀어진 텍스트 만들기, 🔲)를 클릭하여 [Warp Text(텍스트 뒤틀기)] 대화상자에서 'Style(스타일) : Flag(깃발), Horizontal(가로) : 체크, Bend(구부리기) : −100%'로 설정하여 문자의 모양을 왜곡합니다.

05 Layers(레이어) 패널 하단의 'Add a layer style(레이어 스타일 추가, 🔲)'을 클릭하여 [Stroke(획)]를 선택하고 'Size(크기) : 2px, Color(색상) : #333300'으로 설정합니다.

06 Horizontal Type Tool(수평 문자 도구, 🔲)로 작업 이미지를 클릭하고 Options Bar(옵션 바)에서 'Font(글꼴) : 궁서, Set font size(글꼴 크기) : 40pt, Set anti-aliasing method (앤티 앨리어싱 방법 설정) : Strong(강하게), Color(색상) : 임의 색상'으로 설정한 후 청결과 예방수칙 지키기를 입력합니다.

07 Options Bar(옵션 바)에서 Create warped text(뒤틀어진 텍스트 만들기, 🔲)를 클릭하여 [Warp Text(텍스트 뒤틀기)] 대화상자에서 'Style(스타일) : Arc(부채꼴), Horizontal(가로) : 체크, Bend(구부리기) : 30%'로 설정하여 문자의 모양을 왜곡합니다.

08 Layers(레이어) 패널 하단의 'Add a layer style(레이어 스타일 추가, 🔲)'을 클릭하여 [Stroke(획)]를 선택, 'Size(크기) : 2px, Color(색상) : #663333'으로 설정합니다. 계속해서 [Gradient Overlay(그레이디언트 오버레이)]를 선택하고 'Click to edit the gradient(클릭하여 그레이디언트 편집)'를 클릭합니다.

09 그레이디언트 슬라이더 왼쪽 하단의 'Color Stop(색상 정지점)'을 더블 클릭하여 #33cc99, 오른쪽 'Color Stop(색상 정지점)'을 더블 클릭하여 #cc66cc로 설정한 후, 'Style(스타일) : Linear(선형), Angle(각도) : 0°'로 설정하고 [OK(확인)]를 클릭합니다.

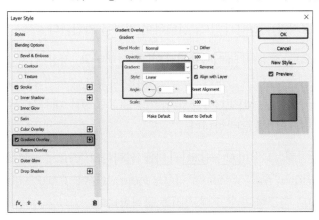

10 Horizontal Type Tool(수평 문자 도구, T)로 작업 이미지를 클릭하고 Options Bar(옵션 바)에서 'Font(글꼴) : Times New Roman, Set font style(글꼴 스타일 설정) : Bold Italic, Set font size(글꼴 크기) : 20pt, Color(색상) : #cc6600'으로 설정한 후 COVID-19 Medical News를 입력합니다.

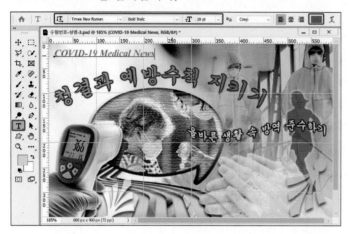

11 Layers(레이어) 패널 하단의 'Add a layer style(레이어 스타일 추가, _fx._)'을 클릭하여 [Drop Shadow(그림자)]를 선택, 'Opacity(불투명도) : 75%, Angle(각도) : 90°, Distance (거리) : 2px, Size(크기) : 3px'로 설정하고 [OK(확인)]를 클릭합니다. Ctrl+S 를 눌러 저장합니다.

07 정답 파일 저장

01 [View(보기)]-[Show(표시)]-[Grid(격자)](Ctrl+')를 선택하여 격자를 가립니다.

02 [File(파일)]-[Save As(다른 이름으로 저장)](Shift+Ctrl+S)를 선택하고 '저장 위치 : 내 PC₩문서₩GTQ, 파일 형식 : JPEG(*.JPG;*.JPEG;*.JPE), 파일 이름 : 수험번호-성명-문제번호'를 입력하고 [저장]을 클릭한 후 [JPEG Options(JPEG 옵션)] 대화상자에서 'Quality(품질) : 8'로 설정하고 [OK(확인)]를 클릭합니다.

03 [Image(이미지)]-[Image Size(이미지 크기)](Alt+Ctrl+I)를 선택하고 'Constrain aspect ratio(종횡비 제한) : 클릭, Width(폭) : 60Pixels(픽셀), Height(높이) : 40Pixels(픽셀)'로 입력하여 이미지 크기를 1/10로 축소한 후 [OK(확인)]를 클릭합니다.

04 [File(파일)]-[Save As(다른 이름으로 저장)](Shift+Ctrl+S)를 선택하고 '저장 위치 : 내 PC₩문서₩GTQ, 파일 형식 : Photoshop(*.PSD;*.PDD;*.PSDT), 파일 이름 : 수험번호-성명-문제번호'를 입력하고 [저장]을 클릭합니다.

05 답안 저장이 완료되면 [File(파일)]-[Close(닫기)](Ctrl+W)를 선택하여 파일을 닫고 수험 프로그램에서 [답안 전송]을 클릭하여 감독관 컴퓨터로 psd와 jpg 파일을 전송합니다.

작업과정	새 작업 이미지 만들기 및 파일 저장하기 ▶ 혼합 모드 합성 및 필터, 레이어 마스크 적용 ▶ 이미지 보정 및 필터, 레이어 스타일 적용 ▶ 모양 생성 및 변형, 레이어 스타일 적용 ▶ 펜 도구 작업 및 레이어 스타일 적용 ▶ 패턴 정의와 적용 및 레이어 마스크 적용 ▶ 문자 입력과 왜곡 및 레이어 스타일 적용 ▶ 정답 파일 저장
완성이미지	Part05₩기출유형문제06회₩정답파일₩G120250006-성명-4.jpg, G120250006-성명-4.psd

01 새 작업 이미지 만들기 및 파일 저장하기

01 [File(파일)]-[New(새로 만들기)]([Ctrl]+[N])를 선택하고 'Width(폭) : 600Pixels(픽셀), Height(높이) : 400Pixels(픽셀), Resolution(해상도) : 72Pixels/Inch(픽셀/인치), Color Mode(색상 모드) : RGB Color(RGB 색상), 8bit(비트), Background Contents(배경 내용) : White(흰색)'로 설정하여 새 작업 이미지를 만듭니다.

02 [Edit(편집)]-[Preference(환경설정)]([Ctrl]+[K])를 클릭하고 [Guides, Grid & Slices(안내선, 격자와 슬라이스)]를 선택하여 Grid(격자)의 'Color(색상)'를 클릭하여 밝은 색상으로 변경한 후 'Gridline Every(격자 간격) : 100Pixels(픽셀), Subdivisions(세분) : 1'로 설정합니다.

03 [View(보기)]-[Show(표시)]-[Grid(격자)]([Ctrl]+[')와 [View(보기)]-[Rulers(눈금자)] ([Ctrl]+[R])를 선택하여 격자와 눈금자를 표시합니다.

04 작업 도큐먼트를 저장하기 위해 [File(파일)]-[Save As(다른 이름으로 저장)]([Shift]+[Ctrl]+[S])를 선택하고 임의 경로에 '파일 이름 : 수험번호-성명-문제번호, 파일 형식 : Photo-shop(*.PSD;*.PDD;*.PSDT)'으로 파일을 저장합니다.

02 혼합 모드 합성 및 필터, 레이어 마스크 적용

01 Tool Panel(도구 패널) 하단의 'Set foreground color(전경색 설정)'를 클릭하여 # 오른쪽 입력란에 669999로 입력한 후, [Alt]+[Delete]를 눌러 제시된 Foreground Color(전경색)를 작업 이미지의 배경에 채웁니다.

02 [File(파일)]-[Open(열기)]([Ctrl]+[O])을 선택하여 1급-12.jpg를 불러옵니다. [Ctrl]+[A]로 전체 선택, [Ctrl]+[C]로 복사, 작업 이미지에 [Ctrl]+[V]로 붙여넣기를 하고 [Ctrl]+[T]로 크기를 조절하여 배치합니다.

03 Layers(레이어) 패널에서 'Blending Mode(혼합 모드) : Screen(스크린)'으로 설정하여 배경 이미지와 합성을 합니다.

 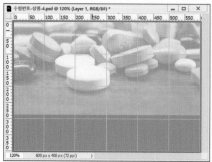

04 Layers(레이어) 패널 하단의 'Add layer mask(레이어 마스크 추가, ▣)'를 클릭하여 레이어 마스크를 추가합니다.

05 Tool Panel(도구 패널) 하단의 'Set foreground color(전경색 설정)'를 #000000, 'Set background color(배경색 설정)'를 #ffffff로 설정합니다. Gradient Tool(그레이디언트 도구, ▣)을 클릭하고 Options Bar(옵션 바)에서 'Type(유형) : Linear Gradient(선형 그레이디언트), Mode(모드) : Normal(표준), Opacity(불투명도) : 100%'로 설정한 후 [Shift]를 누른 채 아래에서 위쪽 세로 방향으로 드래그하여 이미지 일부를 자연스럽게 지워 합성합니다.

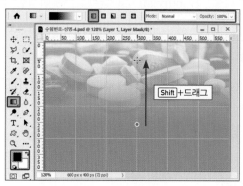 

06 [File(파일)]-[Open(열기)]([Ctrl]+[O])을 선택하여 1급-13.jpg를 불러옵니다. [Ctrl]+[A]로 전체 선택, [Ctrl]+[C]로 복사, 작업 이미지에 [Ctrl]+[V]로 붙여넣기를 하고 격자를 참조하여 배치합니다.

07 [Filter(필터)]-[Filter Gallery(필터 갤러리)]-[Brush Strokes(브러시 선)]-[Angled Strokes(각진 선)]를 선택합니다.

08 Layers(레이어) 패널에서 하단의 'Add layer mask(레이어 마스크 추가, ▣)'를 클릭하여 레이어 마스크를 추가합니다.

09 Tool Panel(도구 패널) 하단의 'Set foreground color(전경색 설정)'를 #000000, 'Set background color(배경색 설정)'를 #ffffff로 설정합니다. Gradient Tool(그레이디언트 도구, ■)을 클릭하고 Options Bar(옵션 바)에서 'Type(유형) : Linear Gradient(선형 그레이디언트), Mode(모드) : Normal(표준), Opacity(불투명도) : 100%'로 설정한 후 [Shift]를 누른 채 왼쪽에서 오른쪽인 가로 방향으로 드래그하여 이미지 일부를 자연스럽게 지워 합성합니다.

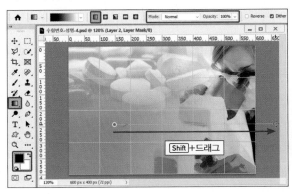 

⑬ 이미지 보정 및 필터, 레이어 스타일 적용

01 [File(파일)]-[Open(열기)]([Ctrl]+[O])을 선택하여 1급-14.jpg를 불러옵니다. Pen Tool(펜 도구, ✎)을 클릭하고 Options Bar(옵션 바)에서 'Path(패스), Path operations(패스 작업) : Exclude Overlapping Shapes(모양 오버랩 제외, ▣)'를 클릭하고 청진기 이미지를 따라 닫힌 패스로 완료합니다.

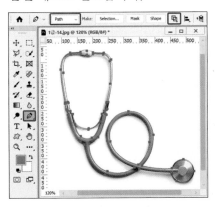 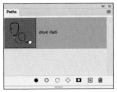

02 패스가 완료되면 [Ctrl]+[Enter]를 눌러 선택 상태로 전환하고, [Ctrl]+[C]를 눌러 복사한 후 작업 이미지에 [Ctrl]+[V]로 붙여넣기를 합니다. [Ctrl]+[T]를 누르고, 마우스 오른쪽 버튼을 클릭하여 [Flip Vertical(세로로 뒤집기)]로 뒤집은 후 크기와 회전을 조절하여 배치합니다.

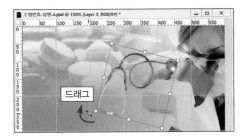

03 Layers(레이어) 패널 하단의 'Add a layer style(레이어 스타일 추가, _fx._)'을 클릭하여 [Bevel & Emboss(경사와 엠보스)]를 선택, 'Style(스타일) : Inner Bevel(내부 경사), Direction(방향) : Up(위로), Size(크기) : 5px'로 설정하고 [OK(확인)]를 클릭합니다.

04 [File(파일)]−[Open(열기)]([Ctrl]+[O])을 선택하여 1급−15.jpg를 불러옵니다. Magic Wand Tool(자동 선택 도구, _𝒳_)을 클릭하고 Options Bar(옵션 바)에서 'Add to selection(선택 영역에 추가, 🔲), Tolerance(허용치) : 10, Anti−alias(앤티 앨리어스) : 체크'로 설정한 후 배경 부분을 여러 차례 클릭하여 선택합니다.

🎓 **기적의 Tip**

배경 부분 중 깔끔하게 선택되지 않은 영역은 Polygonal Lasso Tool(다각형 올가미 도구, 🔲)을 선택하고 Options Bar(옵션 바)에서 'Add to selection(선택 영역에 추가, 🔲), Feather(페더) : 0px, Anti−alias(앤티 앨리어스) : 체크'로 설정하고 선택합니다.

05 [Shift]+[Ctrl]+[I]로 선택 영역을 반전한 후, [Ctrl]+[C]로 복사합니다. 작업 이미지에 [Ctrl]+[V]로 붙여넣고 [Ctrl]+[T]를 눌러 마우스 오른쪽 버튼을 클릭하여 [Flip Horizontal(가로로 뒤집기)]로 뒤집고 크기를 조절하여 배치합니다.

06 [Filter(필터)]−[Filter Gallery(필터 갤러리)]−[Artistic(예술 효과)]−[Dry Brush(드라이 브러시)]를 선택합니다.

07 Layers(레이어) 패널 하단의 'Add a layer style(레이어 스타일 추가, _fx._)'을 클릭하여 [Outer Glow(외부 광선)]를 선택, 'Opacity(불투명도) : 75%, Spread(스프레드) : 0%, Size(크기) : 7px'로 설정하고 [OK(확인)]를 클릭합니다.

08 [File(파일)]-[Open(열기)]([Ctrl]+[O])을 선택하여 1급-16.jpg를 불러옵니다. Magic Wand Tool(자동 선택 도구, 🪄)을 클릭하고 Options Bar(옵션 바)에서 'Add to selection(선택 영역에 추가, 🔲), Tolerance(허용치) : 5, Anti-alias(앤티 앨리어스) : 체크'로 설정한 후 배경 부분을 여러 차례 클릭하여 선택합니다.

09 [Shift]+[Ctrl]+[I]로 선택 영역을 반전한 후, [Ctrl]+[C]로 복사, 작업 이미지에 [Ctrl]+[V]로 붙여 넣기를 합니다. [Ctrl]+[T]를 눌러 종횡비에 맞게 크기를 조절하고 회전하여 배치합니다.

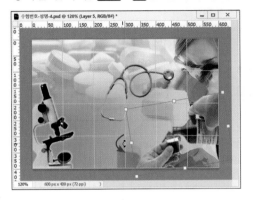

10 Layers(레이어) 패널 하단의 'Add a layer style(레이어 스타일 추가, 🗲.)'을 클릭하여 [Bevel & Emboss(경사와 엠보스)]를 선택, 'Style(스타일) : Inner Bevel(내부 경사), Direction(방향) : Up(위로), Size(크기) : 5px'로 설정합니다.

11 계속해서 [Stroke(획)]를 선택, 'Size(크기) : 4px, Fill Type(칠 유형) : Gradient(그레이 디언트), Click to edit the gradient(클릭하여 그레이디언트 편집)'를 클릭합니다. 그레이 디언트 슬라이더 왼쪽 하단의 'Color Stop(색상 정지점)'을 더블 클릭하여 #cc9966, 오른쪽 'Color Stop(색상 정지점)'을 더블 클릭하여 #ffffff로 설정한 후, 'Style(스타일) : Linear(선 형), Angle(각도) : 90°로 설정하고 [OK(확인)]를 클릭합니다.

12 Quick Selection Tool(빠른 선택 도구, ✅)을 클릭하고 Options Bar(옵션 바)에서 'Add to selection(선택 영역에 추가, ✅)'을 설정한 후 브러시의 크기를 조절하며 드래그하여 이미지 를 선택합니다.

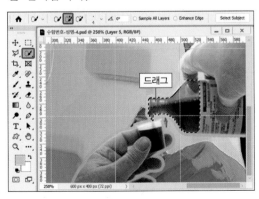

🎓 **기적의 Tip**

Quick Selection Tool(빠른 선택 도구, ✅)의 브러시 크기 는 []]를 눌러 크기를 확대하고 [[]를 눌러 축소할 수 있 습니다. [Caps Lock]이 켜져 있으면 '⊕'로 표시되어 브러시 의 크기를 파악할 수 없으므로 [Caps Lock]을 눌러 꺼줍 니다.

13 Layers(레이어) 패널 하단의 'Create new fill or adjustment layer(새 칠 또는 조정 레이어 생성, ◉.)'를 클릭하고 [Hue/Saturation(색조/채도)]을 선택합니다. Properties(속성) 패널에서 'Colorize(색상화) : 체크, Hue(색조) : 42, Saturation(채도) : 80, Lightness(명도) : 10'으로 설정하여 노란색 계열로 색상을 보정합니다.

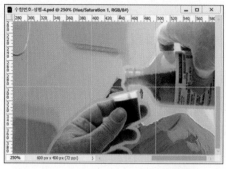

14 [File(파일)]-[Open(열기)]([Ctrl]+[O])을 선택하여 1급-17.jpg를 불러옵니다. Pen Tool(펜 도구, ◢.)을 클릭하고 Options Bar(옵션 바)에서 'Path(패스), Path operations(패스 작업) : Exclude Overlapping Shapes(모양 오버랩 제외, 미)'를 클릭하고 제시된 이미지를 따라 닫힌 패스로 완료합니다.

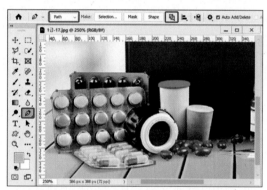

15 패스가 완료되면 [Ctrl]+[Enter]를 눌러 선택 상태로 전환하고, [Ctrl]+[C]를 눌러 복사합니다. 작업 이미지를 선택하고 Layers(레이어) 패널에서 'Layer 4'를 선택합니다. [Ctrl]+[V]로 붙여넣기를 한 후, [Ctrl]+[T]를 눌러 크기를 축소하고, 마우스 오른쪽 버튼을 클릭하여 [Flip Horizontal(가로로 뒤집기)]로 뒤집고 배치합니다.

④ 모양 생성 및 변형, 레이어 스타일 적용

01 Custom Shape Tool(사용자 정의 모양 도구, ⚙)을 클릭하고 Options Bar(옵션 바)에서 'Shape(모양), Fill(칠) : #ccffff, Stroke(획) : No Color(색상 없음), Shape(모양) : Information(정보, 𝒊)'로 설정한 후 Shift 를 누른 채 모양을 그립니다.

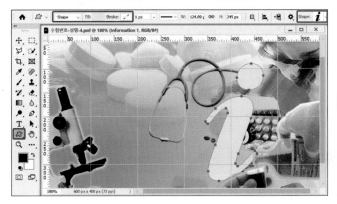

> **Shape 경로**
>
> [Legacy Shapes and More(레거시 모양 및 기타)]–[All Legacy Default Shapes(모든 레거시 기본 모양)]–[Symbols(기호)]

02 Layers(레이어) 패널 하단의 'Add a layer style(레이어 스타일 추가, *fx.*)'을 클릭하여 [Inner Shadow(내부 그림자)]를 선택, 'Opacity(불투명도) : 75%, Angle(각도) : 90°, Distance(거리) : 5px, Size(크기) : 5px'로 설정하고 [OK(확인)]를 클릭합니다.

03 Layers(레이어) 패널 상단의 'Opacity(불투명도) : 70%'로 설정한 후, Ctrl + [를 여러 번 눌러 청진기 이미지 아래쪽으로 순서를 정돈합니다.

04 Custom Shape Tool(사용자 정의 모양 도구, ⚙)을 클릭하고 Options Bar(옵션 바)에서 'Shape(모양), Fill(칠) : #669999, Stroke(획) : No Color(색상 없음), Shape(모양) : Light Bulb 2(백열 전구 2, 💡)'로 설정한 후 Shift 를 누른 채 드래그하여 모양을 그립니다. Ctrl + T 를 눌러 회전하고 배치합니다.

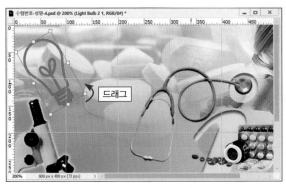

드래그

> **Shape 경로**
>
> [Legacy Shapes and More(레거시 모양 및 기타)]–[All Legacy Default Shapes(모든 레거시 기본 모양)]–[Objects(물건)]

05 Layers(레이어) 패널 하단의 'Add a layer style(레이어 스타일 추가, *fx.*)'을 클릭하여 [Outer Glow(외부 광선)]를 선택, 'Opacity(불투명도) : 75%, Spread(스프레드) : 0%, Size(크기) : 5px'로 설정하고 [OK(확인)]를 클릭합니다.

06 Layers(레이어) 패널에서 'Layer 4' 레이어를 선택합니다. Custom Shape Tool(사용자 정의 모양 도구, ✿)을 클릭하고 Options Bar(옵션 바)에서 'Shape(모양), Fill(칠) : #cc6633, Stroke(획) : No Color(색상 없음), Shape(모양) : Search(검색, 🔍)'로 설정한 후 Shift 를 누른 채 드래그하여 왼쪽 하단에 모양을 그립니다.

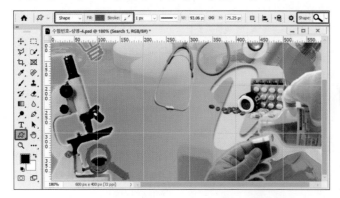

> **Shape 경로**
>
> [Legacy Shapes and More(레거시 모양 및 기타)]-[All Legacy Default Shapes(모든 레거시 기본 모양)]- [Web(웹)]

07 Layers(레이어) 패널 하단의 'Add a layer style(레이어 스타일 추가, *fx.*)'을 클릭하여 [Drop Shadow(그림자)]를 선택, 'Opacity(불투명도) : 75%, Angle(각도) : 90°, Distance (거리) : 5px, Size(크기) : 5px'로 설정하고 [OK(확인)]를 클릭합니다.

08 Layers(레이어) 패널 상단의 'Opacity(불투명도) : 60%'로 설정합니다. Ctrl + J 를 눌러 'Search 1' 레이어를 복사하고, 'Search 1 copy' 레이어의 'Layer thumbnail(레이어 축소판)'을 더블 클릭하여 'Color(색상) : #ffff00'으로 변경합니다.

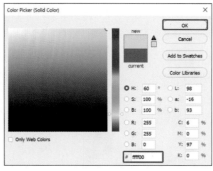

09 Ctrl + T 를 눌러 크기를 축소하고, 마우스 오른쪽 버튼을 클릭하여 [Flip Horizontal(가로로 뒤집기)]로 뒤집고 회전하여 배치합니다.

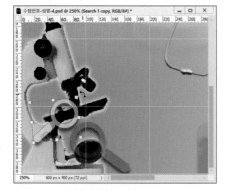

05 펜 도구 작업 및 레이어 스타일 적용

01 Rounded Rectangle Tool(모서리가 둥근 직사각형 도구, ▢)을 클릭하고 Options Bar(옵션 바)에서 'Shape(모양), Fill(칠) : 임의 색상, Stroke(획) : No Color(색상 없음), Path operations(패스 작업) : New Layer(새 레이어, ▣), Radius(반경) : 20px'로 설정한 후 Shift 를 누른 채 드래그하여 둥근 사각형을 그립니다.

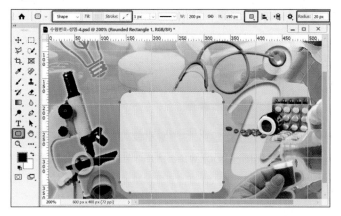

02 Pen Tool(펜 도구, ✏)을 클릭하고 Options Bar(옵션 바)에서 'Shape(모양), Fill(칠) : 임의 색상, Stroke(획) : No Color(색상 없음), Path operations(패스 작업) : Subtract Front Shape(전면 모양 빼기, ▣)'로 설정한 후 둥근 사각형 왼쪽 상단과 겹치도록 닫힌 패스를 그립니다.

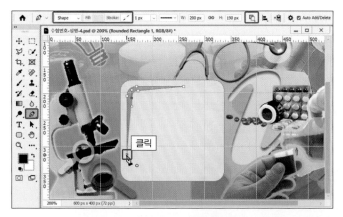

> 🎓 **기적의 Tip**
>
> **수직, 수평 패스 그리기**
> Shift 를 누른 채 클릭하여 수직, 수평선을 연결하여 그릴 수 있습니다.

03 Rectangle Tool(사각형 도구, 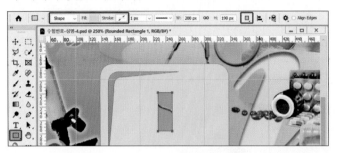)을 클릭하고 Options Bar(옵션 바)에서 'Shape(모양),
Fill(칠) : 임의 색상, Stroke(획) : No Color(색상 없음), Path operations(패스 작업) :
Subtract Front Shape(전면 모양 빼기,)'로 설정한 후 드래그하여 둥근 사각형과 겹치도
록 직사각형을 그립니다.

04 직사각형을 Ctrl+C를 눌러 복사하고 Ctrl+V를 눌러 붙여넣기를 합니다. Ctrl+T를 누르
고, 마우스 오른쪽 버튼을 클릭하여 [Rotate 90° Clockwise(90도 시계 방향 회전)]로 회전하
고 Enter를 눌러 변형을 완료합니다

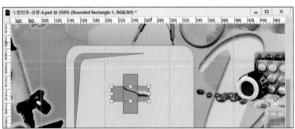

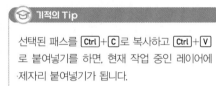

기적의 Tip

선택된 패스를 Ctrl+C로 복사하고 Ctrl+V
로 붙여넣기를 하면, 현재 작업 중인 레이어에
제자리 붙여넣기가 됩니다.

05 Options Bar(옵션 바)에서 'Path operations(패스 작업) : Merge Shape Components(모
양 병합 구성 요소, 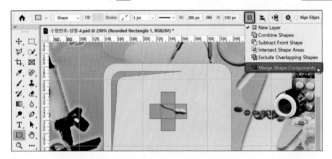)'를 클릭하여 하나로 병합하고 Enter를 눌러 패스 작업을 완료합니다.

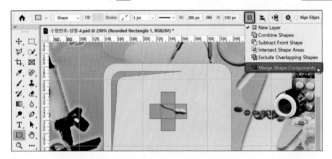

06 Layers(레이어) 패널 하단의 'Add a layer style(레이어 스타일 추가, *fx.*)'을 클릭하여
[Gradient Overlay(그레이디언트 오버레이)]를 선택하고 'Click to edit the gradient(클릭
하여 그레이디언트 편집)'를 클릭합니다. 그레이디언트 슬라이더 왼쪽 하단의 'Color Stop(색
상 정지점)'을 더블 클릭하여 #660000, 오른쪽 'Color Stop(색상 정지점)'을 더블 클릭하여
#cc0000으로 설정한 후, 'Style(스타일) : Linear(선형), Angle(각도) : 0°로 설정합니다.

07 계속해서 [Drop Shadow(드롭 섀도)]를 선택, 'Opacity(불투명도) : 75%, Angle(각도) :
90°, Distance(거리) : 5px, Size(크기) : 5px'로 설정하고 [OK(확인)]를 클릭합니다.

08 Layers(레이어) 패널의 레이어 이름을 더블 클릭하여 path 1로 설정합니다.

09 Rounded Rectangle Tool(모서리가 둥근 직사각형 도구, □)을 클릭하고 Options Bar(옵션 바)에서 'Shape(모양), Fill(칠) : #000000, Stroke(획) : No Color(색상 없음), Path operations(패스 작업) : New Layer(새 레이어, ▣), Radius(반경) : 10px'로 설정한 후 둥근 사각형을 그립니다.

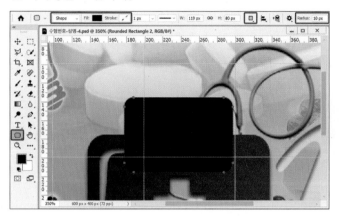

10 Rectangle Tool(사각형 도구, □)을 클릭하고 Options Bar(옵션 바)에서 'Shape(모양), Path operations(패스 작업) : Combine Shapes(모양 결합, ▣)'로 설정한 후 드래그하여 겹치도록 직사각형을 그립니다.

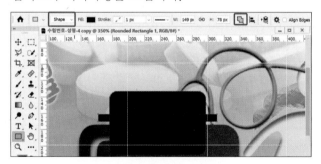

11 Rounded Rectangle Tool(모서리가 둥근 직사각형 도구, □)을 클릭하고 Options Bar(옵션 바)에서 'Shape(모양), 'Path operations(패스 작업) : Subtract Front Shape(전면 모양 빼기, ▣), Radius(반경) : 5px'로 설정하고 서로 겹치도록 그리고 배치합니다.

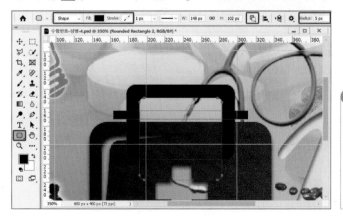

🎓 **기적의 Tip**

모양 패스를 그린 후 Enter 를 1번 눌러 패스의 조절점을 비활성 상태로 만든 후 다시 한번 Enter 를 눌러 'Path operations (패스 작업)'의 옵션을 변경하여 작업을 진행할 수 있습니다.

12 계속해서 하단에 드래그하여 겹치도록 둥근 사각형을 그립니다. Path Selection Tool(패스
선택 도구, ▶)로 드래그하여 모양을 모두 선택하고 Options Bar(옵션 바)에서 'Path
alignment(패스 정렬) : Align horizontal centers(수평 중앙 맞춤, ♣)'를 클릭하여 중앙에
정렬합니다.

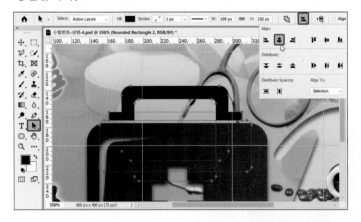

13 Options Bar(옵션 바)에서 'Path operations(패스 작업) : Merge Shape Components(모
양 병합 구성 요소, ▣)'를 클릭하여 하나로 병합하고 Enter를 눌러 패스 작업을 완료합니다.

14 Layers(레이어) 패널의 레이어 이름을 더블 클릭하여 path 2로 설정합니다.

15 Layers(레이어) 패널 하단의 'Add a layer style(레이어 스타일 추가, *fx.*)'을 클릭하여
[Drop Shadow(그림자)]를 선택, 'Opacity(불투명도) : 75%, Angle(각도) : 90°, Distance
(거리) : 3px, Size(크기) : 7px'로 설정하고 [OK(확인)]를 클릭합니다.

16 Layers(레이어) 패널에서 Shift를 누른 채 'path 1' 레이어와 'path 2' 레이어를 클릭하여 동
시에 선택합니다. Ctrl+T를 눌러 Options Bar(옵션 바)에서 'Rotate(회전, ◢) : −15°'를
입력하고 Enter를 눌러 회전을 적용하고 배치합니다.

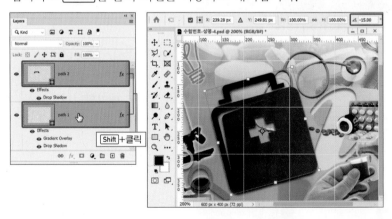

🔟 패턴 정의와 적용 및 레이어 마스크 적용

01 [File(파일)]−[New(새로 만들기)]((Ctrl)+(N))를 선택하고 'Width(폭) : 40Pixels(픽셀), Height(높이) : 40Pixels(픽셀), Resolution(해상도) : 72Pixels/Inch(픽셀/인치), Color Mode(색상 모드) : RGB Color(RGB 색상), 8bit(비트), Background Contents(배경 내용) : Transparent(투명)'로 설정하여 새 작업 이미지를 만듭니다.

02 Custom Shape Tool(사용자 정의 모양 도구, 🖾)을 클릭하고 Options Bar(옵션 바)에서 'Shape(모양), Fill(칠) : #ff3333, Stroke(획) : No Color(색상 없음), Shape(모양) : Question Mark(물음표, ❓)'로 설정한 후 (Shift)를 누른 채 모양을 그립니다.

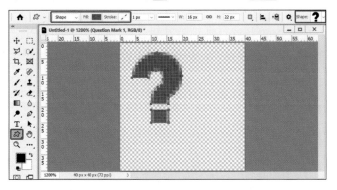

> **Shape 경로**
>
> [Legacy Shapes and More(레거시 모양 및 기타)]−[All Legacy Default Shapes(모든 레거시 기본 모양)]−[Symbols(기호)]

03 Custom Shape Tool(사용자 정의 모양 도구, 🖾)을 클릭하고 Options Bar(옵션 바)에서 'Shape(모양), Fill(칠) : #ffffff, Stroke(획) : No Color(색상 없음), Shape(모양) : Light Bulb 1(백열 전구 1, 💡)'로 설정한 후 (Shift)를 누른 채 모양을 그립니다.

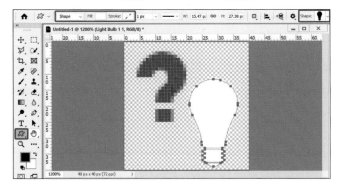

> **Shape 경로**
>
> [Legacy Shapes and More(레거시 모양 및 기타)]−[All Legacy Default Shapes(모든 레거시 기본 모양)]−[Objects(물건)]

04 [Edit(편집)]−[Define Pattern(패턴 정의)]을 선택하고 'Name(이름) : 물음표와 전구'로 설정하여 패턴을 등록합니다.

05 작업 이미지를 선택하고 Layers(레이어) 패널에서 'path 1' 레이어를 선택하고 'Layer thumbnail(레이어 축소판)'을 [Ctrl]을 누른 채 클릭하여 선택합니다.

06 Layers(레이어) 패널 하단의 'Create a new layer(새 레이어 만들기, [⊞])'을 클릭하여 'Path 1' 레이어의 위쪽에 새 레이어를 추가하고 이름을 pattern으로 설정합니다.

07 Layers(레이어) 패널의 'pattern' 레이어를 선택하고 [Edit(편집)]−[Fill(칠)]을 선택하고 'Contents(내용) : Pattern(패턴), Custom Pattern(사용자 정의 패턴) : 물음표와 전구, Mode(모드) : Normal(표준), Opacity(불투명도) : 100%, Preserve Transparency(투명도 유지) : 체크 해제'로 설정하여 채웁니다.

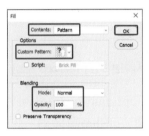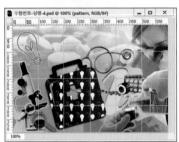

08 [Ctrl]+[D]를 눌러 선택을 해제하고, Layers(레이어) 패널 상단의 'Opacity(불투명도) : 60%'로 설정합니다.

09 Layers(레이어) 패널에서 'Layer 3' 레이어를 선택하고 [Ctrl]+[]]를 여러 번 눌러 'pattern' 레이어의 위쪽으로 순서를 정돈하여 배치합니다.

07 문자 입력과 왜곡 및 레이어 스타일 적용

01 Layers(레이어) 패널에서 맨 위쪽의 레이어를 선택합니다. Horizontal Type Tool(수평 문자 도구, **T**)로 작업 이미지를 클릭하고 Options Bar(옵션 바)에서 'Font(글꼴) : Arial, Set font style(글꼴 스타일 설정) : Bold, Set font size(글꼴 크기) : 16pt, Color(색상) : #cc6633'으로 설정한 후 https://nedrug.mfds.go.kr을 입력합니다.

02 Layers(레이어) 패널 하단의 'Add a layer style(레이어 스타일 추가, **fx.**)'을 클릭하여 [Stroke(획)]를 선택, 'Size(크기) : 2px, Color(색상) : #ffffff'로 설정하고 [OK(확인)]를 클릭합니다.

03 Horizontal Type Tool(수평 문자 도구, **T**)로 작업 이미지를 클릭하고 Options Bar(옵션 바)에서 'Font(글꼴) : 돋움, Set font size(글꼴 크기) : 45pt, Set anti-aliasing method (앤티 앨리어싱 방법 설정) : Strong(강하게), Color(색상) : 임의 색상'으로 설정한 후 의약품 통합정보시스템을 입력합니다.

04 Options Bar(옵션 바)에서 Create warped text(뒤틀어진 텍스트 만들기, **工**)를 클릭하여 [Warp Text(텍스트 뒤틀기)] 대화상자에서 'Style(스타일) : Fish(물고기), Horizontal(가로) : 체크, Bend(구부리기) : 40%'로 설정하여 문자의 모양을 왜곡합니다.

05 Layers(레이어) 패널 하단에 'Add a layer style(레이어 스타일 추가, **fx.**)'을 클릭하여 [Stroke(획)]를 선택, 'Size(크기) : 3px, Color(색상) : #ffffff'로 설정합니다. 계속해서 [Gradient Overlay(그레이디언트 오버레이)]를 선택하고 'Click to edit the gradient(클릭하여 그레이디언트 편집)'를 클릭합니다.

06 그레이디언트 슬라이더 왼쪽 하단의 'Color Stop(색상 정지점)'을 더블 클릭하여 #3300ff, 오른쪽 'Color Stop(색상 정지점)'을 더블 클릭하여 #ff00ff로 설정한 후, 'Style(스타일) : Linear(선형), Angle(각도) : 0°'로 설정합니다.

07 계속해서 [Drop Shadow(드롭 섀도)]를 선택, 'Opacity(불투명도) : 75%, Angle(각도) : 90°, Distance(거리) : 5px, Size(크기) : 5px'로 설정하고 [OK(확인)]를 클릭합니다.

08 Horizontal Type Tool(수평 문자 도구, T)로 작업 이미지를 클릭하고 Options Bar(옵션바)에서 'Font(글꼴) : 궁서, Set font size(글꼴 크기) : 17pt, Set anti-aliasing method(앤티 앨리어싱 방법 설정) : Strong(강하게), Center text(텍스트 중앙 정렬, ≣), Color(색상) : #000000'으로 설정한 후 의약품등 검색 안전사용정보 의약품정보를 입력합니다. '안전사용정보' 문자를 드래그하여 선택하고 Options Bar(옵션 바)에서 'Color(색상) : #cc0033'으로 설정합니다.

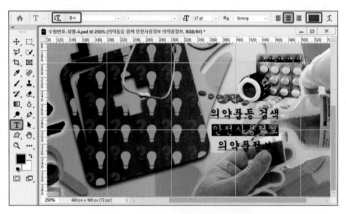

09 Layers(레이어) 패널 하단에 'Add a layer style(레이어 스타일 추가, fx.)'을 클릭하여 [Stroke(획)]를 선택, 'Size(크기) : 1px, Color(색상) : #ffffff'로 설정하고 [OK(확인)]를 클릭합니다.

10 Ctrl+T를 눌러 Options Bar(옵션 바)에서 'Rotate(회전, ◿) : -15°'를 입력하고 Enter를 눌러 회전을 적용하고 배치합니다.

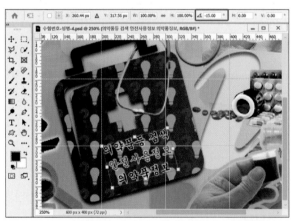

11 Horizontal Type Tool(수평 문자 도구, T)로 작업 이미지를 클릭하고 Options Bar(옵션바)에서 'Font(글꼴) : 돋움, Set font size(글꼴 크기) : 16pt, Set anti-aliasing(앤티 앨리어싱 방법 설정) : Strong(강하게), Color(색상) : #993300'으로 설정한 후 안전하고 건강한 삶을 위하여...를 입력합니다.

12 Options Bar(옵션 바)에서 Create warped text(뒤틀어진 텍스트 만들기, 「工」)를 클릭하여 [Warp Text(텍스트 뒤틀기)] 대화상자에서 'Style(스타일) : Arc(부채꼴), Horizontal(가로) : 체크, Bend(구부리기) : 50%'로 설정하여 문자의 모양을 왜곡합니다.

13 Layers(레이어) 패널 하단에 'Add a layer style(레이어 스타일 추가, 「fx.」)'을 클릭하여 [Stroke(획)]를 선택하고 'Size(크기) : 2px, Color(색상) : #ffff99'로 설정 후 [OK(확인)]를 클릭합니다.

14 「Ctrl」+「T」를 눌러 Options Bar(옵션 바)에서 'Rotate(회전, 「△」) : −30°'를 입력하고 「Enter」를 눌러 회전을 적용하고 배치합니다. 「Ctrl」+「S」를 눌러 저장합니다.

08 정답 파일 저장

01 [View(보기)]−[Show(표시)]−[Grid(격자)](「Ctrl」+「'」)를 선택하여 격자를 가립니다.

02 [File(파일)]−[Save As(다른 이름으로 저장)](「Shift」+「Ctrl」+「S」)를 선택하고 '저장 위치 : 내 PC\문서\GTQ, 파일 형식 : JPEG(*.JPG;*.JPEG;*.JPE), 파일 이름 : 수험번호−성명−문제번호'를 입력하고 [저장]을 클릭한 후 [JPEG Options(JPEG 옵션)] 대화상자에서 'Quality(품질) : 8'로 설정하고 [OK(확인)]를 클릭합니다.

03 [Image(이미지)]−[Image Size(이미지 크기)](「Alt」+「Ctrl」+「I」)를 선택하고 'Constrain aspect ratio(종횡비 제한) : 클릭, Width(폭) : 60Pixels(픽셀), Height(높이) : 40Pixels(픽셀)'로 입력하여 이미지 크기를 1/10로 축소한 후 [OK(확인)]를 클릭합니다.

04 [File(파일)]−[Save As(다른 이름으로 저장)](「Shift」+「Ctrl」+「S」)를 선택하고 '저장 위치 : 내 PC\문서\GTQ, 파일 형식: Photoshop(*.PSD;*.PDD;*.PSDT), 파일 이름 : 수험번호−성명−문제번호'를 입력하고 [저장]을 클릭합니다.

05 답안 저장이 완료되면 [File(파일)]−[Exit(종료)](「Ctrl」+「Q」)를 선택하여 프로그램을 종료하고 수험 프로그램에서 [답안 전송]을 클릭하여 감독관 컴퓨터로 psd와 jpg 파일을 전송합니다.

기출 유형 문제 7회

급수	버전	문제유형	시험시간	수험번호	성명
1급		A	90분	G120250007	

수 험 자 유 의 사 항

- 수험자는 문제지를 받는 즉시 응시하고자 하는 <u>과목 및 급수가 맞는지 확인</u>한 후 수험번호와 성명을 작성합니다.
- 파일명은 본인의 "수험번호−성명−문제번호"로 공백 없이 정확히 입력하고 답안폴더(내 PC₩문서₩GTQ)에 jpg 파일과 psd 파일의 2가지 포맷으로 저장해야 하며, jpg 파일과 psd 파일의 내용이 상이할 경우 0점 처리됩니다. 답안문서 파일명이 "수험번호−성명−문제번호"와 일치하지 않거나, 답안 파일을 전송하지 않아 미제출로 처리될 경우 불합격 처리됩니다.
- 문제의 세부조건은 '영문(한글)' 형식으로 표기되어 있으니 유의하시기 바랍니다.
- 수험자 정보와 저장한 파일명, 저장 위치가 다를 경우 전송이 되지 않으므로, 주의하시기 바랍니다.
- 답안 작성 중에도 <u>주기적으로 '저장'과 '답안 전송'</u>을 이용하여 감독위원 PC로 답안을 전송하셔야 합니다.(※ 작업한 내용을 <u>저장하지 않고 전송할 경우</u> 이전의 저장내용이 전송되오니 이 점 반드시 유념하시기 바랍니다.)
- 답안문서는 지정된 경로 외의 다른 보조기억장치에 저장하는 행위, 지정된 시험 시간 외에 작성된 파일을 활용한 행위, 기타 허용되지 않은 프로그램(이메일, 메신저, 게임, 네트워크 등) 이용 시 부정행위로 간주되어 자격기본법 제32조에 의거 본 시험 및 국가공인 자격시험을 2년간 응시할 수 없습니다.
- 시험 중 부주의 또는 고의로 시스템을 파손한 경우와 〈수험자 유의사항〉에 기재된 방법대로 이행하지 않아 생기는 불이익은 수험자의 책임임을 알려 드립니다.
- 시험을 완료한 수험자는 최종적으로 저장한 답안파일이 전송되었는지 확인한 후 감독위원의 지시에 따라 문제지를 제출하고 퇴실합니다.

답 안 작 성 요 령

- **온라인 답안 작성 절차**
  수험자 등록 ⇒ 시험 시작 ⇒ 답안파일 저장 ⇒ 답안 전송 ⇒ 시험 종료
- 내 PC₩문서₩GTQ₩Image폴더에 있는 그림 원본파일을 사용하여 답안을 작성하고 최종답안을 답안폴더(내 PC₩문서₩GTQ)에 저장하여 답안을 전송하시고, 이미지의 크기가 다른 경우 감점 처리됩니다.
- 배점은 총 100점으로 이루어지며, 점수는 각 문제별로 차등 배분됩니다.
- 각 문제는 주어진 〈조건〉에 따라 작성하고, 언급하지 않은 조건은 《출력형태》와 같이 작성합니다.
- 배치 등의 편의를 위해 주어진 눈금자의 단위는 '픽셀'입니다.
  그 외는 출력형태(효과, 이미지, 문자, 색상, 레이아웃, 규격 등)와 같게 작업하십시오.
- 문제 조건에 서체의 지정이 없을 경우 한글은 굴림이나 돋움, 영문은 Arial로 작업하십시오.
  (단, 그 외에 제시되지 않은 문자 속성을 기본값으로 작성하지 않은 경우는 감점 처리됩니다.)
- Image Mode(이미지 모드)는 별도의 처리조건이 없을 경우에는 RGB(8비트)로 작업하십시오.
- 모든 답안 파일은 해상도 72Pixels/Inch로 작업하십시오.
- Layer(레이어)는 각 기능별로 분할해야 하며, 임의로 합칠 경우나 각 기능에 대한 속성을 해지할 경우 해당 요소는 0점 처리됩니다.

▶ 합격 강의

다음의 《조건》에 따라 아래의 《출력형태》와 같이 작업하시오.

조건

출력형태

원본 이미지		Part05₩기출유형문제07회₩1급-1.jpg, 1급-2.jpg, 1급-3.jpg	
파일저장규칙	JPG	파일명	문서₩GTQ₩수험번호-성명-1.jpg
		크기	400×500 pixels
	PSD	파일명	문서₩GTQ₩수험번호-성명-1.psd
		크기	40×50 pixels

1. 그림 효과

① 1급-1.jpg : 필터 – Rough Pastels(거친 파스텔 효과)
② Save Path(패스 저장) : 텐트 모양
③ Mask(마스크) : 텐트 모양, 1급-2.jpg를 이용하여 작성
    레이어 스타일 – Stroke(선/획)(4px, 그라디언트(#ff6666, #ffffff)), Inner Shadow(내부 그림자)
④ 1급-3.jpg : 레이어 스타일 – Bevel & Emboss(경사와 엠보스)
⑤ Shape Tool(모양 도구) :
    – 나무 모양(#006633, 레이어 스타일 – Inner Glow(내부 광선))
    – 불 모양(#ff9933, #ff3333, 레이어 스타일 – Inner Glow(내부 광선))

2. 문자 효과

① CAMPING(Times New Roman, Bold, 45pt, #ffffff, 레이어 스타일 – Stroke(선/획)(3px, 그라디언트(#ff9999, #00cc99, #6666ff))

▶ 합격 강의

다음의 《조건》에 따라 아래의 《출력형태》와 같이 작업하시오.

조건

출력형태

원본 이미지		Part05₩기출유형문제07회₩1급-4.jpg, 1급-5.jpg, 1급-6.jpg	
파일저장규칙	JPG	파일명	문서₩GTQ₩수험번호-성명-2.jpg
		크기	400×500 pixels
	PSD	파일명	문서₩GTQ₩수험번호-성명-2.psd
		크기	40×50 pixels

1. 그림 효과

① 1급-4.jpg : 필터 – Crosshatch(그물눈)
② 색상 보정 : 1급-5.jpg – 노란색 계열로 보정
③ 1급-5.jpg : 레이어 스타일 – Stroke(선/획)(2px, #ffffff)
④ 1급-6.jpg : 레이어 스타일 – Drop Shadow(그림자 효과)
⑤ Shape Tool(모양 도구) :
    – 산 모양(#006600, #ffffff, 레이어 스타일 – Outer Glow(외부 광선))
    – 꽃 모양(#ff9900, 레이어 스타일 – Inner Shadow(내부 그림자))

2. 문자 효과

① Traveling with Friends(Times New Roman, Bold, 35pt, 레이어 스타일 – Stroke(선/획)(2px, #333333), 그라디언트 오버레이(#ff9900, #ffffff, #00ff00))

문제 ❸	[실무응용] 포스터 제작	25점

다음의 《조건》에 따라 아래의 《출력형태》와 같이 작업하시오.

조건

원본 이미지		Part05₩기출유형문제07회₩1급-7.jpg, 1급-8.jpg, 1급-9.jpg, 1급-10.jpg, 1급-11.jpg	
파일저장규칙	JPG	파일명	문서₩GTQ₩수험번호-성명-3.jpg
		크기	600×400 pixels
	PSD	파일명	문서₩GTQ₩수험번호-성명-3.psd
		크기	60×40 pixels

1. 그림 효과

① 배경 : #996666
② 1급-7.jpg : Blending Mode(혼합 모드) – Overlay(오버레이), 레이어 마스크 – 세로 방향으로 흐릿하게, Opacity(불투명도)(80%)
③ 1급-8.jpg : 필터 – Rough Pastels(거친 파스텔 효과), 레이어 마스크 – 가로 방향으로 흐릿하게
④ 1급-9.jpg : 레이어 스타일 – Stroke(선/획)(4px, 그라디언트(#003399, #ff9900))
⑤ 1급-10.jpg : 필터 – Crosshatch(그물눈)
⑥ 1급-11.jpg : 색상 보정 – 파란색 계열로 보정, 레이어 스타일 – Inner Glow(내부 광선), Drop Shadow(그림자 효과)
⑦ 그 외 《출력형태》 참조

2. 문자 효과

① 낯선 세계로 떠나는 설레임(돋움, 18pt, #ffffcc, 레이어 스타일 – Drop Shadow(그림자 효과))
② 삶의 여유를 찾아서(궁서, 35pt, 레이어 스타일 – Stroke(선/획)(3px, #6600cc), 그라디언트 오버레이(#00ccff, #33cc66, #ffcc00), Drop Shadow(그림자 효과))
③ Wisdom and leisure of my life(Arial, Regular, 16pt, #ffffff, 레이어 스타일 – Stroke(선/획)(2px, #336666))
④ SNS 공지 라이브 방송 참여하기 매주 목요일 저녁(돋움, 16pt, #333399, #ff0099, 레이어 스타일 – Stroke(선/획)(2px, #ffffff))

출력형태

Shape Tool(모양 도구) 사용 #333333, 레이어 스타일 – Outer Glow(외부 광선), Opacity(불투명도)(60%)

Shape Tool(모양 도구) 사용 #993333, #996666, 레이어 스타일 – Outer Glow(외부 광선)

Shape Tool(모양 도구) 사용 레이어 스타일 – 그라디언트 오버레이 (#996699, #ffcc99), Inner Shadow(내부 그림자)

▶합격 강의

다음의 《조건》에 따라 아래의 《출력형태》와 같이 작업하시오.

조건

원본 이미지		Part05₩기출유형문제07회₩1급-12.jpg, 1급-13.jpg, 1급-14.jpg, 1급-15.jpg, 1급-16.jpg, 1급-17.jpg	
파일저장규칙	JPG	파일명	문서₩GTQ₩수험번호-성명-4.jpg
		크기	600×400 pixels
	PSD	파일명	문서₩GTQ₩수험번호-성명-4.psd
		크기	60×40 pixels

1. 그림 효과

① 배경 : #cccccc
② 패턴(여성심볼, 남성심볼 모양) : #ffffcc, #999900, Opacity(불투명도)(60%)
③ 1급-12.jpg : Blending Mode(혼합 모드) – Overlay(오버레이), 레이어 마스크 – 세로 방향으로 흐릿하게
④ 1급-13.jpg : 필터 – Dry Brush(드라이 브러시), 레이어 마스크 – 대각선 방향으로 흐릿하게
⑤ 1급-14.jpg : 레이어 스타일 – Bevel and Emboss(경사와 엠보스), Drop Shadow(그림자 효과)
⑥ 1급-15.jpg : 필터 – Film Grain(필름 그레인), 레이어 스타일 – Drop Shadow(그림자 효과)
⑦ 1급-16.jpg : 색상 보정 – 보라색 계열로 보정, 레이어 스타일 – Bevel and Emboss(경사와 엠보스), Stroke(선/획)(2px, #ff9999)
⑧ 그 외 《출력형태》 참조

2. 문자 효과

① 건강을 지키는 현명한 방법(돋움, 33pt, 레이어 스타일 – Stroke(선/획)(3px, #660066), 그라디언트 오버레이(#00ffff, #ffffff), Drop Shadow(그림자 효과))
② http://healthinfo.co.kr(Arial, Regular, 16pt, #663300, 레이어 스타일 – Stroke(선/획)(2px, #ffcccc))
③ 자기 관리와 온라인 맞춤 클래스(돋움, 20pt, #ffffff, 레이어 스타일 – Stroke(선/획)(2px, #663333))
④ 홈트레이닝 비대면수강 명상음악(돋움, 16pt, #000000, #cc0099, 레이어 스타일 – Stroke(선/획)(2px, #ffffff))

출력형태

Shape Tool(모양 도구) 사용
#660000,
레이어 스타일 – Outer Glow(외부 광선)

Pen Tool(펜 도구) 사용
#ffcc33, #ff6699,
레이어 스타일 – Drop
Shadow(그림자 효과)

Shape Tool(모양 도구) 사용
#33ffff, #009933,
레이어 스타일 –
Outer Glow(외부 광선),
Opacity(불투명도)(70%)

Shape Tool(모양 도구) 사용
레이어 스타일 –
Stroke(선/획)(2px, #cc9966),
그라디언트 오버레이
(#ffcc99, #ffffff)

CHAPTER 07
문제 01 [기능평가] 고급 Tool(도구) 활용

작업과정	새 작업 이미지 만들기 및 파일 저장하기 ▶ 필터 적용 ▶ 텐트 모양 패스 생성 ▶ 패스 저장 및 레이어 스타일 적용 ▶ 클리핑 마스크 적용 후 레이어 스타일 적용 ▶ 모양 생성 및 레이어 스타일 적용 ▶ 문자 입력 및 왜곡, 레이어 스타일 적용 ▶ 정답 파일 저장
완성이미지	Part05₩기출유형문제07회₩정답파일₩G120250007-성명-1.jpg, G120250007-성명-1.psd

01 새 작업 이미지 만들기 및 파일 저장하기

01 [File(파일)]-[New(새로 만들기)]([Ctrl]+[N])를 선택하고 'Width(폭) : 400Pixels(픽셀), Height(높이) : 500Pixels(픽셀), Resolution(해상도) : 72Pixels/Inch(픽셀/인치), Color Mode(색상 모드) : RGB Color(RGB 색상), 8bit(비트), Background Contents(배경 내용) : White(흰색)'로 설정하여 새 작업 이미지를 만듭니다.

02 [Edit(편집)]-[Preference(환경설정)]([Ctrl]+[K])를 클릭하고 [Guides, Grid & Slices(안내선, 격자와 슬라이스)]를 선택하여 Grid(격자)의 'Color(색상)'를 클릭하여 밝은 색상으로 변경한 후 'Gridline Every(격자 간격) : 100Pixels(픽셀), Subdivisions(세분) : 1'로 설정합니다.

03 [View(보기)]-[Show(표시)]-[Grid(격자)]([Ctrl]+[']')와 [View(보기)]-[Rulers(눈금자)] ([Ctrl]+[R])를 선택하여 격자와 눈금자를 표시합니다.

04 작업 도큐먼트를 저장하기 위해 [File(파일)]-[Save As(다른 이름으로 저장)]([Shift]+[Ctrl]+[S])를 선택하고 임의 경로에 '파일 이름 : 수험번호-성명-문제번호, 파일 형식 : Photoshop(*.PSD;*.PDD;*.PSDT)'으로 파일을 저장합니다.

02 필터 적용

01 [File(파일)]-[Open(열기)]([Ctrl]+[O])을 선택하여 1급-1.jpg를 불러옵니다. [Ctrl]+[A]로 전체를 선택하고 [Ctrl]+[C]로 복사, 작업 이미지에 [Ctrl]+[V]로 붙여넣기를 하고 격자를 참고하여 배치합니다.

 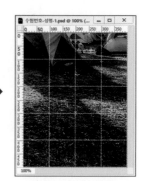

02 [Filter(필터)]-[Filter Gallery(필터 갤러리)]-[Artistic(예술 효과)]-[Rough Pastels(거친 파스텔 효과)]를 선택합니다.

⓾ 텐트 모양 패스 생성

01 Custom Shape Tool(사용자 정의 모양 도구, 🎨)을 클릭하고 Options Bar(옵션 바)에서 'Shape(모양), Fill(칠) : 임의 색상, Stroke(획) : No Color(색상 없음), Shape(모양) : Triangle(삼각형, ▲)'로 설정한 후 격자를 참조하여 삼각형 모양을 그립니다.

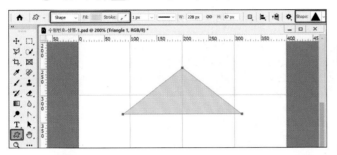

> **Shape 경로**
>
> [Legacy Shapes and More(레거시 모양 및 기타)]-[All Legacy Default Shapes(모든 레거시 기본 모양)]-[Shapes(모양)]

🎓 **기적의 Tip**

패스 작업의 명확한 구분을 위해서 Layers(레이어) 패널에서 'Layer 1' 레이어의 눈 아이콘을 클릭하여 이미지의 가시성을 끄고 패스를 그립니다.

02 Rectangle Tool(사각형 도구, ▢)을 클릭하고 Options Bar(옵션 바)에서 'Shape(모양), Fill(칠) : 임의 색상, Stroke(획) : No Color(색상 없음), Path operations(패스 작업) : Combine Shapes(모양 결합, ▣)'로 설정한 후 드래그하여 삼각형 모양 아래쪽에 겹치도록 그립니다.

03 Ellipse Tool(타원 도구, ○)을 클릭하고 Options Bar(옵션 바)에서 'Shape(모양), Fill(칠) : 임의 색상, Stroke(획) : No Color(색상 없음), Path operations(패스 작업) : Subtract Front Shape(전면 모양 빼기, ▣)'을 설정한 후 드래그하여 타원형 모양을 겹치도록 배치합니다.

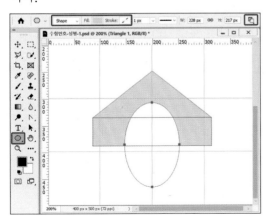

04 Convert Point Tool(기준점 변환 도구, ▱)을 클릭하고 타원형 모양의 상단 기준점에 클릭하여 패스를 변형합니다. Ellipse Tool(타원 도구, ◯)을 클릭하고 Options Bar(옵션 바)에서 'Shape(모양), Fill(칠) : 임의 색상, Stroke(획) : No Color(색상 없음), Path operations(패스 작업) : Combine Shapes(모양 결합, ▱)'로 설정한 후 드래그하여 타원형 모양을 하단에 그립니다.

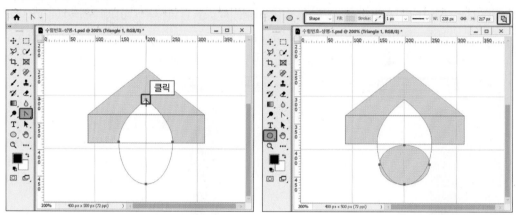

05 계속해서 Options Bar(옵션 바)에서 'Shape(모양), Path operations(패스 작업) : Subtract Front Shape(전면 모양 빼기, ▱)'로 설정한 후 드래그하여 타원형 모양을 상단과 겹치도록 배치합니다.

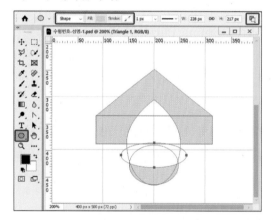

06 Rounded Rectangle Tool(모서리가 둥근 직사각형 도구, ▱)을 클릭하고 'Shape(모양), Path operations(패스 작업) : Combine Shapes(모양 결합, ▱), Radius(반경) : 10px'로 설정한 후 드래그하여 왼쪽 하단에 둥근 사각형을 그립니다.

07 Rectangle Tool(사각형 도구, ▱)을 클릭하고 'Shape(모양), Path operations(패스 작업) : Combine Shapes(모양 결합, ▱)'을 설정한 후 드래그하여 둥근 사각형과 겹치도록 그립니다.

08 Path Selection Tool(패스 선택 도구, ▶)로 드래그하여 둥근 사각형과 사각형을 함께 선택하고 Ctrl + T를 눌러 반시계 방향으로 회전하여 배치하고 Enter를 눌러 변형을 완료합니다.

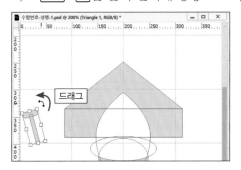

09 Pen Tool(펜 도구, ✐)을 클릭하고 Options Bar(옵션 바)에서 'Shape(모양), Fill(칠) : 임의 색상, Stroke(획) : No Color(색상 없음), Path operations(패스 작업) : Combine Shapes(모양 결합, ▣)'을 설정한 후 왼쪽에 닫힌 패스를 겹치도록 그립니다.

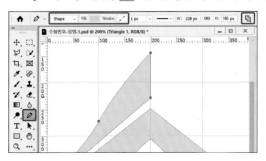

10 Path Selection Tool(패스 선택 도구, ▶)로 드래그하여 3개의 패스 모양을 함께 선택한 후 Ctrl + C를 눌러 복사하고 Ctrl + V를 눌러 붙여넣기를 합니다. Ctrl + T를 누르고 마우스 오른쪽 버튼을 클릭하여 [Flip Horizontal(가로로 뒤집기)]로 뒤집기를 합니다. 이동하여 배치한 후 Enter를 눌러 변형을 완료합니다.

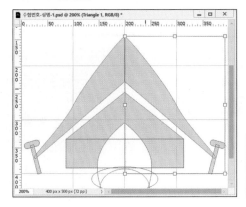

11 Path Selection Tool(패스 선택 도구, ▶)로 드래그하여 모든 패스 모양을 함께 선택하고 Options Bar(옵션 바)에서 'Path operations(패스 작업) : Merge Shape Components(모양 병합 구성 요소, ▣)'를 클릭하여 병합합니다.

04 패스 저장 및 레이어 스타일 적용

01 Paths(패스) 패널에서 작업 패스 'Triangle 1 Shape Path'를 더블 클릭한 후 [Save Path(패스 저장)] 대화상자에서 'Name(이름) : 텐트 모양'으로 입력하여 패스를 저장합니다.

02 Layers(레이어) 패널에서 'Triangle 1' 레이어의 이름을 더블 클릭하여 path로 이름을 변경하고 마우스 오른쪽 버튼을 눌러 [Rasterize Layer(레이어 래스터화)]를 선택하여 일반 레이어로 속성을 변환합니다.

> 🎓 **기적의 Tip**
>
> Layers(레이어) 패널에서 'Layer 1' 레이어의 눈 아이콘을 클릭하여 가시성을 표시합니다.

03 Layers(레이어) 패널 하단의 'Add a layer style(레이어 스타일 추가, *fx.*)'을 클릭하여 [Stroke(획)]를 선택, 'Size(크기) : 4px, Fill Type(칠 유형) : Gradient(그레이디언트), Click to edit the gradient(클릭하여 그레이디언트 편집)'를 클릭합니다.

04 그레이디언트 슬라이더 왼쪽 하단의 'Color Stop(색상 정지점)'을 더블 클릭하여 #ff6666, 오른쪽 'Color Stop(색상 정지점)'을 더블 클릭하여 #ffffff로 설정한 후, 'Style(스타일) : Linear(선형), Angle(각도) : 90°로 설정합니다.

05 계속해서 Inner Shadow(내부 그림자)]를 선택, 'Opacity(불투명도) : 75%, Angle(각도) : 90°, Distance(거리) : 7px, Size(크기) : 7px'로 설정하고 [OK(확인)]를 클릭합니다.

05 클리핑 마스크 적용 후 레이어 스타일 적용

01 [File(파일)]-[Open(열기)]([Ctrl]+[O])을 선택하여 1급-2.jpg를 불러옵니다. [Ctrl]+[A]로 전체를 선택하고 [Ctrl]+[C]로 복사 후, 작업 이미지에 [Ctrl]+[V]로 붙여넣기를 하고 텐트 모양 위쪽에 겹치도록 배치합니다.

02 Layers(레이어) 패널에서 'path' 레이어와 'Layer 2' 레이어 사이에 마우스 커서를 놓고 [Alt]를 누르고 클릭하여 Clipping Mask(클리핑 마스크)를 적용합니다. [Ctrl]+[T] 를 눌러 회전하여 배치합니다.

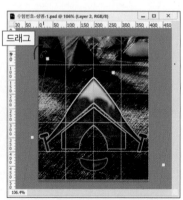

03 [File(파일)]–[Open(열기)]([Ctrl]+[O])을 선택하여 1급-3.jpg를 불러옵니다. Quick Selection Tool(빠른 선택 도구, [이미지])을 클릭하고 Options Bar(옵션 바)에서 'Add to selection(선택 영역에 추가, [이미지])'을 설정한 후 브러시의 크기를 조절하며 드래그하여 버섯 이미지를 선택하고, [Ctrl]+[C]를 눌러 복사합니다.

04 작업 이미지에 [Ctrl]+[V]로 붙여넣기를 합니다. [Ctrl]+[T]를 눌러 크기를 조절한 후, 마우스 오른쪽 버튼을 클릭하여 [Flip Horizontal(가로로 뒤집기)]로 뒤집고 회전하여 배치합니다.

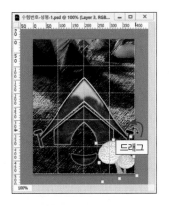

05 Layers(레이어) 패널 하단의 'Add a layer style(레이어 스타일 추가, [fx.])'을 클릭하여 [Bevel & Emboss(경사와 엠보스)]를 선택, 'Style(스타일) : Inner Bevel(내부 경사), Direction(방향) : Up(위로), Size(크기) : 10px'로 설정하고 [OK(확인)]를 클릭합니다.

06 모양 생성 및 레이어 스타일 적용

01 Custom Shape Tool(사용자 정의 모양 도구, [이미지])을 클릭하고 Options Bar(옵션 바)에서 'Shape(모양), Fill(칠) : #ff9933, Stroke(획) : No Color(색상 없음), Shape(모양) : Fire(불, [이미지])'로 설정한 후 [Shift]를 누른 채 드래그하여 모양을 그립니다.

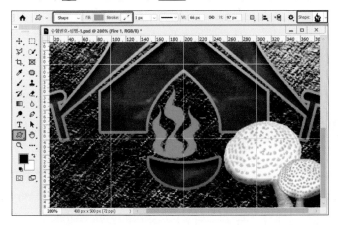

Shape 경로

[Legacy Shapes and More(레거시 모양 및 기타)]–[All Legacy Default Shapes(모든 레거시 기본 모양)]–[Nature(자연)]

02 Layers(레이어) 패널 하단의 'Add a layer style(레이어 스타일 추가, [fx.])'을 클릭하여 [Inner Glow(내부 광선)]를 선택, 'Opacity(불투명도) : 75%, Choke(경계 감소) : 0%, Size(크기) : 5px'로 설정하고 [OK(확인)]를 클릭합니다.

03 [Ctrl]+[J]를 눌러 'Fire 1' 레이어를 복사하고 Layers(레이어) 패널에서 'Fire 1 copy' 레이어의 'Layer thumbnail(레이어 축소판)'을 더블 클릭하여 'Color(색상) : #ff3333'으로 변경합니다.

04 Ctrl+T를 눌러 크기를 조절한 후, 마우스 오른쪽 버튼을 클릭하여 [Flip Horizontal(가로로 뒤집기)]로 뒤집고 배치합니다.

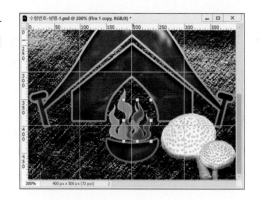

05 Layers(레이어) 패널에서 'Layer 1' 레이어를 클릭합니다. Custom Shape Tool(사용자 정의 모양 도구, ⚙)을 클릭하고 Options Bar(옵션 바)에서 'Shape(모양), Fill(칠) : #006633, Stroke(획) : No Color(색상 없음), Shape(모양) : Shape 288(모양 288, ▄▄)'로 설정한 후 Shift를 누른 채 드래그하여 모양을 그립니다.

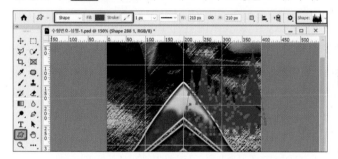

> **Shape 경로**
>
> [Legacy Shapes and More(레거시 모양 및 기타)]–[2019 Shapes(2019 모양)]–[Forests and Mountains(숲 및 산)]

06 Layers(레이어) 패널 하단의 'Add a layer style(레이어 스타일 추가, fx.)'을 클릭하여 [Inner Glow(내부 광선)]를 선택, 'Opacity(불투명도) : 75%, Size(크기) : 7px'로 설정하고 [OK(확인)]를 클릭합니다.

07 문자 입력 및 왜곡, 레이어 스타일 적용

01 Layers(레이어) 패널에서 'Fire 1 copy' 레이어를 선택합니다. Horizontal Type Tool(수평 문자 도구, T)로 작업 이미지를 클릭하고 Options Bar(옵션 바)에서 'Font(글꼴) : Times New Roman, Set font style(글꼴 스타일 설정) : Bold, Set font size(글꼴 크기) : 45pt, Color(색상) : #ffffff'로 설정한 후 CAMPING을 입력합니다.

02 Options Bar(옵션 바)에서 Create warped text(뒤틀어진 텍스트 만들기, ᠴ)를 클릭하여 [Warp Text(텍스트 뒤틀기)] 대화상자에서 'Style(스타일) : Shell Lower(아래가 넓은 조개), Horizontal(가로) : 체크, Bend(구부리기) : 60%'로 설정하여 문자의 모양을 왜곡합니다.

03 Layers(레이어) 패널 하단의 'Add a layer style(레이어 스타일 추가, fx.)'을 클릭하여 [Stroke(획)]를 선택, 'Size(크기) : 3px, Fill Type(칠 유형) : Gradient(그레이디언트), Click to edit the gradient(클릭하여 그레이디언트 편집)'를 클릭합니다.

04 그레이디언트 슬라이더 왼쪽 하단의 'Color Stop(색상 정지점)'을 더블 클릭하여 #ff9999, 가운데 빈 곳을 클릭하여 'Color Stop(색상 정지점)'을 추가한 후 더블 클릭하여 #00cc99, 오른쪽 'Color Stop(색상 정지점)'을 더블 클릭하여 #6666ff로 설정한 후, 'Style(스타일) : Linear(선형), Angle(각도) : 0˚로 설정하고 [OK(확인)]를 클릭합니다.

05 Ctrl + T 를 눌러 Options Bar(옵션 바)에서 'Rotate(회전, ◺) : −15˚를 입력하고 Enter 를 눌러 회전을 적용하고 배치합니다. Ctrl + S 를 눌러 저장합니다.

⑧ 정답 파일 저장

01 [View(보기)]−[Show(표시)]−[Grid(격자)](Ctrl + ')를 선택하여 격자를 가립니다.

02 [File(파일)]−[Save As(다른 이름으로 저장)](Shift + Ctrl + S)를 선택하고 '저장 위치 : 내 PCW문서WGTQ, 파일 형식 : JPEG(*.JPG;*.JPEG;*.JPE), 파일 이름 : 수험번호−성명−문제번호'를 입력하고 [저장]을 클릭한 후 [JPEG Options(JPEG 옵션)] 대화상자에서 'Quality(품질) : 8'로 설정하고 [OK(확인)]를 클릭합니다.

🎓 **기적의 Tip**

Photoshop CC 2020 이후 버전에서 [Save As(다른 이름으로 저장)](Shift + Ctrl + S)로 '파일 형식 : JPEG(*.JPG;*.JPEG; *.JPE)'가 없는 경우에는 아래와 같이 저장하면 됩니다.

※ CC 버전에 따라 정답 파일을 '파일 형식 : JPEG'로 저장하기

• [File(파일)]−[Save As(다른 이름으로 저장)](Shift + Ctrl + S)를 선택하고 [다른 이름으로 저장] 대화상자에서 [Save A Copy(사본 저장)]를 선택합니다.
• [File(파일)]−[Save A Copy(사본 저장)](Alt + Ctrl + S)를 선택합니다.

---

03 [Image(이미지)]−[Image Size(이미지 크기)](Alt + Ctrl + I)를 선택하고 'Constrain aspect ratio(종횡비 제한) : 클릭, Width(폭) : 40Pixels(픽셀), Height(높이) : 50Pixels(픽셀)'로 입력하여 이미지 크기를 1/10로 축소한 후 [OK(확인)]를 클릭합니다.

04 [File(파일)]−[Save As(다른 이름으로 저장)](Shift + Ctrl + S)를 선택하고 '저장 위치 : 내 PCW문서WGTQ, 파일 형식 : Photoshop(*.PSD;*.PDD;*.PSDT), 파일 이름 : 수험번호−성명−문제번호'를 입력하고 [저장]을 클릭합니다.

05 답안 저장이 완료되면 [File(파일)]−[Close(닫기)](Ctrl + W)를 선택하여 파일을 닫고 수험 프로그램에서 [답안 전송]을 클릭하여 감독관 컴퓨터로 psd와 jpg 파일을 전송합니다.

작업과정	새 작업 이미지 만들기 및 파일 저장하기 ▶ 필터 적용 및 레이어 스타일 적용 ▶ 색상 보정하기 ▶ 모양 생성 및 레이어 스타일 적용 ▶ 문자 입력 및 변형, 레이어 스타일 적용 ▶ 정답 파일 저장
완성이미지	Part05₩기출유형문제07회₩정답파일₩G120250007-성명-2.jpg, G120250007-성명-2.psd

01 새 작업 이미지 만들기 및 파일 저장하기

01 [File(파일)]-[New(새로 만들기)]([Ctrl]+[N])를 선택하고 'Width(폭) : 400Pixels(픽셀), Height(높이) : 500Pixels(픽셀), Resolution(해상도) : 72Pixels/Inch(픽셀/인치), Color Mode(색상 모드) : RGB Color(RGB 색상), 8bit(비트), Background Contents(배경 내용) : White(흰색)'로 설정하여 새 작업 이미지를 만듭니다.

02 [Edit(편집)]-[Preference(환경설정)]([Ctrl]+[K])를 클릭하고 [Guides, Grid & Slices(안내선, 격자와 슬라이스)]를 선택하여 Grid(격자)의 'Color(색상)'를 클릭하여 밝은 색상으로 변경한 후 'Gridline Every(격자 간격) : 100Pixels(픽셀), Subdivisions(세분) : 1'로 설정합니다.

03 [View(보기)]-[Show(표시)]-[Grid(격자)]([Ctrl]+[']))와 [View(보기)]-[Rulers(눈금자)] ([Ctrl]+[R])를 선택하여 격자와 눈금자를 표시합니다.

04 작업 도큐먼트를 저장하기 위해 [File(파일)]-[Save As(다른 이름으로 저장)]([Shift]+[Ctrl]+ [S])를 선택하고 임의 경로에 '파일 이름 : 수험번호-성명-문제번호, 파일 형식 : Photoshop(*.PSD;*.PDD;*.PSDT)'으로 파일을 저장합니다.

02 필터 적용 및 레이어 스타일 적용

01 [File(파일)]-[Open(열기)]([Ctrl]+[O])을 선택하여 1급-4.jpg를 불러옵니다. [Ctrl]+[A]로 전체를 선택하고 [Ctrl]+[C]로 복사 후, 작업 이미지에 [Ctrl]+[V]로 붙여넣기를 하고 격자를 참고하여 배치합니다.

02 [Filter(필터)]-[Filter Gallery(필터 갤러리)]-[Brush Strokes(브러시 선)]-[Crosshatch (그물눈)]를 선택합니다.

03 [File(파일)]-[Open(열기)]([Ctrl]+[O])을 선택하여 1급-5.jpg를 불러옵니다. Pen Tool(펜 도구, [✐])을 클릭하고 Options Bar(옵션 바)에서 'Path(패스), Path operations(패스 작업) : Exclude Overlapping Shapes(모양 오버랩 제외, [▣])'를 설정하고 컵 이미지를 따라 닫힌 패스로 완료합니다. 패스가 완료되면 [Ctrl]+[Enter]를 눌러 선택 상태로 전환합니다.

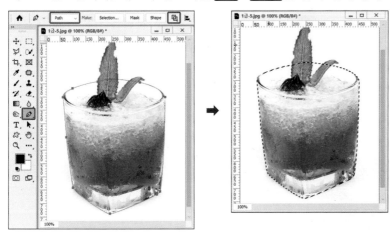

04 Quick Selection Tool(빠른 선택 도구, [☑])을 클릭하고 Options Bar(옵션 바)에서 'Add to selection(선택 영역에 추가, [☑])'을 설정한 후 브러시의 크기를 조절하며 드래그하여 잎 모양을 추가로 선택하고, [Ctrl]+[C]를 눌러 복사합니다.

05 작업 이미지에 [Ctrl]+[V]로 붙여넣기를 합니다. [Ctrl]+[T]를 누르고 [Shift]를 누른 채 크기를 조절하여 배치합니다.

06 Layers(레이어) 패널 하단의 'Add a layer style(레이어 스타일 추가, [fx.])'을 클릭하여 [Stroke(획)]를 선택, 'Size(크기) : 2px, Color(색상) : #ffffff'로 설정하고 [OK(확인)]를 클릭합니다.

03 색상 보정하기

01 Layers(레이어) 패널에서 'Layer 2' 레이어의 'Layer thumbnail(레이어 축소판)'을 [Ctrl]을 누른 채 클릭하여 이미지를 빠르게 선택합니다.

02 Quick Selection Tool(빠른 선택 도구, [☑])을 클릭하고 Options Bar(옵션 바)에서 'Subtract from selection(선택 영역에서 빼기, [☑])'을 설정하고 브러시의 크기를 조절하며 잎 모양에 드래그하여 선택 영역에서 제외합니다.

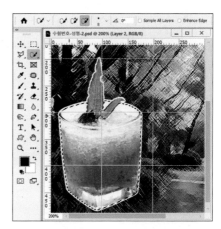

03 Layers(레이어) 패널 하단의 'Create new fill or adjustment layer(새 칠 또는 조정 레이어 생성, ◑)'를 클릭하고 [Hue/Saturation(색조/채도)]을 선택합니다. Properties(속성) 패널에서 'Hue(색조) : 60, Saturation(채도) : 20, Lightness(명도) : −6'으로 설정하여 노란색 계열로 보정합니다.

04 [File(파일)]−[Open(열기)]([Ctrl]+[O])을 선택하여 1급−6.jpg를 불러옵니다. Object Selection Tool(개체 선택 도구, ▣)을 클릭하고 Options Bar(옵션 바)에서 Rectangle(사각형)로 설정하고 이미지에 드래그하여 선택합니다.

05 Quick Selection Tool(빠른 선택 도구, ◪)을 클릭하고 Options Bar(옵션 바)에서 'Add to selection(선택 영역에 추가, ◪)'을 설정한 후 브러시의 크기를 조절하며 드래그하여 선택을 추가합니다. Options Bar(옵션 바)에서 'Select and Mask(선택 및 마스크)'를 클릭합니다.

06 Select and Mask(선택 및 마스크)의 Options Bar(옵션 바)에서 'Subtract from selection(선택 영역에서 빼기, ⊝)'을 클릭합니다. 선택 영역에서 제외할 이미지에 드래그하여 선택을 정교하게 조절한 후 [OK(확인)]를 클릭하고, [Ctrl]+[C]로 복사합니다.

07 작업 이미지의 Layers(레이어) 패널에서 'Layer 1' 레이어를 클릭한 후, [Ctrl]+[V]로 붙여넣기를 합니다. [Ctrl]+[T]를 누르고, 마우스 오른쪽 버튼을 클릭하여 [Flip Horizontal(가로로 뒤집기)]로 뒤집은 후 크기를 조절하고 격자를 참조하여 배치합니다.

08 Layers(레이어) 패널 하단의 'Add a layer style(레이어 스타일 추가, _fx_)'을 클릭하여 [Drop Shadow(그림자)]를 선택, 'Opacity(불투명도) : 75%, Angle(각도) : 90°, Distance(거리) : 5px, Size(크기) : 5px'로 설정하고 [OK(확인)]를 클릭합니다.

04 모양 생성 및 레이어 스타일 적용

01 Layers(레이어) 패널에서 'Hue/Saturation 1' 레이어를 선택합니다. Custom Shape Tool(사용자 정의 모양 도구, _⚘_)을 클릭하고 Options Bar(옵션 바)에서 'Shape(모양), Fill(칠) : #ff9900, Stroke(획) : No Color(색상 없음), Shape(모양) : Shape 43(모양 43, _✳_)'으로 설정한 후 Shift를 누른 채 드래그하여 모양을 그립니다.

Shape 경로

[Flowers(꽃)]

02 Layers(레이어) 패널 하단의 'Add a layer style(레이어 스타일 추가, _fx_)'을 클릭하여 [Inner Shadow(내부 그림자)]를 선택, 'Opacity(불투명도) : 75%, Angle(각도) : 90°, Distance(거리) : 3px, Size(크기) : 3px'로 설정하고 [OK(확인)]를 클릭합니다.

03 Custom Shape Tool(사용자 정의 모양 도구, _⚘_)을 클릭하고 Options Bar(옵션 바)에서 'Shape(모양), Fill(칠) : #006600, Stroke(획) : No Color(색상 없음), Shape(모양) : Shape 84(모양 84, _⌃_)'로 설정한 후 드래그하여 모양을 그립니다.

Shape 경로

[Legacy Shapes and More(레거시 모양 및 기타)]–[2019 Shapes(2019 모양)]–[Forests and Mountains(숲 및 산)]

04 Layers(레이어) 패널 하단의 'Add a layer style(레이어 스타일 추가, _fx_)'을 클릭하여 [Outer Glow(외부 광선)]를 선택, 'Opacity(불투명도) : 75%, Spread(스프레드) : 0%, Size(크기) : 8px'로 설정하고 [OK(확인)]를 클릭합니다.

05 Ctrl+J를 눌러 'Shape 84 1' 레이어를 복사합니다. Ctrl+T를 눌러 크기를 조절하고, 마우스 오른쪽 버튼을 클릭하여 [Flip Horizontal(가로로 뒤집기)]로 뒤집고 이동하여 배치합니다.

06 Layers(레이어) 패널에서 'Shape 84 1 copy' 레이어의 'Layer thumbnail(레이어 축소판)' 을 더블 클릭하여 'Color(색상) : #ffffff'로 변경합니다.

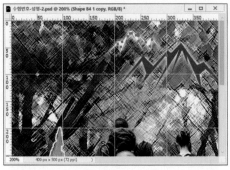

05 문자 입력 및 변형, 레이어 스타일 적용

01 Horizontal Type Tool(수평 문자 도구, **T**)로 작업 이미지를 클릭하고 Options Bar(옵션 바)에서 'Font(글꼴) : Times New Roman, Set font style(글꼴 스타일 설정) : Bold, Set font size(글꼴 크기) : 35pt, Color(색상) : 임의 색상'으로 설정한 후 Traveling with Friends를 입력합니다.

02 Options Bar(옵션 바)에서 Create warped text(뒤틀어진 텍스트 만들기, **工**)를 클릭하여 [Warp Text(텍스트 뒤틀기)] 대화상자에서 'Style(스타일) : Rise(상승), Horizontal(가로) : 체크, Bend(구부리기) : −100%'로 설정하여 문자의 모양을 왜곡합니다.

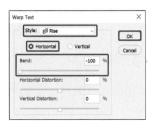

03 Layers(레이어) 패널 하단의 'Add a layer style(레이어 스타일 추가, **fx.**)'을 클릭하여 [Stroke(획)]를 선택, 'Size(크기) : 2px, Color(색상) : #333333'으로 설정합니다. 계속해서 [Gradient Overlay(그레이디언트 오버레이)]를 선택하고 'Click to edit the gradient(클릭 하여 그레이디언트 편집)'를 클릭합니다.

04 그레이디언트 슬라이더 왼쪽 하단의 'Color Stop(색상 정지점)'을 더블 클릭하여 #ff9900, 가운데 빈 곳을 클릭하여 'Color Stop(색상 정지점)'을 추가하고 더블 클릭하여 #ffffff, 오른쪽 'Color Stop(색상 정지점)'을 더블 클릭하여 #00ff00으로 설정한 후, 'Style(스타일) : Linear(선형), Angle(각도) : 0°'로 설정하고 [OK(확인)]를 클릭합니다. [Ctrl]+[S]를 눌러 저장합니다.

06 정답 파일 저장

01 [View(보기)]-[Show(표시)]-[Grid(격자)]([Ctrl]+['])를 선택하여 격자를 가립니다.

02 [File(파일)]-[Save As(다른 이름으로 저장)]([Shift]+[Ctrl]+[S])를 선택하고 '저장 위치 : 내 PC₩문서₩GTQ, 파일 형식 : JPEG(*.JPG;*.JPEG;*.JPE), 파일 이름 : 수험번호-성명-문제번호'를 입력하고 [저장]을 클릭한 후 [JPEG Options(JPEG 옵션)] 대화상자에서 'Quality(품질) : 8'로 설정하고 [OK(확인)]를 클릭합니다.

03 [Image(이미지)]-[Image Size(이미지 크기)]([Alt]+[Ctrl]+[I])를 선택하고 'Constrain aspect ratio(종횡비 제한) : 클릭, Width(폭) : 40Pixels(픽셀), Height(높이) : 50Pixels(픽셀)'로 입력하여 이미지 크기를 1/10로 축소한 후 [OK(확인)]를 클릭합니다.

04 [File(파일)]-[Save As(다른 이름으로 저장)]([Shift]+[Ctrl]+[S])를 선택하고 '저장 위치 : 내 PC₩문서₩GTQ, 파일 형식 : Photoshop(*.PSD;*.PDD;*.PSDT), 파일 이름 : 수험번호-성명-문제번호'를 입력하고 [저장]을 클릭합니다.

05 답안 저장이 완료되면 [File(파일)]-[Close(닫기)]([Ctrl]+[W])를 선택하여 파일을 닫고 수험 프로그램에서 [답안 전송]을 클릭하여 감독관 컴퓨터로 psd와 jpg 파일을 전송합니다.

문제 **03**	CHAPTER 07 **[실무응용] 포스터 제작**	
작업과정	새 작업 이미지 만들기 및 파일 저장하기 ▶ 혼합 모드 합성 및 레이어 마스크, 필터 적용 ▶ 클리핑 마스크 및 필터 적용 ▶ 이미지 보정 및 레이어 스타일 적용 ▶ 모양 생성 및 레이어 스타일 적용 ▶ 문자 입력 및 왜곡과 레이어 스타일 적용 ▶ 정답 파일 저장	
완성이미지	Part05₩기출유형문제07회₩정답파일₩G120250007-성명-3.jpg, G120250007-성명-3.psd	

01 새 작업 이미지 만들기 및 파일 저장하기

01 [File(파일)]-[New(새로 만들기)]([Ctrl]+[N])를 선택하고 'Width(폭) : 600Pixels(픽셀), Height(높이) : 400Pixels(픽셀), Resolution(해상도) : 72Pixels/Inch(픽셀/인치), Color Mode(색상 모드) : RGB Color(RGB 색상), 8bit(비트), Background Contents(배경 내용) : White(흰색)'로 설정하여 새 작업 이미지를 만듭니다.

02 [Edit(편집)]-[Preference(환경설정)]([Ctrl]+[K])를 클릭하고 [Guides, Grid & Slices(안내선, 격자와 슬라이스)]를 선택하여 Grid(격자)의 'Color(색상)'를 클릭하여 밝은 색상으로 변경한 후 'Gridline Every(격자 간격) : 100Pixels(픽셀), Subdivisions(세분) : 1'로 설정합니다.

03 [View(보기)]-[Show(표시)]-[Grid(격자)]([Ctrl]+['])와 [View(보기)]-[Rulers(눈금자)] ([Ctrl]+[R])를 선택하여 격자와 눈금자를 표시합니다.

04 작업 도큐먼트를 저장하기 위해 [File(파일)]-[Save As(다른 이름으로 저장)]([Shift]+[Ctrl]+[S])를 선택하고 임의 경로에 '파일 이름 : 수험번호-성명-문제번호, 파일 형식 : Photoshop(*.PSD;*.PDD;*.PSDT)'으로 파일을 저장합니다.

02 혼합 모드 합성 및 레이어 마스크, 필터 적용

01 Tool Panel(도구 패널) 하단의 'Set foreground color(전경색 설정)'을 클릭하여 # 오른쪽 입력란에 996666으로 입력한 후, [Alt]+[Delete]를 눌러 제시된 Foreground Color(전경색)를 작업 이미지의 배경에 채웁니다.

02 [File(파일)]-[Open(열기)]([Ctrl]+[O])을 선택하여 1급-7.jpg를 불러옵니다. [Ctrl]+[A]로 전체를 선택하여 [Ctrl]+[C]로 복사 후, 작업 이미지에 [Ctrl]+[V]로 붙여넣기를 하고 [Ctrl]+[T]를 눌러 크기를 조절하여 배치합니다. Layers(레이어) 패널에서 'Blending Mode(혼합 모드) : Overlay(오버레이), Opacity(불투명도) : 80%'로 설정합니다.

 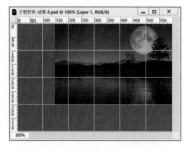

03 Layers(레이어) 패널 하단의 'Add layer mask(레이어 마스크 추가, ▣)'를 클릭하여 레이어 마스크를 추가합니다.

04 Tool Panel(도구 패널) 하단의 'Set foreground color(전경색 설정)'를 #000000, 'Set background color(배경색 설정)'를 #ffffff로 설정합니다. Gradient Tool(그레이디언트 도구, )을 클릭하고 Options Bar(옵션 바)에서 'Type(유형) : Linear Gradient(선형 그레이디언트), Mode(모드) : Normal(표준), Opacity(불투명도) : 100%'로 설정한 후 **Shift**를 누르고 아래쪽에서 위쪽인 세로 방향으로 드래그하여 이미지 일부를 자연스럽게 지워 합성합니다.

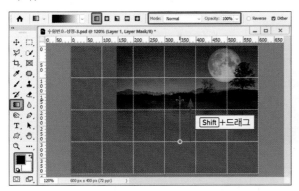

05 [File(파일)]-[Open(열기)]([**Ctrl**]+[**O**])을 선택하여 1급-8.jpg를 불러옵니다. [**Ctrl**]+[**A**]로 전체를 선택하여 [**Ctrl**]+[**C**]로 복사 후, 작업 이미지에 [**Ctrl**]+[**V**]로 붙여넣기를 합니다. [**Ctrl**]+[**T**]를 눌러 크기와 회전을 조절하고 격자를 참조하여 배치합니다.

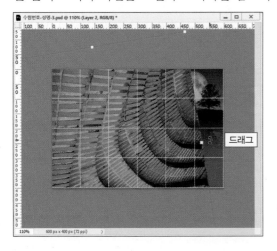

06 [Filter(필터)]-[Filter Gallery(필터 갤러리)]-[Artistic(예술 효과)]-[Rough Pastels(거친 파스텔 효과)]를 선택합니다.

07 Layers(레이어) 패널 하단의 'Add layer mask(레이어 마스크 추가, )'를 클릭하여 레이어 마스크를 추가합니다.

08 Tool Panel(도구 패널) 하단의 'Set foreground color(전경색 설정)'를 #000000, 'Set background color(배경색 설정)'를 #ffffff로 설정합니다. Gradient Tool(그레이디언트 도구, ▨)을 클릭하고 Options Bar(옵션 바)에서 'Type(유형) : Linear Gradient(선형 그레이디언트), Mode(모드) : Normal(표준), Opacity(불투명도) : 100%'로 설정한 후 **Shift**를 누르고 오른쪽에서 왼쪽 가로 방향으로 드래그하여 이미지 일부를 자연스럽게 지워 합성합니다.

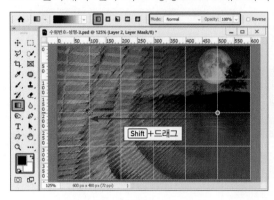

⑬ 클리핑 마스크 및 필터 적용

01 [File(파일)]-[Open(열기)](**Ctrl**+**O**)을 선택하여 1급-9.jpg를 불러옵니다. Pen Tool(펜 도구, ⌀)을 클릭하고 Options Bar(옵션 바)에서 'Path(패스), Path operations(패스 작업) : Exclude Overlapping Shapes(모양 오버랩 제외, ▣)'로 설정한 후 제시된 이미지를 따라 2개의 닫힌 패스를 완료합니다.

02 패스가 완료되면 **Ctrl**+**Enter**를 눌러 선택 상태로 전환하고, **Ctrl**+**C**를 눌러 복사한 후 작업 이미지에 **Ctrl**+**V**로 붙여넣기를 합니다. **Ctrl**+**T**를 누르고, 마우스 오른쪽 버튼을 클릭하여 [Flip Horizontal(가로로 뒤집기)]로 뒤집은 후 종횡비를 유지하여 크기를 조절하고 배치합니다.

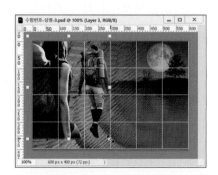

03 Quick Selection Tool(빠른 선택 도구, )을 클릭하고 Options Bar(옵션 바)에서 'Add to selection(선택 영역에 추가,)'으로 설정한 후 브러시의 크기를 조절하며 드래그하여 배낭 이미지를 선택합니다.

드래그

04 Ctrl+J를 눌러 배낭 이미지를 복사한 레이어로 만든 후, [File(파일)]-[Open(열기)](Ctrl+O)을 선택하여 1급-10.jpg를 불러옵니다. Ctrl+A로 전체를 선택하고 Ctrl+C로 복사 후, 작업 이미지에 Ctrl+V로 붙여넣기를 합니다. Ctrl+T를 눌러 종횡비를 유지하여 크기를 조절하고 'Layer 4' 레이어와 겹치도록 배치합니다.

05 Layers(레이어) 패널에서 'Layer 5' 레이어와 'Layer 4' 레이어 사이에 마우스 커서를 놓고 Alt를 누르고 클릭하여 Clipping Mask(클리핑 마스크)를 적용합니다.

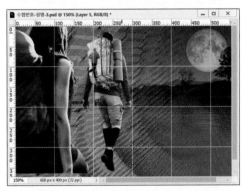

🎯 **기적의 Tip**

Clipping Mask(클리핑 마스크)를 적용할 때는 반드시 복사한 배낭 이미지 레이어 바로 위에 이미지 레이어를 배치해야 합니다.

---

06 [Filter(필터)]-[Filter Gallery(필터 갤러리)]-[Brush Strokes(브러시 선)]-[Crosshatch(그물눈)]를 선택합니다.

07 Layers(레이어) 패널에서 'Layer 3' 레이어를 선택합니다. 패널 하단의 'Add a layer style(레이어 스타일 추가, fx)'을 클릭하여 [Stroke(획)]를 선택, 'Size(크기) : 4px, Fill Type(칠 유형) : Gradient(그레이디언트)'를 설정하고 'Click to edit the gradient(클릭하여 그레이디언트 편집)'를 클릭합니다.

08 그레이디언트 슬라이더 왼쪽 하단의 'Color Stop(색상 정지점)'을 더블 클릭하여 #003399, 오른쪽 'Color Stop(색상 정지점)'을 더블 클릭하여 #ff9900으로 설정한 후, 'Style(스타일) : Linear(선형), Angle(각도) : -90˚'로 설정하고 [OK(확인)]를 클릭합니다.

04 이미지 보정 및 레이어 스타일 적용

01 [File(파일)]–[Open(열기)]([Ctrl]+[O])을 선택하여 1급–11.jpg를 불러옵니다. Quick Selec-tion Tool(빠른 선택 도구, [🖌️])을 클릭하고 Options Bar(옵션 바)에서 'Add to selection(선택 영역에 추가, [🖌️])'을 설정한 후 브러시의 크기를 조절하며 드래그하여 선택한 후 [Ctrl]+[C]를 눌러 복사합니다.

02 Layers(레이어) 패널에서 'Layer 5' 레이어를 선택합니다. [Ctrl]+[V]로 붙여넣기를 하고 [Ctrl]+[T]를 눌러 종횡비에 맞게 크기를 축소하고 회전하여 배치합니다.

03 Layers(레이어) 패널 하단의 'Add a layer style(레이어 스타일 추가, [fx.])'을 클릭하여 [In-ner Glow(내부 광선)]를 선택, 'Opacity(불투명도) : 75%, Choke(경계 감소) : 0%, Size(크기) : 10px'로 설정합니다.

04 계속해서 [Drop Shadow(드롭 섀도)]를 선택, 'Opacity(불투명도) : 75%, Angle(각도) : 90°, Distance(거리) : 7px, Size(크기) : 7px'로 설정하고 [OK(확인)]를 클릭합니다.

05 Elliptical Marquee Tool(원형 선택 윤곽 도구, [⭕])을 클릭하고 Options Bar(옵션 바)에서 'New selection(새 선택 영역, [■]), Feather(페더) : 0px, Anti–alias(앤티 앨리어스) : 체크, Style(스타일) : Normal(표준)'로 설정한 후 [Alt]를 누른 채 나침반의 중심 부분에서부터 드래그하여 원형으로 선택합니다.

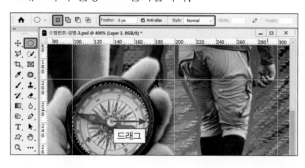

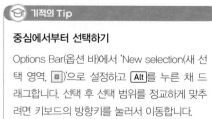

🎓 **기적의 Tip**

중심에서부터 선택하기

Options Bar(옵션 바)에서 'New selection(새 선택 영역, [■])'으로 설정하고 [Alt]를 누른 채 드래그합니다. 선택 후 선택 범위를 정교하게 맞추려면 키보드의 방향키를 눌러서 이동합니다.

06 Layers(레이어) 패널 하단의 'Create new fill or adjustment layer(새 칠 또는 조정 레이어 생성, [◑])'를 클릭하고 [Hue/Saturation(색조/채도)]을 선택합니다. Properties(속성) 패널에서 'Colorize(색상화) : 체크, Hue(색조) : 175, Saturation(채도) : 70, Lightness(명도) : −30'으로 설정하여 파란색 계열로 보정합니다.

05 모양 생성 및 레이어 스타일 적용

01 Custom Shape Tool(사용자 정의 모양 도구, 🐾)을 클릭하고 Options Bar(옵션 바)에서 'Shape(모양), Fill(칠) : 임의 색상, Stroke(획) : No Color(색상 없음), Shape(모양) : Snail(달팽이, 🐌)'로 설정한 후 모양을 그립니다. [Ctrl]+[T]를 누르고, 마우스 오른쪽 버튼을 클릭하여 [Flip Horizontal(가로로 뒤집기)]로 뒤집은 후 배치합니다.

Shape 경로

[Legacy Shapes and More(레거시 모양 및 기타)]-[All Legacy Default Shapes(모든 레거시 기본 모양)]-[Animals(동물)]

02 Layers(레이어) 패널 하단의 'Add a layer style(레이어 스타일 추가, 𝑓𝑥.)'을 클릭하여 [Inner Shadow(내부 그림자)]를 선택, 'Opacity(불투명도) : 75%, Angle(각도) : 90°, Distance(거리) : 7px, Size(크기) : 5px'로 설정합니다.

03 계속해서 [Gradient Overlay(그레이디언트 오버레이)]를 선택하고 'Click to edit the gradient(클릭하여 그레이디언트 편집)'를 클릭합니다. 그레이디언트 슬라이더 왼쪽 하단의 'Color Stop(색상 정지점)'을 더블 클릭하여 #996699, 오른쪽 'Color Stop(색상 정지점)'을 더블 클릭하여 #ffcc99로 설정한 후, 'Style(스타일) : Linear(선형), Angle(각도) : 90°로 설정하고 [OK(확인)]를 클릭합니다.

04 Custom Shape Tool(사용자 정의 모양 도구, 🐾)을 클릭하고 Options Bar(옵션 바)에서 'Shape(모양), Fill(칠) : #993333, Stroke(획) : No Color(색상 없음), Shape(모양) : Spiral(나선형, ◎)'을 설정한 후 [Shift]를 누른 채 드래그하여 모양을 그립니다.

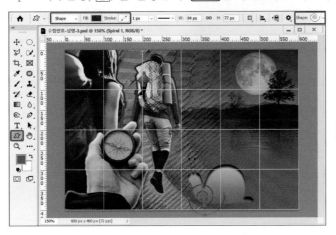

Shape 경로

[Legacy Shapes and More(레거시 모양 및 기타)]-[All Legacy Default Shapes(모든 레거시 기본 모양)]-[Ornaments(장식)]

05 Layers(레이어) 패널 하단의 'Add a layer style(레이어 스타일 추가, fx.)'을 클릭하여 [Outer Glow(외부 광선)]를 선택, 'Opacity(불투명도) : 75%, Spread(스프레드) : 0%, Size (크기) : 7px'로 설정하고 [OK(확인)]를 클릭합니다.

06 Ctrl + J 를 눌러 'Spiral 1' 레이어를 복사하고 Layers(레이어) 패널에서 'Spiral 1 copy' 레이어의 'Layer thumbnail(레이어 축소판)'을 더블 클릭하여 'Color(색상) : #996666'으로 변경합니다.

07 Ctrl + T 를 누르고, 마우스 오른쪽 버튼을 클릭하여 [Flip Horizontal(가로로 뒤집기)]로 뒤집은 후 크기를 조절하여 배치합니다.

08 Custom Shape Tool(사용자 정의 모양 도구, 🐾)을 클릭하고 Options Bar(옵션 바)에서 'Shape(모양), Fill(칠) : #333333, Stroke(획) : No Color(색상 없음), Shape(모양) : Point Right(오른쪽 표시, ◄)'로 설정한 후 Shift 를 누른 채 드래그하여 모양을 그립니다.

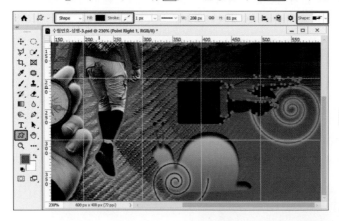

> **Shape 경로**
>
> [Legacy Shapes and More(레거시 모양 및 기타)]–[All Legacy Default Shapes(모든 레거시 기본 모양)]– [Ornaments(장식)]

09 Layers(레이어) 패널 하단의 'Add a layer style(레이어 스타일 추가, fx.)'을 클릭하여 [Outer Glow(외부 광선)]를 선택, 'Opacity(불투명도) : 50%, Spread(스프레드) : 0%, Size(크기) : 10px'로 설정하고 [OK(확인)]를 클릭합니다. Layers(레이어) 패널 상단의 'Opacity(불투명도) : 60%'로 설정하여 합성합니다.

06 문자 입력 및 왜곡과 레이어 스타일 적용

01 Horizontal Type Tool(수평 문자 도구, T)로 작업 이미지를 클릭하고 Options Bar(옵션 바)에서 'Font(글꼴) : 궁서, Set font size(글꼴 크기) : 35pt, Set anti-aliasing method (앤티 앨리어싱 방법 설정) : Strong(강하게), Color(색상) : 임의 색상'으로 설정한 후 삶의 여유를 찾아서를 입력합니다.

02 Options Bar(옵션 바)에서 Create warped text(뒤틀어진 텍스트 만들기, ⊥)를 클릭하여 [Warp Text(텍스트 뒤틀기)] 대화상자에서 'Style(스타일) : Flag(깃발), Horizontal(가로) : 체크, Bend(구부리기) : −50%'로 설정하여 문자의 모양을 왜곡합니다.

03 Layers(레이어) 패널 하단의 'Add a layer style(레이어 스타일 추가, fx.)'을 클릭하여 [Stroke(획)]를 선택, 'Size(크기) : 3px, Color(색상) : #6600cc'로 설정합니다. 계속해서 [Gradient Overlay(그레이디언트 오버레이)]를 선택하고 'Click to edit the gradient(클릭 하여 그레이디언트 편집)'를 클릭합니다.

04 그레이디언트 슬라이더 왼쪽 하단의 'Color Stop(색상 정지점)'을 더블 클릭하여 #00ccff를, 가운데 빈 곳을 클릭하여 'Color Stop(색상 정지점)'을 추가한 후 더블 클릭하여 #33cc66, 오른쪽 'Color Stop(색상 정지점)'을 더블 클릭하여 #ffcc00으로 설정한 후, 'Style(스타일) : Linear(선형), Angle(각도) : 0°'로 설정합니다.

05 계속해서 [Drop Shadow(드롭 섀도)]를 선택하고 'Opacity(불투명도) : 75%, Angle(각도) : 90°, Distance(거리) : 5px, Size(크기) : 5px'로 설정하고 [OK(확인)]를 클릭합니다.

06 Horizontal Type Tool(수평 문자 도구, T)로 작업 이미지를 클릭하고 Options Bar(옵션 바)에서 'Font(글꼴) : 돋움, Set font size(글꼴 크기) : 18pt, Set anti-aliasing method (앤티 앨리어싱 방법 설정) : Strong(강하게), Color(색상) : #ffffcc'로 설정한 후 낯선 세계 로 떠나는 설레임을 입력합니다.

07 Options Bar(옵션 바)에서 Create warped text(뒤틀어진 텍스트 만들기, ⊥)를 클릭하여 [Warp Text(텍스트 뒤틀기)] 대화상자에서 'Style(스타일) : Rise(상승), Horizontal(가로) : 체크, Bend(구부리기) : 100%'로 설정하여 문자의 모양을 왜곡합니다.

08 Layers(레이어) 패널 하단의 'Add a layer style(레이어 스타일 추가, fx.)'을 클릭하여 [Drop Shadow(그림자)]를 선택, 'Opacity(불투명도) : 75%, Angle(각도) : 90°, Distance (거리) : 3px, Size(크기) : 3px'로 설정하고 [OK(확인)]를 클릭합니다.

09 Horizontal Type Tool(수평 문자 도구, T)로 작업 이미지를 클릭하고 Options Bar(옵션 바)에서 'Font(글꼴) : 돋움, Set font size(글꼴 크기) : 16pt, Set anti-aliasing method (앤티 앨리어싱 방법 설정) : Strong(강하게), Center text(텍스트 중앙 정렬, ▣), Color(색상) : #333399'로 설정한 후 SNS 공지 라이브 방송 참여하기 매주 목요일 저녁을 입력합니다.

10 Horizontal Type Tool(수평 문자 도구, T)로 '라이브 방송 참여하기' 문자를 드래그하여 선택하고 'Color(색상) : #ff0099'로 설정합니다.

11 Layers(레이어) 패널 하단의 'Add a layer style(레이어 스타일 추가, fx.)'을 클릭하여 [Stroke(획)]를 선택, 'Size(크기) : 2px, Color(색상) : #ffffff'로 설정합니다.

12 Horizontal Type Tool(수평 문자 도구, T)로 작업 이미지를 클릭하고 Options Bar(옵션 바)에서 'Font(글꼴) : Arial, Set font style(글꼴 스타일 설정) : Regular, Set font size (글꼴 크기) : 16pt, Color(색상) : #ffffff'로 설정한 후 Wisdom and leisure of my life를 입력합니다.

13 Layers(레이어) 패널 하단의 'Add a layer style(레이어 스타일 추가, fx.)'을 클릭하여 [Stroke(획)]를 선택, 'Size(크기) : 2px, Color(색상) : #336666'으로 설정합니다. Ctrl + S 를 눌러 저장합니다.

07 정답 파일 저장

01 [View(보기)]-[Show(표시)]-[Grid(격자)](Ctrl + ')를 선택하여 격자를 가립니다.

02 [File(파일)]-[Save As(다른 이름으로 저장)](Shift + Ctrl + S)를 선택하고 '저장 위치 : 내 PC\문서\GTQ, 파일 형식 : JPEG(*.JPG;*.JPEG;*.JPE), 파일 이름 : 수험번호-성명-문제번호'를 입력하고 [저장]을 클릭한 후 [JPEG Options(JPEG 옵션)] 대화상자에서 'Quality(품질) : 8'로 설정하고 [OK(확인)]를 클릭합니다.

03 [Image(이미지)]-[Image Size(이미지 크기)](Alt + Ctrl + I)를 선택하고 'Constrain aspect ratio(종횡비 제한) : 클릭, Width(폭) : 60Pixels(픽셀), Height(높이) : 40Pixels(픽셀)'로 입력하여 이미지 크기를 1/10로 축소한 후 [OK(확인)]를 클릭합니다.

04 [File(파일)]-[Save As(다른 이름으로 저장)](Shift + Ctrl + S)를 선택하고 '저장 위치 : 내 PC\문서\GTQ, 파일 형식 : Photoshop(*.PSD;*.PDD;*.PSDT), 파일 이름 : 수험번호-성명-문제번호'를 입력하고 [저장]을 클릭합니다.

05 답안 저장이 완료되면 [File(파일)]-[Close(닫기)]([Ctrl]+[W])를 선택하여 파일을 닫고 수험 프로그램에서 [답안 전송]을 클릭하여 감독관 컴퓨터로 psd와 jpg 파일을 전송합니다.

문제 04	CHAPTER 07 **[실무응용] 웹 페이지 제작**
작업과정	새 작업 이미지 만들기 및 파일 저장하기 ▶ 혼합 모드 합성 및 필터, 레이어 마스크 적용 ▶ 이미지 보정 및 레이어 스타일 적용 ▶ 펜 도구 작업 및 레이어 스타일 적용 ▶ 패턴 정의와 적용 및 레이어 마스크 적용 ▶ 모양 생성 및 변형, 레이어 스타일 적용 ▶ 메뉴 버튼 만들기 ▶ 문자 입력과 왜곡 및 레이어 스타일 적용 ▶ 정답 파일 저장
완성이미지	Part05₩기출유형문제07회₩정답파일₩G120250007-성명-4.jpg, G120250007-성명-4.psd

01 새 작업 이미지 만들기 및 파일 저장하기

01 [File(파일)]-[New(새로 만들기)]([Ctrl]+[N])를 선택하고 'Width(폭) : 600Pixels(픽셀), Height(높이) : 400Pixels(픽셀), Resolution(해상도) : 72Pixels/Inch(픽셀/인치), Color Mode(색상 모드) : RGB Color(RGB 색상), 8bit(비트), Background Contents(배경 내용) : White(흰색)'로 설정하여 새 작업 이미지를 만듭니다.

02 [Edit(편집)]-[Preference(환경설정)]([Ctrl]+[K])를 클릭하고 [Guides, Grid & Slices(안내선, 격자와 슬라이스)]를 선택하여 Grid(격자)의 'Color(색상)'를 클릭하여 밝은 색상으로 변경한 후 'Gridline Every(격자 간격) : 100Pixels(픽셀), Subdivisions(세분) : 1'로 설정합니다.

03 [View(보기)]-[Show(표시)]-[Grid(격자)]([Ctrl]+['])와 [View(보기)]-[Rulers(눈금자)]([Ctrl]+[R])를 선택하여 격자와 눈금자를 표시합니다.

04 작업 도큐먼트를 저장하기 위해 [File(파일)]-[Save As(다른 이름으로 저장)]([Shift]+[Ctrl]+[S])를 선택하고 임의 경로에 '파일 이름 : 수험번호-성명-문제번호, 파일 형식 : Photoshop(*.PSD;*.PDD;*.PSDT)'으로 파일을 저장합니다.

02 혼합 모드 합성 및 필터, 레이어 마스크 적용

01 Tool Panel(도구 패널) 하단의 'Set foreground color(전경색 설정)'을 클릭하여 # 오른쪽 입력란에 cccccc로 입력한 후, [Alt]+[Delete]를 눌러 제시된 Foreground Color(전경색)를 작업 이미지의 배경에 채웁니다.

02 [File(파일)]-[Open(열기)]([Ctrl]+[O])을 선택하여 1급-12.jpg를 불러옵니다. [Ctrl]+[A]로 전체를 선택하고 [Ctrl]+[C]로 복사 후, 작업 이미지에 [Ctrl]+[V]로 붙여넣기를 하고 격자를 참조하여 위치를 조절하여 배치합니다.

03 Layers(레이어) 패널에서 'Blending Mode(혼합 모드) : Overlay(오버레이)'로 설정하여 배경 이미지와 합성합니다.

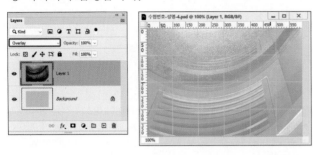

04 Layers(레이어) 패널 하단의 'Add layer mask(레이어 마스크 추가, □)'를 클릭하여 레이어 마스크를 추가합니다.

05 Tool Panel(도구 패널) 하단의 'Set foreground color(전경색 설정)'를 #000000, 'Set background color(배경색 설정)'를 #ffffff로 설정합니다. Gradient Tool(그레이디언트 도구, □)을 클릭하고 Options Bar(옵션 바)에서 'Type(유형) : Linear Gradient(선형 그레이디언트), Mode(모드) : Normal(표준), Opacity(불투명도) : 100%'로 설정한 후 Shift 를 누른 채 위에서 아래쪽 세로 방향으로 드래그하여 이미지 일부를 자연스럽게 지워 합성합니다.

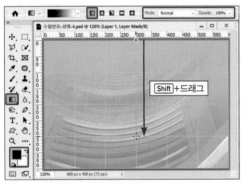 

06 [File(파일)]-[Open(열기)](Ctrl+O)을 선택하여 1급-13.jpg를 불러옵니다. Ctrl+A로 전체 선택, Ctrl+C로 복사, 작업 이미지에 Ctrl+V로 붙여넣기를 합니다. Ctrl+T를 눌러 종횡비에 맞게 크기를 조절하고 격자를 참조하여 배치합니다.

07 [Filter(필터)]-[Filter Gallery(필터 갤러리)]-[Artistic(예술 효과)]-[Dry Brush(드라이 브러시)]를 선택합니다.

08 Layers(레이어) 패널 하단의 'Add layer mask(레이어 마스크 추가, ▣)'를 클릭하여 레이어 마스크를 추가합니다.

09 Tool Panel(도구 패널) 하단의 'Set foreground color(전경색 설정)'를 #000000, 'Set background color(배경색 설정)'를 #ffffff로 설정합니다. Gradient Tool(그레이디언트 도구, ▣)을 클릭하고 Options Bar(옵션 바)에서 'Type(유형) : Linear Gradient(선형 그레이디언트), Mode(모드) : Normal(표준), Opacity(불투명도) : 100%'로 설정한 후 Shift를 누른 채 오른쪽 아래에서 왼쪽 위 대각선 방향으로 드래그하여 이미지 일부를 자연스럽게 지워 합성합니다.

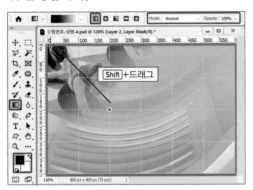

10 File(파일)]–[Open(열기)](Ctrl+O)을 선택하여 1급-14.jpg를 불러옵니다. Quick Selection Tool(빠른 선택 도구, ▣)을 클릭하고 Options Bar(옵션 바)에서 'Add to selection(선택 영역에 추가, ▣)'을 설정한 후 브러시의 크기를 조절하며 드래그하여 선택합니다.

11 Ctrl+C로 복사, 작업 이미지에 Ctrl+V로 붙여넣기를 합니다. Ctrl+T를 눌러 종횡비에 맞게 크기를 조절하여 배치합니다.

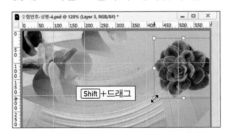

12 Layers(레이어) 패널 하단의 'Add a layer style(레이어 스타일 추가, fx.)'을 클릭하여 [Bevel & Emboss(경사와 엠보스)]를 선택, 'Style(스타일) : Inner Bevel(내부 경사), Direction(방향) : Up(위로), Size(크기) : 3px'로 설정합니다. 계속해서 [Drop Shadow(드롭 섀도)]를 선택, 'Opacity(불투명도) : 75%, Angle(각도) : 90°, Distance(거리) : 7px, Size(크기) : 7px'로 설정하고 [OK(확인)]를 클릭합니다.

13 [File(파일)]-[Open(열기)]([Ctrl]+[O])을 선택하여 1급-15.jpg를 불러온 후 Magic Wand Tool(자동 선택 도구, [🪄])을 클릭하고 Options Bar(옵션 바)에서 'New selection(새 선택, [◻]), Tolerance(허용치) : 20, Anti-alias(앤티 앨리어스) : 체크, Contiguous(인접) : 체크 해제'를 설정하고 배경 부분을 클릭하여 선택합니다.

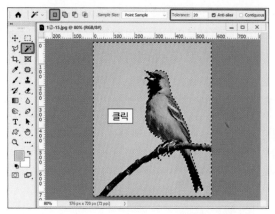

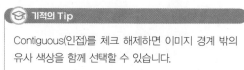

Contiguous(인접)를 체크 해제하면 이미지 경계 밖의 유사 색상을 함께 선택할 수 있습니다.

14 [Shift]+[Ctrl]+[I]로 선택 영역을 반전한 후, [Ctrl]+[C]로 복사합니다. 작업 이미지에 [Ctrl]+[V]로 붙여넣고 [Ctrl]+[T]를 눌러 종횡비에 맞게 크기를 조절하여 배치합니다.

15 [Filter(필터)]-[Filter Gallery(필터 갤러리)]-[Artistic(예술 효과)]-[Film Grain(필름 그레인)]를 선택합니다.

16 Layers(레이어) 패널 하단의 'Add a layer style(레이어 스타일 추가, [fx.])'을 클릭하여 [Drop Shadow(그림자)]를 선택, 'Opacity(불투명도) : 75%, Angle(각도) : 90°, Distance(거리) : 7px, Size(크기) : 7px'로 설정하고 [OK(확인)]를 클릭합니다.

03 이미지 보정 및 레이어 스타일 적용

01 [File(파일)]-[Open(열기)]([Ctrl]+[O])을 선택하여 1급-16.jpg를 불러옵니다. Magic Wand Tool(자동 선택 도구, [🪄])을 클릭하고 Options Bar(옵션 바)에서 'New selection(새 선택, [◻]), Tolerance(허용치) : 15, Anti-alias(앤티 앨리어스) : 체크, Contiguous(인접) : 체크 해제'를 설정하고 배경 부분을 클릭하여 선택합니다.

02 [Shift]+[Ctrl]+[I]로 선택 영역을 반전한 후, [Ctrl]+[C]로 복사하고 작업 이미지에 [Ctrl]+[V]로 붙여넣기를 합니다. [Ctrl]+[T]를 눌러 종횡비에 맞게 크기를 조절합니다.

03 Layers(레이어) 패널 하단의 'Add a layer style(레이어 스타일 추가, [fx.])'을 클릭하여 [Bevel & Emboss(경사와 엠보스)]를 선택, 'Style(스타일) : Inner Bevel(내부 경사), Direction(방향) : Up(위로), Size(크기) : 3px'로 설정합니다. 계속해서 [Stroke(획)]를 선택, 'Size(크기) : 2px, Color(색상) : #ff9999'로 설정하고 [OK(확인)]를 클릭합니다.

04 Polygonal Lasso Tool(다각형 올가미 도구, 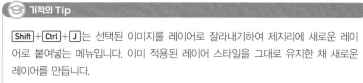)로 클릭하여 다각형 형태로 왼쪽의 손과 퍼즐 이미지를 선택합니다.

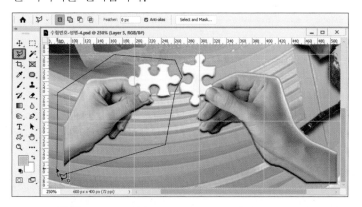

05 [Layer(레이어)]-[New(새로 만들기)]-[Layer Via Cut(잘라낸 레이어)]([Shift]+[Ctrl]+[J])를 클릭하여 별도의 레이어로 설정합니다.

> 🎓 **기적의 Tip**
>
> [Shift]+[Ctrl]+[J]는 선택된 이미지를 레이어로 잘라내기하여 제지리에 새로운 레이어로 붙여넣는 메뉴입니다. 이미 적용된 레이어 스타일을 그대로 유지한 채 새로운 레이어를 만듭니다.

06 Layers(레이어) 패널에서 'Layer 5' 레이어를 선택하고 격자를 참조하여 이동하여 배치합니다. 'Layer 6' 레이어를 선택하고 [Ctrl]+[T]를 눌러 Options Bar(옵션 바)에서 'Rotate(회전, ⊿) : −15°'를 입력하고 [Enter]를 눌러 회전 적용 후 이동하여 배치합니다.

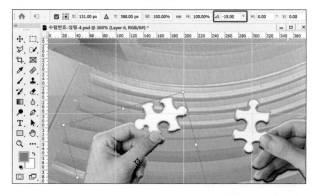

07 Magic Wand Tool(자동 선택 도구, ✨)을 클릭하고 Options Bar(옵션 바)에서 'Add to selection(선택 영역에 추가, ⬚), Tolerance(허용치) : 15, Anti-alias(앤티 앨리어스) : 체크, Contiguous(인접) : 체크, Sample All Layers(모든 레이어 샘플링) : 체크'를 설정합니다.

08 작업 이미지에서 'Layer 5'와 'Layer 6' 레이어의 흰색 퍼즐 이미지를 각각 클릭하여 동시에 선택합니다.

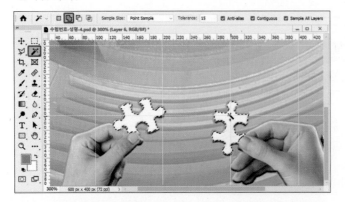

09 Layers(레이어) 패널 하단의 'Create new fill or adjustment layer(새 칠 또는 조정 레이어 생성, ◑)'를 클릭하고 [Hue/Saturation(색조/채도)]을 선택합니다. Properties(속성) 패널에서 'Colorize(색상화) : 체크, Hue(색조) : 320, Saturation(채도) : 80, Lightness(명도) : −50'으로 설정하여 보라색 계열로 색상을 보정합니다.

10 [File(파일)]−[Open(열기)](Ctrl + O)을 선택하여 1급-17.jpg를 불러옵니다. Quick Selection Tool(빠른 선택 도구, ✏️)을 클릭하고 Options Bar(옵션 바)에서 'Add to selection(선택 영역에 추가, ✏️)'을 설정한 후 브러시의 크기를 조절하며 드래그하여 선택하고, Ctrl + C 를 눌러 복사합니다.

11 Layers(레이어) 패널에서 'Layer 4' 레이어를 선택합니다. Ctrl + V 로 붙여넣기를 한 후, Ctrl + T 를 눌러 크기를 축소하고, 마우스 오른쪽 버튼을 클릭하여 [Flip Horizontal(가로로 뒤집기)]로 뒤집고 배치합니다.

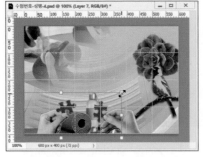

04 펜 도구 작업 및 레이어 스타일 적용

01 Layers(레이어) 패널에서 'Hue/Saturation 1' 레이어를 선택합니다. Rounded Rectangle Tool(모서리가 둥근 직사각형 도구, ▢)을 클릭하고 Options Bar(옵션 바)에서 'Shape(모양), Fill(칠) : #ff6699, Stroke(획) : No Color(색상 없음), Path operations(패스 작업) : Combine Shapes(모양 결합, ⬚), Radius(반경) : 60px'로 설정한 후 드래그하여 둥근 사각형을 그립니다.

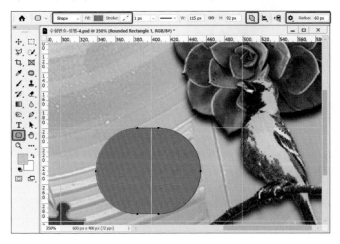

02 계속해서 Options Bar(옵션 바)에서 'Radius(반경) : 30px'로 설정한 후 드래그하여 상단에 겹치도록 둥근 사각형을 그립니다.

03 [Ctrl]+[T]를 누르고, 마우스 오른쪽 버튼을 눌러 [Perspective(원근)]를 선택하고 상단과 하단의 조절점 모서리를 각각 드래그하여 모양을 변형한 후, [Enter]를 눌러 변형을 완료합니다.

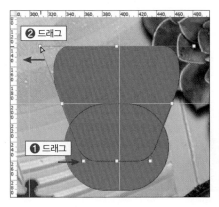

❷ 드래그

❶ 드래그

> **🎓 기적의 Tip**
>
> **키캡으로 Perspective(원근) 적용하기**
> [Ctrl]+[T]를 누른 후 [Ctrl]+[Shift]+[Alt]를 누른 채 모서리 조절점을 드래그하여 변형할 수 있습니다.

04 Rounded Rectangle Tool(모서리가 둥근 직사각형 도구, ▢)을 클릭하고 Options Bar(옵션 바)에서 'Shape(모양), Path operations(패스 작업) : Subtract Front Shape(전면 모양 빼기, ⬚), Radius(반경) : 20px'로 설정한 후 드래그하여 변형된 둥근 사각형과 겹치도록 둥근 사각형을 그립니다.

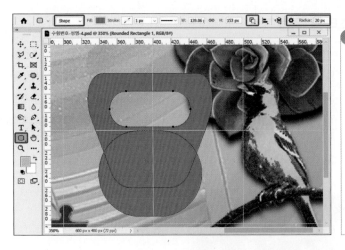

05 [Ctrl]+[T]를 누르고, 마우스 오른쪽 버튼을 클릭하여 [Perspective(원근)]를 선택하고 상단과 하단의 조절점 모서리를 각각 드래그하여 모양을 변형한 후 [Enter]를 눌러 변형을 완료합니다.

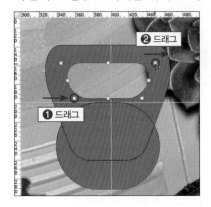

06 Rectangle Tool(사각형 도구, ▢)을 클릭하고 Options Bar(옵션 바)에서 'Shape(모양), Fill(칠) : 임의 색상, Stroke(획) : No Color(색상 없음), Path operations(패스 작업) : Subtract Front Shape(전면 모양 빼기, ▣)'로 설정한 후 드래그하여 겹치도록 직사각형을 그립니다.

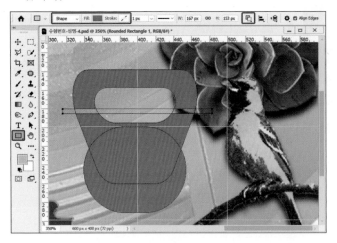

07 Ellipse Tool(타원 도구, ◯)을 클릭하고 Options Bar(옵션 바)에서 'Shape(모양), Path operations(패스 작업) : Combine Shapes (모양 결합, ◻)'로 설정한 후 드래그하여 겹치도록 타원형을 그립니다.

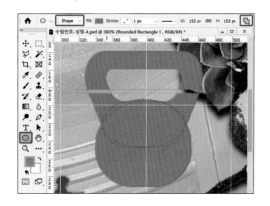

08 Options Bar(옵션 바)에서 'Path operations(패스 작업) : Merge Shape Components(모양 병합 구성 요소, ◻)'를 클릭하여 하나로 병합하고 [Enter]를 눌러 패스 작업을 완료합니다.

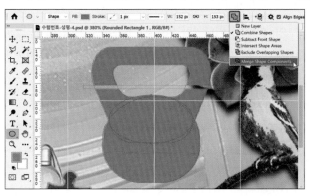
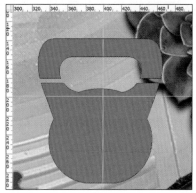

09 Layers(레이어) 패널 하단의 'Add a layer style(레이어 스타일 추가, *fx.*)'을 클릭하여 [Drop Shadow(그림자)]를 선택, 'Opacity(불투명도) : 75%, Angle(각도) : 90°, Distance (거리) : 5px, Size(크기) : 5px'로 설정하고 [OK(확인)]를 클릭합니다.

10 Layers(레이어) 패널의 레이어 이름을 더블 클릭하여 path 1로 변경합니다.

11 Pen Tool(펜 도구, ⬙)을 선택하고 Options Bar(옵션 바)에서 'Shape(모양), Fill(칠) : #ffcc33, Stroke(획) : No Color(색상 없음), Path operations(패스 작업) : Combine Shapes(모양 결합, ◻)'을 설정한 후 아령 모양을 그립니다.

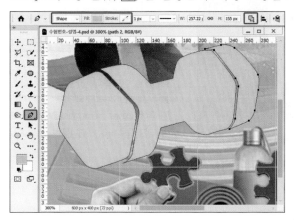

12 Layers(레이어) 패널의 레이어 이름을 더블 클릭하여 path 2로 설정합니다.

13 Layers(레이어) 패널 하단의 'Add a layer style(레이어 스타일 추가, [fx.])'을 클릭하여 [Drop Shadow(그림자)]를 선택하고 'Opacity(불투명도) : 75%, Angle(각도) : 90°, Distance(거리) : 7px, Size(크기) : 7px'를 설정하고 [OK(확인)]를 클릭합니다.

05 패턴 정의와 적용 및 레이어 마스크 적용

01 [File(파일)]−[New(새로 만들기)]([Ctrl]+[N])를 선택하고 'Width(폭) : 50Pixels(픽셀), Height(높이) : 50Pixels(픽셀), Resolution(해상도) : 72Pixels/Inch(픽셀/인치), Color Mode(색상 모드) : RGB Color(RGB 색상), 8bit(비트), Background Contents(배경 내용) : Transparent(투명)'로 설정하여 새 작업 이미지를 만듭니다.

02 Custom Shape Tool(사용자 정의 모양 도구, [⚼])을 클릭하고 Options Bar(옵션 바)에서 'Shape(모양), Fill(칠) : #ffffcc, Stroke(획) : No Color(색상 없음), Shape(모양) : Female Symbol(여성 기호, [♀])'로 설정한 후 [Shift]를 누른 채 모양을 그립니다.

> **Shape 경로**
>
> [Legacy Shapes and More(레거시 모양 및 기타)]−[All Legacy Default Shapes(모든 레거시 기본 모양)]−[Symbols(기호)]

03 Custom Shape Tool(사용자 정의 모양 도구, [⚼])을 클릭하고 Options Bar(옵션 바)에서 'Shape(모양), Fill(칠) : #999900, Stroke(획) : No Color(색상 없음), Shape(모양) : Male Symbol(남성 기호, [♂])'로 설정한 후 [Shift]를 누른 채 모양을 그립니다.

> **Shape 경로**
>
> [Legacy Shapes and More(레거시 모양 및 기타)]−[All Legacy Default Shapes(모든 레거시 기본 모양)]−[Symbols(기호)]

04 [Ctrl]+[T]를 눌러 Options Bar(옵션 바)에서 'Rotate(회전, [∠]) : −45°'로 입력하고 [Enter]를 눌러 회전을 적용하고 배치합니다.

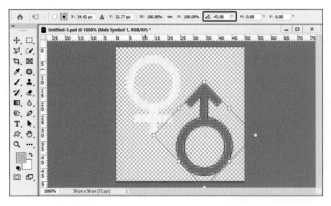

> 📚 **기적의 Tip**
>
> **연속해서 사용자 정의 모양 도구로 그릴 때 Fill(칠) 설정하기**
>
> Options Bar(옵션 바)에서 목록 단추를 눌러 제시된 Shape(모양)을 선택하여 그린 후에 'Layer thumbnail(레이어 축소판)'을 더블 클릭하여 Fill(칠)를 변경합니다.

05 [Edit(편집)]–[Define Pattern(패턴 정의)]을 선택하고 'Name(이름) : 여성과 남성'으로 설정하여 패턴을 등록합니다.

06 작업 이미지의 Layers(레이어) 패널 하단의 'Create a new layer(새 레이어 만들기, ⊞)'을 클릭하여 'Path 2' 레이어의 위쪽에 새 레이어를 추가하고 이름을 pattern으로 설정합니다.

07 Layers(레이어) 패널의 'pattern' 레이어를 클릭하여 [Edit(편집)]–[Fill(칠)]을 선택하고 'Contents(내용) : Pattern(패턴), Custom Pattern(사용자 정의 패턴) : 여성과 남성, Mode(모드) : Normal(표준), Opacity(불투명도) : 100%, Preserve Transparency(투명도 유지) : 체크 해제'로 설정하여 채웁니다.

08 Layers(레이어) 패널 상단의 'Opacity(불투명도) : 60%'로 설정합니다. 'path 2' 레이어와 'pattern' 레이어 사이에 마우스 커서를 놓고 Alt 를 누르고 클릭하여 Clipping Mask(클리핑 마스크)를 적용합니다.

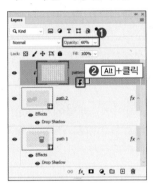
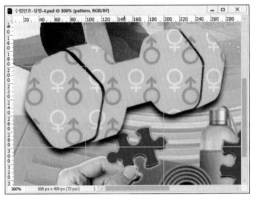

06 모양 생성 및 변형, 레이어 스타일 적용

01 Custom Shape Tool(사용자 정의 모양 도구, ✿)을 클릭하고 Options Bar(옵션 바)에서 'Shape(모양), Fill(칠) : #660000, Stroke(획) : No Color(색상 없음), Shape(모양) : Ornament 1(장식 1, ∼)'로 설정한 후 Shift 를 누른 채 모양을 그립니다.

> **Shape 경로**
> [Legacy Shapes and More(레거시 모양 및 기타)]–[All Legacy Default Shapes(모든 레거시 기본 모양)]–[Ornaments (장식)]

02 Layers(레이어) 패널 하단의 'Add a layer style(레이어 스타일 추가, fx)'을 클릭하여 [Outer Glow(외부 광선)]를 선택, 'Opacity(불투명도) : 75%, Spread(스프레드) : 0%, Size (크기) : 7px'로 설정하고 [OK(확인)]를 클릭합니다.

03 Custom Shape Tool(사용자 정의 모양 도구, )을 클릭하고 Options Bar(옵션 바)에서
'Shape(모양), Fill(칠) : #33ffff, Stroke(획) : No Color(색상 없음), Shape(모양) :
Eighth Note(8분 음표, ♪)'로 설정한 후 Shift 를 누른 채 드래그하여 모양을 그립니다. Ctrl
+T 를 눌러 회전하고 배치합니다.

Shape 경로

[Legacy Shapes and More(레거시 모양 및 기타)]–
[All Legacy Default Shapes(모든 레거시 기본 모양)]–
[Music(음악)]

04 Layers(레이어) 패널 하단의 'Add a layer style(레이어 스타일 추가, *fx.*)'을 클릭하여
[Outer Glow(외부 광선)]를 선택, 'Opacity(불투명도) : 75%, Spread(스프레드) : 0%, Size
(크기) : 7px'로 설정하고 [OK(확인)]를 클릭합니다. Layers(레이어) 패널 상단의 'Opacity
(불투명도) : 70%'로 설정합니다.

05 Ctrl +J 를 눌러 'Eighth Note 1' 레이어를 복사하고 Layers(레이어) 패널에서 'Eighth
Note 1 copy' 레이어의 'Layer thumbnail(레이어 축소판)'을 더블 클릭하여 'Color(색상) :
#009933'으로 변경합니다.

06 Ctrl +T 를 눌러 종횡비에 맞게 크기를 조절하고 회전하여 배치합니다.

🕖 메뉴 버튼 만들기

01 Custom Shape Tool(사용자 정의 모양 도구, )을 클릭하고 Options Bar(옵션 바)에서
'Shape(모양), Fill(칠) : 임의 색상, Stroke(획) : No Color(색상 없음), Shape(모양) :
Hexagon(육각형, ⬢)'을 설정한 후 드래그하여 모양을 그립니다.

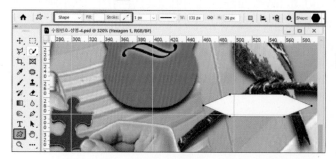

Shape 경로

[Legacy Shapes and More(레거시
모양 및 기타)]–[All Legacy Default
Shapes(모든 레거시 기본 모양)]–
[Shapes(모양)]

02 Layers(레이어) 패널 하단의 'Add a layer style(레이어 스타일 추가, *fx.*)'을 클릭하여 [Stroke(획)]를 선택, 'Size(크기) : 2px, Color(색상) : #cc9966'로 설정합니다. 계속해서 [Gradient Overlay(그레이디언트 오버레이)]를 선택하고 'Click to edit the gradient(클릭하여 그레이디언트 편집)'를 클릭합니다.

03 그레이디언트 슬라이더 왼쪽 하단의 'Color Stop(색상 정지점)'을 더블 클릭하여 #ffcc99를, 오른쪽 'Color Stop(색상 정지점)'을 더블 클릭하여 #ffffff로 설정한 후 'Style(스타일) : Linear(선형), Angle(각도) : 90°로 설정하고 [OK(확인)]를 클릭합니다.

04 Horizontal Type Tool(수평 문자 도구, *T*)로 작업 이미지를 클릭하고 Options Bar(옵션 바)에서 'Font(글꼴) : 돋움, Set font size(글꼴 크기) : 16pt, Set anti-aliasing method (앤티 앨리어싱 방법 설정) : Strong(강하게), Center text(텍스트 중앙 정렬, *三*), Color(색상) : #000000'으로 설정한 후 홈트레이닝을 입력합니다.

05 Layers(레이어) 패널 하단의 'Add a layer style(레이어 스타일 추가, *fx.*)'을 클릭하여 [Stroke(획)]를 선택, 'Size(크기) : 2px, Color(색상) : #ffffff'로 설정하고 [OK(확인)]를 클릭합니다.

06 Layers(레이어) 패널에서 Shift를 누른 채 'Hexagon 1' 레이어와 '홈트레이닝' 레이어를 클릭하여 함께 선택합니다.

07 Move Tool(이동 도구, *+*)을 클릭하고 작업 이미지에서 Alt를 누른 채 2개의 레이어를 아래쪽으로 드래그하여 이동하며 복제합니다.

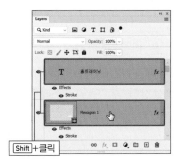
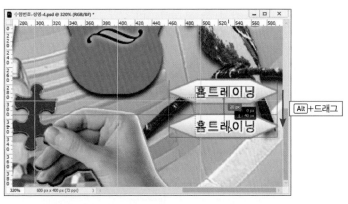

08 같은 방법으로 3번째 버튼의 모양을 만듭니다. Horizontal Type Tool(수평 문자 도구, *T*)로 문자를 각각 드래그하여 비대면수강, 명상음악을 입력하여 수정합니다.

09 Horizontal Type Tool(수평 문자 도구, *T*)로 '비대면수강' 문자를 드래그하여 선택하고 Options Bar(옵션 바)에서 'Color(색상) : #cc0099'로 설정합니다.

08 문자 입력과 왜곡 및 레이어 스타일 적용

01 Layers(레이어) 패널에서 맨 위쪽의 레이어를 선택합니다. Horizontal Type Tool(수평 문자 도구, T)로 작업 이미지를 클릭하고 Options Bar(옵션 바)에서 'Font(글꼴) : Arial, Set font style(글꼴 스타일 설정) : Regular, Set font size(글꼴 크기) : 16pt, Color(색상) : #663300'으로 설정한 후 http://healthinfo.co.kr을 입력합니다.

02 Layers(레이어) 패널 하단의 'Add a layer style(레이어 스타일 추가, fx)'을 클릭하여 [Stroke(획)]를 선택, 'Size(크기) : 2px, Color(색상) : #ffcccc'로 설정하고 [OK(확인)]를 클릭합니다.

03 Horizontal Type Tool(수평 문자 도구, T)로 작업 이미지를 클릭하고 Options Bar(옵션 바)에서 'Font(글꼴) : 돋움, Set font size(글꼴 크기) : 33pt, Set anti-aliasing method(앤티 앨리어싱 방법 설정) : Strong(강하게), Color(색상) : 임의 색상'으로 설정한 후 건강을 지키는 현명한 방법을 입력합니다.

04 Options Bar(옵션 바)에서 Create warped text(뒤틀어진 텍스트 만들기, ⊥)를 클릭하여 [Warp Text(텍스트 뒤틀기)] 대화상자에서 'Style(스타일) : Arc Upper(위 부채꼴), Horizontal(가로) : 체크, Bend(구부리기) : 20%'로 설정하여 문자의 모양을 왜곡합니다.

05 Layers(레이어) 패널 하단에 'Add a layer style(레이어 스타일 추가, fx)'을 클릭하여 [Stroke(획)]를 선택, 'Size(크기) : 3px, Color(색상) : #660066'으로 설정합니다. 계속해서 [Gradient Overlay(그레이디언트 오버레이)]를 선택하고 'Click to edit the gradient(클릭하여 그레이디언트 편집)'를 클릭합니다.

06 그레이디언트 슬라이더 왼쪽 하단의 'Color Stop(색상 정지점)'을 더블 클릭하여 #00ffff를, 가운데 빈 곳을 클릭하여 'Color Stop(색상 정지점)'을 추가하고 더블 클릭하여 #ffffff, 오른쪽 'Color Stop(색상 정지점)'을 더블 클릭하여 #00ffff로 설정한 후 'Style(스타일) : Linear(선형), Angle(각도) : 0°'로 설정합니다.

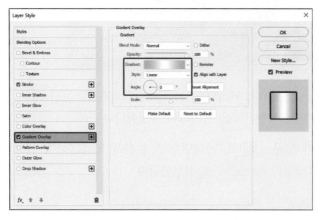

07 계속해서 [Drop Shadow(드롭 섀도)]를 선택, 'Opacity(불투명도) : 75%, Angle(각도) : 90°, Distance(거리) : 5px, Size(크기) : 5px'로 설정하고 [OK(확인)]를 클릭합니다.

08 Horizontal Type Tool(수평 문자 도구, $\boxed{T}$)로 작업 이미지를 클릭하고 Options Bar(옵션 바)에서 'Font(글꼴) : 돋움, Set font size(글꼴 크기) : 20pt, Set anti-aliasing(앤티 앨리어싱 방법 설정) : Strong(강하게), Color(색상) : #ffffff'로 설정한 후 자기 관리와 온라인 맞춤 클래스를 입력합니다.

09 Options Bar(옵션 바)에서 Create warped text(뒤틀어진 텍스트 만들기, $\boxed{\mathcal{I}}$)를 클릭하여 [Warp Text(텍스트 뒤틀기)] 대화상자에서 'Style(스타일) : Flag(깃발), Horizontal(가로) : 체크, Bend(구부리기) : 50%'로 설정하여 문자의 모양을 왜곡합니다.

10 Layers(레이어) 패널 하단에 'Add a layer style(레이어 스타일 추가, $\boxed{fx.}$)'을 클릭하여 [Stroke(획)]를 선택, 'Size(크기) : 2px, Color(색상) : #663333'으로 설정하고 [OK(확인)]를 클릭합니다. $\boxed{Ctrl}$+$\boxed{S}$를 눌러 저장합니다.

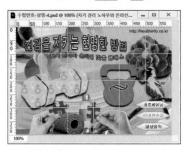

⑨ 정답 파일 저장

01 [View(보기)]–[Show(표시)]–[Grid(격자)]($\boxed{Ctrl}$+$\boxed{'}$)를 선택하여 격자를 가립니다.

02 [File(파일)]–[Save As(다른 이름으로 저장)]($\boxed{Shift}$+$\boxed{Ctrl}$+$\boxed{S}$)를 선택하고 '저장 위치 : 내 PC₩문서₩GTQ, 파일 형식 : JPEG(*.JPG;*.JPEG;*.JPE), 파일 이름 : 수험번호–성명–문제번호'를 입력하고 [저장]을 클릭한 후 [JPEG Options(JPEG 옵션)] 대화상자에서 'Quality(품질) : 8'로 설정하고 [OK(확인)]를 클릭합니다.

03 [Image(이미지)]–[Image Size(이미지 크기)]($\boxed{Alt}$+$\boxed{Ctrl}$+$\boxed{I}$)를 선택하고 'Constrain aspect ratio(종횡비 제한) : 클릭, Width(폭) : 60Pixels(픽셀), Height(높이) : 40Pixels(픽셀)'로 입력하여 이미지 크기를 1/10로 축소한 후 [OK(확인)]를 클릭합니다.

04 [File(파일)]–[Save As(다른 이름으로 저장)]($\boxed{Shift}$+$\boxed{Ctrl}$+$\boxed{S}$)를 선택하고 '저장 위치 : 내 PC₩문서₩GTQ, 파일 형식 : Photoshop(*.PSD;*.PDD;*.PSDT), 파일 이름 : 수험번호–성명–문제번호'를 입력하고 [저장]을 클릭합니다.

05 답안 저장이 완료되면 [File(파일)]–[Exit(종료)]($\boxed{Ctrl}$+$\boxed{Q}$)를 선택하여 프로그램을 종료하고 수험 프로그램에서 [답안 전송]을 클릭하여 감독관 컴퓨터로 psd와 jpg 파일을 전송합니다.

급수	버전	문제유형	시험시간	수험번호	성명
1급		A	90분	G120250008	

수 험 자 유 의 사 항

- 수험자는 문제지를 받는 즉시 응시하고자 하는 **과목 및 급수가 맞는지 확인**한 후 수험번호와 성명을 작성합니다.
- 파일명은 본인의 "수험번호-성명-문제번호"로 공백 없이 정확히 입력하고 답안폴더(내 PC₩문서₩GTQ)에 jpg 파일과 psd 파일의 2가지 포맷으로 저장해야 하며, jpg 파일과 psd 파일의 내용이 상이할 경우 0점 처리됩니다. 답안문서 파일명 이 "수험번호-성명-문제번호"와 일치하지 않거나, 답안 파일을 전송하지 않아 미제출로 처리될 경우 불합격 처리됩니다.
- 문제의 세부조건은 '영문(한글)' 형식으로 표기되어 있으니 유의하시기 바랍니다.
- 수험자 정보와 저장한 파일명, 저장 위치가 다를 경우 전송이 되지 않으므로, 주의하시기 바랍니다.
- 답안 작성 중에도 **주기적으로 '저장'과 '답안 전송'**을 이용하여 감독위원 PC로 답안을 전송하셔야 합니다.(※ 작업한 내용 을 **저장하지 않고 전송할 경우** 이전의 저장내용이 전송되오니 이 점 반드시 유념하시기 바랍니다.)
- 답안문서는 지정된 경로 외의 다른 보조기억장치에 저장하는 행위, 지정된 시험 시간 외에 작성된 파일을 활용한 행위, 기 타 허용되지 않은 프로그램(이메일, 메신저, 게임, 네트워크 등) 이용 시 부정행위로 간주되어 자격기본법 제32조에 의거 본 시험 및 국가공인 자격시험을 2년간 응시할 수 없습니다.
- 시험 중 부주의 또는 고의로 시스템을 파손한 경우와 〈수험자 유의사항〉에 기재된 방법대로 이행하지 않아 생기는 불이익 은 수험자의 책임임을 알려 드립니다.
- 시험을 완료한 수험자는 최종적으로 저장한 답안파일이 전송되었는지 확인한 후 감독위원의 지시에 따라 문제지를 제출하 고 퇴실합니다.

답 안 작 성 요 령

- **온라인 답안 작성 절차**
  수험자 등록 ⇒ 시험 시작 ⇒ 답안파일 저장 ⇒ 답안 전송 ⇒ 시험 종료
- 내 PC₩문서₩GTQ₩Image폴더에 있는 그림 원본파일을 사용하여 답안을 작성하시고 최종답안을 답안폴더(내 PC₩문 서₩GTQ)에 저장하여 답안을 전송하시고, 이미지의 크기가 다른 경우 감점 처리됩니다.
- 배점은 총 100점으로 이루어지며, 점수는 각 문제별로 차등 배분됩니다.
- 각 문제는 주어진 〈조건〉에 따라 작성하고, 언급하지 않은 조건은 《출력형태》와 같이 작성합니다.
- 배치 등의 편의를 위해 주어진 눈금자의 단위는 '픽셀'입니다.
  그 외는 출력형태(효과, 이미지, 문자, 색상, 레이아웃, 규격 등)와 같게 작업하십시오.
- 문제 조건에 서체의 지정이 없을 경우 한글은 굴림이나 돋움, 영문은 Arial로 작업하십시오.
  (단, 그 외에 제시되지 않은 문자 속성을 기본값으로 작성하지 않은 경우는 감점 처리됩니다.)
- Image Mode(이미지 모드)는 별도의 처리조건이 없을 경우에는 RGB(8비트)로 작업하십시오.
- 모든 답안 파일은 해상도 72Pixels/Inch로 작업하십시오.
- Layer(레이어)는 각 기능별로 분할해야 하며, 임의로 합칠 경우나 각 기능에 대한 속성을 해지할 경우 해당 요소는 0점 처리 됩니다.

문제 ❶	**[기능평가] 고급 Tool(도구) 활용**	20점

▶ 합격 강의

다음의 《조건》에 따라 아래의 《출력형태》와 같이 작업하시오.

조건

원본 이미지		Part05₩기출유형문제08회₩문서₩GTQ₩image₩1급−1.jpg, 1급−2.jpg, 1급−3.jpg	
파일저장규칙	JPG	파일명	문서₩GTQ₩수험번호−성명−1.jpg
		크기	400×500 pixels
	PSD	파일명	문서₩GTQ₩수험번호−성명−1.psd
		크기	40×50 pixels

1. 그림 효과
① 1급−1.jpg : 필터 − Cutout(오려내기)
② Save Path(패스 저장) : 로봇 모양
③ Mask(마스크) : 로봇 모양, 1급−2.jpg를 이용하여 작성
  레이어 스타일 − Stroke(선/획)(3px, 그라디언트(#003366, #99ff99)),
  Inner Shadow(내부 그림자)
④ 1급−3.jpg : 레이어 스타일 − Inner Glow(내부 광선)
⑤ Shape Tool(모양 도구) :
  − 별 프레임 모양(#336699, #006666, 레이어 스타일 − Inner Shadow(내부 그림자))
  − 하트 모양(#330000, 레이어 스타일 − Outer Glow(외부 광선))

2. 문자 효과
① ROBOT CAFE(Arial, Bold, 45pt, 레이어 스타일 − 그라디언트 오버레이(#33ff33, #ff9999), Drop Shadow(그림자 효과))

문제 ❷	**[기능평가] 사진편집 응용**	20점

▶ 합격 강의

다음의 《조건》에 따라 아래의 《출력형태》와 같이 작업하시오.

조건

원본 이미지		Part05₩기출유형문제08회₩1급−4.jpg, 1급−5.jpg, 1급−6.jpg	
파일저장규칙	JPG	파일명	문서₩GTQ₩수험번호−성명−2.jpg
		크기	400×500 pixels
	PSD	파일명	문서₩GTQ₩수험번호−성명−2.psd
		크기	40×50 pixels

1. 그림 효과
① 1급−4.jpg : 필터 − Texturizer(텍스처화)
② 색상 보정 : 1급−5.jpg − 보라색, 녹색 계열로 보정
③ 1급−5.jpg : 레이어 스타일 − Outer Glow(외부 광선)
④ 1급−6.jpg : 레이어 스타일 − Inner Glow(내부 광선)
⑤ Shape Tool(모양 도구) :
  − 별 프레임 모양(#996633, 레이어 스타일 − Inner Shadow(내부 그림자))
  − 길 모양(#003300, 레이어 스타일 − Stroke(선/획)(2px, #ffffff))

2. 문자 효과
① Virtual Reality(Arial, Bold, 43pt, 레이어 스타일 − 그라디언트 오버레이(#ffffcc, #33cccc, #cc6600), Drop Shadow(그림자 효과))

다음의 《조건》에 따라 아래의 《출력형태》와 같이 작업하시오.

조건

원본 이미지			Part05₩기출유형문제08회₩문서₩GTQ₩Image₩1급-7.jpg, 1급-8.jpg, 1급-9.jpg, 1급-10.jpg, 1급-11.jpg
파일저장규칙	JPG	파일명	문서₩GTQ₩수험번호-성명-3.jpg
		크기	600×400 pixels
	PSD	파일명	문서₩GTQ₩수험번호-성명-3.psd
		크기	60×40 pixels

1. 그림 효과

① 배경 : #9999ff

② 1급-7.jpg : Blending Mode(혼합 모드) – Screen(스크린), Opacity(불투명도)(80%)

③ 1급-8.jpg : 필터 – Dry Brush(드라이 브러시), 레이어 마스크 – 대각선 방향으로 흐릿하게

④ 1급-9.jpg : 필터 – Texturizer(텍스처화)

⑤ 1급-10.jpg : 레이어 스타일 – Stroke(선/획)(3px, 그라디언트(#003366, #ff9900))

⑥ 1급-11.jpg : 색상 보정 – 빨간색 계열로 보정, 레이어 스타일 – Bevel and Emboss(경사와 엠보스), Drop Shadow (그림자 효과)

⑦ 그 외 《출력형태》 참조

2. 문자 효과

① 드론산업전시회(궁서, 45pt, 레이어 스타일 – Stroke(선/획)(3px, #ffffff), 그라디언트 오버레이(#cc33ff, #66ccff, #cc6600), Drop Shadow(그림자 효과))

② Drone Industry Exhibition(Arial, Regular, 28pt, #33ccff, #cccccc, 레이어 스타일 – Stroke(선/획)(2px, #666666))

③ 드론 산업포럼 컨퍼런스(돋움, 20pt, #ffffff, 레이어 스타일 – Stroke(선/획)(2px, #993333), Drop Shadow(그림자 효과))

④ 개막식 및 드론시연회(돋움, 16pt, #ccffcc, 레이어 스타일 – Drop Shadow(그림자 효과))

출력형태

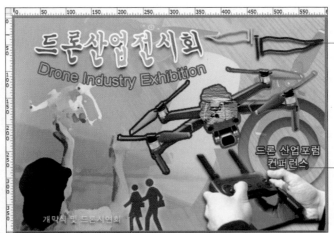

Shape Tool(모양 도구) 사용
#ccccff, #993333,
레이어 스타일 – Drop Shadow(그림자 효과)

Shape Tool(모양 도구) 사용
레이어 스타일 –
Inner Shadow(내부 그림자),
그라디언트 오버레이
(#66ccff, #000066),
Opacity(불투명도)(50%)

Shape Tool(모양 도구) 사용
#333300,
레이어 스타일 –
Outer Glow(외부 광선),
Opacity(불투명도)(60%)

| 문제 ❹ | [실무응용] 웹 페이지 제작 | 35점 |

다음의 《조건》에 따라 아래의 《출력형태》와 같이 작업하시오.

조건

원본 이미지			Part05₩기출유형문제08회₩문서₩GTQ₩Image₩1급-12.jpg, 1급-13.jpg, 1급-14.jpg, 1급-15.jpg, 1급-16.jpg, 1급-17.jpg
파일저장규칙	JPG	파일명	문서₩GTQ₩수험번호-성명-4.jpg
		크기	600×400 pixels
	PSD	파일명	문서₩GTQ₩수험번호-성명-4.psd
		크기	60×40 pixels

1. 그림 효과

① 배경 : #ccffcc
② 패턴(등록 대상 모양) : #996666, #66cc99, Opacity(불투명도)(60%)
③ 1급-12.jpg : Blending Mode(혼합 모드) – Multiply(곱하기), 레이어 마스크 – 가로 방향으로 흐릿하게
④ 1급-13.jpg : 필터 – Dry Brush(드라이 브러시), 레이어 마스크 – 대각선 방향으로 흐릿하게
⑤ 1급-14.jpg : 색상 보정 – 빨간색 계열로 보정, 레이어 스타일 – Bevel and Emboss(경사와 엠보스)
⑥ 1급-15.jpg : 필터 – Texturizer(텍스처화), 레이어 스타일 – Drop Shadow(그림자 효과)
⑦ 1급-16.jpg : 레이어 스타일 – Bevel and Emboss(경사와 엠보스), Drop Shadow(그림자 효과)
⑧ 그 외 《출력형태》 참조

2. 문자 효과

① 대한민국 드론박람회(돋움, 35pt, #000000, 레이어 스타일 – Stroke(선/획)(3px, #99ffcc))
② Korea Drone Expo(Times New Roman, Regular, 25pt, #ffffff, 레이어 스타일 – Stroke(선/획)(3px, #003366))
③ 개발제품 전시 및 시연(궁서, 18pt, #99ffcc, 레이어 스타일 – Stroke(선/획)(2px, #000000))
④ 행사개요 경진대회 군집비행쇼(돋움, 15pt, #000066, #993300, 레이어 스타일 – Stroke(선/획)(2px, #ccffcc))

출력형태

Pen Tool(펜 도구) 사용
#ffff66, #ffcc66,
레이어 스타일 – Drop Shadow(그림자 효과)

Shape Tool(모양 도구) 사용
레이어 스타일 – Inner Shadow(내부 그림자),
그라디언트 오버레이(#ccffcc, #993300),
Opacity(불투명도)(80%)

Shape Tool(모양 도구) 사용
#ccffcc, 레이어 스타일 – Drop Shadow(그림자 효과),
Opacity(불토명도)(70%)

Shape Tool(모양 도구) 사용
레이어 스타일 – Stroke(선/획)(2px, #3399cc),
그라디언트 오버레이(#ffffff, #99cccc)

문제	**01**	CHAPTER 08 **[기능평가] 고급 Tool(도구) 활용**

작업과정	새 작업 이미지 만들기 및 파일 저장하기 ▶ 필터 적용 ▶ 로봇 모양 패스 생성 ▶ 패스 저장 및 레이어 스타일 적용 ▶ 클리핑 마스크 적용 후 레이어 스타일 적용 ▶ 모양 생성 및 레이어 스타일 적용 ▶ 문자 입력 및 레이어 스타일 적용 ▶ 정답 파일 저장
완성이미지	Part05₩기출유형문제08회₩정답파일₩G120250008-성명-1.jpg, G120250008-성명-1.psd

01 새 작업 이미지 만들기 및 파일 저장하기

01 [File(파일)]-[New(새로 만들기)]([Ctrl]+[N])를 선택하고 'Width(폭) : 400Pixels(픽셀), Height(높이) : 500Pixels(픽셀), Resolution(해상도) : 72Pixels/Inch(픽셀/인치), Color Mode(색상 모드) : RGB Color(RGB 색상), 8bit(비트), Background Contents(배경 내용) : White(흰색)'로 설정하여 새 작업 이미지를 만듭니다.

02 [Edit(편집)]-[Preference(환경설정)]([Ctrl]+[K])를 클릭하고 [Guides, Grid & Slices(안내선, 격자와 슬라이스)]를 선택하여 Grid(격자)의 'Color(색상)'를 클릭하여 밝은 색상으로 변경한 후 'Gridline Every(격자 간격) : 100Pixels(픽셀), Subdivisions(세분) : 1'로 설정합니다.

03 [View(보기)]-[Show(표시)]-[Grid(격자)]([Ctrl]+['])와 [View(보기)]-[Rulers(눈금자)]([Ctrl]+[R])를 선택하여 격자와 눈금자를 표시합니다.

04 작업 도큐먼트를 저장하기 위해 [File(파일)]-[Save As(다른 이름으로 저장)]([Shift]+[Ctrl]+[S])를 선택하고 임의 경로에 '파일 이름 : 수험번호-성명-문제번호, 파일 형식 : Photoshop(*.PSD;*.PDD;*.PSDT)'으로 파일을 저장합니다.

02 필터 적용

01 [File(파일)]-[Open(열기)]([Ctrl]+[O])을 선택하여 1급-1.jpg를 불러옵니다. [Ctrl]+[A]로 전체를 선택하고 [Ctrl]+[C]로 복사 후, 작업 이미지에 [Ctrl]+[V]로 붙여넣기를 합니다. [Ctrl]+[T]를 눌러 종횡비에 맞게 크기를 조절하여 배치합니다.

02 [Filter(필터)]-[Filter Gallery(필터 갤러리)]-[Artistic(예술 효과)]-[Cutout(오려내기)]를 선택합니다.

03 로봇 모양 패스 생성

01 Rectangle Tool(사각형 도구, ▢)을 클릭하고 Options Bar(옵션 바)에서 'Shape(모양), Fill(칠) : 임의 색상, Stroke(획) : No Color(색상 없음), Path operations(패스 작업) : Combine Shapes(모양 결합, ▣)'을 설정한 후 드래그하여 크기가 다른 직사각형을 겹치도록 그립니다.

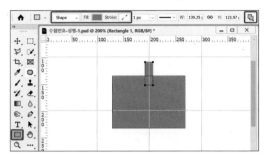

기적의 Tip

• 'Path operations(패스 작업) : Combine Shapes(모양 결합, ▣)'을 설정하면 동일한 레이어에 칠 색상으로 여러 모양이 그려집니다.
• 패스 작업의 명확한 구분을 위해서 Layers(레이어) 패널에서 'Layer 1' 레이어의 눈 아이콘을 클릭하여 이미지의 가시성을 끄고 패스를 그립니다.

02 Rounded Rectangle Tool(모서리가 둥근 직사각형 도구, ▢)을 클릭하고 Options Bar(옵션 바)에서 'Shape(모양), Path operations(패스 작업) : Combine Shapes(모양 결합, ▣), Radius(반경) : 25px'로 설정한 후 드래그하여 둥근 사각형을 겹치도록 그립니다.

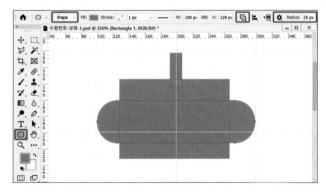

03 Ellipse Tool(타원 도구, ◯)을 클릭하고 Options Bar(옵션 바)에서 'Shape(모양), Path operations(패스 작업) : Combine Shapes(모양 결합, ▣)'을 설정한 후 드래그하여 원형 모양을 상단 사각형과 겹치도록 배치합니다.

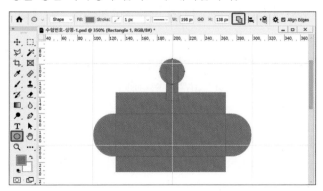

04 Ellipse Tool(타원 도구, ⊙)과 Rounded Rectangle Tool(모서리가 둥근 직사각형 도구, ▣)을 각각 선택하고 Options Bar(옵션 바)에서 'Shape(모양), Path operations(패스 작업) : Subtract Front Shape(전면 모양 빼기, ▣)'로 설정한 후 드래그하여 원형과 둥근 사각형 모양을 겹치도록 배치합니다.

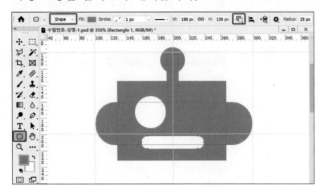 

05 Rounded Rectangle Tool(모서리가 둥근 직사각형 도구, ▣)을 클릭하고 Options Bar(옵션 바)에서 'Shape(모양), Path operations(패스 작업) : Combine Shapes(모양 결합, ▣)'을 설정한 후 드래그하여 원형 모양의 중앙에 그립니다.

06 Path Selection Tool(패스 선택 도구, ▶)로 Shift 를 누른 채 2개의 모양을 함께 선택하고 Ctrl + C 로 복사하고 Ctrl + V 로 붙여넣기를 하여 오른쪽으로 이동하여 배치합니다.

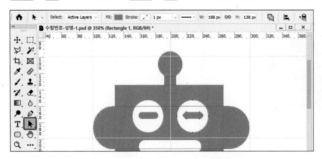

🎓 기적의 Tip

Ctrl + C 를 눌러 복사한 후 붙여넣기를 하면 'Path operations(패스 작업)'의 원래 옵션이 유지됩니다.

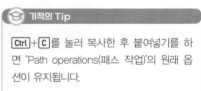

07 Rounded Rectangle Tool(모서리가 둥근 직사각형 도구, ▣)을 클릭하고 Options Bar(옵션 바)에서 'Shape(모양), Path operations(패스 작업) : Combine Shapes(모양 결합, ▣), Radius(반경) : 10px'로 설정한 후 하단에 드래그하여 크기가 다른 3개의 둥근 사각형을 그립니다.

08 Path Selection Tool(패스 선택 도구, ▶)로 왼쪽의 둥근 사각형을 선택한 후, Ctrl + T 를 눌러 Options Bar(옵션 바)에서 'Rotate(회전, △) : 15°'로 입력하고 Enter 를 눌러 회전을 적용하고 배치합니다.

09 Rounded Rectangle Tool(모서리가 둥근 직사각형 도구, ▣)을 클릭하고 Options Bar(옵션 바)에서 'Shape(모양), Path operations(패스 작업) : Combine Shapes(모양 결합, ▣)'로 설정한 후 드래그하여 크기가 다른 2개의 둥근 사각형을 겹치도록 그립니다.

10 계속해서 드래그하여 하단의 둥근 사각형 모양과 겹치도록 배치한 후 Options Bar(옵션 바)에서 'Path operations(패스 작업) : Subtract Front Shape(전면 모양 빼기, ▣)'을 설정합니다.

11 Path Selection Tool(패스 선택 도구, ▶)
로 오른쪽 3개의 모양을 함께 선택하고 Ctrl
+ T 를 눌러 Options Bar(옵션 바)에서
'Rotate(회전, ◿) : −15˚로 입력하고 Enter
를 눌러 회전을 적용하고 배치합니다.

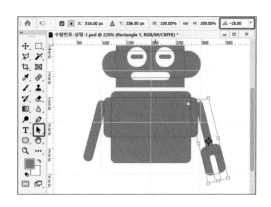

12 Rectangle Tool(사각형 도구, ▢)을 클릭하
고 Options Bar(옵션 바)에서 'Shape(모
양), Path operations(패스 작업) : Com-
bine Shapes(모양 결합, ▣)'을 설정한 후
드래그하여 하단과 겹치도록 직사각형을 그
립니다.

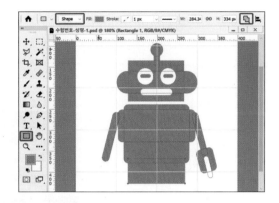

13 Options Bar(옵션 바)에서 'Path operations(패스 작업) : Merge Shape Components(모
양 병합 구성 요소, ▣)'를 클릭하여 병합합니다.

04 패스 저장 및 레이어 스타일 적용

01 Paths(패스) 패널에서 작업패스 'Rectangle 1 Shape Path'를 더블 클릭한 후 [Save Path
(패스 저장)] 대화상자에서 'Name(이름) : 로봇'으로 입력하여 패스를 저장합니다.

02 Layers(레이어) 패널에서 'Rectangle 1' 레이어의 이름을 더블 클릭하여 'path'로 이름을 설
정하고 마우스 오른쪽 버튼을 눌러 [Rasterize Layer(레이어 래스터화)]를 선택하여 일반 레
이어로 속성을 변환합니다.

> 🎓 기적의 Tip
>
> Layers(레이어) 패널에서 'Layer 1' 레이어의 눈 아이콘을 클릭하여 가시성을 표시합니다.

03 Layers(레이어) 패널 하단의 'Add a layer style(레이어 스타일 추가, fx)'을 클릭하여
[Stroke(획)]를 선택, 'Size(크기) : 3px, Fill Type(칠 유형) : Gradient(그레이디언트)'를 설
정하고 'Click to edit the gradient(클릭하여 그레이디언트 편집)'를 클릭합니다.

04 그레이디언트 슬라이더 왼쪽 하단의 'Color Stop(색상 정지점)'을 더블 클릭하여 #003366
을, 오른쪽 'Color Stop(색상 정지점)'을 더블 클릭하여 #99ff99로 설정한 후 'Style(스타일) :
Linear(선형), Angle(각도) : 90˚로 설정합니다.

05 계속해서 [Inner Shadow(내부 그림자)]를 선택, 'Opacity(불투명도) : 75%, Angle(각도) : 90°, Distance(거리) : 10px, Size(크기) : 7px'로 설정하고 [OK(확인)]를 클릭합니다.

05 클리핑 마스크 적용 후 레이어 스타일 적용

01 [File(파일)]-[Open(열기)]([Ctrl]+[O])을 선택하여 1급-2.jpg를 불러옵니다. [Ctrl]+[A]로 전체를 선택하고 [Ctrl]+[C]로 복사 후, 작업 이미지에 [Ctrl]+[V]로 붙여넣기를 하고 로봇 모양 위쪽에 겹치도록 배치합니다.

02 Layers(레이어) 패널에서 'path' 레이어와 'Layer 2' 레이어 사이에 마우스 커서를 놓고 [Alt]를 누르고 클릭하여 Clipping Mask(클리핑 마스크)를 적용합니다. [Ctrl]+[T]를 눌러 종횡비에 맞게 크기를 조절하고 마우스 오른쪽 버튼을 클릭하여 [Flip Horizontal(가로로 뒤집기)]로 뒤집어 배치합니다.

 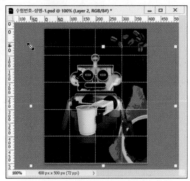

03 [File(파일)]-[Open(열기)]([Ctrl]+[O])을 선택하여 1급-3.jpg를 불러옵니다. Pen Tool(펜 도구, ✐)을 클릭하고 Options Bar(옵션 바)에서 'Path(패스), Path operations(패스 작업) : Exclude Overlapping Shapes(모양 오버랩 제외, 🖿)'를 설정하고 제시된 이미지를 따라 닫힌 패스로 완료합니다.

04 패스가 완료되면 [Ctrl]+[Enter]를 눌러 선택 상태로 전환한 후, [Ctrl]+[C]를 눌러 복사합니다. 작업 이미지에 [Ctrl]+[V]로 붙여넣기를 하고 [Ctrl]+[T]를 눌러 크기와 회전을 조절하여 배치합니다.

05 Layers(레이어) 패널 하단의 'Add a layer style(레이어 스타일 추가, fx.)'을 클릭하여 [Inner Glow(내부 광선)]를 선택, 'Opacity(불투명도) : 75%, Choke(경계 감소) : 0%, Size(크기) : 10px'로 설정하고 [OK(확인)]를 클릭합니다.

06 모양 생성 및 레이어 스타일 적용

01 Custom Shape Tool(사용자 정의 모양 도구, ⚙)을 클릭하고 Options Bar(옵션 바)에서 'Shape(모양), Fill(칠) : #336699, Stroke(획) : No Color(색상 없음), Shape(모양) : 5 Point Star Frame(5포인트 별 프레임, ☆)'를 설정한 후 [Shift]를 누른 채 드래그하여 모양을 그립니다.

02 [Ctrl]+[T]를 눌러 Options Bar(옵션 바)에서 'Rotate(회전, ◿) : 30˚'로 입력하고 [Enter]를 눌러 회전을 적용하고 배치합니다.

🎓 기적의 Tip

[Shift]를 누른 채 회전하면 15˚ 단위로 회전이 가능합니다.

03 Layers(레이어) 패널 하단의 'Add a layer style(레이어 스타일 추가, *fx.*)'을 클릭하여 [Inner Shadow(내부 그림자)]를 선택하고 'Opacity(불투명도) : 75%, Angle(각도) : 90˚, Distance(거리) : 3px, Size(크기) : 3px'로 설정하고 [OK(확인)]를 클릭합니다.

04 [Ctrl]+[J]를 눌러 '5 Point Star Frame 1' 레이어를 복사하고 [Ctrl]+[T]를 눌러 크기와 회전을 조절하고 이동하여 배치합니다. Layers(레이어) 패널에서 '5 Point Star Frame 1 copy' 레이어의 'Layer thumbnail(레이어 축소판)'을 더블 클릭하여 'Color(색상) : #006666'으로 변경합니다.

05 Layers(레이어) 패널에서 'Layer 1' 레이어를 클릭합니다. Custom Shape Tool(사용자 정의 모양 도구, ⌘)을 클릭하고 Options Bar(옵션 바)에서 'Shape(모양), Fill(칠) : #330000, Stroke(획) : No Color(색상 없음), Shape(모양) : Heart Card (하트 모양 카드, ♥)'를 설정한 후 [Shift]를 누른 채 드래그하여 모양을 그립니다. [Ctrl]+[T]를 눌러 회전하여 배치합니다.

드래그

🎓 기적의 Tip

연속해서 사용자 정의 모양 도구로 그릴 때 Fill(칠) 설정하기

Options Bar(옵션 바)에서 목록 단추를 눌러 제시된 Shape(모양)을 선택하여 그린 후에 'Layer thumbnail(레이어 축소판)'을 더블 클릭하여 Fill(칠)를 변경합니다.

Shape 경로

[Legacy Shapes and More(레거시 모양 및 기타)]-[All Legacy Default Shapes(모든 레거시 기본 모양)]-[Shapes(모양)]

06 Layers(레이어) 패널 하단의 'Add a layer style(레이어 스타일 추가, *fx.*)'을 클릭하여 [Outer Glow(외부 광선)]를 선택하고 'Opacity(불투명도) : 75%, Spread(스프레드) : 0%, Size(크기) : 10px'로 설정하고 [OK(확인)]를 클릭합니다.

07 문자 입력 및 레이어 스타일 적용

01 Layers(레이어) 패널에서 '5 Point Star Frame 1 copy' 레이어를 선택합니다. Horizontal Type Tool(수평 문자 도구, [T])로 작업 이미지를 클릭하고 Options Bar(옵션 바)에서 'Font(글꼴) : Arial, Set font style(글꼴 스타일 설정) : Bold, Set font size(글꼴 크기) : 45pt, Color(색상) : 임의 색상'으로 설정한 후 ROBOT CAFE를 입력합니다.

02 Options Bar(옵션 바)에서 Create warped text(뒤틀어진 텍스트 만들기, [工])를 클릭하여 [Warp Text(텍스트 뒤틀기)] 대화상자에서 'Style(스타일) : Arc Upper(위 부채꼴), Horizontal(가로) : 체크, Bend(구부리기) : 40%'로 설정하여 문자의 모양을 왜곡합니다.

03 Layers(레이어) 패널 하단의 'Add a layer style(레이어 스타일 추가, [fx.])'을 클릭하여 [Gradient Overlay(그레이디언트 오버레이)]를 선택하고 'Click to edit the gradient(클릭 하여 그레이디언트 편집)'를 클릭합니다. 그레이디언트 슬라이더 왼쪽 하단의 'Color Stop(색 상 정지점)'을 더블 클릭하여 #33ff33, 오른쪽 'Color Stop(색상 정지점)'을 더블 클릭하여 #ff9999로 설정한 후, 'Style(스타일) : Linear(선형), Angle(각도) : 90°'로 설정합니다.

04 계속해서 [Drop Shadow(드롭 섀도)]를 선택, 'Opacity(불투명도) : 75%, Angle(각도) : 90°, Distance(거리) : 7px, Size(크기) : 7px'로 설정하고 [OK(확인)]를 클릭합니다. [Ctrl]+ [S]를 눌러 저장합니다.

08 정답 파일 저장

01 [View(보기)]-[Show(표시)]-[Grid(격자)]([Ctrl]+['])를 선택하여 격자를 가립니다.

02 [File(파일)]-[Save As(다른 이름으로 저장)]([Shift]+[Ctrl]+[S])를 선택하고 '저장 위치 : 내 PC₩문서₩GTQ, 파일 형식 : JPEG(*.JPG;*.JPEG;*.JPE), 파일 이름 : 수험번호-성명- 문제번호'를 입력하고 [저장]을 클릭한 후 [JPEG Options(JPEG 옵션)] 대화상자에서 'Quality(품질) : 8'로 설정하고 [OK(확인)]를 클릭합니다.

> 🎓 **기적의 Tip**
>
> Photoshop CC 2020 이후 버전에서 [Save As(다른 이름으로 저장)]([Shift]+[Ctrl]+[S])로 '파일 형식 : JPEG(*.JPG;*.JPEG; *.JPE)'가 없는 경우에는 아래와 같이 저장하면 됩니다.
>
> **※ CC 버전에 따라 정답 파일을 '파일 형식 : JPEG'로 저장하기**
> - [File(파일)]-[Save As(다른 이름으로 저장)]([Shift]+[Ctrl]+[S])를 선택하고 [다른 이름으로 저장] 대화상자에서 [Save A Copy(사본 저장)]를 선택합니다.
> - [File(파일)]-[Save A Copy(사본 저장)]([Alt]+[Ctrl]+[S])를 선택합니다.

03 [Image(이미지)]-[Image Size(이미지 크기)]([Alt]+[Ctrl]+[I])를 선택하고 'Constrain as- pect ratio(종횡비 제한) : 클릭, Width(폭) : 40Pixels(픽셀), Height(높이) : 50Pixels(픽 셀)'로 입력하여 이미지 크기를 1/10로 축소한 후 [OK(확인)]를 클릭합니다.

04 [File(파일)]−[Save As(다른 이름으로 저장)](Shift+Ctrl+S)를 선택하고 '저장 위치 : 내 PC₩문서₩GTQ, 파일 형식 : Photoshop(*.PSD;*.PDD;*.PSDT), 파일 이름 : 수험번호−성명−문제번호'를 입력하고 [저장]을 클릭합니다.

05 답안 저장이 완료되면 [File(파일)]−[Close(닫기)](Ctrl+W)를 선택하여 파일을 닫고 수험 프로그램에서 [답안 전송]을 클릭하여 감독관 컴퓨터로 psd와 jpg 파일을 전송합니다.

CHAPTER 08
문제 **02** [기능평가] 사진편집 응용

작업과정	새 작업 이미지 만들기 및 파일 저장하기 ▶ 필터 적용 및 레이어 스타일 적용 ▶ 색상 보정하기 ▶ 모양 생성 및 레이어 스타일 적용 ▶ 문자 입력 및 변형, 레이어 스타일 적용 ▶ 정답 파일 저장
완성이미지	Part05₩Chapter08₩정답파일₩G120250008−성명−2.jpg, G120250008−성명−2.psd

01 새 작업 이미지 만들기 및 파일 저장하기

01 [File(파일)]−[New(새로 만들기)](Ctrl+N)를 선택하고 'Width(폭) : 400Pixels(픽셀), Height(높이) : 500Pixels(픽셀), Resolution(해상도) : 72Pixels/Inch(픽셀/인치), Color Mode(색상 모드) : RGB Color(RGB 색상), 8bit(비트), Background Contents(배경 내용) : White(흰색)'로 설정하여 새 작업 이미지를 만듭니다.

02 [Edit(편집)]−[Preference(환경설정)](Ctrl+K)를 클릭하고 [Guides, Grid & Slices(안내선, 격자와 슬라이스)]를 선택하여 Grid(격자)의 'Color(색상)'를 클릭하여 밝은 색상으로 변경한 후 'Gridline Every(격자 간격) : 100Pixels(픽셀), Subdivisions(세분) : 1'로 설정합니다.

03 [View(보기)]−[Show(표시)]−[Grid(격자)](Ctrl+')와 [View(보기)]−[Rulers(눈금자)](Ctrl+R)를 선택하여 격자와 눈금자를 표시합니다.

04 작업 도큐먼트를 저장하기 위해 [File(파일)]−[Save As(다른 이름으로 저장)](Shift+Ctrl+S)를 선택하고 임의 경로에 '파일 이름 : 수험번호−성명−문제번호, 파일 형식 : Photoshop(*.PSD;*.PDD;*.PSDT)'으로 파일을 저장합니다.

필터 적용 및 레이어 스타일 적용

01 [File(파일)]-[Open(열기)]([Ctrl]+[O])을 선택하여 1급-4.jpg를 불러옵니다. [Ctrl]+[A]로 전체를 선택하고 [Ctrl]+[C]로 복사 후, 작업 이미지에 [Ctrl]+[V]로 붙여넣기를 하고 [Ctrl]+[T]를 눌러 종횡비에 맞게 크기를 조절하고 회전하여 배치합니다.

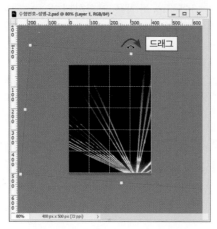

> **기적의 Tip**
>
> **[Ctrl]+[T]로 종횡비에 맞게 크기 조절하기**
> • [Shift]를 누른 채 조절점을 드래그합니다.
> • Options Bar(옵션 바)의 'Maintain aspect ratio(종횡비 유지), [∞]'를 클릭한 후 조절점을 드래그합니다. 또는 W(폭)이나 H(높이) 위에 마우스로 드래그하거나 수치를 입력합니다.

02 [Filter(필터)]-[Filter Gallery(필터 갤러리)]-[Texture(텍스처)]-[Texturizer(텍스처화)]를 선택합니다.

03 색상 보정하기

01 [File(파일)]-[Open(열기)]([Ctrl]+[O])을 선택하여 1급-5.jpg를 불러옵니다. Magic Wand Tool(자동 선택 도구, [🪄])을 클릭하고 Options Bar(옵션 바)에서 'Add to selection(선택 영역에 추가, [🔲]), Tolerance(허용치) : 30, Anti-alias(앤티 앨리어스) : 체크, Contiguous(인접) : 체크'를 설정하고 배경 부분을 여러 차례 클릭하여 선택합니다.

02 [Shift]+[Ctrl]+[I]로 선택 영역을 반전한 후, [Ctrl]+[C]로 복사합니다. 작업 이미지에 [Ctrl]+[V]로 붙여넣고 [Ctrl]+[T]로 크기 조절과 회전을 하여 배치합니다.

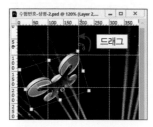

03 Layers(레이어) 패널 하단의 'Add a layer style(레이어 스타일 추가, [fx.])'을 클릭하여 [Outer Glow(외부 광선)]를 선택, 'Opacity(불투명도) : 75%, Spread(스프레드) : 0%, Size(크기) : 10px'로 설정하고 [OK(확인)]를 클릭합니다.

04 Magic Wand Tool(자동 선택 도구, 🖌️)을 클릭하고 Options Bar(옵션 바)에서 'Add to selection(선택 영역에 추가, 🔲), Tolerance(허용치) : 30, Anti-alias(앤티 앨리어스) : 체크, Contiguous(인접) : 체크'를 설정하고 클릭하여 선택합니다.

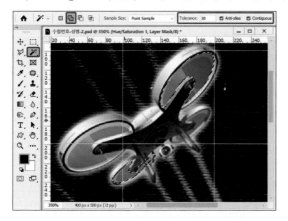

05 Layers(레이어) 패널 하단의 'Create new fill or adjustment layer(새 칠 또는 조정 레이어 생성, ◐)'를 클릭하고 [Hue/Saturation(색조/채도)]을 선택합니다. Properties(속성) 패널에서 'Hue(색조) : 76, Saturation(채도) : 20, Lightness(명도) : -20'으로 설정하여 보라색 계열로 보정합니다.

06 Magic Wand Tool(자동 선택 도구, 🖌️)을 클릭하고 Options Bar(옵션 바)에서 'Add to selection(선택 영역에 추가, 🔲), Tolerance(허용치) : 30, Anti-alias(앤티 앨리어스) : 체크, Contiguous(인접) : 체크'를 설정하고 클릭하여 선택합니다.

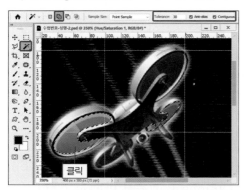

07 Layers(레이어) 패널 하단의 'Create new fill or adjustment layer(새 칠 또는 조정 레이어 생성, ◐)'를 클릭하고 [Hue/Saturation(색조/채도)]을 선택합니다. Properties(속성) 패널에서 'Colorize(색상화) : 체크, Hue(색조) : 126, Saturation(채도) : 60, Lightness(명도) : -30'으로 설정하여 녹색 계열로 보정합니다.

08 [File(파일)]–[Open(열기)]([Ctrl]+[O])을 선택하여 1급-6.jpg를 불러옵니다. Object Selection Tool(개체 선택 도구, ◨)을 클릭하고 Options Bar(옵션 바)에서 'Mode(모드) : Rectangle(사각형)'로 설정하고 드래그하여 선택한 후, [Ctrl]+[C]를 눌러 복사합니다.

09 작업 이미지에 [Ctrl]+[V]로 붙여넣기를 합니다. [Ctrl]+[T]를 누르고, 마우스 오른쪽 버튼을 클릭하여 [Flip Horizontal(가로로 뒤집기)]로 뒤집은 후 종횡비에 맞게 크기를 조절하고 회전하여 배치합니다.

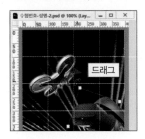

10 Layers(레이어) 패널 하단의 'Add a layer style(레이어 스타일 추가, fx.)'을 클릭하여 [Inner Glow(내부 광선)]를 선택, 'Opacity(불투명도) : 75%, Choke(경계 감소) : 0%, Size(크기) : 10px'로 설정하고 [OK(확인)]를 클릭합니다.

④ 모양 생성 및 레이어 스타일 적용

01 Layers(레이어) 패널에서 'Hue/Saturation 2' 레이어를 선택합니다. Custom Shape Tool(사용자 정의 모양 도구, ✿)을 클릭하고 Options Bar(옵션 바)에서 'Shape(모양), Fill(칠) : #996633, Stroke(획) : No Color(색상 없음), Shape(모양) : 10 Point Star Frame(10포인트 별 프레임, ✿)'으로 설정한 후 [Shift]를 누른 채 드래그하여 모양을 그립니다.

Shape 경로

[Legacy Shapes and More(레거시 모양 및 기타)]–[All Legacy Default Shapes(모든 레거시 기본 모양)]–[Shapes(모양)]

02 Layers(레이어) 패널 하단의 'Add a layer style(레이어 스타일 추가, fx.)'을 클릭하여 [Inner Shadow(내부 그림자)]를 선택, 'Opacity(불투명도) : 75%, Angle(각도) : 90°, Distance(거리) : 7px, Size(크기) : 7px'로 설정하고 [OK(확인)]를 클릭합니다.

03 Custom Shape Tool(사용자 정의 모양 도구, ⚐)을 클릭하고 Options Bar(옵션 바)에서 'Shape(모양)', 'Fill(칠) : #003300, Stroke(획) : No Color(색상 없음), Shape(모양) : Shape 93(모양 93, ◣)'를 설정한 후 드래그하여 모양을 그립니다. [Ctrl]+[T]를 눌러 회전하여 배치합니다.

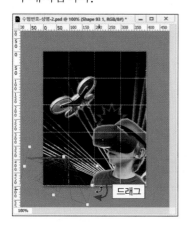

> **Shape 경로**
>
> [Legacy Shapes and More(레거시 모양 및 기타)]-[2019 Shapes(2019 모양)]-[Roads and Streams(도로 및 개울)]

04 Layers(레이어) 패널 하단의 'Add a layer style(레이어 스타일 추가, fx)'을 클릭하여 [Stroke(획)]를 선택, 'Size(크기) : 2px, Color(색상) : #ffffff'로 설정합니다.

05 문자 입력 및 변형, 레이어 스타일 적용

01 Horizontal Type Tool(수평 문자 도구, [T])로 작업 이미지를 클릭하고 Options Bar(옵션 바)에서 'Font(글꼴) : Arial, Set font style(글꼴 스타일 설정) : Bold, Set font size(글꼴 크기) : 43pt, Color(색상) : 임의 색상'으로 설정한 후 Virtual Reality를 입력합니다.

02 Options Bar(옵션 바)에서 Create warped text(뒤틀어진 텍스트 만들기, ⊥)를 클릭하여 [Warp Text(텍스트 뒤틀기)] 대화상자에서 'Style(스타일) : Arc(부채꼴), Horizontal(가로) : 체크, Bend(구부리기) : 30%'로 설정하여 문자의 모양을 왜곡합니다.

03 Layers(레이어) 패널 하단의 'Add a layer style(레이어 스타일 추가, fx)'을 클릭하여 [Gradient Overlay(그레이디언트 오버레이)]를 선택하고 'Click to edit the gradient(클릭하여 그레이디언트 편집)'를 클릭합니다.

04 그레이디언트 슬라이더 왼쪽 하단의 'Color Stop(색상 정지점)'을 더블 클릭하여 #ffffcc, 가운데 빈 곳을 클릭하여 'Color Stop(색상 정지점)'을 추가하고 더블 클릭하여 #33cccc, 오른쪽 'Color Stop(색상 정지점)'을 더블 클릭하여 #cc6600으로 설정한 후, 'Style(스타일) : Linear(선형), Angle(각도) : 0°'로 설정합니다.

05 계속해서 [Drop Shadow(드롭 섀도)]를 선택하여 'Opacity(불투명도) : 75%, Angle(각도) : 90°, Distance(거리) : 7px, Size(크기) : 7px'로 설정하고 [OK(확인)]를 클릭합니다. [Ctrl]+[S]를 눌러 저장합니다.

06 정답 파일 저장

01 [View(보기)]-[Show(표시)]-[Grid(격자)]([Ctrl]+['])를 선택하여 격자를 가립니다.

02 [File(파일)]-[Save As(다른 이름으로 저장)]([Shift]+[Ctrl]+[S])를 선택하고 '저장 위치 : 내 PCW문서WGTQ, 파일 형식 : JPEG(*.JPG;*.JPEG;*.JPE), 파일 이름 : 수험번호-성명-문제번호'를 입력하고 [저장]을 클릭한 후 [JPEG Options(JPEG 옵션)] 대화상자에서 'Quality(품질) : 8'로 설정하고 [OK(확인)]를 클릭합니다.

03 [Image(이미지)]-[Image Size(이미지 크기)]([Alt]+[Ctrl]+[I])를 선택하고 'Constrain aspect ratio(종횡비 제한) : 클릭, Width(폭) : 40Pixels(픽셀), Height(높이) : 50Pixels(픽셀)'로 입력하여 이미지 크기를 1/10로 축소한 후 [OK(확인)]를 클릭합니다.

04 [File(파일)]-[Save As(다른 이름으로 저장)]([Shift]+[Ctrl]+[S])를 선택하고 '저장 위치 : 내 PCW문서WGTQ, 파일 형식 : Photoshop(*.PSD;*.PDD;*.PSDT), 파일 이름 : 수험번호-성명-문제번호'를 입력하고 [저장]을 클릭합니다.

05 답안 저장이 완료되면 [File(파일)]-[Close(닫기)]([Ctrl]+[W])를 선택하여 파일을 닫고 수험 프로그램에서 [답안 전송]을 클릭하여 감독관 컴퓨터로 psd와 jpg 파일을 전송합니다.

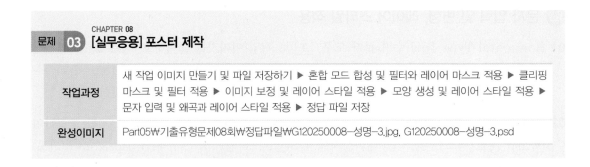

문제 03	CHAPTER 08 **[실무응용] 포스터 제작**
작업과정	새 작업 이미지 만들기 및 파일 저장하기 ▶ 혼합 모드 합성 및 필터와 레이어 마스크 적용 ▶ 클리핑 마스크 및 필터 적용 ▶ 이미지 보정 및 레이어 스타일 적용 ▶ 모양 생성 및 레이어 스타일 적용 ▶ 문자 입력 및 왜곡과 레이어 스타일 적용 ▶ 정답 파일 저장
완성이미지	Part05W기출유형문제08회W정답파일WG120250008-성명-3.jpg, G120250008-성명-3.psd

01 새 작업 이미지 만들기 및 파일 저장하기

01 [File(파일)]-[New(새로 만들기)]([Ctrl]+[N])를 선택하고 'Width(폭) : 600Pixels(픽셀), Height(높이) : 400Pixels(픽셀), Resolution(해상도) : 72Pixels/Inch(픽셀/인치), Color Mode(색상 모드) : RGB Color(RGB 색상), 8bit(비트), Background Contents(배경 내용) : White(흰색)'로 설정하여 새 작업 이미지를 만듭니다.

02 [Edit(편집)]-[Preference(환경설정)]([Ctrl]+[K])를 클릭하고 [Guides, Grid & Slices(안내선, 격자와 슬라이스)]를 선택하여 Grid(격자)의 'Color(색상)'를 클릭하여 밝은 색상으로 변경한 후 'Gridline Every(격자 간격) : 100Pixels(픽셀), Subdivisions(세분) : 1'로 설정합니다.

03 [View(보기)]-[Show(표시)]-[Grid(격자)]([Ctrl]+['])와 [View(보기)]-[Rulers(눈금자)]([Ctrl]+[R])를 선택하여 격자와 눈금자를 표시합니다.

04 작업 도큐먼트를 저장하기 위해 [File(파일)]–[Save As(다른 이름으로 저장)](`Shift`+`Ctrl`+`S`)를 선택하고 임의 경로에 '파일 이름 : 수험번호–성명–문제번호, 파일 형식 : Photo-shop(*.PSD;*.PDD;*.PSDT)'으로 파일을 저장합니다.

02 혼합 모드 합성 및 필터와 레이어 마스크 적용

01 Tool Panel(도구 패널) 하단의 'Set foreground color(전경색 설정)'을 클릭하여 # 오른쪽 입력란에 9999ff로 입력한 후, `Alt`+`Delete`를 눌러 제시된 Foreground Color(전경색)를 작업 이미지의 배경에 채웁니다.

02 [File(파일)]–[Open(열기)](`Ctrl`+`O`)을 선택하여 1급-7.jpg를 불러옵니다. `Ctrl`+`A`로 전체를 선택하고 `Ctrl`+`C`로 복사 후, 작업 이미지에 `Ctrl`+`V`로 붙여넣기를 합니다. `Ctrl`+`T`를 눌러 종횡비에 맞게 크기를 조절하고 마우스 오른쪽 버튼을 클릭하여 [Flip Horizontal(가로로 뒤집기)]로 뒤집어 배치합니다.

03 Layers(레이어) 패널에서 'Blending Mode(혼합 모드) : Screen(스크린), Opacity(불투명도) : 80%'로 설정하여 배경과 합성합니다.

 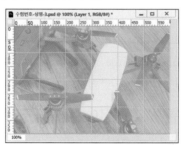

04 [File(파일)]–[Open(열기)](`Ctrl`+`O`)을 선택하여 1급-8.jpg를 불러옵니다. `Ctrl`+`A`로 전체를 선택하고 `Ctrl`+`C`로 복사 후, 작업 이미지에 `Ctrl`+`V`로 붙여넣기를 합니다. `Ctrl`+`T`를 눌러 종횡비에 맞게 크기를 조절하고 격자를 참조하여 배치합니다.

05 [Filter(필터)]–[Filter Gallery(필터 갤러리)]–[Artistic(예술 효과)]–[Dry Brush(드라이 브러시)]를 선택합니다.

06 Layers(레이어) 패널 하단의 'Add layer mask(레이어 마스크 추가, ◻)'를 클릭하여 레이어 마스크를 추가합니다.

07 Tool Panel(도구 패널) 하단의 'Set foreground color(전경색 설정)'를 #000000, 'Set background color(배경색 설정)'를 #ffffff로 설정합니다. Gradient Tool(그레이디언트 도구, ■)을 클릭하고 Options Bar(옵션 바)에서 'Type(유형) : Linear Gradient(선형 그레이디언트), Mode(모드) : Normal(표준), Opacity(불투명도) : 100%'로 설정한 후 오른쪽 위에서 왼쪽 아래 대각선 방향으로 드래그하여 이미지 일부를 자연스럽게 지워 합성합니다.

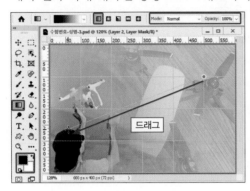 

03 클리핑 마스크 및 필터 적용

01 [File(파일)]-[Open(열기)]([Ctrl]+[O])을 선택하여 1급-9.jpg를 불러옵니다. Magic Wand Tool(자동 선택 도구, ✦)을 클릭하고 Options Bar(옵션 바)에서 'Add to selection(선택 영역에 추가, ⬚), Tolerance(허용치) : 20, Anti-alias(앤티 앨리어스) : 체크, Contiguous(인접) : 체크'를 설정하고 배경 부분을 여러 차례 클릭하여 선택합니다.

02 [Shift]+[Ctrl]+[I]를 눌러 선택 영역을 반전하고 [Ctrl]+[C]로 복사하여 작업 이미지에 [Ctrl]+[V]로 붙여넣기를 합니다. [Ctrl]+[T]를 누르고 종횡비를 유지하여 크기를 조절하고 회전하여 배치합니다.

03 Quick Selection Tool(빠른 선택 도구, ✎)을 클릭하고 Options Bar(옵션 바)에서 'Add to selection(선택 영역에 추가, ✎)'을 설정한 후 브러시의 크기를 조절하며 드래그하여 이미지를 선택하고 [Ctrl]+[J]를 눌러 복사한 레이어로 만듭니다.

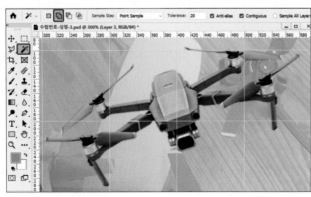 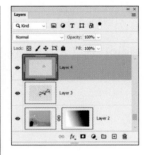

04 [File(파일)]-[Open(열기)]([Ctrl]+[O])을 선택하여 1급-10.jpg를 불러옵니다. [Ctrl]+[A]로 전체를 선택하고 [Ctrl]+[C]로 복사 후, 작업 이미지에 [Ctrl]+[V]로 붙여넣기를 합니다. [Ctrl]+[T]를 눌러 종횡비를 유지하여 크기를 조절하고 회전하고 'Layer 4' 레이어와 겹치도록 배치합니다.

05 Layers(레이어) 패널에서 'Layer 5' 레이어와 'Layer 4' 레이어 사이에 마우스 커서를 놓고 [Alt]를 누르고 클릭하여 Clipping Mask(클리핑 마스크)를 적용합니다.

06 [Filter(필터)]-[Filter Gallery(필터 갤러리)]-[Texture(텍스처)]-[Texturizer(텍스처화)]를 선택합니다.

07 Layers(레이어) 패널에서 'Layer 3' 레이어를 선택합니다. 패널 하단의 'Add a layer style(레이어 스타일 추가, [fx.])'을 클릭하여 [Stroke(획)]를 선택, 'Size(크기) : 3px, Fill Type(칠 유형) : Gradient(그레이디언트), Click to edit the gradient(클릭하여 그레이디언트 편집)'를 클릭합니다.

08 그레이디언트 슬라이더 왼쪽 하단의 'Color Stop(색상 정지점)'을 더블 클릭하여 #003366, 오른쪽 'Color Stop(색상 정지점)'을 더블 클릭하여 #ff9900으로 설정한 후, 'Style(스타일) : Linear(선형), Angle(각도) : 0°로 설정하고 [OK(확인)]를 클릭합니다.

04 이미지 보정 및 레이어 스타일 적용

01 [File(파일)]-[Open(열기)]([Ctrl]+[O])을 선택하여 1급-11.jpg를 불러옵니다. Quick Selection Tool(빠른 선택 도구, [✎])을 클릭하고 Options Bar(옵션 바)에서 'Add to selection(선택 영역에 추가, [✎])'을 설정한 후 브러시의 크기를 조절하며 드래그하여 선택하고 [Ctrl]+[C]를 눌러 복사합니다.

> **기적의 Tip**
>
> 이미지 중 깔끔하게 선택되지 않은 영역은 Polygonal Lasso Tool(다각형 올가미 도구, [✎])을 클릭하고 Options Bar(옵션 바)에서 'Add to selection(선택 영역에 추가, [✎]). Feather(페더) : 0px, Anti-alias(앤티 앨리어스) : 체크'를 설정하고 선택합니다.

02 작업 이미지를 선택하여 Layers(레이어) 패널에서 'Layer 2' 레이어를 선택합니다. Ctrl + V 로 붙여 넣기를 하고 Ctrl + T 를 눌러 종횡비에 맞게 크기를 축소하고 회전하여 배치합니다.

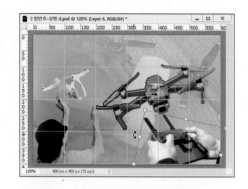

03 Layers(레이어) 패널 하단의 'Add a layer style(레이어 스타일 추가, fx.)'을 클릭하여 [Bevel & Emboss(경사와 엠보스)]를 선택, 'Style(스타일) : Inner Bevel(내부 경사), Direction(방향) : Up(위로), Size(크기) : 5px'로 설정합니다. 계속해서 [Drop Shadow(드롭 섀도)]를 선택, 'Opacity(불투명도) : 75%, Angle(각도) : 90°, Distance(거리) : 3px, Size(크기) : 7px'로 설정하고 [OK(확인)]를 클릭합니다.

04 Quick Selection Tool(빠른 선택 도구, ✐)을 클릭하고 Options Bar(옵션 바)에서 'Add to selection(선택 영역에 추가, ✐)'을 설정한 후 브러시의 크기를 조절하며 드래그하여 리모콘 이미지를 선택합니다.

05 Layers(레이어) 패널 하단의 'Create new fill or adjustment layer(새 칠 또는 조정 레이어 생성, ◑)'를 클릭하고 [Hue/Saturation(색조/채도)]을 선택합니다. Properties(속성) 패널에서 'Colorize(색상화) : 체크, Hue(색조) : 340, Saturation(채도) : 80, Lightness(명도) : 15'로 설정하여 빨간색 계열로 보정합니다.

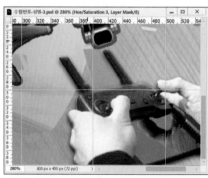

05 모양 생성 및 레이어 스타일 적용

01 Custom Shape Tool(사용자 정의 모양 도구, ⬠)을 클릭하고 Options Bar(옵션 바)에서 'Shape(모양), Fill(칠) : #333300, Stroke(획) : No Color(색상 없음), Shape(모양) : School(학교, 🚶)'로 설정한 후 Shift 를 누른 채 모양을 그립니다.

> **Shape 경로**
>
> [Legacy Shapes and More(레거시 모양 및 기타)]-[All Legacy Default Shapes(모든 레거시 기본 모양)]-[Symbols(기호)]

02 Layers(레이어) 패널 하단의 'Add a layer style(레이어 스타일 추가, $fx.$)'을 클릭하여 [Outer Glow(외부 광선)]를 선택하고 'Opacity(불투명도) : 75%, Spread(스프레드) : 0%, Size(크기) : 10px'로 설정하고 [OK(확인)]를 클릭합니다.

03 Layers(레이어) 패널 상단의 'Opacity(불투명도) : 60%'로 설정합니다.

04 Layers(레이어) 패널에서 'Layer 2' 레이어를 선택합니다. Custom Shape Tool(사용자 정의 모양 도구, $\boxed{\circledast}$)을 클릭하고 Options Bar(옵션 바)에서 'Shape(모양), Fill(칠) : 임의 색상, Stroke(획) : No Color(색상 없음), Shape(모양) : Bull's Eye(과녁, $\boxed{\circledcirc}$)'로 설정한 후 $\boxed{\text{Shift}}$를 누른 채 드래그하여 모양을 그립니다.

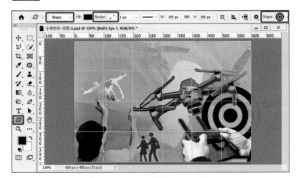

> **Shape 경로**
>
> [Legacy Shapes and More(레거시 모양 및 기타)]–[All Legacy Default Shapes(모든 레거시 기본 모양)]–[Symbols(기호)]

05 Layers(레이어) 패널 하단의 'Add a layer style(레이어 스타일 추가, $fx.$)'을 클릭하여 [Inner Shadow(내부 그림자)]를 선택, 'Opacity(불투명도) : 75%, Angle(각도) : 90°, Distance(거리) : 7px, Size(크기) : 7px'로 설정합니다. 계속해서 [Gradient Overlay(그레이디언트 오버레이)]를 선택하고 'Click to edit the gradient(클릭하여 그레이디언트 편집)'를 클릭합니다.

06 그레이디언트 슬라이더 왼쪽 하단의 'Color Stop(색상 정지점)'을 더블 클릭하여 #66ccff, 오른쪽 'Color Stop(색상 정지점)'을 더블 클릭하여 #000066으로 설정한 후, 'Style(스타일) : Linear(선형), Angle(각도) : 90°'로 설정하고 [OK(확인)]를 클릭합니다. Layers(레이어) 패널 상단의 'Opacity(불투명도) : 50%'로 설정합니다.

07 Custom Shape Tool(사용자 정의 모양 도구, $\boxed{\circledast}$)을 클릭하고 Options Bar(옵션 바)에서 'Shape(모양), Fill(칠) : #ccccff, Stroke(획) : No Color(색상 없음), Shape(모양) : Shape 148(모양 148, $\boxed{\rightharpoondown}$)'로 설정한 후 드래그하여 모양을 그립니다.

> **Shape 경로**
>
> [Legacy Shapes and More(레거시 모양 및 기타)]–[2019 Shapes(2019 모양)]–[Flags(깃발)]

08 Layers(레이어) 패널 하단의 'Add a layer style(레이어 스타일 추가, $fx.$)'을 클릭하여 [Drop Shadow(그림자)]를 선택, 'Opacity(불투명도) : 75%, Angle(각도) : 90°, Distance(거리) : 5px, Size(크기) : 5px'로 설정하고 [OK(확인)]를 클릭합니다.

09 Ctrl + J를 눌러 'Shape 148 1' 레이어를 복사하고 Layers(레이어) 패널에서 'Shape 148 1 copy' 레이어의 'Layer thumbnail(레이어 축소판)'을 더블 클릭하여 'Color(색상) : #993333'으로 변경합니다.

10 Ctrl + T를 누르고, 마우스 오른쪽 버튼을 클릭하여 [Flip Horizontal(가로로 뒤집기)]로 뒤집은 후 크기를 조절하여 배치합니다.

06 문자 입력 및 왜곡과 레이어 스타일 적용

01 Horizontal Type Tool(수평 문자 도구, T)로 작업 이미지를 클릭하고 Options Bar(옵션 바)에서 'Font(글꼴) : 궁서, Set font size(글꼴 크기) : 45pt, Color(색상) : 임의 색상'으로 설정한 후 드론산업전시회를 입력합니다.

02 Options Bar(옵션 바)에서 Create warped text(뒤틀어진 텍스트 만들기, ⊥)를 클릭하여 [Warp Text(텍스트 뒤틀기)] 대화상자에서 'Style(스타일) : Shell Lower(아래가 넓은 조개), Horizontal(가로) : 체크, Bend(구부리기) : 20%'로 설정하여 문자의 모양을 왜곡합니다.

03 Layers(레이어) 패널 하단의 'Add a layer style(레이어 스타일 추가, fx.)'을 클릭하여 [Stroke(획)]를 선택, 'Size(크기) : 3px, Color(색상) : #ffffff'로 설정합니다. 계속해서 [Gradient Overlay(그레이디언트 오버레이)]를 선택하고 'Click to edit the gradient(클릭하여 그레이디언트 편집)'를 클릭합니다.

04 그레이디언트 슬라이더 왼쪽 하단의 'Color Stop(색상 정지점)'을 더블 클릭하여 #cc33ff를, 가운데 빈 곳을 클릭하여 'Color Stop(색상 정지점)'을 추가한 후 더블 클릭하여 #66ccff, 오른쪽 'Color Stop(색상 정지점)'을 더블 클릭하여 #cc6600으로 설정한 후, 'Style(스타일) : Linear(선형), Angle(각도) : 0°'로 설정합니다. 계속해서 [Drop Shadow(드롭 섀도)]를 선택, 'Opacity(불투명도) : 75%, Angle(각도) : 90°, Distance(거리) : 7px, Size(크기) : 7px'로 설정하고 [OK(확인)]를 클릭합니다.

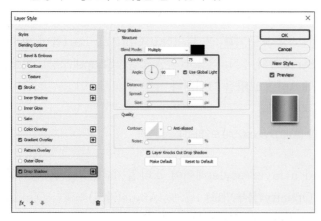

05 Horizontal Type Tool(수평 문자 도구, T)로 작업 이미지를 클릭하고 Options Bar(옵션 바)에서 'Font(글꼴) : Arial, Set font style(글꼴 스타일 설정) : Regular, Set font size (글꼴 크기) : 28pt, Color(색상) : #cccccc'로 설정한 후 Drone Industry Exhibition을 입력합니다.

06 Horizontal Type Tool(수평 문자 도구, T)로 Drone 문자를 드래그하여 선택하고 Options Bar(옵션 바)에서 'Color(색상) : #33ccff'로 설정합니다.

07 Options Bar(옵션 바)에서 Create warped text(뒤틀어진 텍스트 만들기, ⅸ)를 클릭하여 [Warp Text(텍스트 뒤틀기)] 대화상자에서 'Style(스타일) : Arc(부채꼴), Horizontal(가로) : 체크, Bend(구부리기) : -20%'로 설정하여 문자의 모양을 왜곡합니다.

08 Layers(레이어) 패널 하단의 'Add a layer style(레이어 스타일 추가, fx)'을 클릭하여 [Stroke(획)]를 선택, 'Size(크기) : 2px, Color(색상) : #666666'으로 설정합니다.

09 Horizontal Type Tool(수평 문자 도구, T)로 작업 이미지를 클릭하고 Options Bar(옵션 바)에서 'Font(글꼴) : 돋움, Set font size(글꼴 크기) : 20pt, Set anti-aliasing method (앤티 앨리어싱 방법 설정) : Strong(강하게), Center text(텍스트 중앙 정렬, 풀), Color(색상) : #ffffff'로 설정한 후 드론 산업포럼 컨퍼런스를 입력합니다.

10 Layers(레이어) 패널 하단의 'Add a layer style(레이어 스타일 추가, fx)'을 클릭하여 [Stroke(획)]를 선택, 'Size(크기) : 2px, Color(색상) : #993333'으로 설정합니다. 계속해서 [Drop Shadow(드롭 섀도)]를 선택, 'Opacity(불투명도) : 75%, Angle(각도) : 90°, Distance(거리) : 5px, Size(크기) : 5px'로 설정하고 [OK(확인)]를 클릭합니다.

11 Horizontal Type Tool(수평 문자 도구, T)로 작업 이미지를 클릭하고 Options Bar(옵션 바)에서 'Font(글꼴) : 돋움, Set font size(글꼴 크기) : 16pt, Set anti-aliasing method (앤티 앨리어싱 방법 설정) : Strong(강하게), Color(색상) : #ccffcc'로 설정한 후 개막식 및 드론시연회를 입력합니다.

12 Layers(레이어) 패널 하단의 'Add a layer style(레이어 스타일 추가, fx.)'을 클릭하여 [Drop Shadow(그림자)]를 선택하고 'Opacity(불투명도) : 75%, Angle(각도) : 90°, Distance(거리) : 3px, Size(크기) : 5px'로 설정하고 [OK(확인)]를 클릭합니다. Ctrl+S를 눌러 저장합니다.

07 정답 파일 저장

01 [View(보기)]-[Show(표시)]-[Grid(격자)](Ctrl+')를 선택하여 격자를 가립니다.

02 [File(파일)]-[Save As(다른 이름으로 저장)](Shift+Ctrl+S)를 선택하고 '저장 위치 : 내 PCW문서WGTQ, 파일 형식 : JPEG(*.JPG;*.JPEG;*.JPE), 파일 이름 : 수험번호-성명-문제번호'를 입력하고 [저장]을 클릭한 후 [JPEG Options(JPEG 옵션)] 대화상자에서 'Quality(품질) : 8'로 설정하고 [OK(확인)]를 클릭합니다.

03 [Image(이미지)]-[Image Size(이미지 크기)](Alt+Ctrl+I)를 선택하고 'Constrain aspect ratio(종횡비 제한) : 클릭, Width(폭) : 60Pixels(픽셀), Height(높이) : 40Pixels(픽셀)'로 입력하여 이미지 크기를 1/10로 축소한 후 [OK(확인)]를 클릭합니다.

04 [File(파일)]-[Save As(다른 이름으로 저장)](Shift+Ctrl+S)를 선택하고 '저장 위치 : 내 PCW문서WGTQ, 파일 형식 : Photoshop(*.PSD;*.PDD;*.PSDT), 파일 이름 : 수험번호-성명-문제번호'를 입력하고 [저장]을 클릭합니다.

05 답안 저장이 완료되면 [File(파일)]-[Close(닫기)](Ctrl+W)를 선택하여 파일을 닫고 수험 프로그램에서 [답안 전송]을 클릭하여 감독관 컴퓨터로 psd와 jpg 파일을 전송합니다.

| 문제 | 04 | **[실무응용] 웹 페이지 제작** |

| 작업과정 | 새 작업 이미지 만들기 및 파일 저장하기 ▶ 혼합 모드 합성 및 필터, 레이어 마스크 적용 ▶ 이미지 보정 및 필터, 레이어 스타일 적용 ▶ 모양 생성 및 변형, 레이어 스타일 적용 ▶ 메뉴 버튼 만들기 ▶ 펜 도구 작업 및 레이어 스타일 적용 ▶ 패턴 정의와 적용 및 레이어 마스크 적용 ▶ 문자 입력과 왜곡 및 레이어 스타일 적용 ▶ 정답 파일 저장 |
| 완성이미지 | Part05₩기출유형문제08회₩정답파일₩G120250008-성명-4.jpg, G120250008-성명-4.psd |

01 새 작업 이미지 만들기 및 파일 저장하기

01 [File(파일)]-[New(새로 만들기)]([Ctrl]+[N])를 선택하고 'Width(폭) : 600Pixels(픽셀), Height(높이) : 400Pixels(픽셀), Resolution(해상도) : 72Pixels/Inch(픽셀/인치), Color Mode(색상 모드) : RGB Color(RGB 색상), 8bit(비트), Background Contents(배경 내용) : White(흰색)'로 설정하여 새 작업 이미지를 만듭니다.

02 [Edit(편집)]-[Preference(환경설정)]([Ctrl]+[K])를 클릭하고 [Guides, Grid & Slices(안내 선, 격자와 슬라이스)]를 선택하여 Grid(격자)의 'Color(색상)'를 클릭하여 밝은 색상으로 변경한 후 'Gridline Every(격자 간격) : 100Pixels(픽셀), Subdivisions(세분) : 1'로 설정합니다.

03 [View(보기)]-[Show(표시)]-[Grid(격자)]([Ctrl]+[']')와 [View(보기)]-[Rulers(눈금자)] ([Ctrl]+[R])를 선택하여 격자와 눈금자를 표시합니다.

04 작업 도큐먼트를 저장하기 위해 [File(파일)]-[Save As(다른 이름으로 저장)]([Shift]+[Ctrl]+ [S])를 선택하고 임의 경로에 '파일 이름 : 수험번호-성명-문제번호, 파일 형식 : Photoshop(*.PSD;*.PDD;*.PSDT)'으로 파일을 저장합니다.

02 혼합 모드 합성 및 필터, 레이어 마스크 적용

01 Tool Panel(도구 패널) 하단의 'Set foreground color(전경색 설정)'을 클릭하여 # 오른쪽 입력란에 'ccffcc'로 입력한 후, [Alt]+[Delete]를 눌러 제시된 Foreground Color(전경색)를 작업 이미지의 배경에 채웁니다.

02 [File(파일)]-[Open(열기)]([Ctrl]+[O])을 선택하여 1급-12.jpg를 불러옵니다. [Ctrl]+[A]로 전체를 선택하고 [Ctrl]+[C]로 복사 후, 작업 이미지에 [Ctrl]+[V]로 붙여넣기를 하고 [Ctrl]+[T]로 종횡비에 맞게 크기를 조절하여 배치합니다.

03 Layers(레이어) 패널에서 'Blending Mode(혼합 모드) : Multiply(곱하기)'로 설정하여 배경 이미지와 합성을 합니다.

04 Layers(레이어) 패널 하단의 'Add layer mask(레이어 마스크 추가, ■)'를 클릭하여 레이어 마스크를 추가합니다.

05 Tool Panel(도구 패널) 하단의 'Set foreground color(전경색 설정)'를 #000000, 'Set background color(배경색 설정)'를 #ffffff로 설정합니다. Gradient Tool(그레이디언트 도구, ▣)을 클릭하고 Options Bar(옵션 바)에서 'Type(유형) : Linear Gradient(선형 그레이디언트), Mode(모드) : Normal(표준), Opacity(불투명도) : 100%로 설정한 후 오른쪽에서 왼쪽으로 가로 방향으로 드래그하여 이미지 일부를 자연스럽게 지워 합성합니다.

06 [File(파일)]–[Open(열기)]([Ctrl]+[O])을 선택하여 1급–13.jpg를 불러옵니다. [Ctrl]+[A]로 전체를 선택하고 [Ctrl]+[C]로 복사 후, 작업 이미지에 [Ctrl]+[V]로 붙여넣기를 합니다. [Ctrl]+[T]를 누르고 마우스 오른쪽 버튼을 클릭하여 [Flip Horizontal(가로로 뒤집기)]로 뒤집고 크기를 조절하여 격자를 참조하여 배치합니다.

07 [Filter(필터)]–[Filter Gallery(필터 갤러리)]–[Artistic(예술 효과)]–[Dry Brush(드라이 브러시)]를 선택합니다.

08 Layers(레이어) 패널 하단의 'Add layer mask(레이어 마스크 추가, ▣)'를 클릭하여 레이어 마스크를 추가합니다.

09 Tool Panel(도구 패널) 하단의 'Set foreground color(전경색 설정)'를 #000000, 'Set background color(배경색 설정)'를 #ffffff로 설정합니다. Gradient Tool(그레이디언트 도구, ▣)을 클릭하고 Options Bar(옵션 바)에서 'Type(유형) : Linear Gradient(선형 그레이디언트), Mode(모드) : Normal(표준), Opacity(불투명도) : 100%로 설정한 후 왼쪽 아래에서 오른쪽 위 대각선 방향으로 드래그하여 이미지 일부를 자연스럽게 지워 합성합니다.

03 이미지 보정 및 필터, 레이어 스타일 적용

01 [File(파일)]-[Open(열기)]([Ctrl]+[O])을 선택하여 1급-14.jpg를 불러옵니다. Magic Wand Tool(자동 선택 도구, ⚡)을 클릭하고 Options Bar(옵션 바)에서 'Add to selection(선택 영역에 추가, ▨), Tolerance(허용치) : 10, Anti-alias(앤티 앨리어스) : 체크'를 설정하고 배경 부분을 여러 차례 클릭하여 선택합니다.

02 [Shift]+[Ctrl]+[I]로 선택 영역을 반전한 후, [Ctrl]+[C]로 복사합니다. 작업 이미지에 [Ctrl]+[V]로 붙여넣고, [Ctrl]+[T]로 종횡비에 맞게 크기를 조절하고 회전하여 배치합니다.

03 Layers(레이어) 패널 하단의 'Add a layer style(레이어 스타일 추가, _fx._)'을 클릭하여 [Bevel & Emboss(경사와 엠보스)]를 선택, 'Style(스타일) : Inner Bevel(내부 경사), Direction(방향) : Up(위로), Size(크기) : 3px'로 설정하고 [OK(확인)]를 클릭합니다.

04 Layers(레이어) 패널에서 'Layer 3' 레이어의 'Layer thumbnail(레이어 축소판)'을 [Ctrl]을 누른 채 클릭하여 드론 이미지를 선택합니다.

05 Polygonal Lasso Tool(다각형 올가미 도구, ▷)을 클릭하고 Options Bar(옵션 바)에서 'Subtract from selection(선택 영역에서 빼기, ▣), Feather(페더) : 0px, Anti-alias(앤티 앨리어스) : 체크'로 설정하고 드론의 카메라 이미지에 클릭하여 선택을 제외합니다.

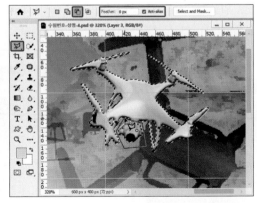

06 Layers(레이어) 패널 하단의 'Create new fill or adjustment layer(새 칠 또는 조정 레이어 생성, ◑)'를 클릭하고 [Hue/Saturation(색조/채도)]을 선택합니다. Properties(속성) 패널에서 'Colorize(색상화) : 체크, Hue(색조) : 360, Saturation(채도) : 70, Lightness(명도) : -30'으로 설정하여 빨간색 계열로 색상을 보정합니다.

07 [File(파일)]–[Open(열기)]([Ctrl]+[O])을 선택하여 1급-15.jpg를 불러옵니다. Quick Selec-
tion Tool(빠른 선택 도구, [브러시])을 클릭하고 Options Bar(옵션 바)에서 'Add to selection(선
택 영역에 추가, [브러시])'을 설정한 후 브러시의 크기를 조절하며 드래그하여 선택하고, [Ctrl]+[C]
로 복사합니다.

08 작업 이미지에 [Ctrl]+[V]로 붙여넣고, [Ctrl]+[T]를 눌러 마우스 오른쪽 버튼을 클릭하여 [Ro-
tate 90° Clockwise(시계 방향 90도 회전)]로 회전하고 종횡비에 맞게 크기를 조절하여 배치
합니다.

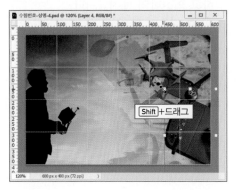

09 [Filter(필터)]–[Filter Gallery(필터 갤러리)]–[Texture(텍스처)]–[Texturizer(텍스처화)]
를 선택합니다.

10 Layers(레이어) 패널 하단의 'Add a layer style(레이어 스타일 추가, [fx.])'을 클릭하여
[Drop Shadow(그림자)]를 선택, 'Opacity(불투명도) : 75%, Angle(각도) : 90°,
Distance(거리) : 3px, Size(크기) : 7px'로 설정하고 [OK(확인)]를 클릭합니다.

11 [File(파일)]–[Open(열기)]([Ctrl]+[O])을 선택하여 1급-16.jpg를 불러옵니다. Pen Tool(펜
도구, [펜])을 클릭하고 Options Bar(옵션 바)에서 'Path(패스), Path Operations(패스 작
업) : Exclude Overlapping Shapes(모양 오버랩 제외, [아이콘])'로 설정한 후 제시된 이미지를
따라 2개의 닫힌 패스로 완료합니다. 패스가 완료되면 [Ctrl]+[Enter]를 눌러 선택 상태로 전환
하고, [Ctrl]+[C]를 눌러 복사합니다.

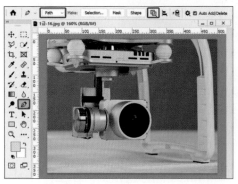

12 작업 이미지의 Layers(레이어) 패널에서 'Layer 2' 레이어를 선택한 후, Ctrl+V로 붙여넣기를 합니다. Ctrl+T를 누르고 마우스 오른쪽 버튼을 클릭하여 [Flip Horizontal(가로로 뒤집기)]로 뒤집고 종횡비에 맞게 크기를 조절하여 배치합니다.

13 Layers(레이어) 패널 하단의 'Add a layer style(레이어 스타일 추가, *fx.*)'을 클릭하여 [Bevel & Emboss(경사와 엠보스)]를 선택, 'Style(스타일) : Inner Bevel(내부 경사), Direction(방향) : Up(위로), Size(크기) : 7px'로 설정합니다.

14 계속해서 [Drop Shadow(드롭 섀도)]를 선택, 'Opacity(불투명도) : 75%, Angle(각도) : 90°, Distance(거리) : 3px, Size(크기) : 7px'로 설정하고 [OK(확인)]를 클릭합니다.

04 모양 생성 및 변형, 레이어 스타일 적용

01 Custom Shape Tool(사용자 정의 모양 도구, *☒*)을 클릭하고 Options Bar(옵션 바)에서 'Shape(모양), Fill(칠) : #ccffcc, Stroke(획) : No Color(색상 없음), Shape(모양) : World(세계, *🌐*)'로 설정한 후 Shift를 누른 채 모양을 그립니다.

Shape 경로

[Legacy Shapes and More(레거시 모양 및 기타)]–[All Legacy Default Shapes(모든 레거시 기본 모양)]–[Symbols(기호)]

02 Layers(레이어) 패널 하단의 'Add a layer style(레이어 스타일 추가, *fx.*)'을 클릭하여 [Drop Shadow(그림자)]를 선택, 'Opacity(불투명도) : 75%, Angle(각도) : 90°, Distance(거리) : 3px, Size(크기) : 5px'로 설정하고 [OK(확인)]를 클릭합니다.

03 Layers(레이어) 패널 상단의 'Opacity(불투명도) : 70%'로 설정합니다.

04 Layers(레이어) 패널에서 'Layer 4' 레이어를 선택합니다. Custom Shape Tool(사용자 정의 모양 도구, *☒*)을 클릭하고 Options Bar(옵션 바)에서 'Shape(모양), Fill(칠) : 임의 색상, Stroke(획) : No Color(색상 없음), Shape(모양) : Flag(깃발, *◥*)'로 설정한 후 드래그하여 모양을 그립니다.

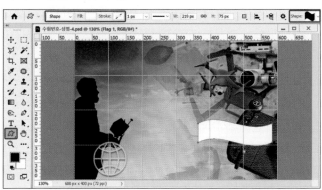

Shape 경로

[Legacy Shapes and More(레거시 모양 및 기타)]–[All Legacy Default Shapes(모든 레거시 기본 모양)]–[Banners and Awards(배너 및 상장)]

05 Layers(레이어) 패널 하단의 'Add a layer style(레이어 스타일 추가, fx.)'을 클릭하여 [Inner Shadow(내부 그림자)]를 선택, 'Opacity(불투명도) : 75%, Angle(각도) : 90°, Distance(거리) : 5px, Size(크기) : 5px'로 설정합니다.

06 계속해서 [Gradient Overlay(그레이디언트 오버레이)]를 선택하고 'Click to edit the gradient(클릭하여 그레이디언트 편집)'를 클릭합니다. 그레이디언트 슬라이더 왼쪽 하단의 'Color Stop(색상 정지점)'을 더블 클릭하여 #ccffcc, 오른쪽 'Color Stop(색상 정지점)'을 더블 클릭하여 #993300으로 설정한 후, 'Style(스타일) : Linear(선형), Angle(각도) : 0°'로 설정하고 [OK(확인)]를 클릭합니다.

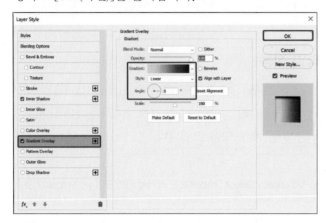

07 Layers(레이어) 패널 상단의 'Opacity(불투명도) : 80%'로 설정합니다.

05 메뉴 버튼 만들기

01 Custom Shape Tool(사용자 정의 모양 도구, ⚘)을 클릭하고 Options Bar(옵션 바)에서 'Shape(모양), Fill(칠) : 임의 색상, Stroke(획) : No Color(색상 없음), Shape(모양) : Banner 4(배너 4, ▰)'로 설정한 후 드래그하여 모양을 그립니다.

> **Shape 경로**
>
> [Legacy Shapes and More(레거시 모양 및 기타)]-[All Legacy Default Shapes(모든 레거시 기본 모양)]-[Banners and Awards(배너 및 상장)]

02 Layers(레이어) 패널 하단의 'Add a layer style(레이어 스타일 추가, fx.)'을 클릭하여 [Stroke(획)]를 선택, 'Size(크기) : 2px, Color(색상) : #3399cc'로 설정합니다.

03 계속해서 [Gradient Overlay(그레이디언트 오버레이)]를 선택하고 'Click to edit the gradient(클릭하여 그레이디언트 편집)'를 클릭합니다. 그레이디언트 슬라이더 왼쪽 하단의 'Color Stop(색상 정지점)'을 더블 클릭하여 #ffffff, 오른쪽 'Color Stop(색상 정지점)'을 더블 클릭하여 #99cccc로 설정한 후, 'Style(스타일) : Linear(선형), Angle(각도) : 90°'로 설정하고 [OK(확인)]를 클릭합니다.

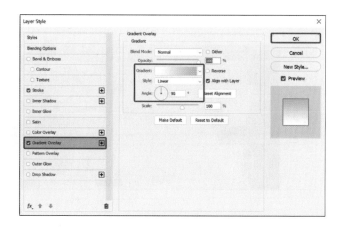

04 Horizontal Type Tool(수평 문자 도구, T)로 작업 이미지를 클릭하고 Options Bar(옵션 바)에서 'Font(글꼴) : 돋움, Set font size(글꼴 크기) : 15pt, Set anti-aliasing method (앤티 앨리어싱 방법 설정) : Strong(강하게), Center text(텍스트 중앙 정렬, ▤), Color(색 상) : #000066'으로 설정한 후 행사개요를 입력합니다.

05 Layers(레이어) 패널 하단의 'Add a layer style(레이어 스타일 추가, fx.)'을 클릭하여 [Stroke(획)]를 선택, 'Size(크기) : 2px, Color(색상) : #ccffcc'로 설정하고 [OK(확인)]를 클릭합니다.

06 Layers(레이어) 패널에서 Shift를 누른 채 'Banner 4 1' 레이어와 '행사개요' 레이어를 클릭하여 함께 선택합니다. Move Tool(이동 도구, ✛)을 클릭하고 작업 이미지에서 Alt를 누른 채 2개의 레이어를 오른쪽으로 드래그하여 이동하며 복제합니다.

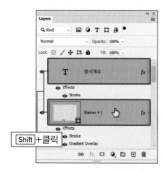
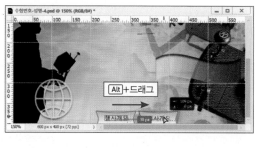

🎓 **기적의 Tip**

• Layers(레이어) 패널에서 Shift를 눌러 레이어를 다중 선택하고 Move Tool(이동 도구, ✛)의 Options Bar(옵션 바)에서 정렬과 배분을 맞춰서 버튼을 배치할 수 있습니다.

• Move Tool(이동 도구, ✛)로 Alt를 누르고 드래그하여 복제할 때, Shift를 동시에 누르면 반듯하게 이동하며 복제할 수 있습니다.

07 같은 방법으로 3번째 버튼의 모 양을 복제합니다. Horizontal Type Tool(수평 문자 도구, T)로 문자를 각각 드래그하여 경진 대회, 군집비행쇼를 입력하여 수정합니다. '경진대회' 문자를 선택하고 Options Bar(옵션 바)에서 'Color(색상) : #993300'으로 설정합니다.

06 펜 도구 작업 및 레이어 스타일 적용

01 Rounded Rectangle Tool(모서리가 둥근 직사각형 도구, ◻)을 클릭하고 Option Bar(옵션 바)에서 'Shape(모양), Fill(칠) : #ffff66, Stroke(획) : No Color(색상 없음), Path operations(패스 작업) : Combine Shapes(모양 결합, ◻), Radius(반경) : 10px'로 설정한 후 드래그하여 크기가 다른 3개의 둥근 사각형을 그립니다.

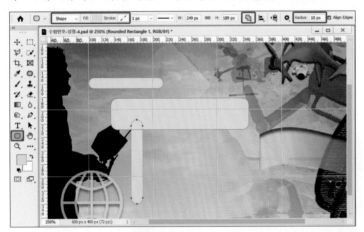

02 Ctrl + T 를 눌러 마우스 오른쪽 버튼을 클릭하여 [Warp(뒤틀기)]를 클릭합니다. 조절점의 핸들을 드래그하여 변형하고 Enter 를 눌러 변형을 완료합니다.

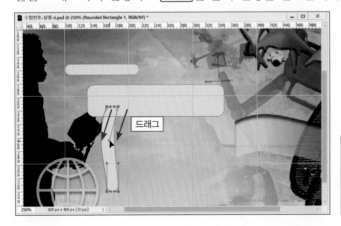

> 🎓 **기적의 Tip**
>
> [Warp(뒤틀기)]는 핸들 및 점을 드래그하여 곡선형의 변형을 다양하게 적용할 수 있습니다.

03 Path Selection Tool(패스 선택 도구, ▶)로 상단의 둥근 사각형을 선택합니다. Ctrl + T 를 눌러 마우스 오른쪽 버튼을 클릭하여 [Warp(뒤틀기)]를 클릭합니다. 조절점의 핸들을 대칭적으로 드래그하여 변형하고 Enter 를 눌러 변형을 완료합니다.

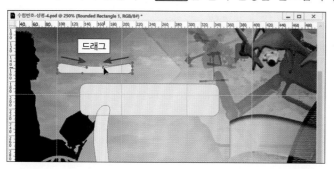

04 Rectangle Tool(사각형 도구, ▣)을 클릭하고 Option Bar(옵션 바)에서 'Shape(모양), Path operations(패스 작업) : Combine Shapes(모양 결합, ▣)'로 설정한 후 드래그하여 크기가 다른 2개의 직사각형을 왼쪽 상단에 겹치도록 그립니다.

05 Path Selection Tool(패스 선택 도구, ▶)로 드래그하여 3개의 모양을 선택하고 Options Bar(옵션 바)에서 'Path alignment(패스 정렬) : Align horizontal centers (수평 중앙 맞춤, ▤)'를 클릭하여 중앙에 정렬합니다.

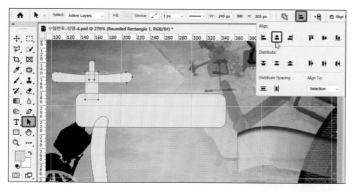

06 Path Selection Tool(패스 선택 도구, ▶)로 Shift 를 누른 채 4개의 모양을 선택한 후, Ctrl + C 로 복사하여 Ctrl + V 로 붙여넣기를 합니다. Ctrl + T 를 누르고, 마우스 오른쪽 버튼을 클릭하여 [Flip Horizontal(가로로 뒤집기)]로 뒤집고 오른쪽으로 이동하여 대칭적으로 배치한 후, Enter 를 눌러 완료합니다.

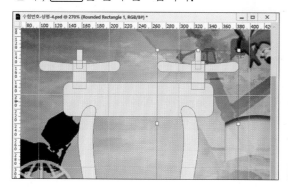

🎓 기적의 Tip

선택된 모양 패스를 Ctrl + C 로 복사하고 Ctrl + V 로 붙여넣기를 하면, 현재 작업 중인 레이어에 제자리 붙여넣기가 됩니다.

07 Ellipse Tool(타원 도구, ◉)을 클릭하고 Option Bar(옵션 바)에서 'Shape(모양), Path operations(패스 작업) : Combine Shapes(모양 결합, ⬔)'로 설정한 후 드래그하여 큰 둥근 사각형과 겹치도록 타원형을 그립니다.

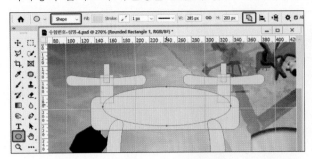

08 Options Bar(옵션 바)에서 'Path operations(패스 작업) : Merge Shape Components(모양 병합 구성 요소, ⬔)'를 클릭하여 하나로 병합하고 Enter를 눌러 패스 작업을 완료합니다.

09 Layers(레이어) 패널 하단의 'Add a layer style(레이어 스타일 추가, fx)'을 클릭하여 [Drop Shadow(그림자)]를 선택, 'Opacity(불투명도) : 75%, Angle(각도) : 90°, Distance (거리) : 3px, Size(크기) : 7px'로 설정하고 [OK(확인)]를 클릭합니다.

10 Layers(레이어) 패널의 레이어 이름을 더블 클릭하여 path 1로 변경합니다.

11 Rounded Rectangle Tool(모서리가 둥근 직사각형 도구, ◉)을 클릭하고 Options Bar(옵션 바)에서 'Shape(모양), Fill(칠) : #ffcc66, Stroke(획) : No Color(색상 없음), Path operations(패스 작업) : New Layer(새 레이어, ◉), Radius(반경) : 10px'로 설정한 후 드래그하여 둥근 사각형을 그립니다.

12 Ctrl+T를 눌러 마우스 오른쪽 버튼을 클릭하여 [Perspective(원근)]를 선택하고 하단 모서리 조절점을 안쪽으로 드래그하여 대칭적으로 변형한 후 Enter를 눌러 완료합니다.

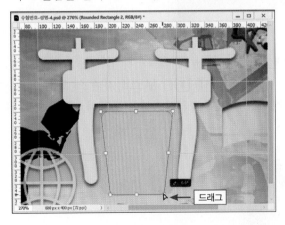

13 Ellipse Tool(타원 도구, ◉)을 클릭하고 Options Bar(옵션 바)에서 'Shape(모양), Path operations(패스 작업) : Subtract Front Shape(전면 모양 빼기, ⬔)'로 설정한 후 드래그하여 변형된 둥근 사각형의 상단 중앙과 겹치도록 원형을 그립니다.

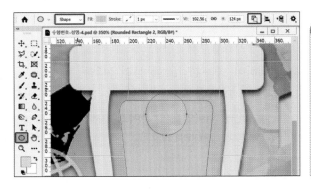

14 Ellipse Tool(타원 도구, ◯)을 클릭하고 Options Bar(옵션 바)에서 'Shape(모양), Path operations(패스 작업) : Combine Shapes(모양 결합, ⬚)'로 설정한 후 드래그하여 겹치도록 원형을 그립니다.

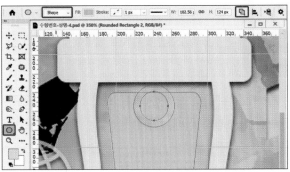

15 계속해서 중앙에 겹치도록 작은 원형을 그리고 'Options Bar(옵션 바)에서 'Path operations(패스 작업) : Subtract Front Shape(전면 모양 빼기, ⬚)'로 설정합니다.

16 Path Selection Tool(패스 선택 도구, ▶)로 드래그하여 4개의 모양을 선택하고 Options Bar(옵션 바)에서 'Path alignment(패스 정렬) : Align horizontal centers(수평 중앙 맞춤, ♦)'를 클릭하여 중앙에 정렬합니다.

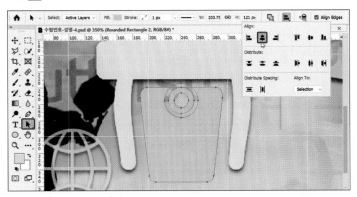

17 Options Bar(옵션 바)에서 'Path operations(패스 작업) : Merge Shape Components(모양 병합 구성 요소, ⬚)'를 클릭하여 하나로 병합하고 Enter 를 눌러 패스 작업을 완료합니다.

18 Layers(레이어) 패널의 레이어 이름을 더블 클릭하여 path 2로 변경합니다.

19 Layers(레이어) 패널 하단의 'Add a layer style(레이어 스타일 추가, *fx.*)'을 클릭하여 [Drop Shadow(그림자)]를 선택하고 [OK(확인)]를 클릭합니다.

20 [File(파일)]-[Open(열기)]([Ctrl]+[O])을 선택하여 1급-17.jpg를 불러옵니다. Magic Wand Tool(자동 선택 도구, *🪄*)을 클릭하고 Options Bar(옵션 바)에서 'Add to selection(선택 영역에 추가, *🗔*), Tolerance(허용치) : 10, Anti-alias(앤티 앨리어스) : 체크, Contiguous (인접) : 체크 해제'를 설정하고 배경 부분을 클릭하여 선택합니다.

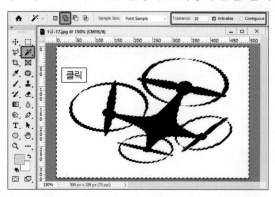

> 🎓 **기적의 Tip**
>
> Contiguous(인접)를 체크 해제하면 이미지 경계 밖의 유사 색상을 함께 선택할 수 있습니다.

21 [Shift]+[Ctrl]+[I]로 선택 영역을 반전한 후, [Ctrl]+[C]로 복사합니다. 작업 이미지에 [Ctrl]+[V] 로 붙여넣고 [Ctrl]+[T]로 종횡비에 맞게 크기를 조절하여 배치합니다.

07 패턴 정의와 적용 및 레이어 마스크 적용

01 [File(파일)]-[New(새로 만들기)]([Ctrl]+[N])를 선택하고 'Width(폭) : 50pixels(픽셀), Height(높이) : 50pixels(픽셀), Resolution(해상도) : 72pixels/Inch(픽셀/인치), Color Mode(색상 모드) : RGB Color(RGB 색상), 8bit(비트), Background Contents(배경 내용) : Transparent(투명)'로 설정하여 새 작업 이미지를 만듭니다.

02 Custom Shape Tool(사용자 정의 모양 도구, *⊘*)을 클릭하고 Options Bar(옵션 바)에서 'Shape(모양), Fill(칠) : #996666, Stroke(획) : No Color(색상 없음), Shape(모양) : Registration Target 1(등록 대상 1, *◉*)'로 설정한 후 [Shift]를 누른 채 모양을 그립니다.

> **Shape 경로**
>
> [Legacy Shapes and More(레거시 모양 및 기타)]-[All Legacy Default Shapes(모든 레거시 기본 모양)]-[Symbols(기호)]

03 Custom Shape Tool(사용자 정의 모양 도구, *⊘*)을 클릭하고 Options Bar(옵션 바)에서 'Shape(모양), Fill(칠) : #66cc99, Stroke(획) : No Color(색상 없음), Shape(모양) : Registration Target 2(등록 대상 2, *◉*)'으로 설정한 후 [Shift]를 누른 채 모양을 그립니다.

> **Shape 경로**
>
> [Legacy Shapes and More(레거시 모양 및 기타)]-[All Legacy Default Shapes(모든 레거시 기본 모양)]-[Symbols(기호)]

연속해서 사용자 정의 모양 도구로 그릴 때 Fill(칠) 설정하기

Options Bar(옵션 바)에서 목록 단추를 눌러 제시된 Shape(모양)을 선택하여 그린 후에 'Layer thumbnail(레이어 축소판)'을 더블 클릭하여 Fill(칠)를 변경합니다.

04 [Edit(편집)]-[Define Pattern(패턴 정의)]을 선택하여 'Name(이름) : 등록 대상'으로 설정하고 패턴을 등록합니다.

05 Layers(레이어) 패널에서 'path 1' 레이어를 선택합니다. Layers(레이어) 패널 하단의 'Create a new layer(새 레이어 만들기, 🔳)'을 클릭하여 'Path 1' 레이어의 위쪽에 새 레이어를 추가하고 이름을 pattern으로 변경합니다.

06 Layers(레이어) 패널의 'pattern' 레이어를 선택한 후, [Edit(편집)]-[Fill(칠)]을 선택하고 'Contents(내용) : Pattern(패턴), Custom Pattern(사용자 정의 패턴) : 등록 대상, Mode(모드) : Normal(표준), Opacity(불투명도) : 100%, Preserve Transparency(투명도 유지) : 체크 해제'로 설정하여 채웁니다.

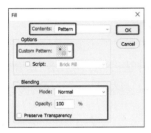
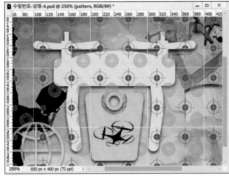

07 'pattern' 레이어를 선택하고 Layers(레이어) 패널 상단의 'Opacity(불투명도) : 60%'로 설정합니다. Layers(레이어) 패널에서 'Pattern'과 'Path 1' 레이어 사이에 마우스 커서를 놓고 [Alt]를 누르고 클릭하여 Clipping Mask(클리핑 마스크)를 적용합니다.

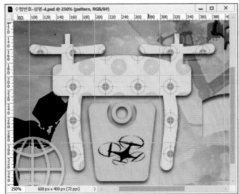

08 문자 입력과 왜곡 및 레이어 스타일 적용

01 Layers(레이어) 패널에서 맨 위쪽의 레이어를 선택합니다. Horizontal Type Tool(수평 문자 도구, T)로 작업 이미지를 클릭하고 Options Bar(옵션 바)에서 'Font(글꼴) : 돋움, Set font size(글꼴 크기) : 35pt, Set anti-aliasing method(앤티 앨리어싱 방법 설정) : Strong(강하게), Color(색상) : #000000'으로 설정한 후 대한민국 드론박람회를 입력합니다.

02 Options Bar(옵션 바)에서 Create warped text(뒤틀어진 텍스트 만들기, ⊥)를 클릭하여 [Warp Text(텍스트 뒤틀기)] 대화상자에서 'Style(스타일) : Bulge(돌출), Horizontal(가로) : 체크, Bend(구부리기) : 15%'로 설정하여 문자의 모양을 왜곡합니다.

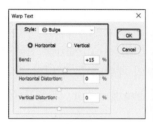 

03 Layers(레이어) 패널 하단의 'Add a layer style(레이어 스타일 추가, fx.)'을 클릭하여 [Stroke(획)]를 선택, 'Size(크기) : 3px, Color(색상) : #99ffcc'로 설정하고 [OK(확인)]를 클릭합니다.

04 Horizontal Type Tool(수평 문자 도구, T)로 작업 이미지를 클릭하고 Options Bar(옵션 바)에서 'Font(글꼴) : Times New Roman, Set font style(글꼴 스타일 설정) : Regular, Set font size(글꼴 크기) : 25pt, Color(색상) : #ffffff'로 설정한 후 Korea Drone Expo를 입력합니다.

05 Layers(레이어) 패널 하단의 'Add a layer style(레이어 스타일 추가, fx.)'을 클릭하여 [Stroke(획)]를 선택, 'Size(크기) : 3px, Color(색상) : #003366'으로 설정하고 [OK(확인)]를 클릭합니다.

06 Horizontal Type Tool(수평 문자 도구, T)로 작업 이미지를 클릭하고 Options Bar(옵션 바)에서 'Font(글꼴) : 궁서, Set font size(글꼴 크기) : 18pt, Set anti-aliasing method(앤티 앨리어싱 방법 설정) : Strong(강하게), Color(색상) : #99ffcc'로 설정한 후 개발제품 전시 및 시연을 입력합니다.

07 Options Bar(옵션 바)에서 Create warped text(뒤틀어진 텍스트 만들기, ⊥)를 클릭하여 [Warp Text(텍스트 뒤틀기)] 대화상자에서 'Style(스타일) : Flag(깃발), Horizontal(가로) : 체크, Bend(구부리기) : 80%'로 설정하여 문자의 모양을 왜곡합니다.

08 Layers(레이어) 패널 하단에 'Add a layer style(레이어 스타일 추가, *fx.*)'을 클릭하여 [Stroke(획)]를 선택하고 'Size(크기) : 2px, Color(색상) : #000000'으로 설정합니다. Ctrl +S를 눌러 저장합니다.

⑨ 정답 파일 저장

01 [View(보기)]-[Show(표시)]-[Grid(격자)](Ctrl+`)를 선택하여 격자를 가립니다.

02 [File(파일)]-[Save As(다른 이름으로 저장)](Shift+Ctrl+S)를 선택하고 '저장 위치 : 내 PCW문서WGTQ, 파일 형식 : JPEG(*.JPG;*.JPEG;*.JPE), 파일 이름 : 수험번호-성명-문제번호'를 입력하고 [저장]을 클릭한 후 [JPEG Options(JPEG 옵션)] 대화상자에서 'Quality(품질) : 8'로 설정하고 [OK(확인)]를 클릭합니다.

03 [Image(이미지)]-[Image Size(이미지 크기)](Alt+Ctrl+I)를 선택하고 'Constrain aspect ratio(종횡비 제한) : 클릭, Width(폭) : 60Pixels(픽셀), Height(높이) : 40Pixels(픽셀)'로 입력하여 이미지 크기를 1/10로 축소한 후 [OK(확인)]를 클릭합니다.

04 [File(파일)]-[Save As(다른 이름으로 저장)](Shift+Ctrl+S)를 선택하고 '저장 위치 : 내 PCW문서WGTQ, 파일 형식 : Photoshop(*.PSD;*.PDD;*.PSDT), 파일 이름 : 수험번호-성명-문제번호'를 입력하고 [저장]을 클릭합니다.

05 답안 저장이 완료되면 [File(파일)]-[Exit(종료)](Ctrl+Q)를 선택하여 프로그램을 종료하고 수험 프로그램에서 [답안 전송]을 클릭하여 감독관 컴퓨터로 psd와 jpg 파일을 전송합니다.

기출 유형 문제 9회

급수	버전	문제유형	시험시간	수험번호	성명
1급		A	90분	G120250009	

수 험 자 유 의 사 항

- 수험자는 문제지를 받는 즉시 응시하고자 하는 **과목 및 급수가 맞는지 확인**한 후 수험번호와 성명을 작성합니다.
- 파일명은 본인의 "수험번호–성명–문제번호"로 공백 없이 정확히 입력하고 답안폴더(내 PC₩문서₩GTQ)에 jpg 파일과 psd 파일의 2가지 포맷으로 저장해야 하며, jpg 파일과 psd 파일의 내용이 상이할 경우 0점 처리됩니다. 답안문서 파일명이 "수험번호–성명–문제번호"와 일치하지 않거나, 답안 파일을 전송하지 않아 미제출로 처리될 경우 불합격 처리됩니다.
- 문제의 세부조건은 '영문(한글)' 형식으로 표기되어 있으니 유의하시기 바랍니다.
- 수험자 정보와 저장한 파일명, 저장 위치가 다를 경우 전송이 되지 않으므로, 주의하시기 바랍니다.
- 답안 작성 중에도 **주기적으로 '저장'과 '답안 전송'**을 이용하여 감독위원 PC로 답안을 전송하셔야 합니다.(※ 작업한 내용을 **저장하지 않고 전송할 경우** 이전의 저장내용이 전송되오니 이 점 반드시 유념하시기 바랍니다.)
- 답안문서는 지정된 경로 외의 다른 보조기억장치에 저장하는 행위, 지정된 시험 시간 외에 작성된 파일을 활용한 행위, 기타 허용되지 않은 프로그램(이메일, 메신저, 게임, 네트워크 등) 이용 시 부정행위로 간주되어 자격기본법 제32조에 의거 본 시험 및 국가공인 자격시험을 2년간 응시할 수 없습니다.
- 시험 중 부주의 또는 고의로 시스템을 파손한 경우와 〈수험자 유의사항〉에 기재된 방법대로 이행하지 않아 생기는 불이익은 수험자의 책임임을 알려 드립니다.
- 시험을 완료한 수험자는 최종적으로 저장한 답안파일이 전송되었는지 확인한 후 감독위원의 지시에 따라 문제지를 제출하고 퇴실합니다.

답 안 작 성 요 령

- **온라인 답안 작성 절차**
  수험자 등록 ⇒ 시험 시작 ⇒ 답안파일 저장 ⇒ 답안 전송 ⇒ 시험 종료
- 내 PC₩문서₩GTQ₩Image폴더에 있는 그림 원본파일을 사용하여 답안을 작성하고 최종답안을 답안폴더(내 PC₩문서₩GTQ)에 저장하여 답안을 전송하시고, 이미지의 크기가 다른 경우 감점 처리됩니다.
- 배점은 총 100점으로 이루어지며, 점수는 각 문제별로 차등 배분됩니다.
- 각 문제는 주어진 〈조건〉에 따라 작성하고, 언급하지 않은 조건은 《출력형태》와 같이 작성합니다.
- 배치 등의 편의를 위해 주어진 눈금자의 단위는 '픽셀'입니다.
  그 외는 출력형태(효과, 이미지, 문자, 색상, 레이아웃, 규격 등)와 같게 작업하십시오.
- 문제 조건에 서체의 지정이 없을 경우 한글은 굴림이나 돋움, 영문은 Arial로 작업하십시오.
  (단, 그 외에 제시되지 않은 문자 속성을 기본값으로 작성하지 않은 경우는 감점 처리됩니다.)
- Image Mode(이미지 모드)는 별도의 처리조건이 없을 경우에는 RGB(8비트)로 작업하십시오.
- 모든 답안 파일은 해상도 72Pixels/Inch로 작업하십시오.
- Layer(레이어)는 각 기능별로 분할해야 하며, 임의로 합칠 경우나 각 기능에 대한 속성을 해지할 경우 해당 요소는 0점 처리됩니다.

| 문제 ❶ | [기능평가] 고급 Tool(도구) 활용 | 20점 |

▶ 합격 강의

다음의 《조건》에 따라 아래의 《출력형태》와 같이 작업하시오.

조건

원본 이미지	Part05₩기출유형문제09회₩1급-1.jpg, 1급-2.jpg, 1급-3.jpg		
파일저장규칙	JPG	파일명	문서₩GTQ₩수험번호-성명-1.jpg
		크기	400×500 pixels
	PSD	파일명	문서₩GTQ₩수험번호-성명-1.psd
		크기	40×50 pixels

출력형태

1. 그림 효과

① 1급-1.jpg : 필터 – Dry Brush(드라이 브러시)
② Save Path(패스 저장) : 나뭇잎 모양
③ Mask(마스크) : 나뭇잎 모양, 1급-2.jpg를 이용하여 작성
　 레이어 스타일 – Inner Shadow(내부 그림자), Stroke(선/획)(3px, 그라
　 디언트(#ff9966, #99ffcc))
④ 1급-3.jpg : 레이어 스타일 – Outer Glow(외부 광선)
⑤ Shape Tool(모양 도구) :
　 – 장식 모양(#ff0000, 레이어 스타일 – Stroke(선/획)(2px, #333300))
　 – 토끼 모양(#ff9933, #ffcccc, 레이어 스타일 – Drop Shadow(그림자 효과))

2. 문자 효과

① Ecology Experience Programs(Arial, Regular, 38pt, #ffffff, 레이어 스타일 – Stroke(선/획)(3px, 그라디언트(#ff0000,
#cc00ff)))

| 문제 ❷ | [기능평가] 사진편집 응용 | 20점 |

▶ 합격 강의

다음의 《조건》에 따라 아래의 《출력형태》와 같이 작업하시오.

조건

원본 이미지	Part05₩기출유형문제09회₩1급-4.jpg, 1급-5.jpg, 1급-6.jpg		
파일저장규칙	JPG	파일명	문서₩GTQ₩수험번호-성명-2.jpg
		크기	400×500 pixels
	PSD	파일명	문서₩GTQ₩수험번호-성명-2.psd
		크기	40×50 pixels

출력형태

1. 그림 효과

① 1급-4.jpg : 필터 – Crosshatch(그물눈)
② 색상 보정 : 1급-5.jpg – 빨간색 계열로 보정
③ 1급-5.jpg : 레이어 스타일 – Drop Shadow(그림자 효과)
④ 1급-6.jpg : 레이어 스타일 – Bevel and Emboss(경사와 엠보스)
⑤ Shape Tool(모양 도구) :
　 – 붓 모양(#ff3300, 레이어 스타일 – Bevel and Emboss(경사와 엠보스))
　 – 튀긴 모양(#ffcc00, 레이어 스타일 – Outer Glow(외부 광선))

2. 문자 효과

① 색으로 물들이다(궁서, 48pt, 레이어 스타일 – 그라디언트 오버레이(#cc3333, #339933, #3333cc), Stroke(선/획)(2px,
#ffffff))

다음의 《조건》에 따라 아래의 《출력형태》와 같이 작업하시오.

조건

원본 이미지		Part05₩기출유형문제09회₩1급-7.jpg, 1급-8.jpg, 1급-9.jpg, 1급-10.jpg, 1급-11.jpg	
파일저장규칙	JPG	파일명	문서₩GTQ₩수험번호-성명-3.jpg
		크기	600×400 pixels
	PSD	파일명	문서₩GTQ₩수험번호-성명-3.psd
		크기	60×40 pixels

1. 그림 효과

① 배경 : #0099cc

② 1급-7.jpg : Blending Mode(혼합 모드) – Soft Light(소프트 라이트), Opacity(불투명도)(70%)

③ 1급-8.jpg : Paint Daubs(페인트 덥스/페인트 바르기), 레이어 마스크 – 대각선 방향으로 흐릿하게

④ 1급-9.jpg : 필터 – Film Grain(필름 그레인), 레이어 스타일 – Stroke(선/획)(5px, 그라디언트(#660066, #66cccc))

⑤ 1급-10.jpg : 레이어 스타일 – Outer Glow(외부 광선)

⑥ 1급-11.jpg : 색상 보정 – 보라색 계열로 보정, 레이어 스타일 – Drop Shadow(그림자 효과)

⑦ 그 외 《출력형태》 참조

2. 문자 효과

① 바다가 들려주는 이야기(궁서, 36pt, 레이어 스타일 – 그라디언트 오버레이(#ff9900, #0000ff), Stroke(선/획)(1px, #ffffff), Drop Shadow(그림자 효과))

② 맑은 물! 푸른 강산을 지켜주세요!(돋움, 20pt, #000000, 레이어 스타일 – Stroke(선/획)(2px, 그라디언트(#ffffff, #99ffcc)))

③ Beautiful Sea(Arial, Regular, 20pt, #33ffff, 레이어 스타일 – Stroke(선/획)(2px, #006699), Drop Shadow(그림자 효과))

④ 주최 : 자연보호협회(돋움, 14pt, #ffffff, 레이어 스타일 – Drop Shadow(그림자 효과))

출력형태

Shape Tool(모양 도구) 사용
#ffffff,
레이어 스타일 –
Outer Glow(외부 광선)

Shape Tool(모양 도구) 사용
#ccffff, 레이어 스타일 –
Bevel and Emboss
(경사와 엠보스)

Shape Tool(모양 도구) 사용
레이어 스타일 – 그라디언트 오버레이(#0033cc, #ff0000),
Drop Shadow(그림자 효과)

문제 ❹	[실무응용] 웹 페이지 제작	35점

▶합격 강의

다음의 《조건》에 따라 아래의 《출력형태》와 같이 작업하시오.

조건

원본 이미지		Part05₩기출유형문제09회₩1급–12.jpg, 1급–13.jpg, 1급–14.jpg, 1급–15.jpg, 1급–16.jpg, 1급–17.jpg	
파일저장규칙	JPG	파일명	문서₩GTQ₩수험번호–성명–4.jpg
		크기	600×400 pixels
	PSD	파일명	문서₩GTQ₩수험번호–성명–4.psd
		크기	60×40 pixels

1. 그림 효과
① 배경 : #ccccff
② 패턴(새, 구름 모양) : #6633cc, #cccccc, Opacity(불투명도)(70%)
③ 1급–12.jpg : Blending Mode(혼합 모드) – Overlay(오버레이), 레이어 마스크 – 세로 방향으로 흐릿하게
④ 1급–13.jpg : 필터 – Film Grain(필름 그레인), 레이어 마스크 – 가로 방향으로 흐릿하게
⑤ 1급–14.jpg : 레이어 스타일 – Drop Shadow(그림자 효과)
⑥ 1급–15.jpg : 레이어 스타일 – Bevel and Emboss(경사와 엠보스), Outer Glow(외부 광선)
⑦ 1급–16.jpg : 색상 보정 – 파란색 계열로 보정, 레이어 스타일 – Drop Shadow(그림자 효과)
⑧ 1급–17.jpg : 필터 – Dry Brush(드라이 브러시), 레이어 스타일 – Drop Shadow(그림자 효과)
⑨ 그 외 《출력형태》 참조

2. 문자 효과
① The Class of Nature(Times New Roman, Regular, 43pt, 레이어 스타일 – 그라디언트 오버레이(#330033, #ffffcc), Stroke(선/획)(2px, #ffffff), Drop Shadow(그림자 효과))
② 새를 사랑하는 클래스 Ver 1. Parrot Story(바탕, 20pt, #333366, 레이어 스타일 – Stroke(선/획)(2px, #ccffcc), Drop Shadow(그림자 효과))
③ 우수사례 선정(바탕, 12pt, #000000, 레이어 스타일 – Drop Shadow(그림자 효과))
④ 교육안내 교육일정 문의사항(굴림, 14pt, #003300, 레이어 스타일 – Stroke(선/획)(2px, #ffffff))

출력형태

Shape Tool(모양 도구) 사용
#cccc99, #99cccc,
레이어 스타일 –
Stroke(선/획)(1px, #996600)

Shape Tool(모양 도구) 사용
#ffff00, 레이어 스타일 –
Inner Shadow(내부 그림자)

Shape Tool(모양 도구) 사용
#669933, 레이어 스타일 –
Inner Shadow(내부 그림자)

Pen Tool(펜 도구) 사용
#ffffff, #99ccff, 레이어 스타일 – Drop Shadow
(그림자 효과), Opacity(불투명도)(70%)

CHAPTER 09
문제 01 [기능평가] 고급 Tool(도구) 활용

작업과정	새 작업 이미지 만들기 및 파일 저장하기 ▶ 필터 적용 및 패스 생성과 저장 ▶ 클리핑 마스크 적용 ▶ 모양 생성 및 레이어 스타일 적용 ▶ 문자 입력 및 레이어 스타일 적용 ▶ 정답 파일 저장
완성이미지	Part05₩기출유형문제09회₩정답파일₩G120250009-성명-1.jpg, G120250009-성명-1.psd

01 새 작업 이미지 만들기 및 파일 저장하기

01 [File(파일)]-[New(새로 만들기)]([Ctrl]+[N])를 선택하고 'Width(폭) : 400Pixels(픽셀), Height(높이) : 500Pixels(픽셀), Resolution(해상도) : 72Pixels/Inch(픽셀/인치), Color Mode(색상 모드) : RGB Color(RGB 색상), 8bit(비트), Background Contents(배경 내용) : White(흰색)'로 설정하여 새 작업 이미지를 만듭니다.

02 [Edit(편집)]-[Preference(환경설정)]([Ctrl]+[K])를 클릭하고 [Guides, Grid & Slices(안내선, 격자와 슬라이스)]를 선택하여 Grid(격자)의 'Gridline Every(격자 간격) : 100Pixels(픽셀), Subdivisions(세분) : 1'로 설정한 후 'Grid Color(격자 색상)'를 클릭하여 밝은 색상으로 변경합니다.

03 [View(보기)]-[Show(표시)]-[Grid(격자)]([Ctrl]+['])와 [View(보기)]-[Rulers(눈금자)]([Ctrl]+[R])를 선택하여 격자와 눈금자를 표시합니다.

04 작업 도큐먼트를 저장하기 위해 [File(파일)]-[Save As(다른 이름으로 저장)]([Shift]+[Ctrl]+[S])를 선택하고 임의 경로에 '파일 이름 : 수험번호-성명-문제번호, 파일 형식 : Photoshop(*.PSD;*.PDD;*.PSDT)'으로 파일을 저장합니다.

02 필터 적용 및 패스 생성과 저장

01 [File(파일)]-[Open(열기)]([Ctrl]+[O])을 선택하여 1급-1.jpg를 불러옵니다. [Ctrl]+[A]로 전체를 선택하고 [Ctrl]+[C]로 복사 후, 작업 이미지에 [Ctrl]+[V]로 붙여넣기를 하고 배치합니다.

02 [Filter(필터)]−[Filter Gallery(필터 갤러리)]−[Artistic(예술 효과)]−[Dry Brush(드라이 브러시)]를 선택합니다.

03 Pen Tool(펜 도구, ✐)을 클릭하고 Options Bar(옵션 바)에서 'Path(패스), Path operations(패스 작업) : Exclude Overlapping Shapes(모양 오버랩 제외, ⊡)'로 설정한 후 격자를 참고하여 나뭇잎 모양의 닫힌 패스를 그립니다. 계속해서 잎 모양의 오른쪽 내부에 닫힌 패스를 그립니다.

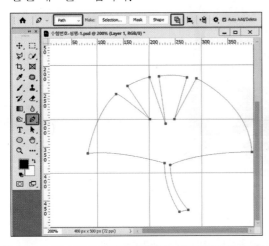 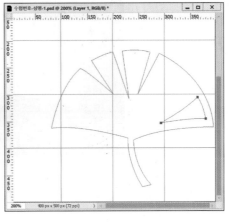

패스의 명확한 구분을 위해서 Layers(레이어) 패널의 'Layer 1' 레이어의 눈 아이콘을 클릭하여 필터가 적용된 'Layer 1' 이미 지를 가리고 패스를 그립니다.

04 Ellipse Tool(타원 도구, ◉)을 클릭하고 Options Bar(옵션 바)에서 'Path(패스), Path operations(패스 작업) : Combine Shapes(모양 결합, ⊡)'을 설정한 후 드래그하여 원형 패 스를 그립니다.

05 Path Selection Tool(패스 선택 도구, ▶)을 클릭하고 3개의 패스를 드래그하여 선택하고 Ctrl +T를 눌러 패스를 회전하여 배치합니다.

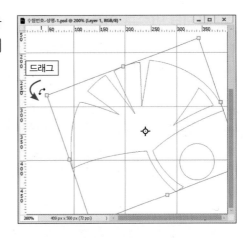

06 Paths(패스) 패널에서 'work path(작업 패스)'를 더블 클릭한 후 [Save Path(패스 저장)] 대화상자에서 'Name(이름) : 나뭇잎 모양'으로 입력하여 패스를 저장합니다.

07 Layers(레이어) 패널의 'Layer 1' 레이어의 눈 아이콘을 클릭한 후, Layers(레이어) 패널 하단의 'Create a new layer(새 레이어 만들기, ▣)'를 클릭하여 새 레이어를 만듭니다.

08 Paths(패스) 패널 하단의 'Fill path with foreground color(전경색으로 패스 칠하기, ●)' 를 클릭하여 임의 색상의 전경색으로 패스를 채웁니다.

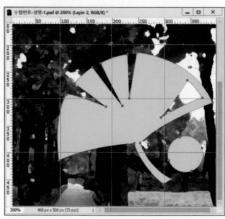

> **기적의 Tip**
>
> - 전경색으로 패스를 채운 후 [Enter] 를 눌러 패스의 선택을 해제합니다.
> - [Ctrl]+[Enter]를 누르고 저장된 나뭇 잎 패스를 선택 상태로 전환한 후, [Alt]+[Delete]를 눌러 Foreground Color(전경색)로 채운 후 [Ctrl]+[D] 를 눌러 선택을 해제하는 방법으로 도 가능합니다.

09 Layers(레이어) 패널 하단의 'Add a layer style(레이어 스타일 추가, *fx.*)'을 클릭하여 [Stroke(획)]를 선택, 'Size(크기) : 3px, Fill Type(칠 유형) : Gradient(그레이디언트), Click to edit the gradient(클릭하여 그레이디언트 편집)'를 클릭합니다.

10 그레이디언트 슬라이더 왼쪽 하단의 'Color Stop(색상 정지점)'을 더블 클릭하여 #ff9966, 오른쪽 'Color Stop(색상 정지점)'을 더블 클릭하여 #99ffcc로 설정한 후, 'Style(스타일) : Linear(선형), Angle(각도) : 90°로 설정합니다. 계속해서 [Inner Shadow(내부 그림자)]를 선택, 'Opacity(불투명도) : 75%, Angle(각도) : 120°, Distance(거리) : 5px, Size(크기) : 5px'로 설정하고 [OK(확인)]를 클릭합니다.

🟢 클리핑 마스크 적용

01 [File(파일)]-[Open(열기)]([Ctrl]+[O])을 선택하여 1급-2.jpg를 불러옵니다. [Ctrl]+[A]로 전 체를 선택하고 [Ctrl]+[C]로 복사 후, 작업 이미지에 [Ctrl]+[V]로 붙여넣기를 합니다.

02 Layers(레이어) 패널에서 'Layer 2' 와 'Layer 3' 레이어 사이에 마우스 커서를 놓고 [Alt]를 누르고 클릭하여 Clipping Mask(클리핑 마스크)를 적 용합니다.

> **기적의 Tip**
>
> Clipping Mask(클리핑 마스크) 적용 후 이미지를 Move Tool(이동 도구, ✛)로 제시된 《출력형태》 와 최대한 동일하게 이동하여 배치합니다.

03 [File(파일)]−[Open(열기)]([Ctrl]+[O])을 선택하여 1급−3.jpg를 불러온 후 Magic Wand Tool(자동 선택 도구, 🪄)을 클릭하고 Options Bar(옵션 바)에서 'Add to selection(선택 영역에 추가, 🔲)'을 클릭한 후 이미지의 흰 배경과 나뭇가지 부분을 선택합니다. [Shift]+[Ctrl]+[I]로 선택 영역을 반전하고, [Ctrl]+[C]로 복사합니다.

> 🎓 **기적의 Tip**
>
> 선택 중 [Shift]를 눌러 클릭하면 'Add to selection(선택
> 영역에 추가, 🔲)'과 동일합니다.

04 작업 이미지에 [Ctrl]+[V]로 붙여넣기를 합니다. [Ctrl]+[T]를 눌러 크기를 축소하고, 마우스 오른쪽 버튼을 누르고 [Flip Horizontal(가로로 뒤집기)]을 선택하여 뒤집고 배치합니다.

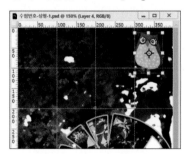

05 Layers(레이어) 패널 하단의 'Add a layer style(레이어 스타일 추가, fx.)'을 클릭하여 [Outer Glow(외부 광선)]를 선택한 후 'Size(크기) : 10px'로 설정하여 적용합니다.

04 모양 생성 및 레이어 스타일 적용

01 Custom Shape Tool(사용자 정의 모양 도구, 🐾)을 클릭하고 Options Bar(옵션 바)에서 'Shape(모양), Fill(칠) : #ff9933, Stroke(획) : No Color(색상 없음), Shape(모양) : Rabbit(토끼, 🐰)'를 설정한 후 [Shift]를 누른 채 드래그하여 모양을 그립니다.

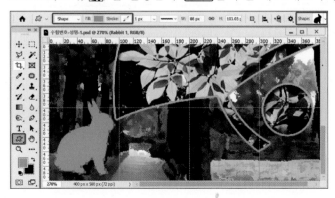

> **Shape 경로**
>
> [Legacy Shapes and More(레거시
> 모양 및 기타)]−[All Legacy Default
> Shapes(모든 레거시 기본 모양)]−
> [Animals(동물)]

02 Layers(레이어) 패널 하단의 'Add a layer style(레이어 스타일 추가, _fx._)'을 클릭하여 [Drop Shadow(그림자)]를 선택하고 [OK(확인)]를 클릭합니다.

03 Ctrl + J 를 눌러 'Rabbit 1' 레이어를 복사합니다. Ctrl + T 를 눌러 크기를 축소한 후, 마우스 오른쪽 버튼을 누르고 [Flip Horizontal(가로로 뒤집기)]을 선택하여 뒤집고 배치합니다. 'Rabbit 1 copy' 레이어의 'Layer thumbnail(레이어 축소판)'을 더블 클릭하여 'Color(색상) : #ffcccc'로 변경합니다.

 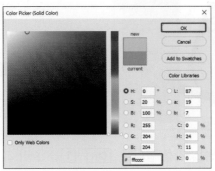 

04 Custom Shape Tool(사용자 정의 모양 도구, _)을 클릭하고 Options Bar(옵션 바)에서 'Shape(모양), Fill(칠) : #ff0000, Stroke(획) : No Color(색상 없음), Shape(모양) : Leaf ornament 1(나뭇잎 장식 1, _)'을 설정한 후 Shift 를 누른 채 드래그하여 모양을 그립니다.

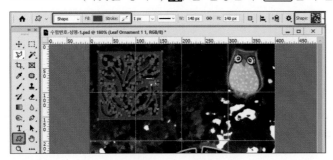

Shape 경로

[Legacy Shapes and More(레거시 모양 및 기타)]-[All Legacy Default Shapes(모든 레거시 기본 모양)]-[Ornaments(장식)]

05 Layers(레이어) 패널 하단의 'Add a layer style(레이어 스타일 추가, _fx._)'을 클릭하여 [Stroke(획)]를 선택, 'Size(크기) : 2px, Color(색상) : #333300'으로 설정하고 [OK(확인)]를 클릭합니다.

05 문자 입력 및 레이어 스타일 적용

01 Horizontal Type Tool(수평 문자 도구, [T])로 작업 이미지를 클릭하고 Options Bar(옵션 바)에서 'Font(글꼴) : Arial, Set font style(글꼴 스타일 설정) : Regular, Set font size(글꼴 크기) : 38pt, Color(색상) : #ffffff'로 설정한 후 Ecology Experience Programs를 입력합니다.

02 Layers(레이어) 패널 하단의 'Add a layer style(레이어 스타일 추가, [fx.])'을 클릭하여 [Stroke(획)]를 선택, 'Size(크기) : 3px, Fill Type : Gradient(그레이디언트), Click to Editor gradient(클릭하여 그레이디언트 편집)'를 클릭합니다.

03 그레이디언트 슬라이더 왼쪽 하단의 'Color Stop(색상 정지점)'을 더블 클릭하여 #ff0000, 오른쪽 하단의 'Color Stop(색상 정지점)'을 더블 클릭하여 #cc00ff로 설정하고, 'Style(스타일) : Linear(선형), Angle(각도) : 0°'로 설정하고 [OK(확인)]를 클릭합니다. [Ctrl]+[S]를 눌러 저장합니다.

06 정답 파일 저장

01 [View(보기)]-[Show(표시)]-[Grid(격자)]([Ctrl]+['])를 선택하여 격자를 가립니다.

02 [File(파일)]-[Save As(다른 이름으로 저장)]([Shift]+[Ctrl]+[S])를 선택하고 '저장 위치 : 내 PC₩문서₩GTQ, 파일 형식 : JPEG(*.JPG;*.JPEG;*.JPE), 파일 이름 : 수험번호-성명-문제번호'를 입력하고 [저장]을 클릭한 후 [JPEG Options(JPEG 옵션)] 대화상자에서 'Quality(품질) : 8'로 설정하고 [OK(확인)]를 클릭합니다.

🎓 **기적의 Tip**

Photoshop CC 2020 이후 버전에서 [Save As(다른 이름으로 저장)]([Shift]+[Ctrl]+[S])로 '파일 형식 : JPEG(*.JPG;*.JPEG; *.JPE)'가 없는 경우에는 아래와 같이 저장하면 됩니다.

※ CC 버전에 따라 정답 파일을 '파일 형식 : JPEG'로 저장하기
- [File(파일)]-[Save As(다른 이름으로 저장)]([Shift]+[Ctrl]+[S])를 선택하고 [다른 이름으로 저장] 대화상자에서 [Save A Copy(사본 저장)]를 선택합니다.
- [File(파일)]-[Save A Copy(사본 저장)]([Alt]+[Ctrl]+[S])를 선택합니다.

03 [Image(이미지)]–[Image Size(이미지 크기)]([**Alt**]+[**Ctrl**]+[**I**])를 선택하고 'Constrain as-pect ratio(종횡비 제한) : 클릭, Width(폭) : 40Pixels(픽셀), Height(높이) : 50Pixels(픽셀)'로 입력하여 이미지 크기를 1/10로 축소한 후 [OK(확인)]를 클릭합니다.

04 [File(파일)]–[Save As(다른 이름으로 저장)]([**Shift**]+[**Ctrl**]+[**S**])를 신택하고 '저장 위치 : 내 PC₩문서₩GTQ, 파일 형식 : Photoshop(*.PSD;*.PDD;*.PSDT), 파일 이름 : 수험번호–성명–문제번호'를 입력하고 [저장]을 클릭합니다.

05 답안 저장이 완료되면 [File(파일)]–[Close(닫기)]([**Ctrl**]+[**W**])를 선택하여 파일을 닫고 수험 프로그램에서 [답안 전송]을 클릭하여 감독관 컴퓨터로 psd와 jpg 파일을 전송합니다.

CHAPTER 09

문제 | 02 | [기능평가] 사진편집 응용

작업과정	새 작업 이미지 만들기 및 파일 저장하기 ▶ 필터 적용 및 이미지 합성, 레이어 스타일 적용 ▶ 색상 보정 및 레이어 스타일 적용 ▶ 모양 생성 및 레이어 스타일 적용 ▶ 문자 입력 및 레이어 스타일 적용 ▶ 정답 파일 저장
완성이미지	Part05₩기출유형문제09회₩정답파일₩G120250009–성명–2.jpg, G120250009–성명–2.psd

01 새 작업 이미지 만들기 및 파일 저장하기

01 [File(파일)]–[New(새로 만들기)]([**Ctrl**]+[**N**])를 선택하고 'Width(폭) : 400Pixels(픽셀), Height(높이) : 500Pixels(픽셀), Resolution(해상도) : 72Pixels/Inch(픽셀/인치), Color Mode(색상 모드) : RGB Color(RGB 색상), 8bit(비트), Background Contents(배경 내용) : White(흰색)'로 설정하여 새 작업 이미지를 만듭니다.

02 [Edit(편집)]–[Preference(환경설정)]([**Ctrl**]+[**K**])를 클릭하고 [Guides, Grid & Slices(안내선, 격자와 슬라이스)]를 선택하여 Grid(격자)의 'Gridline Every(격자 간격) : 100Pixels(픽셀), Subdivisions(세분) : 1'로 설정한 후 'Grid Color(격자 색상)'를 클릭하여 밝은 색상으로 변경합니다.

03 [View(보기)]–[Show(표시)]–[Grid(격자)]([**Ctrl**]+[**'**])와 [View(보기)]–[Rulers(눈금자)]([**Ctrl**]+[**R**])를 선택하여 격자와 눈금자를 표시합니다.

04 작업 도큐먼트를 저장하기 위해 [File(파일)]–[Save As(다른 이름으로 저장)]([**Shift**]+[**Ctrl**]+[**S**])를 선택하고 임의 경로에 '파일 이름 : 수험번호–성명–문제번호, 파일 형식 : Photoshop(*.PSD;*.PDD;*.PSDT)'으로 파일을 저장합니다.

02 필터 적용 및 이미지 합성, 레이어 스타일 적용

01 [File(파일)]–[Open(열기)]([Ctrl]+[O])을 선택하여 1급-4.jpg를 불러
옵니다. [Ctrl]+[A]로 전체를 선택하고 [Ctrl]+[C]로 복사 후, 작업 이
미지에 [Ctrl]+[V]로 붙여넣기를 하고 위치를 조절하여 배치합니다.

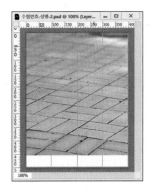

02 [Filter(필터)]–[Filter Gallery(필터 갤러리)]–[Brush Strokes(브러시 선)]–[Crosshatch
(그물눈)]를 선택합니다.

03 색상 보정 및 레이어 스타일 적용

01 [File(파일)]–[Open(열기)]([Ctrl]+[O])을
선택하여 1급-5.jpg를 불러옵니다. Mag-
ic Wand Tool(자동 선택 도구, [✦])을 클
릭하고 Options Bar(옵션 바)에서
'Tolerance(허용치) : 50, Contiguous(인
접) : 체크 해제'를 한 후 이미지의 배경을
클릭합니다.

02 꽃 모양만을 선택하기 위해 [Shift]+[Ctrl]+[I]로 선택 영역을 반전하여 [Ctrl]+[C]로 복사, 작업
이미지에 [Ctrl]+[V]로 붙여넣기를 한 후, [Ctrl]+[T]를 눌러 크기를 축소하여 배치합니다.

> 🎓 **기적의 Tip**
>
> [Ctrl]+[T]를 눌러 크기를 비율에 맞춰서 조절할 때는 [Shift]를 누르고 드래그하거나 Options Bar(옵션 바)에서 'Maintain as-
> pect ratio(종횡비 유지, [∞])'를 클릭한 후 값을 입력합니다.

03 Layers(레이어) 패널에서 'Layer 2' 레이어를 클릭한 후, 패널 하단의 'Add a layer style(레
이어 스타일 추가, [fx.])'을 클릭하여 [Drop Shadow(그림자)]를 선택, 'Opacity(불투명도) :
75%, Angle(각도) : 120°, Distance(거리) : 5px, Size(크기) : 5px'로 설정하고 [OK(확인)]
를 클릭합니다.

04 Polygonal Lasso Tool(다각형 올가미 도구, [⋗])로 가운데 꽃 부분을 선택합니다.

05 Layers(레이어) 패널 하단의 'Create new fill or adjustment layer(새 칠 또는 조정 레이어 생성, ◑.)'를 클릭하고 [Hue/Saturation(색조/채도)]을 선택합니다. 'Properties(속성) 패널에서 Colorize(색상화) : 체크, Hue(색조) : 10, Saturation(채도) : 90'으로 설정하여 빨간색 계열로 색상을 보정합니다.

06 [File(파일)]-[Open(열기)]([Ctrl]+[O])을 선택하여 1급-6.jpg를 불러옵니다. Magic Wand Tool(자동 선택 도구, ✍)로 흰 배경을 선택하고, [Shift]+[Ctrl]+[I]로 선택 영역을 반전, [Ctrl]+[C]로 복사합니다.

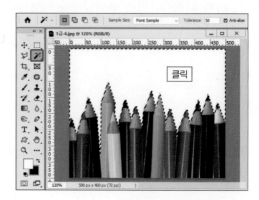

07 작업 이미지에 [Ctrl]+[V]로 붙여넣기를 한 후, [Ctrl]+[T]를 눌러 크기를 조절하고, 마우스 오른쪽 버튼을 누르고 [Flip Horizontal(가로로 뒤집기)]을 선택하여 뒤집고 배치합니다.

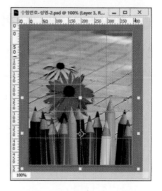

08 Layers(레이어) 패널 하단에 'Add a layer style(레이어 스타일 추가, fx.)'을 클릭하여 [Bevel & Emboss(경사와 엠보스)]를 선택, 'Style(스타일) : Inner Bevel(내부 경사), Direction(방향) : Up(위로), Size(크기) : 7px'로 설정하고 [OK(확인)]를 클릭합니다.

🅜 모양 생성 및 레이어 스타일 적용

01 Custom Shape Tool(사용자 정의 모양 도구, 🎨)을 클릭하고 Options Bar(옵션 바)에서 'Shape(모양), Fill(칠) : #ff3300, Stroke(획) : No Color(색상 없음), Shape(모양) : Paintbrush(페인트 브러시, ◥)'를 설정한 후 [Shift]를 누른 채 드래그하여 모양을 그립니다.

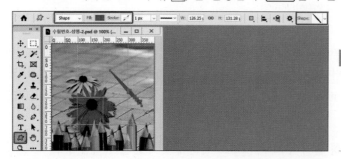

> **Shape 경로**
>
> [Legacy Shapes and More(레거시 모양 및 기타)]-[All Legacy Default Shapes(모든 레거시 기본 모양)]-[Objects(물건)]

02 [Ctrl]+[T]를 눌러 마우스 오른쪽 버튼을 누르고 [Flip Horizontal(가로로 뒤집기)]을 선택하여 뒤집고 회전하여 배치합니다.

03 Layers(레이어) 패널 하단의 'Add a layer style(레이어 스타일 추가, [fx.])'을 클릭하여 [Bevel & Emboss(경사와 엠보스)]를 선택, 'Style(스타일) : Inner Bevel(내부 경사), Direction(방향) : Up(위로), Size(크기) : 5px'로 설정하고 [OK(확인)]를 클릭합니다.

04 Custom Shape Tool(사용자 정의 모양 도구, [⚙])을 클릭하고 Options Bar(옵션 바)에서 'Shape(모양), Fill(칠) : #ffcc00, Stroke(획) : No Color(색상 없음), Shape(모양) : Splatter(튀긴 자국, [⚬])'를 설정한 후 [Shift]를 누른 채 드래그하여 모양을 그립니다.

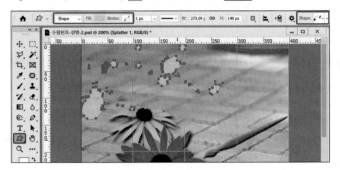

> **Shape 경로**
>
> [Legacy Shapes and More(레거시 모양 및 기타)]-[All Legacy Default Shapes(모든 레거시 기본 모양)]-[Objects(물건)]

05 [Ctrl]+[T]를 눌러 마우스 오른쪽 버튼을 누르고 [Flip Horizontal(가로로 뒤집기)]을 선택하여 뒤집고 배치합니다.

06 Layers(레이어) 패널 하단의 'Add a layer style(레이어 스타일 추가, [fx.])'을 클릭하여 [Outer Glow(외부 광선)]를 선택, 'Opacity(불투명도) : 75%, Size(크기) : 7px'로 설정하고 [OK(확인)]를 클릭합니다.

05 문자 입력 및 레이어 스타일 적용

01 Horizontal Type Tool(수평 문자 도구, [T])로 작업 이미지를 클릭하고 Options Bar(옵션 바)에서 'Font(글꼴) : 궁서, Set font size(글꼴 크기) : 48pt, Set anti-aliasing method (앤티 앨리어싱 방법 설정) : Strong(강하게), Right align text(텍스트 오른쪽 맞춤, [▤]), Color(색상) : 임의 색상'으로 설정한 후 색으로 물들이다를 입력합니다.

02 Options Bar(옵션 바)에서 Create warped text(뒤틀어진 텍스트 만들기, 🔲)를 클릭하여 [Warp Text(텍스트 뒤틀기)] 대화상자에서 'Style(스타일) : Flag(깃발), Horizontal(가로) : 체크, Bend(구부리기) : −10%, Horizontal Distortion(수평 왜곡) : 20%'로 설정하여 문자 모양을 왜곡합니다.

03 Layers(레이어) 패널 하단의 'Add a layer style(레이어 스타일 추가, 🔲)'을 클릭하여 [Stroke(획)]를 선택, 'Size(크기) : 2px, Color(색상) : #ffffff'로 설정합니다. 계속해서 [Gradient Overlay(그레이디언트 오버레이)]를 선택하고 'Click to edit the gradient(클릭 하여 그레이디언트 편집)'를 클릭합니다.

04 그레이디언트 슬라이더 왼쪽 하단의 'Color Stop(색상 정지점)'을 더블 클릭하여 #cc3333, 가 운데 빈 곳을 클릭하여 'Color Stop(색상 정지점)'을 추가하고 더블 클릭하여 #339933, 오른 쪽 'Color Stop(색상 정지점)'을 더블 클릭하여 #3333cc로 설정한 후, 'Style(스타 일) : Linear(선형), Angle(각도) : 0°로 설정하고 [OK(확인)]를 클릭합니다. Ctrl + S 를 눌러 저 장합니다.

⑥ 정답 파일 저장

01 [View(보기)]−[Show(보기)]−[Grid(격자)](Ctrl + ')를 선택하여 격자를 가립니다.

02 [File(파일)]−[Save As(다른 이름으로 저장)](Shift + Ctrl + S)를 선택하고 '저장 위치 : 내 PC₩문서₩GTQ, 파일 형식 : JPEG(*.JPG;*.JPEG;*.JPE), 파일 이름 : 수험번호−성명− 문제번호'를 입력하고 [저장]을 클릭한 후 [JPEG Options(JPEG 옵션)] 대화상자에서 'Quality(품질) : 8'로 설정하고 [OK(확인)]를 클릭합니다.

03 [Image(이미지)]−[Image Size(이미지 크기)](Alt + Ctrl + I)를 선택하고 'Constrain as-pect ratio(종횡비 제한) : 클릭, Width(폭) : 40Pixels(픽셀), Height(높이) : 50Pixels(픽 셀)'로 입력하여 이미지 크기를 1/10로 축소한 후 [OK(확인)]를 클릭합니다.

04 [File(파일)]−[Save As(다른 이름으로 저장)](Shift + Ctrl + S)를 선택하고 '저장 위치 : 내 PC₩문서₩GTQ, 파일 형식 : Photoshop(*.PSD;*.PDD;*.PSDT), 파일 이름 : 수험번호− 성명−문제번호'를 입력하고 [저장]을 클릭합니다.

05 답안 저장이 완료되면 [File(파일)]−[Close(닫기)](Ctrl + W)를 선택하여 파일을 닫고 수험 프 로그램에서 [답안 전송]을 클릭하여 감독관 컴퓨터로 psd와 jpg 파일을 전송합니다.

작업과정	새 작업 이미지 만들기 및 파일 저장하기 ▶ 혼합 모드 및 필터와 레이어 마스크 적용 ▶ 필터와 클리핑 마스크 적용 ▶ 이미지 보정 및 레이어 스타일 적용 ▶ 모양 생성 후 레이어 스타일 적용 ▶ 문자 입력 및 레이어 스타일 적용 ▶ 정답 파일 저장
완성이미지	Part05₩기출유형문제09회₩정답파일₩G120250009-성명-3.jpg, G120250009-성명-3.psd

01 새 작업 이미지 만들기 및 파일 저장하기

01 [File(파일)]-[New(새로 만들기)]([Ctrl]+[N])를 선택하고 'Width(폭) : 600Pixels(픽셀), Height(높이) : 400Pixels(픽셀), Resolution(해상도) : 72Pixels/Inch(픽셀/인치), Color Mode(색상 모드) : RGB Color(RGB 색상), 8bit(비트), Background Contents(배경 내용) : White(흰색)'로 설정하여 새 작업 이미지를 만듭니다.

02 [Edit(편집)]-[Preference(환경설정)]([Ctrl]+[K])를 클릭하고 [Guides, Grid & Slices(안내선, 격자와 슬라이스)]를 선택하여 Grid(격자)의 'Gridline Every(격자 간격) : 100Pixels(픽셀), Subdivisions(세분) : 1'로 설정한 후 'Grid Color(격자 색상)'를 클릭하여 밝은 색상으로 변경합니다.

03 [View(보기)]-[Show(표시)]-[Grid(격자)]([Ctrl]+['])와 [View(보기)]-[Rulers(눈금자)] ([Ctrl]+[R])를 선택하여 격자와 눈금자를 표시합니다.

04 작업 도큐먼트를 저장하기 위해 [File(파일)]-[Save As(다른 이름으로 저장)]([Shift]+[Ctrl]+[S])를 선택하고 임의 경로에 '파일 이름 : 수험번호-성명-문제번호, 파일 형식 : Photoshop(*.PSD;*.PDD;*.PSDT)'으로 파일을 저장합니다.

02 혼합 모드 및 필터와 레이어 마스크 적용

01 Tool Panel(도구 패널) 하단의 'Set foreground color(전경색 설정)'를 클릭하여 # 오른쪽 입력란에 0099cc로 입력한 후, [Alt]+[Delete]를 눌러 제시된 Foreground Color(전경색)를 작업 이미지의 배경에 채웁니다.

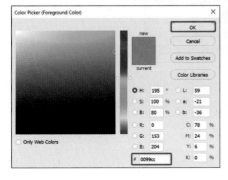
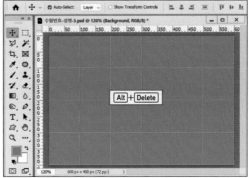

02 [File(파일)]-[Open(열기)]([Ctrl]+[O])을 선택하여 1급-7.jpg를 불러옵니다. [Ctrl]+[A]로 전체를 선택하고 [Ctrl]+[C]로 복사 후, 작업 이미지에 [Ctrl]+[V]로 붙여넣기를 하고 위로 이동하여 배치합니다.

03 Layers(레이어) 패널에서 'Blending Mode(혼합 모드) : Soft Light(소프트 라이트), Opacity(불투명도) : 70%'로 적용합니다.

04 [File(파일)]-[Open(열기)]([Ctrl]+[O])을 선택하여 1급-8.jpg를 불러옵니다. [Ctrl]+[A]로 전체를 선택하고 [Ctrl]+[C]로 복사 후, 작업 이미지에 [Ctrl]+[V]로 붙여넣기를 하고 [Ctrl]+[T]를 눌러 크기를 조절하고 배치합니다.

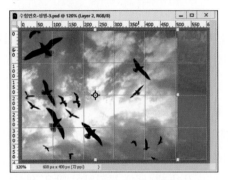

05 [Filter(필터)]-[Filter Gallery(필터 갤러리)]-[Artistic(예술 효과)]-[Paint Daubs(페인트 덥스/페인트 바르기)]를 선택합니다.

06 Layers(레이어) 패널 하단의 'Add layer mask(레이어 마스크 추가, ▣)'를 클릭하여 레이어 마스크를 추가합니다.

07 Tool Panel(도구 패널) 하단의 'Set foreground color(전경색 설정)'를 #000000, 'Set background color(배경색 설정)'를 #ffffff로 설정합니다. Gradient Tool(그레이디언트 도구, ▣)을 클릭하고 Options Bar(옵션 바)에서 'Type(유형) : Linear Gradient(선형 그레이디언트), Mode(모드) : Normal(표준), Opacity(불투명도) : 100%'로 설정한 후 오른쪽 위에서 왼쪽 아래 대각선 방향으로 드래그하여 이미지 일부를 자연스럽게 지워 합성합니다.

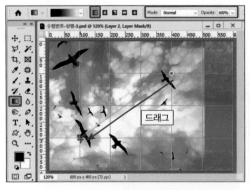

03 필터와 클리핑 마스크 적용

01 Polygon Tool(다각형 도구, ▣)을 클릭하고 Options Bar(옵션 바)에서 'Shape(모양), Fill(칠) : 임의 색상, Stroke(획) : No Color(색상 없음), Sides(변) : 7'로 설정한 후 Shift 를 누른 채 드래그하여 그립니다.

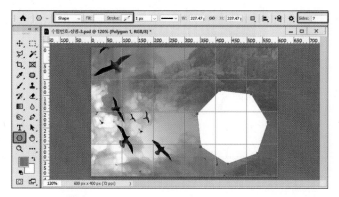

02 Layers(레이어) 패널 하단의 'Add a layer style(레이어 스타일 추가, *fx.*)'을 클릭하여 [Stroke(획)]를 선택, 'Size(크기) : 5px, Fill Type(칠 유형) : Gradient(그레이디언트)'를 설정하고 'Click to edit the gradient(클릭하여 그레이디언트 편집)'를 클릭합니다. 그레이디언트 슬라이더 왼쪽 하단의 'Color Stop(색상 정지점)'을 더블 클릭하여 #660066, 오른쪽 'Color Stop(색상 정지점)'을 더블 클릭하여 #66cccc로 설정한 후, 'Style(스타일) : Linear(선형), Angle(각도) : 90°로 설정하고 [OK(확인)]를 클릭합니다.

03 [File(파일)]-[Open(열기)](Ctrl + O)을 선택하여 1급-9.jpg를 불러옵니다. Ctrl + A 로 전체를 선택하고 Ctrl + C 로 복사 후, 작업 이미지에 Ctrl + V 로 붙여넣기를 하고 7각형과 겹치도록 배치합니다.

04 Layers(레이어) 패널에서 'Polygon 1'과 'Layer 3' 레이어 사이에 마우스 커서를 놓고 Alt 를 누르고 클릭하여 Clipping Mask(클리핑 마스크)를 적용합니다.

> 🎓 **기적의 Tip**
>
> Clipping Mask(클리핑 마스크)를 적용할 때는 반드시 'Polygon 1' 레이어 바로 위에 이미지 레이어를 배치해야 합니다.

05 [Filter(필터)]-[Filter Gallery(필터 갤러리)]-[Artistic(예술 효과)]-[Film Grain(필름 그레인)]을 선택합니다.

06 [File(파일)]−[Open(열기)]([Ctrl]+[O])을 선택하여 1급−10.jpg를 불러옵니다. Magic Wand Tool(자동 선택 도구, [🪄])을 클릭하여 배경을 선택, [Shift]+[Ctrl]+[I]로 선택 영역을 반전, [Ctrl]+[C]로 복사, 작업 이미지에 [Ctrl]+[V]로 붙여넣기를 한 후, [Ctrl]+[T]를 눌러 크기와 회전을 조절하여 배치합니다.

07 Layers(레이어) 패널 하단의 'Add a layer style(레이어 스타일 추가, [fx.])'을 클릭하여 [Outer Glow(외부 광선)]를 선택, 'Opacity(불투명도) : 75%, Size(크기) : 7px'로 설정하고 [OK(확인)]를 클릭합니다.

04 이미지 보정 및 레이어 스타일 적용

01 [File(파일)]−[Open(열기)]([Ctrl]+[O])을 선택하여 1급−11.jpg를 불러옵니다. Magic Wand Tool(자동 선택 도구, [🪄])과 Quick Selection Tool(빠른 선택 도구, [🖌])로 배경을 선택, [Shift]+[Ctrl]+[I]로 선택 영역을 반전하여 [Ctrl]+[C]로 복사, 작업 이미지에 [Ctrl]+[V]로 붙여넣기를 한 후, [Ctrl]+[T]를 눌러 크기를 축소하여 배치합니다.

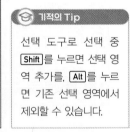

기적의 Tip

선택 도구로 선택 중 [Shift]를 누르면 선택 영역 추가를, [Alt]를 누르면 기존 선택 영역에서 제외할 수 있습니다.

02 Layers(레이어) 패널 하단의 'Add a layer style(레이어 스타일 추가, [fx.])'을 클릭하여 [Drop Shadow(그림자)]를 선택, 'Opacity(불투명도) : 75%, Angle(각도) : 120°, Distance (거리) : 5px, Size(크기) : 5px'로 설정하고 [OK(확인)]를 클릭합니다.

03 Layers(레이어) 패널에서 'Layer thumbnail(레이어 축소판)'을 [Ctrl]을 누르고 클릭하여 'Layer 5' 레이어의 소라 이미지를 선택합니다.

04 Layers(레이어) 패널 하단의 'Create new fill or adjustment layer(새 칠 또는 조정 레이어 생성, ◑)'를 클릭하고 [Hue/Saturation(색조/채도)]을 선택합니다. Properties(속성) 패널에서 'Colorize(색상화) : 체크, Hue(색조) : 300, Saturation(채도) : 40'으로 설정하여 보라색 계열로 색상을 보정합니다.

05 모양 생성 후 레이어 스타일 적용

01 Custom Shape Tool(사용자 정의 모양 도구, ⚘)을 클릭하고 Options Bar(옵션 바)에서 'Shape(모양), Fill(칠) : 임의 색상, Stroke(획) : No Color(색상 없음), Shape(모양) : Compass(나침반, ✛)'를 설정한 후 Shift 를 누른 채 드래그하여 모양을 그립니다.

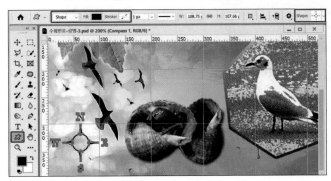

Shape 경로

[Legacy Shapes and More(레거시 모양 및 기타)]–[All Legacy Default Shapes(모든 레거시 기본 모양)]–[Symbols(기호)]

02 Layers(레이어) 패널 하단의 'Add a layer style(레이어 스타일 추가, *fx.*)'을 클릭하여 [Gradient Overlay(그레이디언트 오버레이)]를 선택하고 'Click to edit the gradient(클릭하여 그레이디언트 편집)'를 클릭합니다. 그레이디언트 슬라이더 왼쪽 하단의 'Color Stop(색상 정지점)'을 더블 클릭하여 #0033cc, 오른쪽 'Color Stop(색상 정지점)'을 더블 클릭하여 #ff0000으로 설정한 후, 'Style(스타일) : Linear(선형), Angle(각도) : 90°로 설정합니다.

03 계속해서 [Drop Shadow(드롭 섀도)]를 선택, 'Opacity(불투명도) : 75%, Angle(각도) : 120°, Distance(거리) : 3px, Size(크기) : 3px'로 설정하고 [OK(확인)]를 클릭합니다.

04 Custom Shape Tool(사용자 정의 모양 도구, ⚘)을 클릭하고 Options Bar(옵션 바)에서 'Shape(모양), Fill(칠) : #ccffff, Stroke(획) : No Color(색상 없음), Shape(모양) : Ornament 5(장식 5, ✿)'로 설정한 후 Shift 를 누른 채 드래그하여 모양을 그리고 Ctrl + T 를 눌러 회전하여 배치합니다.

Shape 경로

[Legacy Shapes and More(레거시 모양 및 기타)]–[All Legacy Default Shapes(모든 레거시 기본 모양)]–[Ornaments(장식)]

05 Layers(레이어) 패널 하단의 'Add a layer style(레이어 스타일 추가, *fx.*)'을 클릭하여 [Bevel & Emboss(경사와 엠보스)]를 선택, 'Style(스타일) : Inner Bevel(내부 경사), Direction(방향) : Up(위로), Size(크기) : 5px'로 설정하고 [OK(확인)]를 클릭합니다.

06 Custom Shape Tool(사용자 정의 모양 도구, *⚙*)을 클릭하고 Options Bar(옵션 바)에서 'Shape(모양), Fill(칠) : #ffffff, Stroke(획) : No Color(색상 없음), Shape(모양) : Grass 1(풀 1, *▦*)'로 설정한 후 드래그하여 모양을 그리고, [Ctrl]+[T]를 눌러 회전하여 배치합니다.

> **Shape 경로**
>
> [Legacy Shapes and More(레거시 모양 및 기타)]—[All Legacy Default Shapes(모든 레거시 기본 모양)]—[Nature(자연)]

07 Layers(레이어) 패널 하단의 'Add a layer style(레이어 스타일 추가, *fx.*)'을 클릭하여 [Outer Glow(외부 광선)]를 선택, 'Opacity(불투명도) : 75%, Spread(스프레드) : 3%, Size(크기) : 6px'로 설정하고 [OK(확인)]를 클릭합니다.

06 문자 입력 및 레이어 스타일 적용

01 Horizontal Type Tool(수평 문자 도구, [T])로 작업 이미지를 클릭하고 Options Bar(옵션 바)에서 'Font(글꼴) : 궁서, Set font size(글꼴 크기) : 36pt, Color(색상) : 임의 색상'으로 설정한 후 바다가 들려주는 이야기를 입력합니다.

02 Options Bar(옵션 바)에서 Create warped text(뒤틀어진 텍스트 만들기, *ℐ*)를 클릭하여 [Warp Text(텍스트 뒤틀기)] 대화상자에서 'Style(스타일) : Fish(물고기), Horizontal(가로) : 체크, Bend(구부리기) : 40%'로 설정하여 문자의 모양을 왜곡합니다.

03 Layers(레이어) 패널 하단의 'Add a layer style(레이어 스타일 추가, *fx.*)'을 클릭하여 [Stroke(획)]를 선택, 'Size(크기) : 1px, Color(색상) : #ffffff'로 설정합니다.

04 계속해서 [Gradient Overlay(그레이디언트 오버레이)]를 선택하고 'Click to edit the gradient(클릭하여 그레이디언트 편집)'를 클릭합니다. 그레이디언트 슬라이더 왼쪽 하단의 'Color Stop(색상 정지점)'을 더블 클릭하여 #ff9900, 오른쪽 'Color Stop(색상 정지점)'을 더블 클릭하여 #0000ff로 설정한 후, 'Style(스타일) : Linear(선형), Angle(각도) : 90˚'로 설정합니다.

05 계속해서 [Drop Shadow(드롭 섀도)]를 선택, 'Opacity(불투명도) : 75%, Angle(각도) : 120˚, Distance(거리) : 5px, Size(크기) : 5px'로 설정하고 [OK(확인)]를 클릭합니다.

06 Horizontal Type Tool(수평 문자 도구, T)로 작업 이미지를 클릭하고 Options Bar(옵션 바)에서 'Font(글꼴) : 돋움, Set font size(글꼴 크기) : 20pt, Color(색상) : #000000'으로 설정한 후 맑은 물! 푸른 강산을 지켜주세요!를 입력합니다.

07 Options Bar(옵션 바)에서 Create warped text(뒤틀어진 텍스트 만들기, ㄥ)를 클릭하여 [Warp Text(텍스트 뒤틀기)] 대화상자에서 'Style(스타일) : Flag(깃발), Horizontal(가로) : 체크, Bend(구부리기) : −60%'로 설정하여 문자의 모양을 왜곡합니다.

08 Layers(레이어) 패널 하단의 'Add a layer style(레이어 스타일 추가, fx.)'을 클릭하여 [Stroke(획)]를 선택, 'Size(크기) : 2px, Fill Type(칠 유형) : Gradient(그레이디언트), Click to edit the gradient(클릭하여 그레이디언트 편집)'를 클릭합니다. 그레이디언트 슬라이더 왼쪽 하단의 'Color Stop(색상 정지점)'을 더블 클릭하여 #ffffff, 오른쪽 'Color Stop(색상 정지점)'을 더블 클릭하여 #99ffcc로 설정한 후, 'Style(스타일) : Linear(선형), Angle(각도) : 90°'로 설정합니다.

09 Horizontal Type Tool(수평 문자 도구, T)로 작업 이미지를 클릭하고 Options Bar(옵션 바)에서 'Font(글꼴) : 돋움, Set font size(글꼴 크기) : 14pt, Set anti-aliasing method(앤티 앨리어싱 방법 설정) : Strong(강하게), Color(색상) : #ffffff'로 설정한 후 주최 : 자연보호협회를 입력합니다.

10 Layers(레이어) 패널 하단의 'Add a layer style(레이어 스타일 추가, fx.)'을 클릭하여 [Drop Shadow(그림자)]를 선택, 'Distance(거리) : 2px, Size(크기) : 2px'로 설정하고 [OK(확인)]를 클릭합니다.

11 Horizontal Type Tool(수평 문자 도구, T)로 작업 이미지를 클릭하고 Options Bar(옵션 바)에서 'Font(글꼴) : Arial, Set font style(글꼴 스타일 설정) : Regular, Set font size(글꼴 크기) : 20pt, Color(색상) : #33ffff'로 설정한 후 Beautiful Sea를 입력합니다.

12 [Ctrl]+[T]를 눌러 회전한 후, Layers(레이어) 패널 하단의 'Add a layer style(레이어 스타일 추가, [fx.])'을 클릭하여 [Stroke(획)]를 선택, 'Size(크기) : 2px, Color(색상) : #006699'로 설정합니다.

13 계속해서 [Drop Shadow(드롭 섀도)]를 선택, 'Distance(거리) : 5px, Size(크기) : 5px'로 설정하고 [OK(확인)]를 클릭합니다. [Ctrl]+[S]를 눌러 저장합니다.

07 정답 파일 저장

01 [View(보기)]-[Show(보기)]-[Grid(격자)]([Ctrl]+[']')를 선택하여 격자를 가립니다.

02 [File(파일)]-[Save As(다른 이름으로 저장)]([Shift]+[Ctrl]+[S])를 선택하고 '저장 위치 : 내 PC₩문서₩GTQ, 파일 형식 : JPEG(*.JPG;*.JPEG;*.JPE), 파일 이름 : 수험번호-성명-문제번호'를 입력하고 [저장]을 클릭한 후 [JPEG Options(JPEG 옵션)] 대화상자에서 'Quality(품질) : 8'로 설정하고 [OK(확인)]를 클릭합니다.

03 [Image(이미지)]-[Image Size(이미지 크기)]([Alt]+[Ctrl]+[I])를 선택하고 'Constrain aspect ratio(종횡비 제한) : 클릭, Width(폭) : 60Pixels(픽셀), Height(높이) : 40Pixels(픽셀)'로 입력하여 이미지 크기를 1/10로 축소한 후 [OK(확인)]를 클릭합니다.

04 [File(파일)]-[Save As(다른 이름으로 저장)]([Shift]+[Ctrl]+[S])를 선택하고 '저장 위치 : 내 PC₩문서₩GTQ, 파일 형식 : Photoshop(*.PSD;*.PDD;*.PSDT), 파일 이름 : 수험번호-성명-문제번호'를 입력하고 [저장]을 클릭합니다.

05 답안 저장이 완료되면 [File(파일)]-[Close(닫기)]([Ctrl]+[W])를 선택하여 파일을 닫고 수험 프로그램에서 [답안 전송]을 클릭하여 감독관 컴퓨터로 psd와 jpg 파일을 전송합니다.

CHAPTER 09

문제 **04** [실무응용] 웹 페이지 제작

작업과정	새 작업 이미지 만들기 및 파일 저장하기 ▶ 혼합 모드 및 레이어 마스크 적용하여 합성 ▶ 필터 적용 및 레이어 마스크 적용 ▶ 이미지 보정 및 레이어 스타일 적용 ▶ 모양 생성 후 레이어 스타일 적용 ▶ 메뉴 버튼 만들기 ▶ 펜 도구 작업 및 패턴 정의와 적용 ▶ 문자 입력과 왜곡 및 레이어 스타일 적용 ▶ 정답 파일 저장
완성이미지	Part05₩기출유형문제09회₩정답파일₩G120250009-성명-4.jpg, G120250009-성명-4.psd

01 새 작업 이미지 만들기 및 파일 저장하기

01 [File(파일)]-[New(새로 만들기)]([Ctrl]+[N])를 선택하고 'Width(폭) : 600Pixels(픽셀), Height(높이) : 400Pixels(픽셀), Resolution(해상도) : 72Pixels/Inch(픽셀/인치), Color Mode(색상 모드) : RGB Color(RGB 색상), 8bit(비트), Background Contents(배경 내용) : White(흰색)'로 설정하여 새 작업 이미지를 만듭니다.

02 [Edit(편집)]-[Preference(환경설정)]([Ctrl]+[K])를 클릭하고 [Guides, Grid & Slices(안내선, 격자와 슬라이스)]를 선택하여 Grid(격자)의 'Gridline Every(격자 간격) : 100Pixels(픽셀), Subdivisions(세분) : 1'로 설정한 후 'Grid Color(격자 색상)'를 클릭하여 밝은 색상으로 변경합니다.

03 [View(보기)]-[Show(표시)]-[Grid(격자)]([Ctrl]+['])와 [View(보기)]-[Rulers(눈금자)]([Ctrl]+[R])를 선택하여 격자와 눈금자를 표시합니다.

04 작업 도큐먼트를 저장하기 위해 [File(파일)]-[Save As(다른 이름으로 저장)]([Shift]+[Ctrl]+[S])를 선택하고 임의 경로에 '파일 이름 : 수험번호-성명-문제번호, 파일 형식 : Photoshop(*.PSD;*.PDD;*.PSDT)'으로 파일을 저장합니다.

02 혼합 모드 및 레이어 마스크 적용하여 합성

01 Tool Panel(도구 패널) 하단의 'Set foreground color(전경색 설정)'를 클릭하여 # 오른쪽 입력란에 ccccff로 입력한 후, [Alt]+[Delete]를 눌러 제시된 Foreground Color(전경색)를 작업 이미지의 배경에 채웁니다.

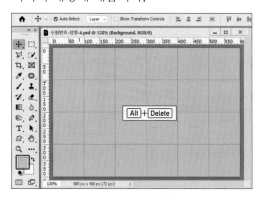

02 [File(파일)]-[Open(열기)]([Ctrl]+[O])을 선택하여 1급-12.jpg를 불러옵니다. [Ctrl]+[A]로 전체를 선택하고 [Ctrl]+[C]로 복사 후, 작업 이미지에 [Ctrl]+[V]로 붙여넣기를 하고 이미지의 위치를 이동하여 배치합니다.

03 Layers(레이어) 패널에서 'Blending Mode(혼합 모드) : Overlay(오버레이), Opacity(불투명도) : 100%'로 설정하여 배경 이미지와 합성을 합니다.

04 Layers(레이어) 패널 하단의 'Add layer mask(레이어 마스크 추가, ◻)'를 클릭하여 레이어 마스크를 추가합니다.

05 Tool Panel(도구 패널) 하단의 'Set foreground color(전경색 설정)'를 #000000, 'Set background color(배경색 설정)'를 #ffffff로 설정합니다. Gradient Tool(그레이디언트 도구, ■)을 클릭하고 Options Bar(옵션 바)에서 'Type(유형) : Linear Gradient(선형 그레이디언트), Mode(모드) : Normal(표준), Opacity(불투명도) : 100%'로 설정한 후 Shift 를 누르고 아래쪽에서 위쪽 방향으로 드래그하여 이미지의 일부를 자연스럽게 지워 합성합니다.

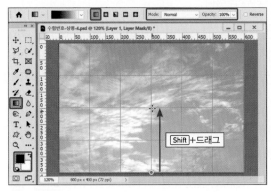 

③ 필터 적용 및 레이어 마스크 적용

01 [File(파일)]-[Open(열기)](Ctrl + O)을 선택하여 1급-13.jpg를 불러옵니다. Ctrl + A 로 전체를 선택하고 Ctrl + C 로 복사 후, 작업 이미지에 Ctrl + V 로 붙여넣기를 하고 이동하여 배치합니다.

 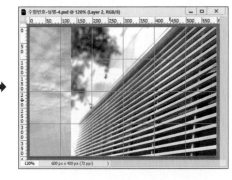

02 [Filter(필터)]-[Filter Gallery(필터 갤러리)]-[Artistic(예술 효과)]-[Film Grain(필름 그레인)]을 선택합니다.

03 Layers(레이어) 패널 하단의 'Add layer mask(레이어 마스크 추가, ■)'를 클릭하여 레이어 마스크를 추가합니다.

04 Tool Panel(도구 패널) 하단의 'Set foreground color(전경색 설정)'를 #000000, 'Set background color(배경색 설정)'를 #ffffff로 설정합니다. Gradient Tool(그레이디언트 도구, ■)을 클릭하고 Options Bar(옵션 바)에서 'Type(유형) : Linear Gradient(선형 그레이디언트), Mode(모드) : Normal(표준), Opacity(불투명도) : 100%'로 설정한 후 Shift를 누르고 왼쪽에서 오른쪽 가로 방향으로 드래그하여 이미지의 일부를 자연스럽게 지워 합성합니다.

05 [File(파일)]-[Open(열기)](Ctrl+O)을 선택하여 1급-14.jpg를 불러옵니다. Magic Wand Tool(자동 선택 도구,✦)로 배경을 선택, Shift+Ctrl+I로 선택 영역을 반전, Ctrl+C로 복사합니다. 작업 이미지에 Ctrl+V로 붙여넣기를 한 후, Ctrl+T를 눌러 Shift를 누른 채 크기를 조절하여 배치합니다.

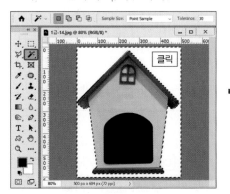 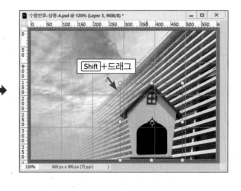

06 Layers(레이어) 패널 하단의 'Add a layer style(레이어 스타일 추가, fx.)'을 클릭하여 [Drop Shadow(그림자)]를 선택, 'Opacity(불투명도) : 75%, Angle(각도) : 120°, Distance (거리) : 10px, Size(크기) : 10px'로 설정하고 [OK(확인)]를 클릭합니다.

04 이미지 보정 및 레이어 스타일 적용

01 [File(파일)]−[Open(열기)]([Ctrl]+[O])을 선택하여 1급−15.jpg를 불러옵니다. Quick Selec-tion Tool(빠른 선택 도구, [✐])로 드래그하여 배경을 선택, [Shift]+[Ctrl]+[I]로 선택 영역을 반전, [Ctrl]+[C]로 복사합니다. 작업 이미지에 [Ctrl]+[V]로 붙여넣기를 한 후, [Ctrl]+[T]를 눌러 크기 조절과 회전을 하여 배치합니다.

 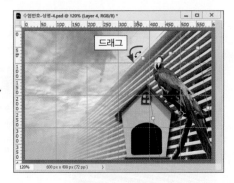

🎓 **기적의 Tip**

- Quick Selection Tool(빠른 선택 도구, [✐])로 드래그하여 선택할 때 작업 중 브러시의 크기는 [[]를 누르면 축소되고, []]를 누르면 점증적으로 확대되어 빠른 작업이 가능합니다.
- [Caps Lock]이 켜져 있으면 '⊕'로 표시되어 브러시의 크기를 파악할 수 없으므로 [Caps Lock]을 눌러 꺼줍니다.

---

02 Layers(레이어) 패널 하단의 'Add a layer style(레이어 스타일 추가, [fx.])'을 클릭하여 [Bevel & Emboss(경사와 엠보스)]를 선택, 'Style(스타일) : Inner Bevel(내부 경사), Direction(방향) : Up(위로), Size(크기) : 7px'로 설정합니다.

03 계속해서 [Outer Glow(외부 광선)]를 선택하고 'Size(크기) : 10px'로 설정하고 [OK(확인)]를 클릭합니다.

04 [File(파일)]−[Open(열기)]([Ctrl]+[O])을 선택하여 1급−16.jpg를 불러온 후 Quick Selection Tool(빠른 선택 도구, [✐])로 드래그하여 꽃 모양을 선택, [Ctrl]+[C]로 복사, 작업 이미지에 [Ctrl]+[V]로 붙여넣기를 합니다. [Ctrl]+[T]로 크기 조절과 회전한 후, [Ctrl]+[[]를 눌러 'Layer 4' 레이어 아래쪽으로 배치합니다.

 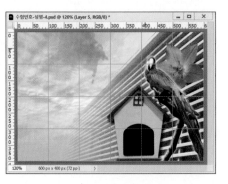

05 Layers(레이어) 패널 하단의 'Add a layer style(레이어 스타일 추가, [fx.])'을 클릭하여 [Drop Shadow(그림자)]를 선택, 'Opacity(불투명도) : 75%, Angle(각도) : 120°, Distance (거리) : 5px, Size(크기) : 5px'로 설정하고 [OK(확인)]를 클릭합니다.

06 Layers(레이어) 패널에서 'Layer 5' 레이어의 'Layer thumbnail(레이어 축소판)'을 [Ctrl]을 누르고 클릭하여 꽃 모양만을 빠르게 선택합니다.

07 Layers(레이어) 패널 하단의 'Create new fill or adjustment layer(새 칠 또는 조정 레이어 생성, [◉.])'를 클릭하고 [Color Balance(색상 균형)]를 선택합니다. Properties(속성) 패널에서 'Tone (톤) : Midtones(중간톤), Cyan(시안) : −100, Magenta(마젠타) : 100, Yellow(노랑) : −100, Preserve Luminosity(광도 유지) : 체크'를 설정합니다. 계속해서 'Tone(톤) : Shadow(그림자), Cyan(시안) : −55'를 설정하여 파란색 계열로 보정합니다.

08 [File(파일)]−[Open(열기)]([Ctrl]+[O])을 선택하여 1급-17.jpg를 불러옵니다. Quick Selection Tool(빠른 선택 도구, [◢])로 앵무새를 드래그하여 선택, [Ctrl]+[C]로 복사, 작업 이미지에 [Ctrl]+[V]로 붙여넣기를 합니다. [Ctrl]+[T]를 눌러 크기를 조절하고, 마우스 오른쪽 버튼을 누르고 [Flip Horizontal(가로로 뒤집기)]로 뒤집고 회전하여 배치합니다.

09 [Filter(필터)]−[Filter Gallery(필터 갤러리)]−[Artistic(예술 효과)]−[Dry Brush(드라이 브러시)]를 선택합니다.

10 Layers(레이어) 패널 하단의 'Add a layer style(레이어 스타일 추가, [fx.])'을 클릭하여 [Drop Shadow(그림자)]를 선택, 'Distance(거리) : 5px, Size(크기) : 5px'로 설정하고 [OK(확인)]를 클릭합니다.

05 모양 생성 후 레이어 스타일 적용

01 Custom Shape Tool(사용자 정의 모양 도구, ✿)을 클릭하고 Options Bar(옵션 바)에서 'Shape(모양), Fill(칠) : #669933, Stroke(획) : No Color(색상 없음), Shape(모양) : Tree(나무, 🌲)'로 설정한 후 Shift 를 누르고 모양을 그립니다.

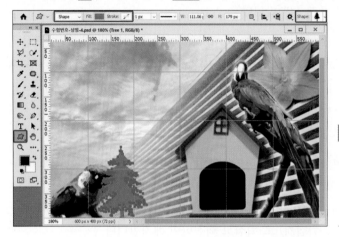

> **Shape 경로**
>
> [Legacy Shapes and More(레거시 모양 및 기타)]–[All Legacy Default Shapes(모든 레거시 기본 모양)]– [Nature(자연)]

02 Layers(레이어) 패널 하단의 'Add a layer style(레이어 스타일 추가, fx.)'을 클릭하여 [Inner Shadow(내부 그림자)]를 선택, 'Opacity(불투명도) : 75%, Angle(각도) : 120°, Distance(거리) : 5px, Size(크기) : 5px'로 설정하고 [OK(확인)]를 클릭합니다.

03 Ctrl + [를 눌러 'Layer 6' 레이어 아래쪽으로 배치합니다.

04 Layers(레이어) 패널 하단의 'Add layer mask(레이어 마스크 추가, ▣)'를 클릭하여 레이어 마스크를 추가합니다.

05 Tool Panel(도구 패널) 하단의 'Set foreground color(전경색 설정)'를 #000000, 'Set background color(배경색 설정)'를 #ffffff로 설정합니다. Gradient Tool(그레이디언트 도구, ▣)을 클릭하고 Options Bar(옵션 바)에서 'Type(유형) : Linear Gradient(선형 그레이디언트), Mode(모드) : Normal(표준), Opacity(불투명도) : 100%'로 설정한 후 Shift 를 누르고 위쪽에서 아래쪽 방향으로 드래그합니다.

06 Custom Shape Tool(사용자 정의 모양 도구, 🔊)을 클릭하고 Options Bar(옵션 바)에서 'Shape(모양), Fill(칠) : #ffff00, Stroke(획) : No Color(색상 없음), Shape(모양) : Ribbon 1(리본 1, 🎗)'로 설정한 후 Shift 를 누르고 모양을 그립니다.

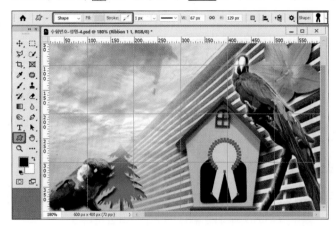

Shape 경로

[Legacy Shapes and More(레거시 모양 및 기타)]-[All Legacy Default Shapes(모든 레거시 기본 모양)]-[Banners and Awards(배너 및 상장)]

07 Layers(레이어) 패널 하단의 'Add a layer style(레이어 스타일 추가, 🔣)'을 클릭하여 [Inner Shadow(내부 그림자)]를 선택합니다.

08 Horizontal Type Tool(수평 문자 도구, T)로 작업 이미지를 클릭하고 Options Bar(옵션 바)에서 'Font(글꼴) : 바탕, Set font size(글꼴 크기) : 12pt, Set anti-aliasing method (앤티 앨리어싱 방법 설정) : Sharp(선명하게), Center text(텍스트 중앙 정렬, 🖹), Color (색상) : #000000'으로 설정한 후 우수사례선정을 입력합니다.

09 Layers(레이어) 패널 하단의 'Add a layer style(레이어 스타일 추가, 🔣)'을 클릭하여 [Drop Shadow(그림자)]를 선택, 'Distance(거리) : 3px, Size(크기) : 3px'로 설정하고 [OK(확인)]를 클릭합니다.

06 메뉴 버튼 만들기

01 Rounded Rectangle Tool(모서리 둥근 직사각형 도구, 🔲)을 클릭하고 Options Bar(옵션 바)에서 'Shape(모양), Fill(칠) : #cccc99, Stroke(획) : No Color(색상 없음), Radius(반경) : 10px'로 설정한 후 상단에 모양을 그립니다.

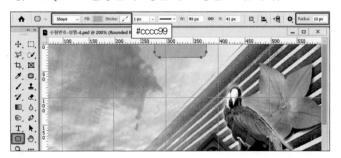

02 Layers(레이어) 패널 하단의 'Add a layer style(레이어 스타일 추가, 🔣)'을 클릭하여 [Stroke(획)]를 선택, 'Size(크기) : 1px, Color(색상) : #996600'으로 설정합니다.

03 Horizontal Type Tool(수평 문자 도구, T)로 작업 이미지를 클릭하고 Options Bar(옵션 바)에서 'Font(글꼴) : 굴림, Set font size(글꼴 크기) : 14pt, Set anti-aliasing method (앤티 앨리어싱 방법 설정) : Sharp(선명하게), Color(색상) : #003300'으로 설정한 후 교육 안내를 입력합니다.

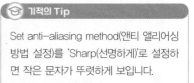

04 Layers(레이어) 패널 하단의 'Add a layer style(레이어 스타일 추가, fx.)'을 클릭하여 [Stroke(획)]를 선택, 'Size(크기) : 2px, Color(색상) : #ffffff'로 설정합니다.

05 Layers(레이어) 패널에서 Shift 를 누른 채 'Rounded Rectangle 1' 레이어와 '교육안내' 레이어를 클릭하여 함께 선택합니다. Move Tool(이동 도구, ⊕)을 클릭하고 작업 이미지의 모서리가 둥근 직사각형과 문자를 Alt 를 누르고 오른쪽으로 드래그하여 복제합니다.

06 같은 방법으로 3번째 버튼의 모양을 만듭니다. Layers(레이어) 패널에서 'Rounded Rectangle 1 copy' 레이어의 'Layer thumbnail(레이어 축소판)'을 더블 클릭하여 Color(색상)를 #99cccc로 변경합니다.

07 Horizontal Type Tool(수평 문자 도구, T)로 문자를 각각 드래그하여 교육일정, 문의사항을 입력하여 수정합니다.

07 펜 도구 작업 및 패턴 정의와 적용

01 Pen Tool(펜 도구, ⌀)을 클릭하고 Options Bar(옵션 바)에서 'Shape(모양), Fill(칠) : #ffffff, Stroke(획) : No Color(색상 없음)'로 설정한 후 격자를 참고하여 날개 모양을 그립니다.

02 Layers(레이어) 패널 하단의 'Add a layer style(레이어 스타일 추가, fx.)'을 클릭하여 [Drop Shadow(그림자)]를 선택, 'Opacity(불투명도) : 75%, Angle(각도) : 120°, Distance (거리) : 5px, Size(크기) : 5px'로 설정하고 [OK(확인)]를 클릭합니다.

03 Ctrl+J를 눌러 레이어를 복사한 후, Layers(레이어) 패널에서 'Shape 1' 레이어를 클릭하고 'Layer thumbnail(레이어 축소판)'을 더블 클릭하여 Color(색상)를 #99ccff로 설정하고, 'Opacity(불투명도) : 70%'로 설정합니다. Ctrl+T를 눌러 회전한 후 아래쪽으로 이동하여 배치합니다.

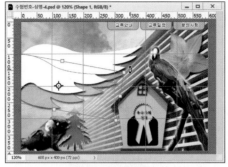

04 [File(파일)]−[New(새로 만들기)](Ctrl+N)를 선택하고 'Width(폭) : 50Pixels(픽셀), Height(높이) : 50Pixels(픽셀), Resolution(해상도) : 72Pixels/Inch(픽셀/인치), Color Mode(색상 모드) : RGB Color(RGB 색상), 8bit(비트), Background Contents(배경 내용) : Transparent(투명)'로 설정하여 새 작업 이미지를 만듭니다.

> 🎓 **기적의 Tip**
>
> Background Contents(배경 내용)를 'Transparent(투명)'로 설정해야 클리핑 마스크 적용시 펜으로 작업한 Shape(모양)의 설정 색상이 보입니다.

05 Custom Shape Tool(사용자 정의 모양 도구, ✿)을 클릭하고 Options Bar(옵션 바)에서 'Shape(모양), Fill(칠) : #6633cc, Stroke(획) : No Color(색상 없음), Shape(모양) : Bird 2(새 2, ✔)'로 설정한 후 Shift를 누르고 모양을 그립니다.

Shape 경로

[Legacy Shapes and More(레거시 모양 및 기타)]−[All Legacy Default Shapes(모든 레거시 기본 모양)]−[Animals(동물)]

06 Custom Shape Tool(사용자 정의 모양 도구, ✿)을 클릭하고 Options Bar(옵션 바)에서 'Shape(모양), Fill(칠) : #cccccc, Stroke(획) : No Color(색상 없음), Shape(모양) : Cloud 1(구름 1, ☁)'로 설정한 후 Shift를 누르고 모양을 그립니다.

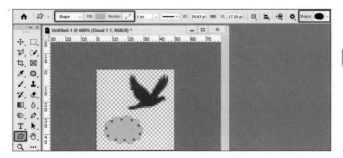

Shape 경로

[Legacy Shapes and More(레거시 모양 및 기타)]−[All Legacy Default Shapes(모든 레거시 기본 모양)]−[Nature(자연)]

07 [Edit(편집)]-[Define Pattern(패턴 정의)]을 선택하고 'Name(이름) : 새와 구름'으로 설정하고 패턴을 등록합니다.

08 작업 이미지에 Layers(레이어) 패널에서 'Shape 1 copy' 레이어를 클릭하고, 패널 하단의 'Create a new layer(새 레이어 만들기, ⊞)'를 클릭하여 새 레이어를 만든 후, 레이어 이름을 더블 클릭하여 pattern으로 수정합니다.

09 [Edit(편집)]-[Fill(칠)]을 선택하고 'Contents(내용) : Pattern(패턴), Custom Pattern(사용자 정의 패턴) : 새와 구름, Mode(모드) : Normal(표준), Opacity(불투명도) : 100%, Preserve Transparency(투명도 유지) : 체크 해제'로 설정하여 채웁니다.

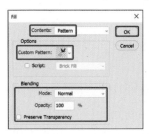
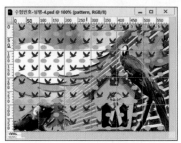

10 Layers(레이어) 패널에서 'pattern' 레이어의 'Opacity(불투명도) : 70%'로 설정합니다. 'pattern' 레이어와 'Shape 1 copy' 레이어 사이에 마우스 커서를 놓고 Alt 를 누르고 클릭하여 Clipping Mask(클리핑 마스크)를 적용합니다.

08 문자 입력과 왜곡 및 레이어 스타일 적용

01 Horizontal Type Tool(수평 문자 도구, T)로 작업 이미지를 클릭하고 Options Bar(옵션 바)에서 'Font(글꼴) : Times New Roman, Set font style(글꼴 스타일 설정) : Regular, Set font size(글꼴 크기) : 43pt, Color(색상) : 임의 색상'으로 설정한 후 The Class of Nature를 입력합니다.

02 Layers(레이어) 패널 하단의 'Add a layer style(레이어 스타일 추가, fx.)'을 클릭하여 [Stroke(획)]를 선택, 'Size(크기) : 2px, Color(색상) : #ffffff'로 설정합니다.

03 계속해서 [Gradient Overlay(그레이디언트 오버레이)]를 선택하고 'Click to edit the gradient(클릭하여 그레이디언트 편집)'를 클릭합니다. 그레이디언트 슬라이더 왼쪽 하단의 'Color Stop(색상 정지점)'을 더블 클릭하여 #330033, 오른쪽 'Color Stop(색상 정지점)'을 더블 클릭하여 #ffffcc로 설정한 후, 'Style(스타일) : Linear(선형), Angle(각도) : 90°'로 설정합니다.

04 계속해서 [Drop Shadow(드롭 섀도)]를 선택하고 [OK(확인)]를 클릭합니다.

05 Horizontal Type Tool(수평 문자 도구, T)로 작업 이미지를 클릭하고 Options Bar(옵션 바)에서 'Font(글꼴) : 바탕, Set font size(글꼴 크기) : 20pt, Set anti-aliasing method (앤티 앨리어싱 방법 설정) : Strong(강하게), Center text(텍스트 중앙 정렬, ▤), Color(색상) : #333366'으로 설정한 후 새를 사랑하는 클래스 Ver 1. Parrot Story를 입력합니다.

06 Options Bar(옵션 바)에서 Create warped text(뒤틀어진 텍스트 만들기, ⊥)를 클릭하여 [Warp Text(텍스트 뒤틀기)] 대화상자에서 'Style(스타일) : Flag(깃발), Horizontal(가로) : 체크, Bend(구부리기) : 40%'로 설정하여 문자 모양을 왜곡합니다.

07 Layers(레이어) 패널 하단의 'Add a layer style(레이어 스타일 추가, fx.)'을 클릭하여 [Stroke(획)]를 선택, 'Size(크기) : 2px, Color(색상) : #ccffcc'로 설정합니다.

08 계속해서 [Drop Shadow(드롭 섀도)]를 선택, 'Distance(거리) : 3px, Size(크기) : 3px'로 설정하고 [OK(확인)]를 클릭합니다. Ctrl+T를 눌러 회전하고, Ctrl+S를 눌러 저장합니다.

⑨ 정답 파일 저장

01 [View(보기)]-[Show(보기)]-[Grid(격자)](Ctrl+')를 선택하여 격자를 가립니다.

02 [File(파일)]-[Save As(다른 이름으로 저장)](Shift+Ctrl+S)를 선택하고 '저장 위치 : 내 PC₩문서₩GTQ, 파일 형식 : JPEG(*.JPG;*.JPEG;*.JPE), 파일 이름 : 수험번호-성명-문제번호'를 입력하고 [저장]을 클릭한 후 [JPEG Options(JPEG 옵션)] 대화상자에서 'Quality(품질) : 8'로 설정하고 [OK(확인)]를 클릭합니다.

03 [Image(이미지)]-[Image Size(이미지 크기)](Alt+Ctrl+I)를 선택하고 'Constrain aspect ratio(종횡비 제한) : 클릭, Width(폭) : 60Pixels(픽셀), Height(높이) : 40Pixels(픽셀)'로 입력하여 이미지 크기를 1/10로 축소한 후 [OK(확인)]를 클릭합니다.

04 [File(파일)]-[Save As(다른 이름으로 저장)](Shift+Ctrl+S)를 선택하고 '저장 위치 : 내 PC₩문서₩GTQ, 파일 형식 : Photoshop(*.PSD;*.PDD;*.PSDT), 파일 이름 : 수험번호-성명-문제번호'를 입력하고 [저장]을 클릭합니다.

05 답안 저장이 완료되면 [File(파일)]-[Exit(종료)](Ctrl+Q)를 선택하여 프로그램을 종료하고 수험 프로그램에서 [답안 전송]을 클릭하여 감독관 컴퓨터로 psd와 jpg 파일을 전송합니다.

기출 유형 문제 10회

급수	버전	문제유형	시험시간	수험번호	성명
1급		A	90분	G120250010	

수 험 자 유 의 사 항

- 수험자는 문제지를 받는 즉시 응시하고자 하는 **과목 및 급수가 맞는지 확인**한 후 수험번호와 성명을 작성합니다.
- 파일명은 본인의 "수험번호–성명–문제번호"로 공백 없이 정확히 입력하고 답안폴더(내 PC₩문서₩GTQ)에 jpg 파일과 psd 파일의 2가지 포맷으로 저장해야 하며, jpg 파일과 psd 파일의 내용이 상이할 경우 0점 처리됩니다. 답안문서 파일명 이 "수험번호–성명–문제번호"와 일치하지 않거나, 답안 파일을 전송하지 않아 미제출로 처리될 경우 불합격 처리됩니다.
- 문제의 세부조건은 '영문(한글)' 형식으로 표기되어 있으니 유의하시기 바랍니다.
- 수험자 정보와 저장한 파일명, 저장 위치가 다를 경우 전송이 되지 않으므로, 주의하시기 바랍니다.
- 답안 작성 중에도 **주기적으로 '저장'과 '답안 전송'**을 이용하여 감독위원 PC로 답안을 전송하셔야 합니다.(※ 작업한 내용 을 **저장하지 않고 전송할 경우** 이전의 저장내용이 전송되오니 이 점 반드시 유념하시기 바랍니다.)
- 답안문서는 지정된 경로 외의 다른 보조기억장치에 저장하는 행위, 지정된 시험 시간 외에 작성된 파일을 활용한 행위, 기 타 허용되지 않은 프로그램(이메일, 메신저, 게임, 네트워크 등) 이용 시 부정행위로 간주되어 자격기본법 제32조에 의거 본 시험 및 국가공인 자격시험을 2년간 응시할 수 없습니다.
- 시험 중 부주의 또는 고의로 시스템을 파손한 경우와 〈수험자 유의사항〉에 기재된 방법대로 이행하지 않아 생기는 불이익 은 수험자의 책임임을 알려 드립니다.
- 시험을 완료한 수험자는 최종적으로 저장한 답안파일이 전송되었는지 확인한 후 감독위원의 지시에 따라 문제지를 제출하 고 퇴실합니다.

답 안 작 성 요 령

- **온라인 답안 작성 절차**

  수험자 등록 ⇒ 시험 시작 ⇒ 답안파일 저장 ⇒ 답안 전송 ⇒ 시험 종료
- 내 PC₩문서₩GTQ₩Image폴더에 있는 그림 원본파일을 사용하여 답안을 작성하시고 최종답안을 답안폴더(내 PC₩문 서₩GTQ)에 저장하여 답안을 전송하시고, 이미지의 크기가 다른 경우 감점 처리됩니다.
- 배점은 총 100점으로 이루어지며, 점수는 각 문제별로 차등 배분됩니다.
- 각 문제는 주어진 〈조건〉에 따라 작성하고, 언급하지 않은 조건은 《출력형태》와 같이 작성합니다.
- 배치 등의 편의를 위해 주어진 눈금자의 단위는 '픽셀'입니다.

  그 외는 출력형태(효과, 이미지, 문자, 색상, 레이아웃, 규격 등)와 같게 작업하십시오.
- 문제 조건에 서체의 지정이 없을 경우 한글은 굴림이나 돋움, 영문은 Arial로 작업하십시오.

  (단, 그 외에 제시되지 않은 문자 속성을 기본값으로 작성하지 않은 경우는 감점 처리됩니다.)
- Image Mode(이미지 모드)는 별도의 처리조건이 없을 경우에는 RGB(8비트)로 작업하십시오.
- 모든 답안 파일은 해상도 72Pixels/Inch로 작업하십시오.
- Layer(레이어)는 각 기능별로 분할해야 하며, 임의로 합칠 경우나 각 기능에 대한 속성을 해지할 경우 해당 요소는 0점 처리 됩니다.

다음의 《조건》에 따라 아래의 《출력형태》와 같이 작업하시오.

출력형태

원본 이미지		Part05₩기출유형문제10회₩1급-1.jpg, 1급-2.jpg, 1급-3.jpg	
파일저장규칙	JPG	파일명	문서₩GTQ₩수험번호-성명-1.jpg
		크기	400×500 pixels
	PSD	파일명	문서₩GTQ₩수험번호-성명-1.psd
		크기	40×50 pixels

1. 그림 효과

① 1급-1.jpg : 필터 – Rough Pastels(거친 파스텔 효과)

② Save Path(패스 저장) : 한옥 모양

③ Mask(마스크) : 한옥 모양, 1급-2.jpg를 이용하여 작성
   레이어 스타일 – Inner Glow(내부 광선), Stroke(선/획)(4px, #ff6600)

④ 1급-3.jpg : 레이어 스타일 – Outer Glow(외부 광선)

⑤ Shape Tool(모양 도구) :
   – 타일 모양(#cccccc, #99ccff, 레이어 스타일 – Inner Shadow(내부 그림자))
   – 새 모양(레이어 스타일 – 그라디언트 오버레이(#66cc99, #ffffcc), Drop Shadow(그림자 효과))

2. 문자 효과

① 처마 끝에 머물다(궁서, 32pt, #330000, 레이어 스타일 – Stroke(선/획)(2px, #ccccff), Drop Shadow(그림자 효과))

다음의 《조건》에 따라 아래의 《출력형태》와 같이 작업하시오.

출력형태

원본 이미지		Part05₩기출유형문제10회₩1급-4.jpg, 1급-5.jpg, 1급-6.jpg	
파일저장규칙	JPG	파일명	문서₩GTQ₩수험번호-성명-2.jpg
		크기	400×500 pixels
	PSD	파일명	문서₩GTQ₩수험번호-성명-2.psd
		크기	40×50 pixels

1. 그림 효과

① 1급-4.jpg : 필터 – Gaussian Blur(가우시안 흐림 효과)

② 색상 보정 : 1급-5.jpg – 빨간색 계열로 보정

③ 1급-5.jpg : 레이어 스타일 – Drop Shadow(그림자 효과)

④ 1급-6.jpg : 레이어 스타일 – Inner Shadow(내부 그림자)

⑤ Shape Tool(모양 도구) :
   – 타일 모양(#cc6600, 레이어 스타일 – Inner Shadow(내부 그림자))
   – 장식 모양(#cc9933, #cc6633, 레이어 스타일 – Bevel and Emboss(경사와 엠보스), Drop Shadow(그림자 효과))

2. 문자 효과

① Traditional Korean culture(Arial, Bold, 42pt, #000033, #ff3333, 레이어 스타일 – Stroke(선/획)(3px, 그라디언트(#cc6600, #ffffff)))

문제 ❸	[실무응용] 포스터 제작	25점

다음의 《조건》에 따라 아래의 《출력형태》와 같이 작업하시오.

조건

원본 이미지			Part05\기출유형문제10회\1급-7.jpg, 1급-8.jpg, 1급-9.jpg, 1급-10.jpg, 1급-11.jpg
파일저장규칙	JPG	파일명	문서\GTQ\수험번호-성명-3.jpg
		크기	600×400 pixels
	PSD	파일명	문서\GTQ\수험번호-성명-3.psd
		크기	60×40 pixels

1. 그림 효과

① 배경 : #006666

② 1급-7.jpg : Blending Mode(혼합 모드) – Luminosity(광도), 레이어 마스크 – 가로 방향으로 흐릿하게

③ 1급-8.jpg : 필터 – Cutout(오려내기), 레이어 마스크 – 대각선 방향으로 흐릿하게

④ 1급-9.jpg : 필터 – Lens Flare(렌즈 플레어), 레이어 스타일 – Stroke(선/획)(8px, 그라디언트(#99ffff, 투명으로))

⑤ 1급-10.jpg : 레이어 스타일 – Bevel and Emboss(경사와 엠보스)

⑥ 1급-11.jpg : 색상 보정 – 녹색 계열로 보정, 레이어 스타일 – Inner Glow(내부 광선), Drop Shadow(그림자 효과)

⑦ 그 외 《출력형태》 참조

2. 문자 효과

① WELCOME TO KOREA(Arial, Bold, 40pt, 레이어 스타일 – Stroke(선/획)(2px, #ffffff), 그라디언트 오버레이(#ff6666, #ccff99))

② 한옥의 정취를 즐기세요!(돋움, 20pt, #000000, 레이어 스타일 – Stroke(선/획)(2px, 그라디언트(#99ffff, #ff9933)), Drop Shadow(그림자 효과))

③ 기와 굽기 체험 신청하기(돋움, 20pt, #ffff99, 레이어 스타일 – Drop Shadow(그림자 효과))

④ Traditional Culture Experience(Arial, Regular, 16pt, #333300, 레이어 스타일 – Stroke(선/획)(2px, #99cc99))

출력형태

Shape Tool(모양 도구) 사용
#ffcc66, 레이어 스타일 –
Inner Shadow
(내부 그림자),
Opacity(불투명도)(60%)

Shape Tool(모양 도구) 사용
#339999, 레이어 스타일 –
Bevel and Emboss
(경사와 엠보스),
Drop Shadow(그림자 효과)

Shape Tool(모양 도구) 사용
레이어 스타일 – 그라디언트
오버레이(#ff6600, #ccff00),
Outer Glow(외부 광선)

| 문제 ❹ | [실무응용] 웹 페이지 제작 | 35점 |

▶합격 강의

다음의 《조건》에 따라 아래의 《출력형태》와 같이 작업하시오.

조건

원본 이미지	Part05₩기출유형문제10회₩1급-12.jpg, 1급-13.jpg, 1급-14.jpg, 1급-15.jpg, 1급-16.jpg, 1급-17.jpg		
파일저장규칙	JPG	파일명	문서₩GTQ₩수험번호-성명-4.jpg
		크기	600×400 pixels
	PSD	파일명	문서₩GTQ₩수험번호-성명-4.psd
		크기	60×40 pixels

1. 그림 효과
① 배경 : #666666
② 패턴(꽃, 나비 모양) : #339966, #cccc66, Opacity(불투명도)(70%)
③ 1급-12.jpg : Blending Mode(혼합 모드) – Hard Light(하드 라이트), 레이어 마스크 – 가로 방향으로 흐릿하게
④ 1급-13.jpg : 필터 – Texturizer(텍스처화), 레이어 마스크 – 대각선 방향으로 흐릿하게
⑤ 1급-14.jpg : 레이어 스타일 – Bevel and Emboss(경사와 엠보스), Stroke(선/획)(2px, #cc6666)
⑥ 1급-15.jpg : 필터 – Crosshatch(그물눈), 레이어 스타일 – Bevel and Emboss(경사와 엠보스)
⑦ 1급-16.jpg : 색상 보정 – 보라색 계열로 보정, 레이어 스타일 – Drop Shadow(그림자 효과)
⑧ 그 외 《출력형태》 참조

2. 문자 효과
① 한국자수박물관(궁서, 35pt, 레이어 스타일 – Stroke(선/획)(2px, #000000), 그라디언트 오버레이(#ff9999, #ffffff, #99cc99), Drop Shadow(그림자 효과))
② 전통과 현대가 살아 숨 쉬는 공간(돋움, 22pt, 25pt, #ccffcc, 레이어 스타일 – Stroke(선/획)(2px, #000000), Drop Shadow(그림자 효과))
③ 도슨트와 함께 하는 특별전 안내(돋움, 15pt, #330000, 레이어 스타일 – Stroke(선/획)(2px, 그라디언트(#ff99ff, #cccc66)))
④ 박물관안내 / 갤러리 / 교육신청(돋움, 12pt, #ccccff, 레이어 스타일 – Stroke(선/획)(2px, #336633))

출력형태

Pen Tool(펜 도구) 사용
#336666,
레이어 스타일 –
그라디언트 오버레이
(#99cc99, #999900),
Drop Shadow(그림자 효과)

Shape Tool(모양 도구) 사용
#cc9999, #333333,
레이어 스타일 –
Inner Glow(내부 광선), Drop
Shadow(그림자 효과)

Shape Tool(모양 도구) 사용
#999999,
Opacity(불투명도)(60%),
레이어 스타일 – Drop
Shadow(그림자 효과)

Shape Tool(모양 도구) 사용
레이어 스타일 – 그라디언트 오버레이
(#66cc33, #663333), Outer Glow(외부 광선)

CHAPTER 10

문제 01 **[기능평가] 고급 Tool(도구) 활용**

작업과정	새 작업 이미지 만들기 및 파일 저장하기 ▶ 필터 적용 및 패스 생성 ▶ 클리핑 마스크 적용 후 레이어 스타일 적용 ▶ 모양 생성 및 레이어 스타일 적용 ▶ 문자 입력 및 레이어 스타일 적용 ▶ 정답 파일 저장
완성이미지	Part05₩기출유형문제10회₩정답파일₩G120250010-성명-1.jpg, G120250010-성명-1.psd

01 새 작업 이미지 만들기 및 파일 저장하기

01 [File(파일)]-[New(새로 만들기)](Ctrl+N)를 선택하고 'Width(폭) : 400Pixels(픽셀), Height(높이) : 500Pixels(픽셀), Resolution(해상도) : 72Pixels/Inch(픽셀/인치), Color Mode(색상 모드) : RGB Color(RGB 색상), 8bit(비트), Background Contents(배경 내용) : White(흰색)'로 설정하여 새 작업 이미지를 만듭니다.

02 [Edit(편집)]-[Preference(환경설정)](Ctrl+K)를 클릭하고 [Guides, Grid & Slices(안내선, 격자와 슬라이스)]를 선택하여 Grid(격자)의 'Gridline Every(격자 간격) : 100Pixels(픽셀), Subdivisions(세분) : 1'로 설정한 후 'Grid Color(격자 색상)'를 클릭하여 밝은 색상으로 변경합니다.

03 [View(보기)]-[Show(표시)]-[Grid(격자)](Ctrl+')와 [View(보기)]-[Rulers(눈금자)] (Ctrl+R)를 선택하여 격자와 눈금자를 표시합니다.

04 작업 도큐먼트를 저장하기 위해 [File(파일)]-[Save As(다른 이름으로 저장)](Shift+Ctrl+S)를 선택하고 임의 경로에 '파일 이름 : 수험번호-성명-문제번호, 파일 형식 : Photoshop(*.PSD;*.PDD;*.PSDT)'으로 파일을 저장합니다.

02 필터 적용 및 패스 생성

01 [File(파일)]-[Open(열기)](Ctrl+O)을 선택하여 1급-1.jpg를 불러옵니다. Ctrl+A로 전체를 선택하고 Ctrl+C로 복사 후, 작업 이미지에 Ctrl+V로 붙여넣기를 하고 위치를 조절하여 배치합니다.

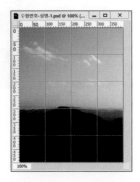

02 [Filter(필터)]−[Filter Gallery(필터 갤러리)]−[Artistic(예술 효과)]−[Rough Pastels(거친 파스텔 효과)]를 선택합니다.

03 Pen Tool(펜 도구, ![펜]을 클릭하고 Options Bar(옵션 바)에서 'Path(패스), Path operations(패스 작업) : Combine Shapes(모양 결합, ![아이콘])'로 설정한 후 격자를 참고하여 한옥 모양의 왼쪽을 닫힌 패스로 그립니다.

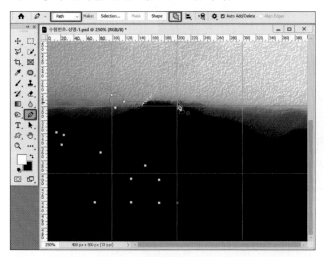

🎓 **기적의 Tip**

Shift + Ctrl + ; 를 눌러 Snap(스냅)을 해제하면 패스가 격자에 물리지 않고 자유롭게 그릴 수 있습니다.

04 Path Selection Tool(패스 선택 도구, ![화살표])로 왼쪽에 그린 패스 모양을 선택하고 Alt + Shift 를 누르고 오른쪽으로 드래그하여 복사합니다.

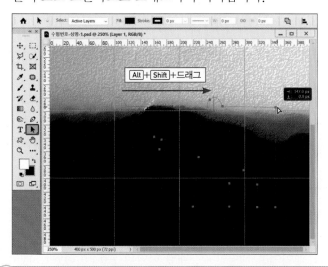

🎓 **기적의 Tip**

Alt 는 처음부터 누른 채 선택된 패스를 드래그하면서 Shift 를 눌러야 패스를 반듯하게 이동하며 복사할 수 있습니다.

05 Ctrl + T 를 눌러, 마우스 오른쪽 버튼을 클릭하여 [Flip Horizontal(가로로 뒤집기)]로 뒤집은 후 배치합니다.

06 Path Selection Tool(패스 선택 도구, ▶)로 드래그하여 2개의 닫힌 패스를 함께 선택합니다. Options Bar(옵션 바)에서 'Path operations(패스 작업) : Merge Shape Components(모양 병합 구성 요소, ▣)'로 설정한 후 하나의 패스로 병합합니다.

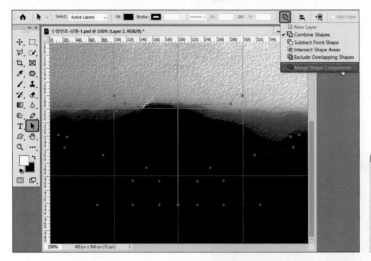

기적의 Tip

작업 이미지의 Grid(격자)를 참조하여 양쪽 패스의 기준점이 서로 겹치도록 배치해야 패스 모양대로 면 색상을 채울 수 있습니다.

07 Paths(패스) 패널에서 'Work Path(작업 패스)'를 더블 클릭한 후 [Save Path(패스 저장)] 대화상자에서 'Name(이름) : 한옥 모양'으로 입력하여 패스를 저장합니다.

08 Layers(레이어) 패널 하단의 'Create a new layer(새 레이어 만들기, ▣)'를 클릭하여 새 레이어를 만들어 줍니다.

09 Paths(패스) 패널 하단의 'Fill path with foreground color(전경색으로 패스 칠하기, ●)'를 클릭하여 임의 색상의 전경색으로 채웁니다. Enter를 누르고 패스를 해제합니다.

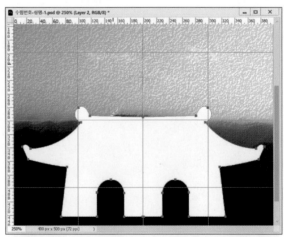

기적의 Tip

Ctrl+Enter를 누르고 패스를 선택 상태로 전환한 후 Alt+Delete를 눌러 Foreground Color(전경색)로 채운 후 Ctrl+D를 눌러 선택을 해제하는 방법도 있습니다.

10 Layers(레이어) 패널에서 'Layer 1' 레이어를 클릭한 후, 패널 하단의 'Add a layer style(레이어 스타일 추가, fx.)'을 클릭하여 [Stroke(획)]를 선택, 'Size(크기) : 4px, Color(색상) : #ff6600'으로 설정합니다.

11 계속해서 [Inner Glow(내부 광선)]를 선택, 'Size(크기) : 10px'로 설정하고 [OK(확인)]를 클릭합니다.

⓷ 클리핑 마스크 적용 후 레이어 스타일 적용

01 [File(파일)]-[Open(열기)]([Ctrl]+[O])을 선택하여 1급-2.jpg를 불러옵니다. [Ctrl]+[A]로 전체를 선택하고 [Ctrl]+[C]로 복사 후, 작업 이미지에 [Ctrl]+[V]로 붙여넣기를 하여 한옥 모양 패스 위에 배치합니다.

02 Layers(레이어) 패널에서 'Layer 2'와 'Layer 3' 레이어 사이에 마우스 커서를 놓고 [Alt]를 누르고 클릭하여 Clipping Mask(클리핑 마스크)를 적용한 후, [Ctrl]+[T]를 눌러 크기를 축소하고 회전하여 배치합니다.

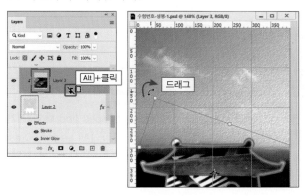

03 [File(파일)]-[Open(열기)]([Ctrl]+[O])을 선택하여 1급-3.jpg를 불러옵니다. Magic Wand Tool(자동 선택 도구, 🪄)을 클릭하고 Options Bar(옵션 바)에서 'Add to selection(선택 영역에 추가, ▣), Tolerance(허용치) : 40'을 설정한 후 배경 부분을 여러 번 클릭하여 선택합니다.

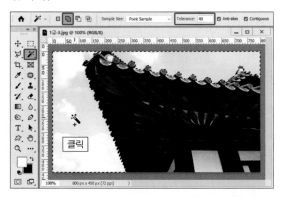

04 [Shift]+[Ctrl]+[I]로 선택 영역을 반전하고 [Ctrl]+[C]로 복사합니다. 작업 이미지를 선택하여 Layers(레이어) 패널에서 'Layer 1' 레이어를 클릭하고 [Ctrl]+[V]로 붙여넣기를 한 후 [Ctrl]+[T]를 눌러 크기를 축소하고 회전하여 배치합니다.

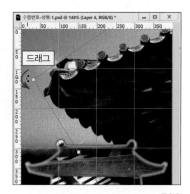

05 Layers(레이어) 패널 하단의 'Add a layer style(레이어 스타일 추가, fx.)'을 클릭하여 [Outer Glow(외부 광선)]를 선택, 'Size(크기) : 20px'로 설정하고 [OK(확인)]를 클릭합니다.

04 모양 생성 및 레이어 스타일 적용

01 Custom Shape Tool(사용자 정의 모양 도구, ✿)을 클릭하고 Options Bar(옵션 바)에서 'Shape(모양), Fill(칠) : #cccccc, Stroke(획) : No Color(색상 없음), Shape(모양) : Tile 5(타일 5, ▦)'로 설정한 후 Shift 를 누른 채 드래그하여 모양을 그립니다.

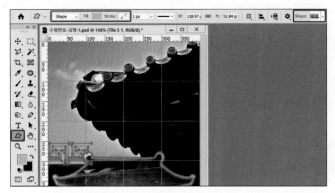

> **Shape 경로**
> [Legacy Shapes and More(레거시 모양 및 기타)]-[All Legacy Default Shapes(모든 레거시 기본 모양)]-[Tiles(타일)]

02 Layers(레이어) 패널 하단의 'Add a layer style(레이어 스타일 추가, fx.)'을 클릭하여 [Inner Shadow(내부 그림자)]를 선택, 'Opacity(불투명도) : 75%, Angle(각도) : 120°, Distance(거리) : 5px, Size(크기) : 5px'로 설정하고 [OK(확인)]를 클릭합니다.

03 Ctrl + J 를 눌러 'Tile 5 1' 레이어를 복사한 후, Ctrl + T 를 눌러 크기를 확대하고 마우스 오른쪽 버튼을 누르고 [Flip Horizontal(가로로 뒤집기)]로 뒤집고 배치합니다.

04 Layers(레이어) 패널에서 'Tile 5 1 copy' 레이어의 'Layer thumbnail(레이어 축소판)'을 더블 클릭하여 'Color(색상) : #99ccff'로 변경합니다.

05 Layers(레이어) 패널에서 'Layer 3' 레이어를 클릭합니다. Custom Shape Tool(사용자 정의 모양 도구, ✿)을 클릭하고 Options Bar(옵션 바)에서 'Shape(모양), Fill(칠) : 임의 색상, Stroke(획) : No Color(색상 없음), Shape(모양) : Bird 1(새 1, 🐦)'로 설정한 후 Shift 를 누른 채 드래그하여 모양을 그립니다.

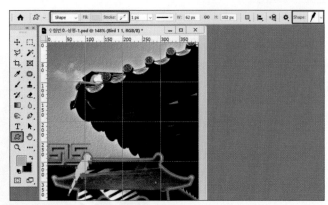

> **Shape 경로**
> [Legacy Shapes and More(레거시 모양 및 기타)]-[All Legacy Default Shapes(모든 레거시 기본 모양)]-[Animals(동물)]

06 Ctrl + T 를 눌러 마우스 오른쪽 버튼을 클릭하여 [Flip Horizontal(가로로 뒤집기)]로 뒤집고 배치합니다.

07 Layers(레이어) 패널 하단의 'Add a layer style(레이어 스타일 추가, *fx.*)'을 클릭하여 [Gradient Overlay(그레이디언트 오버레이)]를 선택하고 'Click to edit the gradient(클릭하여 그레이디언트 편집)'를 클릭합니다. 그레이디언트 슬라이더 왼쪽 하단의 'Color Stop(색상 정지점)'을 더블 클릭하여 #66cc99, 오른쪽 'Color Stop(색상 정지점)'을 더블 클릭하여 #ffffcc로 설정한 후, 'Style(스타일) : Linear(선형), Angle(각도) : 90°'로 설정합니다.

08 계속해서 [Drop Shadow(드롭 섀도)]를 선택하고 [OK(확인)]를 클릭합니다.

05 문자 입력 및 레이어 스타일 적용

01 Horizontal Type Tool(수평 문자 도구, T)로 작업 이미지를 클릭하고 Options Bar(옵션 바)에서 'Font(글꼴) : 궁서, Set font size(글꼴 크기) : 32pt, Color(색상) : #330000'으로 설정한 후 처마 끝에 머물다를 입력합니다.

02 Options Bar(옵션 바)에서 Create warped text(뒤틀어진 텍스트 만들기, ⤿)를 클릭하여 [Warp Text(텍스트 뒤틀기)] 대화상자에서 'Style(스타일) : Arc(부채꼴), Horizontal(가로) : 체크, Bend(구부리기) : −10%'로 설정하여 문자의 모양을 왜곡합니다.

03 Layers(레이어) 패널 하단의 'Add a layer style(레이어 스타일 추가, *fx.*)'을 클릭하여 [Stroke(획)]를 선택, 'Size(크기) : 2px, Color(색상) : #ccccff'로 설정합니다. 계속해서 [Drop Shadow(드롭 섀도)]를 선택하고 [OK(확인)]를 클릭합니다. Ctrl + T 를 눌러 회전하여 배치하고, Ctrl + S 를 눌러 저장합니다.

06 정답 파일 저장

01 [View(보기)]−[Show(보기)]−[Grid(격자)]([Ctrl]+[']')를 선택하여 격자를 가립니다.

02 [File(파일)]−[Save As(다른 이름으로 저장)]([Shift]+[Ctrl]+[S])를 선택하고 '저장 위치 : 내 PC₩문서₩GTQ, 파일 형식 : JPEG(*.JPG;*.JPEG;*.JPE), 파일 이름 : 수험번호−성명−문제번호'를 입력하고 [저장]을 클릭한 후 [JPEG Options(JPEG 옵션)] 대화상자에서 'Quality(품질) : 8'로 설정하고 [OK(확인)]를 클릭합니다.

🎓 **기적의 Tip**

Photoshop CC 2020 이후 버전에서 [Save As(다른 이름으로 저장)]([Shift]+[Ctrl]+[S])로 '파일 형식 : JPEG(*.JPG;*.JPEG; *.JPE)'가 없는 경우에는 아래와 같이 저장하면 됩니다.

※ CC 버전에 따라 정답 파일을 '파일 형식 : JPEG'로 저장하기
- [File(파일)]−[Save As(다른 이름으로 저장)]([Shift]+[Ctrl]+[S])를 선택하고 [다른 이름으로 저장] 대화상자에서 [Save A Copy(사본 저장)]를 선택합니다.
- [File(파일)]−[Save A Copy(사본 저장)]([Alt]+[Ctrl]+[S])를 선택합니다.

---

03 [Image(이미지)]−[Image Size(이미지 크기)]([Alt]+[Ctrl]+[I])를 선택하고 'Constrain aspect ratio(종횡비 제한) : 클릭, Width(폭) : 40Pixels(픽셀), Height(높이) : 50Pixels(픽셀)'로 입력하여 이미지 크기를 1/10로 축소한 후 [OK(확인)]를 클릭합니다.

04 [File(파일)]−[Save As(다른 이름으로 저장)]([Shift]+[Ctrl]+[S])를 선택하고 '저장 위치 : 내 PC₩문서₩GTQ, 파일 형식 : Photoshop(*.PSD;*.PDD;*.PSDT), 파일 이름 : 수험번호−성명−문제번호'를 입력하고 [저장]을 클릭합니다.

05 답안 저장이 완료되면 [File(파일)]−[Close(닫기)]([Ctrl]+[W])를 선택하여 파일을 닫고 수험 프로그램에서 [답안 전송]을 클릭하여 감독관 컴퓨터로 psd와 jpg 파일을 전송합니다.

CHAPTER 10
문제 02 [기능평가] 사진편집 응용

작업과정	새 작업 이미지 만들기 및 파일 저장하기 ▶ 필터 적용 ▶ 색상 보정 및 레이어 스타일 적용 ▶ 모양 생성 및 레이어 스타일 적용 ▶ 문자 입력 및 변형, 레이어 스타일 적용 ▶ 정답 파일 저장
완성이미지	Part05₩기출유형문제10회₩정답파일₩G120250010−성명−2.jpg, G120250010−성명−2.ps

ⓞ1 새 작업 이미지 만들기 및 파일 저장하기

01 [File(파일)]-[New(새로 만들기)]([Ctrl]+[N])를 선택하고 'Width(폭) : 400Pixels(픽셀), Height(높이) : 500Pixels(픽셀), Resolution(해상도) : 72Pixels/Inch(픽셀/인치), Color Mode(색상 모드) : RGB Color(RGB 색상), 8bit(비트), Background Contents(배경 내용) : White(흰색)'로 설정하여 새 작업 이미지를 만듭니다.

02 [Edit(편집)]-[Preference(환경설정)]([Ctrl]+[K])를 클릭하고 [Guides, Grid & Slices(안내선, 격자와 슬라이스)]를 선택하여 Grid(격자)의 'Gridline Every(격자 간격) : 100Pixels(픽셀), Subdivisions(세분) : 1'로 설정한 후 'Grid Color(격자 색상)'를 클릭하여 밝은 색상으로 변경합니다.

03 [View(보기)]-[Show(표시)]-[Grid(격자)]([Ctrl]+['])와 [View(보기)]-[Rulers(눈금자)] ([Ctrl]+[R])를 선택하여 격자와 눈금자를 표시합니다.

04 작업 도큐먼트를 저장하기 위해 [File(파일)]-[Save As(다른 이름으로 저장)]([Shift]+[Ctrl]+[S]) 를 선택하고 임의 경로에 '파일 이름 : 수험번호-성명-문제번호, 파일 형식 : Photoshop (*.PSD;*.PDD;*.PSDT)'으로 임시 파일을 저장합니다.

ⓞ2 필터 적용

01 [File(파일)]-[Open(열기)]([Ctrl]+[O])을 선택하여 1급-4. jpg를 불러옵니다. [Ctrl]+[A]로 전체를 선택하고 [Ctrl]+[C]로 복사 후, 작업 이미지에 [Ctrl]+[V]로 붙여넣기를 하고 격자를 참고하여 배치합니다.

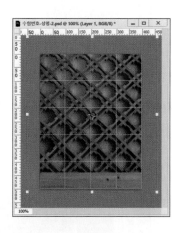

02 [Filter(필터)]-[Blur(흐림 효과)]-[Gaussian Blur(가우시안 흐림 효과)]를 선택하고 'Radius(반경) : 4 Pixels'로 설정합니다.

ⓞ3 색상 보정 및 레이어 스타일 적용

01 [File(파일)]-[Open(열기)]([Ctrl]+[O])을 선택하여 1급-5.jpg를 불러온 후 Pen Tool(펜 도구, ✏)을 클릭하고 Options Bar(옵션 바)에서 'Path(패스), Path Operations(패스 작업) : Exclude Overlapping Shapes(모양 오버랩 제외, ⬕)'로 설정한 후 제시된 인형 모양을 따라 패스를 생성합니다.

02 Ctrl+Enter를 눌러 선택 상태로 전환하고, Ctrl+C로 복사, 작업 이미지에 Ctrl+V로 붙여 넣기를 합니다. Ctrl+T를 눌러 크기를 축소하고, 마우스 오른쪽 버튼을 누르고 [Flip Horizontal(가로로 뒤집기)]로 뒤집고 배치합니다.

🎓 기적의 Tip

Ctrl+Enter를 누르면 선택된 패스를 빠르게 선택 영역으로 전환할 수 있습니다.

03 Layers(레이어) 패널 하단의 'Add a layer style(레이어 스타일 추가, fx.)'을 클릭하여 [Drop Shadow(그림자)]를 선택하고 [OK(확인)]를 클릭합니다.

04 Layers(레이어) 패널에서 'Layer 2' 레이어의 'Layer thumbnail(레이어 축소판)'을 Ctrl을 누르고 클릭하여 선택 상태로 전환합니다.

🎓 기적의 Tip

'Layer thumbnail(레이어 축소판)'을 Ctrl을 누른 채 클릭하면 레이어의 투명 영역을 제외한 픽셀로 채워진 이미지만을 빠르게 선택할 수 있습니다.

05 Polygonal Lasso Tool(다각형 올가미 도구, ▷)을 클릭하고 Options Bar(옵션 바)에서 'Intersect with selection(선택 영역과 교차, ▣)'을 클릭하고 오른쪽 치마 부분을 짧은 다각형으로 클릭하여 교차 부분을 선택합니다.

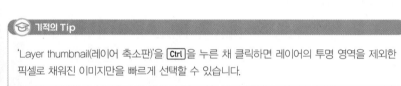

06 Layers(레이어) 패널 하단의 'Create new fill or adjustment layer(새 칠 또는 조정 레이어 생성, ◑)'를 클릭하고 [Hue/Saturation(색조/채도)]을 선택합니다. Properties(속성) 패널에서 'Colorize(색상화) : 체크, Hue(색조) : 0, Saturation(채도) : 80'으로 설정하여 빨간색 계열로 보정합니다.

07 [File(파일)]-[Open(열기)]([Ctrl]+[O])을 선택하여 1급-5.jpg를 불러온 후 Object Selection Tool(개체 선택 도구, ▣)을 클릭하고 Options Bar(옵션 바)에서 'Mode(모드) : Rectangle(사각형)'을 선택하고 이미지에 드래그하여 선택합니다.

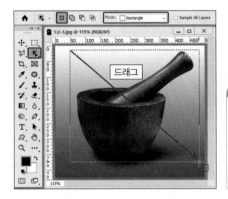

08 [Ctrl]+[C]로 복사하고 작업 이미지를 선택하여 Layers(레이어) 패널의 'Layer 1' 레이어를 클릭한 후 [Ctrl]+[V]로 붙여넣기를 합니다.

09 Layers(레이어) 패널 하단의 'Add a layer style(레이어 스타일 추가, fx.)'을 클릭하여 [Inner Shadow(내부 그림자)]를 선택하고 [OK(확인)]를 클릭합니다.

04 모양 생성 및 레이어 스타일 적용

01 Custom Shape Tool(사용자 정의 모양 도구, ▨)을 클릭하고 Options Bar(옵션 바)에서 'Shape(모양), Fill(칠) : #cc6600, Stroke(획) : No Color(색상 없음), Shape(모양) : Tile 4(타일 모양 4, ▦)'로 설정한 후 [Shift]를 누른 채 드래그하여 모양을 그립니다.

Shape 경로

[Legacy Shapes and More(레거시 모양 및 기타)]-[All Legacy Default Shapes(모든 레거시 기본 모양)]-[Tiles(타일)]

02 Layers(레이어) 패널 하단의 'Add a layer style(레이어 스타일 추가, [fx.])'을 클릭하여 [Inner Shadow(내부 그림자)]를 선택하고 [OK(확인)]를 클릭합니다.

03 Custom Shape Tool(사용자 정의 모양 도구, [⚘])을 클릭하고 Options Bar(옵션 바)에서 'Shape(모양), Fill(칠) : #cc9933, Stroke(획) : No Color(색상 없음), Shape(모양) : Ornament 8(장식 8, [✦])'로 설정한 후 [Shift]를 누른 채 드래그하여 모양을 그립니다.

> **Shape 경로**
>
> [Legacy Shapes and More(레거시 모양 및 기타)]-[All Legacy Default Shapes(모든 레거시 기본 모양)]-[Ornaments(장식)]

04 Layers(레이어) 패널 하단의 'Add a layer style(레이어 스타일 추가, [fx.])'을 클릭하여 [Bevel and Emboss(경사와 엠보스)]를 선택, 'Style(스타일) : Inner Bevel(내부 경사), Direction(방향) : Up(위로), Size(크기) : 3px'로 설정한 후, 계속해서 [Drop Shadow(드롭 섀도)]를 선택하고 [OK(확인)]를 클릭합니다.

05 [Ctrl]+[J]를 눌러 'Ornament 8' 레이어를 복사하고 [Ctrl]+[T]를 눌러 크기를 축소하고 [Shift]를 누른 채 드래그하여 45° 회전하여 배치합니다.

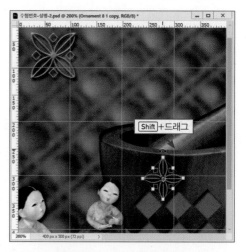

06 Layers(레이어) 패널에서 'Ornament 8 1 copy' 레이어의 'Layer thumbnail(레이어 축소판)'을 더블 클릭하여 'Color(색상) : #cc6633'으로 설정합니다.

🔘 문자 입력 및 변형, 레이어 스타일 적용

01 Horizontal Type Tool(수평 문자 도구, [T])로 작업 이미지를 클릭하고 Options Bar(옵션 바)에서 'Font(글꼴) : Arial, Set font style(글꼴 스타일 설정) : Bold, Set font size(글꼴 크기) : 42pt, Center text(텍스트 중앙 정렬, [≡]), Color(색상) : #000033'으로 설정한 후 Traditional Korean culture를 입력합니다.

02 Horizontal Type Tool(수평 문자 도구, T)로 'Korean'을 드래그하여 선택하고 'Color(색상) : #ff3333'으로 설정합니다.

03 Options Bar(옵션 바)에서 Create warped text(뒤틀어진 텍스트 만들기, I)를 클릭하여 [Warp Text(텍스트 뒤틀기)] 대화상자에서 'Style(스타일) : Flag(깃발), Horizontal(가로) : 체크, Bend(구부리기) : 30%'로 설정하여 문자의 모양을 왜곡합니다.

04 Layers(레이어) 패널 하단의 'Add a layer style(레이어 스타일 추가, fx)'을 클릭하여 [Stroke(획)]를 선택, 'Size(크기) : 3px, Fill Type(칠 유형) : Gradient(그레이디언트), Click to edit the gradient(클릭하여 그레이디언트 편집)'를 클릭합니다.

05 그레이디언트 슬라이더 왼쪽 하단의 'Color Stop(색상 정지점)'을 더블 클릭하여 #cc6600, 오른쪽 'Color Stop(색상 정지점)'을 더블 클릭하여 #ffffff로 설정한 후, 'Style(스타일) : Linear(선형), Angle(각도) : 180°'로 설정하고, [OK(확인)]를 클릭합니다. Ctrl + S를 눌러 저장합니다.

06 정답 파일 저장

01 [View(보기)]-[Show(보기)]-[Grid(격자)](Ctrl + ')를 선택하여 격자를 가립니다.

02 [File(파일)]-[Save As(다른 이름으로 저장)](Shift + Ctrl + S)를 선택하고 '저장 위치 : 내 PC₩문서₩GTQ, 파일 형식 : JPEG(*.JPG;*.JPEG;*.JPE), 파일 이름 : 수험번호-성명-문제번호'를 입력하고 [저장]을 클릭한 후 [JPEG Options(JPEG 옵션)] 대화상자에서 'Quality(품질) : 8'로 설정하고 [OK(확인)]를 클릭합니다.

03 [Image(이미지)]-[Image Size(이미지 크기)](Alt + Ctrl + I)를 선택하고 'Constrain aspect ratio(종횡비 제한) : 클릭, Width(폭) : 40Pixels(픽셀), Height(높이) : 50Pixels(픽셀)'로 입력하여 이미지 크기를 1/10로 축소한 후 [OK(확인)]를 클릭합니다.

04 [File(파일)]-[Save As(다른 이름으로 저장)](Shift + Ctrl + S)를 선택하고 '저장 위치 : 내 PC₩문서₩GTQ, 파일 형식 : Photoshop(*.PSD;*.PDD;*.PSDT), 파일 이름 : 수험번호-성명-문제번호'를 입력하고 [저장]을 클릭합니다.

05 답안 저장이 완료되면 [File(파일)]-[Close(닫기)](Ctrl + W)를 선택하여 파일을 닫고 수험 프로그램에서 [답안 전송]을 클릭하여 감독관 컴퓨터로 psd와 jpg 파일을 전송합니다.

작업과정	새 작업 이미지 만들기 및 파일 저장하기 ▶ 혼합 모드 및 레이어 마스크와 필터 적용하여 합성하기 ▶ 클리핑 마스크 및 레이어 스타일, 필터 적용 ▶ 이미지 보정 및 레이어 스타일 적용 ▶ 모양 생성 및 레이어 스타일 적용 ▶ 문자 입력 및 왜곡과 레이어 스타일 적용 ▶ 정답 파일 저장
완성이미지	Part05₩기출유형문제10회₩정답파일₩G120250010-성명-3.jpg, G120250010-성명-3.psd

01 새 작업 이미지 만들기 및 파일 저장하기

01 [File(파일)]-[New(새로 만들기)]([Ctrl]+[N])를 선택하고 'Width(폭) : 600Pixels(픽셀), Height(높이) : 400Pixels(픽셀), Resolution(해상도) : 72Pixels/Inch(픽셀/인치), Color Mode(색상 모드) : RGB Color(RGB 색상), 8bit(비트), Background Contents(배경 내용) : White(흰색)'로 설정하여 새 작업 이미지를 만듭니다.

02 [Edit(편집)]-[Preference(환경설정)]([Ctrl]+[K])를 클릭하고 [Guides, Grid & Slices(안내선, 격자와 슬라이스)]를 선택하여 Grid(격자)의 'Gridline Every(격자 간격) : 100Pixels(픽셀), Subdivisions(세분) : 1'로 설정한 후 'Grid Color(격자 색상)'를 클릭하여 밝은 색상으로 변경합니다.

03 [View(보기)]-[Show(표시)]-[Grid(격자)]([Ctrl]+['])와 [View(보기)]-[Rulers(눈금자)]([Ctrl]+[R])를 선택하여 격자와 눈금자를 표시합니다.

04 작업 도큐먼트를 저장하기 위해 [File(파일)]-[Save As(다른 이름으로 저장)]([Shift]+[Ctrl]+[S])를 선택하고 임의 경로에 '파일 이름 : 수험번호-성명-문제번호, 파일 형식 : Photoshop(*.PSD;*.PDD;*.PSDT)'으로 파일을 저장합니다.

02 혼합 모드 및 레이어 마스크와 필터 적용하여 합성하기

01 Tool Panel(도구 패널) 하단의 'Set foreground color(전경색 설정)'를 클릭하여 # 오른쪽 입력란에 006666으로 입력한 후, [Alt]+[Delete]를 눌러 제시된 Foreground Color(전경색)를 작업 이미지의 배경에 채웁니다.

02 [File(파일)]-[Open(열기)]([Ctrl]+[O])을 선택하여 1급-7.jpg를 불러옵니다. [Ctrl]+[A]로 전체를 선택하고 [Ctrl]+[C]로 복사 후, 작업 이미지에 [Ctrl]+[V]로 붙여넣기를 하고 위치를 조절합니다.

03 Layers(레이어) 패널에서 'Blending Mode(혼합 모드) : Luminosity(광도)'를 적용합니다.

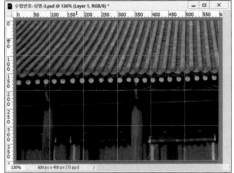

04 Layers(레이어) 패널 하단의 'Add layer mask(레이어 마스크 추가, 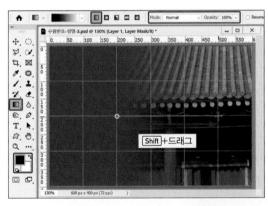)'를 클릭하여 레이어 마스크를 추가합니다.

05 Tool Panel(도구 패널) 하단의 'Set foreground color(전경색 설정)'를 #000000, 'Set background color(배경색 설정)'를 #ffffff로 설정합니다. Gradient Tool(그레이디언트 도구, )을 클릭하고 Options Bar(옵션 바)에서 'Type(유형) : Linear Gradient(선형 그레이디언트), Mode(모드) : Normal(표준), Opacity(불투명도) : 100%'로 설정한 후 [Shift]를 누르고 왼쪽에서 오른쪽 가로 방향으로 드래그하여 이미지의 일부를 자연스럽게 지워 합성합니다.

06 [File(파일)]-[Open(열기)]([Ctrl]+[O])을 선택하여 1급-8.jpg를 불러온 후, [Ctrl]+[A]로 전체를 선택하고 [Ctrl]+[C]로 복사 후, 작업 이미지에 [Ctrl]+[V]로 붙여넣기를 합니다. [Ctrl]+[T]를 눌러 크기를 조절하고 위치를 조절하여 배치합니다.

07 [Filter(필터)]-[Filter Gallery(필터 갤러리)]-[Artistic(예술 효과)]-[Cutout(오려내기)]를 적용합니다.

08 Layers(레이어) 패널 하단의 'Add layer mask(레이어 마스크 추가, 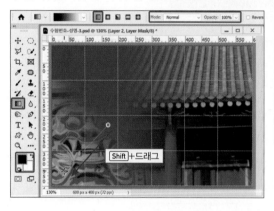)'를 클릭하여 레이어 마스크를 추가합니다.

09 Tool Panel(도구 패널) 하단의 'Set foreground color(전경색 설정)'를 #000000, 'Set background color(배경색 설정)'를 #ffffff로 설정합니다. Gradient Tool(그레이디언트 도구, ▥)을 클릭하고 Options Bar(옵션 바)에서 'Type(유형) : Linear Gradient(선형 그레이디언트), Mode(모드) : Normal(표준), Opacity(불투명도) : 100%'로 설정한 후 [Shift]를 누르고 오른쪽 위에서 왼쪽 아래로 [Shift]를 누른 채 대각선 방향으로 드래그하여 이미지의 일부를 자연스럽게 지워 합성합니다.

③ 클리핑 마스크 및 레이어 스타일, 필터 적용

01 Custom Shape Tool(사용자 정의 모양 도구, ⚙)을 클릭하고 Options Bar(옵션 바)에서 'Shape(모양), Fill(칠) : 임의 색상, Stroke(획) : No Color(색상 없음), Shape(모양) : flower 1(꽃 1, ●)'로 설정한 후 [Shift]를 누른 채 드래그하여 모양을 그립니다.

> **Shape 경로**
>
> [Legacy Shapes and More(레거시 모양 및 기타)]-[All Legacy Default Shapes(모든 레거시 기본 모양)]-[Shapes(모양)]

02 Layers(레이어) 패널 하단에 'Add a layer style(레이어 스타일 추가, fx.)'을 클릭하여 [Stroke(획)]를 선택, 'Size(크기) : 8px, Fill Type(칠 유형) : Gradient(그레이디언트), Click to edit the gradient(클릭하여 그레이디언트 편집)'를 클릭합니다.

03 Gradient Editer(그레이디언트 편집기) 대화상자의 Presets(사전 설정)에서 Basics(기본 사항)을 클릭하여 확장하고 'Foreground to Transparent(전경색에서 투명으로)'를 클릭합니다. 그레이디언트 슬라이더 왼쪽 하단의 'Color Stop(색상 정지점)'을 더블 클릭하여 #99ffff로 설정한 후, 'Style(스타일) : Linear(선형), Angle(각도) : 90°로 설정하고 [OK(확인)]를 클릭합니다.

> **기적의 Tip**
>
> Tool Panel(도구 패널) 하단의 Set foreground color(전경색 설정)를 #99ffff로 미리 설정하면 'Foreground to Transparent(전경색에서 투명으로)'를 클릭하면 그레이디언트 슬라이더 왼쪽 하단의 'Color Stop(색상 정지점)'이 #99ffff로 설정됩니다.

04 [File(파일)]−[Open(열기)]([Ctrl]+[O])을 선택하여 1급−9.jpg를 불러옵니다. [Ctrl]+[A]로 전체를 선택하고 [Ctrl]+[C]로 복사 후, 작업 이미지에 [Ctrl]+[V]로 붙여넣기를 합니다. [Ctrl]+[T]를 눌러 크기를 축소하고 마우스 오른쪽 버튼을 누르고 [Flip Horizontal(가로로 뒤집기)]로 뒤집고 꽃 모양과 겹치도록 배치합니다.

05 Layers(레이어) 패널에서 'Flower 1 1'과 'Layer 3' 레이어 사이에 마우스 커서를 놓고 [Alt]를 누르고 클릭하여 Clipping Mask(클리핑 마스크)를 적용합니다.

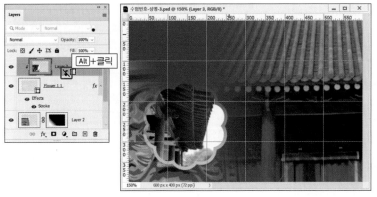

> **기적의 Tip**
>
> Clipping Mask(클리핑 마스크)를 적용할 때는 반드시 'Flower 1' 레이어 바로 위에 이미지 레이어를 배치해야 합니다.

06 Layers(레이어) 패널에서 'Layer 3' 레이어를 선택하고, [Filter(필터)]−[Render(렌더)]−[Lens Flare(렌즈 플레어)]를 클릭합니다. 대화상자에서 'Brightness(밝기)) : 100%, Lens Type(렌즈 타입) : 50−300mm Zoom'을 클릭하고 이미지의 오른쪽 상단에 클릭하여 빛의 중앙을 설정하고 [OK(확인)]를 클릭합니다.

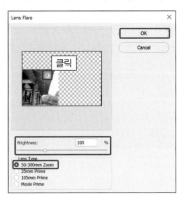

04 이미지 보정 및 레이어 스타일 적용

01 [File(파일)]-[Open(열기)]([Ctrl]+[O])을 선택하여 1급-10.
jpg를 불러옵니다. [Ctrl]+[R]을 눌러 눈금자 보기를 하고 원
형 기와의 왼쪽 상단에 가로와 세로 안내선을 표시합니다.

02 Ellipse Marquee Tool(원형 선택 윤곽 도구, ◯)을 클릭하고 Options Bar(옵션 바)에서
'New selection(새 선택, ▣), Feather(페더) : 0px , Style(스타일) : Normal(표준)'로 설
정한 후 왼쪽 상단 안내선의 교차 지점으로부터 대각선 방향으로 드래그하여 둥근 기와 모양
을 선택합니다. [Ctrl]+[C]로 복사, 작업 이미지에 [Ctrl]+[V]로 붙여넣기, [Ctrl]+[T]를 눌러 크기
를 조절하고 배치합니다.

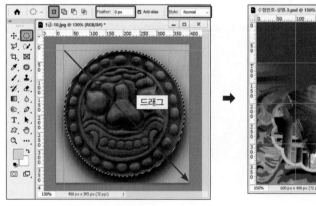 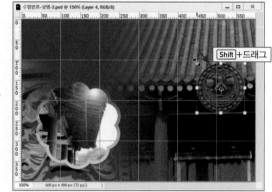

03 Layers(레이어) 패널 하단에 'Add a layer style(레이어 스타일 추가, *fx.*)'을 클릭하여
[Bevel & Emboss(경사와 엠보스)]를 선택, 'Style(스타일) : Inner Bevel(내부 경사),
Direction(방향) : Up(위로), Size(크기) : 7px'로 설정하고 [OK(확인)]를 클릭합니다.

04 [File(파일)]-[Open(열기)]([Ctrl]+[O])을 선택하여 1급-11.jpg를 불러옵니다. Magic Wand
Tool(자동 선택 도구, ⚡)을 클릭하고 Options Bar(옵션 바)에서 'Add to selection(선택 영역에
추가, ▣), Tolerance(허용치) : 32'를 설정하고 배경 부분을 여러 차례 클릭하여 선택합니다.

05 Shift+Ctrl+I로 선택 영역을 반전한 후, Ctrl+C로 복사합니다. 작업 이미지를 선택하여 Ctrl+V로 붙여넣고 Ctrl+T를 눌러 크기를 조절하고 배치합니다.

06 Layers(레이어) 패널 하단의 'Add a layer style(레이어 스타일 추가, fx)'을 클릭하여 [Inner Glow(내부 광선)]를 선택, 'Size(크기) : 7px'로 설정합니다.

07 계속해서 [Drop Shadow(드롭 섀도)]를 선택, 'Opacity(불투명도) : 75%, Angle(각도) : 120°, Distance(거리) : 7px, Size(크기) : 7px'로 설정하고 [OK(확인)]를 클릭합니다.

08 Ellipse Marquee Tool(원형 선택 윤곽 도구, ○)을 클릭하고 Options Bar(옵션 바)에서 'New selection(새 선택, ■), Feather(페더) : 0px, Style(스타일) : Normal(표준)'을 설정한 후 드래그하여 기와의 가운데 부분을 원형으로 선택합니다.

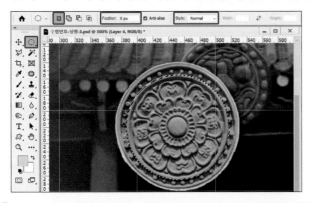

> 🎓 **기적의 Tip**
>
> Options Bar(옵션 바)에서 'New selection(새 선택, ■)'을 설정하고 Alt를 누른 채 드래그하면 중앙에서부터 선택이 가능합니다.

09 Layers(레이어) 패널 하단의 'Create new fill or adjustment layer(새 칠 또는 조정 레이어 생성, ◑)'를 클릭하고 [Hue/Saturation(색조/채도)]을 선택합니다. Properties(속성) 패널에서 'Colorize(색상화) : 체크, Hue(색조) : 150, Saturation(채도) : 50'으로 설정하여 녹색 계열로 보정합니다.

05 모양 생성 및 레이어 스타일 적용

01 Custom Shape Tool(사용자 정의 모양 도구, ✿)을 클릭하고 Options Bar(옵션 바)에서 'Shape(모양), Fill(칠) : #ffcc66, Stroke(획) : No Color(색상 없음), Shape(모양) : Ornament 6(장식 6, ▧)'으로 설정한 후 Shift를 누르고 모양을 그립니다.

Shape 경로

[Legacy Shapes and More(레거시 모양 및 기타)]–[All Legacy Default Shapes(모든 레거시 기본 모양)]– [Ornaments(장식)]

02 Layers(레이어) 패널 하단에 'Add a layer style(레이어 스타일 추가, *fx.*)'을 클릭하여 [Inner Shadow(내부 그림자)]를 선택, 'Opacity(불투명도) : 75%, Angle(각도) : 120°, Distance(거리) : 3px, Size(크기) : 7px'로 설정하고 [OK(확인)]를 클릭합니다.

03 Layers(레이어) 패널에서 'Opacity(불투명도) : 60%'로 설정하고, [Ctrl]+[[]를 3번 눌러 'Layer 4' 레이어의 아래쪽으로 배치합니다.

04 Custom Shape Tool(사용자 정의 모양 도구, *⚘*)을 클릭하고 Options Bar(옵션 바)에서 'Shape(모양), Fill(칠) : #339999, Stroke(획) : No Color(색상 없음), Shape(모양) : Floral Ornament 4(꽃 장식 4, *✸*)'로 설정한 후 [Shift]를 누르고 오른쪽 하단에 모양을 그립니다.

Shape 경로

[Legacy Shapes and More(레거시 모양 및 기타)]–[All Legacy Default Shapes(모든 레거시 기본 모양)]– [Ornaments(장식)]

05 Layers(레이어) 패널 하단에 'Add a layer style(레이어 스타일 추가, *fx.*)'을 클릭하여 [Bevel & Emboss(경사와 엠보스)]를 선택, 'Style(스타일) : Outer Bevel(외부 경사), Direction(방향) : Up(위로), Size(크기) : 5px'로 설정합니다.

06 계속해서 [Drop Shadow(드롭 섀도)]를 선택, 'Angle(각도) : 120°, Distance(거리) : 5px, Size(크기) : 5px'로 설정하고 [OK(확인)]를 클릭합니다.

07 Custom Shape Tool(사용자 정의 모양 도구, 🔯)을 클릭하고 Options Bar(옵션 바)에서 'Shape(모양), Fill(칠) : 임의 색상, Stroke(획) : No Color(색상 없음), Shape(모양) : Grass 1(풀 1, 🔳)'로 설정한 후 Shift 를 누르고 오른쪽 하단에 모양을 그립니다. Shift + Ctrl + [ ] 를 눌러 맨 앞으로 가져오기를 합니다.

> **Shape 경로**
>
> [Legacy Shapes and More(레거시 모양 및 기타)]–[All Legacy Default Shapes(모든 레거시 기본 모양)]– [Nature(자연)]

08 Layers(레이어) 패널 하단에 'Add a layer style(레이어 스타일 추가, 🔳)'을 클릭하여 [Gradient Overlay(그레이디언트 오버레이)]를 선택하고 'Click to edit the gradient(클릭하여 그레이디언트 편집)'를 클릭합니다. 그레이디언트 슬라이더 왼쪽 하단의 'Color Stop(색상 정지점)'을 더블 클릭하여 #ff6600, 오른쪽 'Color Stop(색상 정지점)'을 더블 클릭하여 #ccff00으로 설정한 후, 'Style(스타일) : Linear(선형), Angle(각도) : 0°'로 설정합니다.

09 계속해서 [Outer Glow(외부 광선)]를 선택, 'Opacity(불투명도) : 75%, Size(크기) : 7px'로 설정하고 [OK(확인)]를 클릭합니다.

06 문자 입력 및 왜곡과 레이어 스타일 적용

01 Horizontal Type Tool(수평 문자 도구, T)로 작업 이미지를 클릭하고 Options Bar(옵션 바)에서 'Font(글꼴) : Arial, Set font style(글꼴 스타일 설정) : Bold, Set font size(글꼴 크기) : 40pt, Color(색상) : 임의 색상'으로 설정한 후 Welcome to Korea를 입력합니다.

02 Options Bar(옵션 바)에서 Create warped text(뒤틀어진 텍스트 만들기, [⌶])를 클릭하여 [Warp Text(텍스트 뒤틀기)] 대화상자에서 'Style(스타일) : Fish(물고기), Horizontal(가로) : 체크, Bend(구부리기) : 40%'로 설정하여 문자의 모양을 왜곡합니다.

03 Layers(레이어) 패널 하단에 'Add a layer style(레이어 스타일 추가, [fx.])'을 클릭하여 [Stroke(획)]를 선택, 'Size(크기) : 2px, Color(색상) : #ffffff'로 설정합니다. 계속해서 [Gradient Overlay(그레이디언트 오버레이)]를 선택하고 'Click to edit the gradient(클릭하여 그레이디언트 편집)'를 클릭합니다.

04 그레이디언트 슬라이더 왼쪽 하단의 'Color Stop(색상 정지점)'을 더블 클릭하여 #ff6666, 가운데 빈 곳을 클릭하여 'Color Stop(색상 정지점)'을 추가한 후 더블 클릭하여 #ccff99, 오른쪽 'Color Stop(색상 정지점)'을 더블 클릭하여 #ff6666으로 설정한 후, 'Style(스타일) : Linear(선형), Angle(각도) : 0°'로 설정하고 [OK(확인)]를 클릭합니다.

> 🎓 **기적의 Tip**
>
> 그레이디언트 슬라이더의 'Color Stop(색상 정지점)'을 [Alt]를 누른 채 드래그하면 동일한 색상의 'Color Stop(색상 정지점)'을 바로 생성할 수 있습니다.

05 Horizontal Type Tool(수평 문자 도구, [T])로 작업 이미지를 클릭하고 Options Bar(옵션 바)에서 'Font(글꼴) : 돋움, Set font size(글꼴 크기) : 20pt, Set anti-aliasing method(앤티 앨리어싱 방법 설정) : Strong(강하게), Color(색상) : #000000'으로 설정한 후 한옥의 정취를 즐기세요!를 입력합니다.

06 Layers(레이어) 패널 하단의 'Add a layer style(레이어 스타일 추가, [fx.])'을 클릭하여 [Stroke(획)]를 선택, 'Size(크기) : 2px, Fill Type(칠 유형) : Gradient(그레이디언트), Click to edit the gradient(클릭하여 그레이디언트 편집)'를 클릭합니다. 그레이디언트 슬라이더 왼쪽 하단의 'Color Stop(색상 정지점)'을 더블 클릭하여 #99ffff, 오른쪽 'Color Stop(색상 정지점)'을 더블 클릭하여 #ff9933으로 설정한 후 'Style(스타일) : Linear(선형), Angle(각도) : 0°'로 설정합니다.

07 계속해서 [Drop Shadow(드롭 섀도)]를 선택하고 [OK(확인)]를 클릭합니다.

08 Horizontal Type Tool(수평 문자 도구, [T])로 작업 이미지를 클릭하고 Options Bar(옵션 바)에서 'Font(글꼴) : 돋움, Set font size(글꼴 크기) : 20pt, Set anti-aliasing method (앤티 앨리어싱 방법 설정) : Strong(강하게), Color(색상) : #ffff99'로 설정한 후 기와 굽기 체험 신청하기를 입력합니다.

09 Options Bar(옵션 바)에서 Create warped text(뒤틀어진 텍스트 만들기, [工])를 클릭하여 [Warp Text(텍스트 뒤틀기)] 대화상자에서 'Style(스타일) : Flag(깃발), Horizontal(가로) : 체크, Bend(구부리기) : 60%'로 설정하여 문자의 모양을 왜곡합니다.

10 Layers(레이어) 패널 하단에 'Add a layer style(레이어 스타일 추가, [fx.])'을 클릭하여 [Drop Shadow(그림자)]를 선택, 'Distance(거리) : 3px, Size(크기) : 3px'로 설정하고 [OK(확인)]를 클릭합니다.

11 Horizontal Type Tool(수평 문자 도구, [T])로 작업 이미지를 클릭하고 Options Bar(옵션 바)에서 'Font(글꼴) : Arial, Set font style(글꼴 스타일 설정) : Regular, Set font size (글꼴 크기) : 16pt, Color(색상) : #333300'으로 설정한 후 Traditional Culture Experience를 입력합니다.

12 Layers(레이어) 패널 하단에 'Add a layer style(레이어 스타일 추가, [fx.])'을 클릭하여 [Stroke(획)]를 선택, 'Size(크기) : 2px, Color(색상) : #99cc99'로 설정하고 [OK(확인)]를 클릭합니다. [Ctrl]+[S]를 눌러 저장합니다.

07 정답 파일 저장

01 [View(보기)]-[Show(보기)]-[Grid(격자)]([Ctrl]+[']) 를 선택하여 격자를 가립니다.

02 [File(파일)]-[Save As(다른 이름으로 저장)]([Shift]+[Ctrl]+[S])를 선택하고 '저장 위치 : 내 PC₩문서₩GTQ, 파일 형식 : JPEG(*.JPG;*.JPEG;*.JPE), 파일 이름 : 수험번호-성명-문제번호'를 입력하고 [저장]을 클릭한 후 [JPEG Options(JPEG 옵션)] 대화상자에서 'Quality(품질) : 8'로 설정하고 [OK(확인)]를 클릭합니다.

03 [Image(이미지)]-[Image Size(이미지 크기)]([Alt]+[Ctrl]+[I])를 선택하고 'Constrain aspect ratio(종횡비 제한) : 클릭, Width(폭) : 60Pixels(픽셀), Height(높이) : 40Pixels(픽셀)'로 입력하여 이미지 크기를 1/10로 축소한 후 [OK(확인)]를 클릭합니다.

04 [File(파일)]-[Save As(다른 이름으로 저장)]([Shift]+[Ctrl]+[S])를 선택하고 '저장 위치 : 내 PC₩문서₩GTQ, 파일 형식 : Photoshop(*.PSD;*.PDD;*.PSDT), 파일 이름 : 수험번호-성명-문제번호'를 입력하고 [저장]을 클릭합니다.

05 답안 저장이 완료되면 [File(파일)]-[Close(닫기)]([Ctrl]+[W])를 선택하여 파일을 닫고 수험 프로그램에서 [답안 전송]을 클릭하여 감독관 컴퓨터로 psd와 jpg 파일을 전송합니다.

문제 **04**	**CHAPTER 10** **[실무응용] 웹 페이지 제작**
작업과정	새 작업 이미지 만들기 및 파일 저장하기 ▶ 혼합 모드 합성 및 필터, 레이어 마스크 적용 ▶ 이미지 보정 및 레이어 스타일 적용 ▶ 모양 생성 및 변형, 레이어 스타일 적용 ▶ 펜 도구로 모양 그리기 및 레이어 스타일 적용 ▶ 패턴 정의 ▶ 패턴 적용 및 클리핑 마스크 적용 ▶ 문자 입력과 왜곡 및 레이어 스타일 적용 ▶ 정답 파일 저장
완성이미지	Part05₩기출유형문제10회₩정답파일₩G120250010-성명-4.jpg, G120250010-성명-4.psd

01 새 작업 이미지 만들기 및 파일 저장하기

01 [File(파일)]-[New(새로 만들기)]([Ctrl]+[N])를 선택하고 'Width(폭) : 600Pixels(픽셀), Height(높이) : 400Pixels(픽셀), Resolution(해상도) : 72Pixels/Inch(픽셀/인치), Color Mode(색상 모드) : RGB Color(RGB 색상), 8bit(비트), Background Contents(배경 내용) : White(흰색)'로 설정하여 새 작업 이미지를 만듭니다.

02 [Edit(편집)]-[Preference(환경설정)]([Ctrl]+[K])를 클릭하고 [Guides, Grid & Slices(안내선, 격자와 슬라이스)]를 선택하여 Grid(격자)의 'Gridline Every(격자 간격) : 100Pixels(픽셀), Subdivisions(세분) : 1'로 설정한 후 'Grid Color(격자 색상)'를 클릭하여 밝은 색상으로 변경합니다.

03 [View(보기)]—[Show(표시)]—[Grid(격자)]([Ctrl]+[']})와 [View(보기)]—[Rulers(눈금자)] ([Ctrl]+[R])를 선택하여 격자와 눈금자를 표시합니다.

04 작업 도큐먼트를 저장하기 위해 [File(파일)]—[Save As(다른 이름으로 저장)]([Shift]+[Ctrl]+ [S])를 선택하고 임의 경로에 '파일 이름 : 수험번호—성명—문제번호, 파일 형식 : Photo-shop(*.PSD;*.PDD;*.PSDT)'으로 파일을 저장합니다.

02 혼합 모드 합성 및 필터, 레이어 마스크 적용

01 Tool Panel(도구 패널) 하단의 'Set foreground color(전경색 설정)'를 클릭하여 # 오른쪽 입력란에 666666으로 입력한 후, [Alt]+[Delete]를 눌러 제시된 Foreground Color(전경색)를 작업 이미지의 배경에 채웁니다.

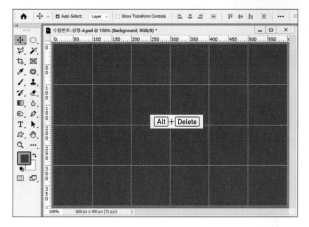

02 [File(파일)]—[Open(열기)]([Ctrl]+[O])을 선택하여 1급—12.jpg를 불러옵니다. [Ctrl]+[A]로 전체를 선택하고, [Ctrl]+[C]로 복사 후, 작업 이미지에 [Ctrl]+[V]로 붙여넣기를 하고 배치합니다.

03 Layers(레이어) 패널에서 'Blending Mode(혼합 모드) : Hard Light(하드 라이트)'로 설정하여 배경 이미지와 합성을 합니다.

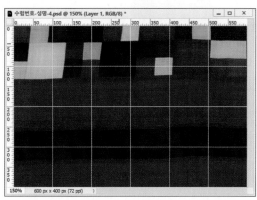

04 Layers(레이어) 패널 하단의 'Add layer mask(레이어 마스크 추가, ▣)'를 클릭하여 레이어 마스크를 추가합니다.

05 Tool Panel(도구 패널) 하단의 'Set foreground color(전경색 설정)'를 #000000, 'Set background color(배경색 설정)'를 #ffffff로 설정합니다. Gradient Tool(그레이디언트 도구, ■)을 클릭하고 Options Bar(옵션 바)에서 'Type(유형) : Linear Gradient(선형 그레이디언트), Mode(모드) : Normal(표준), Opacity(불투명도) : 100%'로 설정한 후 오른쪽에서 왼쪽으로 Shift를 누른 채 드래그하여 이미지의 일부를 자연스럽게 지워 합성합니다.

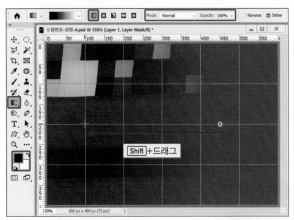

06 [File(파일)]-[Open(열기)](Ctrl+O)을 선택하여 1급-13.jpg를 불러옵니다. Ctrl+A로 전체를 선택하고 Ctrl+C로 복사 후, 작업 이미지에 Ctrl+V로 붙여넣기를 한 후 Ctrl+T를 눌러 회전하고 위치를 조절하여 배치합니다.

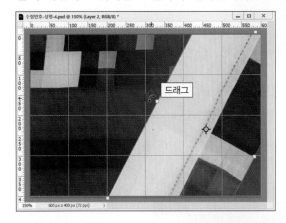

07 [Filter(필터)]-[Filter Gallery(필터 갤러리)]-[Texture(텍스처)]-[Texturizer(텍스처화)]를 선택합니다.

08 Layers(레이어) 패널 하단의 'Add layer mask(레이어 마스크 추가, ■)'를 클릭하여 레이어 마스크를 추가합니다.

09 Tool Panel(도구 패널) 하단의 'Set foreground color(전경색 설정)'를 #000000, 'Set background color(배경색 설정)'를 #ffffff로 설정합니다. Gradient Tool(그레이디언트 도구, ■)을 클릭하고 Options Bar(옵션 바)에서 'Type(유형) : Linear Gradient(선형 그레이디언트), Mode(모드) : Normal(표준), Opacity(불투명도) : 100%'로 설정한 후 왼쪽 상단에서 오른쪽 하단 대각선 방향으로 드래그하여 이미지의 일부를 자연스럽게 지워 합성합니다.

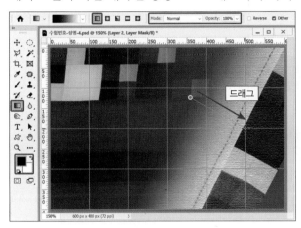

10 [File(파일)]−[Open(열기)]([Ctrl]+[O])을 선택하여 1급−14.jpg를 불러옵니다. Quick Selection Tool(빠른 선택 도구, ■)을 클릭하고 Options Bar(옵션 바)에서 'Add to selection(선택 영역에 추가, ■)'를 설정한 후 브러시의 크기를 조절하며 나비 이미지에 드래그하여 선택하고, [Ctrl]+[C]로 복사합니다.

11 작업 이미지에 [Ctrl]+[V]로 붙여넣기를 한 후, [Ctrl]+[T]를 눌러 [Shift]를 누르고 크기를 조절하고 회전하여 배치합니다.

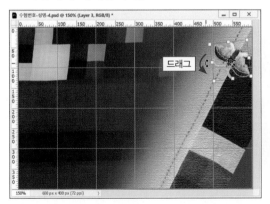

12 Layers(레이어) 패널 하단에 'Add a layer style(레이어 스타일 추가, [fx.])'을 클릭하여 [Bevel & Emboss(경사와 엠보스)]를 선택, 'Style(스타일) : Inner Bevel(내부 경사), Direction(방향) : Up(위로), Size(크기) : 5px'로 설정합니다.

13 계속해서 [Stroke(획)]를 선택, 'Size(크기) : 2px, Color(색상) : #cc6666'으로 설정하고 [OK(확인)]를 클릭합니다.

14 [File(파일)]-[Open(열기)]([Ctrl]+[O])을 선택하여 1급-15.jpg를 불러온 후 Magic Wand Tool(자동 선택 도구, 🪄)을 클릭하고 Options Bar(옵션 바)에서 'Add to selection(선택 영역에 추가, 🔲)'을 설정하고 흰 배경 부분을 여러 차례 클릭하여 선택합니다.

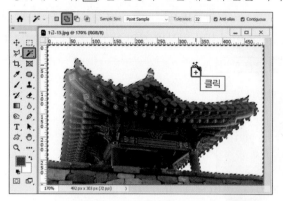

15 [Shift]+[Ctrl]+[I]로 선택 영역을 반전, [Ctrl]+[C]로 복사, 작업 이미지에 [Ctrl]+[V]로 붙여넣기를 합니다. [Ctrl]+[T]를 눌러 크기를 축소하고 마우스 오른쪽 버튼을 누르고 [Flip Horizontal (가로로 뒤집기)]로 뒤집고 배치합니다.

16 [Filter(필터)]-[Filter Gallery(필터 갤러리)]-[Brush Strokes(브러시 선)]-[Crosshatch (그물눈)]를 선택합니다.

17 Layers(레이어) 패널 하단에 'Add a layer style(레이어 스타일 추가, fx.)'을 클릭하여 [Bevel & Emboss(경사와 엠보스)]를 선택하고 'Style(스타일) : Inner Bevel(내부 경사), Direction(방향) : Up(위로), Size(크기) : 7px'로 설정하고 [OK(확인)]를 클릭합니다.

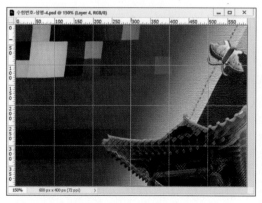

⑬ 이미지 보정 및 레이어 스타일 적용

01 [File(파일)]-[Open(열기)]([Ctrl]+[O])을 선택하여 1급-16.jpg를 불러온 후 Pen Tool(펜 도구, ✒)을 클릭하고 Options Bar(옵션 바)에서 'Path(패스), Path Operations(패스 작업) : Exclude Overlapping Shapes(모양 오버랩 제외, 🔲)'로 설정한 후 제시된 2개의 꽃 모양을 따라 각각 닫힌 패스를 생성합니다.

02 패스가 완료되면 [Ctrl]+[Enter]를 눌러 선택 상태로 전환, [Ctrl]+[C]로 복사, 작업 이미지에 [Ctrl]+[V]로 붙여넣기를 합니다. [Ctrl]+[T]를 눌러 [Shift]를 누른 채 크기를 조절한 후, 마우스 오른쪽 버튼을 누르고 [Flip Horizontal(가로로 뒤집기)]로 뒤집고 회전하여 배치합니다.

03 Layers(레이어) 패널 하단에 'Add a layer style(레이어 스타일 추가, [fx.])'을 클릭하여 [Drop Shadow(그림자)]를 선택, 'Opacity(불투명도) : 75%, Angle(각도) : 120°, Distance (거리) : 5px, Size(크기) : 5px'로 설정하고 [OK(확인)]를 클릭합니다.

04 Quick Selection Tool(빠른 선택 도구, [✓])을 클릭하고 Options Bar(옵션 바)에서 'Add to selection(선택 영역에 추가, [✓])'을 설정한 후, 큰 꽃잎 부분을 드래그하여 선택합니다.

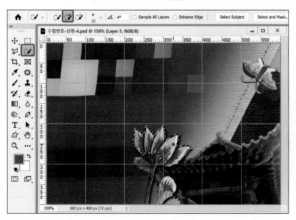

05 Layers(레이어) 패널 하단의 'Create new fill or adjustment layer(새 칠 또는 조정 레이어 생성, [◐.])'를 클릭하고 [Hue/Saturation(색조/채도)]을 선택합니다. Properties(속성) 패널에서 'Colorize(색상화) : 체크, Hue(색조) : 290, Saturation(채도) : 70'으로 설정하여 보라색 계열로 색상을 보정합니다.

06 [File(파일)]−[Open(열기)]([Ctrl]+[O])을 선택하여 1급−17.jpg를 불러옵니다. Quick Selection Tool(빠른 선택 도구, [🖌])을 클릭하고 꽃잎 부분을 드래그하여 선택한 후, [Ctrl]+[C]로 복사합니다. 작업 이미지에 [Ctrl]+[V]로 붙여넣기를 한 후, [Ctrl]+[T]를 눌러 [Shift]를 누른 채 크기를 조절하고 반시계 방향으로 회전하여 배치합니다.

 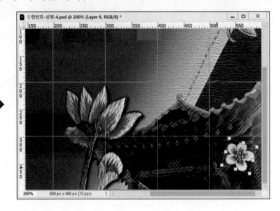

❹ 모양 생성 및 변형, 레이어 스타일 적용

01 Custom Shape Tool(사용자 정의 모양 도구, [✿])을 클릭하고 Options Bar(옵션 바)에서 'Shape(모양), Fill(칠) : #999999, Stroke(획) : No Color(색상 없음), Shape(모양) : Ornament 3(장식 3, [▦])'으로 설정한 후 [Shift]를 누르고 모양을 그립니다.

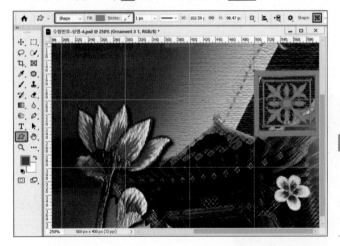

> **Shape 경로**
>
> [Legacy Shapes and More(레거시 모양 및 기타)]−[All Legacy Default Shapes(모든 레거시 기본 모양)]−[Ornaments(장식)]

02 [Ctrl]+[T]를 눌러 회전한 후, Layers(레이어) 패널 하단의 'Add a layer style(레이어 스타일 추가, [fx])'을 클릭하여 [Drop Shadow(그림자)]를 선택하고 [OK(확인)]를 클릭합니다.

03 Layers(레이어) 패널 상단의 'Opacity(불투명도) : 60%'로 설정하여 불투명도를 적용하여 합성합니다.

04 Custom Shape Tool(사용자 정의 모양 도구, [이미지])을 클릭하고 Options Bar(옵션 바)에서 'Shape(모양), Fill(칠) : 임의 색상, Stroke(획) : No Color(색상 없음), Shape(모양) : Ornament 1(장식 1, [이미지])'로 설정한 후 Shift 를 누르고 모양을 그립니다.

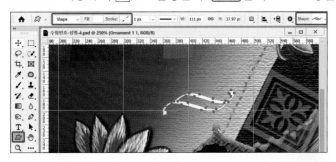

Shape 경로

[Legacy Shapes and More(레거시 모양 및 기타)]−[All Legacy Default Shapes(모든 레거시 기본 모양)]− [Ornaments(장식)]

05 Layers(레이어) 패널 하단에 'Add a layer style(레이어 스타일 추가, [이미지])'을 클릭하여 [Gradient Overlay(그레이디언트 오버레이)]를 선택하고 'Click to edit the gradient(클릭 하여 그레이디언트 편집)'를 클릭합니다. 그레이디언트 슬라이더 왼쪽 하단의 'Color Stop(색 상 정지점)'을 더블 클릭하여 #66cc33, 오른쪽 'Color Stop(색상 정지점)'을 더블 클릭하여 #663333으로 설정한 후, 'Style(스타일) : Linear(선형), Angle(각도) : 90°'로 설정합니다.

06 계속해서 [Outer Glow(외부 광선)]를 선택, 'Opacity(불투명도) : 75%, Size(크기) : 7px'로 설정하고 [OK(확인)]를 클릭합니다.

07 Custom Shape Tool(사용자 정의 모양 도구, [이미지])을 클릭하고 Options Bar(옵션 바)에서 'Shape(모양), Fill(칠) : #cc9999, Stroke(획) : No Color(색상 없음), Shape(모양) : Hedera 3(헤데라 3, [이미지])'로 설정한 후 Shift 를 누르고 모양을 그립니다.

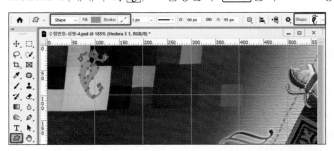

Shape 경로

[Legacy Shapes and More(레거시 모양 및 기타)]−[All Legacy Default Shapes(모든 레거시 기본 모양)]− [Ornaments(장식)]

08 Layers(레이어) 패널 하단에 'Add a layer style(레이어 스타일 추가, [이미지])'을 클릭하여 [Inner Glow(내부 광선)]를 선택, 'Opacity(불투명도) : 75%, Size(크기) : 5px'로 설정합니다. 계속해서 [Drop Shadow(드롭 섀도)]를 선택하고 [OK(확인)]를 클릭합니다.

09 Ctrl + J 를 눌러 복사한 레이어를 만들고, Ctrl + T 를 눌러 마우스 오른쪽 버튼을 클릭하여 [Flip Horizontal(가로로 뒤집기)]로 뒤집고 오른쪽으로 이동하여 배치합니다.

10 Layers(레이어) 패널에서 'Hedera 3 1 copy' 레이어의 'Layer thumbnail(레이어 축소판)' 을 더블 클릭하여 'Color(색상) : #333333'으로 설정합니다.

05 펜 도구로 모양 그리기 및 레이어 스타일 적용

01 Pen Tool(펜 도구, ✐)을 클릭하고 Options Bar(옵션 바)에서 'Shape(모양), Fill(칠) : 임의 색상, Stroke(획) : No Color(색상 없음), Path operations(패스 작업) : Combine Shapes(모양 결합, ▣)'으로 설정한 후 2개의 나뭇잎 모양을 그립니다.

02 Path Selection Tool(패스 선택 도구, ▶)로 왼쪽에 그린 패스 모양을 클릭하여 선택하고 Alt를 누른 채 오른쪽으로 드래그하여 복사합니다.

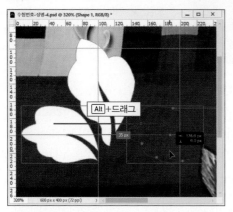

> 🎓 **기적의 Tip**
>
> 패스가 선택된 상태에서 Ctrl을 누르면 Path Selection Tool(패스 선택 도구, ▶)을 클릭한 것과 같습니다. Alt를 동시에 누른 채 드래그하여 복사하면 동일한 레이어에 복사가 됩니다.

03 Ctrl+T를 눌러 마우스 오른쪽 버튼을 누르고 [Flip Horizontal(가로로 뒤집기)]로 뒤집고 배치합니다.

04 Path Selection Tool(패스 선택 도구, ▶)로 3개의 나뭇잎 패스를 드래그하여 선택하고 Ctrl+T를 눌러 회전하고 배치합니다.

05 Layers(레이어) 패널 하단에 'Add a layer style(레이어 스타일 추가, fx.)'을 클릭하여 [Gradient Overlay(그레이디언트 오버레이)]를 선택하고 'Click to edit the gradient(클릭하여 그레이디언트 편집)'를 클릭합니다. 그레이디언트 슬라이더 왼쪽 하단의 'Color Stop(색상 정지점)'을 더블 클릭하여 #99cc99, 오른쪽 'Color Stop(색상 정지점)'을 더블 클릭하여 #999900으로 설정한 후, 'Style(스타일) : Linear(선형), Angle(각도) : 0°'로 설정합니다.

06 계속해서 [Drop Shadow(드롭 섀도)]를 선택하고 [OK(확인)]를 클릭합니다.

07 Ctrl+J를 눌러 'Shape 1' 레이어를 복사
합니다. Ctrl+T를 눌러 Shift를 누른 채
크기를 조절한 후 회전하여 배치합니다.

08 Layers(레이어) 패널에서 'Shape 1 Copy' 레이어에 적용된 Effects
(효과) 중 [Gradient Overlay(그레이디언트 오버레이)]를 패널 하단
의 'Delete Layer(레이어 삭제, 🗑)'로 드래그하여 효과를 삭제합니다.

09 Layers(레이어) 패널에서 'Shape 1 Copy' 레이어의 'Layer thumbnail(레이어 축소판)'을
더블 클릭하여 'Color(색상) : #336666'으로 설정합니다.

10 Ctrl+[]를 눌러 'Shape 1 Copy' 레이어를 'Shape 1' 레이어의 아래쪽으로 배치합니다.

06 패턴 정의

01 [File(파일)]-[New(새로 만들기)](Ctrl+N)를 선택하고 'Width(폭) : 50Pixels(픽셀),
Height(높이) : 50Pixels(픽셀), Resolution(해상도) : 72Pixels/Inch(픽셀/인치), Color
Mode(색상 모드) : RGB Color(RGB 색상), 8bit(비트), Background Contents(배경 내용) :
Transparent(투명)'로 설정하여 새 작업 이미지를 만듭니다.

02 [View(보기)]-[Rulers(눈금자)](Ctrl+R)를 클릭하여 눈금
자 보기를 하고 왼쪽과 위쪽의 눈금자에서 각각 드래그하여
25px의 위치에 안내선을 표시합니다.

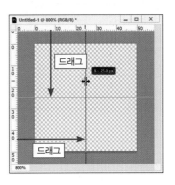

03 Custom Shape Tool(사용자 정의 모양 도구, ⚘)을 클릭하고 Options Bar(옵션 바)에서 'Shape(모양), Fill(칠) : #339966, Stroke(획) : No Color(색상 없음), Shape(모양) : Flower 7(꽃 7, ✳)'로 설정한 후 Shift 를 누른 채 드래그하여 모양을 그립니다.

> **Shape 경로**
>
> [Legacy Shapes and More(레거시 모양 및 기타)]–[All Legacy Default Shapes(모든 레거시 기본 모양)]–[Nature(자연)]

04 Custom Shape Tool(사용자 정의 모양 도구, ⚘)을 클릭하고 Options Bar(옵션 바)에서 'Shape(모양), Fill(칠) : #cccc66, Stroke(획) : No Color(색상 없음), Shape(모양) : Butterfly(나비, ✹)'로 설정한 후 Shift 를 누른 채 드래그하여 모양을 그립니다.

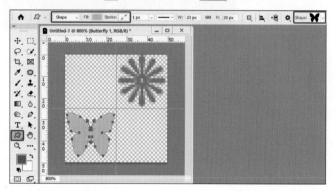

> **Shape 경로**
>
> [Legacy Shapes and More(레거시 모양 및 기타)]–[All Legacy Default Shapes(모든 레거시 기본 모양)]–[Nature(자연)]

05 [Edit(편집)]–[Define Pattern(패턴 정의)]을 선택하고 'Name(이름) : 꽃과 나비'로 설정하여 패턴을 등록합니다.

07 패턴 적용 및 클리핑 마스크 적용

01 Layers(레이어) 패널에서 'Shape 1 copy' 레이어를 선택한 후, 패널 하단의 'Create a new layer(새 레이어 만들기, ▣)'를 클릭하여 'Shape 1 copy' 레이어의 위쪽에 새 레이어를 만든 후, 레이어 이름을 더블 클릭하여 pattern으로 수정합니다.

02 [Edit(편집)]–[Fill(칠)]을 선택하고 'Contents(내용) : Pattern(패턴), Custom Pattern(사용자 정의 패턴) : 꽃과 나비, Mode(모드) : Normal(표준), Opacity(불투명도) : 100%, Preserve Transparency(투명도 유지) : 체크 해제'로 설정하여 채웁니다.

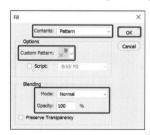
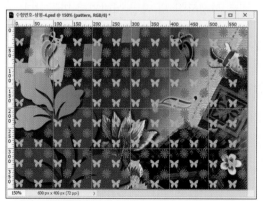

03 Layers(레이어) 패널 상단의 'Opacity(불투명도) : 70%'로 설정합니다. 'pattern'과 'Shape 1 copy' 레이어 사이에 마우스 커서를 놓고 [Alt]를 누르고 클릭하여 Clipping Mask(클리핑 마스크)를 적용합니다.

08 문자 입력과 왜곡 및 레이어 스타일 적용

01 Horizontal Type Tool(수평 문자 도구, [T])로 작업 이미지를 클릭하고 Options Bar(옵션 바)에서 'Font(글꼴) : 궁서, Set font size(글꼴 크기) : 35pt, Color(색상) : 임의 색상'으로 설정한 후 한국자수박물관을 입력합니다.

02 Options Bar(옵션 바)에서 Create warped text(뒤틀어진 텍스트 만들기, [T])를 클릭하여 [Warp Text(텍스트 뒤틀기)] 대화상자에서 'Style(스타일) : Shell Lower(아래가 넓은 조개), Horizontal(가로) : 체크, Bend(구부리기) : 50%'로 설정하여 문자의 모양을 왜곡합니다.

03 Layers(레이어) 패널 하단의 'Add a layer style(레이어 스타일 추가, [fx.])'을 클릭하여 [Stroke(획)]를 선택, 'Size(크기) : 2px, Color(색상) : #000000'으로 설정합니다.

04 계속해서 [Gradient Overlay(그레이디언트 오버레이)]를 선택하고 'Click to edit the gradient(클릭하여 그레이디언트 편집)'를 클릭합니다. 그레이디언트 슬라이더 왼쪽 하단의 'Color Stop(색상 정지점)'을 더블 클릭하여 #ff9999, 가운데 빈 곳을 클릭하여 'Color Stop(색상 정지점)'을 추가하고 더블 클릭하여 #ffffff, 오른쪽 'Color Stop(색상 정지점)'을 더블 클릭하여 #99cc99로 설정한 후, 'Style(스타일) : Linear(선형), Angle(각도) : 0˚'로 설정합니다.

05 계속해서 [Drop Shadow(드롭 섀도)]를 선택하고 [OK(확인)]를 클릭합니다.

06 Horizontal Type Tool(수평 문자 도구, T)로 작업 이미지를 클릭하고 Options Bar(옵션 바)에서 'Font(글꼴) : 돋움, Set font size(글꼴 크기) : 22pt, Set anti-aliasing method (앤티 앨리어싱 방법 설정) : Strong(강하게), Center text(텍스트 중앙 정렬, 畺), Color(색상) : #ccffcc'로 설정한 후 전통과 현대가 살아 숨 쉬는 공간을 입력합니다.

07 Horizontal Type Tool(수평 문자 도구, T)로 '살아 숨 쉬는 공간' 문자를 드래그하여 선택하고 'Set font size(글꼴 크기) : 25pt'로 설정합니다.

08 Layers(레이어) 패널 하단의 'Add a layer style(레이어 스타일 추가, fx.)'을 클릭하여 [Stroke(획)]를 선택, 'Size(크기) : 2px, Color(색상) : #000000'으로 설정합니다. 계속해서 [Drop Shadow(드롭 섀도)]를 선택하고 [OK(확인)]를 클릭합니다.

09 Horizontal Type Tool(수평 문자 도구, T)로 작업 이미지를 클릭하고 Options Bar(옵션 바)에서 'Font(글꼴) : 돋움, Set font size(글꼴 크기) : 15pt, Set anti-aliasing method (앤티 앨리어싱 방법 설정) : Strong(강하게), Color(색상) : #330000'으로 설정한 후 도슨트와 함께 하는 특별전 안내를 입력합니다.

10 Options Bar(옵션 바)에서 Create warped text(뒤틀어진 텍스트 만들기, ⊥)를 클릭하여 [Warp Text(텍스트 뒤틀기)] 대화상자에서 'Style(스타일) : Arc(부채꼴), Horizontal(가로) : 체크, Bend(구부리기) : -20%'로 설정하여 문자의 모양을 왜곡합니다.

11 Layers(레이어) 패널 하단에 'Add a layer style(레이어 스타일 추가, ⨍ㆍ)'을 클릭하여 [Stroke(획)]를 선택, 'Size(크기) : 2px, Fill Type(칠 유형) : Gradient(그레이디언트), Click to edit the gradient(클릭하여 그레이디언트 편집)'를 클릭합니다. 그레이디언트 슬라이더 왼쪽 하단의 'Color Stop(색상 정지점)'을 더블 클릭하여 #ff99ff, 오른쪽 'Color Stop(색상 정지점)'을 더블 클릭하여 #cccc66으로 설정한 후, 'Style(스타일) : Linear(선형), Angle(각도) : 0°로 설정합니다.

12 Ctrl + T 를 눌러 Options Bar(옵션 바)에서 'Rotate(회전, ◿) : −15°를 입력하고 Enter 를 눌러 회전을 적용하고 배치합니다.

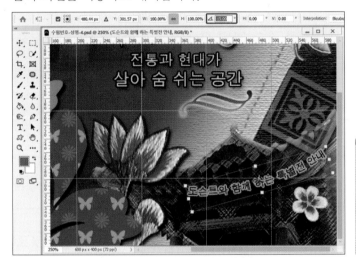

> **기적의 Tip**
>
> Ctrl + T 로 조절점 바깥쪽을 Shift 를 누른 채 드래그하여 회전하면 15° 단위로 회전이 가능합니다. 반시 계방향으로 드래그하면 음수값(−)이 적용됩니다.

13 Horizontal Type Tool(수평 문자 도구, T)로 작업 이미지를 클릭하고 Options Bar(옵션 바)에서 'Font(글꼴) : 돋움, Set font size(글꼴 크기) : 12pt, Set anti-aliasing method (앤티 앨리어싱 방법 설정) : Strong(강하게), Color(색상) : #ccccff'로 설정한 후 박물관안내 / 갤러리 / 교육신청을 입력합니다.

14 Layers(레이어) 패널 하단에 'Add a layer style(레이어 스타일 추가, fx.)'을 클릭하여 [Stroke(획)]를 선택, 'Size(크기) : 2px, Color(색상) : #336633'으로 설정하고 [OK(확인)]를 클릭합니다. Ctrl + S 를 눌러 저장합니다.

09 정답 파일 저장

01 [View(보기)]–[Show(보기)]–[Grid(격자)](Ctrl + ')를 선택하여 격자를 가립니다.

02 [File(파일)]–[Save As(다른 이름으로 저장)](Shift + Ctrl + S)를 선택하고 '저장 위치 : 내 PCW문서WGTQ, 파일 형식 : JPEG(*.JPG;*.JPEG;*.JPE), 파일 이름 : 수험번호–성명–문제번호'를 입력하고 [저장]을 클릭한 후 [JPEG Options(JPEG 옵션)] 대화상자에서 'Quality(품질) : 8'로 설정하고 [OK(확인)]를 클릭합니다.

03 [Image(이미지)]–[Image Size(이미지 크기)](Alt + Ctrl + I)를 선택하고 'Constrain aspect ratio(종횡비 제한) : 클릭, Width(폭) : 60Pixels, Height(높이) : 40Pixels'로 입력하여 이미지 크기를 1/10로 축소한 후 [OK(확인)]를 클릭합니다.

04 [File(파일)]–[Save As(다른 이름으로 저장)](Shift + Ctrl + S)를 선택하고 '저장 위치 : 내 PCW문서WGTQ, 파일 형식 : Photoshop(*.PSD;*.PDD;*.PSDT), 파일 이름 : 수험번호–성명–문제번호'를 입력하고 [저장]을 클릭합니다.

05 답안 저장이 완료되면 [File(파일)]–[Exit(종료)](Ctrl + Q)를 선택하여 프로그램을 종료하고 수험 프로그램에서 [답안 전송]을 클릭하여 감독관 컴퓨터로 psd와 jpg 파일을 전송합니다.